Michael Farrenkopf, Stefan Siemer (Hrsg.)
Materielle Kulturen des Bergbaus | Material Cultures of Mining

Veröffentlichungen aus dem Deutschen Bergbau-Museum Bochum

—

Band 243

Michael Farrenkopf, Stefan Siemer (Hrsg.)

Materielle Kulturen des Bergbaus | Material Cultures of Mining

—

Zugänge, Aspekte und Beispiele | Approaches, Aspects and Examples

Veröffentlichungen aus dem Deutschen Bergbau-Museum Bochum, Nr. 243
= Schriften des Montanhistorischen Dokumentationszentrums, Nr. 43

gefördert von der
RAG-Stiftung, Essen

Aus Gründen der besseren Lesbarkeit wird bei Personenbezeichnungen stets das generische Maskulinum verwendet. Soweit aus dem Kontext nichts Anderes hervorgeht, sind jedoch immer alle Geschlechter gemeint.

Redaktion: Michael Farrenkopf, Stefan Siemer

ISBN 978-3-11-073475-1
e-ISBN (PDF) 978-3-11-072995-5
e-ISBN (EPUB) 978-3-11-073004-3
ISSN 1616-9212

Library of Congress Control Number: 2021938554

Bibliografische Information der Deutschen Nationalbibliothek
Die Deutsche Nationalbibliothek verzeichnet diese Publikation in der Deutschen Nationalbibliografie; detaillierte bibliografische Daten sind im Internet über http://dnb.dnb.de abrufbar.

© 2022 Walter de Gruyter GmbH, Berlin/Boston
Coverabbildung: Sammlung bergmännischer Skulpturen in den Musealen Sammlungen des Montanhanhistorischen Dokumentationszentrums (montan.dok) beim Deutschen Bergbau-Museum Bochum; Copyright: Helena Grebe, Deutsches Bergbau-Museum Bochum
Satz/Datenkonvertierung: Satzstudio Borngräber, Dessau-Roßlau
Druck und Bindung: CPI books GmbH, Leck

www.degruyter.com

Inhalt

Einleitung

Michael Farrenkopf
Material Cultures of Mining – Introductory Remarks —— 3

Stefan Siemer
Mining History in the Material Turn – Some preliminary Thoughts —— 13

Wissensobjekte

Michael Farrenkopf
Run auf die Objekte!? – Das gemeinsame Erforschen und Sammeln von Bergbauobjekten zwischen Plädoyer und Praxis —— 35

Andreas Benz
Die Historischen Bergbau- und Hüttenmodelle der TU Bergakademie Freiberg und ihr Einsatz in der museologischen Lehre —— 55

Swen Steinberg
Material Knowledge between the Local and the Global. German Mine Models, Migration, and North American Mining Schools, 1860–1914 —— 73

Jennifer Garner, Manuel Zeiler
Von der Archäologie zum Experiment: Neue Forschungen zur keltischen Eisentechnologie im Siegerland —— 93

Ulrike Stottrop
Mineralien und Fossilien als Wissensträger und Sammlungsobjekte —— 113

Technische Objekte

Helmuth Albrecht
Mobil versus in situ? Artefakte als historische Quelle in der Industriearchäologie: Das Beispiel der Wassersäulenmaschinen im Freiberger Revier —— 127

Torsten Meyer
Kein Schrott!? – Über „Zeitschichten des Technischen", „technische Eigenzeiten" und den Wandel des Objektstatus einer Abraumförderbrücke im Niederlausitzer Braunkohlenrevier —— 159

Stefan Siemer
Mining safety in a nutshell: The filter self-rescuer, Dräger model 623 —— 217

Alain Forti
Once upon a Mine... Le Bois du Cazier, du chaos d'une catastrophe à la mémoire d'un savoir-faire technique et humain —— 241

Hubert Weitensfelder
Sammeln, zeigen, forschen: Das Thema „Bergbau" im Technischen Museum Wien (TMW) —— 267

Norbert Tempel
Malakowtürme – Mythos und Realität —— 287

Alltagsobjekte

Thomas Stöllner
Entangled Connections: Materialized Practices of Knowledge-Networks of Mining. From the Theoretical Level to its Empirical Consequences in Mining Archaeology —— 317

Reinhard Köhler
Das materiell und museal überlieferte Bergbauerbe einer Region ohne kontinuierlich ausgeprägte montanhistorische Tradition am Beispiel des Kellerwaldes in Nordhessen —— 345

Axel Heimsoth
Kleider machen Bergmänner. Ein Forschungsdesiderat —— 367

Attila Tózsa-Rigó
**Infrastruktur und Logistik der Bergbauproduktion in Neusohl
in der zweiten Hälfte des 16. Jahrhunderts —— 395**

Andrea Riedel
**Vom Gnadengroschen zur Rentenformel – die (historische) Rolle
der Sammelbüchse der Freiberger Hüttenknappschaft im Alltag
des Freiberger Reviers —— 409**

Heino Neuber
**„Glückauf zur Schicht! Das beste Licht beschütze Dich!" – wie eine Rübölblende
Aspekte des sächsischen Steinkohlenbergbaues beleuchtet —— 427**

Gedächtnisobjekte

Johannes Großewinkelmann
**„Ich denke gerne an die Zeit zurück!" – Die Erinnerungskultur
ehemaliger Bergleute des Erzbergwerkes Rammelsberg anhand
von Objekten aus privaten Sammlungen —— 457**

Amy Benadiba
**Behind each object, the memory of someone: collect information to justify
the collection —— 475**

Nicola Moss, David Bell
Under the Banner of Mining —— 487

Anissa Finzi, Maria Schäpers
**Die Schutzpatronin der Bergleute im Ruhrgebiet:
Förderung der Barbaraverehrung und Sammlungsobjekt
im Deutschen Bergbau-Museum Bochum —— 503**

Lisa Egeri
**Knappenbrief, Grubenlampe und die Heilige Barbara – Objekte
zwischen individueller und kollektiver Erinnerungskultur —— 535**

Anna-Magdalena Heide, Maren Vossenkuhl
Zum Gedenken? Porträts berühmter Bergleute —— 553

Anhang

Abstracts —— 577

Bibliographie —— 595

Abbildungsnachweise —— 635

Abkürzungen —— 643

Die Autorinnen und Autoren —— 647

Einleitung

Michael Farrenkopf
Material Cultures of Mining – Introductory Remarks

This volume is the result of a scientific conference with international participation held from 5th to 7th December 2019 under the title "Material Cultures of Mining" at the Deutsches Bergbau-Museum Bochum (DBM), Leibniz Research Museum for Geo-resources. It was organised by the Montanhistorisches Dokumentationszentrum (montan.dok) as the central collection-related research infrastructure of the DBM. The aim of the conference was to reflect methodically on new approaches to material culture studies and to apply them to the recent history of mining. In moderated panels, national and international speakers dealt with different object categories in case studies, focusing on knowledge objects (raw materials and models), technical objects, everyday objects from different eras and memory objects.[1]

At the same time, the conference was an important milestone in the project "montan.dok 21. Education of surviving documents, advisory competence and central service facility for the German mining heritage", which was generously funded by the RAG-Stiftung, Essen, and which was carried out at montan.dok from 2017 to 2020.[2] We would like to take this opportunity to express our sincere thanks to the RAG-Stiftung, especially as this support for the interests of the museum's core task of collecting and preserving, as well as mining-related collection research in the broadest sense began back in 2014 and is currently being continued.[3]

Since its foundation in 2000, montan.dok has seen itself as a research and information infrastructure that conducts genuine research largely and is actively involved in its transformation and communication. In this way, the museums' own research activities are on an equal footing with the "classical" infrastructure tasks of collecting, documenting and indexing. This is of great importance for a science-led approach to the material and immaterial heritage of the mining

---

[1] Farrenkopf, Michael (Ed.): Materielle Kulturen des Bergbaus – Material Cultures of Mining: Abstracts, Bochum 2019, online: https://issuu.com/bergbaumuseum/docs/abstracts-materielle-kulturen-des-bergbaus (28.03.2021).
[2] See www.bergbaumuseum.de/forschung/forschungsprojekte/projekt-detailseite/montandok-21-ueberlieferungsbildung-beratungskompetenz-und-zentrale-serviceeinrichtung-fuer-das-deutsche-bergbauerbe (28.03.2021).
[3] See www.bergbaumuseum.de/forschung/forschungsprojekte/projekt-detailseite/montandok-21-phase-3 (28.03.2021).

industry. Within the project-related activities from 2014 onwards, the first task was to gain a contemporary overview of the material heritage, primarily of the coal industry, and to analyse and further develop its museum and curatorial needs. For example, the first project, "Separate Preservation – Shared Responsibility. Establishing an information centre for the heritage of the German coal industry", a central survey of existing mining collections and their holdings throughout Germany was initiated in 2014 and carried out until 2017.[4] The results have provided the basis for further research within montan.dok,[5] and they were implemented in an online portal that was technically designed together with FIZ Karlsruhe. At www.bergbau-sammlungen.de, virtual access to these collections from what is now also an international perspective has been possible centrally for the first time since the end of 2017.

At the same time, the online availability of the holdings and collections of montan.dok improved considerably in this context. Today, in addition to the research portal www.montandok.de, the focus is on the German Digital Library (DDB) for three reasons in particular. It is the only cross-disciplinary and cross-thematic portal for cultural and scientific institutions in Germany; it acts as a national aggregator for Europeana; it ensures eligibility for applications and funding from the funding institutions, which today require online access via the DDB.[6]

Finally, it has also been possible to turn to montan.dok's own heritage in the form of research-based in-depth indexing and 3D digitisation. Admittedly, the latter could only largely have been achieved in recent times and is now being strongly promoted through the ongoing action plan of the research museums coordinated by the Leibniz Association. The aim here is to systematically explore the scientific potentials, but also the possible limits, of analytical in-depth cataloguing at the object level and of 3D digitisation.[7] Of course, the ongoing process

---

4 Farrenkopf, Michael/Siemer, Stefan (Eds.): Bergbausammlungen in Deutschland. Eine Bestandsaufnahme, Berlin/Boston 2020 (= Veröffentlichungen aus dem Deutschen Bergbau-Museum Bochum, Nr. 233; = Schriften des Montanhistorischen Dokumentationszentrums, Nr. 36).
5 Farrenkopf, Michael/Siemer, Stefan (Eds.): Perspektiven des Bergbauerbes im Museum: Vernetzung, Digitalisierung, Forschung, Berlin/Boston 2020 (= Veröffentlichungen aus dem Deutschen Bergbauerbes Bochum, Nr. 235; = Schriften des Montanhistorischen Dokumentationszentrums, Nr. 37).
6 Ketelaer, Andreas/Przigoda, Stefan: DDB und montandok.de. montan.dok realisiert Fortschritte bei der digitalen Zugänglichkeit, in: montan.dok-news 7, 2021, p. 3.
7 Büsch, Wiebke/Hornung, Jessica: 3D-Digitalisierung im montan.dok. Fortschritte im Rahmen des Aktionsplans für Leibniz-Forschungsmuseen, in: montan.dok-news 7, 2021, p. 2.

of setting up a National Research Data Infrastructure (NFDI) also has an impact here,[8] and in addition there are far-reaching links to the KultSam project (Cultural History Collections as Digital Knowledge Repositories for Research, Teaching and Public Education), which the DBM is playing a major role in supporting.[9] In recent years, montan.dok has thus itself been able to develop into the national know-how carrier in the field of the material legacies of industrial mining, building on its previous achievements in the field of archival records with regard to the Mining Archives Bochum as the first supra-regional industry archive in the Federal Republic of Germany, founded in 1969.[10]

As the described aspects of collection-related research found a broad echo through various workshops, conferences and publications, the aim with regard to the present publication and the underlying conference was to broaden the perspective and ask about the potential of the material traditions of mining in the sense of material culture as such. This was and is a great challenge. On the one hand, the field of material culture today seems to be in vogue to a certain extent, but as an interdisciplinary complex its locations are highly diverse. On the other hand, the question arises to what extent references to historical science in general and a modern mining history in particular can be identified, which ideally support each other and can be used to guide knowledge in the future.[11]

Representatives of material culture usually see the inevitable interdisciplinarity as an advantage. The fact that it does not have the status of a separate subject, unlike other areas of culture such as language or architecture, requires a heterogeneity of approaches and disciplinary interests. The growth of interest in material culture is usually dated to the 1970s, when numerous cultural studies subjects

---

[8] See https://www.nfdi.de (28.03.2021).
[9] Nüsser, Eva et al.: KultSam – Kulturhistorische Sammlungen als digitaler Wissensspeicher für Forschung, Lehre und öffentliche Vermittlung, in: Staatliche Museen zu Berlin – Preußischer Kulturbesitz (Ed.): Konferenzband zur EVA BERLIN 2018. 25. Berliner Veranstaltung der internationalen EVA-Serie – Electronic Media and Visual Arts – vom 7.–9.11.2018 in Berlin, Berlin 2018, pp. 92–97.
[10] Farrenkopf, Michael: Vom Erbe des deutschen Steinkohlenbergbaus zum mining heritage. Das Projekt „Getrenntes Bewahren – Gemeinsame Verantwortung" als Basis einer Strategie des montan.dok im 21. Jahrhundert, unter Mitarbeit von Michael Ganzelewski und Stefan Przigoda, in: Farrenkopf, Michael/Siemer, Stefan (Eds.): Bergbausammlungen in Deutschland (note 4), pp. 3–118.
[11] Bluma, Lars/Farrenkopf, Michael/Meyer, Torsten: Introduction: "King Coal" and modern mining history, in: Bluma, Lars/Farrenkopf, Michael/Meyer, Torsten (Eds.): Boom – Crisis – Heritage. King Coal and the Energy Revolutions after 1945, Berlin/Boston 2021 (= Veröffentlichungen aus dem Deutschen Bergbau-Museum Bochum, Nr. 242; = Schriften des Montanhistorischen Dokumentationszentrums, Nr. 42), pp. 1–21.

turned to material culture, although archaeology and ethnology in particular – for example, in the course of material culture research – already knew much older anchors of the research field in their disciplines. A few years ago, the following reasons were formulated for this overarching interest in material culture: Alongside the critique of anthropocentrism and humanism, a changed perception of the occidental dichotomy of spirit and matter had emerged. In the simultaneous questioning of the social understanding of roles, there has not only been a crisis in the concept of identity, but also a comprehensive critique of consumption.[12]

Daniel Miller, for example, was interested in the analytical connection between consumption and things in his 1987 book "Material Culture and Mass Consumption",[13] although he later called more generally for things to be understood not just as a sum of properties and functions, but as part of an ontology. Ultimately, the question is what role is ascribed to things as material culture in the lifeworld. According to Miller, the view of material culture opens up a non-discursive conception of the lifeworld, which ultimately means the chance to approach a new way of perceiving our everyday life.[14] There are immediate connections here, for example, to the emphasis on the history of everyday life within the historical sciences in the same period, which is also related in part to the history of mining,[15] as well as in particular to the self-image of the industrial museums that emerged in the Ruhr region from the 1970s onwards. They had a focus on social and everyday life history, conveyed in a related tradition of collecting things from everyday life.[16]

Basically, the interest in material culture was and is connected with the expectation "to learn more about the conditions of culture, society and social sphere through the focus on things than would be possible through the interpre-

---

12 Domanska, Ewa: The material presence of the past, in: History and Theory 45, 2006, pp. 337–348.
13 Miller, Daniel: Material Culture and Mass Consumption, Oxford 1987.
14 Miller, Daniel (Ed.): Materiality, Durham 2005.
15 See Niethammer, Lutz et al. (Eds.): Die Menschen machen ihre Geschichte nicht aus freien Stücken, aber sie machen sie selbst. Einladung zu einer Geschichte des Volkes in NRW, Berlin/Bonn 1984; Brüggemeier, Franz-Josef/Niethammer, Lutz: Schlafgänger, Schnapskasinos und schwerindustrielle Kolonie. Aspekte der Arbeiterwohnungsfrage im Ruhrgebiet vor dem Ersten Weltkrieg, in: Reulecke, Jürgen/Weber, Wolfgang (Eds.): Fabrik – Familie – Feierabend: Beiträge zur Sozialgeschichte des Alltags im Industriezeitalter, Wuppertal 1978, pp. 135–175.
16 Dommer, Olge/Kift, Dagmar: Bergbau sammeln im LWL-Industriemuseum, in: Farrenkopf, Michael/Siemer, Stefan (Eds.): Perspektiven des Bergbauerbes im Museum: Vernetzung, Digitalisierung, Forschung, Berlin/Boston 2020 (= Veröffentlichungen aus dem Deutschen Bergbau-Museum Bochum, Nr. 235; = Schriften des Montanhistorischen Dokumentationszentrums, Nr. 37), pp. 95–111; see also www.lwl-industriemuseum.de/de/sammlung (28.03.2021).

tation of text and language alone".¹⁷ Especially with reference to the role of things in everyday life, the analysis initially expanded to questions about the way things were to be read as signs and symbols.¹⁸ Subsequently, the thesis was corroborated that these were not to be read merely as proxies for meanings that were placed in them. When Nicholas Thomas, for example, argued for seeing more in things than references to lifestyles or value attitudes, he became convinced that material culture should not only be seen as a reflection of the discourses that initially exist in language, but that it makes an independent contribution to the unfolding of culture and society.¹⁹

The definition by Hans Peter Hahn, who in 2005 described material culture as the "sum of all objects" that are "used or meaningful in a society", appears to be decisive for the current discourse.²⁰ The semiotic concept advocated by Hahn emphasises that communicating with objects must be guided by different semiotic rules than linguistic communication. Since there are fundamental differences between object signs and texts, the meaning of things does not result from their materiality, but rather from the context of their use and the associated conceptualisations of those using the things.

At first glance, such a theory of material culture can hardly be associated with the previous forms of mining history. Initially, this has less to do with the specific topics and results of mining history in recent decades than with the fact that there has hardly been any discussion of material culture, especially in German history. It is true that the term "culture" already had a tradition in the German-language humanities in the 19th century, but rather from an ethnological perspective, which can be traced back ultimately to the English ethnologist Edward B. Taylor (1832–1917). From Taylor's point of view, culture refers to "the complex whole comprising knowledge, belief, art, law, morals, customs and any other abilities and habits acquired by *man* as a member of a society".²¹ If the material already

---

17 Quotation from Hahn, Hans Peter/Eggert, Manfred K. H./Samida, Stefanie: Einleitung: Materielle Kultur in den Kultur- und Sozialwissenschaften, in: Samida, Stefanie et al. (Eds.): Handbuch Materielle Kultur. Bedeutungen, Konzepte, Disziplinen, Stuttgart/Weimar 2014, pp. 1–12, here: p. 7 f.
18 Hodder, Ian: Symbols in Action, Cambridge 1982.
19 Thomas, Nicholas: Tin and thatch, in: Thomas, Nicholas (Ed.): In Oceania. Visions, Artifacts, Histories, Durham 1997, pp. 171–185.
20 Hahn, Hans Peter: Materielle Kultur. Eine Einführung, Berlin 2005. Quotation from Eggert, Manfred K. H.: Kultur und Materielle Kultur, in: Samida, Stefanie et al. (Eds.): Handbuch Materielle Kultur (note 17), pp. 22–31, here: p. 27 f.
21 Quotation from Taylor, Edward B.: Primitive Culture. Researches into the Development of Mythology, Philosophy, Religion, Art, and Custom, Vol. 1, London 1871, p. 1 (italics by Michael Farrenkopf).

appears subordinate here, the extensive neglect of material sources within the historical sciences is primarily due to their turn towards written-oriented political history since the 19th century. In addition, Johann Gustav Droysen's (1808–1884) subdivision of source categories into intentional (usually written) "traditions" and non-intentional (among other things, material) "remains" also worked in favour of giving priority to written over material traditions in the context of historiographical source criticism.[22] One consequence, from the perspective of historical studies, was the displacement of material sources into other subjects such as archaeology, ethnology and folklore in particular.[23]

It was therefore a special concern of the conference from the beginning to actively involve proven representatives of archaeology – especially from the fields of mining and industrial archaeology. We are also particularly grateful for their valuable contributions, which also appear in this publication. This request was by no means due to the erroneous belief, sometimes widespread among cultural scientists, that the compulsion of prehistoric and early historical archaeology in particular to operate primarily with material evidence is simply proof of the great epistemic potential of the material sui generis.[24] Although material legacies play a decisive role here, the numerous "archaeological cultures" discussed are more auxiliary terms than socio-political and cultural entities of past realities. From the point of view of material culture, a central question is rather to what extent the non-inscribed material evidence of archaeology allows the analytically dif-

---

22 Droysen, Johann Gustav: Historik, Vol. 1: Rekonstruktion der ersten vollständigen Fassung der Vorlesungen (1857), Grundriß der Historik in der ersten handschriftlichen Fassung (1857/58) und in der letzten gedruckten Fassung von 1882, Stuttgart/Bad Cannstatt 1977; see also: Brandt, Ahasver von: Werkzeug des Historikers, Stuttgart, 11th edition 1986, pp. 48–64.
23 Ludwig, Andreas: Geschichtswissenschaft, in: Samida, Stefanie et al. (Eds.): Handbuch Materielle Kultur. Bedeutungen, Konzepte, Disziplinen, Stuttgart/Weimar 2014, pp. 287–292, here: pp. 287 f.
24 Kerstin P. Hofmann formulates this misunderstanding very clearly from the perspective of archaeology when she writes, "Nevertheless, it surprises again and again when I, as an archaeologist, am asked for advice by sociologists or cultural scientists because of my supposed expertise in things. After all, we archaeologists have always been the ones to ask for help from scholars of other subjects and disciplines. Once the initial enthusiasm for archaeological methodology and theory has faded beyond the treasure hunter's fascination with archaeology, the sobering question arises as to what extent the effectiveness or testimonial power of prehistoric finds and features is at all comparable to that of material culture studies, contemporary archaeology and ethnological or private collections of things." Quoted from Hofmann, Kerstin P.: Dinge als historische Quellen in Revision. Materialität, Spuren und Geschichten, in: Hofmann, Kerstin P. et al. (Eds.): Massendinghaltung in der Archäologie. Der material turn und die Ur- und Frühgeschichte, Leiden 2016, pp. 283–308, here: p. 284.

ferentiated areas of culture, such as technology, economy, society, or religion, to be captured as adequately as possible. In addition, the "semiotic-communication-theoretical" concept of culture suggested by Jan and Aleida Assmann, which was discussed in particular in German prehistoric and early historical archaeology with reference to symbolic anthropology, can possibly form a bridge here. Ultimately, it is a matter of either being able to more or less decipher the former semiotic code in which material culture was once embedded, or to regard it as irrevocably lost because it was tied to the former context of action.[25]

From such a perspective, it seems no less appealing to look at material culture studies, which have been widespread in the Anglo-Saxon world, especially since the 1990s and developed primarily at the Institute for Anthropology at University College London (UCL).[26] They have established themselves as a kind of collective science consisting of archaeologists, ethnologists and anthropologists.[27] This is essentially linked to the concept of a material turn in the humanities and social sciences,[28] whereby Daniel Miller initially had nothing less in mind than the replacement of the social sciences by material culture studies: "Taking materiality as central to the study of humanity [...] would be the dethronement of social studies and social sciences".[29] The basis of this view was Miller's fundamental critique of structuralism, Marxism as well as semiotics and existing ethnology, within which the three-dimensional tangibility of things – in his research related to clothing, housing and later mobile phone and internet use – remained unconsidered. Rather, for Miller, things became pure representations of immaterial quantities such as society, social relations and identity. This also resonated with the long-standing Western theme of the superiority of the spiritual over the material, so that from Miller's point of view, the cultural and social sciences improperly privileged social relations, gender and class at the expense of materiality.

---

25 Eggert, Manfred K. H.: „Kultur". Zum praktischen Umgang mit einem Theoriekonzept, in: Eggert, Manfred K. H./Veit, Ulrich (Eds.): Theorie in der Archäologie. Zur jüngeren Diskussion in Deutschland, Münster/New York 2013, pp. 13–61, here: pp. 36 ff.
26 Geismar, Haidy et al.: Material Culture Studies, in: Samida, Stefanie et al. (Eds.): Handbuch Materielle Kultur (note 17), pp. 309–315.
27 Banerjee, Abhradip et al.. „Materiality" revisited: Relevence of material culture studies in the contemporary era, in: Journal of the Department of Anthropology, University of Calcutta 2011/12, Vol. 14, Nr. 1, pp. 1–14.
28 Bräunlein, Peter J.: Material Turn, in: Georg-August-Universität Göttingen (Ed.): Dinge des Wissens. Die Sammlungen, Museen und Gärten der Universität Göttingen, Göttingen 2012, pp. 30–44.
29 Miller, Daniel: Material Culture, in: Bennett, Tony/Frow, John (Eds.): The Sage Handbook of Cultural Analysis, London 2008, pp. 271–290, here: pp. 272.

Miller's counter-thesis was that people only become cultural subjects through the appropriation of things and that the active handling of the world of things is what makes the internalisation and incorporation of culture by people possible in the first place. Both Miller's ethnology and the actor-network theory (ANT) of the French sociologist Bruno Latour contributed to a material turn that questioned the occidental subject-object separation and, with terms such as actant or hybrid, assumed that the world of things and the world of the socio-cultural could not be separated.[30]

It is hardly surprising that such a foundation of material culture studies has so far been able to develop little relevance at least within German mining history. Since the paradigm shift to a structural social history in the 1960s/70s, it was precisely the process of class formation and class consciousness, of strike movements and the shaping of industrial relations in the tripartite system of mining entrepreneurs, miners and the state that constituted the basic thesis on which mining history has moved until recent times.[31] Neither the ANT nor, in particular, notions of material culture as actants and hybrids played a role in this. Mining history has opened up since the 1980s through an economic and business history that has since become particularly effective in disciplinary terms, as well as, at least in part, through more culturalist approaches, for example in the form of the history of mentality and everyday life.[32] The latter also owed much to the impetus of historical-cultural movements in coal and steel regions massively affected by structural change. Although material traditions were sometimes used as a source

---

30 Latour, Bruno: Die Hoffnung der Pandora. Untersuchungen zur Wirklichkeit der Wissenschaft, Frankfurt a. M. 2002; for a critical approach see Hahn, Hans Peter: Die geringen Dinge des Alltags. Kritische Anmerkungen zu einigen aktuellen Trends der Material Culture Studies, in: Braun, Karl/Dieterich, Claus-Marco/Treiber, Angela (Eds.): Materialisierung von Kultur. Diskurse, Dinge, Praktiken, Würzburg 2015, pp. 28–42, here: pp. 36 ff.
31 See for example Tenfelde, Klaus: Sozialgeschichte der Bergarbeiterschaft an der Ruhr im 19. Jahrhundert, Bonn 2nd edition 1981; Feldman, Gerald D./Tenfelde, Klaus (Eds.): Arbeiter, Unternehmer und Staat im Bergbau. Industrielle Beziehungen im internationalen Vergleich, München 1989; see also Bluma, Lars: Moderne Bergbaugeschichte, in: Der Anschnitt 69, 2017, pp. 138–151.
32 See for example Farrenkopf, Michael: Zwischen Bürgerlichkeit, Beamtenstatus und berufsständischer Orientierung. Die höheren preußischen Bergbeamten in der zweiten Hälfte des 19. Jahrhunderts, in: Der Anschnitt 47, 1995, pp. 2–25; Farrenkopf, Michael: Gruppenmentalität und Verwaltungspraxis. Die preußischen Bergbeamten und die Ruhrstreiks von 1889 und 1905, in: Der Anschnitt 48, 1996, pp. 126–135 and Faulenbach, Bernd: Die Preußischen Bergassessoren im Ruhrbergbau. Unternehmermentalität zwischen Obrigkeitsstaat und Privatindustrie, in: Mentalitäten und Lebensverhältnisse. Beispiele aus der Sozialgeschichte der Neuzeit. Rudolf Vierhaus zum 60. Geburtstag, Göttingen 1982, pp. 225–242.

in this context, they have not been systematically analysed. However, if material culture studies, from a current perspective, combine investigations into the lifeworldly, everyday, sensual and suggestive quality of things with their material and symbolic meanings, and if their work extends to the present as well as to history, it seems at least advisable to reflect on the extent to which rifts that still exist today between material culture and mining history can be meaningfully overcome.[33]

Industrial archaeology or industrial heritage/culture certainly seems to be an area that lends itself well to this, provided that both "mobile" and "immobile" things are included in the discourse on material culture. From a historiographical perspective, this seems indispensable anyway, since mobile material traditions are always located in a space that surrounds them and this context must be analysed at different times and, if necessary, in changed spatial allocations. Here we can also tie in with a well-established research tradition, because since its formation as a discipline in England in the 1950s, industrial archaeology has also and especially focused on mining and its legacies, not least because of the crisis in coal mining that manifested itself throughout Western Europe.[34]

Connections between material culture and a research direction that also focuses on the relevance of the historical site are also present in the concept of so-called places of remembrance. The many collieries that have been closed down in recent decades have always been concrete physical places with specific topographical, architectural, technical and operational-social structures that have changed over time. As places of memory in the sense of Pierre Nora, however, they were always integrated into imaginary or immaterial forms of individual and collective narrative experience and memory, for example in the form of literature, music or other forms of visual art.[35] For material culture, it is important that more recent adaptations of the concept also decidedly address material objects of mining, for example in the form of the "Ruhr coal" as a place

---

33 Ludwig, Andreas: Geschichtswissenschaft (note 23), p. 290.
34 Cossons, Neil (Ed.): Perspectives on Industrial Archaeology, London 2000. More specifically related to industrial heritage/culture in its relationship to historical authenticity and in part directly to mining: Farrenkopf, Michael/Meyer, Torsten (Eds.): Authentizität und industriekulturelles Erbe. Zugänge und Beispiele, Berlin/Boston 2020 (= Veröffentlichungen aus dem Deutschen Bergbau-Museum Bochum, Nr. 238; = Schriften des Montanhistorischen Dokumentationszentrums, Nr. 39).
35 Nora, Pierre (Ed.): Les lieux des memoire, 7 Vols., Paris 1984–1992; see also Farrenkopf, Michael: Untertage. Erinnerungsort Zeche, in: Berger, Stefan et al. (Eds.): Zeit-Räume Ruhr. Erinnerungsorte des Ruhrgebiets, Essen 2019, pp. 348–368.

of remembrance.[36] On the other hand, it is important that it is precisely at these former places of production that a specific collection logic is established, mostly by small museums supported by associations, through the narrowing of material and immaterial mining heritage. They are firmly tied to a specific place whose history they commemorate and thus at the same time, as part of this history, to an experience of loss that affects both the former workplace in concrete terms and the colliery in general as a place of remembrance of mining.[37] The special status of the objects as bearers of memory is directly related to these framework conditions. For in building up their collections, the former miners acted as saviours of the local mining tradition by collecting artefacts and documents even during the closure that would otherwise have inevitably ended up in rubbish containers or down the shaft. In doing so, they made use of local knowledge and contacts. All in all, it was an unregulated, somewhat anarchic process of appropriation that had nothing at all in common with the orderly takeover of professional museums in the context of inventory and documentation. Once again, following Hermann Lübbe's well-known dictum, these museums are a "rescue centre", in this case a place where former miners, in the face of a rapidly changing technical world, try to preserve the knowledge of certain forms of mining practices and traditions through their collecting activities across generations.[38]

Finally, against the background of historical authenticity, the question of the role and self-image of montan.dok can be asked on several levels. How does it relate to the Mining Archives Bochum[39] as a core of historiographical work recognised, as it were, by the historical sciences, above all in relation to the museum collections as a hoard of a material culture that should and probably could find an even stronger place within a modern mining history? The conference of December 2019 and the volume now presented here were and are certainly an essential basis for this stimulating discussion. Once again, we would like to thank all the contributors, supporters, organisers and, last but not least, all the participants in the conference and in this volume.

---

36 Przigoda, Stefan: Schwarzes Gold. Erinnerungsort Ruhrkohle, in: Berger, Stefan et al. (Eds.): Zeit-Räume Ruhr. Erinnerungsorte des Ruhrgebiets, Essen 2019, pp. 369–385.
37 Siemer, Stefan: Taubenuhr und Abbauhammer. Erinnerungsobjekte in Bergbausammlungen des Ruhrgebiets, in: Eser, Thomas u. a. (eds.): Dimensionen des Authentischen im Museum. Ein Werkstatt-Bericht, Mainz 2017, pp. 33–44.
38 Vgl. Sturm, Eva: Konservierte Welt. Museen und Musealisierung, Berlin 1991, pp. 30 f.
39 Farrenkopf, Michael: Auslauf einer Branche – Eine Zäsur als Authentisierungsinstanz für das archivierte Bergbauerbe?, in: Ders./Ludwig, Andreas/Saupe, Achim (eds.): Logik und Lücke. Die Konstruktion des Authentischen in Archiven und Sammlungen (= Reihe: Wert der Vergangenheit), Göttingen 2021, pp. 237–256.

Stefan Siemer
Mining History in the Material Turn – Some preliminary Thoughts

Mining history obviously refer to objects. Mining objects can provide information on a wide range of historical issues: from technological, environmental and economic history to everyday and social history. Though many museums collect and preserve the material heritage of mininig – a recent survey has listed around 90 mining museums in private and public ownership throughout Germany[1] – it is surprising, that objects and collections have so far hardly been part of historical research. Artefacts neither play a major role in the more recent monographs on the history of mining, nor are they, with a few exceptions only, part of specialist work.

However, the following essay will not primarily look for reasons for that, but instead try to describe the research on and with mining objects with regard to the material turn in the historical sciences.[2] Despite the fact, that museum collections, of course, form the basis of object-oriented research, museum-based research on objects go far beyond pure documentation work and refer to material culture studies, especially in collections of science and technology.[3]

---

1 See Siemer, Stefan: Die Erfassung der Vielfalt. Museen und Sammlungen zum Steinkohlenbergbau in Deutschland, in: Farrenkopf, Michael/Siemer, Stefan (Eds.): Bergbausammlungen in Deutschland. Eine Bestandsaufnahme, Berlin/Boston 2020 (= Veröffentlichungen aus dem Deutschen Bergbau-Museum Bochum, Nr. 233; = Schriften des Montanhistorischen Dokumentationszentrums, Nr. 36), pp. 119–156.
2 See Hicks, Dan/Beaudry, Mary C. (Eds.): The Oxford Handbook of Material Culture Studies, Oxford 2010; Samida, Stefanie et al. (Eds.): Handbuch Materielle Kultur. Bedeutungen, Konzepte, Disziplinen, Stuttgart/Weimar 2014; Gerritsen, Anne/Riello, Giorgio: Writing Material Culture History, London/New York 2015; Harvey, Karen (Ed.): History and Material Culture. A Student's Guide to Approaching Alternative Sources, New York/London 2018.
3 See for example the recent research series Junges Forum für Sammlungs- und Objektforschung by the Gesellschaft für Universitätssammlungen: Seidl, Ernst/Steinheimer, Frank/Weber, Cornelia (Eds.): Materielle Kultur in universitären und außeruniversitären Sammlungen, Berlin 2017 (= Junges Forum für Sammlungs- und Objektforschung, 1), online unter: https://edoc.hu-berlin.de/handle/18452/19324 (21.06.2020); Seidl, Ernst/Steinheimer, Frank/Weber, Cornelia (Eds.): Objektkulturen der Sichtbarmachung. Instrumente und Praktiken, Berlin 2018 (= Junges Forum für Sammlungs- und Objektforschung, 2), online unter: https://edoc.hu-berlin.de/handle/18452/20471 (21.06.2020); Seidl, Ernst/Steinheimer, Frank/Weber, Cornelia (Eds.): Zur Sache! Objektwissenschaftliche Ansätze der Sammlungsforschung, Berlin 2019 (= Junges Forum für Sammlungs- und Objektforschung, 3), online unter: https://edoc.hu-berlin.de/handle/18452/21913 (Stand: 21.06.2020); Seidl, Ernst/Steinheimer, Frank/Weber,

In general, mining objects, as well as other objects of historical interest, have to deal, as Lorraine Daston has pointed out, with the ambivalence between meaning and materiality.[4] On the one hand, they are bound to written sources, pictures and historical contexts; on the other hand, objects have their own material presence, which significantly influences our perception. In addition to that, one also has to consider the problem of classifying them and establishing distinct and common features. And, further on, what are the boundaries of objects with regard to dependencies between them, forming object-networks, which at least question the well-established distinction between objects and human beings, as in the current discussion within the actor-network theory?

All this puts the role of objects as historical sources at the top of the agenda of mining historians. Mining history so far bound to archives and libraries must also refer to museums and their collections in order to reflect on the material side of mining history. To regard objects as sources of their own independent of the written tradition forms the basis of recent discussion within material culture studies.

Objects that talk

One has often said that objects have a language of their own in terms of a contextualization of the so-called "silent" object by "speaking" written sources.[5] This for example with regard to official documents, instruction manuals or written evidence of former ownership transforms meaningless everyday objects into valuable and readable historical sources with their own history and "biography".[6]

Cornelia (Eds.): Spurenlesen. Methodische Ansätze der Sammlungs- und Objektforschung, Berlin 2020 (= Junges Forum für Sammlungs- und Objektforschung, 4), online unter: https://edoc.hu-berlin.de/handle/18452/23045 (Stand: 21.06.2020). See also with reference to a special collection: Hashagen, Ulf/Blumtritt, Oskar/Trischler, Helmuth (Eds.): Circa 1903. Artefakte in der Gründungszeit des Deutschen Museums, München 2003.

4 Daston, Loraine (Ed.), Things That Talk. Object Lessons from Art and Science, 2004, p. 17.
5 See for example Kipp, Michaela: Können Haushaltsgeräte sprechen – und was haben sie zu sagen? Historische Objektforschung in den Sammlungen des Deutschen Museums München, in: Technikgeschichte 79, 2012, pp. 81–108, and from a more theoretical point of view Weltzien, Friedrich/Scholz, Martin (Eds.): Die Sprachen des Materials. Narrative – Theorien – Strategien, Berlin 2016.
6 See Hahn, Hans Peter: Materielle Kultur. Eine Einführung, Berlin 2005, pp. 40–45; Schouwenburg, Hans: Back to the Future? History, Material Culture and New Materialism, in: International Journal for History, Culture and Modernity 3, 2015, pp. 59–72, here: pp. 62 f.

Yet the readability of objects also refers to their peculiar materiality and mixture of different materials determining their form and function as tools, machines or scientific instruments. Setting 19th-century steam engines in motion again, reconstructing inventions from written sources or reconstruct scientific experiments, all of this can provide new and important insights into the materiality of science and technology. Beyond that, traces of use also depend on the material and provide further information on the handling of objects, especially as tools and their role within working processes. Therefore, material culture not only focuses on unique and rare objects, but is also interested in everyday objects or consumer products, considering similarities or differences in their technical development and cultural meaning.[7] In reading objects one has to put them in their specific context and refer their unique material(s) to written and pictorial sources, other objects and of course to human beings as their creators, owners and users.

Meaning through context

The meaning and significance of material objects essentially refer to corresponding archival material, which at least question the status of objects as independent sources. According to Hans Peter Hahn, objects cannot, like texts, bear witness to the meanings contained in them.[8] Their meaning depend on their integration into different contexts, which are for themselves subject to historical change. As Ian Hodder further explains, objects are subject to a constant process of exchange, and only in this movement do they acquire their actual meaning.[9]

However, the meaning of objects not only depends on corresponding images and texts alone. Archaeology in particular shows that objects are closely woven into a syn- and diachronic network of relationships with regard to single finds as well as to human beings. The excavation site thus appear as an "assemblage" of objects, which represent social interactions and a former living culture. But from a mere diachronic point of view, objects also describe the history of discov-

---

[7] See Ludwig, Andreas: Materielle Kultur, Version: 1.0, in: Docupedia-Zeitgeschichte, 30.05.2011, online: http://docupedia.de/zg/ludwig_materielle_kultur_v1_de_2011 (19.09.2018), p. 5.
[8] See Hahn, Hans Peter: Materielle Kultur. Eine Einführung (note 6), p. 137.
[9] See Hodder, Ian: Entangled. An Archaeology of the Relationships between Humans and Things, New York 2012, p. 9.

ering and scientific interpretation, the decay and decline of the place itself.[10] Like many other historical objects archaeological finds normally end up in museum collections. From this point of view, one can also understand a museum as an "archaeological site" where museum objects are set into a specific order, disposition and presentation, which renders them a specific meaning, both in syn- and diachronic processes. In this sense the history of museums and collections sets the frame in understanding objects as systematically ordered and arranged and as a part of wide-reaching scientific networks.[11]

A further context to assign meaning is the system of exchanging objects as gifts. For Marcel Mauss, mutual giving and taking are an essential part of an archaic, pre-modern economy, which also renders significance to material qualities. Yet, the materiality of objects is only part of the system. The value and meaning of objects as gifts also derive from their intrinsic forces. In a magical worldview, the clear boundaries between people and things disappear and with them clearly defined meanings. In the words of Mauss: "In short, this represents an intermingling. Souls are mixed with things; things with souls. Lives are mingled together, and this is how, among persons and things so intermingled, each emerges from their own sphere and mixes together. This is precisely what contract and exchange are."[12]

But pre-modern societies are only one example. Referring to the modern history of science and technology, objects are also part of an object-related intercultural and international exchange of knowledge. Since the 1980s, so-called Science and Technology Studies discussed the development of technical objects in a wider context of the production of knowledge, taking their design, functionality and social factors into account. From this perspective, the development of a technical artefact is neither due to the achievement of a single inventor nor it is a one-dimensioned "success story of technology". The process of exchange of ideas and objects lead to successful as well as failed inventions. Thus, the history of a technical artefact essentially consists of a process of problem-solv-

---

10 See Joyce, Rosemary/Pollard, Joshua: Archaeological assemblages and practices of deposition, in: Hicks, Dan/Beaudry, Mary C. (Eds.): The Oxford Handbook of Material Culture Studies, Oxford 2010, pp. 291–309, here: p. 297.
11 The 17th and 18th century so called "Wunderkammern" differ completely form the Natural History Museums of 19th and 20th century. For general aspects see Foucault, Michel: The order of things: an archaeology of the human sciences, New York 1973 [1966]. As a case study form a historical point of view, see Findlen, Paula: Possessing nature. Museums, collecting and scientific culture in early modern Italy, Berkeley 1996.
12 Mauss, Marcel: The Gift. The form and reason for exchange in archaic societies, London/New York 2002 [1923], pp. 25 f.

ing that finally leads to a stabilization or "closure" in the sense of a consensus among all social groups involved.[13] Therefore inventions and artefacts are closely woven into a network of exchange, regarding objects as well as knowledge about them.

In recent years, historians of science and technology have discussed how far objects relate to the production of knowledge, rendering them the status of epistemic objects, especially referring to models as a "third dimension of science".[14] In addition, the reconstruction of models and machines from book-related evidence offers an opportunity to reexamine long established assumptions. Those reconstructions go far beyond written descriptions and pictures, and render new insights in the functionality and cognitive dimension of objects, even going as far as to reenact scientific experiments or working practices.[15]

Objects do not speak for themselves but depend on specific contexts: archival sources, other objects or social practices within a systematic or historical perspective. They get their peculiar significance in a process of social and cultural exchange and refer to human beings as well relating to each other. Yet, what happens when the materiality itself is in focus?

The autonomy of objects

Beyond corresponding to texts and images, objects obviously have a material presence: Texture, surface, weight, the mixture of materials, object related smells and sounds and not least traces of use – all of this can provide a direct access to objects and their history.[16] Even written texts have a material dimension, referring to special characteristics of paper, ink, filing techniques, pens or computer

---

[13] Pinch, Trevor J./Bijker, Wiebe E.: Die soziale Konstruktion von Fakten und Artefakten oder: wie Wissenschafts- und Techniksoziologie voneinander profitieren können [engl. 1987], in: Bauer, Susanne/Heinemann, Torsten/Lemke, Thomas (Eds): Science and Technology Studies. Klassische Positionen und aktuelle Perspektiven, Berlin 2017, pp. 164 f.
[14] See de Chadarevian, Soraya/Hopwood, Nick (Eds.). Models. The third dimension of Science, Stanford 2004.
[15] See Breidbach, Olaf et al.: Experimentelle Wissenschaftsgeschichte, in: Breidbach, Olaf et al. (Eds.): Experimentelle Wissenschaftsgeschichte, München/Paderborn 2010 (= Laboratorium Aufklärung, 3), pp. 13–72.
[16] See Dannehl, Karin: Object biographies. From production to consumption, in: Harvey, Karen (Ed.): History and Material Culture. A Student's Guide to Approaching Alternative Sources, New York/London 2018, p. 178.

printers.[17] Bureaucracy and bureaucratic power, for example, essentially depend on the use of filing cards or the design of forms and schedules.[18] Do material objects have the status of an independent historical source after all?

With regard to a close material description traces-of-use, peculiar to many objects, are worth mentioning.[19] As signs of a former relationship between human beings and objects, they are, at first glance, "readable". Found on working tools, for example, they convey information about their origins and use. Traces of this kind can be part of object biographies, especially for inconspicuous everyday objects, without any corresponding written tradition. One can even understand these traces as coherent signs, as a kind of a language of its own, when, for example, groups of objects bear the same traces-of-use, rendering discernable and readable patterns. Yet, far from being a coherent system, a close reading of these traces is necessary, along with, according to the historian Carlo Ginzburg, the magnifying glass and the methodical cleverness of Sherlock Holmes.[20]

Not least, individual markings and traces-of-use characterize an object as unique and authentic. On machines and working tools for example, they are carriers of important information and bear witness to the dangers of work and working practices. During restoration work, they are also an essential part of object documentation, preserving traces as significant material qualities, which render the object as a specific source for the historian. Reading these traces as different layers, may also provide a rough chronology of the object.[21]

---

17 See Bernbeck, Reinhard: Materielle Spuren des nationalsozialistischen Terrors. Zur einer Archäologie der Zeitgeschichte, Bielefeld 2017, p. 43.
18 Joyce, Patrick: Filing the Raj. Political technologies of the Imperial British state, in: Bennett, Tony/Joyce, Patrick (Eds.): Material Powers. Cultural studies, history and the material turn, London/New York 2010, pp. 102–123 describes colonial India around 1900 and the practice of filing information via forms.
19 See Krämer, Sibylle: Was also ist eine Spur? Und worin besteht ihre epistemologische Rolle? Eine Bestandsaufnahme, in: Krämer, Sibylle/Kogge, Werner/Grube, Gernot (Eds.): Spur. Spurenlesen als Orientierungstechnik und Wissenskunst, Frankfurt a. M. 2007, pp. 11–33, and with special regard to objects of science Zaun, Jörg: Spurenlesen. Methodische Ansätze der Sammlungs- und Objektforschung, in: Ernst Seidl, Frank Steinheimer und Cornelia Weber (Eds.): Spurenlesen (note 3), pp. 9–13.
20 See Ginzburg, Carlo: Spurensicherung [1979], in: Ginzburg, Carlo: Spurensicherungen. Über verborgene Geschichte, Kunst und soziales Gedächtnis, Stuttgart 1988, pp. 78–125.
21 See Herbst, Heinrich: Zur Bedeutung der Arbeits- und Gebrauchsspuren an der Oberfläche von technischem Kulturgut – Beispiele des transparenten und temporären Korrosionsschutzes aus Geschichte und Gegenwart, in: Metalla. Forschungsberichte des Deutschen Bergbau-Museums 4,2, 1997, pp. 63–70, here: p. 68.

From a more general point of view, materials characterize historical eras, for instance in terms of the Wooden or Iron Ages.[22] Just recently, the history of materials (*Stoffgeschichte*) focused on material properties as a key to a comprehensive understanding of culture. Material properties also determine technical and industrial use, as for example in coal-mining or the extraction of sand and limestone for the construction industry.[23] Thus, material properties link objects closely to social history or the history of science and technology.

In looking at objects from a material point-of-view, one must also consider their specific properties in relation to a mixture of different materials. One example is plastic, which is a key-material of the 20th century and an essential part of many tools, machines and consumer products. Its malleability makes designs possible which one could have never thought of a century ago, while its cheapness and availability has replaced other more traditional materials like wood or glass.[24] Nevertheless, our perception of objects depends on our experience and familiarity with certain materials: chairs made of cast iron, cars made of wood or records made of concrete instead of vinyl, seem strange to us. Yet, the reason for using specific materials can be different. One has to take their availability and functionality as well as economic factors, fashions and traditions into account. Haptic features such as smooth or rough surfaces or weight are also important.[25]

However, recent theory has fundamentally questioned this material-based semantics and the conceptualization of object and meaning. In brief: It is not only humans, who create objects, but also objects that create humans. Thus, the object as an independent actor comes into view. Already in the 1950s, Gilbert Simondon discussed technical objects and technical systems within certain

---

22 See Radkau, Joachim: Holz. Wie ein Naturstoff Geschichte schreibt, München 2012, p. 23.
23 See Kaiser, Marion: „Freilich ist die Industrie oft ein Feind der Romantik – erstere aber gewinnbringend." Konflikte durch den Kalksteinabbau an der Lahn, in: Der Anschnitt 67, H. 1, 2015, pp. 15–26; Thorade, Nora: Gute Kohle – Schlechte Kohle. Die Möglichkeiten der Stoffgeschichte für die Montangeschichte am Beispiel der Steinkohle, in: Der Anschnitt 71, H. 2-3, 2019, pp. 76–92; Thorade, Nora: Das schwarze Gold. Eine Stoffgeschichte der Steinkohle im 19. Jahrhundert, Paderborn 2020 (= Geschichte der technischen Kultur 10).
24 There are only few studies referring to the history of plastics from a material point of view. An exception is: Waentig, Friederike: Kunststoffe in der Kunst. Eine Studie unter konservatorischen Gesichtspunkten, Petersberg 2004.
25 See Friedel, Robert: Some Matters of Substance, in: Lubar, Steven/Kingery, W. David (Eds.), History from Things. Essays on Material Culture, Washington/London 1993, pp. 41–50; Friedel, Robert: A material world. An exhibition at the National Museum of American History, Washington 1988.

social and cultural milieus in which they emerge quite independently.[26] In this approach inspired by cybernetics, technical objects adapt like "individuals" to their technical and social world, regulated and controlled by humans only from a distance.

There is a small step from regarding objects as independent beings to the actor-network theory founded by Bruno Latour in the 1980s.[27] Here objects act as well on their own and stand at eye level with human beings. In short: humans no longer exclusively create objects, but material objects also create humans. Both are set in a network, influencing each other through their specific materiality. A good example of this material approach is copper. Referring to Latour, Prasad Boradkar describes the specific properties of this material. Its malleability and not least its antibacterial effects are essential parts of its "material agency" mutually affecting the skills and working practices of the "human agents", the Indian coppersmiths.[28]

From this point of view, there is no room for the classical anthropocentric concept in terms of ideas and creation, meaning and materiality. Basically the "new materialism" is a critique of man's dominance over nature with all its disastrous effects. Accordingly, Timothy LeCain recently applied the actor-network theory to copper mining in the United States and Japan in the early 20th century, and their impact on the natural environment.[29]

Thus, asking for "speaking" objects in terms of their own, independent language, the answer must be a clear no. Yet, in setting them into a context of written sources and relating them to specific materiality, material practices and other objects they definitely begin to speak. It is at least decisive to keep the ambivalence of meaning and materiality in mind.

---

[26] See Simondon, Gilbert: Du monde d'existence des objets techniques [1958], nouvelle édition revue et corrigée, Paris 2012.
[27] See on Latour: Law/John/Hassard, John (Eds.): Actor Network Theory and After, Oxford 1999.
[28] See Boradkar, Prasad: Agency and Counteragency of materials: A story of copper, in: Atzmon, Leslie/Boradkar, Prasad (Eds.): Encountering Things. Design and Theory of Things, London 2017, pp. 191–201.
[29] See LeCain, Timothy James: The Matter of History. How things create the past, Cambridge 2017.

Mining history and material culture

In recent publications on the history of mining, material objects play – with the exception of mining archaeology[30] of course – a minor role. Mining historians neither reflect on them as sources nor do they focus on mining history from the vantage point of a single object. If one looks, for example, at the four volumes of the *Geschichte des Deutschen Bergbaus* (History of German Mining) the social and economic historical perspective based on archive material and literature dominate.[31] Even descriptions of mining technology refer exclusively to written and pictorial sources, historical drawings and photographs.[32] Looking further back into the 1980s, Gerhard Heilfurth's cultural history of mining develops his theme along the line of popular culture, folklore and photographs without referring to objects as sources of their own.[33]

The question, therefore, is, to what extent can material culture studies offer new perspectives to mining history. In the following, the discussion will focus on four major fields of historical mining collections: objects of knowledge, technical objects, everyday objects and objects of memory.

Objects of knowledge

Mining-models form an essential part of museum exhibitions and collections. The cross-section model of a pneumatic pick hammer or a scale model of a hauling engine, for example, unveil technical details which would otherwise never be recognized. Other than simple and self-explaining tools, modern and highly mechanized technology need a reconstruction in order to explain science and

---

[30] See the arcticle of Thomas Stöllner in this volume, and also the recently published volume on the collections of the Montanhistorisches Dokumentationszentrum: Farrenkopf, Michael/Siemer, Stefan (Eds.): Bergbausammlungen in Deutschland. Eine Bestandsaufnahme, Berlin/Boston 2020 (= Veröffentlichungen aus dem Deutschen Bergbau-Museum Bochum, Nr. 233; = Schriften des Montanhistorischen Dokumentationszentrums, Nr. 36).

[31] See Tenfelde, Klaus/Berger, Stefan/Seidel, Hans-Christoph (Eds.): Geschichte des deutschen Bergbaus, 4 Vols., Münster 2012–2016. See also Drüggemeier, Franz Josef: Grubengold. Das Zeit alter der Kohle von 1750 bis heute, München 2018.

[32] For the role of photographs and other visual representations and images in mining see Siemer, Stefan: Black gold and environmental enemy no. 1. Towards a visual history of coal, in: Berger, Stefan/Alexander, Peter (Eds.): Making Sense of Mining History: Themes and Agendas (= Routledge Studies in Modern History, 54), London 2019, pp. 266–282.

[33] See Heilfurth, Gerhard: Der Bergbau und seine Kultur. Eine Welt zwischen Dunkel und Licht, Zürich 1981.

technology to non-technicians or museum visitors. From this point of view they stand alongside other media like wall charts or stereoscopic slides in explaining technical features of the workplace of the underground miner.[34] Some of these models should be discussed as epistemic objects, since they – as experimental devices – are part of the scientific and technical invention itself; they do not serve to illustrate but stand for scientific knowledge and scientific facts.[35] With regard to mining, one also has to reflect on mining models as historical reconstructions – like lost buildings, factories and collieries – and not least as dioramas, which combine landscape painting with scale models.[36]

Today, historic models are part of the historical collections of universities like the TU Bergakademie Freiberg, museums of science and technology like the Deutsches Museum in Munich or other mining museums.[37] The extensive model collections of the DBM was for the most part a donation of the mining school at Bochum, which transferred parts of its collection no longer in use in the 1920s.[38] Until today, some of those models are in working condition as part of the permanent exhibition.

Quite often, technical models display knowledge in the tension between working practice and theory. This applies, in particular, to models as a three-dimensional interpretation of written knowledge in documents or handbooks, as, for example, in the case of the so-called *Feuermaschine* at Unna-Königborn.[39] The

---

34 See Farrenkopf, Michael: Stereo-Panoramen des Deutschen Bergbau-Museums Bochum. Objekte zur Entdeckung einer authentischen Arbeitswelt des Bergmanns, in: Eser, Thomas et al. (Eds.): Authentisierung im Museum. Ein Werkstatt-Bericht, Mainz 2017, pp. 69–81.
35 See Rheinberger, Hans-Jörg: Über den Eigensinn epistemischer Dinge, in: Hahn, Hans-Peter (Hrsg.): Vom Eigensinn der Dinge. Für eine neue Perspektive auf die Welt des Materiellen, Berlin 2015, pp. 147–162.
36 See Gall, Alexander/Trischler, Helmuth (Eds.): Szenerien und Illusion. Geschichten, Varianten und Potenziale von Museumsdioramen, Göttingen 2016 (= Deutsches Museum. Abhandlungen und Berichte, NF 32), pp. 239–264.
37 See Zaun, Jörg (Ed.): Bergakademische Schätze. Die Sammlungen der Technischen Universität Bergakademie Freiberg, Chemnitz 2015; Fundação Frédéric Velge – Museu Mineiro do Lousal (Ed.): Modelos de Minas do Séc. XIX. Engenhos de Exploração Mineira/Mine Models from the 19th Century. Mining Exploitation Devices, Setubal 2006.
38 See Moitra, Stefan: Das Wissensrevier. 150 Jahre Bergbauforschung und Ausbildung bei der Westfälischen Berggewerkschaftskasse/DMT-Gesellschaft für Lehre und Bildung. Die Geschichte einer Institution, Bochum 2014 (= Kretschmann, Jürgen/Farrenkopf, Michael [Eds.]: Das Wissensrevier. 150 Jahre Westfälische Berggewerkschaftskasse/DMT-Gesellschaft für Lehre und Bildung, Vol. 1), pp. 125 f.
39 See Schäpers, Maria: Bewahrung eines technischen Denkmals in Form eines Modells, online: www.bergbau-sammlungen.de/de/aktuelles/bewahrung-eines-technischen-denkmals-form-eines-modells (19.02.2020).

huge steam engine, built in 1799 in order to pump salt water for the local salt works, was shut down in 1931. Shortly afterwards, the DBM and the Deutsches Museum in Munich proposed plans to preserve the machine, either in situ or to transfer parts of the engine on display to the museum. Due to costs, only a few parts of the machine were transferred to Bochum, the rest was demolished around 1950. Yet, the machine in its peculiar construction was not lost at all. According to existing plans from the 18th century, Bochum commissioned a scale-model of the engine for its permanent exhibition. But this was not just due to lower costs. Building a model offered a good opportunity to refer in detail to the original technical drawings from 1799, instead of exhibiting the much-modified original machine from 1931. Therefore, the model presented in the exhibition today stands for an ideal unaltered machine. One can say, paradoxically, that the model is more authentic than the original.

Models are also part of geological collections, as for example those used for education at the mining school at Bochum from around 1900 to the 1950s, now in the collection of the DBM.[40] Among others, they include large models to visualize the coal deposits of the Ruhr area. Though some of them were shown at industrial exhibitions, these models were primarily used for the geological and geophysical training of the young miners at the Bergschule of the WBK in Bochum. They reflect scientific knowledge about the formation of coal deposits in the Ruhr area as well as the geological research at the Bergschule, one of the leading institutions of its kind in Germany.

In general, models stand inbetween a mining related culture of knowledge and research and a visitor-oriented culture of explication and understanding of science and technology. Unlike tools and machines of mining, they do not reflect working practices but knowledge about mining.

Technical objects

Galleries and collections of mining history often include tools, machines and technical equipment used in extraction, transport and processing. They are part of a much longer tradition of exhibiting science and technology, which began in the mid 19th century, with museums and industrial exhibitions showcasing

---

[40] See Farrenkopf, Michael/Ganzelewski, Michael (Eds.): Das Wissensrevier. 150 Jahre Westfälische Berggewerkschaftskasse/DMT-Gesellschaft für Lehre und Bildung, Vol. 2: Katalog zur Sonderausstellung, Bochum 2014, pp. 482–486.

and explaining the modern industrial world.⁴¹ Here the explanation of original objects and models is based on a one-dimensional narrative of technology, with historical machines and devices as forerunners of today's industry and technology. In this context, working-conditions and aspects of everyday-culture only played a minor role.

At the same time another narrative emerged. As part of a history of progress, historical objects were also highlighted as unique masterpieces of technology, set in the context of inventions and inventors – often with a national and even nationalistic bias. One can refer, for example, to the so-called Otto-Hahn table in the Deutsches Museum Munich or Watson/Cricks model of the double helix in the London Science Museum.⁴² Still today they are presented among other objects in the exhibition galleries as outstanding examples of science and technology, which imbues them with iconic status and the attention of the public. Objects of a similar status are far less well-known in the history of mining. Nevertheless, one can find objects here: the lamp from the early 19th century, for example, which bears the name of its inventor, the chemist Humphry Davy, the pneumatic pick-hammer of the engineer Heinrich Flottmann from around 1900, or the plough system of the mid-20th century, with its inventors Konrad Grebe and Wilhelm Löbbe.⁴³

Yet, turning objects into icons or attributing their invention exclusively to inventors and scientists, seems – with regard to modern and industrialized mining – quite questionable. Large-scale-technology like modern coal mining, often appear in the context of a complex technical system rather than as single inventions. For example, the shaker conveyor or the mining locomotive are part of a comprehensive system of compressed air and electricity underground. According to the historian of electrification, Thomas P. Hughes, inventors are system builders, and "historians are needed to comprehend the complex, multifaceted relations of these systems and the changes that take place in them over time".⁴⁴

---

41 See Trischler, Helmuth: Das Technikmuseum im langen 19. Jahrhundert. Genese, Sammlungskultur und Problemlagen der Wissenskommunikation, in: Graf, Bernhard/Möbius, Hanno (Eds.): Zur Geschichte der Museen im 19. Jahrhundert, Berlin 2006, pp. 81–92.
42 See Rehn-Taube, Susanne: Der Kernspaltungstisch im Deutschen Museum, in: Eser, Thomas et al. (Eds.): Authentisierung im Museum. Ein Werkstatt-Bericht, Mainz 2017, pp. 139–150; de Chadarevian, Soraya: Models and the Making of Molecular Biology, in: de Chadarevian, Soraya/Hopwood, Nick (Eds.): Models. The third dimension of Science, Stanford 2004, pp. 339–368.
43 See Farrenkopf, Michael: "Das Ding mit dem Dingelchen", in: Piorr, Ralf (Ed.): Flottmann. Eine Geschichte des Reviers, Essen 2015, pp. 56–63.
44 See Hughes, Thomas P.: Networks of Power. Electrification in Western Society 1880–1930, Baltimore/London 1983.

This sets the frame for understanding objects as technological innovations within mining history.

Nevertheless, focusing on the material side of mining technology can provide some important insights. New materials like the before mentioned plastics, but also aluminium and steel for machines and working tools replaced older materials and changed mining technology and the workplace of the miner.

Wood is a good example. From early times mining timber was used for coalface and roadway support underground, since it was available in abundance and could easily be worked with simple tools. But progress in mechanized winning and transporting of coal made new materials for roof support necessary. By and by, mining timber was replaced by iron and steel legs or, for the main roads, brickwork by reinforced concrete. At the same time, mine-shafts grew much deeper resulting in an increase of the overburden pressure that could only be handled by steel supports. On the other hand, pre-fabricated elements from steel were much heavier and more difficult to adapt to the specific geophysical and working conditions underground than wood. But other than steel, wood has specific advantages. Since it tended to creak under increasing overburden pressure, it warned miners of imminent danger. Finally, in the 1970s, with the advent of highly mechanized longwall-mining using shield supports, wood at least disappeared from mining underground.

In order to approach mining objects as part of material culture studies, first-of-all one has to set them in the context of archival sources: historical photographs[45] and films show machines and tools under working conditions, while technical drawings, manuals and adverts contextualize them as in the early stages of the invention or as consumer products. Recently, working experiences have also been documented in oral history interviews with special regard to working practices,[46] while even the sounds of mining-machines have been part of systematic recordings.[47]

---

[45] See Kroker, Evelyn/Unverferth, Gabriele: Der Arbeitsplatz des Bergmanns in historischen Bildern und Dokumenten, Bochum 1979; Kroker, Evelyn: Der Arbeitsplatz des Bergmanns in historischen Bildern und Dokumenten, Vol. 2: Der Weg zur Vollmechanisierung, Bochum 1986, and Farrenkopf, Michael: Mythos Kohle. Der Ruhrbergbau in Fotografien aus dem Bergbau-Archiv, Bochum, Münster 2nd edition 2013. For a set of early photographs underground in Upper Silesian coal mining see for example Muzeum Miejskie Zabrze (Ed.): Schwarze Diamanten. Fotografien aus Oberschlesien von Max Steckel (1870–1947), Zabrze 2001.
[46] See Rosswog, Martin: Schichtaufnahmen. Erinnerungen an die Zeche Zollern II/IV, Essen 1994.
[47] See Sounds of Changes, online: www.soundsofchanges.eu/category/mine-pits-minerals/ (24.03.2020), and: Benjamin, Jeffrey: Listening to Industrial Silence: Sound as Artefact, in:

But technical objects are also part of working practices, which allows another point of view. Machines, equipment and working tools were often modified during their lifetime or bear traces of use. Here, modifications of machines are of major interest. During their lifetime, standardized machines and tools would undergo repairs and technical changes according to the specific working conditions underground. Therefore, one has to ask how and to what degree working practices are altered by new machines or, the other way round, to what extent machines are modified in accordance to working experiences in order to adopt them to specific workspaces. In this process of mutual adjustment, mechanical engineering companies and the supply industry are often involved. Modern underground transportation systems, for example, have been developed in close contact with the supply industries.[48]

Everyday objects

Another group of mining objects could be termed as everyday objects.[49] Anonymous and mass-produced, they do not fit into the mainstream of unique and precious museum objects and seldom correspond to written sources. Familiar to everyone, they can designated part of a *Lebenswelt* (lifeworld), not corresponding to any specialized or well-defined working practices.

Nevertheless, it is the elusive meaning of everyday objects which gives them a specific attraction. Since the 1970s, social historians have turned their attention to new fields of history: private life, ordinary people, microhistory, popular culture and the working class.[50] New themes like education, factory work or leisure became predominant among social historians. This led to a shift from a history from above to a history from below, focusing on everyday-life and working

---

Orange, Hilary (Ed.): Reanimating Industrial Spaces. Conducting Memory in Post-Industrial Societies, Walnut Creek 2015 (= Institute of Archaeology Publications, 66), pp. 108–124.
48 See Werner, Claus: Humanisierung durch Rationalisierung: Mockup eines Personenwagens des „Schnellen Personenzugsystems unter Tage SPuT", in: Farrenkopf, Michael/Siemer, Stefan (Eds.): Bergbausammlungen in Deutschland. Eine Bestandsaufnahme, Berlin/Boston 2020 (= Veröffentlichungen aus dem Deutschen Bergbau-Museum Bochum, Nr. 233; = Schriften des Montanhistorischen Dokumentationszentrums, Nr. 36), pp. 379–397.
49 See Ortlepp, Anke/Ribbat, Christoph (Eds.): Mit den Dingen leben. Zur Geschichte der Alltagsgegenstände, Stuttgart 2010; Ruppert, Wolfgang (Ed.): Fahrrad, Auto, Fernsehschrank. Zur Kulturgeschichte der Alltagsdinge, Frankfurt a. M. 1993.
50 See Reulecke, Jürgen/Weber, Wolfhard (Eds.): Fabrik, Familie, Feierabend. Beiträge zur Sozialgeschichte des Alltags im Industriezeitalter, Wuppertal 1978.

experiences. Yet, everyday objects did not just attract social historians. In recent years, historians of technology also focused on them with consumer products like the personal computer or household-equipment or do-it-your-self products becoming part of extensive historical research.[51]

Accordingly, objects were re-evaluated. The preferences and unruly passions of private collectors for candy-wrappers or tea mugs rendered them as no longer destined for the dustbin, but as precious sources for neglected aspects of history.[52] In his seminal book *Rubbish Theory*, Michael Thompson sets this process of re-evaluation of short-lived consumer products against precious and well preserved artwork.[53] Which of those objects finally lasts longest does not depend on their intrinsic value but is defined by fashion and a market for antiquities as well as institutions like museums.

This new attitude changed museum exhibitions and policies of collecting. One of the first museums in Germany with a broad interest in working-class everyday culture was the Ruhrlandmuseum in Essen (today Ruhr Museum). The new permanent exhibition "Arbeit und Alltag" (Work and Everyday Life) opened in 1984 and portrayed the social history of the Ruhr industry around 1900.[54] This pioneering exhibition presented to the public, among other things, the chair of a brakeman (*Steuerstand des Fördermaschinisten*), interiors of working-class kitchens or the former cashier's office desk of the Rheinpreußen colliery in Duisburg.

The new paradigm of everyday culture and related objects soon found its way into other museum exhibitions and collections. In Germany, since the 1980s, the LWL-Industriemuseum (Westphalian State Museum of Industrial Heritage) with its eight former industrial sites, among them three collieries, built up new exhibitions and collections with a strong focus on everyday culture.[55] Another striking example of this new approach – here in the field of science and technology –

---

51 See Heßler, Martina: „Mrs. Modern Woman". Zur Sozial- und Kulturgeschichte der Haushaltstechnisierung, Frankfurt a. M. 2001; Voges, Jonathan, «Selbst ist der Mann». Do-it-yourself und Heimwerken in der Bundesrepublik Deutschland, Göttingen 2017.
52 See Münsterberger, Werner: Collecting, an unruly passion. Psychological perspectives, Princeton 1994.
53 See Thompson, Michael: Rubbish theory. The creation and destruction of value, Oxford 1979.
54 See Borsdorf, Ulrich: Region, Geschichte, Museum, in: Ruhrlandmuseum Essen (Ed.): Die Erfindung des Ruhrgebiets. Arbeit und Alltag um 1900, Katalog zur sozialhistorischen Dauerausstellung, Essen 2000, p. 11–30; Reif, Heinz: Reviergeschichte von unten. Überlegungen zur sozialgeschichtlichen Konzeption des künftigen Ruhrlandmuseums, in: Gaehme, Tita/Graf, Karin (Eds.): Rote Erde. Bergarbeiterleben 1870–1920. Film, Ausstellung, Wirklichkeit, Köln 1983, pp. 8–11.
55 See Dommer, Olge/Steinborn, Vera: „... ebenso Maschinen, Möbel und die kleinen Dinge des täglichen Lebens". Sammlungen und Sammlungsgeschichte des Westfälischen Industriemuse-

is the permanent exhibition "Making the Modern World" in the London Science Museum, which opened in 2001. Following a timeline marked with milestones in science and technology, large showcases present everyday and consumer products like the radio, the sewing machine or electric heating. The exhibition of these familiar and mass-produced technical objects form a counterpart to the iconic masterpieces of science and technology also presented there.[56]

The focus on everyday culture is also due to oral history, which has offered new insights into the working and everyday experiences of miners. Here they talk about their working practices underground, their education and changes in mining technology. Recorded since the 1980s, early interviews capture the mid-war generation of miners who started work in the early 20th century and retired with the first wave of modern, full mechanization and automation in the 1960s.[57] This led to a much more extensive project initiated by the Montanhistorisches Dokumentationszentrum (montan.dok) and the Institut für soziale Bewegungen (Institute for social Movements) of the Ruhr Universität Bochum. Here a younger generation of miners is the focus, who have experienced the structural changes in German mining and related industries, the so-called *Strukturwandel*, since the 1960s, which led to the emergence of automation and rationalization, the shutdown of collieries and ultimately to the end of German coal mining in 2018.[58]

Objects of memory

Miners, and especially coal miners, often refer to their own history within institutions like societies and clubs, but also private museums.[59] One can understand

---

ums, in: Westfälisches Industriemuseum/Landschaftsverband Westfalen-Lippe (Hrsg.): Schätze der Arbeit. 25 Jahre Westfälisches Industriemuseum, Essen 2004, pp. 46–55.
56 See Boon, Timothy: Making the Modern World, in: History Today, August 2001, pp. 38–45.
57 This for example with former miners of the colliery Zollern in Dortmund: Rosswog, Martin: Schichtaufnahmen (note 46).
58 See Moitra, Stefan/Katarzyna Nogueira/Adamski, Jens: Erfahrung, Erinnerung, Erzählung. Potenziale einer Oral History für die Bergbaugeschichte heute, in: Der Anschnitt 71/2-3, 2019, pp. 93–105.
59 See for Germany Siemer, Stefan: Taubenuhr und Abbauhammer. Erinnerungsobjekte in Bergbausammlungen des Ruhrgebiets, in: Eser, Thomas u.a. (Hrsg.): Authentisierung im Museum. Ein Werkstatt-Bericht, Mainz 2017, pp. 33–44. Since 2017, a website provides a research tool on mining collections and especially private collections run by amateurs in Germany. See www.bergbau-sammlungen.de/ (15.01.2021).

these amateur museums not only as collections of historical mining equipment and memorabilia but also as meeting places for exchanging working experiences or digging deeper into the history of a local colliery. This longing for history, tradition and memory has created a peculiar category: objects of memory. They constitute a quite heterogeneous mixture: flags and uniforms, beer mugs and figures of Saint Barbara carved form coal as well as ashtrays with pictures of collieries, personal working tools and objects of sport and leisure. Beyond their materiality they are foremost related to memories and stories of their former owners.

Yet, it is difficult to describe their characteristics. On the one hand, they reflect and illustrate the collective memory of miners and their families as a social group with shared memories and traditions. On the other hand, they refer to individual memories related to workplaces and the handling of tools and machines or everyday experiences of households, sport and leisure. Either related to collective or personal memories, objects of memory stand for a new approach to mining history, opening the field to a much broader understanding of science and technology as part of social history and everyday culture.

In our context, those related to collective memories are of special interest since they are often products of a memory-industry,[60] which designs, manufactures and distributes them.[61] Private collections and museums showcase replicas of the classical Davy-lamp, reflecting sentiments about the "golden" days of the coal mining industry – not to mention the hundreds of mine cars placed in public spaces in the Ruhr area, sometimes with inscriptions in memory of the closure of a local colliery or decorated with flowers. Like the so-called originals in the museum collections, these objects can claim an authenticity of their own since they depend on stories told about the past and narratives attributed to them.[62] Therefore, it's not surprising that museums have recently become aware of these objects as reflecting a collective memory of mining, as for example with coal ceramics.[63]

In addition to that, memory objects are often set in a frame of performative practices. The black gala uniforms of miners, for example, the *Knappenuniform*,

---

60 See Berger, Stefan/Niven, Bill (Eds.): Writing the History of Memory, London 2014.
61 See Osses, Dietmar/Weißmann, Lisa (Eds.): Revierfolklore. Zwischen Heimatstolz und Kommerz. Das Ruhrgebiet am Ende des Bergbaus in der Populärkultur, Begleitbuch zur Ausstellung, Essen 2018.
62 Saupe, Achim: Analysing Authentication and Authorisation Processes in Cultural Heritage and the Museum, in: Kimmel, Dominik/Brüggerhoff, Stefan (Eds.): Museen – Orte des Authentischen/Museums – Places of Authenticity. Beiträge internationaler Fachtagungen des Leibniz-Forschungsverbundes Historische Authentizität in Mainz und Cambridge, Mainz 2020, pp. 38 f.
63 See the article of Lisa Egeri in this volume.

worn on festivities and parades such as the Barbara Day of 4th December,[64] refer to pre-modern clothing and mining parades and evoke the splendor and riches of ore mining in the Harz and Freiberg regions in the 16th and 17th centuries. Quite curiously, those medieval and early modern traditions of mining were transferred to industrial coal mining in the Ruhr area in the mid-20th century without any prior local traditions. It is thus an object-based invention of tradition and an imagination of a historical past periodically reenacted.[65]

As with objects referring to collective memories and traditions, those connected to personal memories have also found their way into museum collections, due to a new awareness of social history, devoted to everyday items and their related stories. Since they essentially depend on personal memories, it is necessary to collect both: the objects as well as the memories. Since the 1980s, museums have developed recording techniques in order to use interviews with former miners for exhibitions and as part of documentation work. Personal records such as these obviously affect traditional fields of mining collections. They constitute starting points for exploring working practices underground with a strong bias towards everyday experiences.

Conclusion

Especially with regard to science and technology, material culture studies offers a wide spectrum of several well-documented case studies and/or object related theories. In Germany, this is also due to a rapidly growing network of university collections, which offer historians access to objects, discussion forums and publications. Meanwhile, one can find material culture studies as part of the university curriculum in history – such as in the so-called *Objektlabor* (Object-Laboratory) at the Humboldt-University Berlin[66] or the Research Institute for the History of

---

64 See about reenactment Dannehl, Karin: Object biographies. From production to consumption (note 16), p. 179; Lange, Thomas: Jeremy Dellers Battle of Orgreave. Gesellschaftsformierende Aspekte von Kunst im Konglomerat der Geschichte, in: Krankenhagen, Stefan/Vahrson, Viola (Eds.): Geschichte kuratieren. Kultur- und kunstwissenschaftliche An-Ordnungen der Vergangenheit, Köln/Weimar/Wien 2017, pp. 123–137.
65 See the article of Anissa Finzi and Maria Schäpers in this volume.
66 See Hennig, Jochen: Infrastrukturen als Voraussetzung forschender Sammlungspraxis: Zum Konzept eines Objektlabors für die Sammlungen der Humboldt-Universität zu Berlin, in: Farrenkopf, Michael/Siemer, Stefan (Eds.): Perspektiven des Bergbauerbes im Museum: Vernetzung, Digitalisierung, Forschung, Berlin/Boston 2020 (= Veröffentlichungen aus dem Deutschen Berg-

Science and Technology of the Deutsches Museum in Munich,[67] the Technische Universität Bergakademie Freiberg,[68] and the Ruhr-Universität Bochum in collaboration with montan.dok.[69]

The history of mining can benefit from the efforts mentioned so far. Objects should be regarded not only as part of a fragmentized everyday work of documentation, but as part of a comprehensive research project in order to re-evaluate them as an integral part of mining history. The following findings first presented at the conference "Materielle Kulturen des Bergbaus – Material Cultures of Mining" in 2019 at montan.dok can be seen as a contribution to this ongoing process. Due to the international character of the conference, the articles are presented here in different languages: German, English and French. The reader will find an abstract of each article translated in German or English respectively at the end of the volume.

---

bau-Museum Bochum, Nr. 235; = Schriften des Montanhistorischen Dokumentationszentrums, Nr. 37), pp. 247–262.
[67] See for more information online www.deutsches-museum.de/forschung/das-forschungsinstitut/ (18.01.21).
[68] For Freiberg see the article of Andreas Benz in this volume.
[69] See www.ruhr-uni-bochum.de/boscol/sammlung-montan.html (18.12.21).

Wissensobjekte

Michael Farrenkopf
Run auf die Objekte!? – Das gemeinsame Erforschen und Sammeln von Bergbauobjekten zwischen Plädoyer und Praxis

Einleitung

Der Begriff „Materielle Kultur" bezeichnet nach einer Definition von Andreas Ludwig die Summe aller kulturell besetzten Einzelobjekte.¹ Dazu zählen auch all jene, die der Bergbau oder allgemeiner das Montanwesen seit Jahrtausenden hervorgebracht hat und die heute im Falle ihrer Überlieferung zwar nicht allein, jedoch häufig in Museen verwahrt werden. Eines davon ist das Deutsche Bergbau-Museum Bochum (DBM) als Leibniz-Forschungsmuseum für Georessourcen, innerhalb dessen das Montanhistorische Dokumentationszentrum (montan.dok) die zentrale sammlungsbezogene Forschungsinfrastruktur bildet. Mit Blick auf den Umgang mit den materiellen Überlieferungen des Bergbaus kommt dort dem seit einigen Jahren betriebenen und von der RAG-Stiftung geförderten Vorhaben „montan.dok 21. Überlieferungsbildung, Beratungskompetenz und zentrale Serviceeinrichtung für das deutsche Bergbauerbe" eine besondere Bedeutung zu.²

Einerseits geht es dabei um die Optimierung der sammlungsbezogenen Forschungs- und Informationsinfrastruktur und den konsequenten weiteren Ausbau des montan.dok zur zentralen Serviceeinrichtung für das deutsche Bergbauerbe. Andererseits widmet sich das Projekt durch umfangreiche Erschließungs- und Verzeichnungsarbeiten an den eigenen Beständen der wissenschaftlichen Erforschung des materiellen Erbes des deutschen Steinkohlenbergbaus. Die historische Objektforschung am DBM wird durch diese Ergebnisse auf eine neue Grundlage gestellt.³ Sicht- und fassbar wird dies unter anderem in wissenschaftlichen

---
1 Vgl. Ludwig, Andreas: Materielle Kultur, Version: 1.0, in: Docupedia-Zeitgeschichte, 30.05.2011, unter: http://docupedia.de/zg/ludwig_materielle_kultur_v1_de_2011; DOI: http://dx.doi.org/10.14765/zzf.dok.2.300.v1 (Stand: 14.07.2020).
2 Vgl. unter: www.bergbaumuseum.de/forschung/forschungsprojekte/projekt-detailseite/montandok-21-ueberlieferungsbildung-beratungskompetenz-und-zentrale-serviceeinrichtung-fuer-das-deutsche-bergbauerbe (Stand: 14.07.2020).
3 Vgl. Farrenkopf, Michael/Siemer, Stefan (Hrsg.): Perspektiven des Bergbauerbes im Museum: Vernetzung, Digitalisierung, Forschung, Berlin/Boston 2020 (= Veröffentlichungen aus dem Deutschen Bergbau-Museum Bochum, Nr. 235; = Schriften des Montanhistorischen Dokumentationszentrums, Nr. 37).

Monographien bzw. Dissertationen zu Sammlung und Geschichte der Institution.[4] „montan.dok 21" baut auf dem Vorgängerprojekt „Getrenntes Bewahren – Gemeinsame Verantwortung" auf.[5] Schließlich bündelt die Website bergbausammlungen.de die Ergebnisse und Neuigkeiten aus beiden Projekten:[6] Neben rein wissenschaftlichen Fakten und der digitalen Durchsuchbarkeit von materiellem Sammlungsgut gehört zum Forschungsprojekt „montan.dok 21" auch das Feld der Wissenschaftskommunikation. Deshalb arbeitet auf diesen Seiten ein Redaktionsteam aus wissenschaftlichen und archivarischen Mitarbeitenden gemeinsam daran, aktuelle Servicehinweise ebenso zur Verfügung zu stellen, wie z. B. mit dem „Objekt des Monats" bzw. dem „Fund des Monats" Einblicke in die Arbeit einer sammlungsbezogenen Forschungsinfrastruktur zu geben. Grundlegend für das montan.dok im Umgang mit den materiellen Überlieferungen des Montanwesens ist mithin ein kollaboratives Verständnis, das aus wissenschaftlicher Warte für das Sammeln und Erforschen von Objekten verstärkt eingefordert worden ist.

---

[4] Vgl. Farrenkopf, Michael: Vom Erbe des deutschen Steinkohlenbergbaus zum mining heritage. Das Projekt „Getrenntes Bewahren – Gemeinsame Verantwortung" als Basis einer Strategie des montan.dok im 21. Jahrhundert, unter Mitarbeit von Michael Ganzelewski und Stefan Przigoda, in: Farrenkopf, Michael/Siemer, Stefan (Hrsg.): Bergbausammlungen in Deutschland. Eine Bestandsaufnahme, Berlin/Boston 2020 (= Veröffentlichungen aus dem Deutschen Bergbau-Museum Bochum, Nr. 233; = Schriften des Montanhistorischen Dokumentationszentrums, Nr. 36), S. 5–120, hier: S. 95–98.

[5] Vgl. ebd. Sowie unter: www.bergbaumuseum.de/forschung/forschungsprojekte/projekt-detailseite/getrenntes-bewahren-gemeinsame-verantwortung-gbgv (Stand: 14.07.2020).

[6] Przigoda, Stefan/Razum, Matthias: Das Portal für das Erbe des deutschen Steinkohlenbergbaus. Ein Beitrag zur digitalen Vernetzung der Bergbausammlungen, in: Farrenkopf, Michael/Siemer, Stefan (Hrsg.): Bergbausammlungen in Deutschland. Eine Bestandsaufnahme, Berlin/Boston 2020 (= Veröffentlichungen aus dem Deutschen Bergbau-Museum Bochum, Nr. 233; = Schriften des Montanhistorischen Dokumentationszentrums, Nr. 36), S. 239–253; Büsch, Wiebke/Przigoda, Stefan: www.bergbau-sammlungen.de – Stand und Perspektiven des Sammlungs- und Informationsportals für das materielle Kulturerbe des deutschen Steinkohlenbergbaus, in: Farrenkopf, Michael/Siemer, Stefan (Hrsg.): Perspektiven des Bergbauerbes im Museum: Vernetzung, Digitalisierung, Forschung, Berlin/Boston 2020 (= Veröffentlichungen aus dem Deutschen Bergbau-Museum Bochum, Nr. 235; = Schriften des Montanhistorischen Dokumentationszentrums, Nr. 37), S. 221–244.

Zum Status des gemeinsamen Erforschens und Sammelns von Bergbauobjekten

Ausgehend von der seit dem Ende des 19. Jahrhunderts engen Beziehung zwischen der Formierung der Technikgeschichte als Wissensdisziplin und der Herausbildung der modernen Technikmuseen mit ihren Objektsammlungen, formulierte unlängst Anne-Katrin Ebert den ebenso programmatischen wie unzweifelhaften Appell: „Ran an die Objekte!"[7] Sie plädierte dabei an Wissenschaftlerinnen und Wissenschaftler in vorrangig technikhistorischen Museen und Universitäten gleichermaßen, den „traditionell guten institutionenübergreifenden Dialog noch mehr zu intensivieren und einen gemeinsamen Fokus auf die Forschung an den Objekten und die musealen Objektsammlungen zu legen".[8] Ihr dezidiertes Ansinnen war es, „die Lust auf die Auseinandersetzung mit der materiellen Kultur zu wecken und insbesondere auf das Sammeln und die Sammlungspflege als fundamentale Bestandteile der Wissensproduktion aufmerksam zu machen."[9]

Weil – so Ebert – „eine intensive Zusammenarbeit zwischen Universitäten, Forschungsinstitutionen und Museen" vorhanden ist, „bei der die museale Arbeit in ihrem Spannungsfeld des ‚Deponierens und Exponierens' als gemeinsame Aufgabe erkannt und diskutiert" werde, kann darin die Grundlage für die Forschung an Objekten und zugleich eine Art Wettbewerbsvorteil insbesondere der akademischen Teildisziplin Technikgeschichte gesehen werden. Dies sei schließlich im gegenwärtigen Boom der materiellen Kulturforschung eine besondere Qualität, erleichtere dies doch das intime, interdisziplinäre Forschen unmittelbar mit dem Objekt (Abb. 1).[10]

Das mit guten Gründen vorgetragene Plädoyer für das Sammeln materieller Kultur als eine grundlegende, das Denken mit und über Objekte bestimmende Form der Wissensproduktion soll im Folgenden auf die Sphäre des Bergbaus bezogen und zugleich in einigen ausgewählten Punkten kritisch reflektiert werden. Dabei ist zunächst unverkennbar, dass gerade der Impetus der in der Einleitung zu diesem Beitrag genannten Projekte sich einem solchen Verständnis in höchstem Maße zu- und einordnen lässt. Eine derart intensive Beschäftigung

---

7 Ebert, Anne Katrin: Ran an die Objekte! Ein Plädoyer für das gemeinsame Erforschen und Sammeln von Objekten in technischen Museen, in: Heßler, Martina/Weber, Heike (Hrsg.): Provokationen der Technikgeschichte. Zum Reflexionszwang historischer Forschung, Paderborn 2019, S. 229–258.
8 Zit. ebd., S. 229.
9 Zit. ebd., S. 231.
10 Zit. ebd.

Abb. 1: Materialkundliche Forschung an Objekten des DBM/montan.dok, 03.04.2020

mit den zum Teil bereits weit vor der Gründung des DBM im Jahr 1930 angelegten musealen Objektsammlungen hat sicher über Jahrzehnte in Bochum aus ganz verschiedenen Gründen nicht stattgefunden.[11]

Hierfür gibt es zunächst allgemeinere, über die Sphäre des Bergbaus hinausreichende Gründe, die auch Ebert ins Feld führt. Mit dem Sammeln, Bewahren und Erforschen von Objekten werden bis heute in der Definition des International Council of Museums (ICOM) aus dem Jahr 2007 drei von insgesamt fünf musealen Kernaufgaben umschrieben.[12] Sie bilden in gewisser Weise die Grundlage für das Ausstellen und Vermitteln als den weiteren Kernaufgaben, wobei Museen am ehesten mit den letztgenannten in der öffentlichen Wahrnehmung assoziiert werden. Vielleicht ist auch gerade für die acht Forschungsmuseen der Leibniz-

---

[11] Vgl. Ganzelewski, Michael: Die Musealen Sammlungen im Montanhistorischen Dokumentationszentrum: Entwicklung und Perspektiven, in: Farrenkopf, Michael/Siemer, Stefan (Hrsg.): Perspektiven des Bergbauerbes im Museum: Vernetzung, Digitalisierung, Forschung, Berlin/Boston 2020 (= Veröffentlichungen aus dem Deutschen Bergbau-Museum Bochum, Nr. 235; = Schriften des Montanhistorischen Dokumentationszentrums, Nr. 37), S. 51–67.

[12] Vgl. unter: https://icom-deutschland.de/de/nachrichten/147-museumsdefinition.html (Stand: 14.07.2020).

Gemeinschaft in Deutschland die programmatische Formel „Kein Museum ohne Forschung, keine Forschung ohne Sammlung" besonders konstitutiv.[13]

Insofern ist in den einleitend genannten Projekten nicht nur erstmals ein deutschlandweiter Überblick über die Orte und Strukturen der Sammlung materieller Kulturen des Steinkohlenbergbaus geschaffen worden.[14] Es ist ferner eine bedeutende Zahl an Objektbeständen des montan.dok mit den heute gängigen Formen digitaler Präsentation von Sammlungen und Objekten in Online-Datenbanken völlig neu erschlossen und zugleich ein intensiver Diskurs über die Systematik der Sammlungsdokumentation geführt worden, der auch zukünftig fortzusetzen ist. Dieses korrespondiert allgemein mit einem sich im Verlauf etwa der letzten 20 Jahre verändernden Arbeitsprofil der Museumskuratorinnen und -kuratoren hin zu einer wesentlich transparenteren Form der Darbietung der Arbeitsergebnisse in besagten Online-Datenbanken und dem Internet insgesamt.[15]

Dabei steht natürlich auch für das montan.dok die Frage im Raum, inwieweit zumindest perspektivisch mit Hilfe von Social Tagging und Folksonomy bzw. im Zusammenhang mit Citizen Science neue Wissensordnungen gemeinsam mit externen Nutzenden der Objektsammlungen generiert werden können und sollen. Häufig gilt heute ein weit über das Museum hinausreichendes, gemeinschaftliches Indizieren der Objekte, bei dem die Nutzenden der Bestände selbst von ihren Interessen geleitete Begriffe vergeben, als ein besonders attraktiver

---

13 Trischler, Helmuth: Das Forschungsmuseum – Ein Essay über die Position und Bedeutung forschungsorientierter Museen in der Wissensgesellschaft, in: Brüggerhoff, Stefan/Farrenkopf, Michael/Geerlings, Wilhelm (Hrsg.): Montan- und Industriegeschichte. Dokumentation und Forschung, Industriearchäologie und Museum. Festschrift für Rainer Slotta zum 60. Geburtstag, Paderborn u. a. 2006, S. 587–604; Graf, Bernhard/Leinfelder, Reinhold/Trischler, Helmuth: Forschen – Museen als Orte der Wissensproduktion, in: Graf, Bernhard/Rodekamp, Volker (Hrsg.): Museen zwischen Qualität und Relevanz. Denkschrift zur Lage der Museen, Berlin 2012 (= Berliner Schriften zur Museumsforschung, Bd. 30), S. 103–114.
14 Siemer, Stefan: Die Erfassung der Vielfalt. Museen und Sammlungen zum Steinkohlenbergbau in Deutschland, in: Farrenkopf, Michael/Siemer, Stefan (Hrsg.): Bergbausammlungen in Deutschland. Eine Bestandsaufnahme, Berlin/Boston 2020 (= Veröffentlichungen aus dem Deutschen Bergbau-Museum Bochum, Nr. 233; = Schriften des Montanhistorischen Dokumentationszentrums, Nr. 36), S. 121–158.
15 Gesser, Susanne u. a. (Hrsg.): Das partizipative Museum: Zwischen Teilhabe und User Generated Content. Neue Anforderungen an kulturhistorische Ausstellungen (= Schriften zum Kultur- und Museumsmanagement), Bielefeld 2012; Schoder, Angelika: Digitalisierung im Museum: Die Chance auf eine strukturelle Transformation. Die Digitalisierung in Museen und in Kulturinstitutionen bedeutet auch die Chance, eine strukturelle Transformation auf den Weg zu bringen (02.08.2017), online unter: https://musermeku.org/digitalisierung-in-museen (Stand: 14.07.2020).

Weg zur Öffnung der Sammlungsbestände für die breite Öffentlichkeit.[16] Ob das allerdings letztlich die Überwindung traditioneller, von Experten und Expertinnen entwickelter Thesauri und kontrollierten Vokabularen bedeuten wird oder gar sollte, die ja in Anlehnung an die Technikwissenschaften zur Verschlagwortung in den technischen Museen – und so auch im DBM – angewandt wurden bzw. werden, wäre vielleicht gerade im stärkerem Zusammenhang mit der universitären Forschung einmal zu besprechen und auszuloten.[17]

Neben der Initiative „Bochum Scientific Collections" – BOSCOL – mit der Ruhr-Universität auf lokaler Ebene (Abb. 2) bietet sich dafür wohl vor allem das Netzwerk für wissenschaftliche Universitätssammlungen in Deutschland als geeignete Plattform an.[18] Das montan.dok ist seit langem ein aktiver Partner von BOSCOL, darüber hinaus hat es mehrfach die Belange bergbaubezogener Sammlungen auch im nationalen Netzwerk für wissenschaftliche Universitätssammlungen aktiv eingebracht und davon profitiert. Allerdings – und dies bestimmt die Wahrnehmung aus der musealen Praxis in gewissem Gegensatz zum Plädoyer von Anne-Katrin Ebert – bleiben die geschilderten Belange von gemeinsamer Erforschung und Sammlung von Objekten bislang doch ganz wesentlich auf die Museum Community beschränkt. Mehrheitlich sind doch ganz offensichtlich Museen in universitären Seminaren zumeist auf die Funktion von Ausstellungsbesuchen limitiert, geschweige denn, dass die historische Objektforschung sowie die Vielschichtigkeit der musealen Aufgaben inklusive und gerade des Sam-

---

16 Bertram, Jutta: Social Tagging – Zum Potential einer neuen Indexiermethode, in: Information: Wissenschaft und Praxis 60, 2009, Nr. 1, S. 19–26; Wiederkehr, Stefan: Forschen mit Vielen. Partizipative Strategien für die Sammlungsarbeit, in: Hierholzer, Vera (Hrsg.): Knotenpunkte. Universitätssammlungen und ihre Netzwerke. 10. Sammlungstagung/7. Jahrestagung der Gesellschaft für Universitätssammlungen e.V., 13.–15. September 2018, Johannes Gutenberg-Universität Mainz, Dokumentation, Mainz 2019, S. 55–57; online unter: http://doi.org/10.25358/openscience-158 (Stand: 14.07.2020).
17 Werner, Claus: Von Abbauhammer bis Zylinderkappe. Sammlungsklassifikation und Objektnamenthesaurus zur Bergbautechnik am Deutschen Bergbau-Museum Bochum, in: Farrenkopf, Michael/Siemer, Stefan (Hrsg.): Perspektiven des Bergbauerbes im Museum: Vernetzung, Digitalisierung, Forschung, Berlin/Boston 2020 (= Veröffentlichungen aus dem Deutschen Bergbau-Museum Bochum, Nr. 235; = Schriften des Montanhistorischen Dokumentationszentrums, Nr. 37), S. 69–81.
18 Schulz, Stefan/Brix, Manfred/Ganzelewski, Michael: Objektkompetenz vermitteln im interdisziplinären Netzwerk: boscol.de, in: Hierholzer, Vera (Hrsg.): Knotenpunkte. Universitätssammlungen und ihre Netzwerke. 10. Sammlungstagung/7. Jahrestagung der Gesellschaft für Universitätssammlungen e.V., 13.–15. September 2018, Johannes Gutenberg-Universität Mainz, Dokumentation, Mainz 2019, S. 98; online unter: http://doi.org/10.25358/openscience-158 (Stand: 14.07.2020).

Abb. 2: Einladung zu einer Gemeinschaftsausstellung des Netzwerks „Bochum Scientific Collections" (BOSCOL), 01.10.2015

melns materieller Kultur zum Gegenstand von universitärer Lehre und Forschung gemacht werden.[19]

Neben den allgemeineren Bezügen gibt es natürlich einen zweiten, viel stärker auf die Entwicklung der eigentlichen Branche des Bergbaus in Deutschland bezogenen Wirkkomplex, der in den letzten Jahren die Wahrnehmung über die historische Wertigkeit materieller Kulturen des Bergbaus wesentlich beein-

---

[19] Eher als Ausnahme siehe den Beitrag von Andreas Benz in diesem Band.

Abb. 3: Bundespräsident Frank-Walter Steinmeier bei seiner Rede anlässlich der offiziellen Abschlussfeier für den deutschen Steinkohlenbergbau auf dem Bergwerk Prosper-Haniel, Bottrop, 21.12.2018

flusst hat. Dies ist der Umstand, dass Ende 2018 der aktive deutsche Steinkohlenbergbau auf gesetzlicher Grundlage endgültig eingestellt worden ist (Abb. 3). Dieser Prozess war und ist besonders innerhalb der einstigen Montanregion des Ruhrgebiets nicht nur mental zu verarbeiten. Er hat zugleich in den letzten Jahren zu einer geänderten Wahrnehmung gegenüber der dringlichen Sicherung von Bergbauobjekten als Zeugnissen materieller Kultur geführt, mithin die Notwendigkeit eines planvollen aktiven Sammelns vor Augen geführt und letztlich wohl auch eine Art „Run auf die Objekte" ausgelöst. Hieran war auch das DBM mit dem Projekt „Materielles Gedächtnis des modernen Steinkohlenbergbaus" intensiv beteiligt.[20] Wichtig ist es dabei zu betonen, dass dieser Prozess neben den eingangs geschilderten, von der RAG-Stiftung geförderten Projekten steht, da sich jene eben allein auf den bereits historisch erwachsenen Sammlungsbestand des DBM/montan.dok beziehen.

---

[20] Farrenkopf, Michael: Das materielle Technikerbe des modernen Steinkohlenbergbaus, in: Deutsches Bergbau-Museum Bochum (Hrsg.): Jahresbericht 2018, Bochum 2019, S. 88–89.

Das Vorhaben „Materielles Gedächtnis des modernen Steinkohlenbergbaus"

Innerhalb des DBM ist 2014 ein Projekt gestartet worden, das sich mit der Sicherung des materiellen technischen Erbes des modernen Steinkohlenbergbaus zugunsten einer langfristigen Bewahrung dieser Objekte unter musealen Standards beschäftigt. Als materielle Überlieferung des deutschen Steinkohlenbergbaus im Sinne des mobilen Kulturerbes der Montanindustrie sind diese Objekte fast ausschließlich im Verlauf der letzten etwa 40 Jahre entstanden. Aus bestimmten Gründen hat das montan.dok dafür zum Teil unter hohem organisatorischem Druck und in engen Zeitfenstern eine neue Sammlungsstrategie entwickeln müssen. Hierbei musste es sich häufig und auf ganz vielen Ebenen den gleichen, teils komplexen und schwierigen Fragen stellen, die beispielsweise in den vom UNIVERSEUM – European Academic Heritage Network[21] erarbeiteten „Selection criteria for recent material of science at universities" als Handlungsempfehlungen formuliert sind.[22]

Der deutsche Steinkohlenbergbau unterlag insbesondere in seinen gesamtwirtschaftlich bestimmenden westdeutschen Revieren (Ruhr, Saar, Aachen und Ibbenbüren) seit den späten 1950er-Jahren einem krisenbedingten Anpassungsprozess.[23] Dieser hat einerseits zu einem sukzessiven Kapazitätsabbau mit der Stilllegung von Bergwerken geführt, ist andererseits aufgrund eines kontinuierlichen Zwangs zur Rationalisierung aber auch von einem stetigen Fortschritt im Bereich der bergbaulichen Maschinentechnik geprägt gewesen. Sowohl aufgrund der geologischen Voraussetzungen als auch auf Basis der seit dem Zweiten Weltkrieg gegebenen Mechanisierungsschübe waren die technischen Aggregate in der Regel derart komplex dimensioniert, dass in Bezug auf einen musealen Sammlungsauftrag mehrheitlich von so genannter Großtechnik gesprochen werden kann.[24]

---

21 Vgl. unter: www.universeum-network.eu (Stand: 05.10.2019).
22 Vgl. unter: https://wissenschaftliche-sammlungen.de/files/5013/8961/6721/Universeum-Selection-criteria-recent-heritage-2013.pdf (Stand: 14.07.2020).
23 Farrenkopf, Michael: Wiederaufstieg und Niedergang des Bergbaus in der Bundesrepublik Deutschland, in: Ziegler, Dieter (Hrsg.): Rohstoffgewinnung im Strukturwandel. Der deutsche Bergbau im 20. Jahrhundert, Münster 2013 (= Geschichte des deutschen Bergbaus, Bd. 4), S. 183–302.
24 Bleidick, Dietmar: Bergtechnik im 20. Jahrhundert: Mechanisierung in Abbau und Förderung, in: Ziegler, Dieter (Hrsg.): Rohstoffgewinnung im Strukturwandel. Der deutsche Bergbau im 20. Jahrhundert, Münster 2013 (= Geschichte des deutschen Bergbaus, Bd. 4), S. 355–411.

Als ursprünglich im Wesentlichen von der Bergbauindustrie im Jahr 1930 gegründetes Museum, das erst in den 1970er-Jahren in die Forschungsförderung durch Bund und Land aufgenommen worden ist, gehörte das DBM lange in die Riege der so genannten klassischen technikhistorischen Museen wie etwa das Deutsche Museum in München oder die wenig später entstandenen Pendants in Wien und Prag.[25] Dies hatte zur Folge, dass in Bochum von Beginn an – und in der Sammlungsgenese zum Teil bis weit in das 19. Jahrhundert zurückreichend – vor allem eine bergtechnische Sammlungstradition bestand, die sich in sehr breiter Repräsentanz von Objekten an einem typologischen Muster der verschiedenen, aufeinander bezogenen bergbaulichen Funktionsbereiche ausrichtete. Gemeint sind hier, ohne in Details einsteigen zu können, z. B. der Schachtbau und die Schachtförderung, die Aus- und Vorrichtung des Grubengebäudes, die eigentliche Gewinnungstechnik bis hin zur Aufbereitung der geförderten Rohstoffe.[26]

Es war insbesondere der eben gekennzeichnete Übergang zur komplexen Großtechnik, der innerhalb des DBM während der 1970er-Jahre dazu führte, dass die geschilderte Sammlungsstrategie im Bereich der Bergtechnik an ihre Grenzen stieß und seither nur sehr defizitär weiterverfolgt werden konnte. Während auf Seiten des Museums wegen des immensen Größenzuwachses der potentiellen Objekte keine adäquaten Depotbedingungen vorhanden waren bzw. geschaffen werden konnten, reduzierte sich aufgrund der häufig im Millionenbereich liegenden Anlagenwerte zugleich die Bereitschaft der Bergbauindustrie, diese als Sammlungsobjekte an das Museum abzugeben. Lediglich in engen Grenzen konnten Kompensationen erreicht werden, indem sehr ausgewählte und unter bestimmten Gesichtspunkten als besonders signifikant eingestufte großtechnische Objekte im Anschauungsbergwerk des DBM eingebaut wurden (Abb. 4).[27]

Bei einem Aufkommen von in der Regel sechsstelligen Besucherzahlen pro Jahr

---

25 Slotta, Rainer (Hrsg.): 75 Jahre Deutsches Bergbau-Museum Bochum (1930 bis 2005). Vom Wachsen und Werden eines Museums, 2 Bde., Bochum 2005; ferner: Farrenkopf, Michael: „Entwicklung der Industrie in geschlossener Darstellung" – Zur Gründung des Bochumer Bergbau-Museums im Jahr 1930 als späterem Leibniz-Forschungsmuseum, in: Adamski, Jens u. a. (Hrsg.): Forschung, Kultur und Bildung. Wissenschaft im Ruhrgebiet zwischen Hochindustrialisierung und Wissensgesellschaft, Essen 2021 (= Schriftenreihe des Instituts für Stadtgeschichte Gelsenkirchen, Bd. 22), S. 205–223.
26 Farrenkopf, Michael: Vom Erbe des deutschen Steinkohlenbergbaus zum mining heritage (s. Anmerkung 4).
27 Farrenkopf, Michael: Das Anschauungsbergwerk als dioramatische Großinszenierung, in: Gall, Alexander/Trischler, Helmuth (Hrsg.): Szenerien und Illusion. Geschichte, Varianten und Potenziale von Museumsdioramen, Göttingen 2016 (= Deutsches Museum, Abhandlungen und Berichte, Neue Folge, Bd. 32), S. 239–264.

Abb. 4: Bergbauliche Großtechnik im Anschauungsbergwerk des DBM, 08.01.2018

und anspruchsvollen klimatischen Verhältnissen sind dort allerdings keine Verwahrbedingungen gegeben, die grundsätzlich modernen Standards einer heutigen präventiven Konservierung entsprechen. Letztlich muss konstatiert werden, dass aufgrund der geschilderten Bedingungen für die moderne Bergtechnik des Steinkohlenbergbaus bis vor kurzem ein Verlust dieses materiellen Erbes in Größenordnungen drohte, wie sie auch in den Selection criteria für das materielle Erbe der Wissenschaft an Universitäten geschätzt werden, nämlich 80 bis 95 %.[28]

Diese Situation hat sich erst in den letzten Jahren geändert. Das liegt vor allem daran, dass die bevorstehende Schließung der letzten deutschen Steinkohlenbergwerke Ende 2018 eine Vielzahl von wirtschaftlichen und gesellschaftspolitischen Kräften dazu motiviert hat, angesichts einer mental aufgeladenen und durch das konkrete Datum vorempfundenen generellen Verlusterfahrung die

---

[28] Farrenkopf, Michael: Strategien für die Sammlung eines Materiellen Gedächtnisses des modernen Steinkohlenbergbaus, in: Zaun, Jörg/Vincenz, Kirsten (Hrsg.): Zwischen Kellerdepot und Forschungsolymp. Dokumentation der Diskussionspanels der 7. Sammlungstagung vom 17. bis 19. September 2015 an der TU Bergakademie Freiberg und der TU Dresden, Freiberg/Dresden 2016, S. 17–21, hier: S. 18; zugleich online unter http://nbn-resolving.de/urn:nbn:de:bsz:105-qucosa-213282 (Stand: 14.07.2020).

Sicherung des materiellen Erbes proaktiv zu wenden. Dabei war es neben Bund und Land NRW als den Zuwendungsgebern des DBM vorrangig die RAG-Stiftung, die dem Museum seit 2014 Finanzmittel in zweistelliger Millionenhöhe zur Verfügung gestellt hat, um das Museum mittels eines umfangreichen und tiefgreifenden Restrukturierungsprozesses unter dem Titel „DBM 2020" neu für die Zukunft in der so genannten Phase des „Nachbergbaus" auszurichten. Neben der baulichen Ertüchtigung des eigentlichen Museumsgebäudes sowie der Erarbeitung einer vollständig neuen Dauerausstellung – letzteres ist seit dem Sommer 2019 erfolgreich abgeschlossen[29] – war und ist hier als ein weiterer Prozessschritt der Bau eines externen, integrierten Forschungs- und Depotgebäudes vorgesehen.[30]

Zu Beginn des Prozesses konzentrierten sich die Planungen für die Realisierung des Forschungs- und Depotgebäudes darauf, bis Ende 2019 die Kohlenmischhalle eines Steinkohlenbergwerks im nördlichen Ruhrgebiet hierfür umzuwidmen. Diese Halle überdeckt eine ebenerdige Grundfläche von 16 000 m² bei einer mittleren Deckenhöhe von rd. 32 m. Im Hallenkörper, der als solcher für die Zwecke eines Museumsdepots baulich zu ertüchtigen gewesen wäre, sollte auf etwa einem Drittel der Grundfläche mittels einer Haus-in-Haus-Lösung ein mehretagiges Gebäude mit zahlreichen Magazinen entstehen, die den teils spezifischen Anforderungen einer präventiven Konservierung für bestimmte Objektgattungen entsprechen und allein die bis heute historisch gewachsenen Objektsammlungen des DBM/montan.dok aufnehmen sollten. Die verbleibende Hallenfläche hingegen war vor allem zur ebenerdigen Verwahrung der bislang museal nicht gesammelten bergbaulichen Großtechnik reserviert und sollte sich in ein begehbares Schaudepot verwandeln.[31]

---

[29] Schwunk, Karina/Niederhagemann, Stefan: Eine neue Dauerausstellung entsteht, in: Deutsches Bergbau-Museum Bochum (Hrsg.): Jahresbericht 2018, Bochum 2019, S. 28–31; ferner: Büsch, Wiebke: Deutsches Bergbau-Museum Bochum komplettiert neue Dauerausstellung, Pressemitteilung v. 08.07.2019, online unter: www.bergbaumuseum.de/news-detailseite/pressemitteilung-deutsches-bergbau-museum-bochum-komplettiert-neue-dauerausstellung-vier-rundgaenge-vermitteln-nun-die-welten-des-bergbaus (Stand: 14.07.2020); Dies.: Festveranstaltung anlässlich der neuen Dauerausstellung im Deutschen Bergbau-Museum Bochum, Pressemitteilung v. 09.07.2019, online unter: https://www.bergbaumuseum.de/news-detailseite/pressemitteilung-festveranstaltung-anlaesslich-der-neuen-dauerausstellung-im-deutschen-bergbau-museum-bochum (Stand: 14.07.2020).

[30] Farrenkopf, Michael: „DBM 2020" – Umbauplanungen und ausgewählte Projekte zum Steinkohlenbergbau, in: 6. Geschichtskonvent Ruhr: „Schicht im Schacht" – Planungen zum Ende des deutschen Steinkohlebergbaus, 25. November 2016 (= Forum Geschichtskultur Ruhr 1/2017, Beilage), S. 4–5.

[31] Vgl. Farrenkopf, Michael: Strategien für die Sammlung eines Materiellen Gedächtnisses des modernen Steinkohlenbergbaus (s. Anmerkung 28), S. 17–21.

Abb. 5: Gelände des „Bochumer Westparks", auf dem das integrierte Magazin- und Forschungsgebäude (Bauabschnitt C) des DBM errichtet werden soll, 05.09.2019

Aus einer Reihe von Gründen musste das Projekt insofern angepasst werden als von der Umwidmung besagter Kohlenmischhalle Abstand genommen worden ist. Hingegen ist in wesentlich geringerer Entfernung zum Hauptgebäude des DBM als eigentlichem Ausstellungshaus der vollständige Neubau eines integrierten Magazin- und Forschungsgebäudes mit einem Kostenvolumen von rund 39 Mio. Euro bei Bund und Land NRW durch die Zugehörigkeit des Museums zur Leibniz-Gemeinschaft beantragt worden. Dieser Antrag galt als letzter großer Baustein im Rahmen des Strategievorhabens „DBM 2020".

Das integrierte Magazin- und Forschungsgebäude soll nunmehr auf dem industriekulturell bedeutsamen Gelände des ehemaligen Bochumer Vereins für Bergbau und Gußstahlfabrikation – dem heutigen Bochumer „Westpark" – unweit der Bochumer Jahrhunderthalle, einem Ankerpunkt auf der Route der Industriekultur Ruhr, errichtet werden (Abb. 5).[32] Abseits dieser eher operativen Fragen einer langfristigen Bewahrung sowohl der heutigen musealen Objekt-

---

[32] Vgl. unter: https://www.route-industriekultur.ruhr/standorte-der-route/ankerpunkte/jahrhunderthalle-bochum (Stand: 14.07.2020).

sammlungen des Deutschen Bergbau-Museums Bochum als auch eines potentiellen materiellen Erbes des modernen Steinkohlenbergbaus soll im Weiteren auf die spezifischen sammlungsstrategischen Belange eingegangen werden, mit denen das montan.dok letzteres Projekt begleitet hat.

Kriterien einer musealen Sammlungsstrategie für die Großtechnik des modernen Steinkohlenbergbaus

Ein zentraler Aspekt mit differenzierten Handlungsempfehlungen war in Anlehnung an die eingangs genannten „Selection criteria" stets die Frage: „Do we have space to keep the object?" Dies soll das folgende Beispiel verdeutlichen: Um die in den letzten Jahrzehnten des aktiven deutschen Steinkohlenbergbaus eingesetzten und weitgehend automatisierten Gewinnungsmaschinen zu betreiben, war ein sehr hohes Maß an elektrischer Energie notwendig, das durch eigene technische Einheiten unter Tage passend zur Verfügung gestellt werden musste.[33] Derartige technische Einrichtungen waren in so genannten Energiezügen zusammengefasst, die als aufeinander bezogene Apparatur Längen von mehreren hundert Metern erreicht haben. Schon bei einer Gesamtlänge des ursprünglich geplanten Depots in der Kohlenmischhalle von 250 m war man vor die wichtige Frage gestellt, welche denn die „essential parts" eines solchen Energiezuges sind, die es als museales Objekt im positiven Falle zu bewahren und in die Sammlung zu integrieren gilt.

Wenn derartige Entscheidungen somit schon in Bezug auf die Teilselektion einzelner Objekte getroffen werden müssen, wird verständlich, dass eine Kernmaxime der vom montan.dok entwickelten Sammlungsstrategie lauten musste, nur jeweils ein singuläres Referenzobjekt eines spezifischen Maschinentyps zu sammeln (Abb. 6). Allerdings waren auch hierfür Detailkriterien zu entwickeln, wenn man bedenkt, dass vergleichbare Maschinen – wenn auch mit abnehmender Tendenz – von unterschiedlichen und konkurrierenden Bergbauzulieferfirmen gebaut worden sind bzw. teils durch die Bergwerke als Betreiber aufgrund

---

[33] Farrenkopf, Michael: Logistik im deutschen Steinkohlenbergbau. Ein Mittel zur Steuerung eines effizienten Auslaufprozesses?, in: Ferrum. Nachrichten aus der Eisenbibliothek 88, 2016, S. 94–103.

Abb. 6: „Gruppe C"-Ausbauschild der RAG Aktiengesellschaft als Teil des „Materiellen Gedächtnisses des modernen Steinkohlenbergbaus", 17.06.2020

der spezifischen Lagerstättenverhältnisse den örtlichen Bedingungen auch baulich angepasst wurden.[34]

In diesem Zusammenhang muss weiter darauf hingewiesen werden, dass bei der Entwicklung des Kriterienkatalogs seitens des montan.dok sehr eng mit maßgeblichen operativen Einheiten des Bergbaus zusammengearbeitet worden ist. So ist beispielsweise innerhalb der RAG Aktiengesellschaft, angeregt durch das montan.dok als museale Einrichtung, im Jahr 2014 ein Strategieprojekt unter dem Titel „Sicherung dinglicher Objekte des deutschen Steinkohlenbergbaus" gestartet worden, an dem zwei Mitarbeiter des montan.dok für das DBM direkt beteiligt waren. Der darin tätige Ausschuss hat sich im Auftrag des Unternehmensvorstands in mehreren koordinierten Arbeitsgruppen neben der historisch-fachlichen Ausarbeitung von Listenwerken für sammlungswürdige Objekte auch

---

34 Farrenkopf, Michael/Friedemann, Peter: Les constructeurs de matériel minier dans la Ruhr après 1945: adaptation au marché, efficacité, reconversion, in: Eck, Jean-François/Chélini, Michel-Pierre (Hrsg.): PME et grandes entreprises en Europe du Nord-Ouest XIXe – XXe siècle. Activités, stratégies, performances, Villeneuve d'Ascq 2012, S. 99–116.

darum gekümmert, eine konkrete „Erstsicherung" der Objekte auf den damals noch tätigen Bergwerken zu gewährleisten, Verfahrensrichtlinien für eine kostenneutrale „Absteuerung" der teils mit erheblichen operativen Sachwerten (Weiterverkauf oder materieller Schrottwert) behafteten Maschinen und Apparaturen zu entwickeln und schließlich auch rechtliche Fragen in diesem Zusammenhang zu betrachten.[35]

Zweifelsohne ist dies bei weitem nicht der Regelfall für die Sammlung musealer Objekte. Gleichwohl erscheint es als essenziell, dass Sammlungsstrategien grundsätzlich möglichst weit im operativen Umfeld der Provenienz der Objekte einsetzen sollten. Das montan.dok hat auf diesem Wege beispielsweise auch dafür sorgen können, dass in einem festgelegten Prozess die im Unternehmen allein aus logistischen Erfordernissen sehr umfangreich geführten technischen Dokumentationen ebenso koordiniert übernommen werden konnten. Denn es ist mit Blick auf die unter den selection criteria in Bezug auf die historische Signifikanz von Objekten wichtige Frage „what is the documentation status of the object?" zu betonen, dass gerade die weitgehend automatisierte Technik des Steinkohlenbergbaus in ihrer modularen und gekapselten Form ohne entsprechende Begleitüberlieferungen kaum zu entschlüsseln bzw. zu kontextualisieren ist. Dies wiederum ist eine basale Grundbedingung, um Sammlungsobjekten selbst innerhalb größerer musealer Einrichtungen den Weg in Ausstellungskontexte überhaupt zu ebnen, ihnen mithin also erst einmal die Chance zu eröffnen, mit Hilfe fachlich versierter Kuratoren auch wirklich über die Exposition zu den Stars der Museen zu werden.[36]

Um gerade letzteres für spätere Generationen zu ermöglichen, hat das montan.dok beispielsweise zahlreiche der für die Sammlung bestimmten Objekte, die sich bis Ende 2018 auf den Bergwerken in Betrieb befanden, filmisch in der Art dokumentieren lassen, dass ihre Interaktion im Gesamtsystem eines Bergwerks als technischer Infrastruktur verständlich wird. Dies ist ganz sicher ein wichtiger Baustein für eine umfassende fachliche Dokumentation der Sammlungsobjekte. Es berücksichtigt dabei aber natürlich auch stark die Bedürfnisse eines Museums, das die Sammlungsobjekte nicht nur unter Forschungsgesichtspunkten, sondern auch unter potentiellen Ausstellungs- und Vermittlungsanforderungen betrachtet.

---

35 Vgl. RAG: Projekt: „Sicherung dinglicher Objekte", Abschlussbericht, Herne 30.11.2014 (unveröffentlicht; Exemplar im montan.dok hinterlegt).
36 Vgl. das Programm des Museumstreffens 2018, Ruhr Museum, Essen, 27.09.2018, unter dem Motto „Die Ausstellungsobjekte – sie sind die Stars der Museen", online unter: https://www.museum.de/museumstreffen (Stand: 24.07.2020).

Abb. 7: Blick über Teile der vorrangig bergtechnischen Sammlungen des DBM/montan.dok, 20.04.2020

Der Run auf die Bergbauobjekte – Chancen und Risiken

Das Projekt „Materielles Gedächtnis des modernen Steinkohlenbergbaus" kann bislang durchaus als ein Beispiel dafür gelten, dass unter den geschilderten Sonderbedingungen des Steinkohlenbergbaus in Deutschland ein aktives Sammeln moderner materieller Kulturen des Bergbaus selbst im Bereich der kostenintensiven Großtechnik planmäßig verfolgt und unter wissenschaftlichen Kriterien durchgeführt worden ist (Abb. 7). Dies scheint hinsichtlich des heute oft ungelösten Widerspruchs zwischen dem in Sammlungsstrategien postulierten Anspruch auf ein aktives Sammeln der Objekte und dem häufig in der Praxis vorherrschenden passiven Sammeln, bei dem die Objekte von Privatpersonen oder auch Institutionen bzw. Unternehmen eher zufällig angeboten und dann meist fragmentarisch übernommen werden, besonders erwähnenswert. So besteht bis heute die für den Zusammenhang von Forschung und Sammlung wichtige Chance, nicht allein im Zuge des passiven Sammelns eher zufällig jene von Ingenieuren und Unternehmen angebotenen Objekte langfristig zu sichern, mit denen diese zumeist positivistisch konnotierte technische Entwicklungsschritte und Innovationen verbinden.

Gleichwohl erschien Ende 2019 das Risiko, dass die seinerzeit noch rund 160 Objekte des modernen technischen Erbes des deutschen Steinkohlenbergbaus letztlich doch nicht museal bewahrt werden können, zwischenzeitlich größer denn je. Der „Run auf diese Objekte" hatte deutlich an Geschwindigkeit verloren: Ende 2019 befanden sie sich weiterhin auf einem ehemaligen Zechengelände, von dem sie jedoch kurzfristig weichen mussten. Ein endgültiger Aufnahmeort war weiterhin nicht sicher geklärt, auch weil sich das ursprüngliche Konzept zur Umwidmung der Kohlenmischhalle im Rahmen von „DBM 2020" nicht hatte realisieren lassen. Zudem waren sie prozessbedingt in nicht wenigen Fällen zerlegt worden und für eine museale Bewahrung zwangsläufig wieder zu rekonfigurieren. Dafür waren branchenbedingt jedoch kaum mehr entsprechende Fachleute greifbar. Seitens des Unternehmens, von dem sie stammten und dem sie auch weiterhin gehörten, schwanden aus durchaus nachvollziehbaren und guten Gründen die Möglichkeiten und damit zwangsläufig auch die Bereitschaft, dies mittelfristig im Sinne einer musealen Aufgabe kompensieren zu können und zu wollen. Insofern lag Ende 2019 der Gedanke nahe, ob es möglicherweise nun einer konzertierten Aktion mehrerer, im weitesten Sinne industriekultureller Akteure des Ruhrgebiets bedurfte, diese Aufgabe langfristig abzusichern und zu übernehmen.

Dass die Bereitschaft zur Bewahrung dieser Objekte abseits aller unzweifelhaft damit verbundenen Aufwendungen schwand, mag auch damit zu tun haben, dass bislang ein dezidierter Begründungszusammenhang, sie als materielle Quellen der Forschung zu apostrophieren, nur in sehr engen Grenzen und zumeist allein in einer eher praxisgeleiteten, naturwissenschaftlichen Konservierungs- und Restaurierungsforschung zu formulieren ist. Zwar wurde der Technikgeschichte als Teildisziplin der Geschichtswissenschaften bereits seit der Wende zum 20. Jahrhundert häufig attestiert, sie habe stets eine größere Affinität und konkrete Auseinandersetzung mit Objekten als so genannten Realien bewiesen als andere. Tatsächlich hat die Technikgeschichte als Disziplin diese „Realien" stets höher geschätzt als die humanistisch geprägte Geschichtsschreibung mit ihrer bis heute wohl noch immer in vielen Teilen geltenden Fokussierung auf das Quellenstudium anhand schriftlicher Zeugnisse.[37]

Und letzteres dominiert, lediglich von Ausnahmen abgesehen, auch weiterhin das Feld einer modernen Bergbau- bzw. Montangeschichte wenigstens in ihrem Fokus auf den behandelten Zeitraum seit Beginn der Industrialisierung.

---

37 Vgl. Ebert, Ran an die Objekte! (s. Anmerkung 7), S. 232.

Seit dem Paradigmenwechsel zu einer strukturellen Sozialgeschichte in den 1960/70er-Jahren bildeten Klassenbildungs- und Klassenbewusstseinsprozesse, Streikbewegungen und die Ausformung der industriellen Beziehungen im tripartistischen System von Bergbauunternehmern, Bergarbeitern und dem Staat lange und überzeugend das basale Thesenfundament, auf dem sich die Bergbaugeschichte im Zeitraum der Industrialisierung bis in jüngste Zeit bewegt.[38] Aufgenommen und substantiell differenziert wurde dies seit den 1980er-Jahren durch eine inzwischen disziplinär besonders wirkmächtige Wirtschafts- und Unternehmensgeschichte sowie zumindest in Teilen auch durch eher kulturalistische Zugänge etwa in Form der Mentalitäts- und Alltagsgeschichte. Letztere verdankt sich auch und gerade dem Impetus geschichtskultureller Bewegungen in massiv vom Strukturwandel betroffenen Montanregionen.[39]

Darüber hinaus haben jeweils eine moderne Umwelt- und Technikgeschichte – von einzelnen und verdienstvollen Detailstudien selbstverständlich abgesehen – bis heute weniger zum aktuellen Stand der Bergbau- bzw. Montangeschichte beigetragen. Es überrascht deshalb nicht, wenn jüngste Überblicksdarstellungen zur Geschichte des Bergbaus, insbesondere zuletzt die großangelegte, vierbändige „Geschichte des deutschen Bergbaus", dieses „Forschungssetting" der letzten Jahrzehnte sehr deutlich repräsentieren.[40] Dass schon die Kultur bzw. die Kulturen des Bergbaus als eigenes Thema – von Material Culture Studies einmal ganz abgesehen – hierin eher randständig bzw. ganz überwiegend allein von Rainer Slotta als langjährig verdientem Direktor des DBM behandelt werden, haben Dagmar Kift und andere in ihrer Einleitung zu dem qualitätsvollen Sammelband „Bergbaukulturen in interdisziplinärer Perspektive. Diskurse und Imaginationen" sehr deutlich gemacht.[41]

---

38 Vgl. Tenfelde, Klaus: Sozialgeschichte der Bergarbeiterschaft an der Ruhr im 19. Jahrhundert, 2. Auflage, Bonn 1981; Brüggemeier, Franz-Josef: Leben vor Ort. Ruhrbergleute und Ruhrbergbau 1889–1919, 2. Auflage München 1984.
39 Vgl. Farrenkopf, Michael/Büsch, Wiebke: Zwischen Fördergemeinschaft, Lampenbörse und Zechenchronik: Formen und Konjunkturen einer Public Mining-History im westfälischen Ruhrgebiet, in: Minner, Katrin (Hrsg.): Public History in der Regional- und Landesgeschichte, Münster 2019 (= Westfälische Forschungen, Bd. 69), S. 267–294.
40 Tenfelde (†), Klaus/Berger, Stefan/Seidel, Hans-Christoph (Hrsg.): Geschichte des deutschen Bergbaus, 4 Bde., Münster 2012–2016.
41 Kift, Dagmar u.a. (Hrsg.): Bergbaukulturen in interdisziplinärer Perspektive. Diskurse und Imaginationen, Essen 2018.

Schlussbemerkung

Diesen Faden gilt es aufzunehmen, wobei inzwischen zahlreiche Museen – darunter sicher auch die Technischen Museen und Industriemuseen – dazu übergegangen sind, überkommenen Sammlungsstrategien neue entgegenzusetzen. Hier ist abschließend Anne-Katrin Ebert ausdrücklich zuzustimmen, wenn sie ausführt: „Die Formulierung von Sammlungsstrategien und deren aktive Umsetzung, nicht nur im Rahmen von Ausstellungen, ist eine Herausforderung, die [nur] vordergründig vor allem die Museen betrifft. Sie betrifft aber auch das Selbstverständnis der [Technik-]Geschichte als Disziplin: Welche Erkenntnisinteressen verbinden sich mit den Objekten, welche Objekte und Informationen wollen wir für zukünftige Generationen aufbewahren und was wollen wir über das materielle Erbe der Vergangenheit wissen?"[42]

---

42 Zit. Ebert, Ran an die Objekte! (s. Anmerkung 7), S. 245.

Andreas Benz
Die Historischen Bergbau- und Hüttenmodelle der TU Bergakademie Freiberg und ihr Einsatz in der museologischen Lehre

Einleitung

Der Anstieg empirischen Wissens in den technischen und naturwissenschaftlichen Disziplinen im 19. Jahrhundert erforderte eine zunehmend anspruchsvollere Lehrmethodik, was sich auch in Aufbau und Erweiterung wissenschaftlicher Sammlungen niederschlug. Modelle spielten dabei eine zentrale Rolle. Sie gaben als maßstabsgerechte Muster natürlicher Objekte den Sachverhalt eines Originals in vereinfachter Art wieder und leisteten so als Mittler zwischen Theorie und Praxis einen wichtigen Beitrag zur Lösung von Problemen. Für den Bereich des Montanwesens traf dies in besonderer Weise zu. Originale Maschinen aus dem Bergbau oder Hüttenanlagen konnten vor Ort in ihrer Funktion oft nur schwer nachvollzogen werden, sei es durch die Enge der Grubenbaue oder den von außen nicht sichtbaren Produktionsablauf. Daher waren diese Anlagen oft nur im verkleinerten Maßstab für die Lehre nutzbar. Für die Vermittlung technologischer Zusammenhänge galten stattdessen Modellsammlungen lange Zeit als besonders geeignetes didaktisches Hilfsmittel.

Der Bestand der Bergbau- und Hüttenmodelle der Bergakademie Freiberg umfasst heute etwa zweihundert Objekte, die sich nicht nur durch originalgetreue Fertigung auszeichnen, sondern auch durch ihre Vielfalt. Sie veranschaulichen die verschiedenen Arbeitsprozesse des traditionellen Erzbergbaus, vom Tiefbohren über Grubenausbau, Förderung und Wasserhaltung bis zur Aufbereitung und Verhüttung. Hervorzuheben ist neben Antriebsmodellen wie Hand- und Pferdegöpel, Wasser- und Kehrrädern, Wassersäulen- und Dampfmaschinen sowie Modellen zur Steinkohlengewinnung und -aufbereitung auch der eigenständige Teilbereich der Hüttenmodelle (Abb. 1 und 2).[1]

---

[1] Vgl. Zaun, Jörg: Die Sammlung historischer Modelle des Bergbaus und der Hüttenkunde, in: Ders. (Hrsg): Bergakademische Schätze – Die Sammlungen der TU Bergakademie Freiberg, Chemnitz 2015, S. 20–31.

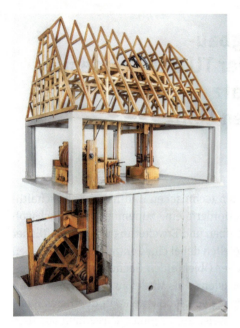 

Abb. 1: Modell eines Wassergöpels mit Kehrrad (Inv.-Nr. VI. B. 13)

Abb. 2: Modell eines Freiberger Doppelbleiofens/Wellnerscher Ofen (Inv.-Nr. 68)

Der folgende Beitrag zeigt den Entwicklungs- und Transformationsprozess der Freiberger Bergbau- und Hüttenmodelle vom in der fachlichen Ausbildung genutzten Lehrmodell zum wissenschaftshistorischen Kulturgut. Es wird dabei verdeutlicht, dass es sich bei letzterem mitnichten um eine reine Musealisierung handelt. Vielmehr werden verschiedene Möglichkeiten aufgezeigt, wie der Bestand auch heute für universitäre Lehrveranstaltungen genutzt wird.

Die historischen Bergbau- und Hüttenmodelle der Bergakademie Freiberg: Entstehung, Entwicklung und Funktionswandel

Die Modellsammlung der Bergakademie Freiberg reicht bis in ihr Entstehungsjahr 1765 zurück. Im Haus von Friedrich Wilhelm von Oppel (1720–1768), einem ihrer Gründer, fand nicht nur der Unterricht statt. Es befanden sich dort neben einer Sammlung mineralischer Stufen und der Bibliothek auch einige technische

Modelle aus Oppels Privatbesitz. Sie bildeten den Grundstein der Sammlung. Leider lässt sich von den erhaltenen Modellen keines nachweisen, das auf diesen Anfangsbestand zurückzuführen ist.[2]

Erweitert durch verschiedene Ankäufe und Neubauten wuchs der Modellbestand bis zum Jahre 1800 auf etwa einhundert Stücke an.[3] Doch erst für die Zeit danach lässt sich von einer systematischen Sammlung sprechen, die kontinuierlich ergänzt wurde. Die stetige Erweiterung und Erneuerung ergab sich vor allem aus dem Vorsatz, dass sich die Modelle am Stand der Technik realer Anlagen zu orientieren hatten. Andererseits spielten technikgeschichtliche Aspekte in dieser Phase noch keine große Rolle, weshalb es auch zahlreiche Aussonderungen gab.[4]

Die Bestellung der Modelle ging von den Hochschullehrern der Akademie aus, die ihre Wünsche äußerten. Da die Modelle jedoch teuer waren, konnten die Ausgaben nur durch das Oberbergamt als übergeordnete Instanz veranlasst werden. Dies erschwerte den Erwerb zum Teil erheblich. Eine zentrale Rolle spielten hier die Kunstmeister, die obersten Maschinenbeamten im sächsischen Bergbau, die qua Amt für die Modelle der Bergakademie verantwortlich waren. Für die Modellsammlung war insbesondere Christian Friedrich Brendel (1776–1861) bedeutsam. Mit ihm nahm die Sammlung einen bedeutenden Aufschwung. Als Brendel im Jahre 1817 die Leitung der Sammlung übernahm, hatte diese keine innere Ordnung. Erst unter ihm begann so etwas wie eine Institutionalisierung.[5]

Bis dahin erfolgte der Bau der Modelle ausschließlich durch Privatpersonen im Auftrag des Oberbergamts. Zum Teil waren es handwerklich talentierte Bergfachleute aus den eigenen Reihen, die die Aufgaben nebenamtlich durchführten. Nachdem 1826 im nahen Halsbrücke eine Maschinenbauwerkstatt gegründet wurde, bezog die Bergakademie in den folgenden zwei Jahrzehnten einen Großteil ihrer Modelle von dort. Möglich wurde dies auch durch die ideale Verbindung der Funktionen Brendels, durch die er einerseits Vorschläge zur Anschaffung unterbreiten und diese zugleich als Chef der Halsbrücker Maschinenbauanstalt überwachen konnte.[6]

---

2 Vgl. ebd., S. 20.
3 Vgl. Jentsch, Frieder: Erfahrungen aus 200 Jahren Modellbau in der Region Freiberg, in: Sächsische Landesstelle für Museumswesen (Hrsg.): Technische Modelle als Museumsbestand – Berichte und Erfahrungen, Chemnitz 1999, S. 27.
4 Vgl. Kugler, Jens: Meisterwerke der Bergakademischen Modellsammlung der TU Bergakademie Freiberg/Sachsen, in: Master pieces – Mineralientage München 2006, München 2006, S. 54–63, hier: S. 62.
5 Vgl. ebd., S. 59.
6 Vgl. Wagenbreth, Otfried: Christian Friedrich Brendel – Leben und Werk eines bedeutenden Ingenieurs der ersten Hälfte des 19. Jahrhunderts, Freiberg 2006, S. 72.

Das handwerkliche Niveau der Modelle verbesserte sich nun entscheidend. Im Jahre 1828 erstellte Brendel einen umfangreichen Bericht, in dem er die Sammlung nach technischen Maschinentypen gliedert. Die Modelle wurden nun in folgende acht Kategorien aufgeteilt: Fördergefäße (Hunte und Tonnen), Fördermaschinen (Pferde- und Wassergöpel), Aufbereitungsmaschinen (Stoßherde), Bohrmaschinen, Pfahlrammmaschine, Kunstsatz (Pumpen), Wasserhebung (Wasserräder, Kunstgezeug, Wassersäulenmaschine) und Grubenausbau.[7]

Zugleich setzte sich Brendel nachdrücklich für die Errichtung einer Modellwerkstatt ein. Diese Versuche scheiterten aber ebenso wie Bemühungen, einen hauptamtlichen Modellarbeiter anzustellen. Erst mit der Erweiterung des Hauptgebäudes der Bergakademie im Jahre 1839 war die Gelegenheit gegeben, den steigenden Bedarf an Modellen mit Leistungen aus dem eigenen Hause zu decken und den vorhandenen Bestand dauerhaft zu betreuen. Bis 1925 wirkten fünf hauptamtliche Modellarbeiter, ab 1851 als Modellbaumeister bezeichnet, mit einer unterschiedlichen Zahl an Mitarbeitern (Abb. 3).[8]

Die Modelle waren aber nicht nur kostspielig in der Herstellung, sondern auch was ihre Unterbringung betraf, aufwändig und platzintensiv. In den ersten Jahrzehnten waren sie in Privathäusern sowie direkt beim Oberbergamt untergebracht, ehe im Jahre 1828 in der Bergakademie ein eigenständiges Modellzimmer eingerichtet wurde. Mit dem Umbau des Hauptgebäudes zehn Jahre später konnten Bergbau- und Hüttenmodelle gemeinsam ausgestellt werden (Abb. 4).[9] An dieser Stelle sei darauf hingewiesen, dass die Geschichte der Hüttenmodelle eng mit dem Amalgamierwerk in Halsbrücke verknüpft ist. Auf Beschluss des Oberbergamts wurden 1815 sämtliche Exemplare der Bergakademie an das dort neu errichtete Hüttenmuseum abgegeben. Nach der Auflösung des Museums im Jahre 1860 wurde ein Großteil der Bestände wieder an die Bergakademie überführt. Heute sind von den Hüttenmodellen allerdings lediglich 24 Modelle in der Sammlung erhalten.[10]

Mit der Einrichtung des Modellzimmers unter Moritz Ferdinand Gätzschmann (1800–1895), ab 1836 Professor für Bergbau- und Aufbereitungskunde und zuvor Maschinenbausekretär unter Brendel, bekam die Sammlung eine Neuaufstellung. Vor allem führte Gätzschmann ein Inventar ein. Dessen Systematik rich-

---

[7] Vgl. Jentsch, Frieder: Bericht von Christian Friedrich Brendel aus dem Jahr 1828 über die Modellsammlung der Bergakademie Freiberg, Kleinvoigtsberg 2002, S. 10–22.
[8] Vgl. Jentsch, Frieder: Erfahrungen (s. Anmerkung 3), S. 30.
[9] Vgl. Wobbe, Corinna: Sammlung der Hüttenmännischen Modelle an der Bergakademie Freiberg, Berlin 2013, S. 11 f.
[10] Vgl. ebd., S. 9 und 18.

Die Historischen Bergbau- und Hüttenmodelle der TU Bergakademie Freiberg — 59

Abb. 3: Modellwerkstatt mit Modellmeister Richard Braun vorne rechts, um 1900

Abb. 4: Modellsaal mit drei Wassersäulenmaschinen im Vordergrund, um 1910

tete sich nach der Anwendung der Maschinen, dem Arbeitsprozess, der Gewinnungstechnik, dem Grubenausbau, der Fördertechnik etc. Neben den Modellen griff Gätzschmann in der Lehre auch auf historische Maschinenteile und originale Arbeitsmittel des Bergbaus wie Grubenlampen, Pumpenkolben und Förderseilproben zurück. Er knüpfte dabei an das Regulativ des Oberbergamts aus dem Jahre 1826 an, Maschinenteile und Gezähe aus Freiberger Gruben zur Bewahrung an die Bergakademie zu übergeben.[11]

Systematisch in die Sammlung aufgenommen wurden derartige Objekte aber erst unter Emil Treptow (1854–1935), ab 1891 Professor für Bergbaukunde und späterer Rektor der Bergakademie. Treptow ordnete die Objekte neu und erweiterte den Bestand kontinuierlich – in Bezug auf die Modelle besonders den Bereich der Aufbereitungstechnik. Darüber hinaus befasste er sich auch intensiv mit Bergbaugeschichte, vor allem mit archäologischen und ethnologischen Fragen. Neben den Arbeitsmitteln aus heimischen Gruben kamen nun auch Grafiken, archäologische Funde und Belegstücke aus antik-römischem, frühem südamerikanischem und japanischem Bergbau hinzu, oftmals in Form von Geschenken seiner ehemaligen Schüler.[12]

Folgerichtig kam es um 1900 auch zur Umbenennung in „Sammlung für Bergbaukunde, Aufbereitung und Geschichte des Bergbaus". In diesem Zusammenhang erfolgte eine umfassende Neuinventarisierung mit zweckmäßiger Anordnung nach Objektgruppen und Bezugnahme auf die Gliederung der Lehrveranstaltungen: die noch heute bestehenden Treptowschen Signaturen, dargestellt durch die römischen Ziffern von I (für Lagerstätte) bis XVIII (Möbel).[13]

Mit der Emeritierung Treptows im Jahre 1923 endete die aktive Zeit der Bergbausammlung, namentlich die Nutzung der Modelle für die Lehre. Nach dem Tod des Modellmeisters Richard Braun zwei Jahre später, wurden auch die Modellwerkstatt und das Modellzimmer aufgelöst. Für die Sammlung bedeutete dies zunächst den bitteren Weg in die Bedeutungslosigkeit. Doch auch wenn insbesondere die Modelle in den folgenden Jahrzehnten ein „kümmerliches Dasein"[14] fristeten, blieben sie in großen Teilen erhalten.

---

[11] Vgl. Jentsch, Frieder: Begegnungen mit fast vergessenen Kostbarkeiten – Ein Beitrag zum zehnjährigen Bestehen der Kustodie an der Technischen Universität Bergakademie Freiberg 1985–1995, Freiberg 1995, S. 12.
[12] Vgl. Zaun, Jörg: Die Sammlung für Bergbaukunde/Treptow-Sammlung, in: Ders. (Hrsg.): Bergakademische Schätze – Die Sammlungen der Technischen Universität Bergakademie Freiberg, Chemnitz 2015, S. 38.
[13] Vgl. Jentsch, Frieder: Begegnungen (s. Anmerkung 11), S. 12 f.
[14] Ebd., S. 19 f.

Im Zuge des rasanten wissenschaftlich-technischen Fortschritts verloren historische Sachzeugen allgemein an Bedeutung. In der DDR führten Ende der 1960er-Jahre umfassende Reformen des Hochschulwesens dazu, sich ganzer Sammlungsbestände zu entledigen. Zu nachhaltigen Veränderungen kam es erst mit Gründung von Kustodie und Traditionskabinett in den 1980er-Jahren. Die Zahl der wiederentdeckten Sammlungen stieg in der Folgezeit kontinuierlich an. Bergbau- und Hüttenmodelle wurden zusammengetragen, sukzessive restauriert und damit die Grundlage zur Musealisierung des Bestandes gelegt.[15]

Die Historischen Bergbau- und Hüttenmodelle im heutigen universitären Umfeld

Heute zählt die TU Bergakademie Freiberg offiziell 33 wissenschaftliche Sammlungen, die seit 2014 im Rahmen einer Sammlungsordnung rechtsverbindlich als Kulturgut definiert sind.[16] Die Sammlungen weisen erhebliche Unterschiede in Bezug auf Größe, Zustand und Bekanntheitsgrad auf. Ebenso groß sind die Differenzen hinsichtlich der Sammlungsaktivität. Immerhin 15 Sammlungen werden noch in der fachspezifischen Lehre genutzt, insbesondere die berühmten Geowissenschaftlichen Sammlungen. Dagegen traten etwa ein Dutzend Sammlungen sukzessive aus dem Kreis der klassischen Lehr- und Forschungssammlungen aus und gingen von den jeweiligen Instituten an die Kustodie über. Das thematische Spektrum ist hier ebenso vielfältig wie die Objektstruktur. So finden sich neben den Bergbauobjekten etwa mathematische Modelle, physikalische Geräte oder ein Bestand historischer Eisengussplatten.[17]

Auf den ersten Blick führt dieser Funktionsverlust zu einem Dilemma. Die Hauptaufgabe von Universitätssammlungen besteht schließlich darin, Objekte für die universitären Kernbereiche Forschung und Lehre bereitzustellen. Eine dritte, ergänzende Funktion bieten Formen öffentlicher Präsentation als „Zeugen wichtiger Strukturen und Ereignisse der Universitäts-, Kultur- und Wissenschaftsgeschichte"[18]. Es ist jedoch zu betonen, dass Sammeln und Bewah-

---

15 Vgl. ebd., S. 23 f.
16 Vgl. Rektor der TU Bergakademie Freiberg (Hrsg.): Ordnung für die Sammlungen der TU Bergakademie Freiberg – Amtliche Bekanntmachungen Nr. 5 vom 4. Juni 2014.
17 Vgl. Benz, Andreas (Hrsg.): Die Sammlungen der TU Bergakademie Freiberg – Ein Überblick, Freiberg 2019.
18 Koordinierungsstelle für wissenschaftliche Universitätssammlungen in Deutschland (Hrsg.): Empfehlungen zum Umgang wissenschaftlicher Sammlungen an Universitäten, Berlin 2016, S. 4.

Abb. 5: Schachtmodell (Inv.-Nr. VI B 40, vorne links) und Modell einer Wassersäulenmaschine (Inv.-Nr. VIII 31, hinten rechts) auf der documenta14, 2017

ren nicht zu den Hauptaufgaben einer Universität zählen. Ausschließlich auf Musealisierung ausgerichtete Sammlungsarbeit kann demnach nicht das Ziel sein.

Bei einem Wegfall der fachlichen Nutzung in Forschung und Lehre erscheint auf den ersten Blick nur eine Nutzung im Bereich der Öffentlichkeitsarbeit möglich. So wirken nicht zuletzt die historischen Modelle in zahlreichen Ausstellungen, unter anderem auch für zeitgenössische Kunst, als Botschafter der Montanregion Freiberg (Abb. 5).

Daneben bieten aber auch museologische Lehrveranstaltungen die Chance, materielle Hinterlassenschaften als authentische historische Sachquellen in den universitären Lehrbetrieb zu integrieren.

Sammlungsobjekte können didaktisch aufgegriffen und zu einem besonderen Medium für historisches „Lernen mit allen Sinnen"[19] werden. Durch sie wird das genaue Sehen, Beobachten und Beschreiben geschult, denn „ein dreidimen-

---

19 Heese, Thorsten: Vergangenheit „begreifen" – Die gegenständliche Quelle im Geschichtsunterricht, Schwalbach/Ts. 2007, S. 31.

Abb. 6: Das ehemalige Schaudepot im Forschungs- und Lehrbergwerk „Reiche Zeche", 2014

sionales Objekt wirkt allemal kräftiger und wohl auch nachhaltiger als eine Abbildung oder eine Beschreibung desselben Gegenstandes!"[20] Dem entspricht eine Beobachtung, die Christian Friedrich Brendel aus fachwissenschaftlicher Sicht in Bezug auf die Bergbaumodelle bereits im Jahre 1831 machte: „Bloße wörtliche Erklärungen ohne sinnliche Anschauung werden bey Dingen dieser Art immer nur ein Sprechen ohne zureichenden Erfolg verbleiben."[21]

Eine derartige Nutzung der Modelle für die museologische Lehre entwickelte sich nach der strukturellen Neuausrichtung der Kustodie zu Beginn der 1990er-Jahre. Gemeinsam mit dem Universitätsmuseum (heute: Historicum) und dem Studium Generale wurde die Kustodie an das Institut für Industriearchäologie-, Wissenschafts- und Technikgeschichte (IWTG) angegliedert, womit auch die

---

[20] Schneider, Gerhard: Sachüberreste und gegenständliche Unterrichtsmedien, in: Meyer, Ulrich/Pandel, Hans-Jürgen/Schneider, Gerhard (Hrsg.): Methoden im Geschichtsunterricht, Schwalbach/Ts. 2016, S. 188–207, hier: S. 203.
[21] zitiert nach: Wobbe, Corinna: Sammlung der Hüttenmännischen Modelle (s. Anmerkung 9), S. 41.

Sammlungen in Lehrveranstaltungen des Instituts einbezogen wurden. Mit der Einführung der Studiengänge Industriearchäologie (Bachelor) bzw. Industriekultur (Master) wurde dieses Angebot weiter ausgedehnt.

Parallel dazu erfolgte im Jahre 2007 die Einrichtung eines Schaudepots im Forschungs- und Lehrbergwerk auf der Reichen Zeche. Zwölf Jahre lang wurden dort auf Anfrage regelmäßig Führungen und Besichtigungen, auch im Rahmen von Lehrveranstaltungen der TU Bergakademie, durchgeführt. Im Zuge der Vorbereitung der Sächsischen Landesausstellung musste das Depot im Frühjahr 2019 allerdings geräumt und die Sammlung in das zentrale Depot der Kustodie verlagert werden. Eine Besichtigung durch größere Besuchergruppen ist dort vorerst nicht möglich. Die Nutzung der Modelle für Forschung und Lehre ist dagegen weiterhin gesichert (Abb. 6).

Bergbauliche Sammlungsobjekte in Lehrveranstaltungen der Kustodie

Die in der Kustodie beherbergten ehemaligen Lehr- und Forschungssammlungen bieten eine Reihe an Nutzungsmöglichkeiten zur Arbeit mit materiellen Kulturen der Bergbaugeschichte. Durch sie entsteht ein vielfältiger und oftmals unbekannter Blick auf frühere Forschung und Lehre im Allgemeinen und die damals handelnden Personen im Besonderen. Zugleich wird verhindert, die Objekte auf ihre Rolle als Musealie zu reduzieren. Vielmehr werden aus didaktischen Auslaufmodellen wissenschaftshistorisch wertvolle Exponate.

Mit der Praktischen Museologie gibt es ein zweisemestriges Seminar, in dem explizit die Umsetzung von Sammlungs- und Ausstellungskonzepten erprobt wird. Die Aufgabe für die Studierenden liegt darin, unter Anleitung ein museologisches Projekt zu entwerfen, zu planen und umzusetzen. Es findet kein Frontalunterricht im Seminarraum statt, sondern ausschließlich Vor-Ort-Termine in der Kustodie. Diese haben die Form von Arbeitstreffen, bei denen zunächst Aufgaben verteilt und später Ergebnisse vorgestellt werden. In der Zwischenzeit setzen sich die Studierenden eigenständig mit einem bestimmten Sammlungsbestand auseinander und wählen anhand festzulegender Fragestellungen und Kriterien *ihre* Objekte aus. Dabei übernehmen sie ein breites Spektrum an Aufgaben wie Objektrecherchen, das Erstellen zielgruppenspezifischer Ausstellungstexte oder organisatorische Grundlagen wie das Erstellen (und Einhalten!) von Zeit- und Kostenplänen. Auch wenn am Ende ein gemeinschaftliches Ergebnis steht, gibt es eine Reihe von Einzelaufgaben, bei denen die Teilnehmenden ihre individuellen Stärken und Kenntnisse bestmöglich einsetzen sollen.

Abb. 7: Blick in die Ausstellung „Perspektiven der Bergbausammlung", 2017

In den letzten drei Jahren entstanden auf diesem Wege zwei größere Sonderausstellungen. Bei der Ausstellung „Perspektiven der Bergbausammlung" spielten die Historischen Bergbau- und Hüttenmodelle eine zentrale Rolle, galt es doch den Wandel vom Lehrobjekt zur Musealie zu veranschaulichen. Zudem wurden die Objekte unter ganz neuen Gesichtspunkten angeordnet, nämlich aus heutiger Perspektive der Studierenden. Auf diese Weise ließen sich veränderte Zugänge wie Herkunft, beteiligte Personen(gruppen) oder künstlerische Aspekte herstellen. Neben selbstangefertigten, stark vergrößerten Fotografien von Objektteilen wurde eine etwa 150 m² große Fläche in der Freiberger terra mineralia mit sechs Vitrinen sowie mehreren frei stehenden Objekten bespielt. Die dreimonatige Sonderausstellung und insbesondere die Eröffnungsveranstaltung trugen dazu bei, die Bergbausammlung wieder stärker in das universitäre und öffentliche Bewusstsein zu rücken (Abb. 7).

Beim zweiten Projekt war der gewählte Ansatz noch etwas breiter. Hier wurde das Seminar Praktische Museologie in die Ausstellung „Edle Motive – Universitätssammlungen im Silberschein" der Arbeitsgruppe Sammlungen an der TU Bergakademie Freiberg integriert. Im Zentrum der Ausstellung im Foyer von Schloss Freudenstein standen historische Objekte und Fotografien. Bei der Fertigung der Bilder kamen verschiedene historische Edeldruckverfahren aus der

Frühzeit der Fotografie zum Einsatz. Die Studierenden gestalteten einen Teil der Vitrinen und beteiligten sich an der Herstellung der Edeldrucke. Hierzu mussten spannende Objekte ausgewählt werden, wozu es einer intensiven Auseinandersetzung mit dem Gesamtbestand bedurfte.

Einen etwas anderen Ansatz verfolgt das Seminar „Erhalt von Kulturgut", das Studierende für den Umgang mit (technischen) Sammlungsobjekten sensibilisieren soll. Im Zentrum stehen grundlegende Fragen zu präventiver Konservierung und die Auseinandersetzung mit der Geschichte der Materialien im Sinne historischer Werkstoffkunde. Vor allem aber geht es um das praktische Kennenlernen der vielfältigen Sammlungsbestände aus nächster Nähe.

Unter Berücksichtigung von Objektgeschichte und Funktionsweise sowie Beschaffenheit des Materials entstehen binnen eines Semesters kleinere Hausarbeiten, die neben einer allgemeinen Beschreibung sowohl Aussagen zum Zustand als auch eine Bewertung der historischen Bedeutung des Objekts hinsichtlich Provenienz und ursprünglicher Funktion enthalten.

Die Veranstaltung ist zweigeteilt in eine Einführung im Vorlesungsstil und einem Seminar vor Ort, das i.d.R. aus drei Gruppen- und drei Individualterminen besteht. Dabei ist es wichtig, einen Transfer zwischen Theorie und Praxis herzustellen. Die Studierenden sollen einerseits lernen, die Objekte zu lesen, das heißt Herstellungs-, Gebrauchs- und Vernachlässigungsspuren zu entdecken, zu unterscheiden und zu interpretieren.[22] Anschließend gilt es, die Objekte zu kontextualisieren und ihre Nutzung bzw. Nutzungsänderungen im Laufe der Zeit darzustellen. Hierzu werden sowohl der Gegenstand an sich, aber auch die von ihm ausgehenden Informationen beispielsweise zu Herstellern, Eigentümern und nutzenden Personen untersucht.

Darüber hinaus geht es darum, dass die Studierenden lernen, den Gefährdungsgrad und die Bedeutung von Kulturgut einzuschätzen, um so Handlungsempfehlungen für deren Umgang zu formulieren. Dabei soll mit Mängeln bei der gegenwärtigen Unterbringung offensiv umgegangen werden. Im Idealfall liefern die Arbeitsberichte der Studierenden wichtige Impulse für eine Verbesserung der Unterbringung und der öffentlichen Wahrnehmung.

Objekte der Bergbausammlung wurden im Laufe der Zeit immer wieder im Seminar „Erhalt von Kulturgut" ausgewählt und einer intensiven Untersuchung unterzogen (Abb. 8). Dadurch konnten neue historische Erkenntnisse zusammengetragen und aktuelle Zustandsanalysen durchgeführt werden. Die Ergeb-

---

22 Vgl. Benz, Andreas: Von der Eisenplatte anno 1636 zum Hochbaumodell des Jahres 1986 – Arbeit mit Objekten in der museologischen Lehre an der TU Bergakademie Freiberg, in: Zeitschrift für Geschichtsdidaktik (ZfGD) 19, 2020, S. 167–186, hier: S. 171 f.

Abb. 8: Arbeit mit einem Bergbaumodell im „Erhalt von Kulturgut", Wintersemester 2019/20

nisse wurden auch bei der Perspektiven-Ausstellung in einer separaten Vitrine präsentiert. Im Seminar dokumentierte Objekte dienten somit in der Praktischen Museologie als Ausstellungsstücke.

Methodische Einordnung

Bei geschichtswissenschaftlichen Lehrveranstaltungen dominieren schriftliche Quellen, während gegenständliche Quellen nur eine untergeordnete Rolle spielen. Dreidimensionale Objekte können allerdings neue Antworten liefern, die man durch schriftliche Quellen nicht erhält. Diese „stummen Quellen" [23] gilt es mit wissenschaftlichen Methoden zum Sprechen zu bringen. Dazu muss jedoch eine unmittelbare Auseinandersetzung mit dem Objekt stattfinden, was wiederum die Bereitschaft voraussetzt, „sich sinnlich und haptisch auf die Materialität der Objekte einzulassen, ihre Körperlichkeit mit der eigenen Körperlichkeit zu erfahren und zu be-greifen"[24].

Es gilt, die richtigen Fragen zu stellen und sich dann geeigneter Lernmethoden zu bedienen, die sich einerseits an der allgemeinen historischen Quelleninterpretation orientieren, anderseits das Besondere des Gegenständlichen berücksichtigen. Nur dann können die herausragenden Eigenschaften der Sachquelle – Haptik, Ästhetik, Authentizität und Emotionalität – tatsächlich auch zu einem Vorteil für das (ganzheitliche) Lernen werden und zu einer erweiterten Wahrnehmung führen.[25]

Zunächst soll geprüft werden, ob das Vorgehen im Rahmen der beiden Lehrveranstaltungen – Erhalt von Kulturgut und Praktische Museologie – tatsächlich als Materielle Kulturforschung zu bezeichnen ist, anschließend wird der Blick auf den Ort der Lehrveranstaltungen und deren Strukturierung gelegt.

Eine wichtige Voraussetzung dafür, von Materieller Kultur sprechen zu können, ist, dreidimensionale Objekte als gleichberechtigte Quellengattung neben Text und Bild zu akzeptieren. Es geht hier um Gewinnung von Informationen, die über das Objekt als solches, sprich seine materiellen Eigenschaften, sowie Herstellung und vormalige Funktion hinausreichen. Dem Objekt werden neue individuelle Eigenschaften und Erfahrungen zugeschrieben, die i.d.R. stark subjektiv, emotions- und motivationsbestimmt sind.[26] Die Objekte nehmen dabei zumeist nicht die Rolle von Repräsentationsgegenständen an, sondern sind Artefakte, d. h. sie stehen in praktischen Verwendungszusammenhängen.[27]

---

23 Heese, Thorsten: Vergangenheit „begreifen" (s. Anmerkung 19), S. 66.
24 Ebert, Anne-Katrin: Ran an die Objekte! Ein Plädoyer für das gemeinsame Erforschen und Sammeln von Objekten in den technischen Museen, in: Heßler, Martina/Weber, Heike (Hrsg.): Provokationen der Technikgeschichte – Zum Reflexionszwang historischer Forschung, Paderborn 2019, S. 229–258, hier: S. 232.
25 Vgl. Heese, Thorsten: Agenda „Museum 2020" – Brauchen Museen künftig noch Objekte? Ja, unbedingt!, in: Geschichte in Wissenschaft und Unterricht – Zeitschrift des Verbandes der Geschichtslehrer Deutschlands 68, 2017, S. 5–25, hier: S. 17 f.
26 Vgl. Hahn, Hans-Peter: Materielle Kultur – Eine Einführung, Berlin 2014, S. 33 ff.
27 Vgl. Folkert, Andreas: Was ist neu am neuen Materialismus? Von der Praxis zum Ereignis, in: Goll, Tobias/Keil, Daniel/Telios, Thomas (Hrsg.): Critical Matter – Diskussionen eines neuen Materialismus, Münster 2013, S. 16–32, hier: S. 20.

Eine derartige Herangehensweise wird auch in den Lehrveranstaltungen der Kustodie angestrebt. Neben der Beschreibung des Objekts als solches, bei der die stofflichen Eigenschaften im Mittelpunkt stehen, geht es auch darum, dessen Bedeutung herauszustellen. Das Objekt dient somit als „Zeichenträger"[28], wodurch auch eine Vielzahl an Informationen zu berücksichtigen sind, die nur indirekt mit ihm zu tun haben.

Der Schwerpunkt liegt allerdings zuvorderst auf der Feststellung der (materiellen) Kerndaten, während die Bedeutungszuschreibung bzw. das über das Objekt hinausgehende Erkenntnisinteresse häufig etwas aus dem Blick gerät. Diese Feststellung ist für die Bewertung des Vorgehens evident, denn der Gegenstand steht bei der Materiellen Kulturforschung nur insofern im Zentrum, „soweit er der Annäherung an die jenseits seiner Objekthaftigkeit liegenden ‚Wirklichkeiten' dient."[29]

Demnach dürfte es sich bei den vorgestellten Ansätzen um sachkulturelle Arbeiten und museale Objektforschung handeln, schließlich wird die Frage nach den Beziehungen zwischen Menschen und Dingen – als Musealphänomen ein zentraler Aspekt der Museologie[30] – eingehend behandelt. Darüber hinaus haben gerade bei der Praktischen Museologie die Begriffe Aura und Authentizität eine wichtige Bedeutung.[31] Ob es sich um Materielle Kulturforschung im engeren Sinne handelt, erscheint jedoch eher fraglich.

Ein zweiter grundsätzlicher Aspekt ist der Ort, an dem die Lehrveranstaltung stattfindet, und dessen Einfluss auf deren Ablauf. Bei beiden museologischen Modulen sind dies die Räumlichkeiten der Kustodie und hier insbesondere das zentrale Depot.

Ziel der Arbeit vor Ort ist es, bei den Studierenden Interesse für Geschichte zu wecken, indem ihnen die Bedeutsamkeit historischer Überreste und deren Erhaltung bewusstgemacht werden. Das Depot spielt aber auch deshalb eine wichtige Rolle, weil nicht-mobile Objekte miteinbezogen werden können, wie etwa die besonders großen Modelle von Dampf- oder Wassersäulenmaschinen.

---

28 Ebert, Anne-Katrin: Ran an die Objekte (s. Anmerkung 24), S. 244.
29 Cremer, Annette C.: Vier Zugänge zu (frühneuzeitlicher) materieller Kultur: Text, Bild, Objekt, Re-enactment, in: Cremer, Annette C./Muslow, Martin (Hrsg.): Objekte als Quellen der historischen Kulturwissenschaften – Stand und Perspektiven der Forschung, Köln 2017, S. 63–90, hier: S. 81.
30 Vgl. Flügel, Katharina: Einführung in die Museologie, Darmstadt 2005, S. 25.
31 Vgl. Thiemeyer, Thomas: Werk, Exemplar, Zeuge – Die multiplen Authentizitäten der Museumsdinge, in: Sabrow, Martin/Saupe, Achim (Hrsg.): Historische Authentizität, Göttingen 2016, S. 82 f.

Wenn Studierende ins Depot kommen, begeben sie sich an einen Ort, an dem sie Spuren der Vergangenheit erkunden können. Für die Studierenden bedeutet dies ein hohes Maß an eigenständigem Arbeiten, nicht zuletzt, weil die Veranstaltung ein Stück weit vom 90-Minuten-Rhythmus eines üblichen Seminars abweicht.[32]

Analog zum schulischen Geschichtsunterricht nimmt das Depot der Kustodie die Rolle des außerschulischen Lernortes ein, da hier fernab von Seminarraum oder Hörsaal „originale geschichtliche Zeugnisse Ansatzpunkte zum Aufzeigen historischer Sachverhalte, zum Nachfragen und zum Untersuchen liefern".[33] Anders als im Museum sind die Objekte hier i.d.R. weder kontextualisiert noch ihrem ursprünglichen Verwendungszusammenhang vollständig entrissen.

Dazu trägt auch das mehr als einhundert Jahre alte Depotgebäude, als Kaserne errichtet und zu DDR-Zeiten Sitz der Arbeiter- und Bauernfakultät, mit seiner vielschichtigen Bausubstanz bei. Der didaktischen Theorie folgend, wirken sich authentische geschichtsträchtige Orte positiv auf die Lernchancen aus, da sie sich von den üblichen Lehr- und Lernorten abheben und dadurch eine Motivationssteigerung der Studierenden bewirken.[34] Ob dies hier tatsächlich der Fall ist, lässt sich nicht eindeutig sagen. Zweifelsohne zutreffend ist jedoch die These vom Depot als „multisensorischem Lernort"[35], der vom ganzen Körper wahrgenommen wird. Gemeinsam mit den Studierenden wird dort interagiert, indem Objekte angefasst, ausgemessen, beobachtet, beschrieben, ertastet, fotografiert, erfühlt, gerochen, gewogen, skizziert, vermessen oder gezeichnet werden. Alles Arbeitsschritte, die Funktionen und Zusammenhänge nachvollziehbar machen, was ein Text in dieser Weise nicht zu leisten im Stande wäre.[36]

Abschließend soll nochmals gesondert darauf hingewiesen werden, dass eine Lehrveranstaltung mit dreidimensionalen Quellen klare Strukturen benötigt. So darf die Beschäftigung mit Objekten kein Selbstzweck sein, sondern muss den Zielen des jeweiligen Lehrformats dienen. Dies betrifft sowohl die Form der Ergebnispräsentation, sei es in Form einer museologischen Ausstellung oder eines Arbeitspapiers zu Fragen der Konservierung, als auch die Vorgehensweise und Strukturierung des Semesterprogramms.

---

32 Vgl. Benz, Andreas: Von der Eisenplatte (s. Anmerkung 22), S. 171.
33 Rogmann, Anke: Mobiles Geschichtslernen, in: Bernsen, Daniel/Kerber, Ulf (Hrsg.): Praxishandbuch: Historisches Lernen und Medienbildung im digitalen Zeitalter, Opladen 2017, S. 139–157, hier: S. 140.
34 Vgl. Kuchler, Christian: Historische Orte im Geschichtsunterricht, Schwalbach/Ts., 2012, S. 32.
35 Ebd., S. 34.
36 Vgl. Schneider, Gerhard: Sachüberreste (s. Anmerkung 20), S. 196.

Beim Erhalt von Kulturgut ist zunächst ein einmaliger Besuch im Rahmen des Vorlesungszyklus vorgesehen, der im späteren Verlauf der Veranstaltung die Grundlage für mehrmalige individuelle Besuche legt. Bei der Erschließung der Objekte bedarf es mitunter der intensiven Unterstützung durch die Lehrenden. Dieser Ansatz wird auch bei der Praktischen Museologie verfolgt, jedoch liegt hier der Schwerpunkt weniger auf Einzel-, als vielmehr auf Partner- und Gruppenarbeit.

Wie bereits erwähnt, setzt die Nutzung dreidimensionaler Quellen spezifische Methoden voraus, die sich zwar an der allgemeinen historischen Quelleninterpretation orientieren, zugleich aber auch Besonderheiten des Gegenständlichen berücksichtigen müssen. Wesentlicher Unterschied zur Textquelle ist die Notwendigkeit einer Verbalisierung, die beim Text bereits vorhanden ist.

Die vorgestellten Lehrveranstaltungen orientieren sich an der von Thorsten Heese vorgeschlagenen Aufteilung in Wahrnehmungs-, Erschließungs-, Erkennungs- und Dokumentationsphase.[37] Zunächst wird sich in einer emotional-assoziativen Kennenlernphase mit den Objekten in natura auseinandergesetzt und Kerndaten wie Maße, Gewicht, Materialien und Alter erhoben. Anschließend bemühen sich die Studierenden um die Rekonstruktion des historischen Kontexts hinsichtlich Entstehung, Herstellung und Verwendung des Objekts. Der Gegenstand und seine Bedeutung werden dann in einem größeren Zusammenhang dargestellt. Am Ende erfolgt beim Erhalt von Kulturgut eine Verschriftlichung der Ergebnisse unter Berücksichtigung der allgemeinen und spezifischen Fragestellung. Bei der Praktischen Museologie sind die Erkenntnisse in der fertigen Ausstellung zu sehen.

Fazit

Gehörten Modelle im 18. und 19. Jahrhundert in vielen Bildungseinrichtungen zur Standardausstattung, verloren sie im Zuge der rasanten Entwicklung technischer Prozesse auf der einen sowie umfassenderer und günstigerer Lehrmittel auf der anderen Seite zunehmend an Bedeutung – so auch in Freiberg. Zwar hatte sich hier eine Verschiebung von der reinen Lehr- zur musealen Schausammlung schon im 19. Jahrhundert angedeutet, doch stand dies in keinem Verhältnis zu dem grundlegenden Bedeutungswandel, den die Modelle nach dem Ersten Weltkrieg erfuhren. Letztlich wurden aus lebendigen Darstellungen des bergbau-

---

37 Vgl. Heese, Thorsten: Vergangenheit „begreifen" (s. Anmerkung 19), S. 89 ff.

technischen State of the Art kulturhistorische Ausstellungsstücke, die heute als herausragende Zeitzeugen der Industriellen Revolution im Allgemeinen und der sächsischen Bergbaugeschichte im Besondern fungieren. Zugleich sind sie eindrucksvoller Beleg für den praxisorientierten Lehrbetrieb an der Bergakademie: Stand bis Anfang des 20. Jahrhunderts die bergbautechnische Lehre im Vordergrund, wird die Sammlung heute in der objektbezogenen museologischen Lehre der Kustodie genutzt.

Dreidimensionale Objekte wie die historischen Modelle bieten vielfältige Möglichkeiten für innovative Lehrveranstaltungen und interdisziplinäre Projekte. Voraussetzung ist jedoch, dass man Sammlungsobjekte als grundsätzlich gleichwertige Quellengattung akzeptiert und sie in die Lehrveranstaltungen integriert. Für Studierende mag dies am Anfang ungewohnt sein und bedarf einiger Übung. Umso wichtiger ist, dass die Veranstaltungen klare Ziele verfolgen und stringent ablaufen.

Unabhängig davon, ob es sich bei den vorgestellten Veranstaltungen um Materielle Kulturforschung im engeren Sinne handelt, wird so der Bogen zur universitären Kernaufgabe ‚Lehre' geschlagen und einer einseitigen Historisierung entgegengewirkt. Universitätssammlungen nehmen auf diesem Wege weniger die Rolle eines Museums als vielmehr die des außerschulischen Lernortes ein. Zugleich sind die Sammlungen ein wesentlicher Bestandteil der örtlichen Kultur- und Wissenschaftsgeschichte. In Freiberg liefern gerade die historischen Bergbau- und Hüttenmodelle, die zu den weltweit bedeutendsten Sammlungen ihrer Art zählen, einen wichtigen Beitrag, den offiziellen Slogan „Ressourcenuniversität seit 1765" greifbar, erlebbar und damit auch glaubwürdig werden zu lassen.

Swen Steinberg
Material Knowledge between the Local and the Global. German Mine Models, Migration, and North American Mining Schools, 1860–1914

"I have secured promises of valuable models, both from Europe and this country," Thomas Egleston reported in May 1892 to the president of the Columbia College in New York. "Five important additions" to the college's School of Mines model collection were thus possible, they "will add largely to the value of the collections."[1] Such models mentioned by the founder and head of the mining school in New York were produced, sold, or traded by workshops of mining schools in Europe, in particular the German Bergakademien Freiberg, Clausthal, and Berlin.[2] At the same time, professional miners in academia abroad like Egleston identified the specific value of these objects as "visual knowledge" and "visual representations" for training or teaching purposes, and started collecting them already in the 1860s.[3] But the transfer of bodies of knowledge connected to these models was by no means limited to the northwestern hemisphere (Fig. 1a and 1b): the detachable, partially fully functional models made from wood and metal were used in teaching or training not only in the US – mine models were, for example, collected in mining institutions in Russia, England, Portugal, or New Zealand too.[4]

---

1 Columbia University Archives, Thomas Egleston Papers 1857–1901, Series I: Correspondence, 1868–1901, letter from Thomas Egleston to Seth Low, May 23, 1892.
2 Müller, Georg/Türck, Fred: Die Entwicklung der Bergschule Clausthal zur wissenschaftlichen Hochschule im Zeitraum 1811 bis 1920. Lehrer und Bergschüler, Professoren und Studenten in Zeiten industrieller und sozialer Umbrüche, Clausthal-Zellerfeld 2016, pp. 14 f., 25, 79, 105, 107, 181; Zaun, Jörg: Die Sammlung berg- und hüttenmännische Modelle an der TU Bergakademie Freiberg, in: Res montanarum. Fachzeitschrift des montanhistorischen Vereins Österreichs 45, 2008, pp. 43–50; Wobbe, Corinna: Sammlung der Hüttenmännischen Modelle an der Bergakademie Freiberg, Berlin 2013; Jentsch, Frieder. Modelle aus technischen Sammlungen der Bergakademie Freiberg, in: Der silberne Boden. Kunst und Bergbau in Sachsen, Leipzig 1990, pp. 446–453.
3 Nystrom, Eric C.: Seeing Underground. Maps, Models, and Mining Engineering in America, Reno/Las Vegas 2014, p. 9 f., 113–116.
4 See for example Education: The Canterbury College. Presented to both Houses of the General Assembly by Command of His Excellency, Wellington 1881, p. 2; Costa, Patrícia/Chaminé, Helder I./Callapez, Pedro M.: The Role of Theodor Gersdorf, Friedrich Krantz and Émile Dey-

Fig. 1a and b: Assembled and disassembled model of a bulk stack kiln (Schüttröstofen), built approx. 1865 by Moritz Gerstenhöfer in the model workshop at Bergakademie Freiberg

This article is interested in the relation of migration and knowledge transfers in such material acquisitions by using the example of German mine models in collections of North American mining schools. The first part deals with the more or less fundamental question of how, when, why, and through whom such models were collected in the US. This appears to be rather trivial since we discover these German models in several mining schools in North America such as the Columbia School of Mines mentioned above, the Colorado School of Mines in Golden, the Mining Department of the Massachusetts Institute of Technology in Cambridge or the Illinois Industrial University as well as in other educational institutions like the Polytechnical College of Pennsylvania.[5] But many other mining schools such as the one at Queen's University in Kingston/Ontario – until the outbreak of the First World War the leading mining school in Canada – never started collecting such models or used them for educational purposes.

On the one hand, this points already to the much broader context of the relationship between migration and knowledge transfers, and the project this article is based on: my research is interested in the transmission, modification, and translation of knowledge in forestry and mining especially on the level of practical or everyday use – and the occasions when such transmission processes failed to occur.[6] The 1892 opening quote from Thomas Egleston and the question of who collected German mine models in the US and why points, on the other hand, to the individual level of specific migrants and their knowledge in such transfer processes. A wider understanding of the intersection of migration and knowledge

---

rolle in the Collections of Mining, Metallurgy, Mineralogy and Paleontology from the School of Engineering (ISEP) of the Porto Polytechnic, Portugal, in: Proceedings of the 4th International Conference of the European Society for the History of Science, Barcelona, 18–20 November 2010, Barcelona 2012, pp. 419–428; Tarakanova, Elena/Jentsch, Frieder: Frejbergskie techničekie modeli iz kollekcii Sankt-Peterburgskogo Gornogo Muzeja/Technische Modelle aus Freiberg im Bergbaumuseum von Sankt Petersburg. Katalog, Freiberg 2003.

5 Massachusetts Institute of Technology (Ed.): Reports of the President, Secretary and Departments, 1871–1872, Boston 1872, p. 28; The U.S. Bureau of Education (Ed.): Industrial Education in the United States. A Special Report, Washington 1883, p. 108; Polytechnic College of Pennsylvania, in: The Pennsylvania School Journal XX, 1871, 6, pp. 181–182, here: p. 181. For New York and Golden see the references in the text below.

6 See the project description Steinberg, Swen: Knowledge about Mountains and Forests: Discourses and Transfer Practices in the Mining and Forestry Sciences – A Comparison of Central Europe and North America (1860–1960), ghi-dc.org/research/global-transregional-history/knowledge-about-mountains-and-forests (25.8.2020), and most recently idem: Bergbau, Bäume und Bonanza. Freiberg, Tharandt und der Wissenstransfer zwischen ‚Alter' und ‚Neuer' Welt, in: BOOM! 500 Jahre Industriekultur in Sachsen. Ausstellungskatalog zur vierten Sächsischen Landesausstellung, Dresden 2020, pp. 71–75.

benefits primarily from an actor-centered approach that attends to migrants and their agency.[7] Migrants are more than government-managed objects, numbers for statistical analysis, or mere recipients of information. Instead, they are knowledge actors in their own right: they influence, transform, extend, or even forget bodies of knowledge before, during, and after migration. These knowledge-related processes occur when migrants confront specific social, political, cultural, and economic constellations during and especially after migration. In many cases, the new contexts call into question whether the knowledge of migrants is knowledge at all.[8] And knowledge has, in general, always been confronted with ignorance, devaluation, or partial recognition.[9]

The knowledge transferred by German mine models was not only questioned in such confrontations with different orders of knowledge or the challenges of translation between them and through migration. Moreover, these mine models represented materialized local and regional bodies of knowledge in global contexts. Therefore, the second part of this article is focused on the knowledge these objects in transit specifically contained.[10] How useful – in a very practical sense – was it actually for a mining student in Colorado to know a specific and partly regional or even local technique of smelting represented in a much smaller, not fully functional, and expensive wooden item made in Saxony? How do the local and the global level speak to each other in these specific objects of mining education, what kind of processes of knowledge circulation can be observed? These questions already point to one central argument of this article, classifying these mine models as objects of transition – a transition between regional and even local bodies of knowledge in Europe and North America. And objects in a transition period when educational methods, especially in the United States, were first established and finally adjusted to the economic, political, and even social needs. A process the mine models did not survive.

---

[7] Lässig, Simone/Steinberg, Swen: Knowledge on the Move. New Approaches toward a History of Migrant Knowledge, in: Geschichte und Gesellschaft 43,3, 2017, special issue Knowledge and Migration, pp. 313–346; idem: Why Young Migrants Matter in the History of Knowledge, in: KNOW: A Journal on the Formation of Knowledge 3,2, 2019, special issue Knowledge and Young Migrants in the History, pp. 313–346.
[8] Simone Lässig/Swen Steinberg: Knowledge on the Move (note 7). See also the blog "Migrant Knowledge", co-edited by the author of this article, migrantknowledge.org (25.8.2020).
[9] Verburgt, Lukas M.: The History of Knowledge and the Future History of Ignorance, in: KNOW: A Journal on the Formation of Knowledge 4,1, 2020, pp. 1–24; Burke, Peter: What is the History of Knowledge?, Malden 2016, pp. 14, 31 f.; Proctor, Robert N./Schiebinger, Londa L. (eds.): Agnotology. The Making and Unmaking of Ignorance, Stanford 2008.
[10] Secord, James: Knowledge in Transit, Isis 95, 2004, pp. 654–672.

Mine Model Collections and Transatlantic Transfers

The Columbia School of Mines in New York, founded in 1864 by Thomas Egleston, bought German models at least since 1866 and from the workshops of the Bergakademien Berlin, Clausthal, and Freiberg. The New York archive contains several and partly undated order lists: one with a total of 64 models from the Clausthal workshops, one from Freiberg with 37, and one from 1866 with additional 64 models from the Berlin workshop.[11] The models were relatively expensive, the Freiberg models came with a price tag of 1380 Thaler; the Clausthal models cost more than 2000 Thaler. There are no further lists that document this acquisition practice in New York. However, the correspondence from Egleston suggests that the collection was expanded at least until the 1890s. In 1892, Egleston wrote about the "promises of valuable models, both from Europe and this country", quoted at the beginning of this article. And there are, at least, two more invoices from 1885 and 1892 from the Freiberg workshop and worth roughly 2000 Marks each, not including packing or the transatlantic shipment.[12]

How did people like Egleston even come up with the idea of buying these expensive items? How did they know their value for education, but also – or above all – their meaning and operation? In the Berlin order list from 1866, for example, we can discover a note behind the item "German puddling-heath (old method)," asking "Copper? Or Iron?"[13] This points already to the knowledge-centered focus in this paper, and the aspect of losses in knowledge translations since Egleston and others in New York did not exactly know what they were ordering. And the archival material does not contain any indications yet about detailed descriptions or manuals that were delivered with the mine models from Germany. This gap was bridged by other knowledge-related strategies, especially by migration.[14]

---

11 Columbia University Archives, Thomas Egleston Papers 1857–1901, Series I: Correspondence, 1868–1901, order list Freiberg; ibid., order list "Nachtrag zu den Modellen, Clausthal"; ibid., order list "Berlin Models". See for the lack of research in the US especially Nystrom, Eric C.: Seeing Underground (note 3), p. 194, and for the Columbia School of Mines Grossmann, Sarah E.M.: Mining the Borderlands. Industry, Capital, and the Emergence of Engineers in the Southwest Territories, 1855–1910, Reno 2018, pp. 54–58.
12 Columbia University Archives, Thomas Egleston Papers 1857–1901, Series I: Correspondence, 1868–1901, invoice October 28, 1885; ibid., invoice April 18, 1892.
13 Ibid., order list "Berlin Models."
14 See for this broader perspective on material culture and strategies of knowledge acquisition especially Auslander, Leora: Beyond Words, in: The American Historical Review 110,4, 2005,

Egleston himself was a migrant between the 'old world' and the new, in 1856 and at the age of 24, he went to France and studied at the École des mines in Paris until 1860. "During the vacations and at the close of his course," his obituary from 1900 tells us, "he traveled extensively in France and Germany, studying and collecting."[15] Hence, methods of education and training in mining were familiar to Egleston, he gained this specific knowledge during his studies and travels in Europe. This might have created the background knowledge at the newly founded Columbia School of Mines when he started buying German mine models in 1866. And the comparison – or even competition – with institutions in Europe remained a prominent aspect: in 1871, for example, the school in New York was characterized as "already more scientific than Freiberg, more practical than Paris." But, at the same time, newly founded institutions such as the Columbia School of Mines depended on knowledge transfers in objects and even books since "the literature pertaining to mines and their working had been very limited in the English language, and that the instruction in the school had to be chiefly given by lectures; but that these courses would gradually develop into a literature."[16]

The relation between migration and knowledge, intersecting in Egleston's biography, was by no means an isolated transatlantic case along the way. In general, students played an important mediating role as traveling 'knowledge agents' as Sarah Grossman showed recently in "Mining the Borderlands":[17] Between 1850 and 1865, for example, 72 North Americans studied at the Bergakademie Freiberg, 1872 to 1886 another 249.[18] They communicated and even published their experiences, for instance, about the training in Freiberg and based on wooden models.[19] Also, and especially at the Columbia School of Mines, we can discover the strategy of sending students to central Europe to collect information

---

pp. 1015–1045; Brusius, Mirjam: The Field in the Museum: Puzzling Out Babylon in Berlin, in: Osiris 32, 2017, pp. 264–285.
15 Moses Alfred J.: Professor Thomas Egleston, in: Science. New Series 11, 1900, Nr. 271, pp. 361–364, here: 361.
16 Quoted in Martin, Daniel S.: Sketch of Thomas Egleston, in: Popular Science Monthly LV (1899) May, pp. 256–165, here: p. 259. See also for the influence of Freiberg Grossmann, Sarah E. M.: Mining the Borderlands (note 11), pp. 46, 54.
17 Ibid., pp. 34 f., 37 ff., 45 ff., 49 f., 54 f.
18 Bartlett, J. C.: American Students of Mining in Germany, in: Transactions of the American Institute for Mining Engineers V (1876/77), pp. 431–447, here: p. 439, 443–447; Dym, Warren A.: Freiberg and the Frontier: Louis Janin, German Engineering, and 'Civilisation' in the American West, in: Annals of Science 68,3, 2011, pp. 295–323, here: 301 ff.
19 Columbia University Archives, Thomas Egleston Papers 1857–1901, Series I: Correspondence, 1868–1901, Catalogue and description of the Freiberg metallurgical collection, H. B. Cornwall 1868, Substitute for Journal of Travels.

about mining education or the ordering principles of libraries and collections. Already in 1868, four years after founding the Columbia School of Mines, Egleston's documents contain a 28 pages handwritten "Catalogue and description of the Freiberg metallurgical collection", compiled by Columbia mining student Henry B. Cornwall.[20] But Cornwall did not only transfer this specific knowledge back to the school where he started his studies. Moreover, in 1873 and together with John Henry Caswell he published an English translation of the "Manual of Qualitative and Quantitative Analysis with the Blowpipe" by Freiberg professors Karl Friedrich Plattner and Theodor Richter.[21] In 1868, Thomas Egleston hired Caswell as an assistant in New York: starting in 1865, Caswell had "three very happy years of study" in Freiberg with "vacations by trips to the mining districts of Norway and Sweden and of the Hartz Mountains."[22]

On the one hand, both cases represent the mining knowledge gained through migration and within networks; and the wide range of knowledge-related strategies that were not limited to specific objects or individual techniques.[23] These knowledge networks need further research, also within or between specific institutions and not necessarily bound to individual migrants: the models in the collection of the School of Mines at Canterbury College in New Zealand were in 1881, for example, "purchased at Freiburg, Germany, through the registrar of the School of Mines, London."[24] The broader orientation on European orders of knowledge – or, more precisely, principles to order knowledge – like the 1868 catalogue about the Freiberg metallurgical collection was, on the other hand, not an isolated New York case too. The program of the Colorado School of Mines noted, for example, in 1912: "Most collections of ores are classified according to their mineral contents, but the department of mining, following the example of the Bergakademie of Freiberg, Germany, is pursuing the policy of gathering average ore samples from every mining district."[25]

---

[20] Cornwall was a student in 1864 and received a degree in 1868. See Officers and Graduates of Columbia College. General Catalogue 1754–1894, New York 1894, p. 57.
[21] Richter, Theodor: Plattner's Manual of Qualitative and Quantitative Analysis with the Blowpipe, translated by Henry B. Cornwall and John H. Caswell, New York 1873.
[22] Kemp, James F.: Memoir of John Henry Caswell, in: Annals of the New York Academy of Science XIX, 12, part III (1910), pp. 353–356, here: p. 354.
[23] See for the aspect of cultural translation in colonial settings and transregional/transnational knowledge networks exemplarily Findlen, Paula: Empires of Knowledge. Scientific Networks in the Early Modern World, London 2019; Fischer-Kattner, Anke et al. (Eds.): Room for Manoeuvre: (Cultural) Encounters and Concepts of Place, Leipzig 2018.
[24] The Canterbury College (note 4), p. 2, misspelling of "Freiberg" in the original.
[25] Quarterly of the Colorado School of Mines VII, 1912, 4, Catalogue Edition, p. 26.

But the students did not just collect information about the classification in other collections or organized the exchange of knowledge objects such as mine models. Instead, a specific knowledge strategy was associated with the models gathered at the Columbia School of Mines: the students collected and cataloged all intermediate stages and by-products of, for example, smelting in a specific furnace and contacted the smelting works or mills where these furnaces were used.[26] The 1866 Clausthal list contains the model of a "Mansfeld broad furnace."[27] And in Egleston's papers we can discover a list of specimens from 1869 about the "Treatment of Mansfeld Ores" in this kind of furnaces.[28] Especially the models from German Bergakademien were not experimental furnaces and thus limited in the simulation of the processes they displayed or depicted. For this reason, this combined collection of models and smelted ores or by-products can also be found in other mining schools like Golden in Colorado, where German models were collected and used in training too.[29] Janet Hoskins reflected in 2006 on the agency of objects;[30] Allan M. Williams and Vladimir Baláž categorized in 2014 objects as "descriptive knowledge," in contrast to "procedural knowledge [...] how to use the descriptive knowledge;"[31] and, most recently, Cecilia Riving pointed to a "huge misunderstanding" modern medicine was based on: "that a neutral examination of material objects was the source of true knowledge."[32] Analyzing the strategies described here and applied by Columbia or Colorado miners show especially that migrating knowledge objects needed agents – and sometimes other objects to translate or transfer the bodies of knowledge associated with or carried by these objects. In this regard, the migration of mine models might be an example for the "fascinating new ways" to incorporate approaches such as material culture into the history of knowledge as Suzanne Marchant noted most recently.[33]

---

[26] Columbia University Archives, Thomas Egleston Papers 1857–1901, Series I: Correspondence, 1868–1901, Collection from Königin Marien Hütte.
[27] Ibid., order list "Nachtrag zu den Modellen, Clausthal". Translation of "Mansfelder Breitofen."
[28] Ibid., Treatment of Mansfeld Ores.
[29] "There is also a large collection of ores, ore dressing and metallurgical samples and products." Quarterly of the Colorado School of Mines VII, 1912, 4, Catalogue Edition, p. 27.
[30] Hoskins, Janet: Agency, Biography, and Objects, in: Tilley, Christopher et al. (Eds.): Handbook of Material Culture, London 2006, pp. 74–84.
[31] Williams, Allan M./Baláž, Vladimir: International Migration and Knowledge, London 2014, p. 55.
[32] Riving, Cecilia: Phronesis as therapy and cure: Practical knowledge in early twentieth-century psychotherapy, in: Östling, Johan/Heidenblad, David Larsson/Hammar, Anna Nilsson (Eds.): Forms of Knowledge: Developing the History of Knowledge, Lund 2020, pp. 123–141, here: p. 134.
[33] Marchant, Suzanne: How Much Knowledge is Worth Knowing? An American Intellectual

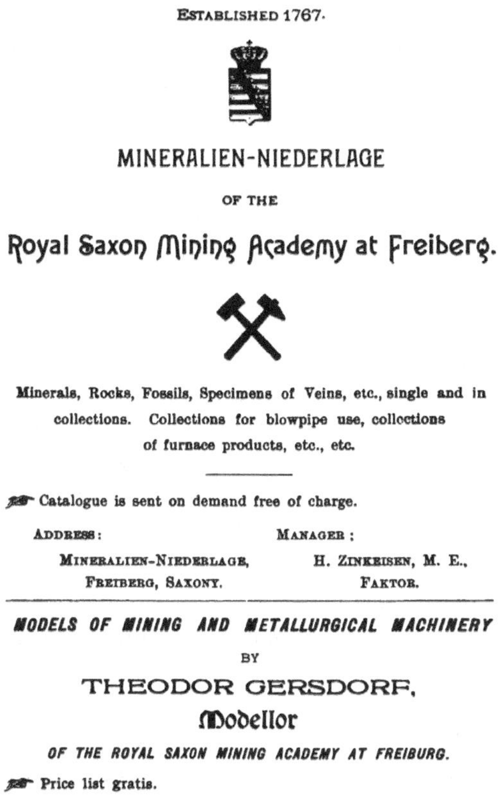

ESTABLISHED 1767.

MINERALIEN-NIEDERLAGE

OF THE

Royal Saxon Mining Academy at Freiberg.

Minerals, Rocks, Fossils, Specimens of Veins, etc., single and in collections. Collections for blowpipe use, collections of furnace products, etc., etc.

☞ Catalogue is sent on demand free of charge.

ADDRESS:	MANAGER:
MINERALIEN-NIEDERLAGE, FREIBERG, SAXONY.	H. ZINKEISEN, M. E., FAKTOR.

MODELS OF MINING AND METALLURGICAL MACHINERY

BY

THEODOR GERSDORF,

Modellor

OF THE ROYAL SAXON MINING ACADEMY AT FREIBURG.

☞ Price list gratis.

Fig. 2: Advertisement in "The Scientist's International Directory," 1894

These migrant-based exchange processes were not the only ways to move both, the models and the knowledge about them on a transnational or even global level. Probably the most essential factor laid in the trade professionalization of the German workshops themselves (Fig. 2): "The Scientist's International Directory," published 1894 in Boston, contained the advertisement of minerals for sale by the Freiberg mining school as well as "Models of Mining and Metallurgical

---

Historian's Thoughts on the Geschichte des Wissens, in: Berichte für Wissenschaftsgeschichte 42, 2019, pp. 1–24, here: p. 22. See also Simone Lässig/Swen Steinberg: Knowledge on the Move (note 7), p. 322, and in general for the relation between the history of science and the history of knowledge Daston, Lorraine: The History of Science and the History of Knowledge, in: KNOW: A Journal on the Formation of Knowledge 1,1, 2017, pp. 131–154; Chartier, Roger: Science and Knowledge, in: Annales. Histoire, Sciences Sociales 71,2, 2016, pp. 321–335.

Machinery" from the workshop of Theodor Gersdorf and offered a "price list gratis."[34] Another stimulus for the dissemination of knowledge about these models in the US came from travel reports about the training and the model collections or workshops in Freiberg, Berlin, or Clausthal. In 1875, for example, the Scientific Commission of the United States reported on technical education in Europe and about a visit to Saxony: "The collection of models is an excellent one. Many of them have been made here, and a large number of duplicates have also been made for foreign schools. We found a considerable number, wholly or partially finished, for schools of mines in the United States."[35]

In addition to such publications with collected information mainly based on travels,[36] scientific journals published individual reports about visits to model collections or workshops and classes of "model-makers" like in Freiberg, in 1884 their work was praised by a visitor for producing "as accurate copies as a drawing."[37] Descriptions of other model collections such as the Museum of Practical Geology in London from 1865 appeared as pamphlets too.[38] The models were also presented in exhibitions such as the World's Columbian Exposition 1893 in Chicago (Fig. 3),[39] from where they were often offered for sale and arrived at a lower price on the North American market or ended-up as donations in the mining school collections.[40] Mine models as donations represented another

---

[34] Cassino, Samuel E.: The Scientist's International Directory, Boston 1894, appendix. A report from 1875 described the business model of the Freiberg workshops: "The prices were moderate, but it requires a very long time to fill an order. Five men were employed in making these models, and the profit obtained from their work on material sold was sufficient to supply a considerable amount of valuable material to the school." Thurston, Robert H.: Report on Machinery and Manufacturers, With an Account on European Manufacturing Districts, Washington 1875, p. 364.
[35] Ibid., p. 363.
[36] Model collections and workshops were also mentioned in travel handbooks, just to name an early example for Freiberg from 1836: "The collection of Models of the Mines, and the Machinery used in them, will give an uninitiated person then the visit to the mines themselves, of the nature of a miner's operations, or at least will prepare one who purposes visiting them for understanding them when on the spot." A Hand-Book for Travelers on the Continent, London 1836, p. 382.
[37] See for example Moore, Robert Th.: Some Notes on Collieries in Saxony, in: The Mining Institute of Scotland. Transactions VI, 1884–85, pp. 153–168, here: p. 155.
[38] Bauerman, Hilary: A Descriptive Catalogue of the Geological, Mining and Metallurgical Models in the Museum of Practical Geology, London 1856. Bauerman was an "associate" of the Royal School of Mines in London, the digitized volume, free accessible through Hathi, is from the Columbia School of Mines library, https://babel.hathitrust.org/cgi/pt?id=nnc1.cu50507427&view=1up&seq=7 (25.8.2020).
[39] The German Mines Exhibit at Chicago, in: The Engineering and Mining Journal, November 18, 1893, p. 519.
[40] Nystrom, Eric C.: Seeing Underground (note 3), p. 195.

MODEL OF COLLIERY AT SAARBRUCKEN.

MACHINERY FOR MAKING BRIQUETTES FROM LIGNITE.

Fig. 3: Models in the "German Exhibit" at the World's Columbian Exposition 1893 in Chicago

acquisition strategy anyhow, not limited to German models. Such donations came, for example, in 1906 at the Colorado School of Mines also from individual American geologists or miners and a couple of private mining companies in the US, showing their new practices.[41]

---

41 Quarterly of the Colorado School of Mines I, 2, 1906–07, Catalogue Edition, p. 112–115.

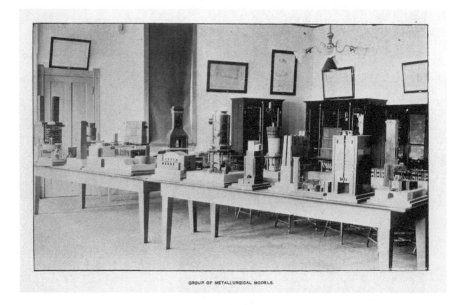

GROUP OF METALLURGICAL MODELS.

Fig. 4: Model collection of the Colorado School of Mines in Golden, 1896. The bulk stack kiln shown in Fig. 1 can be identified on the right side in front

Between the Local and the Global

The mere fact that mining schools in the US collected these models in various ways does not tell much about their role in education or their display.[42] The second part of this article is therefore focused on the use of knowledge represented by these objects. In the 1873 founded Colorado School of Mines in Golden, a "collection of models" was first mentioned in the Department of Metallurgy and Mineralogy in 1890, "by cabinets especially arranged to illustrate the courses"[43] (Fig. 4). The lecture room in a new building "also contains the models of smelting and refining furnaces for various metals, a collection already large and receiving yearly additions."[44] In 1893, the Catalogue of the Colorado School of Mines gave more detailed information about the now 19 models in the metallurgy department: "The school has the advantage of a remarkable collection of models from

---

42 Nystrom, Eric C.: Seeing Underground (note 3), p. 114, 192–220.
43 State School of Mines. Special Circular, Golden/Colorado, Fall Term of 1890, p. 15.
44 Ibid., p. 14.

the workshop of Theodore Gersdorf, Freiberg Saxony, illustrating the principal types of modern furnaces in the country and Europe."[45]

The rather small collection contained models that reflected local and regional knowledge, such as a "tin blast furnace, as used in Saxony" or a "Silesian zinc furnace." At the same time, the latter came with the supplementary information "as used in parts of Europe".[46] Examples like these already indicate the regional or even local bodies of knowledge represented in the modelled techniques – smelting processes are, for example, related to metal content or the injection based on specific energy sources like coal, in their quality often dependent on local and regional factors themselves. But the models also represented interregional knowledge transfers in Europe since the Freiberg and Berlin model workshops produced models depicting smelting practices from other European regions: the Colorado mining school in Golden owned, for example, in 1893 the model of a "Large Mercury Furnace, as used in Almaden, Spain."[47] The catalogue of the Mining School from 1892 described this process as well, the Freiberg models "are made from working drawings of the principal modern furnaces in use in this country and Europe"[48] (Fig. 5). This aspect of regional knowledge from Europe and in mining models produced in Freiberg or Berlin can be identified in the model collection of the Columbia school of mines too: these models from the late 1860s represented – besides techniques from central Germany –, for example, smelting practices from Hungary, Sweden, Scotland, or England.[49] And even more: at the end of the 1860s, the model of an "American lead smelting stove" from Freiberg had been sent to New York.[50] In this case, the regional American knowledge of a specific technique first crossed the Atlantic, and came back in this wooden item.

This was by no means the only interaction between local forms of knowledge and the German mine models. The 1893 catalogue from Golden described them as "so complete in every detail" and mentioned already in the year before, "that the students are able to make from them complete working drawings and estimates of the different plants, simply requiring data as the local cost of labor and mate-

---

45 Catalogue of the State School of Mines, Golden/Colorado 1893 94, p. 39.
46 Ibid., p. 39 f.
47 Ibid., p. 41.
48 Ibid., p. 39.
49 Columbia University Archives, Thomas Egleston Papers 1857–1901, Series I: Correspondence, 1868–1901, order list Freiberg; ibid., order list "Nachtrag zu den Modellen, Clausthal"; ibid., order list "Berlin Models."
50 Ibid., order list Freiberg, translation of "Bleisaigerherd" in the quotation above.

COLORADO STATE SCHOOL OF MINES. 69

connection with this study, and includes the designing of such parts of machines as follows: bolts and nuts; keys and cotters; pipes and pipe joints; shafting and shaft couplings; journals and journal bearings; arms, hubs and rims of gear wheels, belt wheels, sheave wheels, etc. Rivets and riveted joints; horse power of belts and gearing, brackets and pillow blocks, with other devices, are all explained and drawn.

SENIOR YEAR.

The Draughting of this year is distributed among the several departments of Metallurgy, Engineering and Electrics. Designs assigned according to the special work of the student, are executed of metallurgical plants, masonry work and bridges, and of electrical machinery. The draughting of this year, in short, is not intended as instruction in draughting, but as applied work.

Fig. 5: Model from the collection of the Colorado School of Mines in Golden, 1896, used as illustration for the draughting section in the study program

rial."[51] The production and acquisition of these models reveal already processes of circulation of mostly local and regional knowledge in Europe. But through the transfer to North American mining schools, this regional or local knowledge has been applied beyond the European context or, as the quote shows, adapted and adjusted to the North American conditions – on the regional and local level, with regional and even local knowledge about labor and material. Once more, we can discover knowledge that is not static and, at the same time, closely related to migration. This can be illustrated by other examples in the collection of Freiberg models in Golden and by examples like a "Round silver-lead furnace, as used in Germany and Utah" or a "Belgian zinc furnace, as used in Missouri, New Jersey and Belgium."[52]

The "working drawings" of the students in Golden point to the role of the models as knowledge objects in practical training: like in New York, the model collections were also used for training in Cambridge, the MIT program from 1872 mentioned: "A typical set of models of mining-machinery, chiefly from Freiberg, Saxony, is used in the course of instruction. They are designed mainly to illustrate the principles of the various processes of mining and ore-dressing, but also combine the latest improvements in machines."[53] Besides such descriptions, the location or presentation of the models in the mining schools provides further insight into their use in training. The picture from Golden (Fig. 4) shows them in the center of the classroom, freely accessible and useable. In New York, they were first shown in a "collection room." But in 1890 and due to the increasing number of students, the founder of the mining school considered this form no longer feasible – he wanted to transfer the models to the "metallurgical room," Egleston wrote to the board of trustees: "Practically it is inadvisable to transport the expensive and very heavy models of metallurgical furnaces and appliances to the lecture room, and they are now shown to the students in groups or simply looked at through glass cases."[54]

Instead, and finally implemented in 1892, showcases were installed on the walls in the "metallurgically room," that "the models which the students ought to see constantly and which ought to be described in connection with the dia-

---

51 Catalogue of the State School of Mines, Golden/Colorado 1891-92, p. 40; ibid., 1893-94, p. 39.
52 Ibid., p. 39 f.
53 Massachusetts Institute of Technology (Ed.): Reports of the President, Secretary and Departments, 1871–1872, Boston 1872, p. 28.
54 Columbia University Archives, Thomas Egleston Papers 1857–1901, Series I: Correspondence, 1868–1901, letter from Thomas Egleston to Seth Low, February 13, 1890.

grams used in the lectures."⁵⁵ The models were, therefor, used in teaching, but not reduced to be illustrative material. In Golden and New York, they were combined with other objects – appliances or collected ores from different stages of smelting – and thus integrated into a broad set of knowledge creation, including drawing education. And at this point, their use for teaching purposes was similar to German institutions such as Bergakademie Freiberg or Clausthal, were some of the mine models originated from.⁵⁶

In 1904, the collection in Golden received four new models that represented regional or local mining techniques from the United States. But the 1904 program did no longer explain how the models were used in class. In 1912, only the models from the US in the collection were mentioned in a now very short section. The same paragraph can also be found in the 1917 program of the mining school in Golden.⁵⁷ Then the models disappear – in New York and elsewhere too.

"Things have changed at Freiberg also" – A Summary

The above mentioned end of using German mine models at US mining schools underlines the episodic nature of these objects: with further professionalization and especially the development of chemical, physical, and above all metallurgical laboratories – the latter was, for example, planned in New York already in 1894⁵⁸ – the knowledge presented with or represented by mine models has been simulated under real-life conditions and fulfilled the self-imposed demand of

---

55 Ibid.; ibid., letter from Thomas Egleston to Seth Low, May 23, 1892. See also Nystrom, Eric C.: Seeing Underground (note 3), p. 195.
56 In 1905, the Bergakademie Clausthal had "a collection of over 700 models, including representations of mining machinery and tools of all varieties, miniature shafts, approaches, pumping plants, motors, etc., all of which are constantly utilized for purposes of illustration in lectures, and are ever on exhibition for those who are interested. A workshop for models is also connected with the academy, in which many of the models used in the institution have been made by teachers or by students acing under the immediate supervision of teachers." Department of Commerce, Bureau of Statistics (Ed.): Industrial Education and Industrial Conditions in Germany. Special Consular Reports Vol. XXIII, Washington 1905, p. 78 f.
57 Annual Catalogue of the Colorado School of Mines, 1904–1905, p. 76 f.; ibid., 1912–1914, p. 27; Quarterly of the Colorado School of Mines XII, 1, 1917, Catalogue Edition, p. 27. See for model making in the US Nystrom, Eric C.: Seeing Underground (note 3), pp. 195–220.
58 Columbia University Archives, Thomas Egleston Papers 1857–1901, Series I: Correspondence, 1868–1901, letter from Thomas Egleston to Seth Low, March 30, 1894.

American mining schools much better: scientific methods had to be linked to practical experience. The quotation from 1871 about the training in Paris and Freiberg compared to New York mentioned earlier in this text already indicated the shift in educational needs or standards in the US.[59] But this was not the only reason for the disappearance of European models from the curricula of North American mining schools. The contacts between the 'old world' and the new remained intense, but changed at the same time. After the turn of the century, the American mining schools were established institutions, and Samuel B. Christy was able to report on the scientific congress of the World's Fair in St. Louis in 1904: "for the first time in nearly a century there were no American mining students in the great Saxon Mining-School at Freiberg."[60] And this meant in short: there was a lack of knowledge agents described in this paper as important intermediaries. Although in 1912, the former American mining students in the US joined forces again with the "Old Freibergers in America."[61] However, this small network had barely any significant influence on knowledge transfers and only identity-creating character. German institutions were, at the same time, still valued in the US: the Bergakademie Freiberg was still regarded as "the mother of all mining schools" in 1914. On the occasion of the 75th anniversary of the Columbia School of Mines in summer 1914, the rector of the Freiberg mining academy was invited to New York too. But besides a brief greeting, his role was nothing more than accessories – the seminal evening lecture on future perspectives in geology was given by a scientist from the Royal School of Mines in London.[62] Exchange processes about knowledge objects and their acquisition had shifted fundamentally. Migration and the exchange of students hardly played any role anymore, even before the outbreak of the First World War. However, precisely these processes and the activities of specific knowledge agents had repeatedly led to the production of knowledge through migration, and migrant knowledge in the past that was directly linked to the German mine model collections at North American mining schools.

In the April 1917 issue of the "Coal Trade Bulletin," Harry H. Stock, a professor at the University of Illinois and editor of the "Mines and Minerals" journal, named a variety of reasons for the disappearance of the models and beyond practical training: the European models were expensive; made from wood and therefore

---

59 Grossmann, Sarah E.M.: Mining the Borderlands (note 11), pp. 28, 47 ff., 59–63.
60 Christy, Samuel Benedict: Present Problems in the Training of Mining Engineers, Berkeley 1905, p. 8.
61 Old Freibergers in America, in: Mining Science LXVIII, 1913, p. 310.
62 Kemp, J. F.: The Fiftieth Anniversary of the School of Mines, in: Columbia University Quarterly, 1914, September, pp. 404–412, here: p. 408.

not long-term durable; and in 1917 not available because of the current situation in the war. But, finally, they also represented knowledge that was less interesting for training purposes in the US, Stock wrote: "the oldest mining school in Germany, that at Freiberg, has much excellent historical material, but very little on modern practice, while Berlin, one of the youngest German mining schools, has a most extensive and valuable collection of modern appliances and models. This is true in spite of the fact that one of the best known model shops is at Freiberg, from which many of the models to be seen in America have come. Because many of the models in American mining schools have come from this shop, they mainly illustrate ore mining rather than coal mining practice."[63]

Stock thus criticized a restriction to particular forms of mining less of interest in the US, most of the German mine models were limited to aspects in metallurgy and geology. Eric C. Nystom discovered in his 2014 "Seeing Underground" study tensions to set up mine model workshops in the US already in the 1890s. This failed – besides the activities of some individuals at American mining schools – due to the availability of practical trained mining modeler.[64] As far as is known, only the mining school in Butte/Montana managed to set up an own model workshop. But according to Stock, this one was also limited in its focus and "represents almost entirely geological problems or ore mining practice." Stock, therefore, announced in 1917 that he was planning to set up a model workshop for coal mining at the University of Illinois.[65]

It all came to nothing. And there are hardly any indications of mine models in North American mining schools after 1918 – both European and German ones, or models produced in workshops of mining schools in the US. The development, especially in New York, indicates that sooner or later the models were transferred to museums or became oddity collections in the storeroom, but lost their value for educational purposes and as knowledge objects. Or, they could not be transferred into another material medium that globalized regional or even local knowledge and that, at the same time, regionalized or localized such knowledge after the global transfer. Especially in this regard, these models were objects of transition: a transition between bodies of knowledge in Europe and North America. But, also,

---

[63] Stock, H. H.: Value of Correct Mine Models, in: Coal Trade Bulletin XXXVI, 10, 1917, pp. 33–34, here: p. 33.
[64] Nystrom, Eric C.: Seeing Underground (note 3), p. 194. Nystrom also shows a specific American development related to the transition processes of the use of these models described in this paper, especially in legal cases. Ibid., 113–191. See also Crane, W. R.: Concrete Mine Models, in: Mines and Minerals 27, 1907, February, pp. 300–302.
[65] Stock, H. H.: Value of Correct Mine Models (note 63), p. 33. See for mine modelling also Nystrom, Eric C.: Seeing Underground (note 3), pp. 193–201.

as objects of the transition into new forms of training and acquisition or mediation of knowledge, not only on the transnational level.[66] These transformations need further research, but were already observed by contemporaries. The series "Biographical Memoir" of the US National Academy of Science published in 1931 an obituary for the former Freiberg mining student Raphael Pumpelly summarizing the transitory roles of knowledge objects: "Although some great schools still use working models of machinery and other equipment for demonstration, even these tools have been subordinated or abandoned in the more advanced curricula, and training in practice has given place to founding in principles. Things have changed at Freiberg also."[67]

---

[66] Ibid., pp. 221 f.
[67] Willis, Bailey: Biographical Memoir of Raphael Pumpelly 1837–1923, in: National Academy of Sciences of the United States of America. Biographical Memoirs XVI, 1931, Second Memoir, p. 29.

Jennifer Garner, Manuel Zeiler
Von der Archäologie zum Experiment: Neue Forschungen zur keltischen Eisentechnologie im Siegerland

Das Siegerland, im südlichen Westfalen sowie im nördlichen Rheinland-Pfalz gelegen, blickt auf eine über 2000 Jahre alte Geschichte der Eisengewinnung zurück. Noch bis in die 1960er Jahre hinein spielte die Herstellung von Eisen eine bedeutende Rolle in der Region. Die Grundlage hierfür bildeten zum einen die großen Sideritvorkommen mit ihren Sekundärerzen und zum anderen bis in die Phase der Hochindustrialisierung der Waldreichtum zur Holzkohleproduktion als Brennstoff für die Hüttenwerke.

Die Anfänge der Eisengewinnung gehen vermutlich auf Migranten aus dem heutigen Hessen und Süddeutschland zurück, die im 3. Jh. v. Chr., möglicherweise aber bereits im 5. Jh. v. Chr., das Siegerland aufgrund seines Rohstoffreichtums aufsuchten.[1] Zuvor, nämlich bis zum Beginn der Eisenzeit, stand das klimatisch ungünstige Bergland mit seinen schweren und relativ unfruchtbaren Böden generell nicht im Fokus der bäuerlich geprägten Gesellschaften. Eine sporadische Aufsiedlung begann zwar bereits ab dem 8. Jh. v. Chr., jedoch wurde spätestens ab dem 3. Jh. v. Chr. die Eisenproduktion der Motor der Aufsiedlung. Denn nun formte sich eine regelrechte Produktionslandschaft aus hunderten Verhüttungswerkstätten, Weiterverarbeitungswerkstätten sowie Kleinsiedlungen. Bemerkenswert ist zudem, dass sich eine differenzierte Produktionslandschaft rekonstruieren lässt, die aus einer Kernzone entlang der ergiebigen Lagerstätten mit Verhüttungsbetrieben und einer Randzone mit Weiterverarbeitungsbetrieben bestand. Die Verhüttungsplätze wurden allesamt in den kleinen Bergtälern angelegt und lagen unmittelbar an den Ufern der Bäche (auch Seifen genannt).

Diese Produktionslandschaft war sowohl technisch als auch organisatorisch ausgereift, sehr einheitlich und entstand innerhalb kurzer Zeit. Daher ist davon auszugehen, dass es sich bei den Migranten bereits um Spezialisten (Prospektoren, Bergleute, Hüttenleute, Schmiede etc.) gehandelt haben muss.

Träger der eisenzeitlichen Montanlandschaft Siegerland war die so genannte Latènekultur. Dieser Begriff umfasst die Kulturgruppen zwischen Pyrenäen im Westen, der Eisernen Pforte im Osten, der Deutschen Mittelgebirgsschwelle im

---

1 Zeiler, Manuel/Sebald, Sidney/Gruppe, Gisela: Migration in die eisenzeitliche Montanlandschaft Siegerland, in: Archäologie in Westfalen-Lippe 2016, 2017, S. 199–203.

Norden sowie Norditalien im Süden in den letzten drei Jahrhunderten v. Chr. Darüber hinaus zählen aber auch Schlesien sowie Thüringen zur Latènekultur während dieser Zeit. Da verschiedene antike Quellen Menschen in diesen Räumen als Celtoi oder Gallii bezeichnen, wird in der archäologischen Wissenschaft der Kernraum des Verbreitungsgebietes der Latènekultur als „keltisch" angesprochen, wohl wissend, dass die als solche bezeichneten Menschen andere (Stammes-) Bezeichnungen führten und sich nicht als eine zivilisatorische Einheit betrachteten.

Für die Montanlandschaft Siegerland ist hierbei von Bedeutung, dass es nicht nur einen engen kulturellen Austausch mit der keltischen Zivilisation gab, sondern die Mittelgebirgsregion zumindest die letzten Jahrhunderte v. Chr. Teil der keltischen Welt war. Beim derzeitigen Forschungsstand deutet sich an, dass das Siegerland das Montan-Hinterland der dicht besiedelten und mit zentralörtlichen Siedlungen ausgestatteten Wetterau (Hessen) war. Die Herausbildung dieser zentralörtlichen Siedlungen verläuft parallel zur Herausbildung der Montanlandschaft Siegerland und auch der Niedergang bzw. der Untergang dieser Siedlungen um die Zeitenwende, infolge römischer Expansion sowie Bevölkerungsverschiebungen, markiert gleichfalls das Ende der Produktionslandschaft Siegerland. Danach wird die Mittelgebirgsregion entvölkert und erst knapp 1000 Jahre später bildet sich eine neue, mittelalterliche Montanregion heraus, die sich aber die ersten ca. 300 Jahre auf einem deutlich niedrigeren Technologielevel als diejenige der Eisenzeit befindet.

Seit 2002 erforscht das Deutsche Bergbau-Museum Bochum zusammen mit der LWL-Archäologie für Westfalen, Außenstelle Olpe und der Ruhr-Universität Bochum die eisenzeitliche Montanlandschaft Siegerland.[2] Ziel des Forschungsprojekts ist die Rekonstruktion sowohl der Produktionskette vom Erz zum Eisen als auch die Entwicklung der Montanlandschaft. Im Rahmen der Forschungen fanden großflächige Geländeprospektionen statt, die das Ziel hatten, die Vielzahl der Produktionsstätten der Eisenzeit zu erfassen und qualifiziert zu dokumentieren. Hierbei kamen verschiedene Methoden zum Einsatz, die auch vielfach kombiniert wurden, wie die dreidimensionale Vermessung des Fundplatzes, geophysikalische Untersuchungen, bodenkundliche Bohrungen, radiometrische

---

2 Ein durch die Deutsche Forschungsgemeinschaft (DFG) gefördertes Forschungsprojekt „Latènezeitliche Eisenwirtschaft im Siegerland: Interdiziplinäre Forschungen zur Wirtschaftsarchäologie" in Kooperation mit dem Labor für Archäobotanik am Institut für Ur- und Frühgeschichte der Universität zu Köln, dem Institut für Physische Geographie, Campus Rietberg der Johann Wolfgang Goethe-Universität sowie dem Institut für Achäologische Wissenschaften, Abt. III, Vor- und Frühgeschichte der Johann Wolfgang Goethe-Universität in Frankfurt a. M.

Abb. 1: Blick aus Norden auf den Werkplatz vom Gerhardsseifen bei Siegen-Niederschelden während der Ausgrabung

Datierungsserien, Pollenanalysen, Schlacken- und Erzuntersuchungen, anthrakologische Auswertungen von Holzkohle und archäologische Grabungen sowie Auswertungsverfahren.[3]

Eine der umfangreichsten Ausgrabungen fand am Gerhardsseifen bei Siegen-Niederschelden, Kreis Siegen-Wittgenstein, statt. Dort konnte ein Werkplatz mit allen Prozessschritten zur Eisengewinnung von der Aufbereitung des Erzes, über die Verhüttung bis hin zum Schmieden angetroffen werden (Abb. 1). Das Ensem-

---

[3] Die Ergebnisse der Forschungen wurden bereits in mehreren Publikationen vorgelegt; hier in Auswahl: Stöllner, Thomas u. a.: Latènezeitliche Eisenwirtschaft im Siegerland: Interdisziplinäre Forschungen zur Wirtschaftsarchäologie. Vorbericht zu den Forschungen der Jahre 2002–2007, in: Metalla 16, II. 2, 2009; Zeiler, Manuel: Latènezeitliche Eisenwirtschaft im Siegerland. Bericht über die montanarchäologischen Forschungen 2009–2011, in: Metalla 20, H. 1, 2013; Menic, Stephanie: Die latènezeitliche Eisenproduktion im Siegerland. Chaîne opératoire und Ökonometrie der Prozessschritte, Bochum 2016 (= Studien zur Montanlandschaft Siegerland 2, Der Anschnitt Beiheft 32); Garner, Jennifer/Zeiler, Manuel Die archäologischen Fundstellen im Siegerland. Überblick und Stand der Forschung zur eisenzeitlichen Montanlandschaft. Mit Beiträgen von Eberhard Klein und Thomas Stöllner. Studien zur Montanlandschaft Siegerland 1, Der Anschnitt Beiheft, Bd. 43 (= Veröffentlichungen aus dem Deutschen Bergbau-Museum, Nr. 239), Bochum 2020.

ble setzt sich aus zwei eisenzeitlichen Rennöfen mit einer zugehörigen Schlackenhalde, einem Röstplatz, einer Schmiedehalde und einem Schmiedeplatz zusammen. Sechs Pfostenlöcher um einen Ofen zeigen, dass sowohl der Ofen selbst als auch der rückwärtige Bereich überdacht gewesen waren, vermutlich um die Hüttenleute vor Nässe zu schützen.[4]

Als Erze wurden ausschließlich Sekundärerze des Siderits, wie Limonit, Goethit oder Hämatit, verwendet, die aus dem sog. „eisernen Hut", einer oberflächennahen Verwitterungszone, stammen.[5] Diese wurden in Haselnussgröße zerkleinert und in einer flachen, ovalen Grube im offenen Feuer geröstet. Dies wurde aber nicht durchgeführt um sulfidische Bestandteile (z. B. Schwefel) zu lösen, denn es handelt sich hierbei um oxidische Erze ohne sulfidische Bestandteile, sondern um das Erz zu trocknen und spröde zu machen. Dies erleichtert den anschließenden Verhüttungsprozess.

Die Verhüttung erfolgte in birnenförmigen Rennöfen, die überwiegend gewässernah im Hang der Täler eingebaut waren, von mindestens 1,40 m Höhe und einem Innendurchmesser in der Kuppel von ca. 1,20 m (Abb. 2 und 3). Es handelt sich hierbei um nichts weniger als die größten Eisenverhüttungsöfen ihrer Epoche in Europa. Die Verwendung von kuppelförmigen Öfen scheint einer Art „keltischen" Tradition zu folgen, da diese bislang nur aus Gebieten bekannt sind, in denen die Latènekultur vorherrschend ist.[6] In anderen Gebieten außerhalb der keltischen Zivilisation, vor allem im Norden, waren zylindrische Öfen (Schachtöfen) in Gebrauch, die über eine Schlackengrube errichtet wurden.[7]

Als Vorgängermodell für die Siegerländer Öfen können die Kuppelöfen aus dem Schwarzwald gelten, die ins 5. Jh. v. Chr. datieren und somit klar älter als die Siegerländeröfen sind.[8] Mit einer Höhe von bis zu 1 m sowie einem Kuppeldurchmesser von ebenfalls ca. 1 m sind sie aber auch wesentlich kleiner. Bemerkens-

---

4 Zur Ausgrabung siehe Zeiler, Manuel: Latènezeitliche Eisenwirtschaft (s. Anmerkung 3), S. 71–86; Garner u. a.: Forschungen zur eisenzeitlichen Produktion und Distribution von Stahl aus dem Siegerland, in: Archäologie in Westfalen-Lippe 2012, 2013, S. 51–55.
5 Stöllner u. a.: Latènezeitliche Eisenwirtschaft (s. Anmerkung 3), S. 157 f.; Gassmann, Guntram/ Yalcin, Ünsal: Archäometallurgische Untersuchungen zur Primärproduktion des Eisens im Siegerland, in: Siegerland 87, H. 2, 2010, S. 167 ff.
6 Garner, Jennifer: Der latènezeitliche Verhüttungsplatz in Siegen-Niederschelden „Wartestraße", in: Metalla 17, H. 1/2, 2010, S. 70, S. 74 ff.
7 Vgl. ebd., S. 66 ff.
8 Gassmann, Guntram: Forschungen zur keltischen Eisenerzverhüttung in Südwest-Deutschland, in: Forschungen und Berichte zur Vor- und Frühgeschichte in Baden-Württemberg 92, 2005, S. 164–168; Gassmann, Guntram/Rösch, Manfred/Wieland, Günther: Das Neuenbürger Erzrevier im Nordschwarzwald als Wirtschaftraum während der Späthallstatt- und Frühlatènezeit, in: Germania 84, H. 2, 2006, S. 279 ff.

Von der Archäologie zum Experiment — 97

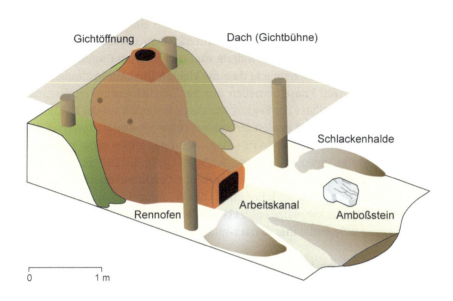

Abb. 2: Idealtypische Darstellung eines Siegerländer Kuppelofens

Abb. 3: Blick auf das Profil von Ofen 1 der Fundstelle „Wartestraße" in Siegen-Niederschelden. Zu beachten ist der in situ-Befund einer Düse im Kuppelbereich

wert ist, dass aus der älteren Phase der Montanlandschaft Siegerland vereinzelt Öfen des Schwarzwälder Typs bekannt sind und daher einen Technologietransfer wahrscheinlich machen.[9] Keramikfunde bei den kleinen Siegerländer Öfen zeigen auf, dass sie vielleicht sogar Jahrhunderte vor Errichtung der Großöfen betrieben wurden. Zudem ist wahrscheinlich, dass die kleinen Öfen nur in kleinen Zahlen während einer kurzen Phase betrieben wurden. Möglicherweise repräsentieren sie eine erste Montanphase der Region, die aber dann rasch wieder zu Ende war. Es ist zwar verlockend, die großen Siegerländeröfen als eine Weiterentwicklung der kleineren süddeutschen Öfen zu sehen, allerdings fehlen bislang Zwischenentwicklungsstufen aus dem Zeitraum des 5. und 4. Jh. v. Chr., um diese Hypothese zu überprüfen. Möglicherweise finden diese sich im benachbarten hessischen Taunus, wo die letzten Jahre durch die Hessenarchäologie eine Vielzahl eisenzeitlicher Schlackenplätze entdeckt wurden, von denen aber bislang keiner ausgegraben wurde und daher deren Gestalt sowie das genaue Alter unbekannt sind.[10]

Den großen Öfen im Siegerland ist ein Schürkanal aus großen Steinen (Setzsteine mit Auflieger) vorgelagert, der einem „schnauzenförmigen" Fortsatz gleicht (Abb. 2). Dieser mündet wiederum in einen Arbeitskanal[11], der bis zum Bachbett reicht und teilweise mit Lehm oder Steinen befestigt war. Eine weitere Besonderheit der Siegerländerkuppelöfen ist die Magerung der Lehmwandung mit kleinen Mullit-Stückchen (Abb. 4)[12] sowie die Ummantelung der Verhüttungsöfen mit einem massiven Mullitpaket im Hang. Mullit. entsteht infolge eines Hochtemperaturprozesses aus Kaolinton bzw. -erde. Das Mineral Mullit ist für seine feuerfesten Eigenschaften bekannt und wird noch heute im Kaminbau, z.B. als Schamottesteine, eingesetzt. Ob die Ummantelung der eisenzeitlichen Öfen zum Schutz vor Hangnässe diente oder den Ofen nochmals luftdicht abriegeln sollte, ist ungeklärt.

Wahrscheinlicher ist, dass der Mullit das vorzeitige Reißen der eisenzeitlichen Ofenwandung verhindern sollte, die eine Temperaturdifferenz (zwischen

---

9 Garner, Jennifer/Zeiler, Manuel Die archäologischen Fundstellen im Siegerland. Überblick und Stand der Forschung zur eisenzeitlichen Montanlandschaft. Mit Beiträgen von Eberhard Klein und Thomas Stöllner. Studien zur Montanlandschaft Siegerland 1, Der Anschnitt Beiheft, Bd. 43 (= Veröffentlichungen aus dem Deutschen Bergbau-Museum, Nr. 239), Bochum 2020, S. 271.
10 Schade-Lindig, Sabine: Kelten im Westerwald ein Grubenhaus der Spätlatènezeit aus Waldbrunn-Lahr, in: Hessenarchäologie 2014, 2015, S. 80–85.
11 In der älteren Literatur auch als „Windkanal" bezeichnet, vgl. Zeiler, Manuel: Latènezeitliche Eisenwirtschaft (s. Anmerkung 3), S. 125.
12 Gassmann, Guntram/Yalcin, Ünsal: Archäometallurgische Untersuchungen (s. Anmerkung 5), S. 172.

Abb. 4: Stück einer Ofenwand vom Gerhardsseifen bei Siegen-Niederschelden mit dem Rest eines ehemaligen Düsenlochs. Zu sehen ist die unverschlackte Seite der Ofenwand, wodurch deutlich die Bestandteile der Magerung zu erkennen sind. Bei den hellen/weißen Bestandteilen handelt es sich um den Mullit

Außen- zur Innentemperatur) von über 1000°C aushalten mussten (s. u.). Bemerkenswert ist, dass nach der Eisenzeit offenbar dieses Wissen verloren ging, denn die Rennöfen der nachkeltischen Epochen bestehen nur aus Lehm. Wichtig ist ferner, dass weder die Kaolinerde noch Mullit im zentralen Bereich der eisenzeitlichen Montanlandschaft, sondern nur Kaolinerde an der südöstlichen Peripherie im Raum Burbachs, Kr. Siegen-Wittgenstein, ansteht und somit teilweise über 20 km herbei geschafft werden musste.[13]

Das Eisen wurde im so genannten „Rennfeuerverfahren" gewonnen, auch „direktes" Verfahren genannt. Im Gegensatz zum heute angewendeten Hochofenprozess, bei dem das Eisen verflüssigt und Roheisen produziert wird, welches aber nicht schmiedbar ist, wird im Rennofenprozess das Eisen in einem festen bis teigigen Zustand unter Bildung einer flüssigen Schlacke gewonnen. Dies erfolgt

---

[13] Zeiler, Manuel: Latènezeitliche Eisenwirtschaft (s. Anmerkung 3), S. 123 f.; Menic, Stephanie: Chaîne opératoire (s. Anmerkung 3), S. 144 f.

bei niedrigen Temperaturen bis 1200 °C durch permanenten Sauerstoffentzug (Reduktion). Dadurch wandelt sich das Eisenerz in mehreren Stufen über mehrere Zwischenprodukte (Magnetit und Wüstit) in metallisches Eisen um. Die Schlacke rinnt während des Verhüttungsprozesses nach unten (der Name Rennfeuer stammt vom „rennen = rinnen" der Schlacke) und setzt sich als Schlackenklotz am Boden des Ofens ab. Diese Schlacke wurde im Ofen belassen und nicht wie in späteren Epochen über ein Loch per Abstich nach außen abgeführt. Ein Bestandteil des Schlackenklotzes ist die so genannte „Luppe", eine Art Kuchen mit angereichertem metallischem Eisen, Schlacken und unaufgeschmolzenen Erzen. Da das Eisen in der Luppe nicht homogen, sondern mit Schlacken verunreinigt ist, musste das Eisen in einem nächsten Schritt ausgeschmiedet, d. h. von den Schlacken gereinigt werden. Hierzu wurde der Ofen geöffnet, der Schlackenklotz nach außen gezogen, die Luppe abgetrennt und durch Schmieden gereinigt. Dies erfolgte unmittelbar am Ofen in dem bereits erwähnten vorgelagerten Arbeitskanal, vermutlich direkt nach der Verhüttung im noch heißen Zustand. Als Amboss wurde zumeist ein großer Stein benutzt, der an mehreren Verhüttungswerkstätten nachgewiesen werden konnte, so auch bei der Ausgrabung am Gerhardsseifen (Abb. 5). Während des Ausschmiedens entstehen weitere metallurgische Abfälle, die archäologische Ausgrabungen als Schlackenbreccien identifizieren. Sie bestehen aus zusammenkorrodierten Verhüttungs- und Schmiedeschlacken (Flugschlacken, Hammerschlag), die sich während der Arbeiten der keltischen Hüttenleute in Schichten im Arbeitskanal anreicherten und/oder eingetreten wurden. Sie können eine Mächtigkeit von einem halben Meter erreichen (Abb. 5), was auf umfangreiche Luppenreinigungstätigkeiten und damit auf eine umfangreiche Produktion insgesamt verweist. Die gereinigte Luppe wurde vermutlich in eine kompakte Form geschmiedet und vielleicht sogar zu Barren gebracht und in die umliegenden Weiterverarbeitungsbetriebe transportiert. Diese Zwischenprodukte sind jedoch archäologisch nicht an den Verhüttungsfundstellen nachgewiesen worden. Dies verwundert auch nicht, da bis auf wenige Ausnahmen nur Abfälle oder unbeabsichtigt verlorene Gegenstände an den Werkstätten zurückblieben. Deswegen ist es auch nicht überraschend, dass selbst aus den Weiterverarbeitungsstätten des Siegerlandes keine Barren, Halbfertigprodukte oder Endprodukte stammen, sondern auch nur wieder Schlacken oder Verlustfunde.

Von großer Bedeutung sind daher Hortfunde, die Barren oder Schmiedegerät umfassen: Beeinflusst von der keltischen Zivilisation wurden nämlich im Siegerland sowie seinen benachbarten Regionen Waffen oder Geräte dem Alltagsgebrauch entzogen und aus rituellen Gründen an Plätzen übergeordneter Bedeutung (Befestigungsanlagen, Höhlen, Quellen) niedergelegt oder vergraben. Bisweilen wurden auch Horte angelegt, die keine herausgehobene Stellung des Ortes erkennen lassen und vielleicht Verstecke waren, die später nicht mehr

Abb. 5: Blick auf die Schmiedehalde vom Gerhardsseifen bei Siegen-Niederschelden, die aus „Schlackenbreccie" besteht. Rechts im Bild ist der Ambossstein zu sehen

gehoben werden konnten. Die Werkzeuge und Barren in den zum Siegerland nächstgelegenen Horten sind formal heterogen und lassen beispielsweise nicht die Produktion eines einheitlichen Barrentyps rekonstruieren.[14] In der Vergangenheit gemutmaßte Feststellungen einer Uniformität von Barrenformen sowie die daraus abgeleiteten Deutungen[15] gehen daher für das Siegerland wahrscheinlich fehl.

Anhand der verschiedenen Prozessschritte ist zu ersehen, dass das Rennfeuerverfahren sehr ineffizient war, da viel Eisen in die Schlacke verloren ging. Daher musste das Ausgangserz einen FeO-Gehalt von mindestens 60 % enthalten. Überdies zeigten Untersuchungen, dass in den Siegerländererzen (z.B. im

---

[14] Schwertbarren Haiger-Kalteiche, Kreis Siegen-Wittgenstein; Stangenbarren Wallburg-Kahle bei Lennestadt-Meggen, Kr. Olpe; Fladenförmiger Barren Wallburg-Altenburg bei Niedenstein, Schwalm-Eder-Kr.; Schwertbarren Menden-Lendringsen, Märkischer Kreis.

[15] Jacobi, Gerhard: Werkzeug und Gerät aus dem Oppidum von Manching, Wiesbaden 1974 (= Die Ausgrabungen in Manching 5); Kurz, Gabriele: Keltische Hort- und Gewässerfunde in Mitteleuropa. Deponierungen der Latènezeit, Stuttgart 1995 (= Materialhefte zur Archäologie in Baden-Württemberg 33).

Goethit) ein hoher Mangan-Gehalt festzustellen ist. Ein hoher Mangan-Gehalt wirkt sich positiv auf die Eisenausbringung aus, da Mangan (Mn) bei der Verhüttung sich in der Schlacke anreichert und das Eisen (Fe) aus derselben verdrängt, so dass sich letzteres in der Luppe stärker anreichern kann.[16] Möglicherweise ist dies ein weiterer Grund, weshalb das Siegerland im Gegensatz zu anderen Eisenlagerstätten (z. B. im Sauerland oder im Lahn-Dill-Gebiet) in der Eisenzeit eine so bedeutende Rolle gespielt hat.

Obwohl im Zuge der archäologischen Forschungen viele Öfen untersucht wurden, blieben doch viele Fragen, vor allem hinsichtlich der Betriebsführung und Funktionsweise, offen. Während bei den zeitgleichen eisenzeitlichen Schachtöfen das Prinzip durch unzählige Verhüttungsversuche verstanden worden und auch erfolgreich Schmiedeeisen experimentalarchäologisch hergestellt worden ist[17], wurden bis zum Beginn unserer Experimentreihe keine archäologischen Experimente mit einem Ofen vom eisenzeitlichen Typ des Siegerlandes realisiert. Zwar wurden tatsächlich seit den 1950er-Jahren mehrfach Öfen nachgebaut und mit ihnen Verhüttungsversuche gestartet, allerdings hatten diese Öfen allenfalls Ähnlichkeiten mit den ausgegrabenen Anlagen. Bemerkenswert ist, dass dabei nie die tatsächlichen archäologischen Befunde rekonstruiert wurden, sondern vielmehr lediglich jeweils davon deutlich abweichende Interpretationen. Das Hauptargument hierfür lag fast immer in der Überzeugung, dass aus hüttentechnischer Sicht die Verhüttung in einem Kuppelofen nicht funktionieren könne.[18] Einige dieser Experimentöfen wurden zudem „optimiert", indem beispielsweise dem Ofen ein Schacht aufgesetzt wurde oder eine Sauerstofflanze mitverbaut wurde. Allen bisherigen Nachbauten ist gemeinsam, dass sie Schachtöfen waren. Lediglich ein Ofennachbau Heinz Hadems in seinem Garten in Siegen-Oberschelden gab authentisch eine Birnenform wieder, durfte aber wegen drohender Rauchbelästigung für die Nachbarschaft nicht erprobt werden.

Somit waren grundlegende Fragen ungeklärt: Warum befanden sich beispielsweise die Düsen im Kuppelbereich des Ofens, wenn beim Schachtofen sie sich doch unten befinden? Was ist der Zweck des vorgesetzten Schürkanals, der sowohl während der Ofenreise als auch beim Herausholen der Luppe und Schlacken eher hinderlich wirkt? Zudem waren auch der Arbeitsaufwand und die

---

[16] Garner, Jennifer: Verhüttungsplatz „Wartestraße" (s. Anmerkung 6), S. 34; Menic, Stephanie: Chaîne opératoire (s. Anmerkung 3), S. 145 f.
[17] Exemplarisch Straube, Harald: Ferrum Noricum und die Stadt auf dem Magdalensberg. Mit Beiträgen von Heimo Dolenz und Gernot Piccottini, Wien/New York 1996, S. 33–114.
[18] Garner, Jennifer: Verhüttungsplatz „Wartestraße" (s. Anmerkung 6), S. 87; Zeiler, Manuel: Latènezeitliche Eisenwirtschaft (s. Anmerkung 3), S. 35, Abb. 22.

Materialmenge beim Ofenbau, die Höhe des Brennstoffbedarfs während der Verhüttung oder auch die Menge der Eisenausbringung pro Verhüttungsgang unbekannt.

Das Experiment

Der Forschungskooperation gelang es Erika Hanning vom Römisch-Germanischen Zentralmuseum Mainz sowie das LWL-Freilichtmuseum Hagen als Partner zu gewinnen. Es konnten im Frühjahr 2017 ein Ofen gebaut und in den Sommermonaten 2017[19] und 2018[20] mehrere Ofenreisen gefahren werden, die ohne den Einsatz ehrenamtlicher Helfer, wie den Studierenden der Ruhr-Universität Bochum, nicht möglich gewesen wären.

Beim Ofenbau im Frühjahr 2017 wurden Ausgrabungsergebnisse mehrerer eisenzeitlicher Werkstätten einbezogen und eine Ofenanlage konstruiert, die den ausgegrabenen Vorbildern möglichst nahekam. Hierfür konnte Heinz Hadem aus Siegen-Oberschelden als Bauleiter gewonnen werden, der schon zahlreiche große Verhüttungsöfen nach archäologischen Vorbildern errichtet hat. Mehr als zwei Tonnen Material wurden verarbeitet, was bereits Rückschlüsse auf die enormen Materialmengen, die abgebaut, herbeigeschafft und aufbereitet werden mussten, schließen lässt. Als Leergerüst des Ofens dienten Hasel- und Weidenruten, welche die Last der Ofenwandung bis zum Festbrennen tragen mussten. Als Ofenwandung kam ein Gemisch aus Lehm, Kaolinerde, Stroh, Sand und Wasser zum Einsatz, welches ringförmig in Lagen mit einer Wandstärke von etwa 20 cm am Gerüst aufgetragen worden ist (Abb. 6 und 7). Die Kaolinerde kam ungebrannt als Magerung in das Gemisch, um feststellen zu können, ob der Mullit in der Ofenwandung im Zuge der Hitze während der Verhüttung entsteht. Nach einer Trocknungsphase von 3 Monaten wurde der Ofen im Juli ausgebrannt und im August erstmals gefahren.

Insgesamt wurden 2017 an 10 Tagen zwei Verhüttungsvorgänge durchgeführt (Abb. 8 und 9). Als Brennmaterial wurde Holz statt der bei Rennfeuerexperimenten üblicherweise eingesetzten Holzkohle verwendet. Holzkohle besitzt einen Kohlenstoffgehalt von im Idealfall 80–90 % und stellt gegenüber Holz einem weitaus hochwertigeren Brennstoff dar. Folglich war Holzkohle der ideale

---

[19] Garner, Jennifer/Zeiler, Manuel: Experimentelle Archäologie – Bau und Betrieb eines Siegerländer Rennofens der Eisenzeit, in: Archäologie in Westfalen-Lippe 2017, 2018, S. 265–267.
[20] Demant, Daniel/Garner, Jennifer/Zeiler, Manuel: Das archäologische Experiment – eisenzeitliche Eisengewinnung im Siegerland, in: Archäologie in Westfalen-Lippe 2018, 2019, S. 263–266.

Abb. 6: Die für das Lehmgemisch im Experiment eingesetzten Komponenten: Lehm, Stroh, Sand, Kaolinerde

Abb. 7: Aufbau des Experimentofens. Gerade wird die Ofenwand ringförmig in die Höhe gezogen. Bei den aus dem Ofen ragenden Rundhölzern handelt es sich um Platzhalter für die Düsen und die später einzusetzenden Messsonden

Abb. 8: Während des Verhüttungsversuchs wurde genau dokumentiert, wann und wieviel Material (Erz, Holz) in den Ofen gegeben worden ist. Zudem wurden permanent die Temperatur- und Atmosphärenmessungen überwacht

Abb. 9: Die Experiment-Ofenreise ging auch Nächte hindurch. Hier schlagen die Flammen so hoch, da zu diesem Zeitpunkt das Gebläse angeschlossen ist

Brennstoff zur Verhüttung von Eisenerzen. Doch trotz zahlreicher Ausgrabungen konnte im Siegerland bislang kein einziger eisenzeitlicher Meiler nachgewiesen werden. Alle ausgegrabenen Meiler datieren ins Mittelalter oder jünger. Erica Hanning wies mit archäologischen Experimenten nach, dass bei der Verhüttung von Kupfer in Nachbauten bronzezeitlicher Öfen Holz und eben nicht Holzkohle ein geeigneter Brennstoff sein kann.[21] Das für das Experiment in Hagen eingesetzte Holz bestand aus Buchenscheiten und wurde genau abgewogen, das Volumen bestimmt und der Feuchtigkeitsgehalt gemessen.

---

[21] Hanning, Erica/Herdits, Hannes/Silvestri, Elena: Alpines Kupferschmelzen – technologische Aspekte, in: Stöllner, Thomas/Oeggl, Klaus (Hrsg.): Bergauf Bergab. 10.000 Jahre Bergbau in den Ostalpen. Wissenschaftlicher Begleitband zur Ausstellung im Deutschen Bergbau-Museum Bochum vom 31.10.2015 bis 24.04.2016, Bochum 2015, S. 227.

Um die Prozesse während des Verhüttungsvorgangs zu verstehen, wurde der Ofen mit Sonden an verschiedenen Positionen ausgestattet, die permanent die Temperatur (mit 9 Sensoren) und ebenso die Ofen-Atmosphäre (Sauerstoff-Gehalt mit 2 Sensoren) maßen. Eine Wetterstation registrierte die Umgebungsatmosphäre (Luftfeuchte, Temperatur, Windstärke). Auch stand ein künstliches Gebläse bereit, das bei Bedarf eingesetzt worden ist. All dies wurde genau protokolliert, auch wann wieviel Holz und Erz in den Ofen gegeben worden ist. Der Verhüttungsversuch von 2017 ergab folgendes Ergebnis (Diagramm 1): Das Diagramm zeigt die Temperaturkurven der verschiedenen Sensor-Positionen während des ersten Verhüttungsversuchs. Dieser Versuch wurde in zwei Beschickungsphasen unterteilt. Zunächst wurde der Ofen mit Holz beschickt und um 10 Uhr in Brand gesetzt. Die Temperatur stieg kontinuierlich, wobei die starken Schwankungen in den Temperaturkurven durch die Feuchte des eingeworfenen Holzes entstanden. An der Sonde auf der rückwärtigen Ofenseite im oberen Drittel (Sonde 3; Diagramm 1: dunkelgrüne Kurve) wurden ab 24 Uhr 1100°C erreicht. Bis um 3 Uhr wurden diese Temperaturen zeitweise immer wieder nachgewiesen, allerdings nie konstant; sie schwankte zwischen 900 und über 1200°C. Eine Sonde auf gleicher Höhe an der Ofenseite (Sonde 1; Diagramm 1: orange Kurve) zeigt im selben Zeitabschnitt auf, dass dort lediglich im Zeitraum um 1 Uhr überhaupt 1100°C erreicht wurden. Ab 23.45 Uhr wurde erstmals Erz eingefüllt, was jedoch im Nachhinein betrachtet zu früh war, da zu diesem Zeitpunkt keine optimalen Bedingungen im Ofen vorlagen (zu niedrige Temperatur, zu viel Sauerstoff in der Atmosphäre). Erz und Holz wurde bis 2:40 Uhr eingefüllt und um 3 Uhr das Gebläse ausgeschaltet sowie der Schürkanal verschlossen. Ab diesem Zeitpunkt blieb der Ofen sich selbst überlassen.

Ab diesem Zeitpunkt stiegen alle Temperaturkurven kontinuierlich an, ohne das Zutun von Brennstoff oder den Einsatz eines Gebläses. Bis um 10 Uhr am folgenden Morgen waren nahezu alle Temperaturkurven im Bereich zwischen 1000°C und 1100°C. Zugleich herrschten extreme reduzierende Bedingungen in der Ofen-Atmosphäre (0,0% Sauerstoff), die Ofenatmosphäre war folglich im Idealbereich. Nun wurde ab 10 Uhr die zweite Beschickungsphase eingeleitet und Holz und Erz in den Ofen gegeben. Deswegen fielen zunächst alle Temperaturkurven deutlich ab und im Ofen herrschten um 11 Uhr Temperaturen unter 900°C. Während der gesamten nun folgenden Beschickungsphase (zwischen 11 und 14 Uhr) schwankten die Temperaturen stark. Erst nach dem letzten Beschicken steigen die Temperaturen erneut an allen Positionen bis um 18 Uhr über 1100°C an. Diese Situation blieb über Stunden bis ca. 20.30 Uhr konstant bzw. es stiegen sogar die Temperaturen noch leicht. Über Nacht kühlte der Ofen ab, so dass dieser am nächsten Tag geöffnet werden konnte.

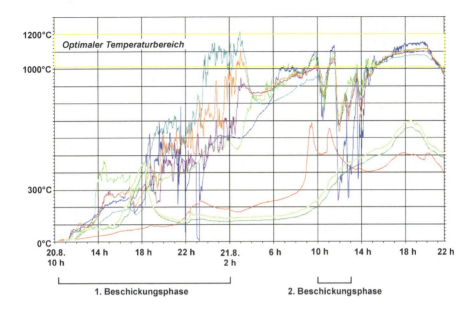

Diagramm 1: Temperatur-Diagramm des Verhüttungsexperiments 2017. Die Hochachse bezeichnet die Temperaturwerte (°C) und die Rechtsachse ist die Zeitskala. Jede von den farbigen Temperaturkurven bildet die Messwerte je einer Sonde im Ofen ab, die an unterschiedlichen Positionen angebracht worden sind

Offensichtlich haben sich durch die Größe des Ofens und der Menge des Brennmaterials ideale Bedingungen von selbst eingependelt, wie schon in der Nacht zuvor, als die Mannschaft zu Bett ging. Möglicherweise hatte nun das Holz, da auch das künstliche Gebläse ausgeschaltet war, ausreichend Zeit gehabt zu verkohlen und verbrannte nicht einfach nur.

Trotz größerer Luftzufuhr und starker Zugabe von Holz während der ersten Beschickungsphase wurde nur selten die 1000°C-Marke erreicht. Alle Versuche mit dem Gebläse führten nicht zu der erwarteten Temperaturerhöhung und auch nicht zu konstanten Temperaturen in größeren Teilen des Ofens. Sie führten stattdessen zu einem enormen Brennmaterialverbrauch. Das Holz wurde direkt zur Asche verbrannt und hatte keine Zeit zum Verkohlen. Erst als der Ofen sich selbst überlassen wurde, stellte er sich auf die optimalen Bedingungen von selbst ein. Untersuchungen von Daniel Demant an den Schlacken und Luppen ergaben, dass sowohl reines metallisches Eisen (<0,02 % C), aber hauptsächlich Stahl mit einem schwankenden Kohlenstoffgehalt zwischen 0,1 % und 0,2 % produziert worden ist.[22] Dieses inhomogene Gefüge ist dadurch zu erklären, dass der anschließende Schmiedeprozess nicht stattgefunden hat.

Auf Grundlage der Erkenntnisse des Experimentes von 2017 wurde der Versuch 2018 entsprechend optimiert: An Holz als Brennstoff wurde festgehalten, während nun auf ein künstliches Gebläse verzichtet wurde. Zudem sollte die „den Ofen sich selbst überlassen"-Phase von Vornherein länger realisiert werden. Daher wurde das zweite Experiment auf eine durchgehende Ofenreise von 5 Tagen und 4 Nächten konzipiert. Überdies wurde der Experimentier-Schwerpunkt auf Parameter hinsichtlich der Beschickung gelegt, um detaillierter ihren Einfluss auf die Prozessführung zu verstehen.

Ohne künstliches Gebläse war es zunächst schwierig, die erforderliche Temperatur zu erreichen. Während der Ofen nach 12 Stunden im oberen Bereich bereits sehr heiß war (über 1000°C), so blieb er im unteren Bereich mit unter 500°C sehr kalt (Diagramm 2: 3 und 4; die blauen, schwarzen und roten Kurven geben den Temperaturverlauf im oberen Drittel sowie in der Ofenmitte wieder, die grüne Kurve hingegen im unteren Ofendrittel). Aufgrund dessen wurde erneut Holz eingefüllt, wobei die Temperatur auch an der Ofensohle langsam anstieg (Diagramm 2: 5, grüne Kurve). Der Glutkörper im Ofen war aber offensichtlich noch zu klein, weswegen die Temperaturen rasch wieder abfielen. Der Idealzustand im Ofen (hohe Temperatur, reduzierende Bedingungen) wurde erst erreicht, nachdem bei einer erneuten, intensiven Schürphase sich im Mittelteil des Ofens, nach Abbrand des Holzes darüber, eine ideale Atmosphäre über Stunden einstellen konnte (Diagramm 2: 6 bis 9). Folglich ist nachzuvollziehen, dass der Ofen funktioniert, wenn in der unteren Hälfte eine Temperatur ab/über 500°C erreicht ist und nach einer intensiven Beschickungsphase der Ofen über viele Stunden sich selbst überlassen bleibt. Demnach kann davon ausgegangen werden, dass die eisenzeitlichen Hüttenleute zunächst allmählich die ausreichende Temperatur in der unteren Ofenhälfte erreichten und anschließend phasenweise Erz und Holz zur eigentlichen Verhüttung zuführten. Von besonderer Bedeutung ist, dass der Siegerländer Ofen einen kontinuierlichen Prozess ermöglichen konnte: Während des Experimentes wurde er über den Schürkanal geöffnet, ausgeräumt und wieder verschlossen, ohne den Betrieb zu unterbrechen. Das bedeutet, dass die zwangsläufig nach unten sackende Luppe ausgeräumt werden kann, während der Prozess weiter fortgeführt wird. Dieses Experimentergebnis ist deswegen bemerkenswert, da bislang in der historischen Hüttentechnik lediglich

---

[22] Demant, Daniel/Garner, Jennifer/Zeiler, Manuel: Das archäologische Experiment (s. Anmerkung 20), S. 264.

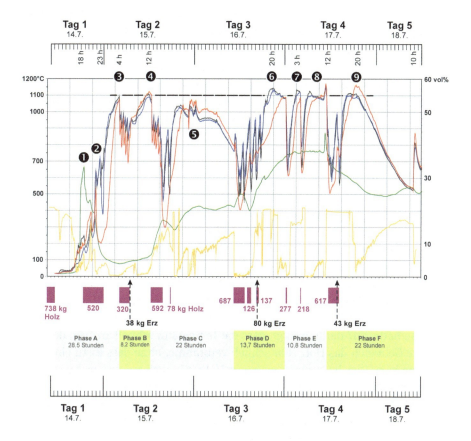

Diagramm 2: Temperatur- und Sauerstoffdiagramm des Verhüttungsexperiments 2018. Die Hochachse bezeichnet die Temperaturwerte (°C) und die Rechtsachse ist die Zeitskala mit zusätzlichen Zeitangaben zur Beschickung des Erzes und Holzes. Jede von den farbigen Temperaturkurven bildet die Messwerte je einer Sonde im Ofen ab, die an unterschiedlichen Positionen angebracht worden sind

davon ausgegangen wird, dass erst Floßöfen bzw. frühe Hochöfen des Hohen Mittelalters einen kontinuierlichen Hüttenprozess ermöglichen.

Dennoch muss festgestellt werden, dass der Versuch 2018 nicht den erhofften Erfolg erbrachte, wie es 2017 der Fall war. Es war schwierig die erforderlichen Temperaturen von 1100°C zu halten und zugleich reduzierende Bedingungen im Ofen zu schaffen. Dies lässt folglich darauf schließen, dass künstliche Gebläse doch von grundlegender Bedeutung für den Hüttenprozess im Siegerlandofen sein könnten.

Die zu niedrigen Brenntemperaturen offenbarten sich auch bei der Sichtung der Schlacken. Es wurde zwar metallisches Eisen gebildet, doch nicht so massiv wie bei dem Versuch ein Jahr zuvor. Oftmals kam die Reduktion über das Zwischenprodukt Wüstit nicht heraus. Ein weiterer Grund hierfür könnte auch der Verzicht auf die vorherige Erzröstung sein. Wäre das Erz zuvor einer thermischen Behandlung unterzogen worden, hätte vermutlich bereits eine erste Reduktion eingesetzt, die den Verhüttungsprozess im Ofen begünstigt hätte.

Fazit

Die Ergebnisse der Experimente von 2017 und 2018 beweisen, dass die Verhüttung von Eisen mit Holz statt Holzkohle im Siegerlandofen möglich ist. Allerdings muss zuvor ein entsprechend großes Glutpaket im Ofen vorhanden sein, was eine längere Anheizphase von mindestens einem Tag nötig macht. Im Gegensatz zu 2017 war es aber beim zweiten Versuch 2018 schwierig, die erforderlichen Temperaturen von 1200°C über einen längeren Zeitraum zu halten. Möglicherweise lässt sich dies auf den Verzicht eines künstlichen Gebläses zurückführen. Das Gebläse hatte 2017 dafür gesorgt, dass die Temperatur schnell anstieg, doch der längere Gebrauch das Holz sehr schnell verbrannte, ohne dass es zu einer Verkohlung kam. Dies hatte einen massiven Holzverbrauch zufolge, was wiederum (durch das ständige Nachfüllen mit Holz) kaum reduzierende Bedingungen entstehen ließ und auch die Temperatur folglich stark schwankte, so dass diese sich nicht lange über 1000°C halten konnte. Erst mit dem Abstellen der künstlichen Luftzufuhr konnte die im Ofen durch Verkohlung des Holzes entstandene Holzkohle ihre Energie über einen längeren Zeitraum konstant bei hoher Temperatur abgeben und sich reduzierende Bedingungen einstellen. Ohne ein Gebläse wiederum war es 2018 sehr schwierig, die erforderliche Temperatur überhaupt zu erreichen. Zumeist pendelte sie sich bei 1000°C ein und erst in der Nacht des dritten Tages gelang es 1100°C zu erreichen und zu halten. Doch offensichtlich dauerten die Phasen (Diagramm 2: 6–9) nicht lang genug, denn es wurde nur wenig Eisen reduziert.

Eine weitere Erkenntnis ist, dass eine Röstung des Erzes vermutlich die Eisenausbringung erhöht hätte. Um dieser Frage nachzugehen, wäre ein dritter Versuch notwendig, um diese These bei gleichen Parametern zu untermauern. Ob sich Kaolin in der Ofenwandung zu Mullit umgewandelt hat, kann zum gegenwärtigen Zeitpunkt nicht geklärt werden, da die Analyse der Ofenwand noch aussteht. Optisch gleicht aber die Magerung des Experimentofens sehr den archäologisch ausgegrabenen Ofenwandfragmenten mit Mullit. Denn die Ofenwandung des Experiments weist ebenso wie die archäologisch nachgewiesenen Wandungsteile weiße Einsprenglinge auf.

Von besonderem Interesse ist jedoch die Erkenntnis, dass es möglich ist, während des laufenden Verhüttungsprozesses den Schürkanal zu öffnen und Schlacken herauszunehmen, ohne dass dies eine Unterbrechung des Prozesses zur Folge hätte.

Nach der Auswertung aller Ergebnisse besteht der nächste Schritt darin, die Luppen aus beiden Versuchen für den ausstehenden Schmiedeprozess zu verwenden. Hierbei ist zu dokumentieren, wieviel Eisen noch beim Schmieden verloren geht und welche Güte es nach dem Reinigen und Homogenisieren besitzt. Erst dann ist es möglich zu eruieren, wieviel Eisen in einem Siegerländerofen produziert werden kann und letztendlich auch Rückschlüsse auf die Intensität der Eisengewinnung des gesamten Siegerlandes zu ziehen.

Ulrike Stottrop
Mineralien und Fossilien als Wissensträger und Sammlungsobjekte

Im Zusammenhang mit Bergbauaktivitäten auf Steinkohle gewonnene Mineralien, Fossilien und Gesteine finden sich in zahlreichen Sammlungen der Geologischen Dienste und Landesämter, allen voran der Bundesanstalt für Geowissenschaften und Rohstoffe, in Universitäts- und insbesondere Museumssammlungen. Letztere wurden 2009 erstmals im Zusammenhang mit einer leider erfolglosen Drittmittelbeantragung „Erfassung, Erforschung und Vernetzung von Karbon-Sammlungen in deutschen Museen" (VW-Stiftung) tabellarisch in einer ersten noch unvollständigen Arbeitsliste erfasst.[1]

Insbesondere in den Anfängen profitierten die Geowissenschaften vom Steinkohlenbergbau und umgekehrt. Schon die ersten wissenschaftlichen Werke über fossile Pflanzen (ab 1820) basierten vor allem auf Funden des Kohlenbergbaus.[2] Bereits ab Mitte des 19. Jahrhundert war zwischen Wissenschaft und Kohlenindustrie eine Partnerschaft entstanden und wissenschaftliche Arbeiten über Kohle hatten einen hohen Stellenwert. Aus staatlichem Interesse entwickelten sich die Geologischen Landesämter. In Berlin arbeiteten ab 1873 die Paläobotaniker Christian Ernst Weiss, Henry Potonié und Walther Gothan als Landesgeologen; auf ihnen basieren große Florenwerke und Sammlungen im Berliner Naturkundemuseum. Hauptaufgabe der Landesgeologen war die Bestimmung der Pflanzen und deren zeitliche Einordnung. Dazu gehörten die Zuordnung und Zusammengehörigkeit der dispersen Pflanzenteile und die Rekonstruktion der Pflanzen.[3]

Der 2019 verstorbene Kollege Manfred Barthel erinnert in seinem Beitrag „Steinkohle und Paläobotanik. Gedanken zum Ende des deutschen Steinkohlenbergbaus" an die Verwendung des begehrten Rohstoffs. Hauptabnehmer waren Eisenbahn und Dampfschifffahrt. Schmiede waren die ersten Nutzer, als Kohle zur Gewinnung von hüttenfähigem Koks aus Steinkohle für die Erzschmelze und andere metallurgische Prozesse weiterverarbeitet wurde. Das bei der Verkokung gewonnene Gas diente als Leuchtmittel, zudem war die Kohle Rohstoff für Teer-

---

[1] Siehe Tabelle im Anhang unten.
[2] Vgl. Barthel, Manfred: Steinkohle und Paläobotanik. Gedanken zum Ende des deutschen Steinkohlebergbaus, in: Veröffentlichungen des Museums für Naturkunde Chemnitz, 41, 2018, S. 161–174, hier: S. 163.
[3] Vgl. ebd.

Abb. 1: Anderson Flöz der North Antelope Rochelle Mine, Wright, Wyoming, USA, 58 Millionen Jahre, 2009

farben und zahlreiche weitere Produkte der chemischen Industrie.[4] Die kleine Übersicht über die Nutzung der Kohle verweist bereits auf ein breites Spektrum forschungsrelevanter Fragestellungen. Untersuchungen zu unterschiedlichsten stratigraphischen, strukturgeologischen, paläogeographischen, paläobiologischen und insbesondere kohlepetrographischen Fragestellungen erweiterten das Wissen. Zudem suchte man den Fachaustausch mit anderen Kohleländern. Ab 1927 fanden im niederländischen Heerlen hierzu internationale Fachtagungen statt.

Im südlichen Ruhrrevier, wo die karbonischen Schichten bis an die Erdoberfläche reichen, konnten natürliche Aufschlüsse und Steinbrüche für die Erfassung und Dokumentation der geologischen Verhältnisse genutzt werden, im Zuge der Industrialisierung des Ruhrgebiets insbesondere auch künstliche Aufschlüsse wie Einschnitte beim Straßen- und Eisenbahnbau und diversen anderen Baumaßnahmen. Mit dem Vordringen des Bergbaus nach Norden, Osten und Westen entstanden zahlreiche Neuaufschlüsse. Das Deckgebirge wurde über Erkundungsbohrungen und bei Schachtabteufungen untersucht. Dies führte zu immer detaillierteren Erkenntnissen zum geologischen Bau des Ruhrgebiets. Der ist im Vergleich zu anderen Regionen äußerst kompliziert. Die Schichten sind in Falten gelegt und gegeneinander verschoben, die Gewinnung der Kohle demzufolge teuer. Ungleich

---

4 Vgl. ebd, S. 162.

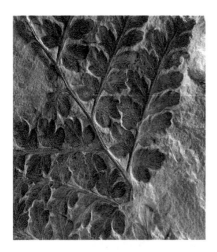

Abb. 2: Farnlaubiges Gewächs Eusphenopteris striata, Zeche Johann-Deimelsberg, Essen-Steele, Hangendes Flöz Sarnsbank, 316 Millionen Jahre, Sammlung Ruhr Museum

Abb. 3: Toneisenstein-Geode mit Goniatit (Kopffüßer), Zeche Engelsburg, Bochum-Wattenscheid, mariner Horizont über Flöz Sarnsbank, 316 Millionen Jahre, Sammlung Ruhr Museum

einfacher sind die Schichtverhältnisse in anderen Kohleländern wie z.B. den USA (Abb. 1).

Zum Auffinden von Flözen waren Informationen zu deren zeitlicher Einordnung wichtig. Im 1938 erschienenen Grundlagenwerk „Geologie des Niederrheinisch-Westfälischen Steinkohlengebietes" von Paul Kukuk findet sich eine „Entwicklungsgeschichtliche Übersicht über die Gliederungen des Karbonprofils im Ruhrkohlenbezirk"[5], die das Bemühen um eine optimale stratigraphische Untergliederung der Schichtenfolge widerspiegelt. Zum Vergleich wurden so genannte Richtschichtenschnitte extra angefahren, wie z.B. auf der Zeche Prinz Regent in Bochum. Zudem halfen so genannte Leitfossilien[6], die aus unterschiedlichen Ökosystemen stammen, Alter und Abfolge der 3300 Meter mächtigen oberkarbonischen Schichten zu bestimmen. Bei den Pflanzen sind es insbesondere farnlaubige Gewächse, im marinen Milieu Muscheln, Schnecken und Kopffüßer oder in Tonsteinen erhaltene Fischreste wie Einzelschuppen aus der Brustgegend, die wichtige Merkmale zur Artbestimmung tragen (Abb. 2 und 3).

---

5 Vgl. Kukuk, Paul: Geologie des Niederrheinisch-Westfälischen Steinkohlengebietes, Berlin 1938, S. 77 (Abb. 52).
6 Ein Leitfossil muss eine weite Verbreitung haben, als Art aber geologisch kurzlebig sein.

Abb. 4: Vulkanasche als Kaolin-Kohlentonstein in Kunstharz, Zeche Hugo Gelsenkirchen-Buer, 312 Millionen Jahre, Sammlung Burger, Ruhr Museum

Als Leithorizonte bzw. isochrone Zeitmarken eignen sich lagig verbreitete Toneisenstein-Geoden und Torfdolomite sowie Kaolin-Kohlentonsteine, die aus vulkanischen Aschen entstanden sind und von denen sich einzelne Lagen vom Ruhrgebiet bis nach Belgien, Nordfrankreich und Lothringen ausdehnen (Abb. 4). Viele Informationen und Erkenntnisse wurden direkt im Gelände gewonnen und flossen in die diversen geologischen Karten ein, bestimmte Phänomene temporärer Aufschlüsse wurden im Foto oder Zeichnung festgehalten und entsprechend publiziert.

Das im Ruhrgebiet vorkommende Spektrum typischer Gesteine und Fossilien inklusive der in Vererzungszonen vorkommenden Mineralien landete in diversen Sammlungen der Bergbaubetreiber, der Forschungsinstitute, der Museen und in privaten Sammlungen. Für die Ausbildung der Berglehrlinge wurden spezielle Lehrsammlungen angelegt, auf Heinrich Robert in Hamm das geologische Wissen sogar in eigenen Ausstellungsräumen vermittelt. Ein großer Teil des aus den 1930er-Jahren stammenden Ausstellungsequipments ist mit der Schließung der Zeche in die Sammlung des Ruhr Museums gelangt (Abb. 5).

Je genauer der Fund- bzw. Entnahmeort eines Gesteins, Fossils oder Minerals dokumentiert ist, umso wertvoller sind das Einzelstück bzw. die Sammlung. Nicht nur für die Geologie, sondern auch für die Geschichte einer Region, da mit den jeweiligen Fundortangaben die Namen der Zechen im Ruhrgebiet, die

Abb. 5: Blockprofil von Flöz Anna der Schächte Heinrich und Robert in historischer Vitrine mit Fotos kohlepetrographischer Dünnschliffe, 313 Millionen Jahre, Sammlung Ruhr Museum

Abb. 6: Genauer geht es nicht: Baryt-Einzelkristall, sog. Schwimmer; Gelsenkirchen-Buer-Hassel, Zeche Westerholt, 4. Sohle, 2. Abteilung Norden, Ladeschräge vom BS 425 zur 4. Sohle, Teufe −816 m, Kluft im Hülsdauer Blatt, Sammlung Kommer, Ruhr Museum

Baugruben längst wieder verschwundener Unternehmen, Kaufhäuser, Straßen-, Eisenbahn- und Kanalbauten oder auch der Bau von Bunkeranlagen im Zweiten Weltkrieg erinnert werden (Abb. 6).

Auch wenn die enge Zusammenarbeit insbesondere zwischen der Paläobotanik und dem Bergbau in den 1960er-Jahren allmählich ihr Ende fand, hat das im Zuge des Bergbaus gewonnene Probenmaterial bis heute seinen Wert. Mit neuen wissenschaftlichen Methoden und Forschungsansätzen werden immer wieder überraschende Ergebnisse erzielt. So können neuerdings mit speziellen Präpariermethoden kleinste Pflanzen- und Tierreste aus Gestein isoliert werden. Ihre Untersuchung liefert zum Beispiel neue Erkenntnisse zu den Entstehungsbedingungen der Moore, deren pflanzliches Material durch Inkohlung zu Flözen wurde.[7] Die Entscheidung, ob Pflanzenreste mechanisch präpariert oder chemisch mit je nach Gestein verschiedenen Säuren behandelt werden, hängt von deren Inkohlungsstufe ab. Sie diktiert die Arbeitsweise der Paläobotaniker.

---

[7] Vgl. Hartkopf-Fröder, Christoph: Kaolin-Kohlentonsteine als wichtige Zeitmarken im Ruhrgebiet, in: Scheer, Udo/Stottrop Ulrike (Hrsg.): Erdgeschichten. Geologie im Ruhr Museum, Ausstellungskatalog, Köln 2017, S. 114–115, hier: S. 114.

Vom Institut für Paläobotanik der Universität Münster unter der Leitung von Hans Kerp wurden dem Ruhr Museum für seine Ausstellung „Kohle.Global" faszinierende Rasterelektronen-Aufnahmen von fossilen Pflanzengeweben zur Verfügung gestellt. Dass das Probenmaterial auch nach Millionen von Jahren so gut erhalten ist, verdankt es der so genannten Kutikula, eine wächserne Schicht, die die Blattepidermis der Pflanzen schützt. Diese Blattkutikulen gilt es durch Auflösung des Gesteins mittels Säure und Entfernen von kohligen Resten mittels Salpetersäure und Ammoniak zu isolieren. Besonders solche Stücke lohnen sich, die ein Geländegeologe als Pflanzenhäcksel bezeichnen würde. Im Rasterelektronenmikroskop können dann sogar beispielsweise die Spaltöffnungen der Blättchen für den Austausch von Kohlendioxid, Sauerstoff und für die Transpiration von überflüssigem Wasser sichtbar gemacht werden. Deren Anzahl geben Hinweise auf klimatische Umweltbedingungen (Abb. 7).

Die Visualisierung der Pflanzengesellschaften der Karbonzeit hat eine lange Tradition. Die älteste Darstellung stammt von Georg August Goldfuß (1844) und illustriert diverse Fossilfunde komprimiert in einem Bild. Allein in der rund 116 jährigen Geschichte des Ruhr Museums und seiner Vorläufer wurden sowohl in den jeweiligen Dauerausstellungen als auch in externen Sonderschauen ins-

Abb. 7: Fiederspitzen mit gegabelten Kletterhaken des lianenartig wachsenden Farnsamers Pseudomariopteris cordato-ovata; Frankreich, Zentralmassiv, Montceau-les Mines, 301 Millionen Jahre, Forschungsmaterial IGP-Paläobotanik-Forschung-Münster

Abb. 8: Rekonstruktion der Fundstelle Nyrani westl. Pilsen; 305 Millionen Jahre; große Wasserfläche, gesäumt von baumförmigen Gewächsen; es dominieren farnlaubige Gewächse (rechter Bildrand), vorne Schachtelhalmgewächse, im Hintergrund Siegel- und Schuppenbäume; Gemälde Jiří Svoboda; wiss. Betreuung Milan Libertín, Nationalmuseum Prag

gesamt sechs Karbon-Dioramen aufgestellt.[8] Allesamt sind bzw. waren Paläofiktionen, basierend auf dem jeweiligen Kenntnisstand zur Anatomie der Pflanzen. Stattdessen basieren zwei von Jiří Svoboda gefertigte Gemälde aus Tschechien auf der Auswertung zweier Fundstellen, Ovčin bei Radnice und Nýřany, westlich Pilsen (Abb. 8).

Als weltweit bedeutendste Fundstelle aus der Zeit, in der die Insekten fliegen lernten, ist der ehemalige Ziegeleisteinbruch in Hagen-Vorhalle der internationalen Forschergemeinschaft bekannt geworden. Wie auch für die Paläobotanik gilt: Ohne die Aktivitäten des Bergbaus bzw. der Steine-/Erdenindustrie wären unsere Kenntnisse zur Evolution der Pflanzen und hier der Fluginsekten längst nicht auf dem heutigen Stand.

Ein anderes Beispiel aktueller Forschungen sind die aus vulkanischen Aschen entstandenen Kaolin-Kohlentonsteine der 1994 vom Ruhr Museum übernommenen Sammlung von Kurt Burger (Abb. 4). Sie stammen aus den Zollverein-Flözen sowie aus den Flözen Karl 2, Lara 3, P, Baldur, Erda, Hagen und Siegfried. Zurzeit wird Material aus dieser Sammlung in einem internationalen Projekt zur

---

[8] Vgl. Scheer, Udo/Stottrop Ulrike: Karbon-Dioramen in der Geschichte des Ruhr Museums, in: Kaupia: Darmstädter Beiträge zur Naturgeschichte 19, 2014, S. 55–65.

radiometrischen Altersbestimmung von Gesteinen neu ausgewertet. Ihr Aussehen ist unspektakulär, ihr wissenschaftlicher Wert unschätzbar.

Mit dem Ende des Steinkohlenbergbaus ist es eine wichtige Aufgabe, möglichst viel Probenmaterial aus Zechen, Bohrungen oder auch Schachtabteufungen zu sichern. Es ist das Forschungsmaterial zukünftiger Generationen und kostbar geworden, denn seine Quelle ist versiegt. Die Museen sollten sich nun verstärkt um Privatsammlungen kümmern, in Kooperation mit anderen Forschungseinrichtungen die Dokumentation ihrer eigenen Sammlungen vorantreiben und Kartenwerke und Fotografien geologischer Phänomene oder ehemaliger Aufschlüsse sichten bzw. sichern. Dazu zählen auch die Fotografien, die nur noch in einschlägigen Publikationen und Zeitschriften zu finden sind. Halden sollten im Hinblick auf die stratigraphische Herkunft ihres Schüttmaterials dokumentiert werden, denn der Schatz aus der Tiefe könnte sich auch im Hinblick auf seltenere Rohstoffe als Kohle ergiebig erweisen. Bereits in der 1. Hälfte des 20. Jahrhunderts wurden in Aschen bzw. Flözkohlen Gold, Silber, Platin, Rhodium, Palladium, Germanium und viele seltene Elemente in hohen Konzentrationen nachgewiesen.[9]

Auch die Erzvorkommen des Ruhrgebiets könnten ja irgendwann einmal wieder eine Rolle spielen. Das Spektrum der Mineralisationen findet sich beispielsweise in der Lagerstättensammlung des Ruhr Museums.[10] Seit über 30 Jahren ist die Dokumentation aller im Ruhrrevier vorkommenden Erze und aller im Ruhrgebiet verhütteter Erze ein Hauptsammlungsziel. Hier lässt sich die Geschichte der Rohstoffversorgung eindrucksvoll verfolgen.

Zudem ist die Geschichte der durch Bergbau und Industrie verursachten Umweltprobleme ein Thema, das durch geologische Objekte zu belegen ist: Der Staub in den Lungen der Bergleute, die bei Haldenbränden entstandenen Schwefelkristallstufen, Sammlungen von so genannten technogenen Substraten, wie Schlacken, Aschen und Stäube, die oft meterdick Teile des Ruhrgebiets bedecken, so dass sie in geologischen Kartenwerken als anthropogene Schichten zu erfassen sind (Abb. 9 und 10).

Kaum in Sammlungen dokumentiert ist – außer in Fotografien – der Einfluss des Bergbaus auf Gebirgskörper und Oberfläche. Bei der Deutschen Montan Technologie für Rohstoff, Energie, Umwelt e.V. (DMT) existierten einst Mappen mit seismischen Aufzeichnungen der ehemaligen Erdbebenstation Bochum, die die immer wieder vorkommenden Gebirgsschläge erfassten. Die Mappen wurden

---

[9] Vgl. Kukuk, Paul: Geologie (s. Anmerkung 5), S. 226.
[10] Vgl. Stottrop Ulrike: Revierstücke – Mineralien aus dem Ruhrgebiet, in: Scheer, Udo/ Stottrop Ulrike: (Hrsg.): Steinreich. Mineralogie im Ruhr Museum, Ausstellungskatalog, Köln 2014, S. 286–297.

Abb. 9: Durch Haldenbrand entstandene Schwefel- und Salmiakausblühungen, Halde der ehemaligen Zeche Osterfeld in Oberhausen Osterfeld, Sammlung Ruhr Museum

Abb. 10: Präparat einer Steinstaublunge, Sammlung Ruhr Museum

entsorgt (!), bis auf eine Leihgabe, die sich noch im ehemaligen Ruhrlandmuseum befand und jetzt im Besitz des Ruhr Museums ist.

Die Sammlungen der Museen und Forschungsinstitute werden im besten Fall von Generation zu Generation weitergegeben. Manche Konvolute sind weit über 100 Jahre alt. Primär sind sie geologische Objekte, aber gleichzeitig Objekte der Industriegeschichte, Dokumente der Aneignung von Wissen und von manch verrückter Sammlerleidenschaft.

Anhang

Tabelle 1: Karbonsammlungen in Deutschland, noch unvollständige Arbeitsliste aus 2009, zusammengestellt von Michael Ganzelewski und Ulrike Stottrop

Ort	Museum	Stückzahl (ca.)	Fundorte[11]	Erfassung[12]
Alsdorf	Grube Anna Bergbauinformationszentrum	500	A	O
Berlin	Museum für Naturkunde Berlin	30 000	A/PI/SL/SV	O/E
Bielefeld	Naturkunde-Museum	600	PI	O/E
Bochum	Deutsches Bergbau-Museum Bochum	6000	R/SL/V	O
Bonn	Goldfuß-Museum	4000	A/PI/R/SL	O/E
Bottrop	Museumszentrum Quadrat – Ur- und Ortsgeschichte	600	R	O/E
Chemnitz	Museum für Naturkunde Chemnitz	7400	R/SL/S/V	O/E
Datteln	Heimatmuseum	100	R	X
Dortmund	LWL-Industriemuseum	600	R	O
Dortmund	Naturmuseum	400	R	E
Dresden	Senckenberg Museum für Mineralogie und Geologie Dresden	4762 2000	S S	E O

---

11 A=Aachener Revier; PI=Piesberg/Ibbenbüren; R=Ruhrrevier; SL=Saarland; S=Sächsisches Revier; V=Vergleich Ausland
12 O=Objektzettel; S=Sammlungsbuch; K=Karteikarten; E=EDV; X=keine Daten

Tabelle 1: (Fortsetzung)

Ort	Museum	Stückzahl (ca.)	Fundorte	Erfassung
Düsseldorf	Aquazoo Löbbecke Museum Düsseldorf	500	R	O/K
Duisburg	Naturfreundehaus	100		O/X
Essen	Ruhr Museum	7500	Pl/R	O/K/E
Frankfurt	Senckenberg Museum Frankfurt	o. A.	S	
Gelsenkirchen	ehemaliges Städtisches Museum	300	Pl/R	O/X
Gladbeck	Museum der Stadt Gladbeck	50–100	R	O/X
Gotha	Museum der Natur	250	R/S/V	O
Hagen	Stadtmuseum im Historischen Centrum Hagen	400	R	O?
Halle	Zentralmagazin Naturwissenschaftliche Sammlungen	2000	Pl/R/ SL/S/V	O/K
Herne	Heimatmuseum Unser Fritz	500		O/S/X
Hückelhoven	Mineralien- und Bergbaumuseum in der Stadt Hückelhoven e.V.	400	A	O
Ibbenbüren	Bergbaumuseum	200	Pl	O
Karlsruhe	Staatliches Museum für Naturkunde	3000		O
Kassel	Naturkundemuseum im Ottoneum	500	R	E
Krefeld	Geologischer Dienst	20 000	Pl/R	O/E
Landsweiler-Reden	Zentrum für Biodokumentation	28 000	S	O/K/E
Münster	Geomuseum	5000	Pl/R/SL	O
Münster	LWL-Museum für Naturkunde	o. A.	Pl/R	O/E
Osnabrück	Museum am Schölerberg	1900	Pl	O/S
Osnabrück	Museum Industriekultur	30	Pl	o. A.
Reutlingen	Naturkundemuseum	51		O/K/E
Schwerte	Ruhrtalmuseum	100	R	o. A.
Witten	LWL-Industriemuseum Zeche Nachtigall	600		K

Technische Objekte

Helmuth Albrecht
Mobil versus in situ?
Artefakte als historische Quelle in der Industriearchäologie: Das Beispiel der Wassersäulenmaschinen im Freiberger Revier

Ähnlich der klassischen Archäologie oder auch der Archäologie der Moderne basiert die wissenschaftliche Methodik und Erkenntnisgewinnung der Industriearchäologie vor allem auf der Erkundung, Analyse und historischen Einordnung von gegenständlichen Quellen.[1] Inhaltlich konzentriert sich die Industriearchäologie dabei vor allem auf Artefakte der gewerblichen und industriellen Entwicklung mit einem Schwerpunkt auf dem Industriezeitalter. Das Spektrum der Artefakte reicht dabei von Werkzeugen über Maschinen, Anlagen und technischen Systemen bis hin zu historischen Gewerbe- und Industrielandschaften. Wie die Archäologie der Moderne bezieht die Industriearchäologie dabei schriftliche, bildliche oder auch audiovisuelle Quellen wie etwa Urkunden, Akten, Karten und Pläne, Fotos und Filme sowie auch Zeitzeugenberichte in ihre Analyse mit ein. Den Ausgangspunkt industriearchäologischer Forschung bilden aber immer die gegenständlichen Quellen, welche als translozierte Objekte entweder in Sammlungen oder Museen untersucht oder als in situ erhaltene Objekte vor Ort im Rahmen der Feldforschung erfasst, dokumentiert und analysiert werden. Im Folgenden soll am Beispiel der im Freiberger Revier der Welterbe-Kulturlandschaft Montanregion Erzgebirge/Krušnohoří erhaltenen Wassersäulenmaschinen die methodische Vorgehensweise der Industriearchäologie exemplarisch verdeutlicht und der jeweilige Aussagewert von translozierten und in situ erhaltenen Artefakten als historische Quellen analysiert werden. Das Ergebnis der Untersuchung sei hier in Form von zwei Thesen vorangestellt:

Die Funktion und Bedeutung der Artefakte erschließt sich vollständig erst im Kontext ihres räumlichen und zeitlichen Zusammenhanges mit ihrer historischen Umgebung. Die „in situ"-Analyse (Feldforschung) besitzt aufgrund ihrer

---

[1] Vgl. zur Methodik der Industriearchäologie Albrecht, Helmuth: Industriearchäologie – Konkurrent oder Teil der Archäologie der Moderne?, in: Jürgens, Fritz/Müller, Ulrich (Hrsg.): Archäologie der Moderne. Standpunkte und Perspektiven, Bonn 2020 (= Historische Archäologie. Sonderband 2020), S. 81–97.

Kontextualisierung immer einen höheren industriearchäologischen Quellen- und Erkenntniswert.

Zum Verständnis von Funktion und Bedeutung der Artefakte sind alle verfügbaren und relevanten Quellen heranzuziehen und auszuwerten. Die Dokumentation und Analyse der Artefakte „in situ" ist daher – soweit möglich – durch relevante Archivquellen, zeitgenössische Fachliteratur und museale Objekte zu ergänzen.

Zu Geschichte und Bedeutung der Wassersäulenmaschinen im Erzgebirge

Die erste Wassersäulenmaschine im Freiberger Revier wurde 1769 von dem zunächst als Kunstmeister und später als Maschinendirektor fungierenden Maschinenbauer Johann Friedrich Mende (1743–1798) errichtet. Mende hatte an der Bergakademie Freiberg studiert und im Rahmen einer Studienreise im Harz in Clausthal die dort vom Ingenieuroffizier Georg Winterschmidt (1722–1770) ab 1749 erbauten Wassersäulenmaschinen kennen gelernt.[2] Das Prinzip der Wassersäulenmaschine war 1731 in Frankreich erfunden worden und beruhte darauf, dass der Druck einer Wassersäule in einem Zylinder auf einen Kolben wirkte und damit in mechanische Energie umgewandelt wurde, die zum Antrieb von Kolbenpumpen für die Entwässerung von Bergwerken genutzt wurden (Abb. 1). Ihr Vorteil gegenüber den bislang im Tiefbergbau genutzten Wasserrädern zum Antrieb der Pumpen lag vor allem in ihrem höheren Wirkungsgrad (70–80 %) und ihrem geringeren Platzbedarf für ihre untertägigen Maschinenräume. Probleme bereiteten anfangs allerdings die komplizierte Steuerung und die durch den hohen Druck der Wassersäule auftretenden Dichtigkeitsprobleme der im Gegensatz zu den hölzernen Wasserrädern nun aus Eisen als Maschinenbauwerkstoff konstruierten Wassersäulenmaschinen. Die im Oberharzer Bergbau durch Winterschmidt und 1753 im Schemnitzer Bergbau durch den Kunstmeister Joseph Karl Höll (1713–1789) sowie auch im erzgebirgischen Bergbau durch Mende entwickelten Wassersäulenmaschinen der ersten Generation erwiesen

---

2 Vgl. Wagenbreth, Otfried/Wächtler, Eberhard (Hrsg.): Der Freiberger Bergbau. Technische Denkmale und Geschichte, Leipzig 1988, S. 53–57; von Busse, Friedrich Gottlieb: Betrachtung der Winterschmidt- und Höllschen Wassersäulenmaschine nebst Vorschlägen zu ihrer Verbesserung und gelegentlichen Erörterungen über Mechanik und Hydraulik, Freyberg (Freiberg in Sachsen) 1804.

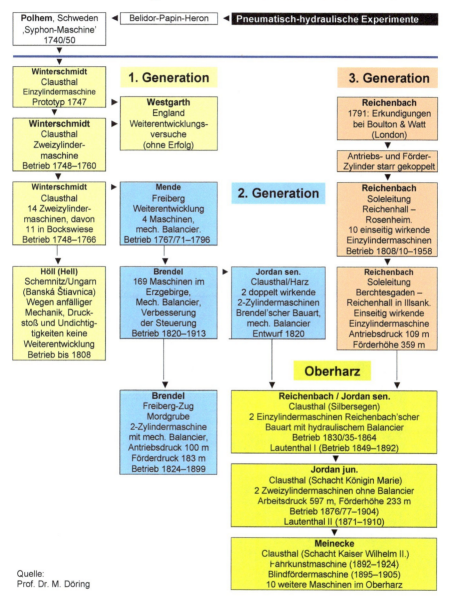

Abb. 1: Chronologie der Entwicklung der Wassersäulenmaschinen

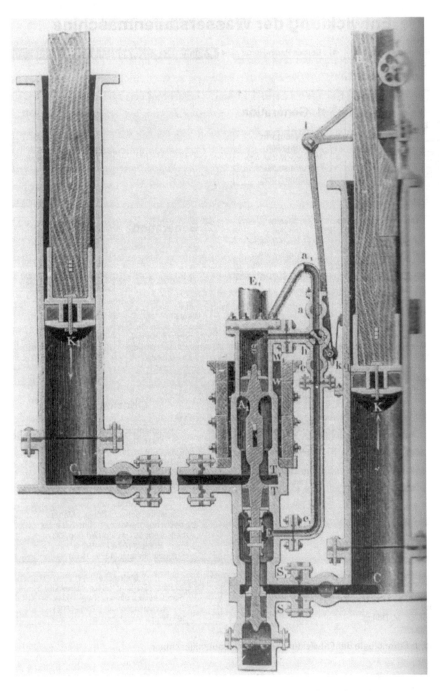

Abb. 2: Brendels Wassersäulenmaschine der Alten Mordgrube aus dem Jahre 1833

sich so letztlich als wenig praxistauglich.³ Die ersten erfolgreichen Wassersäulenmaschinen der zweiten Generation baute ab 1820 der Freiberger Maschinendirektor Christian Friedrich Brendel (1776–1861), dessen Zweizylindermaschinen mit Kolbensteuerung in der ersten Hälfte des 19. Jahrhunderts international als technische Meisterwerke galten und Eingang in die Lehrbücher für Ingenieur- und Maschinenmechanik fanden (Abb. 2).⁴ Unter Brendels Nachfolgern, dem Bergamtsdirektor Bernhard Konstantin Ludwig Braunsdorf (1808–1886), dem Maschinenbaumeister Carl Rudolf Bornemann (1821–1897) und dem Bergamtsassessor für Maschinenbau Friedrich Wilhelm Schwamkrug (1808–1880) wurden bis 1878 mindestens neun weitere Wassersäulenmaschinen im Freiberger Revier erbaut.⁵ Zwischen 1769 und 1878 wurden allein im Freiberger Revier 17 Wassersäulenmaschinen von Freiberger Maschinenbauern errichtet, zu denen zwischen 1771 und 1887 in den übrigen sächsischen Erzgebirgsrevieren noch weitere 23 Maschinen hinzu zu rechnen sind.⁶ Neben den weiterhin in Betrieb befindlichen zahlreichen Kunstgezeugen mit Wasserradantrieb und der 1847 von Schwamkrug entwickelten Schwamkrug-Turbine, von der bis 1868 als Kunstgezeug oder als Fördermaschine (Turbinengöpel) allein neun im Freiberger Revier und vier in den übrigen Erzgebirgsrevieren zum Einsatz kamen, leisteten diese 35 Wassersäulenmaschinen einen wichtigen Beitrag zur Entwässerung der Erzgruben im Erzgebirge bis zum Beginn des 20. Jahrhunderts. Obwohl konstruktiv sehr verschieden, um sie den jeweils vor Ort vorhandenen Grubenräumen und Wasserverhältnissen anzu-

---

3 Mendes 1747 bis 1749 entwickelte und auf der Grube Siegfried bei Riechberg im Freiberger Revier eingesetzte Wassersäulenmaschinen sowie die von ihm zwischen 1771 und 1777 im Marienberger Revier erbauten weiteren drei Wassersäulenmaschinen erwiesen sich aufgrund technischer Probleme als wenig erfolgreich.
4 Brendels vier Wassersäulenmaschinen wurden 1820 in der Grube ‚Reicher Bergsegen', 1824 in der ‚Mordgrube', 1833 in der Grube ‚Segen Gottes' und 1847 in der Grube ‚Einigkeit' im Freiberger Revier installiert, wobei vor allem die Maschine auf der Mordgrube wegen ihrer erstmalig realisierten Kolbensteuerung Berühmtheit erlangte. Vgl. Wagenbreth, Otfried/Wächtler, Eberhard: Freiberger Bergbau (wie Anm. 2), S. 57 u. 60; Wagenbreth, Otfried: Christian Friedrich Brendel – Leben und Werk eines bedeutenden Ingenieurs der ersten Hälfte des 19. Jahrhunderts, Freiberg 2006 (= Freiberger Forschungshefte, D 221).
5 1850 Grube ‚Junge Hohe Birke' (Braunsdorf) und Grube ‚Reiche Zeche' (Braunsdorf), 1852 Grube ‚Prophet Jonas' (Braunsdorf), 1855 Constantinschacht Grube ‚Segen Gottes' (?), 1863 Grube ‚Churprinz' (Schwamkrug) und Grube ‚Segen Gottes' (Bornemann), 1866 Grube ‚Christbescherung' (Bornemann), 1868 Grube ‚Segen Gottes' (Bornemann), 1878 im 8. Lichtloch des Rothschönberger Stolln (Schwamkrug).
6 Vgl. Wagenbreth, Otfried/Wächtler, Eberhard (Hrsg.): Bergbau im Erzgebirge. Technische Denkmale und Geschichte, Leipzig 1990, S. 65 f. sowie Kugler, Jens: The hidden Machine. A Quest for Traces of a Masterpiece at the Alten Mordgrube, Freiberg Mining Region, in: 5th International Symposium on archaeological Mining History, Freiberg 2010, S. 37–51.

passen, besaßen alle Maschinen ab 1824 die von Brendel eingeführte Kolbensteuerung sowie die doppeltwirkenden Treibekolben und leisteten je nach Bedarf und Bauart zwischen etwa 6 bis maximal 100 PS.

Die Sachzeugen der erzgebirgischen Wassersäulenmaschinen

Von den einstmals 40 Wassersäulenmaschinen in den Bergrevieren des Erzgebirges sind bis heute unter Tage nachweislich in situ noch acht Maschinen ganz oder in Resten erhalten, von denen allerdings nur drei Maschinen im Rahmen von Führungen der Öffentlichkeit zugänglich sind.[7] Es handelt sich um die beiden Wassersäulenmaschinen im Josephschacht des Segen-Gottes-Erbstolln bei Gersdorf: die ältere von 1863, ein Umbau der von Brendel 1832/33 mit zwei übereinander angeordneten Zylindern, einer Fallhöhe des Betriebswassers von etwa 40 bzw. 52 m und einer Leistung von insgesamt 57 PS erbauten und 1869 von Bornemann auf zwei parallele Zylinder umgerüsteten Wassersäulenmaschine im östlichen Stoß des Josephschachtes sowie die 1868 direkt daneben im westlichen Stoß von Bornemann erbaute Maschine mit knapp 94 m Fallhöhe, welche die Gesamtleistung beider Maschinen auf 100 PS erhöhte. Nicht allgemein bzw. nur Bergbauexperten zugänglich sind sechs weitere Wassersäulenmaschinen bzw. deren Überreste: Im Mendenschacht der Bergwerksanlage Mordgrube in Zug bei Freiberg befindet sich die etwa 17 m hohe und von Brendel zwischen 1820 und 1824 konstruierte erste Zweizylinder-Wassersäulenmaschine mit Kolbensteuerung, einer Fallhöhe von 100 m, einer Leistung von 65 PS, die bis 1899 in Betrieb war (Abb. 3). In Brand-Erbisdorf existiert im Hörnigschacht der Grube Einigkeit die letzte von Brendel in den Jahren 1845 bis 1847 gebaute Wassersäulenmaschine mit einer Fallhöhe von 128 m und einer Leistung von 22 PS (Abb. 4). Nachweisbar sind ferner die teilweise oder gänzlich erhaltenen Wassersäulenmaschinen im Rudolphschacht in Lauta im Marienberger Revier, erbaut von Braunsdorf 1871/73 mit einer Fallhöhe von 56 m, die 1851/52 in der Grube Weißer Hirsch im Schneeberger Revier eingebaute und 1886/87 in den benachbarten Türkschacht umgesetzte Maschine mit 28 m Fallhöhe und knapp 8 PS Leistung, die 1872 im Sankt

---

7 Vgl. im Folgenden zu Brendels Maschinen Wagenbreth, Otfried: Christian Friedrich Brendel (wie Anm. 4), S. 79–117 sowie zu den anderen im Erzgebirge erhaltenen Maschinen Wagenbreth, Otfried/Wächtler, Eberhard: Freiberger Bergbau (wie Anm. 2), S. 60 sowie Wagenbreth, Otfried/Wächtler, Eberhard (Hrsg.): Bergbau im Erzgebirge (wie Anm. 6), S. 66.

Mobil versus in situ? Artefakte als historische Quelle in der Industriearchäologie — 133

Abb. 3: In situ Aufnahme der Brendel'schen Wassersäulenmaschine in der Alten Mordgrube in Zug bei Freiberg

Georg Kunstschacht in Schneeberg eingebaute Maschine mit etwa 5 PS Leistung sowie die Wassersäulenmaschine im Kalkwerk Heidelbach in Großolbersdorf bei Wolkenstein. Zumindest teilweise erhalten, wenn auch nicht in situ, ist die Steuerungseinheit der 1878 von Schwamkrug errichteten Wassersäulenmaschine für das 8. Lichtloch des Rothschönberger Stolln mit einst rund 90 m Fallhöhe

Abb. 4: In situ Aufnahme der Brendel'schen Wassersäulenmaschine in der Grube Einigkeit in Brand-Erbisdorf

und einer Leistung von knapp 7 PS, welche sich heute im Maschinenhaus der Schachtanlage Alte Elisabeth in Freiberg befindet und dort bei Führungen öffentlich zugänglich ist (Abb. 5).

Eine weitere interessante Kategorie von historischen Sachzeugen der erzgebirgischen Wassersäulenmaschinen stellen die einschlägigen Maschinenmodelle der Kustodie der TU Bergakademie Freiberg dar. Sie befinden sich heute in der Sammlung historischer Modelle des Bergbaus und der Hüttenkunde der Kusto-

Abb. 5: Die translozierte Wassersäulenmaschine vom VII. Lichtloch des Rothschönberger Stolln im Maschinenraum der Schachtanlage Alte Elisabeth in Freiberg

die, die 1766 aus der privaten Modellsammlung des Oberberghauptmanns Friedrich Wilhelm von Oppel (1720–1769) hervorgegangen ist und durch den Ankauf oder den Bau weiterer Modelle ständig erweitert wurde.[8] Hatte man zunächst

---

[8] Vgl. Zaun, Jörg (Hrsg.): Bergakademische Schätze. Die Sammlungen der TU Bergakademie Freiberg, Freiberg 2015, S. 20–31.

Abb. 6: Modell der Brendel'schen Wassersäulenmaschine in der Alten Mordgrube aus dem Jahr 1834

fähige Berg- und Hüttenleute mit dem Bau von Modellen beauftragt, so wurde 1826 in der Halsbrücker Maschinenbauanstalt eine eigene Modellbauwerkstatt eingerichtet, in der unter Aufsicht von Christian Friedrich Brendel nun zahlreiche Modelle gebaut wurden, die teilweise auch an andere Bergakademien wie z. B. in St. Petersburg oder Madrid geliefert wurden. Bereits 1773 hatte die Bergakademie aus Wien ein Modell der Höllschen Wassersäulenmaschine angekauft, das sich noch heute in der Sammlung befindet. 1834 erwarb die Bergakademie von der Halsbrücker Maschinenbauanstalt ein funktionsfähiges Modell der 1820/24 von Brendel im Mendenschacht der Mordgrube erbauten berühmten Zweizylinder-Wassersäulenmaschine mit Kolbensteuerung, welches sich bis heute im Bestand der Sammlung befindet (Abb. 6).[9] Gebaut bzw. beschafft wurden die Modelle vor allem für die Lehre im Fach Bergmaschinenlehre an der Bergakademie, das von 1833 bis 1871 von dem Mathematiker und Ingenieur Julius Weisbach (1806–1871) vertreten wurde. Unter Weisbach wurde an der Bergakademie 1839/40 ein neues Modellzimmer mit eigenem Wassertank eingerichtet, um zahlreiche ‚gangbare' Maschinen, darunter auch Modelle von Wassersäulenmaschinen, vorführen zu können. Von 1843 bis 1867 wirkte Carl Gottlieb Schumann (1813–1867) an der Bergakademie zunächst als Modellarbeiter und ab 1852 als Modellmeister und erweiterte in seiner Werkstatt beständig den Modellbestand der Lehranstalt. In der Modellsammlung der TU Bergakademie Freiberg befinden sich heute neben den Modellen der Höllschen und der Brendelschen Maschinen noch weitere Modelle von Wassersäulenmaschinen wie das Modell der ersten von Brendel 1820 gebauten Wassersäulenmaschine der Grube Reicher Bergsegen, hergestellt im Jahre 1824 von der Maschinenbauwerkstatt Halsbrücke, das Modell einer Wassersäulenmaschine (Bauteil), hergestellt um 1850 durch den Werkmeister Küttner für die Modellwerkstatt der Bergakademie, das Modell einer Wassersäulenmaschine, das im Jahre 1874 der Modellsammlung der Bergakademie Freiberg durch den Bergverwalter Pilz geschenkt wurde, sowie das bereits erwähnte Modell einer Wassersäulenmaschine nach Höll, hergestellt im Jahre 1773 in Wien und dann angekauft für die Modellsammlung der Bergakademie Freiberg.[10]

---

[9] Ein zweites Exemplar des Modells wurde nach St. Petersburg geliefert. Vgl. ebd., S. 22.
[10] Angaben nach Auskunft von Dr. Andreas Benz, Kustos der Sammlungen der TU Bergakademie Freiberg, vom 04.12.2021.

Die archivalischen Quellen zu den erzgebirgischen Wassersäulenmaschinen

Neben den in situ bzw. transloziert erhaltenen originalen Wassersäulenmaschinen und den ebenfalls als historische Originale und damit als zeitgenössische Sachzeugen anzusehenden Modellen von Wassersäulenmaschinen in den Sammlungen der TU Bergakademie Freiberg existieren im Sächsischen Staatsarchiv (Landeshauptarchiv Dresden, Bergarchiv Freiberg) und im Altbestand der Universitätsbibliothek der TU Bergakademie Freiberg (Bergmännische Spezimina) bedeutende archivalische Quellenbestände zu den erzgebirgischen Wassersäulenmaschinen (Abb. 7).[11] Es handelt sich im Bergarchiv Freiberg dabei um Akten, Grubenrisse und Zeichnungen zur Planung und Umsetzung von Projekten für Wassersäulenmaschinen aus den Beständen des Oberbergamtes Freiberg, der Maschinenbaudirektion sowie vor allem der ehemaligen Bergämter Freiberg, Marienberg und Schneeberg.[12] Im Altbestand der Universitätsbibliothek der TU Bergakademie Freiberg enthält das Konvolut der sog. ‚Bergmännischen Specimina', einer Sammlung von überwiegend studentischen Belegarbeiten zum Geo- und Montanwesen mit Befahrungsberichten, Zeichnungen und Rissen, zahlreiche Abhandlungen zu Wassersäulenmaschinen vor allem im sächsischen Erzgebirge (Abb. 8 und 9).[13] Im Hauptstaatsarchiv Dresden finden sich u. a. Aktenbestände zur Freiberger Maschinendirektion sowie zu den Kunst-, Werk- und Maschinenmeistern der erzgebirgischen Bergamtsreviere, die auch für den Bau und den Unterhalt der Wassersäulenmaschinen verantwortlich waren.[14]

Alle diese schriftlichen Unterlagen geben wertvolle Hinweise zu Planung, Ausführung, Betrieb und Unterhalt der heute meist nicht mehr oder nur schwer zugänglichen Relikte des Zeitalters der Wassersäulenmaschinen im Erzgebirge

---

11 Vgl. dazu Wagenbreth, Otfried: Christian Friedrich Brendel (wie Anm. 4), S. 237–242.
12 Als Beispiele seien hier lediglich exemplarisch aus dem Bestand 40001 Oberbergamt Freiberg die Signatur 2479: ‚Ausmessung und Berechnung der im Bergamtsrevier Marienberg befindlichen Wassersäulenmaschinen zum Zweck einer allgemeinen Einführung solcher Maschinen' (1780–1809) sowie die Signatur 694: ‚Bau einer Wassersäulenmaschine in der Beschert Glück Fundgrube hinter den Drei Kreuzen im Bergamtsrevier Freiberg, sowie die Reise des Berggeschworenen Baldauf und des Schichtmeisters Heyne nach Schlesien' (1791–1817) genannt.
13 Beispiele sind u. a. die Sezimina Nr. 2081 Braunsdorf, J.: Wassersäulenmaschine Alte Mordgrube (1827); Nr. 2128 Merbach, F.: Wassersäulenmaschine Reicher Bergsegen (1828); Nr. 2200 Hesse, C. G.: Die Reichbergsegener Wassersäulenmaschine (1830) oder Nr. 2501 Weidener, F.: Wassersäulenmaschine Vereinigt Feld (1846).
14 So z. B. die Nr. 41 326 (1833): Braunsdorf: Wassersäulenmaschinen (Zeichnungen und Text), zitiert nach Wagenbreth, Otfried: Christian Friedrich Brendel (wie Anm. 4), S. 238.

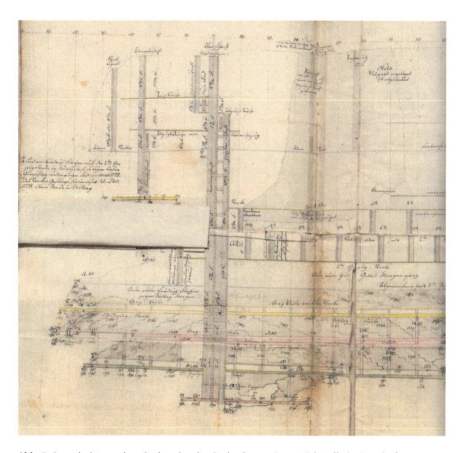

Abb. 7: Ausschnitt aus dem Grubenriss der Grube Segen-Gottes-Erbstolln in Gersdorf aus dem Jahre 1820

zwischen etwa 1770 und 1910. Neben der auch weiterhin vorherrschenden Wasserhebetechnik mittels Wasserrädern, die teilweise mehrfach übereinander angeordnet waren, bildeten die im Erzgebirge zur Funktionsreife entwickelten untertägigen Wassersäulenmaschinen bis zur Einführung von elektrisch angetriebenen Pumpen zu Beginn des 20. Jahrhunderts die wichtigsten Maschinen zur Entwässerung der Gruben. Die 1847 entwickelte Schwamkrug-Turbine kam zwar auch zum Einsatz, spielte aber eher eine untergeordnete Rolle, wenngleich sie auch international im Bergbau zum Einsatz kam.[15] Dank der im Erzgebirge

---

15 Sie wurde vor allem beim Bau des Rothschönberger Stolln im Freiberger Revier zur Wasserhebung bzw. als Fördermaschine in den Lichtlöchern eingesetzt. Vgl. Wagenbreth, Otfried:

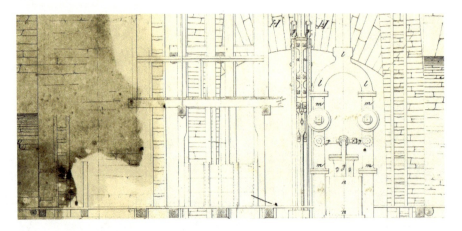

Abb. 8: Ansicht der im Josephschacht erbauten Wassersäulenmaschine

Abb. 9: Zeichnung der Brendel'schen Wassersäulenmaschine in der Alten Mordgrube

reichlich vorhandenen Wasserkräfte und des über Jahrhunderte ausgebauten bergmännischen Wasserversorgungssystems mit seinen zahlreichen Kunstteichen, Kunstgräben und Röschen spielte die nur übertägig nutzbare Dampfkraft für die Entwässerung der Gruben bis ins letzte Drittel des 19. Jahrhunderts nur eine untergeordnete Rolle.[16] Im Freiberger Revier wurden 1850 insgesamt 44 Wasserkraftmaschinen (34 Wasserräder, 6 Wassersäulenmaschinen, 4 Turbinen) und nur 6 Dampfmaschinen als Antriebsmaschinen für Kunstgezeuge zur Wasserhebung genutzt. Zehn Jahre später standen 1860 dann 9 Dampfmaschinen 29 Wasserräder, 12 Wassersäulenmaschinen und 5 Turbinen gegenüber. Bis 1885 erhöhte sich die Zahl der Dampfmaschinen auf 21, die Zahl der Wassersäulenmaschinen auf 18 und die der Turbinen auf 6, während sich die Zahl der Wasserräder auf 14 reduzierte. Zum Zeitpunkt der Einstellung des Freiberger Bergbaus im Jahre 1913 waren dann nur jeweils noch drei Wasserräder und Wassersäulenmaschinen in Betrieb.[17]

Das bergmännische Wasserwirtschaftssystem und die Wassersäulenmaschinen der Grube Segen-Gottes-Erbstolln in Gersdorf

Die Geschichte des Gersdorfer Bergbaus zwischen Nossen und Rosswein an der Freiberger Mulde 20 km nordwestlich von Freiberg im nördlichsten Teil der Freiberger Bergbaulandschaft reicht bis ins 13. Jahrhundert zurück.[18] Zahlreiche noch heute im Gelände erkennbare kleine Halden und Pingen weisen auf den mittelalterlichen Altbergbau hin. Für das 16. und 17. Jahrhundert sind zahlreiche kleinere Gruben urkundlich belegt, in welchen die reichen Silbererzvorkommen in den 0,1 bis 4 m mächtigen polymetallischen Erzgängen des Bergbaugebietes abgebaut wurden.

Leben und Werk des Freiberger Oberkunstmeisters Friedrich Wilhelm Schwamkrug (zu seinem 105. Todestag), in: Sächsische Heimatblätter,1985, S. 208–217.
16 1849 wurde am Josephschacht der Grube Segen-Gottes-Erbstolln in Gersdorf wegen der nicht ausreichenden Wasserkräfte zur Wasserhebung zusätzlich übertägig eine Dampfmaschine aufgestellt. Vgl. Wagenbreth, Otfried/Wächtler, Eberhard: Freiberger Bergbau (wie Anm. 2), S. 245.
17 Vgl. ebd., S. 56.
18 Zur Geschichte der Grube vgl. Wagenbreth, Otfried/Wächtler, Eberhard: Freiberger Bergbau (wie Anm. 2), S. 243–247 sowie Richter, Kurt Alexander: Geschichte des Bergbaus zu Gersdorf bei Roßwein im Freiberger Revier (1869), abgedruckt mit einer Einleitung von Jens Kugler in der Schriftenreihe: Akten und Berichte vom sächsischen Bergbau, H. 21., Kleinvoigtsberg 1999, S. 6–44.

Abb. 10: Das steinerne Muldenwehr von 1790

Ende des 17. Jahrhunderts entwickelte sich die Grube Segen-Gottes-Erbstolln zur wichtigsten Grube, die mit etwa 400 Mann Belegschaft im 19. Jahrhundert eine Tiefe von rund 300 m erreichte. Schon im 18. Jahrhundert verfügte die Grube über bedeutende technische Einrichtungen zur Förderung und Wasserhebung sowie ein ausgedehntes bergmännisches Wasserwirtschaftssystem, welche im 19. Jahrhundert nochmals modernisiert und bedeutend erweitert wurden. Eine zentrale Rolle nahmen dabei die beiden im Josephschacht der Grube Segen-Gottes-Erbstolln bis heute praktisch vollständig in situ erhaltenen und im Rahmen von Führungen öffentlich zugänglichen Wassersäulenmaschinen ein, die zu den bedeutendsten Sachzeugen dieses Maschinentyps im Erzgebirge zählen (Abb. 10 und 11).

Die Planungen für die Brendelsche Wassersäulenmaschine aus dem Jahr 1833 reichen bis in das Jahr 1819/20 zurück[19], als man sich im Freiberger Bergamt im Zuge des geplanten Ausbaus der seit 1679 wieder in Betrieb befindlichen Grube zum wiederholten Male Gedanken um die notwendigen Maßnahmen zur Hebung

---

19 Vgl. zur Baugeschichte der Wassersäulenmaschine Wagenbreth, Otfried: Christian Friedrich Brendel (wie Anm. 4), S. 102–112.

Abb. 11: Gestängetunnel am Josephschacht

der Grubenwässer machte.[20] Die im Laufe der Zeit immer tiefer vordringenden Grubenbaue des Segen-Gottes-Erbstolln sorgten für den Zustrom immer größerer Mengen von Grundwasser, die mit Menschenkraft nicht mehr zu bewältigen waren. Bereits 1743 wurde im Puschschacht ein erstes Kunstgezeug zur Wasserhebung in Betrieb genommen, das von einem Kunstrad in diesem Schacht in Bewegung gesetzt wurde, welches sein Antriebswasser über einen Kunstgraben (späterer unterer Kunstgraben) und die Teichrösche vom unteren Krebsteich erhielt. Als 1747 ein untertägiger Bruch das Kunstgezeug im Puschschacht zerstörte, wurde ab 1749 das Aufschlagwasser des Kunstgrabens auf ein nun im Klengel-

---

20 Der Gersdorfer Bergbau reicht historisch vermutlich bis in das 13. Jahrhundert zurück. Für das 16. und 17. Jahrhundert sind zahlreiche kleinere Gruben belegt, darunter als wichtigste Grube Segen Gottes Erbstolln, in die schließlich alle anderen Gruben aufgingen. Aktenmäßig belegt sind bergbauliche Aktivitäten für das Jahr 1615 (Bau eines Muldenwehrs und des Kunstgrabens zu den flussabwärts liegenden Pochwerken und Schmelzhütten), für den Zeitraum 1679 bis 1692 (Bau des Adamstolln) sowie kontinuierlich ab 1732, wobei 1797 die Tiefbaue unterhalb des Adamstolln wegen Überflutung aufgegeben werden mussten. Vgl. ‚Geschichte des Betriebes bei dem Grubengebäude Seegen Gottes Erbstolln zu Gersdorf. Gefertigt im Quartal Luciae 1820' vom Schichtmeister Franke. Abschrift der Grubenakte Nr. 40174, Blatt 1 bis 28, im Bergarchiv Freiberg, angefertigt von Albrecht Zieger im Juni 2015, die Herr Zieger dem Verfasser zur Verfügung gestellt hat.

Abb. 12: Unterer Krebsteich

schacht installiertes Kunstgezeug geführt.[21] Als Ersatz für den eingebrochenen Puschschacht begann man bereits 1747 in Nachbarschaft des Klengelschachtes mit dem Abteufen des Neuen Kunst- und Treibeschachtes, der jedoch nach längeren Unterbrechungen erst 1776/77 vollendet werden konnte und 1778 mit einem vom Kunstmeister Mende entworfenen Wassergöpel als Fördermaschine sowie 1781 mit einem Kunstgezeug zur Wasserhebung ausgestattet wurde. Um das nötige Aufschlagwasser zur Verfügung zu stellen, hatte man bereits 1768 den Damm des unteren Krebsteiches erhöht. 1791 suchte man den weiterhin bestehenden Mangel an Aufschlagwasser für die Wasserhaltung in der Grube durch die Inbetriebnahme einer Wasserhebemaschine im Muldental zu bekämpfen, die aus einem unter- und oberschlächtigen Wasserrad bestand, das über ein Feldgestänge 16 Kunstsätze im Maschinenschacht auf dem Aaron Morgengang antrieb. Das zutage geförderte Grubenwasser wurde über einen 220 m langen Kunstgraben zum Neuen Kunst- und Treibeschacht sowie zum Klengelschacht geleitet. Letztlich vermochte aber auch diese Maßnahme den immer stärkeren Grundwasserzufluss in die Grube nicht zu stoppen. 1797 kam es aufgrund der unzureichenden

---

21 Vgl. zu den hier beschriebenen Entwicklungen der Jahre 1743 bis 1820 ebd.

Abb. 13: Unterer Kunstgraben

Aufschlagwässer für die Wasserhebemaschinen schließlich durch Flutung aller Grubenbaue unterhalb des Adamstolln zum völligen Stillstand des Tiefbergbaus (Abb. 12 und 13).

Man entwickelte nun über drei Jahre hinweg verschiedene Szenarien zur Lösung des Problems und plante im Jahr 1800 schließlich den Bau eines dritten Kunstgezeuges im Muldental mit einem Feldgestänge hinauf zum Neuen Kunst- und Treibeschacht, der aber letztlich nicht umgesetzt wurde. Als Ersatz entschied man sich für die Erschließung weiterer Wasserkräfte durch die Einbeziehung des Marbacher Dorfbaches und des Pitzschbaches im Zellwald. Dafür wurde zwischen 1803 und 1807 ein Tunnel vom Dorf Marbach (Marbacher Rösche) bis zum unteren Krebsteich erbaut. Bis 1817/18 erfolgte dann der Anschluss über einen Kunstgraben und die Rosenthaler Rösche an den Pitzschbach im Zellwald zwischen den Ortschaften Marbach und Siebenlehn. Darüber hinaus wurden 1808 die inzwischen maroden Kunstgezeuge im Neuen Kunst- und Treibeschacht und im Klengelschacht erneuert. Als kurz darauf durch einen Bruch im Neuen Kunst- und Treibeschacht das dortige Kunstgezeug ausfiel, verfügte die Grube nur noch über das Kunstgezeug im Klengelschacht, das aber das Grundwasser nur bis zur Tiefe der halb-zweiten Gezeugstrecke zu halten vermochte. Deshalb plante man um 1817 mit dem Friedrichschacht das Absinken eines neuen Schachtes und

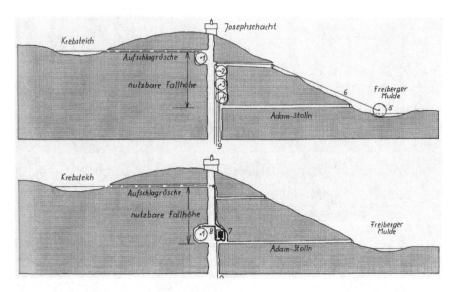

Abb. 14: Schematische Skizze von Otfried Wagenbreth zu den Ideen zur Verstärkung der Wasserhebemaschinerie in der Grube Segen-Gottes-Erbstolln aus dem Jahr 1820

dessen Ausrüstung mit einem weiteren Kunstgezeug. Als mitten in den Arbeiten 1819 der Friedrichschacht zu Bruch ging, drohten alle Hoffnungen auf eine Wiederbelebung des Tiefbergbaus in der Grube zu schwinden.

Um das Wasserproblem endlich zu lösen und zugleich dem Abbau größerer Tiefen in der erzreichen Grube zu erschließen, plante das Freiberger Bergamt 1820 zunächst, in dem neu abgeteuften Josephschacht als Haupttreibe- und -kunstschacht der Grube unterhalb des Niveaus der vom Krebsteich kommenden Aufschlagrösche ein Kehrrad als Fördermaschine und darunter im Schacht drei übereinander angeordnete Wasserräder für die Pumpen einzubauen, um so die 37,2 m Fallhöhe des Aufschlagwassers zwischen Rösche und Adamstolln nutzen zu können. Ein viertes Kunstgezeug im Schacht sollte über ein im Muldental befindliches Wasserrad mittels Feldgestänge angetrieben werden (Abb. 14). Die dafür nötigen Investitionen kalkulierte man auf über 65 000 Thaler, die auf 10 Jahre verteilt werden sollten.[22] Durch diese herkömmliche technische Lösung war allerdings nur eine Entwässerung der Grube bis zu 45 m unter dem Niveau des Adamstolln zu realisieren, was nicht einmal ausreichte, um die abgesoffenen tieferen älteren Abbaue der Grube zu erreichen. Das Bergamt suchte daher

---

22 Vgl. Wagenbreth, Otfried: Christian Friedrich Brendel (wie Anm. 4), S. 104.

nach einer Alternative, die man im Einbau einer großen Wassersäulenmaschine sah, deren Bau vor allem wegen ihres geringen Raumbedarfs und ihres höheren Wirkungsgrades die Einsparung etwa eines Drittels der veranschlagten Kosten für die vier Kunstgezeuge versprach. Mit der Projektierung der Maschine wurde Christian Friedrich Brendel beauftragt, der dafür in den folgenden Jahren mehrere Varianten vorschlug. Realisiert wurde schließlich eine Wassersäulenmaschine mit zwei untereinander angeordneten Zylindern, der obere mit seiner Oberkante auf dem Niveau des Adamstolln und der untere 12,8 m unter dem oberen Zylinder angeordnet, wobei der untere Zylinder je nach Wasserangebot und Bedarf zu- oder abgeschaltet werden konnte (Abb. 15).[23] Der obere Zylinder ruhte im Schacht auf Tragebögen aus Stein, der untere auf solchen aus Gusseisen. Der Balancier mit dem Gegengewicht war in einem großen angrenzenden, elliptisch gewölbten Raum untergebracht. Beide Zylinder besaßen immer die gleiche Bewegungsrichtung, weshalb Brendel für die Maschine die für Einzylindermaschinen übliche einfache Kolbensteuerung verwendete, deren Steuerzylinder oberhalb des Wasserspiegels im Adamstolln angeordnet war und damit auch im Fall des Ersaufens der darunterliegenden Grubenräume zugänglich blieb. Baubeginn für die Anlage war Ende 1826. Nach Ausmauerung des Schachtes, Aushauen und Ausmauerung der Maschinenräume sowie Bau eines Ausgleichbeckens für das Aufschlagwasser der Maschine am unteren Krebsteich konnte 1832 die Maschine eingebaut, am 16. Februar 1833 in einem ersten Probelauf getestet und am folgenden Tag in regulären Betrieb genommen werden. Sie betätigte 15 vorwiegend gusseiserne Pumpenpaare, die bis etwa 70 m Tiefe unter das Stollnniveau reichten.

1845, nach zwölf Jahren Dauerbetrieb, gelangte die Brendelsche Wassersäulenmaschine an die Grenze ihrer Leistungsfähigkeit, weshalb man 1849 zur Entwässerung der Grube zusätzlich auf dem Josephschacht eine Dampfmaschine zum Antrieb eines weiteren Kunstgezeuges aufstellte. Bereits 1845 hatte man im Muldental eine Turbine installiert, die ihr Aufschlagwasser aus dem Pochwerksgraben erhielt und über ein 335 m langes Feldgestänge bis etwa 1870 das Kunstgezeug im Wolfgangschacht antrieb. 1855 erfolgte der Bau einer weiteren kleinen Wassersäulenmaschine im Constantinschacht, einem Blindschacht auf dem Joseph Morgengang zwischen der dritten und halb-fünften Gezeugstrecke.[24] Um den steigenden Bedarf an Aufschlagwasser für die Wasserkraftmaschinen der Grube bedienen zu können, legte man bereits 1842/44 im zwischen Freiberg und Gersdorf gelegenen Pietzschbachtal im Zellwald einen weiteren Kunstteich

---

23 Vgl. ebd., S. 107–112.
24 Vgl. Wagenbreth, Otfried/Wächtler, Eberhard: Freiberger Bergbau (wie Anm. 2), S. 247. Zu dieser Maschine liegen bislang keine weiteren Angaben vor.

Abb. 15: Ansicht der Brendel'schen Wassersäulenmaschine aus dem Jahr 1844

als Wasserspeicher an, von dem das Wasser durch die bereits seit 1818 fertiggestellten Marbacher Röschen und Kunstgräben über 5 km dem unteren Krebsteich zugeführt wurde. 1844 erfolgte vom oberen Spiegel des unteren Krebsteiches der Bau des oberen Kunstgrabens zum Josephschacht, dem nun in größerer Höhe Aufschlagwasser zugeführt werden konnte. Komplettiert wurde das bergmännische Wasserwirtschaftssystem der Grube schließlich zwischen 1803 und 1817 sowie 1837 und 1867 durch den Bau des rund 5,4 km langen ‚Adolph Stolln' zwischen dem ‚Tiefe Hilfe Gottes Stolln' bei Obergruna und dem Kunstteich im Pietzschbachtal, wodurch der Anschluss der Grube an das bergmännische Wasserwirtschaftssystem des Freiberger Reviers gelang.

Das nunmehr verfügbare größere Angebot an Aufschlagwasser ermöglichte 1863/64 den Einbau einer neuen, leistungsfähigeren Wassersäulenmaschine durch Carl Rudolf Bornemann im Oststoß des Josephschachtes, welche die alte Brendelsche Maschine von 1833 praktisch baugleich mit zwei untereinanderliegenden Arbeitszylindern ersetzte.[25] Die im Weststoß des Schachtes befindlichen Kunstgezeuge wurden während der Bauzeit der Wassersäulenmaschine weiterhin durch die übertägige Dampfmaschine angetrieben. Als mit Fertigstellung des Adolph Stollns genügend Aufschlagwasser zur Verfügung stand, ersetzte man die seit 1864 als Reserve dienende Dampfmaschine 1869 durch eine zweite, im Weststoß des Schachtes eingebaute weitere Wassersäulenmaschine, die nun neben der Dampfmaschine am Josephschacht auch die Turbine im Muldental und ihr Feldgestänge zum Wolfgangschacht überflüssig machte. Die neue Maschine besaß wegen des nun ausreichenden Angebotes an Aufschlagwasser zwei nebeneinanderliegende, parallel wirkende und damit leistungsfähigere Arbeitszylinder.[26] 1870 rüstete man die im Oststoß befindliche Wassersäulenmaschine von 1863/64 schließlich ebenfalls auf nebeneinanderliegende Arbeitszylinder um (Abb. 16 und 17).

Mit der Erschließung der Wasserkräfte des Freiberger Reviers durch den Adolph Stolln über den Kunstteich im Pietzschbachtal, den unteren Krebsteich und den oberen Kunstgraben sowie den Einbau der zweiten Wassersäulenmaschine im Josephschacht erreichte die Gersdorfer Grube ab 1869 ihre höchste Maschinenleistung zur Wasserhebung. Der Betrieb der Wassersäulenmaschinen für den Antrieb der Kunstgezeuge erwies sich dabei bis zur Schließung der Grube

---

25 Vgl. Jahrbuch für das sächsische Berg- und Hüttenwesen 1865, Freiberg 1865, S. 92. Es ist nicht ganz klar, ob es sich dabei um einen Neubau oder nur um einen Umbau der Brendelschen Maschine von 1833 handelte. Vgl. dazu auch Wagenbreth, Otfried/Wächtler, Eberhard: Freiberger Bergbau (wie Anm. 2), S. 60.
26 Vgl. Jahrbuch für das sächsische Berg- und Hüttenwesen 1871, Freiberg 1871, S. 96.

Abb. 16: Steuerzylinder der Wassersäulenmaschine von 1867 im Josephschacht

im Jahre 1885 deutlich kostengünstiger als der Einsatz der Dampfkraft. Letztere wurde für die Wasserhebung lediglich vorübergehend von 1849 bis 1869 zur Wasserhebung am Josephschacht genutzt. Anders sah das allerdings für die Schachtförderung aus, für die in Gersdorf am Josephschacht ab 1853/54 eine Dampfmaschine mit zunächst 30 PS und ab 1857/58 dann mit 80 PS Leistung genutzt wurde. Mitte des 19. Jahrhunderts hatte die Grube mit 1800 kg ihr höchstes jährliches Silberausbringen (1851) und mit 447 Mann ihre höchste jährliche Belegschaftsstärke (1852) erreicht (Abb. 18 und 19).[27]

---

[27] Vgl. Richter, Kurt Alexander: Geschichte des Bergbaus zu Gersdorf (wie Anm. 18), S. 2 (Einleitung von Jens Kugler) sowie Wagenbreth, Otfried/Wächtler, Eberhard: Freiberger Bergbau (wie Anm. 2), S. 244.

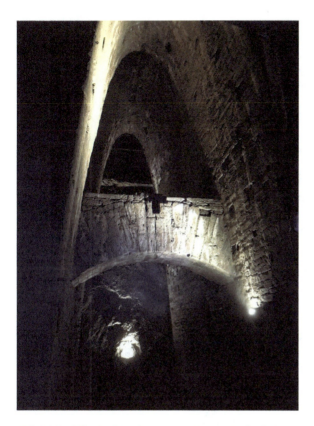

Abb. 17: Gewölbe des Maschinenraums im Josephschacht

Entwässert wurden die Gersdorfer Grubenbaue und mit ihnen die übertägig zugeführten Aufschlagwässer über den bereits 1680 im Tal der Freiberger Mulde angelegten Adamstolln, aus dessen Mundloch das Wasser über einen Kunstgraben den Pochwerken der Erzwäsche zugeführt und von dort über den Pochwerksgraben an der Schmelzhütte vorbei flussabwärts in die Mulde abgeleitet wurde. Ab 1790 richtete man vom Adamstolln bis zur Erzwäsche einen Schiffahrtskanal zur Kahnförderung für das gewonnene Erz ein, für die der Adamstolln unter Tage auf einer Länge von rund 480 m ausgebaut und vom Mundloch bis zur Erzwäsche ein etwa 360 m langer Erzkanal neu erbaut wurde. 1811 wurde dafür das Mundloch des Adamstolln in seiner bis heute erhaltenen, verbreiterten Form erneuert. 1841 ersetzte schließlich eine Eisenschienenbahn bis zur Erzwäsche den Erztransport auf dem Kanal.

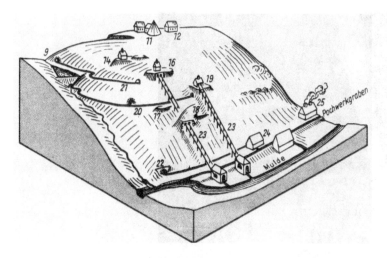

Abb. 18: Raumbild der Wasserversorgung und Einzelanlagen des Segen-Gottes Erbstolln

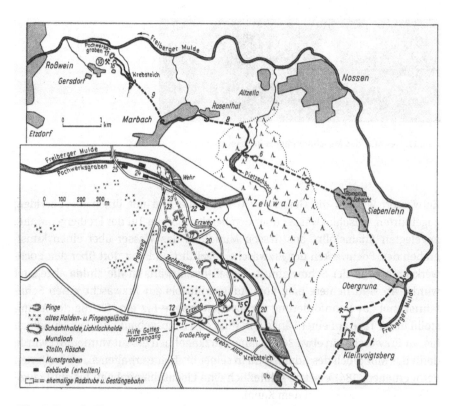

Abb. 19: Karte der Wasserversorgung des Segen-Gottes Erbstolln

Die historischen Sachzeugen des Segen-Gottes-Erbstolln in Gersdorf

95 Jahre nach Schließung der Grube Segen-Gottes-Erbstolln gründeten 1980 einige Bergbauenthusiasten in Gersdorf im Rahmen des Kulturbundes der DDR eine Arbeitsgemeinschaft ‚Historischer Bergbau' Etzdorf/Gersdorf mit dem Ziel, die Sachzeugen des jahrhundertealten Bergbaus in Gersdorf zu erforschen, zu erschließen und zu bewahren. Bereits 1982 wurde das historische Bergbaugebiet von Gersdorf unter Denkmalschutz gestellt. Mit der deutschen Wiedervereinigung ging aus der Arbeitsgemeinschaft 1990 der Verein ‚Segen-Gottes-Erbstolln' e.V. hervor, der bis heute die als ‚Sachgesamtheit bergbauliche Gesamtanlage des Segen-Gottes-Erbstolln' in die Denkmalliste des Freistaates Sachsen eingetragene Bergbaulandschaft mit ihren bedeutenden Sachzeugen betreut. Seit dem 6. Juli 2019 ist diese Sachgesamtheit als Teil der Freiberger Bergbaulandschaft auch Bestandteil der deutsch-tschechischen Welterbe-Kulturlandschaft Montanregion Erzgebirge/Krušnohoří (Abb. 20).

Zur Sachgesamtheit Segen-Gottes-Erbstolln gehören laut Denkmalliste[28] als Einzeldenkmale die Bergschänke (Ende 18. Jahrhundert), der Alte Kunst- und Treibeschacht (18. Jahrhundert), das Wehr über die Freiberger Mulde (1790), das Huthaus und die Bergschmiede (1852) sowie sämtliche Schächte, Mundlöcher und Halden innerhalb des kartierten Gebietes der Sachgesamtheit. Zu den Sachzeugen der bergmännischen Wasserwirtschaft und der Wasserkraftnutzung innerhalb der Sachgesamtheit zählen neben dem Muldenwehr (1783/1790) und dem Pochwerksgraben die im Gelände noch vorhandenen Spuren der Feldgestängebahnen zum Maschinenschacht (1791) und Wolfgangschacht (1810), insbesondere die für die Feldgestängebahn zum Wolfgangschacht in den Fels getriebenen Gestängetunnel, der obere (inzwischen trocken gelegte) und der noch Wasser führende untere Krebsteich mit seinem Damm (1743), der untere (1743) und der obere Kunstgraben (1844), der Josephschacht mit seinen beiden in situ erhaltenen Wassersäulenmaschinen (1833/1864 und 1869), der Adamstolln (1680/1811) mit seinem Mundloch (1811), die Reste des Erzkanals (1793) und der Eisenschienenbahn zur Erzwäsche (1833), die heute überformten Gebäude der ehemaligen Erzwäsche und die Mauerreste der ehemaligen Schmelzhütte sowie die Schachthalden des Maschinenschachtes (1790), des Klengelschachtes (vor 1741), des Alten (vor 1756, Pferdegöpel) und des Neuen Kunst- und Treibeschachtes (1778),

---

28 Obj.-Dok.-Nr. 08955769 der Liste der Kulturdenkmale im Freistaat Sachsen (06.01.2021).

Abb. 20: Übersichtsskizze der Schachtanlagen, Erzgänge und Wasserversorgung des Segen-Gottes-Erbstolln

des Wolfgangschachtes (alter Schacht, 1817 erneuert), des Josephschachtes (1824) und des Danielschachtes (1863).

Nicht zur Sachgesamtheit, aber zum Wasserwirtschaftssystem des Segen-Gottes-Erbstolln gehörend, ergänzen die historische Bergbaulandschaft Gersdorf der Adolph Stolln (1864) zwischen Obergruna und dem Pietzschbachtal im Zellwald, der Kunstteich im Zellwald (1844) sowie die Marbacher Kunstgräben und Röschen (1818), welche den Wasserkraftanlagen der Grube Segen-Gottes-Erbstolln ab 1844 bzw. 1864 zusätzliches Aufschlagwasser zuführten.

Mobil versus in situ – ein Fazit

Will man die Geschichte, die Funktion und die Bedeutung der beiden in situ erhaltenen Wassersäulenmaschinen im Josephschacht der Grube Segen-Gottes-Erbstolln richtig verstehen, so muss man sich mit der Technik- und Entwicklungsgeschichte dieses besonderen Maschinentyps anhand der einschlägigen Fachliteratur beschäftigen sowie die die Gersdorfer Maschinen betreffenden archivalischen Quellen zur Entstehungs-, Konstruktions-, Bau- und Nutzungsgeschichte auswerten. Vorbildlich geschehen ist dies für die ältere der beiden Maschinen durch Otfried Wagenbreth (1927–2017) mit seiner in den 1960er-Jahren entstandenen, aber erst 2006 publizierten Arbeit über Leben und Werk Christian Friedrich Brendels, die ein eigenes Unterkapitel zu Brendels Wassersäulenmaschinen mit einem ausführlichen Abschnitt zur Entstehungsgeschichte von Brendels dritter Maschine in Gersdorf in den Jahren 1829 bis 1833 enthält.[29] Wagenbreth behandelt hier, basierend auf einschlägigen Archivquellen, ausführlich und unter Wiedergabe originaler Konstruktionsentwürfe Brendels sowie eigener erläuternder Funktionsschemata die verschiedenen Alternativentwürfe Brendels für die Maschine sowie die schließlich gewählte Ausführungsvariante. Leider gibt es bis heute keine vergleichbaren Forschungsarbeiten zu der noch von Brendel entworfenen, aber von Bornemann vermutlich durch Umbau der Brendelschen Maschine von 1833 im Jahre 1864 als Ersatz fertiggestellten Maschine sowie zu der im Jahre 1869 installierten zweiten Wassersäulenmaschine im Josephschacht in Gersdorf.

Hilfreich für eine technikhistorische Analyse der Funktionsweise der beiden in situ erhaltenen Gersdorfer Wassersäulenmaschinen sind die in der Modellsammlung der Bergakademie Freiberg vorhandenen Modelle von Wassersäulenmaschinen, auch wenn es sich nicht um Modelle der beiden Gersdorfer Maschinen handelt. Insbesondere die beiden von der Halsbrücker Maschinenbauanstalt 1824 bzw. 1834 angefertigten Modelle der ersten von Brendel 1820 gebauten Wassersäulenmaschine der Grube Reicher Bergsegen und das funktionsfähige Modell der Brendelschen Wassersäulenmaschine von 1824 im Mendenschacht der Mordgrube sind hier von Bedeutung, da sie technologisch als Vorläufer sowohl der Brendelschen wie auch der Bornemannschen Maschine aus den Jahren 1833 bzw. 1864 sowie der 1869 eingebauten zweiten Wassersäulenmaschine im Josephschacht in der Gersdorfer Grube anzusehen sind.

---

[29] Vgl. Wagenbreth, Otfried: Christian Friedrich Brendel (wie Anm. 4), S. 79–126, hier besonders S. 102–112.

Archivquellen und Modelle können allerdings letztlich eine industriearchäologische Untersuchung der in situ erhaltenen beiden Wassersäulenmaschinen nicht ersetzen, da nur sie deren tatsächliche praktische Ausführung sowie Nutzung und eventuelle im Verlauf des Betriebes vorgenommene Veränderungen nachzuweisen vermögen. Eine Klärung der Frage, ob es sich bei der Maschine von 1864 um einen Umbau oder Ersatzbau der Brendelschen Maschine von 1833 handelt und ob diese Maschine 1870 tatsächlich auf zwei parallele Zylinder umgebaut wurde, kann letztlich nur auf diesem Wege erfolgen. Dafür müsste allerdings der heute bis zum Adamstolln reichende Wasserstand in der Grube zumindest bis auf das Niveau der Sohle der Maschinenkammer abgesenkt werden. Dringend notwendig wäre dies auch für den Schutz und Erhalt dieser bedeutenden und zum Weltkulturerbe der Montanregion Erzgebirge gehörenden Sachzeugen. Es besteht die Gefahr, dass beide Maschinen irgendwann in den Josephschacht abstürzen und endgültig verloren gehen. Eine Initiative zur Rettung dieser beiden letzten öffentlich zugänglichen, in situ erhaltenen Wassersäulenmaschinen des Erzgebirges erscheint dringend erforderlich.

Die volle Funktion und Bedeutung der erhaltenen Wassersäulenmaschinen erschließen sich jedoch erst, wenn man sie als Teil eines umfangreichen und komplexen Systems der Wasserkraftversorgung zur Wasserhaltung des Segen-Gottes-Erbstolln begreift, deren Entwicklung bis zum Bau des die Grube in das Muldental entwässernden Adamstolln um 1680 zurückreicht:

In einer ersten Phase bis 1743 nutzte man zur Wasserlösung der Grube den seit 1690 vorhandenen, danach immer wieder verbrochenen und neu aufgewältigten Adamstolln bzw. die alte Technik des Wasserhebens durch Menschenkraft.

Ab 1743 begann in Gersdorf das Zeitalter der mit Wasserkraft aus den Krebsteichen direkt bzw. über Stangenkünste vom Muldental indirekt angetriebenen hölzernen Kunstgezeuge. Mit ihrer Hilfe ließen sich allerdings die Wasserprobleme der Grube nicht dauerhaft lösen, da ihre Leistungsfähigkeit wegen des schwankenden und lange Zeit unzureichenden Angebotes an Aufschlagwasser bzw. des geringeren Wirkungsgrades der durch die beiden Stangenkünste übertragen Wasserkraft aus dem Muldental begrenzt war und sie sich zudem nicht nur als relativ störanfällig, sondern in Bau und Unterhalt als kostspielig erwiesen.

Mit dem Einbau der ersten Wassersäulenmaschinen von Brendel im Jahre 1833 begann eine Zwischenphase der parallelen Nutzung von Wasserkraftnutzung mittels Wasserrädern, der Wassersäulenmaschine und der Dampfkraft, um die Grube zu entwässern. Möglich wurde dies durch anhaltende Bemühungen, zusätzliche Wasserkräfte vor allem durch den Ausbau der Wasserzuführungen zu den Krebsteichen zu erreichen.

Die letzte Phase der Wasserkraftnutzung in der Grube begann 1864/67 mit dem Anschluss des Gersdorfer bergmännischen Wasserversorgungssystems an das Freiberger Revier über den Adolph Stolln. Erst jetzt war genügend Aufschlagwasser, um die alte Brendelsche Wassersäulenmaschinen zu ersetzen bzw. umzubauen und eine zweite Wassersäulenmaschine in den Josephschacht einzubauen. Beide Maschinen gemeinsam ersetzten nun nicht nur die vorübergehende Nutzung der Dampfkraft zur Wasserhebung, sondern auch das weniger leistungsfähige Maschinensystem der hölzernen Wasserräder. Beide gusseiserne Wassersäulenmaschinen mit ihren ebenfalls gusseisernen Pumpensätzen gewährleisteten nun zuverlässig die Entwässerung der Grube bis zu deren Betriebseinstellung im Jahre 1885.

Als Ergebnis der Untersuchung des bergmännischen Wasserversorgungssystems der Grube Segen-Gottes-Erbstolln in Gersdorf lassen sich zwei für industriearchäologische Projekte allgemein geltende Grundsätze festhalten:

Die Funktion und Bedeutung der Artefakte erschließt sich vollständig erst im Kontext ihres räumlichen und zeitlichen Zusammenhanges mit ihrer historischen Umgebung. Die „in situ"-Analyse (Feldforschung) besitzt aufgrund ihrer Kontextualisierung immer einen höheren industriearchäologischen Quellen- und Erkenntniswert.

Zum Verständnis von Funktion und Bedeutung der Artefakte sind alle verfügbaren und relevanten Quellen heranzuziehen und auszuwerten. Die Dokumentation und Analyse der Artefakte „in situ" ist daher – soweit möglich – durch relevante Archivquellen, zeitgenössische Fachliteratur und museale Objekte zu ergänzen.

Torsten Meyer

Kein Schrott!? – Über „Zeitschichten des Technischen", „technische Eigenzeiten" und den Wandel des Objektstatus einer Abraumförderbrücke im Niederlausitzer Braunkohlenrevier*

Von „turns" – Zur Einleitung

Angesichts einer kaum noch überschaubaren Anzahl so genannter turns, die in den letzten Jahrzehnten innerhalb der Geistes-, Gesellschafts-, Kultur- und Sozialwissenschaften verkündet wurden, vom „animal turn" über den „linguistic turn" und den „material turn" bis hin zum „temporal turn",[1] könnte der Eindruck entstehen, dass sich auch die Geschichtswissenschaften in einer Phase kreativer,

---

* Der Beitrag ging hervor aus meiner Mitarbeit in dem von der RAG-Stiftung finanzierten Forschungsprojekt „Vom Boom zur Krise. Der deutsche Steinkohlenbergbau nach 1945", dem vom Bundesministerium für Bildung und Forschung finanzierten Forschungsverbund „Umweltpolitik, Bergbau und Rekultivierung im deutsch-deutschen Vergleich. Das Lausitzer Braunkohlenrevier, die Wismut und das Ruhrgebiet (1949–1989/2000)" und im Leibniz-Forschungsverbund Historische Authentizität. Zu Dank verpflichtet bin ich Martin Baumert und Stefan Przigoda, beide Montanhistorisches Dokumentationszentrum beim Deutschen Bergbau-Museum Bochum (montan.dok), sowie Claus Werner, Haus der Geschichte Baden-Württemberg, Stuttgart, für freundlich-kritische Anmerkungen zu früheren Fassungen des Textes.
1 Zum „animal turn" vgl.: Ritvo, Harriet: On the Animal Turn, in: Daedalus. Journal of the American Academy of Arts and Sciences 136, 2007, S. 118–122; zum „linguistic turn" vgl. grundlegend: Rorty, Richard (Hrsg.): The Linguistic Turn. Essays in Philosophical Method (With Two Retrospective Essays), Chicago 1967; zum „material turn" vgl. z.B.: Bennett, Tony/Joyce, Patrick (Hrsg.): Material Powers. Cultural Studies, History and the Material Turn, London u. a. 2010, und zum „temporal turn" vgl. z.B.: Corfield, Penelope J.: History and Temporal Turn. Returning to Causes, Effects and Diachronic Trends, in: Dunyach, Jean-Francois (Hrsg.): Les ages de Britannia. Repenser l'histoire des mondes Britanniques (Moyen Age – XXIe siècle), Paris 2015, S. 259–273, zitiert nach: www.penelopejcorfield.co.uk/PDF's/CorfieldPdf37_History-and-the-Temporal-Turn.pdf (Stand: 30.11.2019); Dies.: Times and the Historians in the Age of Relativity, in: Geppert, Alexander C. T./Kössler, Till (Hrsg.): Obsession der Gegenwart. Zeit im 20. Jahrhundert, Göttingen 2015 (= Geschichte und Gesellschaft, Sonderheft 25), S. 71–91; Tamm, Marek/Olivier, Laurent: Introduction: Rethinking Historical Time, in: Dies. (Hrsg.): Rethinking Historical Time: New Approaches to Presentism, London 2019, S. 1–20 (= Bloomsbury Collections. Web. 25 Jun. 2020. http://dx.doi.org/10.5040/9781350065116.0006).

zugleich volatiler Methodendebatten befinden – scheint doch ein „turn" dem anderen zu folgen. Dass dem mitnichten so ist, betonten beispielsweise Martin Knoll und Fritjof Benjamin Schenk. Das Unbehagen vieler Historiker an „turns" ließe sich, so Martin Knoll mit konkreten Bezug auf den „material turn", auch daran erkennen, dass diese als „Provokation", und zwar nicht im doppeldeutigem Sinne, bezeichnet würden.² Und Fritjof Benjamin Schenk konstatierte, dass die Suggestion, die sich mit der Rede vom „turn" verbindet, nämlich jene, „dass sich Historiker/innen [...] wie eine Gruppe Skifahrer verhalten, die den Berg der Erkenntnis im Gleichschwung mal links herum, mal rechts herum befahren und auf die eine Modewende zwangsläufig die nächste folgt" irreführend sei, da „es meist nur wenige Wissenschaftler/innen sind, die versuchen, mit ihren neuen Fragen und methodischen Ansätzen bislang vernachlässigtes oder unbearbeitetes Terrain zu betreten während sich die meisten Kolleg/innen zunächst in skeptischer Zurückhaltung üben."³ Karl Schlögel, ein prominenter Vertreter des „spatial turns", machte in seinem, schon als Klassiker zu bezeichnenden Buch „Im Raume lesen wir die Zeit" darüber hinaus auf das Undramatische der Rede über den „turn" aufmerksam. „*Turns* und Wendungen sind ja keine Neuentdeckungen oder Neuerfindungen der Welt, sondern Verschiebungen von Blickwinkeln und Zugängen, die bisher nicht oder nur wenig beleuchtete Seiten sichtbar werden lassen."⁴ An anderer Stelle konstatierte er, ebenso polemisch wie treffend: „Die unentwegte Rede von turns [...] hat das Gute an sich wie alles Inflationäre: es entwertet Ansprüche, es senkt den Preis des Labels."⁵ Dies mag auf daran liegen, wie die Kritik von Jan Keupp aufzeigt, dass der „turn" ein „Kapitalgenerator" ist: „Was einstmals als heroischer Sturmlauf gegen die etablierten Bastionen hegemonialer Orthodoxie aufgefasst wurde, scheint heute allgemein akzeptierter Teil des akademischen Spiels zu sein."⁶ Insofern erscheinen „turns" mehr

---

2 Knoll, Martin: *Nil sub sole novum* oder neue Bodenhaftung? Der *material turn* und die Geschichtswissenschaft, in: Neue Politische Literatur 59, 2014, S. 191–207, hier: S. 191.
3 Schenk, Fritjof Benjamin: Der „spatial turn" und die Osteuropäische Geschichte, in: Themenportal Europäische Geschichte, 2006, unter: www.europa.clio-online.de/essay/id/fdae-1374 (Stand: 19.11.2019).
4 Schlögel, Karl: Im Raume lesen wir die Zeit. Über Zivilisationsgeschichte und Geopolitik, München 2003, S. 68, Hervorhebung im Original. Ähnlich auch, konkret mit Bezug auf den „posthuman turn": Castree, Noel/Nash, Cathrine: Introduction: posthumanism in question, in: Environment and Planning A 36, 2004, S. 1341–1343, hier: S. 1341.
5 Schlögel, Karl: Kartenlesen, Augenarbeit. Über die Fälligkeit des spatial turns in den Geschichts- und Kulturwissenschaften, in: Kittsteiner, Heinz (Hrsg.): Was sind Kulturwissenschaften? Dreizehn Antworten, München 2004, S. 261–283, hier: S. 265.
6 Keupp, Jan: Die Gegenstandslosigkeit des Materiellen: Was den material turn zum Abtörner

soziale Praktik in den Wissenschaften, denn intellektuelle Herausforderung und Leistung.

„Turns" sind keine radikalen Brüche, sie sind reflexive Provokationen, deren Potentiale es jenseits aller methodischen Modeströmungen auszuloten gilt. Anstatt des permanenten Deklarierens immer neuer „turns" oder eines abwartenden Skeptizismus erscheint ein hinterfragendes Innehalten und Ausloten der methodischen Angebote angemessen. Nicht Programmatik, sondern reflektierte Pragmatik könnte dazu beitragen, den „Preis des Labels", um Schlögels Diktum aufzugreifen, zu erhöhen. Insofern versteht sich der folgende Text ausdrücklich nicht als Plädoyer für einen weiteren „turn". Dezidiert eklektisch reflektiert er Überlegungen vor allem des „temporal turns" und nachgeordnet des „material turns" als analytische Folie seines empirischen Untersuchungsgegenstandes, des „Besucherbergwerks F60" und seiner Genese, als Bestandteil der „materiellen Kulturen" des Bergbaus.

Im Folgenden Zeit, Material und Materialität zusammenzudenken ist mehr als naheliegend – Zeit hinterlässt Spuren, Material altert, Materialität wandelt sich. Material und Materialität ohne Zeit denken zu wollen, führt ins Leere, würde sprichwörtlich, nochmals Jan Keupp bemühend, das „Material unter den Fingern zugleich zerbröckel[n] und zerrinn[en]" lassen.[7] Bei aller nötigen, kritischen Distanz gegenüber dem posthumanistischen Fundament des „material turns",[8]

---

macht, in: Mittelalter. Interdisziplinäre Forschung und Rezeptionsgeschichte, 26. Juni 2017, unter: http://mittelalter.hypotheses.org/10617 (Stand: 09.12.2019).
7 Ebd. Aus wohlwollend, kritischer Theorieperspektive vgl. auch die Anmerkungen von: Hahn, Hans Peter: Die geringen Dinge des Alltags. Kritische Anmerkungen zu einigen aktuellen Trends der material culture studies, in: Braun, Karl/Dietrich, Claus-Marco/Treiber, Angela (Hrsg.): Materialisierung von Kultur. Diskurse, Dinge, Praktiken, Würzburg 2015, S. 28–42.
8 Zu bedenken ist vor allem die dem Posthumanismus inhärente Potentialität, durch die Rede über die „agency" der Dinge, das Verschwinden ontologischer Grenzen oder die konstatierte, analytisch möglicherweise in die Irre führende Aufhebung der Grenzen zwischen Natur und Gesellschaft, den Menschen aus der Verantwortung für sein Handeln zu entlassen und einer Technokratisierung des Politischen und des Sozialen das Wort zu reden. Zugleich muss aber auch betont werden, dass das Grundanliegen des Posthumanismus, eine Kritik des anthropozentrischen Humanismus, angesichts v. a. der globalen Umwelt-, Sozial- und Geschlechterproblematik mehr als verständlich ist. Hierzu vgl. knapp: Burmeister, Stefan: Nach dem Post-, in: Forum Kritische Archäologie 1, 2012, S. 45–51, unter: www.kritischearchaeologie.de/repositorium/fka/2012_1_07_Burmeister.pdf (Stand: 22.12.2020). Zur „agency" der Dinge sei hier v. a. auf die von Bruno Latour konzipierte Akteur-Netzwerk-Theorie verwiesen, zum Verschwinden ontologischer Grenzen auf die Arbeiten Donna Haraways, zur Aufhebung der Grenzen zwischen Natur und Gesellschaft auf die aktuelle Debatte über das Anthropozän. Vgl. z. B. Latour, Bruno: Eine neue Soziologie für eine neue Gesellschaft. Einführung in die Akteur-Netzwerk-Theorie, Frankfurt a. M. 2007 [2005]; Haraway, Donna: Ein Manifest für Cyborgs. Feminismus im Streit mit den

greift der Beitrag dennoch auf die elaborierte Unterscheidung von Material und Materialität zurück. Material meint die Substanz, das, woraus Objekte bestehen, Materialität hingegen das Prozesshafte, das, was Rezipierende den materiellen Objekten ein- und zuschreiben, Material kann ohne den Menschen existieren, Materialität nicht.[9] Am einfachsten lässt sich wohl sagen: Material ist, Materialität scheint. In anderer Hinsicht allerdings verweigert sich die Argumentation dem „material turn", nämlich in Bezug auf ein fast esoterisches Durchdeklinieren der Begrifflichkeiten Ding, Artefakt, Objekt etc.[10] Objekt ist im Folgenden, der Geschichte der im Tagebau Klettwitz-Nord eingesetzten Abraumförderbrücke F60, Gerätenummer 36, größtenteils heute das „Besucherbergwerks F60" bildend, geschuldet, der auf das technische Artefakt bezogene Begriff.

Bilden neuere Arbeiten aus dem Umfeld des „temporal turn" den zentralen methodischen Bezugspunkt meiner Argumentation, so wird hierauf zunächst eingegangen, wobei besonderes Augenmerk technikhistorischen Überlegungen gilt. Diese Erörterungen dienen der Strukturierung der anschließenden Ausführungen, die sich der (Vor-)Geschichte des „Besucherbergwerks F60" widmen. Die abschließenden Thesen versuchen, die Überlegungen systematisch zuzuspitzen und weiterführende Diskussionen anzuregen.

Technowissenschaften, in: Dies.: Die Neuerfindung der Natur. Primaten, Cyborgs und Frauen, Frankfurt a. M. u. a. 1995 [1985], S. 33–72; Dies.: Unruhig bleiben. Die Verwandtschaft der Arten in Chthuluzän, Frankfurt a. M. 2018 [2016]; Bonneuil, Christophe/Fressou, Jean-Baptiste: The Shock of the Anthropocene, London 2017 [2013]; Hamilton, Clive/Bonneuil, Christophe/Gemene, Francois (Hrsg.): The Anthropocene and the Global Environmental Crisis. Rethinking modernity in a new epoch, London u. a. 2015 (= Routledge Environmental Humanities series); zur genannten Kritik vgl. zusammenfassend z.B.: Golombek, Jana/Meyer, Torsten: Das (post-)industrielle Erbe des Anthropozän – Überlegungen zu einer Weitung des Blickfelds, in: Der Anschnitt 68, 2016, S. 198–215, hier: S. 202 f.

9 Vgl. Ingold, Tim: Materials against materiality, in: Archaeological Dialogues 14, 2007, S. 1–16, hier: S. 7 ff., unter: www.cambridge.org/core/services/aop-cambridge-core/content/view/S1380203807002127 (Stand: 23.12.2020).

10 Vgl. hierzu z.B. die knappe, präzise Bestandsaufnahme bei: Schulze, Mario: Wie die Dinge sprechen lernten. Eine Geschichte des Museumsobjektes 1968–2000, Bielefeld 2017, S. 38–45.

Vom geschichtswissenschaftlichen Diskurs über die Zeit und den „Zeitschichten des Technischen"

> „Vergangenheit und Zukunft waren dabei, sich in Luft aufzulösen, weshalb sich die Gegenwart schon aufgrund ihres bloßen Stattfindens wie ein Irrtum anfühlte."[11]

In Juli Zehs, von der Literaturkritik euphorisch gefeierten Gesellschaftsroman „Unterleuten" sieht sich der Protagonist Grombowski,[12] seines Zeichens Geschäftsführer der Agrargenossenschaft Ökologica im brandenburgischen Ort Unterleuten, mit der Verflüssigung klassischer Zeitkonzepte konfrontiert. Die fiktiv-subjektive Wahrnehmung Grombowskis widerspiegelt sich auch im aktuellen geschichtswissenschaftlichen Diskurs über Zeit. So konstatierte Achim Landwehr in seinem geschichtstheoretischen Essay „Die anwesende Abwesenheit der Vergangenheit" hinsichtlich dieses Verschwimmens, dass wir „nicht mehr in hübsch säuberlich voneinander separierten Zeiträumen [...] leben, weil die Vergangenheit vielfach in die Gegenwart hineinragt (Erinnerungskulturen, Musealisierungen, Retro-Bewegungen etc.) und die Zukunft zugleich schon heute aufgebraucht wird (Klimawandel, Schuldenkrise usw.)."[13] Nicht nur diese temporalen Überlappungen, auch die Polychronie der Moderne,[14] die Pluritemporalität, die Existenz mehrerer paralleler Zeitordnungen,[15] oder die „besondere temporale Struktur"[16] von je unterschiedlichen historischen Transformationsprozessen för-

---

11 Zeh, Juli: Unterleuten, 10. Aufl., München 2017 [2016], S. 191 f.
12 Unter vielen, lobenden Stimmen seien hier nur genannt: Magenau, Jörg: Die Landidylle, in der Gewalt alltäglich ist, in: Süddeutsche Zeitung v. 21.03.2016, unter: www.sueddeutsche.de/kultur/unterleuten-von-juli-zeh-die-landidylle-in-der-gewalt-alltaeglich-ist-1.2915472 (Stand: 11.12.2019); März, Ursula: „Unterleuten": Jedes Dorf ist eine Welt, in: Die Zeit 13, 2016 v. 17.03.2016, unter: www.zeit.de/2016/13/unterleuten-juli-zeh-roman (Stand: 11.12.2019). Lesenswert auch die Kritik auf dieses Lob und den Roman selbst: Pütz, Claudia: Warum ich Juli Zehs Roman „Unterleuten" nicht zu Ende lesen werde, in: Das graue Sofa vom Lesen zeitgenössischer Literatur v. 24.04.2016, unter: https://dasgrauesofa.com/2016/04/24/warum-ich-juli-zehs-roman-unterleuten-nicht-zu-ende-lesen-werde/ (Stand: 11.12.2019).
13 Landwehr, Achim: Die anwesende Abwesenheit der Vergangenheit. Essay zur Geschichtstheorie, Frankfurt a. M. 2016, S. 286 f.
14 Explizit adressiert beispielsweise von dem von der Deutschen Forschungsgemeinschaft (DFG) geförderten Schwerpunktprogramm (SPP) 1688 „Ästhetische Eigenzeiten", vgl.: www.aesthetische-eigenzeiten.de/workspace/dokumente/spp-1688-konzept.pdf (Stand: 20.10.2019).
15 Rothauge, Caroline: Es ist (an der) Zeit. Zum „temporal turn" in der Geschichtswissenschaft, in: Historische Zeitschrift 305, 2017, S. 729–746, hier: S. 735.
16 Osterhammel, Jürgen: Die Verwandlung der Welt. Eine Geschichte des 19. Jahrhunderts. Lizenzausgabe, Bonn 2010 [2009], S. 86.

derten die geschichtstheoretische Reflexion über Zeit. Dass heute, nur gut ein Jahrzehnt nach Ute Daniels Feststellung, ein „temporal turn" zeichne sich nicht am Horizont geschichtswissenschaftlicher Diskurse ab,[17] auch Historiker von ihm reden,[18] dürfte, laut Penelope J. Corfield,[19] vor allem auf nachfolgend genannte gesellschaftliche und wissenschaftliche Entwicklungen rückführbar sein:

1. Aktuell steht die Weltgesellschaft vor tiefgreifenden Problemlagen.[20] Neben politisch-religiösen Konflikten sowie den ökonomischen Krisen der Jahre 2007–2009, mit ihren noch spürbaren Nachwirkungen, und 2020–???? ist auf die wachsende öffentliche Wahrnehmung der Klimakrise hinzuweisen. Alle diese Herausforderungen eint, dass sie „big long-term issues" (Corfield) darstellen, Zeit daher eine besondere Bedeutung zufällt. Offenkundig wird dies in der (auch öffentlichen) Debatte über das Anthropozän, die zwei gänzlich unterschiedliche Zeitkonzepte, jene der menschlichen und geologischen Zeit, prägt.[21]

2. Für die wissenschaftlich-theoretische Reflexion über Zeit erwies sich die „intellektuelle Erschöpfung" (Corfield) der die letzten Jahrzehnte den humanwissenschaftlichen Diskurs dominierenden strukturalistischen, post-strukturalistischen und dekonstruktivistischen Theorien als essentiell. Sie resultiere nicht zuletzt aus einer gewissen Paradoxie der genannten post-modernen Theorien, die Zeit als Fiktion, als Illusion, ansahen, selbst aber einerseits auf schematischen Modellen des historischen Wandels beruhen, anderseits bereits mit und durch das Attribut „Post-" darauf verwiesen, dass ein „Davor" und „Danach" existiere. Pointiert wies Penelope Corfield darauf hin: „Thinking entirely without a concept of Time is more dif-

---

[17] Daniel, Ute: Reinhart Koselleck (1923–2006), in: Raphael, Lutz (Hrsg.): Klassiker der Geschichtswissenschaft, Bd. 2: Von Fernand Braudel bis Natalie Z. Davis, München 2006, S. 164–194, hier: S. 186.

[18] Das „auch", da dieser in den Sozialwissenschaften bereits früher stattfand. Hierauf macht z. B. aufmerksam: Hassan, Robert: Globalization and the "Temporal Turn". Recent Trends and Issues in Time Studies, in: The Korean Journal of Policy Studies 25, 2010, S. 83–102.

[19] Das Folgende, sofern nicht anders angegeben, nach: Corfield, Penelope J.: History (s. Anmerkung 1); Dies.: Times (s. Anmerkung 1). Vgl. ferner die Bestandsaufnahme bei: Assmann, Aleida: Ist die Zeit aus den Fugen? Aufstieg und Fall des Zeitregimes der Moderne, München 2013.

[20] Diese Teile des Textes wurden vor der so genannten Corona-Pandemie abgefasst, angesichts derer sie wohl eine weitere Prononcierung bräuchten, aus argumentativen Gründen wurde hierauf verzichtet.

[21] Neben der in Anmerkung 8 genannten Literatur sei zudem noch verwiesen auf: Trischler, Helmuth/Will, Fabienne: Die Provokation des Anthropozän, in: Heßler, Martina/Weber, Heike (Hrsg.): Provokationen der Technikgeschichte. Zum Reflexionszwang historischer Forschung, Paderborn 2019, S. 69–105.

ficult than it might seem".²² Eine Aussage, die sich auch angesichts der oben genannten weltgesellschaftlichen Problemlagen begründet.

Diese hier nur kursorisch skizzierte Methodendebatte bildet den Hintergrund, vor dem die Technikhistorikerin Heike Weber unlängst ihre Thesen über die „Zeitschichten des Technischen" formulierte.²³ Der von ihr verwendete Topos „Zeitschichten" ist nicht neu, wird schon seit längeren in unterschiedlichen Kontexten genutzt, erscheint nahezu omnipräsent. Bezeichnet der denkmalpflegerische Diskurs sehr konkret vornehmlich hiermit bauliche Relikte historischer Zeiten,²⁴ so verstand einer der führenden, deutschsprachigen Geschichtstheoretiker des 20. Jahrhunderts, Reinhart Koselleck, den Begriff in einem eher metaphorischen Sinne. Der Topos dient ihm dazu, auf „mehrere Zeitebenen verschiedener Dauer und unterschiedlicher Herkunft [zu verweisen], die dennoch gleichzeitig vorhanden und wirksam sind. Auch die Gleichzeitigkeit des Ungleichzeitigen, eines der aufschlußreichsten historischen Phänomene, wird mit ,Zeitschichten' auf einen gemeinsamen Begriff gebracht."²⁵ Dieses Metaphorische konkretisiert Heike Weber mit ihrer Rede über die „Zeitschichten des Technischen". Gleichwohl Achim Landwehrs bereits genannter geschichtstheoretischer Essay „Die anwesende Abwesenheit der Vergangenheit" ihre Überlegungen stark beeinflusst, folgt sie seiner Kritik am Topos „Zeitschichten", der durch seine semantische Sortierung nicht erkennen lasse, „wie einzelne Zeitschichten miteinander in Kontakt kommen sollen",²⁶ nicht. Dass sich Weber diesen Einwänden nicht anschließt, mag darin gründen, dass sie artifiziell Gegenständliches adressiert. Für das Technische sind „Zeitschichten" weit mehr als Metaphorik, sie spiegeln sich, beispielsweise durch Nutzungsspuren, materiell. Auch jenseits des Metaphorischen und Elaborierten liegen mithin die temporalen Schichten des Technischen.

---

22 Corfield, Penelope J.: History (s. Anmerkung 1), S.4.
23 Weber, Heike: Zeitschichten des Technischen: Zum Momentum, Alter(n) und Verschwinden von Technik, in: Heßler, Martina/Weber, Heike (Hrsg.): Provokationen (s. Anmerkung 21), S. 107–150.
24 Vgl. z.B.: Scheurmann, Ingrid/Meier, Hans Rudolf (Hrsg.): Zeitschichten der Denkmalpflege. Echt, alt, schön, wahr, München/Berlin 2006; Scheurmann, Ingrid: Konturen und Konjunkturen der Denkmalpflege. Zum Umgang mit baulichen Relikten der Vergangenheit, Köln u. a. 2018; Apfelbaum, Alexandra u. a. (Hrsg.): Weiter Bauen. Werkzeuge für die Zeitschichten der Stadt, Essen 2019 (= Beiträge zur städtebaulichen Denkmalpflege, Bd. 9).
25 Koselleck, Reinhart: Einleitung, in: Ders.: Zeitschichten. Studien zur Historik, 5. Aufl. Frankfurt a. M. 2018, S. 9–17, hier: S. 9.
26 Landwehr, Achim: Abwesenheit (s. Anmerkung 13), S. 288.

Webers Begriff kann dabei auch auf einer abstrakten Ebene an eine weitere Überlegung Landwehrs anknüpfen. In seiner Kritik des historiographischen Fundamentalbegriffs „Quelle" inaugurierte Landwehr das „historische Material", eine Begrifflichkeit, die er rückkoppelte an jene der „Oberfläche" bzw. der „Oberflächlichkeit".[27] Hiermit ist gemeint, dass das „historische Material" ein „Kreuzungspunkt von Vergangenheit, Gegenwart und Zukunft" zu sein vermag, der uns „vor Augen führt, wie komplex und keineswegs einseitig" seine Emergenz ist.[28] Und aus dieser Oberflächlichkeit vermeint Landwehr zudem eine vierfache, allgemeine Temporalität deduzieren zu können, – die dem historischen Material bei seiner Entstehung eingeschriebenen gegenwärtigen Zeitkonzepte, seine je unterschiedliche Nutzung, bis hin zum Vergessen, seine Rezeption, unsere aktuelle Beschäftigung mit ihm, und „temporale Leerstellen", die sich ggfs. erst in Zukunft füllen lassen werden.[29] Diese Temporalitätsthesen spielen auch für Heike Webers Konkretisierungen des Metaphorischen eine Rolle. Doch zunächst gilt zu fragen, was sie mit dem Topos „Zeitschichten des Technischen" grundsätzlich ansprechen will.

Heike Webers grundlegende Intention ist die Erweiterung der technikhistoriographischen Agenda – der nach wie vor dominanten Fokussierung auf das Neue will sie die Beständigkeit, die Vergänglichkeit, das Altern und das Verschwinden von Technik, kurzum ihre „Zeitschichten", gegenübersetzen.[30] Diese Programmatik ist in der Technikgeschichte durchaus nicht neu – mit seinem, auf Öffentlichkeitswirksamkeit zielenden Buch „The shock of the old" machte David Edgerton 2006 unter anderen darauf aufmerksam, wie stark scheinbar alte Technologien jeweilige Gegenwarten mitbestimmen.[31] Die epistemologische Bedeutung derartiger Untersuchungen brachte der Wissenschaftshistoriker Steven Shapin treffend auf den Punkt: „Old technologies persist; they even flourish. In that sense,

---

27 Vgl. ebd., S. 68 ff.
28 Ebd., S. 69.
29 Ebd., S. 70.
30 Weber, Heike: Zeitschichten (s. Anmerkung 23), S. 108.
31 Edgerton, David: The Shock of the Old: Technology and Global History since 1900, London 2006. Hier sei darauf verwiesen, dass solche Sichtweisen in der Technikgeschichte seit den 1990er-Jahren vorhanden sind, aber eben nicht auf Öffentlichkeitswirksamkeit zielten, worauf Heike Weber sehr zu Recht hinweist. Vgl. z.B. nur: Edgerton, David: From Innovation to Use. Ten Eclectic Theses on the Historiography of Technology, in: History and Technology 16, 1999, 2, S. 111–136; Lindqvist, Swante: Changes in the Technological Landscape. The Temporal Dimension in the Growth and Decline of Large Technological Systems, in: Granstrand, Ove (Hrsg.): Economics of Technology, Amsterdam 1994, S. 271–288.

they're as much a part of the present as recently invented technologies."[32] Gleichwohl sich Redeweisen wie ‚die Gleichzeitigkeit des Ungleichzeitigen' auch in der Technikgeschichte Gehör verschafften,[33] gehen Webers Überlegungen in konzeptionell-systematischer Perspektive hierüber hinaus. Essentiell ist ihre Annahme, dass es, in Analogie zu den „historischen" und „naturbedingten Zeiten" Reinhart Kosellecks, auch Zeiten gäbe, „die mit einer Technik einher gehen, ihr zugeschrieben oder von ihr mitbestimmt werden." Es ließe sich von ‚technischen Zeiten' reden, die allerdings nicht auf etablierte Narrative – Weber nennt hier exemplarisch Industrialisierung und digitales Zeitalter – zielen, sondern Technik, Nutzung, Wissensbestände, Normen und Kultur relationieren. Diese Makroebene verklammert, so Weber, fünf miteinander wechselwirkende Dimensionen, die Untersuchungsgegenstände sein können. Zum einen gerieten in synchroner Perspektive je eigene regionale oder gesellschaftliche Technisierungen in den Fokus, in diachroner Sicht hingegen deren „historische Entwicklungswege". In dem die Gleichzeitigkeit verschiedener Technik befragt wird, gerät zum anderen die Polychronie des Technischen in den Blick. Verbinden sich mit Technik temporale Extrapolationen von Zukünften, ließen sich, zum Dritten, diese systematisch thematisieren. Für die nachfolgenden Überlegungen erkenntnisleitend sind allerdings die beiden Dimensionen der „Temporalitäten von Technik selbst", und dem „Nachleben" des Technischen.[34]

Widmen wir uns zunächst den Inhalten, die Weber mit den „Temporalitäten von Technik selbst", den, wie sie auch synonym schreibt, „genuine[n] *Temporalitäten der Technik*",[35] anspricht. Rekurrierend auf den Begriff des technologischen Momentums, den der amerikanische Technikhistoriker Thomas P. Hughes konzipierte,[36] betont sie zunächst die stabilisierenden Elemente bestehender Technik. Weber konstatiert vor diesem Hintergrund, dass sie „nicht ohne weiteres verschwindet oder entfernt werden kann und dass manche Technik persistent bleibt, selbst wenn es längst technisch überlegene Alternativen gibt."[37]

---

32 Shapin, Steven: What Else Is New? How uses, not innovations, drive human technology, in: The New Yorker v. 07.05.2007, unter: www.newyorker.com/magazine/2007/05/14/what-else-is-new, (Stand: 28.01.2020).
33 Vgl. z.B.: Heinen, Eike Christian/Rauhut, Christoph (Hrsg.): Producing Non-Simultaneity. Construction sites as places of progressiveness and continuity, London 2018.
34 Alle vorausgegangenen Zitate: Weber, Heike: Zeitschichten (s. Anmerkung 23), S. 110 f.
35 Ebd., S. 112, Hervorhebung im Original.
36 Vgl. Hughes, Thomas P.: Technological Momentum, in: Smith, Merrit Roe/Marx, Leo (Hrsg.): Does Technology Drive History? The Dilemma of Technological Determinism, Cambridge (Mass.) 1994, S. 101–114.
37 Weber, Heike: Zeitschichten (s. Anmerkung 23), S. 112.

Dem Momentum zur Seite stellt Weber die technischen Eigenzeiten, „die ihnen [den technischen Artefakten] materiell und durch Verschleiß und Vergänglichkeit eingeschrieben sind oder die ihnen gesellschaftlich zugeschrieben werden."[38] Diese Eigenzeiten sind nicht, oder nicht ausschließlich, mit Lebenszyklen des Technischen deckungsgleich, die bereits bei der Erschaffung technischer Artefakte in diese eingeschrieben sind, ein Prozess, der als Chronotechnologie bezeichnet werden kann.[39] Die Rede über „Temporalitäten von Technik" fasst derartige Technologien zwar ein, geht aber über sie hinaus, insofern es allgemein „um Haltbarkeiten, Vergänglichkeiten oder die Persistenz" geht.[40]

Schlussendlich weist Heike Weber mit dem Begriff „Nachleben" darauf hin, dass Technik „ein bei der Einführung oft weder bedachtes noch bekanntes ‚Danach'" eigen ist.[41] Das „Nachleben" verbindet technische Artefakte strukturell wirkmächtig mit der Zukunft, terminologisch geht es über technische Zukunftsutopien ebenso hinaus, wie über Technikfolgenabschätzung, stünde doch heute die „nachsorgende Intervention"[42] im Vordergrund. Durch die Operation des „Entschaffens" erscheint dabei das „Nachleben" merkwürdig verwoben mit den „Zeitschichten der Technik".[43] „Entschaffen" ist das aktive Verschwindenlassen von Technik, ist ihre Zerlegung, Entfernung und Entsorgung, das passive Verfallenlassen hingegen ist begrifflich ausdrücklich nicht angesprochen.[44] Dass diese Operation im 20. und 21. Jahrhundert stetig steigende Relevanz reklamiert, führt Weber darauf zurück, dass die „zunehmenden Reliktmengen an Produkten und Gebautem [...] nicht nur zu einer kulturellen Herausforderung geworden [sind]", sondern „inzwischen eine technische wie ökologische Herausforderung [darstellen]".[45]

Ob ihres spezifischen Erkenntnisinteresses spielen für Weber andere Prozesse ‚technischer Obsoleszenz', die weder dem aktiven „Entschaffen", noch dem

---

38 Ebd.
39 Der Begriff Chronotechnologie wird hier im Sinne von Helga Nowotny verwendet. Sie versteht darunter das spezifische Zeitintervall der (Ver)Alterung technischer Artefakte, mithin eine Nutzungsdauer, die bei der Produktion mitgedacht und eingebaut wurde. Vgl. Nowotny, Helga: Eigenzeit. Entstehung und Strukturierung eines Zeitgefühls, Frankfurt a. M. 1989, S. 64–66, zit. nach: Weber, Heike: Zeitschichten (s. Anmerkung 23), S. 113.
40 Weber, Heike: Zeitschichten (s. Anmerkung 23), S. 113.
41 Ebd.
42 Ebd., S. 114.
43 Vgl. ebd., S. 138 ff.
44 Ebd., S. 138.
45 Ebd. Weber nutzt hier, etwas lax, nur den Begriff „Entsorgen", aus dem argumentativen Sinnzusammenhang ergibt sich aber, dass „Entschaffen" gemeint sein müsste.

passiven Verfallenlassen zu zuordnen sind, eine sehr marginale Rolle. Konkret ist vor allem die Musealisierung von Technik angesprochen, die eine spezifische Kulturpraxis des Entsorgens darstellt. Musealisierung entsorgt Technik nicht „entschaffend", wohl aber umfunktionalisierend und neukontextualisierend, entreißt sie ihren ursprünglichen Kontexten. Musealisierte Technik bewegt sich in einem quasi temporalen Zwischenraum, sie ist materiell – zumindest in den erhaltenen Teilen – gegenwärtig, funktional vergangen und symbolisch vor allem zukünftig.[46] Musealisierung ändert den Objektstatus, manipuliert die „technischen Eigenzeiten", muss sich ihnen aber zugleich unterwerfen, hiervon soll im Folgenden die Rede sein.

Von den „technischen Eigenzeiten" (nicht nur der F60)

Materielle Dynamiken des Verschleißes prägen u. a. technische Eigenzeiten, so Heike Weber. Temporär beeinflussen und verzögern diesen Prozess technische Operationen der Reparatur, Pflege und Wartung, die in den letzten Jahren in der technikhistorischen Forschung verstärkt Berücksichtigung fanden.[47] Im 20. Jahrhundert erfuhren sie eine neue Qualität, da sie zunehmend vorausschauenden, normierten Planungen unterlagen. Begrifflich als Instandhaltung geronnen, beeinflussten sie die betriebliche Praxis der Techniknutzung ebenso, wie sie zugleich eine stetige Verwissenschaftlichung durchliefen. Gerade für technische Großgeräte, wie Abraumförderbrücken, sollte sich die Instandhaltung allein schon aus ökonomischen Gründen als wichtiger Reflexionsgegenstand erweisen, da sie mittelbar die hohen Gestehungskosten und die hiermit ableitbaren fiskalen Lebenszyklen positiv beeinflusste. Diese Zusammenhänge stehen im Folgenden zur Diskussion, wobei nicht ausschließlich die Instandhaltung von Abraumförderbrücken, sondern thematisch der (Braunkohlen)Bergbau insgesamt in den Blick genommen wird.

---

46 Es versteht sich von selbst, dass aktive Abraumförderbücken ebenfalls symbolischen Charakter haben, aber eben nicht vorrangig.
47 Vgl. z.B.: Krebs, Stefan/Schabacher, Gabriele/Weber, Heike (Hrsg.): Kulturen des Reparierens. Dinge – Wissen – Praktiken, Bielefeld 2018; oder die Beiträge im Themenheft „Reparieren oder die Lebensdauer der Gebrauchsgüter" der Zeitschrift Technikgeschichte 79, 2012, 3.

Das technische Artefakt – Abraumförderbrücken, Gestehungskosten und fiskalische Lebenszyklen

Die Abraumförderbrücke F60,[48] Nr. 36 nahm am 5. Februar 1991 ihren Probebetrieb im Tagebau Klettwitz-Nord auf. Dieses stählerne Tagebaugroßgerät gehörte damit zur letzten Generation der so genannten Einheitsförderbrücken, die in der DDR seit den 1950er-Jahren projektiert worden waren, und deren erster Typ, eine F34, 1959 ihren Betrieb im Tagebau Lohsa aufnahm (Abb. 1).[49]

Abb. 1: Funktionsschema eines industriellen Großtagebaus mit Förderbrückenbetrieb. Abraumförderbrücken sind Verbundtechnologien, sie arbeiten gemeinsam mit Eimerkettenbaggern und sind schienengebunden

Allgemein lassen sich Abraumförderbrücken als eine regional-spezifische Braunkohlentechnologie bezeichnen, die erstmals 1924 in der Grube „Agnes" bei Plessa eingesetzt wurde. So bilanzierte dann auch eine 1938 veröffentlichte Bestandsaufnahme der im deutschen Braunkohlenbergbau vorhandenen Abraumförder-

---

48 Die in der DDR genutzten Typenbezeichnungen F34, F45 und F60 beziehen sich auf die Abtraghöhe des Abraums des jeweiligen Einheitsförderbrückentyps.
49 Hartsch, Kerstin/Haubold, Wolfgang: Entwicklung des Bodens in der Tagebaufolgelandschaft zwischen Uhyst und Lohsa, in: Berichte der Naturforschenden Gesellschaft der Oberlausitz 9, 2000, S. 63–75, hier: S. 66. Steinhuber gibt für die Inbetriebnahme 1958 an, doch handelt es sich hierbei um das Datum der Montage der Brücke. Vgl. Steinhuber, Uwe: Einhundert Jahre bergbauliche Rekultivierung in der Lausitz: ein historischer Abriss der Rekultivierung, Wiederurbarmachung und Sanierung im Lausitzer Braunkohlenrevier, Diss. phil. Universität Olomouc 2005, S. 241; so auch: Kaschade, Hans: Kohle und Energiewirtschaft in der DDR, 3 Bde., Buskow bei Neuruppin 2015–2018, Bd. 2, S. 190. Vgl. zur Datierung der Inbetriebnahme 1959 auch: Müller, Diethelm/Krause, Heinz/Nakonz, Horst: 60 Jahre Abraumförderbrücken/25 Jahre Typenabraumförderbrücken in der DDR, in: Neue Bergbautechnik 14, 1984, 5, S. 161–166.

Abb. 2: Bereits 1894 hatte die Lübecker Maschinenbau-Gesellschaft ein erstes Patent für Abraumförderbrücken angemeldet. Es dauerte aber noch gut drei Jahrzehnte, bis diese Technik den Ansprüchen des Braunkohlentagebaus entsprach. 1924 erfolgte dann der erste Einsatz in der Grube „Agnes" bei Plessa

bücken, dass 11 der 18 Exemplare im Niederlausitzer Braunkohlenrevier stünden (Abb. 2).[50]

Abraumförderbrücken sind gewissermaßen ressourceninduzierte Innovationen,[51] beruht ihre regionale Dominanz doch vornehmlich auf naturalen Faktoren. Konkret gemeint ist die spezifische Kohlengeologie des so genannten Lau-

---

[50] Bayerl, Günter: Die Niederlausitz. Industrialisierung und De-Industrialisierung einer Kulturlandschaft, in: Ders.: Peripherie als Schicksal und Chance. Studien zur neueren Geschichte der Niederlausitz, Münster u. a. 2011 (= Die Niederlausitz am Anfang des 21. Jahrhunderts. Geschichte und Gegenwart, Bd. 1), S. 255–325, hier: S. 271 (zuerst in: Blätter für Technikgeschichte 65, 2003, S. 89–163).

[51] Zum ursprünglichen Konzept vgl. aus technikhistorischer Sicht: Reith, Reinhold: Vom Umgang mit Rohstoffen in historischer Perspektive. Rohstoffe und ihre Kosten als ökonomische und ökologische Determinanten der Technikentwicklung, in: Johann Beckmann Journal. Mitteilungen der Johann Beckmann-Gesellschaft 7, 1993, 1/2, S. 87–99; Ders.: Vom Umgang mit Rohstoffen in historischer Perspektive. Rohstoffe und ihre Kosten als ökonomische und ökologische Determinanten der Technikentwicklung, in: König, Wolfgang (Hrsg.): Umorientierungen. Wissenschaft, Technik und Gesellschaft im Wandel, Frankfurt a. M. 1994, S. 47–69. Zu seiner Anwendung auf Abraumförderbrücken vgl.: Asrih, Lena/Ingenerf, Nikolai/Meyer, Torsten: Bergbau als techno-naturales System – Ein Beitrag zur modernen Bergbaugeschichte, in: Der Anschnitt 71, H. 1, 2019, S. 2–18, hier: S. 4 f.; S. 9 ff.

sitzer Unterflöz, das erstmals 1908 im Großtagebau „Marga" in Abbau genommen wurde. Das Flöz weist eine Mächtigkeit von 8–14 m auf, das Deckgebirge beträgt durchschnittlich 30 m und es ist auf ca. 3600–4000 km² verteilt. Kennzeichnend für die Kohlen sind ihre verhältnismäßig geringen Asche- und Schwefelgehalte, sie besitzen sehr gute Brikettiereigenschaften.[52] Bei dem Lausitzer Unterflöz handelt es sich um ein paralisches Flöz aus dem Mittleren Miozän.[53] Tritt das Flöz im südlichen Teil des Reviers als geschlossener Flözkörper auf, so durchziehen es im nördlichen Teil Sand- und Schluffsedimente. Gleichwohl das Lausitzer Unterflöz durch geologische Störungen geprägt wird, sind diese vergleichsweise wenig ausgeprägt. Die flächige und horizontale, wenig gestörte Verbreitung des Flözes stellte die zentrale naturale Voraussetzung für den erfolgversprechenden Einsatz von Abraumförderbrücken dar. Fernerhin wirkte sich zweierlei positiv aus: Zum einen ist im Revier ein standfestes Gebirge vorhanden, zum anderen garantierte die großflächige Ausdehnung des Flözes eine „ausreichende Lebensdauer des Feldes".[54] Diese naturalen Gegebenheiten wiederum leisteten einer dem erfolgreichen Betrieb von Abraumförderbrücken angepassten Geometrie des Tagebaues Vorschub, der möglichst eine „geradlinige und langgestreckte Form" aufwies, und es sollte die Möglichkeit bestehen, den „gewonnenen Abraum gleich wieder in die eben ausgekohlte Grube" zu verkippen (Abb. 3).[55]

Bis in die 1950er-Jahre hinein blieben Abraumförderbrücken Unikate,[56] die den jeweiligen geologischen Bedingungen der Tagebaue angepasst waren. Wie bereits oben erwähnt, setzte dann in diesem Jahrzehnt die Entwicklung so genannten Einheitsförderbrücken ein,[57] für die eine einheitliche Grundkonstruktion charakteristisch war. Die bergbauliche Großtechnik wurde quasi seriell

---

52 Pätz, Herbert u. a.: Kohle – ein Kapitel aus dem Tagebuch der Erde, Leipzig 1986, S. 119.
53 Bramer, Horst u. a.: Physische Geographie. Mecklenburg-Vorpommern, Brandenburg, Sachsen-Anhalt, Thüringen, Gotha 1991, S. 177. „Paralisches" leitet sich aus dem Griechischem ab: para = bei; hals = Meer. Pätz, Herbert u. a.: Kohle (s. Anmerkung 52), S. 41.
54 Elbert, Werner: Tagebautechnik im Braunkohlenbergbau, Leipzig 1955, S. 104.
55 Krauth, Theodor: VI. Die Förderbrücken, in: Garbotz, Georg (Hrsg.): Handbuch des Maschinenwesens beim Baubetrieb, Dritter Band. Erster Teil, Berlin 1937, S. 551–632, hier: S. 552.
56 Dies schließt nicht aus, dass vorhandene Abraumförderbrücken durchaus konstruktive Vorbildfunktion haben konnten. Die 1931 von der „Eintracht. Braunkohlenwerke und Brikettfabriken GmbH" errichtete Abraumförderbrücke in der Grube „Louise" orientierte sich in dieser Hinsicht beispielsweise an der Plessaer Brücke, fiel nur kleiner als diese aus. Vgl.: Brandenburgisches Landeshauptarchiv (BLHA) Potsdam Rep. 14C Bergrevier Senftenberg, Nr. 583, bes. fol. 10.
57 Vgl. hierzu: Fleischer, R.: Die Anpassung der Förderbrückenbetriebe an die Vorschriften der Wiedernutzbarmachungsverordnung, in: Bergbautechnik 4, 1954, 4, S. 184–192; Ders.: Die Entwicklung einer Einheitsförderbrücke für Niederlausitzer Tagebaue unter maßgebenden bergmännischen Gesichtspunkten, in: Bergbautechnik 4, 1954, 6, S. 321–334.

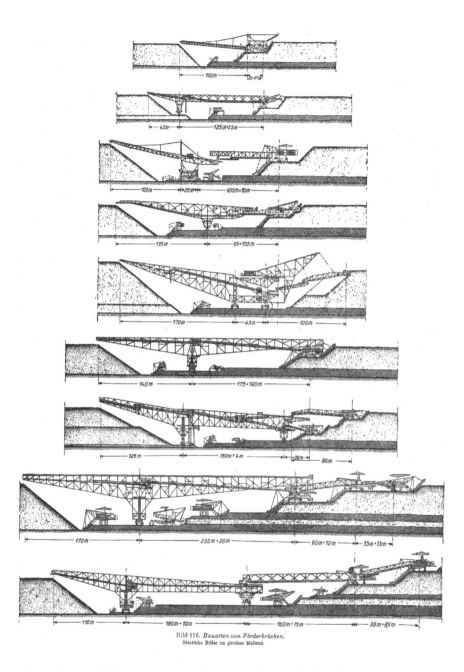

Bild 116. *Bauarten von Förderbrücken.*
Sämtliche Bilder im gleichen Maßstab

Abb. 3: Die Typenvielfalt der um 1950 durch das Lauchhammer Werk produzierbaren Abraumförderbrücken ist sinnfälliger Hinweis des Einflusses spezifischer geologischer Bedingungen der Braunkohlenförderung auf die Technik

produzierbar – quasi insofern, als Anpassungen für die Standsicherheit erforderlich waren. Mochte diese vereinheitlichte Konstruktionsweise auch zu Kosteneinsparungen führen, blieben die Investitionssummen weiterhin hoch. So darf es wenig wundern, dass der Instandhaltung und Reparatur besonderes Augenmerk geschenkt wurde.[58]

Für den dritten Band des von Georg Garbotz[59] in den 1930er-Jahren herausgegebenen Standardwerkes „Handbuch des Maschinenwesens beim Baubetrieb" verfasste Theodor Krauth, seinerzeitiger Direktor des Badischen Staatstechnikums in Karlsruhe, den Abschnitt über die „Förderbrücken", der auf Abraumförderbrücken im Braunkohlentagebergbau fokussierte. Neben einem kurzen historischen Abriss beschäftigte er sich ausführlich mit technisch-konstruktiven Parametern. Er beendete seine Ausführungen mit knappen Bemerkungen zu „Kosten und Wirtschaftlichkeit", die eine erste Annäherung an die Investitionssummen für Abraumförderbrücken und ihre Verbundtechnologie wie auch an die prognostizierten Lebenszeiten ermöglichen.[60] Zwar musste Krauth einräumen, das kaum verlässliches Zahlenmaterial über die Kosten vorlag, zudem eine „Norm aufzustellen" nicht möglich sei, da sie „Einzelkonstruktionen [seien], die jeweils den ganz besonderen örtlichen Verhältnissen angepasst werden müssen."[61] Doch konnte er exemplarisch zwei Brücken anführen und schlug vor, den Preis, die Anschaffungs- und Montagekosten, als Funktion des spezifischen Konstruktionsgewichts zu begreifen. Für die namentlich angeführte Abraumförderbrücke der Braunkohlenindustrie AG „Zukunft" berechnete er einen Preis von Reichsmark (RM) 1,33/kg Stahl, von dem RM 0,22/kg Stahl auf die Montagekosten entfielen. Inkludiert war auch die elektrische Ausrüstung, nicht hingegen die verbundenen Bagger und benötigten Gleisanlagen. Berücksichtigen konnte Krauth diese beiden essentiellen Kostenkategorien der Verbundtechnologie in seinem zweiten, namentlich nicht genannten Beispiel. Hier belief sich der Preis auf RM 1,66/kg Stahl, ohne die benötigten Gleise und die Gleisrückanlage betrug er RM 1,50/kg Stahl. Mithin ergab sich für das erste Beispiel ein Anschaffungspreis in Höhe von RM 425 000,–, für das zweite, inklusive der Gleistechnologie,

---

58 Zwar bildet die Instandsetzung, die Reparatur, einen Teilbereich der Instandhaltung, wird hier aber (scheinbar) als eigenständige Operation angeführt, da nicht zuletzt den Reparaturwerkstätten besondere Bedeutung zugewiesen wurde. Vgl. knapp zu den operativen Inhalten der Instandhaltung unter: www.wirtschaftslexikon24.com/d/instandhaltung/instandhaltung.htm (Stand: 20.02.2020).
59 Zu Garbotz siehe die Kurzbiographie im Catalogus Professorum der TU Berlin: https://cp.tu-berlin.de/person/1802 (Stand: 11.02.2020).
60 Krauth, Theodor: Die Förderbrücken (s. Anmerkung 55).
61 Ebd., S. 584.

einer von RM 2 156 000,–.⁶² Was weder die Preise beinhalteten, geschweige denn die Darlegungen Theodor Krauths insgesamt spiegeln, sind zum einen die erheblichen Kosten, die für das Einfahren der Abraumförderbrücken in den Tagebau entstehen, und somit indirekt die Gestehungskosten massiv beeinflussten, zum anderen die zahlreichen Probleme, die bei der Inbetriebnahme von Abraumförderbrücken (in den 1930er-Jahren) auftreten konnten. Von letzteren waren beispielsweise die Beutersitzer Kohlenwerke GmbH betroffen. Sie hatten 1934 bei der Mitteldeutschen Stahlwerke AG, Lauchhammer, eine Abraumförderbrücke bestellt, deren Montage und Inbetriebnahme begleitet wurden von Komplikationen mit der Brückenelektrik, des Schutzanstriches oder auch der eingesetzten Schmierfette, die vom Lieferanten normativ i. S. der Gewährleistung vorgegeben worden waren, sich aber als unzureichend in der Praxis erwiesen.⁶³

Beispiele aus der Zeit nach dem Zweiten Weltkrieg erlauben zudem, eine weitere, additive Kostenstruktur für dieses technische Großgerät aufzuzeigen. So nahm am 10. Dezember 1949 im Tagebau „Glückauf" (ehemals „Werming-

---

62 Vgl. ebd., S. 584 f. Auf 2019 umgerechnet ergeben sich Preise in Höhe von Euro 1 827 500 und Euro 9 270 800,–. Vgl.: www.bundesbank.de/resource/blob/615162/ 6ecf04e880e121e-47209090ab82b1e1e/mL/kaufkraftaequivalente-historischer-betraege-in-deutschen-waehrungen-data.pdf?_blob=publicationFile (Stand: 12.02.2020). Für die 1932 von der Mitteldeutschen Stahlwerke AG in ihrem eigenen Tagebau Koyne errichtete Abraumförderbrücke wurden die „Anlagekosten" inklusive der elektrischen Ausstattung auf RM 1 750 000,– beziffert, das Betriebsgewicht mit 1700 t angegeben, was RM 1,03/kg entspräche. Wiederum umgerechnet auf 2019 ergeben sich somit Anlagekosten in Höhe von Euro 7 525 000,–. Für den neu gebauten Schwenkbagger des Verbundes gaben die Stahlwerke ein Gewicht von 380 t und Anlagekosten von RM 200 000,– an, also in Preisen von 2019 Euro 860 000,–. Vgl. BLHA Potsdam, Rep. 14C Bergarchiv Senftenberg, Nr. 1089, unfol. In den 1940er-Jahren sanken die Preise pro kg Stahl der Konstruktion anscheinend, so betrug er für die Abraumförderbrücke des Tagebaus Espenhain RM 1,22,–, aufgrund ihrer spezifischen Konstruktion, die sich durch eine Zubringerbrücke auszeichnet, belief sich das Gewicht auf 8400 t, mithin mussten RM 10 285 000,– gezahlt werden, was wiederum umgerechnet auf 2019 einen Preis von Euro 44 225 500,– ergibt. Vgl. hierzu: Sächsisches Staatsarchiv, Hauptstaatsarchiv Dresden, 11616 Fa. Mitteldeutsche Stahlwerke GmbH Riesa, Nr. 22.96, unfol.

63 Vgl. BLHA Potsdam Rep. 75 Beutersitzer Kohlenwerke GmbH (BKW), Nr. 37, unfol. Wie engmaschig der Aufbau von Abraumförderbrücken institutionell geregelt war, zeigt das Beispiel der im Tagebau Koyne errichteten Brücke. Vgl.: BLHA Potsdam Rep. 14C Bergarchiv Senftenberg, Nr. 1089. Nicht nur musste über die einzelnen Montageschritte informiert werden, auch die ständige Absicherung durch statische Berechnungen war verpflichtend, was in diesem Fall vornehmlich auf die erstmalige Konstruktion eines Teleskop-Auszuges, der die Brückenlänge zwischen 65 und 105 m ändern konnte, rückführbar scheint. Ausgeführt wurden die Berechnungen durch Ludwig Mann, einem der führenden Baustatiker der 1930er-Jahre. Vgl. Fuhlrott, Rolf: Mann, Ludwig, in: Historische Kommission bei der Bayerischen Akademie der Wissenschaften (Hrsg.): Neue Deutsche Biographie, Bd. 16, Berlin 1990, S. 56–57.

hoff") feierlich eine Abraumförderbrücke ihren Dienst auf.[64] Allerdings kam kein Neubau zum Einsatz, sondern die Brücke, die im Tagebau „Alfred Scholz" (ehemals „Clara") seit 1930 eingesetzt worden war. Sollte sie ursprünglich teildemontiert werden, so musste nach ihrem Einsturz beim von Anfang an als kritisch bewerteten Herausfahren aus dem Tagebau „Alfred Scholz" am 30. März 1949 eine komplette Demontage erfolgen. In Folge dessen beliefen sich die Kosten für die Translozierung und den Umbau auf 4 300 000 Deutsche Mark.[65] Sie lagen somit bei knapp 70 % über den Kosten, die für die Umsetzung und den Umbau der Abraumförderbrücke des Tagebaus Tröbitz in den Tagebau „Johnny Scheer" zwei Jahre später, 1951, projektiert werden sollten.[66] Aus den 1970er-Jahren liegen weitere Zahlen dieser additiven Kostenstruktur vor.[67] So fielen für den Landtransport von Abraumförderbrücken des Typs F34 pro Kilometer 672 800 Mark an, d. h. bei einer durchschnittlichen Entfernung von 15 km betrug diese Kostenart 10 092 000 Mark – hinzu kamen nicht näher bezifferte Kosten für Teilmontagen und erforderlichen Hilfskonstruktionen. Für das Umsetzen von Abraumförderbrücken über Strecken jenseits von 20 km empfahl sich daher auch ihre De- und Remontage.[68]

---

64 Vgl. zum Folgenden: BLHA Potsdam Rep. 270 Braunkohlenverwaltung (BKV) Welzow, Nr. 904, Nr. 1075, Nr. 1081, unfol. Die Dienstaufnahme erfolgte gut drei Wochen vor dem geplanten Termin, der von Gustav Sobottka, Leiter der HV Kohle bei der Deutschen Wirtschaftskommission, noch im April 1949 auf den 01.01.1950 festgelegt worden war. Trotz erheblicher Probleme der Material- und Arbeitskräftebeschaffung darf plausibel vermutet werden, dass das von Sobottka für den Fall der Termineinhaltung ausgelobte Prämiensystem hier entscheidend auf die Planeinhaltung einwirkte. Vgl. BLHA Potsdam Rep. 270 BKV Welzow, Nr. 1081, unfol., Aktennotiz vom 25.04.1949, Sitzung bei der DWK Berlin.
65 BLHA Potsdam Rep. 270 BKV Welzow, Nr. 1081, unfol., Aktennotiz vom 18.5.1949, Sitzung in Karlshorst mit SMAD und DWK. Gleichwohl seitens der BKV Welzow auch von Sabotage im Zusammenhang mit dem Brückeneinsturz die Rede war, kam der Baustatiker Ludwig Mann in seinem Gutachten vom 09.04.1949 zu dem Ergebnis, dass es sich um Materialversagen handelte, zudem auch die Konstruktionszeichnungen nicht der realen Abraumförderbrücke entsprachen. Vgl. BLHA Potsdam Rep. 270 BKV Welzow, Nr. 904, unfol., Gutachten zum Einsturz der Abraumförderbrücke in der Grube „Clara" bei Welzow N.-L. vom 09.04.1949.
66 Vgl. BLHA Potsdam Rep. 270 BKV Welzow, Nr. 527, unfol., Niederschrift vom 01.03.1950, Besprechung des Vorprojektes.
67 Das Folgende, sofern nicht anders angegeben, nach: Bringmann, Klaus/Lidola, Heinz/May, Werner: Der Wiedereinsatz von Tagebaugroßgeräten – ein Beitrag zur Intensivierung des Industriezweiges Braunkohlen, in: Neue Bergbautechnik 9, 1979, 1, S. 3–6.
68 Hierfür legten Bringmann, Lidola und May keine Zahlen vor. Vgl. ebd., bes. S. 5 f. Was seitens der Autoren allerdings nicht berücksichtigt wurde, war der temporale Unterschied, so konnte sich der Transport als zeitsparender gegenüber der De- und Remontage erweisen, was wiederum „volkswirtschaftlichen Nutzen" versprach. Vgl. hierzu: Buder, Helmut: Maßnahmen zur Umset-

Das Beispiel der im Tagebau Klettwitz-Nord eingesetzten Abraumförderbrücke F60, Nr. 36 kann darüber hinaus herangezogen werden, um die Struktur der Gestehungskosten dieses Tagebaugroßgerätes zu differenzieren. Am 6. Juli 1989 übersandte der VEB Senftenberg dem Büro für Territorialplanung des Bezirkes Cottbus die „Dokumentation zur Grundsatzentscheidung für das Investitionsvorhaben Aufschluß Tagebau Klettwitz-Nord".[69] Für das genannte Vorhaben bezifferte der VEB Senftenberg die in den folgenden Jahren benötigte Investitionssumme auf 250 800 000 Mark,[70] erhöhte diesen Betrag im November des Jahres dann auf 253 900 000 Mark.[71] Von der ursprünglich genannten Gesamtsumme entfielen auf den Abraumförderbrückenverband, d. h. auf die Abraumförderbrücke und die beiden gekoppelten Eimerkettenbagger Es 3150, 26 965 000 Mark. Waren für die Erstausstattung des Verbandes, d. h. vornehmlich „Ausrüstungen von Mechanik, E-Technik, die Prozeßautomatisierung, Schmiertechnik, [...] Hebetechnik und Anschlagmittel, Wirtschaftswerkzeuge und Inventar zur Raumausstattung", 5 401 000 Mark eingeplant, so weitere 4 900 000 Mark für die Errichtung der Kippenstütze. Der Faktor, der die Kostenstruktur allerdings stark prägte, waren die 16 344 000 Mark, die für das Einfahren des Verbandes kalkuliert worden waren, die Eigenleistungen des VEB Senftenberg in Höhe von 320 000 Mark fielen demgegenüber nicht ins Gewicht.[72]

---

zung und Rekonstruktion der Abraumförderbrücke Nr. 21 – F 34, in: Neue Bergbautechnik 12, 1982, 9, S. 539–541.
69 BLHA Potsdam Rep. 803 Büro für Territorialplanung Cottbus (BfT Cbt), Nr. 323, unfol. Schreiben des VEB Braunkohlenkombinat Senftenberg an Rat des Bezirkes Cottbus, Büro für Territorialplanung vom 06.07.1989. Die nachstehenden Seitenangaben beziehen sich auf die dem Schreiben beiliegende „Dokumentation zur Grundsatzentscheidung für das Investitionsvorhaben Aufschluß Tagebau Klettwitz-Nord".
70 Ebd., S. 43. 1987 hatte die Staatsbank der DDR die Gesamtinvestitionssumme im Zeitraum Januar 1988 bis Juni 1990 zur Aufnahme des Regelbetriebs im Tagebau Klettwitz-Nord auf 734 700 000 Mark beziffert, von denen 578 200 000 Mark für Ausrüstungen vorgesehen waren. BLHA Potsdam Rep. 888 Staatsbank Bezirksdirektion Cottbus, Nr. 1292, unfol., Staatsbank der DDR. Ifb Kohle und Energie. Stellungnahme zur Dokumentation zur Grundsatzentscheidung für das Investitionsvorhaben Tagebau Klettwitz-Nord, Teilvorhaben 4, Vorbereitung zur Aufnahme des Regelbetriebes 1988 vom 20.08.1987.
71 BLHA Potsdam Rep. 803 BfT Cbt, Nr. 323, unfol., Schreiben des VEB Braunkohlenkombinat Senftenberg an Rat des Bezirkes Cottbus, Büro für Territorialplanung vom 17.11.1989.
72 BLHA Potsdam Rep. 803 BfT Cbt, Nr. 323 (s. Anmerkung 69), S. 52, hier: S. 83. Matthias Baxmann beziffert die Gesamtkosten des Verbandes auf DM 500 000 000,–, nennt allerdings keine Quellen für diesen Betrag. Baxmann, Matthias: Besucherbergwerk „Abraumförderbrücke F60" – Brücke aus der Vergangenheit in die Zukunft, in: Kulturamt des Landkreises Elbe-Elster (Hrsg.): Kohle, Wind und Wasser. Ein energiehistorischer Streifzug durch das Elbe-Elster-Land, Herzberg/Elster 2001, S. 73–88, hier: S. 74.

Vermittelt durch fiskalische Abschreibungssätze verbanden sich diese hohen Investitionen mit spezifischen Lebenserwartungen der Technik. So setzte Krauth in den 1930er-Jahren für die Eisenkonstruktion 25 Jahre an, für ihre maschinellen Bestandteile 10 Jahre und für die benötigte Gleisanlagen 6,6 Jahre.[73] Mochten die Gestehungskosten von Abraumförderbrücken auch hoch sein, so standen ihnen von Beginn an erhebliche ökonomische Vorteile entgegen. Carsten Drebenstedt konstatierte in dieser Perspektive: „Der wesentliche Vorteil von Abraumförderbrückenverbänden ist, dass sie auf Grund der hohen Betriebskonzentration und geringen Förderentfernungen zu den kostengünstigsten Abbausystemen weltweit gehören."[74] Da im Vergleich mit dem Zugbetrieb auch die Personalkosten[75] und der Energieverbrauch sanken, zeichnete sich die Technologie noch in den 1980er-Jahren durch ihre spezifischen Selbstkosten gegenüber der aufkommenden Bandförderung als überlegen aus.[76]

Die Abraumförderbrücken manifestieren am ausdrucksstärksten nicht nur die fortschreitende Mechanisierung im Braunkohlentagebau,[77] sondern auch den Einzug so genannten Tagebaugroßgeräts in die bergbauliche Praxis. Hiermit einher gingen seit den 1930er-Jahren Bestrebungen, Instandhaltung und Reparatur der modernen, industriellen Tagebautechnik unter den Prämissen fordistischer Produktionslogik zu systematisieren.[78] Nach 1945 gewannen solche

---

73 Krauth, Theodor: Förderbrücken (s. Anmerkung 54), S. 583.
74 Drebenstedt, Carsten: Kontinuierliche Abbausysteme im Tagebau, in: Stoll, Rolf Dieter u. a. (Hrsg.): Der Braunkohlentagebau. Bedeutung, Planung, Betrieb, Technik, Umwelt, Heidelberg 2009, S. 203–251, hier: S. 231 f.
75 Vgl. Baumert, Martin: Nationalsozialistische Autarkiepolitik in der Braunkohlenwirtschaft. Tagebau und Braunkohlenwerk Espenhain 1936 bis 1945, Magisterarbeit Universität Leipzig 2011, S. 20. Kostengünstiger konnte dann der den modernen Tagebau des ausgehenden 20. Jahrhunderts prägende Bandbetrieb werden, gleichwohl die Abraumförderbrückentechnologie im Lausitzer Revier aufgrund der spezifischen Kohlengeologie auch in den 1980er-Jahren kostengünstiger blieb. Vgl. ebd. Zur besonderen Situation der des Lausitzer Reviers vgl. Schindler, Wolfgang/Uhlig, Günter: Der Einsatz von Abraumförderbrücken im Lausitzer Braunkohlenrevier, in: Braunkohle. Tagebautechnik, Energieversorgung, Kohlenveredelung 3, 1992, S. 8–15, bes. S. 14 f.
76 Müller, Diethelm/Krause, Heinz/Nakonz, Horst: 60 Jahre Abraumförderbrücken (s. Anmerkung 49), S. 161.
77 Vgl. hierzu: Bayerl, Günter: Die Niederlausitz (s. Anmerkung 50), S. 269 ff.; Baxmann, Matthias: Vom „Pfützenland" zum Energiebezirk. Die Geschichte der Industrialisierung in der Lausitz, Dresden 2003 (= Zeit*maschine* Lausitz), S. 72 ff.
78 Vgl. Voigt: Der Abraumbetrieb der Grube Clara in Welzow (N.-L.), in: Garbotz, Georg (Hrsg.): Handbuch des Maschinenwesens beim Baubetrieb, Dritter Band. Erster Teil, Berlin 1937, S. 633–647, hier: S. 644 f. Was hier keinen Ort hat, sind die stattfindenden Umbaumaßnahmen vorhandener Abraumförderbrücken. Vgl. hierzu z. B. die Betriebsplannachträge der Grube Koyne aus dem Jahr 1942: BLHA Potsdam Rep. 14C Bergrevier Senftenberg, Nr. 193; BLHA Potsdam Rep. 14C

Aspekte in der DDR einen hohen Stellenwert – die technischen Routinen im Braunkohlenbergbau unterlagen dabei zunehmend einem auf verschiedenen Ebenen ablaufenden Verwissenschaftlichungsprozess,[79] der seit den 1970er-Jahren neue Dynamiken gewann. Deren Hintergrund bildeten die Renaissance der Braunkohle als Folge der „Erdölschocks" von 1973 und 1979/81, die von Erich Honecker propagierte „Einheit von Wirtschafts- und Sozialpolitik", die auch im Braunkohlenbergbau, trotz seiner strategischen ökonomischen Relevanz, sinkende Investitionsquoten und den „Verschleiß der Produktionsanlagen"[80] nach sich zog und nicht zuletzt auch der Umstand, dass in den 1960er-Jahren die in der Instandhaltung im Braunkohlenbergbau Beschäftigten zugleich auch in der Konsumgüterindustrie tätig waren, mithin eine trennscharfe monetäre Bewertung zwischen den beiden unterschiedlichen Tätigkeitsbereichen nicht möglich war.[81]

Instandhaltung im (Braunkohlen-)Bergbau reflektieren – Spuren der Verwissenschaftlichung

Instandhaltungsroutinen im (Braunkohlen-)Bergbau, insbesondere auch jene an Tagebaugroßgeräten, konnten elaborierte, quasi-philosophische Reflexionen hervorrufen. So versah beispielsweise der Vorsitzende des Zentralen Fachunterausschusses Begriffsbestimmungen, Gerhard Schlegel vom Institut für Braunkohlenbergbau in Großräschen, seinen 1978 in der Zeitschrift „Neue Bergbautechnik" erschienenen Kurzbeitrag mit der Überschrift „Zur Begriffsarbeit in der Instandhaltung".[82] Arbeit am Begriff Instandhaltung bedurfte eines theore-

---

Bergrevier Senftenberg, Nr. 1089; oder der Grube Louise aus dem Jahr 1939: BLHA Potsdam Rep. 14C Bergrevier Senftenberg, Nr. 583, bes. fol. 86–94; zu den statischen Berechnungen dieses Umbaus vgl.: BLHA Potsdam Rep. 14C Bergrevier Senftenberg, Nr. 583/3.
79 Hierauf wies allgemein auch hin: Elbert, Werner: Tagebautechnik (s. Anmerkung 54), Vorwort, o. S.
80 Steiner, André: Bergbau in der DDR – Strukturen und Prozesse, in: Ziegler, Dieter (Hrsg.): Rohstoffgewinnung im Strukturwandel. Der deutsche Bergbau im 20. Jahrhundert, Münster 2013 (= Geschichte des deutschen Bergbaus, Bd. 4), S. 303–353, hier: S. 318 f., Zitat: S. 319. Vgl.: Ders.: Von Plan zu Plan. Eine Wirtschaftsgeschichte der DDR, München 2004, S. 165–196.
81 Vgl. Baumert, Martin: Autarkiepolitik in der Braunkohlenindustrie. Ein diachroner Systemvergleich anhand des Braunkohleindustriekomplexes Böhlen-Espenhain, 1933 bis 1965, Berlin/Boston 2021 (= Veröffentlichungen aus dem Deutschen Bergbau-Museum Bochum, Bd. 240; = Schriften des Montanhistorischen Dokumentationszentrums, Nr. 40).
82 Schlegel, Gerhard: Zur Begriffsarbeit in der Instandhaltung, in: Neue Bergbautechnik 8, 1978, 5, S. 281–282. Das Institut für Braunkohlenbergbau Großräschen existierte nur von 1977–1981/82. Es war Nachfolger des VEB Rationalisierung Braunkohle Großräschen (1969–1976) und seine

tischen Überbaus, der vorrangig auf Überlegungen des russischen Sprachphilosophen und Wissenschaftstheoretikers Dimitri P. Gorski schwebte.[83] Allerdings gedachte Schlegel nicht, das Feld des Definitionslehre weiträumig zu betreten.[84] Vielmehr diente ihm diese exaltierte Rückbindung lediglich dazu, den Fachunterausschuss Begriffsbestimmungen abzusichern und in seiner Bedeutung zu (üb)erhöhen. Die seinerzeitigen Bemühungen auf ministerieller Ebene Prozesse der Instandhaltung im Braunkohlenbergbau zu optimieren, kreisten um das Thema Organisation, die „letztlich ein Strukturierungsproblem" darstelle, das nur auf der Basis etablierter bzw. zu etablierender Begriffe lösbar sei. „In dieser Weise", so Schlegel abschließend, „ist schließlich die Begriffsarbeit ein direkter Beitrag zur Erhöhung der Effektivität der Instandhaltungsprozesse."[85] In dieser Hinsicht zumindest partiell und/oder zukünftig praxisrelevanter scheinen zwei Artikel, die ebenfalls 1978 in der genannten Zeitschrift publiziert wurden.

Der Diplomwirtschaftler Horst Kittler, seinerzeit beschäftigt im Organisations- und Rechenzentrum des VEB Braunkohlenkombinat Bitterfeld, thematisierte die Relevanz von Simulationsmodellen für die Strategieentwicklung der so genannten „planmäßig vorbeugenden Instandhaltung (PVI)".[86] Ausgangspunkt

---

Außenstellen in Halle und Leipzig wurden 1981 in das VE BKK Bitterfeld integriert, der Stammsitz verlor 1982 seinen Status als juristisch selbstständiger Kombinatsbetrieb, ging als Fachbereich Forschung und Entwicklung in den VE BKK Senftenberg über. Es widmete sich v. a. der Forschung, der Projektierung und der Rationalisierung. Sperling, Dieter/Schossig, Wolfgang: Wirtschaftsorganisation der Braunkohlenindustrie in der SBZ/DDR von 1945 bis 1990, Cottbus 2015 (= Beiträge zur Geschichte des Braunkohlenbergbaus der SBZ/DDR, Bd. 1), S. 180–182.
83 Gorski, Dimitri P.: Über die Arten der Definition und ihre Bedeutung in der Wissenschaft, in: Tavanec, Petr V. (Hrsg.): Studien zur Logik der wissenschaftlichen Erkenntnis, Berlin 1967, S. 361–433.
84 Vgl. Schlegel, Gerhard: Begriffsarbeit (s. Anmerkung 82). Klassisch für Definitionslehre: Dubislav, Walter: Die Definition, Hamburg 4. Aufl. 1981 [1926].
85 Beide Zitate: Schlegel, Gerhard: Begriffsarbeit (s. Anmerkung 82), S. 282.
86 Kittler, Horst: Zur Ermittlung optimaler Strategien der planmäßig vorbeugenden Instandhaltung (PVI) mit Hilfe mathematischer Modelle, in: Neue Bergbautechnik 8, 1978, 1, S. 48–50. Vorbeugende Instandhaltung unterteilt sich in Pflege und Erhalt, sie zielt mithin auf Maßnahmen, die denkbare Schadensfälle im Voraus ausschließen sollen. Vgl. z.B.: Barthel, Erhard: Werkstätten. Planmässig vorbeugende Instandhaltung – Technischer Dienst – Instandsetzung, Manuskriptdruck, Dresden [1970] (= Handbuch Baustelleneinrichtung, H. 7), S. 8. Sie sollte eine möglichst effiziente Nutzung der so genannten Grundmittel, dem Anlagevermögen, gewährleisten. Vgl. weiterführend: Matterne, Kurt/Tannhäuser, Siegfried: Die Grundmittelwirtschaft in der sozialistischen Industrie der DDR, Berlin 1982. Allerdings konnte auch diese Maßnahme nicht die gravierenden Probleme der Ersatzteilbeschaffung kompensieren. Vgl.: Zimmermann, Wolfgang: Die industrielle Arbeitswelt der DDR unter dem Primat der sozialistischen Ideologie, Teilband 1, Münster 2002 (= Studien zur DDR-Gesellschaft, Bd. 8), S. 165.

bildet für Kittler die Diagnose „eine[r] Vielzahl von technischen und besonders ökonomischen Problemen", die bei der Instandhaltung in der DDR-Wirtschaft auftreten. So seien im Vergleich mit anderen RGW-Staaten, konkret nennt der Autor die UdSSR und die ČSSR, überdurchschnittlich viele Arbeitskräfte mit Instandhaltungsaufgaben betraut. „Aus der Literatur und aus praktischen Studien ist [...] ersichtlich, daß einmal die angewendeten Arbeitsformen verbesserungswürdig sind und zum anderen die vorhandenen Organisations- und Planungsmethoden oft keine wissenschaftlich fundierte Aussage bezüglich der Effektivität des Instandhaltungsprozesses zulassen, so daß schließlich die anfallenden schlecht organisierten Schadensreparaturen zwangsläufig zu einer Erhöhung der Beschäftigten im Instandhaltungsprozeß führen können und gleichzeitig eine Kostenerhöhung erwartet werden muß."[87] Es wundert daher nicht, dass Kittler für eine programmatische Nachjustierung der Instandhaltung unter den Prämissen der PVI plädiert, die er als geeignetes Konzept für die Umsetzung der Beschlüsse des IX. Parteitages von 1973 ansieht. Für Kittler beruht der praktische Erfolg derartiger Instandsetzungsmaßnahmen auf der Anwendung mathematischer Methoden, die am ehesten geeignet sind, „Verringerung[en] der Stillstandzeiten der instandzuhaltenden Maschinen und Anlagen" zu gewährleisten und so, durch die Bestimmung des „optimalen Zeitpunkt[s] für das Auswechseln von Verschleißteilen und Baugruppen", die planmäßig vorbeugende Instandhaltung als „überlegene Methode" hervorzuheben.[88] Prädestiniert erschienen Kittler vor allem Simulationsmodelle, seien diese doch im Vergleich mit analytischen Modellen leichter zu erstellen, wobei sie erlaubten, „Sonderfälle" ebenso zu behandeln wie modellrelevante Einflussfaktoren zu ergänzen bzw. zu reduzieren.[89] Da ein solches Simulationsmodell allerdings noch nicht existiert, erläutert Kittler in seinem Beitrag dessen Grundzüge und verweist damit auf die Aufgabe, „einen praktikablen Algorithmus auf einer EDVA (z.B. ESER-Serie) zu realisieren und die entsprechenden Ergebnisse mit den vorhandenen Ergebnissen der Praxis zu vergleichen".[90]

Für den verstärkten Einsatz mathematischer Methoden argumentierten auch Winfried Gossmann und Karlheinz Neumann, beide im VEB Kombinat KALI beschäftigt. Ihr „Beitrag zur Ermittlung der wirtschaftlichen Nutzungsdauer von

---

87 Beide Zitate: Kittler, Horst: Optimale Strategie (s. Anmerkung 86), S. 48.
88 Alle Zitate: Ebd.
89 Beide Zitate: Ebd., S. 49.
90 Ebd., S. 51. EDVA steht für Elektronische Datenverarbeitungsanlage, besser heute bekannt als EDV. ESER steht für: Einheitliches System Elektronischer Rechentechnik; vgl. unter: https://eser-ddr.de/index.htm (Stand: 09.03.2020).

Bergbaugroßgerät" diskutiert kritisch die gesetzlich vorgegebene Nutzungszeit der Technik, die aus ökonomischer Perspektive von falschen Prämissen ausginge.[91] Während diese Überlegungen allgemein für den Kalibergbau exemplifiziert wurden, so stellten Hartmut Busch, als Ökonom tätig beim VEB Schachtbau Nordhausen, und Günter Müller, Dozent in der Sektion Sozialistische Betriebswirtschaft der Bergakademie Freiberg, am konkreten Beispiel des von der SDAG Wismut Betrieb für Bergbauausrüstungen Aue produzierten Bunkerladers LB 125/1000 die Frage: „Auf welcher Grundlage und wie Instandhaltungsprozesse bewerten?"[92] Ausgangspunkt dieses Beitrages bildet die so genannte Wissenschaftliche Arbeitsorganisation (WAO), die in der DDR 1971 eingeführt worden war. Sie war ausgerichtet auf die Optimierung der sozialistischen Rationalisierung, die sozial- und wirtschaftspolitische Zielvorgaben auf Betriebsebene miteinander verband,[93] und verfolgte dementsprechend vier Aspekte – „die maximale Steigerung der Arbeitsproduktivität [...]; die Senkung des Aufwandes durch Materialeinsparung; die Verbesserung der betrieblichen Lebensbedingungen; die umfassende Entwicklung sozialistischer Persönlichkeiten und Arbeitskollektive."[94] Doch bereits die Artikelüberschrift des Autorenduos zeigte an, dass ihr Interesse sich nicht auf die sozialpolitischen, sondern ausschließlich auf die ökonomischen Zielsetzungen der WAO richtete. In den Blick gerieten hier die so genannten Hilfsprozesse und insbesondere die Instandhaltungsprozesse, da sie noch nicht hinreichend durch Prinzipien der WAO geprägt wären, so die kritische Bestandsaufnahme von Busch und Müller.[95] Ursächlich hierfür seien vielfältige Faktoren, wie beispielsweise das Fehlen einer normativen Basis für die Arbeiten in derartigen Prozessen oder Zuordnungsprobleme der entstehenden Kosten, die es verunmöglichten, valide Schlussfolgerungen aus durchgeführten Instandhaltungen zu ziehen und „Maßnahmen zur Erhöhung ihrer Effektivität"

---

91 Gossmann, Winfried/Neumann, Karlheinz: Beitrag zur Ermittlung der wirtschaftlichen Nutzungsdauer von Bergbaugroßgeräten, in: Neue Bergbautechnik 8, 1978, 4, S. 216–220.
92 Busch, Hartmut/Müller, Günter: Auf welcher Grundlage und wie Instandhaltungsprozesse bewerten?, in: Neue Bergbautechnik 8, 1978, 8, S. 461–465. Vgl. zur Bestimmung des Bunkerbaggers LB 125/100 unter: https://de.wikipedia.org/wiki/Betrieb_f%C3%BCr_Bergbauausr%C3%BCstungen_Aue (Stand: 09.03.2020).
93 Vgl. beispielhaft: Wießner, Klaus: Aspekte sozialistischer Rationalisierung im Werkzeugmaschinenbau der DDR nach der Bildung sozialistischer Industriekombinate: VEB Werkzeugmaschinenkombinat „Fritz Heckert" Karl-Marx-Stadt 1970 bis 1978, in: Jahrbuch für Wirtschaftsgeschichte 24, 1983, 3, S. 29–50.
94 Zimmermann, Wolfgang: Industrielle Arbeitswelt (s. Anmerkung 86), S. 107.
95 Busch, Hartmut/Müller, Günter: Grundlage (s. Anmerkung 92), S. 461.

zu entwickeln.⁹⁶ Um dies zu ermöglichen, schlugen die Autoren vor, zunächst das Fundament für die Planung der Instandhaltung zu vereinheitlichen; konkret plädierten sie dafür, die „effektive Betriebszeit der Arbeitsmaschine" als Basis festzulegen.⁹⁷ Ihren Vorschlag begründeten sie damit, dass sich im genannten Parameter zentrale Faktoren spiegeln, die für die Beseitigung der konstatierten Mängel bei der Planung von Instandhaltungsprozessen essentiell sind; hierzu zählen die Autoren technische, arbeitsorganisatorische und -qualitative Aspekte. Damit wäre „der physische Verschleiß der Arbeitsmaschinen – als Hauptfaktor für die Größe der IH [Instandhaltung]-Aufwendungen" umfassend wechselseitig kontextualisiert,⁹⁸ eine realistische Grundlage für die Bewertung der Instandhaltungsprozesse sei gegeben. Zugleich versuchen Busch und Müller Einwände von Praktikern, „die Erfassung der Betriebszeit von Arbeitsmaschinen" setze einen hohen Arbeitsaufwand voraus,⁹⁹ dadurch zu entkräften, dass es ihnen nicht um eine operative, sondern rechnerische Ermittlung dieser Kerngröße ginge. Diese ließe sich vergleichsweise einfach aus der „Technisch begründeten Arbeitsnorm" herleiten, die mit der eingesetzten Arbeitsmaschine verknüpft war.¹⁰⁰

Das von dem Autorenduo angerissene Themenfeld stand auch in den 1980er-Jahren weiterhin auf der Tagesordnung, eine Lösung erschien allerdings noch in weiter Ferne. So suchte beispielsweise Günter Poethe, Dozent in der Arbeitsgruppe Sozialistische Betriebswirtschaft der Ernst-Moritz-Arndt-Universität Greifswald, in seinem im April 1987 auf der VIII. Wissenschaftlichen Konferenz Instandhaltung in der Kohle- und Energiewirtschaft gehaltenen Vortrag, der ein Jahr später in der „Neuen Bergbautechnik" erschien, nach der „Vervollkommnung der Leistungsbewertung in der Instandhaltung".¹⁰¹ Seine Überlegungen grundierten die 1983 für die Kombinate festgelegten vier Kennziffern „Nettoproduktion, Nettogewinn, Erzeugnisse und Leistungen für die Bevölkerung sowie

---

96 Ebd.
97 Ebd., S. 462.
98 Ebd.
99 Ebd.
100 Die Einführung der „Technisch begründeten Arbeitsnorm" (TAN) wurde seit den späten 1940er-Jahren in der SBZ/DDR gefordert, sie sollte die erfahrungs-statistischen REFA-Normen ersetzen und die Arbeitsleistung gleichsam objektiv erfassen. Allerdings erfolgte die Ersetzung letztgenannter Normen bis ca. 1961 eher schleppend. Vgl. Steiner, André: Die DDR-Wirtschaftsreform der sechziger Jahre. Konflikt zwischen Effizienz und Machtkalkül, Berlin 1999, S. 273.
101 Poethe, Günter: Vervollkommnung der Leistungsbewertung in der Instandhaltung, in: Neue Bergbautechnik 18, 1988, 3, S. 113–115.

für den Export".[102] Sie wären, wie der Verfasser unter Bezug auf ein von Günter Mittag im März 1987 gehaltenen Vortrag betont,[103] die zentralen „Eckpfeiler unseres Systems der sozialistischen Planwirtschaft".[104] Allerdings bedürfe es noch erheblicher Bemühungen, aus diesen Kennziffern „konkrete anspruchsvolle Aufgaben für die Arbeitskollektive" abzuleiten.[105] Poethe erachtete dies insofern als sinnvoll, da die Zuweisung an die übergeordneten Brigaden und Abteilungen meist nicht unmittelbar möglich wäre, man also auf kleinere Arbeitskollektive zu zielen habe. Für diese sollten aus den übergeordneten Kennziffern auf konkrete Leistungsparameter, wie etwa Volumen- und Zeiteinheiten, geschlossen werden. Lägen für die industriellen Kernprozesse der Produktion hinreichend theoretische Vorarbeiten vor, so mangle es, von wenigen Ausnahmen abgesehen, an solchen für so genannte betriebliche Hilfsprozesse, zu denen auch die Instandhaltung zählt.[106] Den Praxisleitfaden „Innerbetriebliche wirtschaftliche Rechnungsführung" referenzierend,[107] verwies Poethe ferner darauf, dass anderen Experten bereits per se die Leistungsmessung der Instandhaltung als problembehaftet galt.[108] Vor diesem Hintergrund verwundert nicht, dass auch das im April 1986 durchgeführte wissenschaftliche Kolloquium der Arbeitsgruppe Sozialistische Betriebswirtschaft der Ernst-Moritz-Arndt-Universität Greifswald die „Vervollkommnung der Leistungsbewertung in der Instandhaltung" als wichtiges, zu lösendes planwirtschaftliches Problem ansprach. Folgt man den Diskussionen der genannten Arbeitsgruppe, galt es zwei Aspekte zu fokussieren – zum einen sollten die „Effektivitätsreserven" der Instandhaltungsabteilungen erkannt und genutzt, zum anderen der „reale [...] Beitrag" der Instandhaltung an und für die betrieblichen Leistungssteigerungen deutlicher konturiert werden, da dieser

---

102 Ebd., S. 113. Aus Gründen der Lesbarkeit wurden im Zitat überflüssige Interpunktionszeichen gestrichen.
103 O. V.: Zweitägiges Seminar des Zentralkomitees der SED in Leipzig. Kombinate verwirklichen die Beschlüsse des XI. Parteitages. Kurs der Hauptaufgabe prägt Arbeit der Partei und Handeln der Massen, in: Neues Deutschland v. 13.03.1987, S. 3.
104 Poethe, Günter: Leistungsbewertung (s. Anmerkung 101), S. 113.
105 Ebd.
106 Ebd., S. 114. Explizit verweist Poethe hinsichtlich der Ausnahmen auf die Forschungen einer Arbeitsgruppe an der Ingenieurhochschule Zwickau und hier vor allem auf die Dissertation von Mietke, Romy/Trautmann, Uwe: Theoretische Grundlagen und praktische Untersuchungen zur Leistungsbewertung in der Instandhaltung unter besonderer Berücksichtigung der Führung von Leistungsvergleichen, Diss. A, Ingenieurhochschule Zwickau 1986.
107 Vgl. Gustmann, Karl-Heinz u.a.: Innerbetriebliche wirtschaftliche Rechnungsführung. Ein Leitfaden für die Praxis, 2. Aufl., Berlin 1986 [1980].
108 Poethe, Günter: Leistungsbewertung (s. Anmerkung 101), S. 114.

Hilfsprozess dann besser in die betriebliche Planung integrierbar sei.[109] Und es versteht sich von selbst, dass derartige Optimierungen für „grundfondsintensive Zweige der Volkswirtschaft", zu denen der (Braunkohlen-)Bergbau zählte, von besonderer Relevanz sind, da die Instandhaltung ökonomisch essentiell auf die betriebliche Gesamtleistung einwirkte.

Poethe vertrat die Auffassung, dass die wünschenswerte „Vervollkommnung der Leistungsbewertung in der Instandhaltung" nur gelänge, wenn zentrale, aussagekräftige Kennziffern identifiziert und miteinander verbunden werden können. Während der weiter oben genannte „Leitfaden für die Praxis" eine Vielzahl von Instandhaltungsoperationen und entsprechender Kennziffern angibt, schlägt der Autor eine grundlegende, strukturelle Differenzierung vor, die vor allem die Kernaufgaben der Instandhaltung, also den Erhalt, die Reparatur und die Steigerung der Leistungsfähigkeit eingesetzter Techniken, von anderen trennt. Hierzu zählte er u. a. Leistungen für Fremde und für Baumaßnahmen. Für die Leistungsbewertung essentiell sei der Einfluss der Instandhaltungsprozesse auf die Verkürzung technischer Stillstandzeiten,[110] die ihrerseits positiv auf das Betriebsergebnis einwirken. Daher gelte, so Poethe, an diesem fundamentalen, wirtschaftlichen Nexus anzusetzen: „Bisher meist nicht berechnet und ausgewiesen wird der ökonomische Nutzen dieser durch die Instandhalter im Hauptprozeß bewirkten Ergebnisse." Allerdings bleibt der Verfasser die Konkretisierung der Kennziffern schuldig, verweist nur darauf, dass ihre Generierung, die bis vor kurzem als problematisch gesehen wurde, nunmehr durch den Einsatz moderner EDV-Anlagen möglich sei. Doch geht es, so Poethe, bei dieser Neu- und Nachjustierung der Leistungsbewertung nicht nur um rein ökonomische Aspekte, vielmehr verband sich hiermit auch ein betrieblich-sozialpolitischer, würde doch „den im Hilfsprozeß Beschäftigten die hohen ökonomischen Auswirkungen ihrer Tätigkeit stärker bewusst gemacht [...]."[111]

Dieter Slaby, Professor für Sozialistische Betriebswirtschaft an der Bergakademie Freiberg,[112] und Diethelm Müller, tätig im Ministerium für Kohle und

---

109 Vgl. ebd. Das Folgende, sofern nicht anders angemerkt, ebd. f.
110 Zur Verkürzung von Stillstandzeiten praktizierte man seit den 1970er-Jahren bereits den Austausch ganzer Baugruppen von und an Tagebaugrossgeräten. Vgl. z.B.: Großpietsch, Udo: Organisation und Technologie beim Austausch an Tagebautypengeräten, in: Neue Bergbautechnik 3, 1973, 2, S. 122–123.
111 Beide Zitate: Poethe, Günter: Leistungsbewertung (s. Anmerkung 101), S. 115.
112 Zur Kurzbiographie von Slaby vgl.: https://tu-freiberg.de/fakult6/univ-prof-i-r-dr-rer-oec-habil-dieter-slaby (Stand: 21.03.2020).

Energie,[113] stimmten in ihrem Artikel „Materialökonomie und Instandhaltungsstrategien im Braunkohlenbergbau der DDR" ebenfalls das Hohelied auf die moderne, elektronische Datenverarbeitung an.[114] Ihre Überlegungen gingen von der Bilanzierung des Einflusses der Instandhaltung auf die wirtschaftliche Effektivität der Braunkohlenförderung im Tagebau aus. Die Autoren unterstrichen zum einen, dass der Anteil der Instandhaltungskosten an den Selbstkosten pro geförderter Tonne Rohbraunkohle 36–40 % betrüge. Zum anderen betonten sie, dass das Verhältnis von Betriebszeit zu instandhaltungsbedingtem Stillstand von Tagebaugroßgeräten bei 5:1 läge, eine Veränderung zu Gunsten der Betriebszeit sich stets positiv auf die Leistungssteigerung und Kostensenkung auswirkte. Es überrascht daher nicht, dass Slaby und Müller die Instandhaltung als betriebswirtschaftlichen „Haupteinflußfaktor" charakterisieren.[115] Sie ist die strategische Stellschraube zur Optimierung des Betriebsergebnisses, wobei die Autoren die Notwendigkeit betonen, einerseits die Instandhaltungsprozesse in organisatorischer Hinsicht zu optimieren, andererseits die Qualität des „Reparaturmaterials" zu erhöhen. Letzteres auch, da der „für die Instandhaltung dieser Grundmittel erforderliche Stahlverbrauch [..] etwa 100 000 t/a [beträgt]. Die durch Korrosion und Verschleiß für die Volkswirtschaft auftretenden endgültigen Materialverluste wurden in Höhe von rund 15 000 t/a ermittelt."[116] Verbesserte Materialqualität und Organisationsabläufe wären nach Meinung des Autorenduos Garant dafür, Stillstandzeiten zu verkürzen, Instandhaltungskosten und Materialkosten zu senken. Technische Voraussetzungen bilden dabei der Einsatz von Industrierobotern, rechnergestützte Fertigungsprozesse und v. a. auch die EDV, mit deren Hilfe die benötigte Informationsfülle für die Optimierung der Instandhaltungsprozesse ausgewertet und die Materialdisposition effektiver organisiert werden kann.[117]

Die im Vorangegangenen exemplarisch skizzierten, allgemeinen Reflexionen über Instandhaltungsprozesse im (Braunkohlen)Bergbau verdeutlichen zum einen, dass, wenig verwunderlich, anlageintensive Industriezweige im Fokus unterschiedlicher wissenschaftlicher Disziplinen standen. Zum anderen verweisen die angeführten Beispiele darauf, dass die Bestrebungen, zu einer ‚objektiven' ökonomischen Bewertung von Instandhaltungsprozessen zu gelangen, mit einer

---

113 Mit hoher Wahrscheinlichkeit handelt es sich bei Diethelm Müller um den späteren Umweltbeauftragten gleichen Namens im Ministerium für Schwerindustrie, vgl. unter: https://www.spiegel.de/spiegel/print/d-13497006.html (Stand: 21.03.2020).
114 Slaby, Dieter/Müller, Diethelm: Materialökonomie und Instandhaltungsstrategie im Braunkohlenbergbau der DDR, in: Neue Bergbautechnik 16, 1986, 10, S. 379–381.
115 Ebd., S. 379.
116 Ebd., S. 380.
117 Vgl. ebd., S. 381.

Vielzahl praktischer Probleme konfrontiert waren, die zuvorderst die arbeitsintensive Erfassung notwendiger Daten betraf. Hier versprachen mathematische Simulationsmodelle zwar die rechnerische, nicht aber die praktische Problemlösung – diese tauchte erst mit dem Einzug moderner EDV am Horizont auf.[118] Zum dritten dominierte der Primat der „Einheit von Wirtschafts- und Sozialpolitik" seit den 1970er-Jahren den Diskurs über Instandhaltung –[119] sie war daher mehr als nur ein betriebswirtschaftlicher Aspekt.

Jenseits dieser allgemeinen Reflexionen finden sich in der Fachzeitschrift „Neue Bergbautechnik" allerdings auch Abhandlungen, die sich konkreteren Fragen der Instandhaltung widmen. Die folgenden Ausführungen exemplifizieren dies beispielhaft für Abraumförderbrücken des Typs F60.

Abraumförderbrücken Instand halten – Praktizierter Schutz für stählerne Giganten

Mit unverhohlenem Stolz stimmten Diethelm Müller, Heinz Krause und Horst Nakonz, tätig im Bereich Forschung und Entwicklung des VE Braunkohlenkombinats Senftenberg, 1984 das Jubiläumslied „60 Jahre Abraumförderbrücken/ 25 Jahre Typenabraumförderbrücken in der DDR" an.[120] Eingebettet in die DDR-typische Tonnenideologie-Hymne und der unzeitgemäßen schwerindustriellen Erfolgslyrik auf Kohle und Stahl,[121] markierte die Brücke vom Typ F60 den technologischen Schlussakkord, erachteten die Autoren doch „die Entwicklung einer Abraumförderbrücke noch höherer Abtragsmächtigkeit (z. B. 80 m) [als] nicht sinnvoll."[122] Angesichts dessen erheischt das Plädoyer, bestehende Abraumförderbrücken der Typen F34 und F45 technologisch und die Betriebsabläufe der

---

[118] Der Einsatz der EDV wurde schon seit den 1970er-Jahren zur Optimierung von Instandhaltungsprozesse propagiert, zielte hier aber v. a. auf Verwaltungsprozesse. Vgl. z.B.: Schubert, Hans-Jochen: Der Einsatz der EDVA im Instandsetzungskombinat Kohle zur Effektivitätssteigerung der Produktionsprozesse und zur Minimierung der Verwaltungsarbeit, in: Neue Bergbautechnik 3, 1973, 2, S. 128–130.
[119] Vgl. hierzu: Steiner, André: Von Plan zu Plan (s. Anmerkung 80), S. 165–196.
[120] Vgl. Müller, Diethelm/Krause, Heinz/Nakonz, Horst: 60 Jahre Abraumförderbrücken (s. Anmerkung 49).
[121] Vgl. Maier, Charles S.: Das Verschwinden der DDR und der Untergang des Kommunismus, Frankfurt a. M. 2000 [1997], S. 172–187.
[122] Müller, Diethelm/Krause, Heinz/Nakonz, Horst: 60 Jahre Abraumförderbrücken (s. Anmerkung 49), S. 166. Dies nicht nur aus ökonomischen, sondern auch aus bodenmechanischen Gründen, die für die Standsicherheit relevant sind.

F60 mittels Mikroelektronik und -technik zu optimieren Plausibilität.[123] Dass das Autorentrio hinsichtlich der F60 vornehmlich auf die Arbeitsabläufe zielte, lag daran, dass auch nach 12 Jahren Praxiserfahrung noch nicht die errechneten, maximalen Förderleistungen erreicht worden waren.[124] Geschuldet war diese Diskrepanz der typenunabhängigen, zeitintensiven Anpassung technischer Abläufe an die etablierte betriebliche Praxis, die in den ersten Betriebsjahren stets die Abraumfördermenge beeinträchtigte.[125] Dessen ungeachtet allerdings legten die Verfasser mit dieser Bestandsaufnahme offen, dass der Einsatz der F60, präziser: des Abraumbrückenverbandes, von zu hohen Erwartungshaltungen begleitet worden war.[126] Sie verdeutlichten mithin, dass kritische Einlassungen der späten 1970-Jahre, „die bisher insgesamt erreichten Leistungen [haben nicht] den Anforderungen [...] entsprochen [...]",[127] zur Mitte der 1980er-Jahre durchaus weitergalten.

1979 hatte Hans Issel – promovierter Ingenieur am Institut für Braunkohlenbergbau in Großräschen – präzise die Gründe für die als problematisch bewerteten, mithin zu optimierenden Betriebsabläufe des neuartigen F60-Verbandes benannt. Mangelte es zu diesem Zeitpunkt noch an belastbaren Praxiserfahrungen, so galt die Verbundtechnologie als unzuverlässig, da störanfällig. Weitaus gravierender erschien Issel aber, dass die benötigten Gleisanlagen nur in unzureichendem Masse zur Verfügung stünden, zudem wissenschaftliche Erkenntnisse nicht konsequent in der Praxis angewandt und nicht zuletzt die Verbände

---

123 Ebd. Der Einsatz von Mikroelektronik erfolgte partiell bereits seit Ende der 1970er-Jahre, setzte jedoch längerfristige Planungen voraus. Fundamental schien die als problembehaftet gesehene Mensch-Maschine-Kommunikation die erfolgreiche Realisierung zu gefährden, so wurde gerne argumentiert. Vgl. Nadeborn, Helmut: Einsatz eines Mikrorechners an der F60 des Tagebaus Welzow-Süd, in: Neue Bergbautechnik 9, 1979, 4, S. 235–237, bes. S. 237. Natürlich darf nicht übersehen werden, dass die mikroelektronische Entwicklung in der DDR quantitativ und qualitativ weit hinter den ehrgeizigen Zielen zurückblieb und nie mit jener in den westlichen Industrieländern Schritt halten konnte. Knapp hierzu vgl. z.B.: Staritz, Dietrich: Geschichte der DDR. Erweiterte Neuausgabe, Frankfurt a. M. 1996 [1985], S. 319 f.
124 Vgl. Müller, Diethelm/Krause, Heinz/Nakonz, Horst: 60 Jahre Abraumförderbücken (s. Anmerkung 49), S. 165.
125 Vgl. ebd.
126 Vgl. hierzu auch: Issel, Hans: 10 Jahre Nutzergemeinschaft Abraumförderbrücke F60, in: Neue Bergbautechnik 12, 1982, 9, S. 537–539; Ders.: Bewertung des Einsatzes von Abraumförderbrückenverbänden mit 60 m Abtrag unter Berücksichtigung möglicher Effektivitätsverbesserungen, in: Neue Bergbautechnik 13, 1983, 12, S. 708–711, bes. S. 710.
127 Issel, Hans: Die Entwicklung der Abraumförderbrücken-Verbände mit 60 m Abtrag aus der Sicht der Forschung des Instituts für Braunkohlenbergbau, in: Neue Bergbautechnik 9, 1979, 9, S. 516–517.

nur mangelhaft an die Braunkohlengeologie der spezifischen Tagebaue angepasst worden wären.[128] Hieran hatte anscheinend auch die vom Autor gepriesene „operative Unterstützung vor Ort" durch die Mitarbeitenden des Instituts für Braunkohlenbergbau wenig geändert, gleichwohl die „wissenschaftliche Einsatzvorbereitung als Komplexaufgabe" andererseits Erfolge verzeichnete.[129] Prominent zählte der Autor hierzu die wissenschaftlich basierte Instandhaltung der Verbundtechnologie. In diesem Zusammenhang wies er namentlich auf die Erarbeitung des grundlegenden Instandhaltungsprojekts, in dem Planung und Leistungsabrechnung mittels elektronischer Datenverarbeitung erfolgte, und eines betrieblichen Normativs für die regelmäßigen Elektroreparaturen am F60-Verband hin.[130]

Derartige verbindliche Festlegungen zyklischer Instandhaltungsmaßnahmen konnten allerdings kurzlebig sein, wie der 1982 von Siegfried Noack verfasste Artikel „Möglichkeiten und die Notwendigkeit der Verlängerung der Generalreparatur-Zyklen an F60-Verbänden" andeutet.[131] Der Autor präsentierte erste Ergebnisse noch nicht abgeschlossener „Untersuchungen zur Veränderung, d. h. zur Verlängerung der Generalreparatur-(GR-)Zyklen", die im VE Braunkohlenkombinat Senftenberg durchgeführt wurden.[132] Die Infragestellung der etablierten Praxis begründete sich zum einen daraus, dass zukünftig auch für die strategisch wichtige Braunkohlenindustrie staatliche Investitionsmittel nur noch begrenzt verfügbar wären. Daher müssten die vorhandenen F60-Verbände effektiv eingesetzt und die standardisierte Förderleistung erhöht werden, ermöglichen würde dies allerdings nur eine „höhere zeitliche und leistungsmäßige Auslastung [...], da nach der Realisierung des Einsatzes von Stahlseilfördergurten und der Veränderung der Gurtgeschwindigkeit und der Gurtbreite an einzelnen Förderern aus statischen und fördertechnischen Gründen das Fördervolumen je Stunde nicht weiter erhöht werden kann."[133] Zum anderen führte Noack an, dass auch die Personalkapazitäten für eine Nachjustierung gültiger Intervalle sprächen, nicht zuletzt, da neue Aufgaben zu übernehmen wären und eine Reduktion

---

128 Ebd., S. 517.
129 Beide Zitate: Ebd., S. 516.
130 Vgl. ebd.
131 Noack, Siegfried: Möglichkeiten und die Notwendigkeit der Verlängerung der Generalreparatur-Zyklen an F60-Verbänden, in: Neue Bergbautechnik 12, 1982, 11, S. 668–669.
132 Generalreparaturen sind umfängliche Reparaturmaßnahmen am Anlagevermögen, sie galten in der DDR nicht als Investition, sondern als Vorleistung. Vgl. Wilkens, Herbert: Das Sozialprodukt der Deutschen Demokratischen Republik im Vergleich mit dem der Bundesrepublik Deutschland, Berlin 1976 (= Deutsches Institut für Wirtschaftsforschung, Sonderheft 115), S. 22.
133 Noack, Siegfried: Möglichkeiten und die Notwendigkeit (s. Anmerkung 131), S. 668.

des wechselseitigen Austausches von Arbeitskräften zwischen dem Lausitzer und dem Mitteldeutschen Revier stattfände. Die jährliche Bereitstellung von 800–1000 Arbeitskräften für die Generalreparatur eines F60-Verbandes erschien unter diesen Vorzeichen weder realistisch, geschweige denn realisierbar.[134] Gleichwohl die Untersuchungen des VE Braunkohlenkombinats Senftenberg noch liefen, zeichne sich ab, so Noack, dass die wünschenswerte Verlängerung der Generalreparaturzyklen von ein auf zwei Jahre voraussetze, die Durchführung essentieller v. a. die Tagebausicherheit betreffender Maßnahmen in die so genannten Planreparaturen zu integrieren. Die Vorteile dieser Reorganisation erblickte Noack vor allem darin, dass die Betriebsabläufe weniger stark beeinflusst würden; ein Rückgang technischer Störungen erschien wegen verbesserter Planreparaturen darüber hinaus wahrscheinlich.[135]

Seit Beginn der 1980er-Jahre rückten planbare Stillstandzeiten von F60-Verbänden dementsprechend in den Fokus der Instandhaltungsdebatte, doch zeigte die Praxis, dass zufällige Stillstände die technische Effizienzoptimierung erschwerten.[136] Die stabilen, nur leicht steigenden Abraumförderzahlen der 1980er-Jahre deuten darauf hin, dass man bis zum Ende der DDR dieses Instandhaltungsziel nicht realisieren konnte. In seinem „Grundlagenmaterial für den 4. Erfahrungsaustausch zwischen den F60-Betrieben" machte der Forschungsbereich Spreetal des VE BKK Senftenberg 1989 hierfür zweierlei verantwortlich. Zum einen würde die „vorbeugende Instandhaltung" nur ungenügend praktiziert, zum anderen mangele es an der „Einbeziehung des Betriebsregimes Grube", um die „effektive [..] Stundenleistung" zu verbessern „sowie die Reduzierung der zu hohen Nebenzeiten" durchzusetzen.[137] Zugleich benannte er ein weiteres, zentrales Problem, mit dem die Instandhaltung der F60-Verbände zu kämpfen hätte, die „fehlenden Ersatzteile [..] und Baugruppen".[138] Mit dieser Bestandsaufnahme bestätigte der Forschungsbereich Spreetal indirekt die kritischen Ausführungen von Hans Issel, die dieser auf einer Sitzung zum Plan Wissenschaft und Technik im Ministerium für Kohle und Energie am 17. Mai 1978 gemacht hatte. Besonders hob Issel allerdings hervor, dass die Leistungsbegrenzung der F60-Verbände nicht nur durch ineffiziente Instandhaltung hervorgerufen würde, sondern auch durch

---

134 Vgl. ebd.
135 Ebd., S. 669.
136 Vgl.: Kramer, Klaus: Die Abraumförderkomplexe F60 und SRs 6300 des Kombinats TAKRAF, in: Neue Bergbautechnik 14, 1984, 11, S. 429–433, bes. S. 431f.
137 BLHA Potsdam Rep. 901 Lausitzer Braunkohlenwerke Nr. 4065, unfol., VE BKK Senftenberg. Stammbetrieb. Forschungsbereich Spreetal. Entwurf des Grundlagenmaterials für den 4. Erfahrungsaustausch zwischen den F60-Betrieben am 20.04.1989 vom 03.03.1989.
138 Ebd.

ein „höheres Leistungsangebot der Bagger gegenüber der Brücke" und einem „hohe[n] Ausfall bei Gurttrommeln; nach neuer TGL [Technischen Normen, Gütevorschriften und Lieferbedingungen] sind bis zu 40% überdimensioniert".[139] Dessen ungeachtet allerdings zeichneten sich im Lausitzer Revier die Abraumbrückenverbände durch eine vergleichsweise deutlich höhere Arbeitsproduktivität aus, als Zugbetrieb oder Bandförderung.[140]

So bedeutsam das Thema der Instandhaltung von F60-Verbänden im bergbautechnischen Diskurs der 1970/80er-Jahre auch war, so wies er doch Lücken auf. Zum einen, wenig verwunderlich, fanden empirische Wissensbestände keine Berücksichtigung, wie bereits das oben genannte „Grundlagenmaterial" des Forschungsbereichs Spreetal andeutet. Der wissenschaftlich geprägte Diskurs ignorierte Erfahrungen der Praktiker, die potentiell für die angestrebte technische Effizienzoptimierung relevant sein konnten. Denn: „Durch reine Erfahrungswerte etwa erkennen die Kumpel schon an gewissen Vibrationen, Geräuschen und Gerüchen, ob mit der Anlage etwas nicht stimmt. [...] ‚Meist kann so Schaden an der Anlage abgewendet werden, bevor etwas ernstlich kaputtgeht. Beinahe eine Wissenschaft, die den Arbeitern viel abverlangt.'"[141] Zum anderen fanden alltägliche, Instand haltende Maßnahmen an den Abraumförderbrücken kein gesondertes Augenmerk, so beispielsweise die arbeits- und zeitintensive Entfernung von Verschmutzungen an Funktionsteilen.[142] Kaum eigenständig reflektiert wurde zudem die Erneuerung des Korrosionsschutzes, die partiell in zweijährigen Rhythmus durchgeführt wurde, den kompletten Verband betreffend hingegen ca. alle 20 Jahre.[143] Je nach individueller technischer Konfiguration der F60-Verbände wurden bei einer Kompletterneuerung des Korrosionsschutzes zwischen 3000 und 9000 qm behandelt und man benötigte beispielsweise mehr als 100 Tonnen Spezialanstrich oder auch 270 Tonnen Strahlmittel.[144]

---

139 BLHA Potsdam Rep. 901 VVB Braunkohle Nr. 1652, unfol., Ministerium für Kohle und Energie. Abteilung Feste Brennstoffe. Protokoll der Beratung zum Plan Wissenschaft und Technik 1978. Vorbereitung des Staatsplankomplexes F60 Tagebau Jänschwalde vom 17.05.1978.
140 Vgl. Schindler, Wolfgang/Uhlig, Günter: Abraumförderbrücken (s. Anmerkung 75), S. 14 f.
141 Krause, Juliane: 40 Jahre F60 im Tagebau Jänschwalde, in: LEAG blog vom 20. Juli 2018, unter: www.leag.de/de/blog/artikel/40-jahre-f-60-im-tagebau-jaenschwalde (Stand: 03.12.2019).
142 Vgl. ebd.
143 O. V.: Inspektion an einem Tagebau-Riesen, in: Lausitzer Rundschau online v. 26. Juli 2008, unter: https://www.lr-online.de/lausitz/cottbus/inspektion-an-einem-tagebau-riesen-36833086.html (Stand: 03.06.2020).
144 Vgl. ebd.; O. V.: Tagebau Nochten in der Lausitz. Förderbrücke erhält Verjüngungskur, in: Allgemeine Bauzeitung online v. 17. Mai 2017, unter: https://allgemeinebauzeitung.de/abz/tagebau-nochten-in-der-lausitz-foerderbruecke-erhaelt-verjuengungskur-21775.html (Stand: 03.06.2020).

Instandhaltungen prägten die technischen Eigenzeiten der F60-Verbände – und weiterer Tagebaugroßgeräte – nachhaltig. Sie beeinflussten den Lebenszyklus der Technik, verlängerten ihn, emanzipierten ihn von seinem weiter oben angeführten fiskalischen. Sie verhinderten aber nicht das „Entschaffen" der Technik, das gleichsam zweifach ‚natürlich' a priori determiniert worden war. Zum einen vermochten selbst regelmäßig ausgeführte Korrosionsschutzmaßnahmen nicht zu verhindern, dass „die Auswirkungen der Korrosion entscheidend für die Einsatzdauer der einzelnen Stäbe bzw. Baugruppen" seien, wobei man in den 1980er-Jahren davon ausging, dass diese ca. 50 bis 60 Jahre währte.[145] Zum anderen ließen sich Abraumförderbrücken zwar, wie bereits geschildert, von einem auslaufenden Tagebau in einen neu aufgeschlossenen oder laufenden umsetzen, doch am Ende stand ihre Sprengung, salopp formuliert: keine Kohlenförderung – keine Abraumförderbrücke. Das technische Großartefakt mutierte, vor allem im Zeichen der anziehenden Stahlkonjunktur in den 1990er-Jahren, zu profitabel verwertbarem Schrott (Abb. 4).

Abb. 4: Die planmäßige „Entschaffung" von Abraumförderbrücken erfolgte durch ihre Sprengung. So erging es auch der F34, Gerätenummer 27, die nach der Auskohlung des Tagebaus Cottbus-Nord im Jahr 2015 im März 2016 gesprengt wurde

---

145 BLHA Potsdam Rep. 901 Lausitzer Braunkohlenwerke, Nr. 3938, unfol., Aktennotiz VEB Wärmeanlagenbau „DSF" vom 06.12.1984.

Von den „technischen Eigenzeiten" einer F60 – „Entschaffen" als Kulturpraxis

Der erwähnten Endlichkeit des Seins entzog sich allerdings die F60, Nr. 36 des Tagebaus Klettwitz-Nord. Sie schrieb eine andere, museale technische Eigenzeit fort, die ihrerseits durchaus noch Spuren der alten, industriellen Eigenzeit behielt und behält. Ihr vom normierten „Entschaffen" abweichendes Schicksal steht im Folgenden zur Diskussion.

„Der Aufschluß des Tagebaus Klettwitz-Nord ist Bestandteil der langfristigen Kohle- und Energiebilanz." – Oder: Ein Braunkohlentagebau zwischen real-sozialistischer Planung und kapitalistischem Bedarf

„Der 18. Dezember 1992 war ein denkwürdiger Tag im Lausitzer Braunkohlenrevier. An jenem Freitag verließ der letzte Kohlenzug den Tagebau Klettwitz-Nord. Damit ging die Tagebau-Ära zwischen Lauchhammer, Klettwitz und Finsterwalde zu Ende." Mit diesen Worten beginnt der am 22. Dezember 2012 in der „Lausitzer Rundschau" online erschienene Artikel „Als die Lichter ausgingen", um unmittelbar anschließend fortzufahren: „Eigentlich nichts Ungewöhnliches, wäre die Grube nicht erst im Herbst 1988 in Betrieb gegangen."[146] Von zumindest regionalhistorischer Bedeutung ist dieses vorweihnachtliche Ereignis mithin nur aufgrund seiner Normabweichung: Die am 3. Oktober 1990 erfolgte Inkorporation der DDR, präziser der fünf neuen, noch in der DDR gegründeten Bundesländer, in den Geltungsbereich des Grundgesetzes, fegte die energiepolitischen und -wirtschaftlichen Planungen der DDR fort. Sie überholte auch den für den Tagebau projektierten „Endstand [...] im Bereich der Autobahn (2005)" und den nachfolgenden Abbau der „angrenzenden Teilfelder Kollenchen [Dollenchen], Klettwitz und Kostebrau".[147] So ungewöhnlich, so wenig überraschend kam das Aus von Klettwitz-Nord, wie uns der Artikel der „Lausitzer Rundschau" ebenfalls wissen

---
146 O. V.: Als die Lichter ausgingen, in: Lausitzer Rundschau online v. 22. Dezember 2012, unter: www.lr-online.de/lausitz/senftenberg/als-die-lichter-ausgingen-33394100.html (Stand: 16.06.2020).
147 BLHA Potsdam Rep. 803 BfT Ctb., Nr. 1048, unfol., Büro für Verkehrsplanungen des Bezirkes Cottbus. Objekt: Tagebau Klettwitz-Nord. Veränderungen im Verkehrsnetz ... Auftraggeber: Braunkohlenkombinat Senftenberg. Abgeschlossen am: April 1989, S. 1 (die Seitenangabe bezieht sich auf das genannte Dokument).

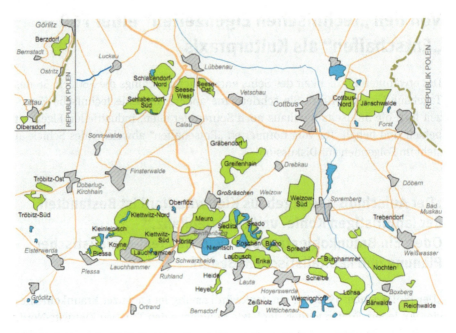

Abb. 5: Die Karte des Niederlausitzer Braunkohlenreviers zeigt die zumeist bereits ausgekohlten Tagebaue. Erkennbar liegt der ehemalige Tagebau Klettwitz-Nord in geographischer Nähe zur ausgekohlten Grube „Agnes" bei Plessa. Eine Nähe, die historisch bedeutsam ist, da hier der Geburtsort der Abraumförderbrückentechnologie liegt

lässt, zeichnete sich dieses doch, so die Äußerungen des 1992 amtierenden Betriebsdirektors Walter Karge, während der „Wendezeit" ab (Abb. 5).[148]

Der Aufschluss von Klettwitz-Nord erfolgte als Ersatz für den 1990 auslaufenden Großtagebau Klettwitz, der die Veredlungsbetriebe im Raum Lauchhammer, vor allem das VEB Kombinat Schwarze Pumpe mit hochwertigen Braunkohlen für die Produktion von BHT-Koks versorgt hatte.[149] Diese absehbare Versorgungs-

---

148 O. V.: Als die Lichter ausgingen (s. Anmerkung 146). Walter Karge war zum Zeitpunkt des genannten Ereignisses Betriebsdirektor der Tagebaue Meuro und Klettwitz-Nord bei der Lausitzer Braunkohle AG. Vgl. Jähnel, Peter: Ein Leben für den Bergbau – Walter Karge geht in Ruhestand, unter: www.lmbv.de/index.php/pressemitteilung/1029.html (Stand: 17.06.2020). Knapp zu Karge vgl. auch: Brie, André: Über den Lausitzer Bergmann Walter Karge, unter: https://andre-brie.de/portfolio-item/lebenslang-bergbau/ (Stand: 17.06.2020).
149 Braunkohlenhochtemperatur Koks ist hüttenfähig, konnte also für metallurgische Prozesse den klassischen Koks ersetzen und wurde von Erich Rammler und Georg Bilkenroth seit den späten 1940-er Jahren entwickelt. Zum Kombinat Schwarze Pumpe und der dortigen BHT-Koks Produktion vgl. die Beiträge in: Bayerl, Günter (Hrsg.): Braunkohleveredelung im Niederlausitzer

lücke sollte der Neuaufschluss füllen, was allerdings nicht unproblematisch schien, denn: „Dabei wird unter den komplizierten geologischen Bedingungen des Abbaufeldes des Tagebaus Klettwitz-Nord die qualitätsgerechte Belieferung der Brikettfabriken mit Rohbraunkohle ein besonderes Problem bilden."[150] Dieser konstatierten Situation stand positiv gegenüber, dass seitens der Experten ca. 80 % der Vorräte des zweiten Flözhorizonts, des so genannten Lausitzer Unterflözes, als Kokskohle, je 10 % als Brikettier- und Kesselkohle, klassifiziert worden waren.[151] 1981 begann die Sümpfung, drei Jahre später die Abraumbaggerung und im September 1988 die erste Kohlenförderung, wobei man im Tagebau zunächst das noch anstehende Oberflöz abbaute.[152] Allerdings verlief die Förderung alles andere als geplant – so wurden 1988 nur 49 % der Planvorgabe von 1 070 000 t Rohbraunkohle gefördert,[153] im folgenden Jahr, 1989, erfolgte die Förderung aus dem Ober- und Unterflöz dann „diskontinuierlich", wobei aus dem Oberflöz nur Kesselkohlen anfielen und die „einzelnen Kohlensorten aus dem BMF 2 [Unterflöz] [..] wie folgt eingesetzt [wurden]: als Kokskohlen – 40 % als Brikettierkohlen – 50 % als Kesselkohlen – 10 %."[154]

Aufgeschlossen wurde der Tagebau im Raum Bergheide, der Ort gleichen Namens wurde 1987/88 vollständig devastiert, die Ortschaft Klingmühl 1989

Revier. 50 Jahre Schwarze Pumpe, Münster u. a. 2009 (= Cottbuser Studien zur Geschichte von Technik, Arbeit und Umwelt, Bd. 34); knapp auch: Meyer, Torsten: Werk und Technik – Works and Technology, in: Vattenfall Europe Mining & Generation (Hrsg.): Schwarze Pumpe, Forst 2005, S. 76–94.
150 BLHA Potsdam Rep. 803 Bft Ctb., Nr. 323 (s. Anmerkung 69), S. 8.
151 Ebd., S. 36. Demgegenüber beziffert Baxmann den Anteil von Kokskohle auf 50 %, vgl.: Baxmann, Matthias: Abraumförderbrücke F60 bei Lichterfeld. Technisches Denkmal oder Symbol für die Lausitz?, in: Albrecht, Helmuth/Fuchsloch, Norman (Hrsg.): Erfassung, Bewahrung und Präsentation technischer Denkmale aus dem Bereich der Braunkohlenindustrie, Chemnitz 2001 (= INDUSTRIEarchäologie. Studien zur Erforschung, Dokumentation und Bewahrung von Quellen zur Industriekultur, Bd. 1), S. 43–57, hier: S. 48. Mit dieser Angabe dürfte sich Baxmann auf das Gesamtvorkommen, also die Qualitäten der Kohle des Ober- und Unterflözes, beziehen, die 1988 seitens des VE BKK Senftenberg mit folgenden Kennzahlen angegeben wurden: 53–55 % Kokskohle, 37–40 % Brikettierkohle und 5–8 % Kesselkohle. BLHA Potsdam Rep. 901 Lausitzer Braunkohlenwerke, Nr. 4066, unfol., VE BKK Senftenberg. Stammbetrieb. Gruppe Tagebautechnik Bericht zur Staatsplanaufgabe „Komplextechnologie Tagebau Klettwitz Nord, Thema 4 vom 01.10.1988. In der Niederlausitz wurde der zweite Flözhorizont seit Beginn des 20. Jahrhunderts zunehmend gefördert, hiermit einer gingen Prozesse der Mechanisierung im Abraum.
152 BLHA Potsdam Rep. 803 Bft Ctb., Nr. 323 (s. Anmerkung 69), S. 31.
153 BLHA Potsdam Rep. 901 VVB Braunkohle, Nr. 1409, unfol., VE BKK Senftenberg. Stammbetrieb. Analyse über die Einhaltung der Jahrestechnologie 1988 (undatiert).
154 BLHA Potsdam Rep. 901 VVB Braunkohle, Nr. 1420, unfol., VE BKK Senftenberg. Stammbetrieb. Analyse über die Einhaltung der Jahrestechnologie 1989 (undatiert).

teilweise.¹⁵⁵ Als der letzte Zug Ende des Jahres 1992 ausfuhr, waren 436 ha Land bergbaulich überformt, 13,2 Mio. t Braunkohlen und 75 Mio. t Abraum, von denen 27,5 Mio. t „über die Brücke gingen",¹⁵⁶ gefördert worden.¹⁵⁷ Die ursprünglich geplante Laufzeit von bis zu 30 Jahren war auf vier zusammengeschrumpft, ca. 234 Mio. t Braunkohlen verblieben unter der Erde.¹⁵⁸ Geplante (Teil-)Devastierungen vorgefundener Landschaften und Ortschaften, so beispielsweise jene des Ortes Drochow im Jahr 2003,¹⁵⁹ entfielen. Und gerade vor diesem Hintergrund muss die Bilanz des Tagebaus hoch ambivalent ausfallen: Mochten unbestreitbar mit seiner vorzeitigen Schließung Arbeitsplätze in der Region verloren gehen,¹⁶⁰ mochte ökonomisch von einer „Investitionsruine", explizit vornehmlich mit Blick auf den F60-Verbund, gesprochen werden,¹⁶¹ so unterblieben gleichzeitig nennenswerte bergbauliche Überformungen und Vernutzungen der regionalen Landschaft.

Eingebettet in die skizzierte Geschichte des Tagebaus Klettwitz-Nord ist jene der bereits genannten Abraumförderbrücke F60, Nr. 36 – präziser des kompletten Verbundes – die der Abraumförderung des Unterflözes diente.¹⁶² Erstmals

---

155 Vgl. die Stichworte: Bergheide, in: Archiv verschwundener Orte – Archiw zgubjonych jsow, unter: www.archiv-verschwundene-orte.de/de/startseite/70224 (Stand: 20.06.2020); Klingmühl, in: Ebd., unter: www.archiv-verschwundene-orte.de/de/verschwundene_orte/uebersicht_der_orte/klingmuehl/40651 (Stand: 20.06.2020). Teile von Bergheide, bis 1937 Gora geheissen, wurden bereits 1964/65 devastiert.
156 Risch: Erinnerungen und Hoffnung – das Besucherbergwerk F60, Lichterfeld. Teil 1, in: bergbau. Zeitschrift für Rohstoffgewinnung, Energie und Umwelt 53, 2002, 11, S. 503–505, hier: S. 504.
157 LMBV. Lausitzer und Mitteldeutsche Bergbau-Verwaltungsgesellschaft mbH (Hrsg.): Kleinleipisch/Klettwitz/Klettwitz-Nord, Senftenberg 2015 (= Lausitzer Braunkohlenrevier. Wandlungen und Perspektiven 04), S. 12, unter: www.lmbv.de/index.php/Wandlungen_Perspektiven_Lausitz.html (Stand: 19.10.2019).
158 Vgl. unter: www.ostkohle.de/html/klettwitz.html (Stand: 20.06.2020).
159 BLHA Potsdam Rep. 803 BfT Ctb., Nr. 1048 (s. Anmerkung 147), unfol.
160 Risch, Anke: Erinnerungen und Hoffnungen, Teil 1 (s. Anmerkung 156), S. 504. Im dominanten Braunkohlensektor der Region sank zwischen 1990 und 1995 die Beschäftigtenzahl der LAUBAG von 65 478 auf 19 248. Vgl. Bayerl, Günter: F60 – Die Niederlausitzer Brücke. Eine Abraumförderbrücke als Wahrzeichen einer Tagebauregion, in: Blätter für Technikgeschichte 63, 2001, S. 33–59, hier: S. 45.
161 Baxmann: Abraumförderbrücke F60 (s. Anmerkung 151), S. 50; Ders.: Besucherbergwerk (s. Anmerkung 72), S. 74. Diese Bewertung vermischt ökonomische Logiken der DDR und der BRD, sie erscheint daher zumindest diskutabel.
162 Das Folgende, sofern nicht anders vermerkt, nach: Baxmann: Abraumförderbrücke F60 (s. Anmerkung 151); Ders.: Besucherbergwerk (s. Anmerkung 72); Risch: Erinnerungen und Hoffnungen, Teil 1 (s. Anmerkung 156); Lausitzer Braunkohle Aktiengesellschaft/Lausitzer Berg-

Abb. 6: Die Montage von Abraumförderbrücken stellte eine technische Herausforderung dar, die einen erheblichen Koordinierungsaufwand aller Beteiligten erforderte

zum Einsatz kam dieser Förderbrückentyp 1972 im Tagebau Welzow-Süd, noch in den 1970er-Jahren nahmen in den Tagebauen Nochten und Jänschwalde zwei weitere Brücken ihren Betrieb auf, 1988 erfolgte die Inbetriebnahme einer F60 im Tagebau Reichwalde. Bemerkenswerte zeitliche Koinzidenz: Am 1. November 1988 begann auch die Montage der F60 für den Tagebau Klettwitz-Nord, seit 1984 war der notwendige Montageplatz vorbereitet worden, nachdem im Dezember 1983 der VEB Kombinat TAKRAF Lauchhammer den Auftrag für dieses Exemplar der „größten beweglichen technischen Anlagen in der Welt"[163] erhalten hatte (Abb. 6).[164]

1988 und 1989 erfolgte der Montagebeginn der beiden Verbundbagger von Typ Es 3750, von denen schlussendlich nur einer zum Einsatz kommen sollte. Als am 5. Februar 1991 die Abraumförderbrücke in den Tagebau einfuhr und ihren

---

bau-Verwaltungsgesellschaft mbH (Hrsg.): Lausitzer Braunkohlerevier. 70 Jahre Abraumförderbrücken in der Lausitz, Senftenberg und Brieske 1994, S. 12 f., S. 20 f.; www.ostkohle.de/html/klettwitz.html (Stand: 20.06.2020). Neben der F60 kamen auch der Abraumband- und -zugbetrieb zum Einsatz.

163 Lausitzer Braunkohle Aktiengesellschaft/Lausitzer Bergbau-Verwaltungsgesellschaft mbH (Hrsg.): Lausitzer Braunkohlerevier (s. Anmerkung 162), S. 12.

164 TAKRAF steht für: Tagebau-Ausrüstungen, Krane und Förderanlagen. Zur Geschichte des Kombinats vgl. den persönlich geprägten Rückblick von: Gollasch, Dieter: TAKRAF ein Kombinat des DDR-Schwermaschinenbaus, Leipzig 2006 (= Mensch und Werk. Schriftreihe zur Entwicklung der Industrie in der Stadt Leipzig 1945 bis 1990). Dieter Gollasch war über Jahrzehnte in leitender Funktion bei TAKRAF beschäftigt.

TECHNISCHE DATEN DES FÖRDERBRÜCKENVERBANDES F 60-KLETTWITZ-NORD:

AFB Bezeichnung	Abraumförderbrücke F 60, Gerätenummer 36		
		Kommunikation	5 Stk. Pultsteuerrechner 10 Stk. Basiseinheiten Telefon, Wechselsprechanlage, Funk, Kommandoanlage
Dienstmasse	13.500 t		
Stützweite	272,5 m +/- 12 m	Messstellenanzahl	ca. 1.000
Stützhöhendifferenz	8,0 m + 7m - 8 m	Brandschutztechnische	
Abtragsmächtigkeit	60 m	Anlagen	Haldenseite 2x10 m³ Wasser-
Leistungen	29.000 m³/h (geschüttet)	behälter	
Gesamtlänge	501 m		Baggerseite 1x10 m³ Wasser-
Installierte Elektroleistung	ca. 27.000 kW	behälter	Trafowagen: 2 Ringleitungen u.
Bandgeschwindigkeit	4,8 - 10,0 m/s		14 „Arex 50"-Düsen
Fahrgeschwindigkeit	4 - 13 m/min		Bandlöschanlagen, je Band 8
Bänder insgesamt	9 Bänder mit Gesamtlänge 990 m (Achsabstand) Bandbreiten 2.000 bis 2.750 mm	Hauptanwendung: - Bedienung und Beobachtung aller 16 Hauptaggregate - Planumsbaggerung nach Sollwertvorgaben	Sprühdüsen quer über das Band
davon Hauptförderer	Achsabstand 202 m Bandbreite 2.750 mm	- Leistungsregelung der Bagger - Bestimmung der Böschungswinkel und der Vorlandbreite	
Fahrwerke	780 Räder	- Fahrbereichsoptimierung des F-60-Verbandes	
Gleisroste Baggerseite	6 Gleisroste mit insgesamt 13 Schienen (einschließlich Kiesgleis)	- Optimierung der Kippengestaltung durch Winkelstellungsprogramm - Protokollierung aller Funktionen und Störungen	
Haldenseite	2 Gleisroste mit insgesamt 4 Schienen	Brückenbagger Es 3750: Bezeichnung	Eimerkettenbagger schwenkbar, Typ Es 3750
Audatec-Anlage	Prozessleitsystem der F 60 bestehend aus folgenden mit Mikrorechnern bestückten Baugruppen:	Gerätenummern Eimerinhalt Dienstmasse	1307/08 3.750 Liter 4.800 t
	2 Stk. Dauersteuerstationen	Leistungen	max. 12.500 m³/h (geschüttet)
	1 Stk. Koppeleinheit	Installierte	
	1 Stk. Wartenrechner 1520	Elektroleistung	6.900 kW

Abb. 7: Die technischen Eckdaten der F60, Nr. 36 offenbaren schlaglichtartig die Dimensionen dieses bergbaulichen Großobjektes. Man mag in dieser Wiedergabe eine gewisse Form der „sozialistischen Tonnenideologie" erblicken, doch bildeten die Größendimensionen einen wichtigen Argumentationspunkt für den Erhalt des Objektes

Probebetrieb aufnahm, hatten insgesamt mehr als 1000 Arbeitskräfte am Aufbau dieses „Stolz[es] [...] ingenieurtechnische[r] Höchstleistung" mitgewirkt.[165] Gekoppelt mit einem Es 3750-Bagger nahm sie zum 11. März 1991 den Regelbetrieb auf (Abb. 7).

Die kurze Chronologie verdeckt jedoch vielfältige Problemlagen und Verwerfungen. Bereits die Geburt der F60, Nr. 36 war eine mühselige und schwierige –

---

[165] Risch: Erinnerungen und Hoffnungen, Teil 1 (s. Anmerkung 156), S. 504.

so hatte das Ministerium für Kohle und Energie in seinen Planungen über die Fortführung des Tagebaus Klettwitz, mithin auch des Ersatzaufschlusses Klettwitz-Nord, 1980 noch den Einsatz einer F45 vorgesehen.[166] Konstruktiv erwiesen sich die geologischen Störungen des Unterflözes als problembehaftet, da diese den Einsatz einer in der Stützweite vergrößerten Brücke nahelegten. Allerdings hätte eine solche konstruktive Modifikation frühestens 1992 von TAKRAF bereitgestellt werden können, infolgedessen käme es, wie der VE BKK Senftenberg verlautbarte, zu einer Unterversorgung mit Braunkohlen.[167] Nicht genug damit, die Kommunikation zwischen dem VE BKK Senftenberg und dem VEB Kombinat TAKRAF schien ferner nicht reibungslos. So hielt die „Analyse über die Einhaltung der Jahrestechnologie 1987" für den Tagebau Klettwitz-Nord beispielsweise fest: „Die Montagefreiheit für das SMK [Schwermaschinenkombinat] TAKRAF auf dem KMPl [Komplexer Montageplatz] F60 ist vorhanden. Die Arbeiten zur Einrichtung beginnen am 3.8.1987. Die Montagetermine der Förderbrücke sind von SMK TAKRAF noch nicht bestätigt."[168] Auch die Inbetriebnahme der F60 verzögerte sich. In einem Schreiben des VE BKK Senftenberg an die Bergbehörde Senftenberg vom 3. Mai 1990 hieß es: „Unbedingte Sicherung des Inbetriebnahmetermines der F60 zu 12/90 einschließlich aller Funktionsproben."[169] Diese apodiktische Festlegung wurzelte darin, dass der VE BKK Senftenberg in seinem Anfang des Jahres verfassten „Technischen Betriebsplan 1990" für den Tagebau Klettwitz-Nord vollmundig verkündet hatte: „Ab Januar 1991 kommt die Abraumförderbrücke 36 F60 mit den Gewinnungsgeräten 1308 Es 3750 und 646 Es 1600 zum Einsatz. Mit diesem Gewinnungskomplex wird das Hangende des 2. Lausitzer Kohlenflözes freigelegt."[170] Einer derartigen Gemengelage zum Trotz ging die F60 früher als geplant in den Probebetrieb, war doch seitens des Betreibers vorgesehen, dass „[n]ach dem Einfahren des Baggers 1308 Es 3750 und der F60, den

---

166 BLHA Potsdam Rep. 888 Staatsbank Bezirksdirektion Cottbus Nr. 1291, unfol., Ministerium für Kohle und Energie. Der Minister. Beschluß zur Grundsatzentscheidung für das Vorhaben Weiterführung Tagebau Klettwitz vom 20.11.1980.
167 Vgl. BLHA Potsdam Rep. 901 Lausitzer Braunkohlenwerke Nr. 3938 (s. Anmerkung 145).
168 BLHA Potsdam Rep. 901 Lausitzer Braunkohlenwerke Nr. 1407, unfol., VE BKK Senftenberg. Analyse über die Einhaltung der Jahrestechnologie 1987 (undatiert).
169 BLHA Potsdam Rep. 901 Lausitzer Braunkohlenwerke Nr. 1417, unfol., Schreiben VE BKK Senftenberg an Bergbehörde Senftenberg. Urkunde über die Genehmigung des technischen Betriebsplanes Tgb. Klettwitz-Nord und Großtagebau Klettwitz des BKK Senftenberg – Stammbetrieb – für den Zeitraum 01.04.–31.12.1990 bzw. i. 04.1990-31.3.1991 vom 03.05.1990.
170 Ebd., VE BKK Senftenberg. Technischer Betriebsplan. Tagebau Klettwitz-Nord (Jahrestechnologie), (undatiert).

Funktionsproben und der Kopplung des Verbandes [..] die Abraumförderbrücke am 01.03.1991 mit einem Bagger den Probebetrieb [beginnt]."[171]

Kaum in Betrieb gegangen, endete die aktive Zeit der F60 bereits zur Mitte des Jahres 1992, sie wurde „in ihre Endstellung verfahren und am 30. Juni 1992 endgültig stillgelegt."[172] Ganz unmittelbar stellte sich allerdings nicht die Frage „Was tun?", um Wladimir Iljitsch Lenin zu strapazieren. Sprach doch angesichts radikal geänderter energiepolitischer und -wirtschaftlicher Weichenstellungen alles dafür, dass die F60 ihrem ‚natürlich' vorgesehenen Schicksal schneller als erwartet entgegenschreiten würde, bestand doch auch in den zu Beginn der 1990er-Jahre aktiven Braunkohlengruben des Reviers kein Bedarf an ihrem Einsatz.

Blicken wir in die weitere Zukunft der F60-Verbandes: Die neuen Eimerkettenbagger Es 3750 machten sich im März 1994 auf den Weg in den Tagebau Welzow-Süd, den sie im August des Jahres erreichten. Sie ersetzten die beiden bislang im Dienst stehenden, veralteten Eimerkettenbagger vom Typ Es 3150. Vereinsamt und funktionslos verblieb die Abraumförderbrücke im Tagebau Klettwitz-Nord. „Sprengung und Demontage wurden vorbereitet. Das ging unter die Haut, besonders bei den Leuten aus der Region."[173] Doch sollten diese Planungen niemals Realität werden – im Februar 2000 setzte sich die F60, bestaunt von ca. 4000 Schaulustigen, in Marsch aus dem Tagebau in Richtung Lichterfeld-Schacksdorf; sie fand ihren neuen Platz und ihre neue Funktion am Tagebaurestloch, dem nach der Flutung entstehenden Bergheider See. Ein neuer Platz, der nicht nur quasi den devastierten Ort referenzierte, sondern in der Nähe des Einsatzortes der ersten, bereits weiter oben genannten Abraumförderbrücke der Welt liegt, ein symbolisch aufgeladener Ort.

Im September des Jahres 2000 erwies der seinerzeit amtierende Bundeskanzler Gerhard Schröder dem Objekt seine Reverenz, im folgenden Jahr, 2001, gründete sich der Förderverein F60 e.V., 2001 fiel der Startschuss für die Flutung des Bergheider Sees und am 04. Mai 2002 „fand die feierliche Eröffnungsveranstaltung für das Besucherbergwerk statt."[174] Die 2003 gegründete F60 Concept GmbH und 2013 die der Besucherbergwerk F60 gGmbH sind manifester Ausdruck

---

[171] BLHA Potsdam Rep. 901 Lausitzer Braunkohlenwerke Nr. 1523, unfol., LAUBAG – BKW Senftenberg. Nachtrag zum Technischen Betriebsplan 1990 für den Tagebau Klettwitz-Nord (undatiert).

[172] Baxmann: Abraumförderbrücke F60 (s. Anmerkung 151), S. 50.

[173] Risch: Erinnerungen und Hoffnungen, Teil 1 (s. Anmerkung 156), S. 505.

[174] Risch, Anke: Erinnerungen und Hoffnungen – das Besucherbergwerk F60, Lichterfelde. Teil 2, in: bergbau. Zeitschrift für Rohstoffgewinnung, Energie, Umwelt 53, 2002, 12, S. 552–553, hier: S. 552.

Abb. 8: Dem seinerzeitigen Bundeskanzler Gerhard Schröder wurde anlässlich seiner Begehung des „Besucherbergwerks F60" im September 2000 auch das entstehende, zukünftige „Lausitzer Seenland" vorgestellt. Im ehemaligen Werkstattwagen traf er Vertreter der LMBV und den spiritus rector der IBA Fürst-Pückler-Land, Rolf Kuhn (hinten links im Bild)

fortschreitender Professionalisierung des Fördervereins, der auch alleiniger Gesellschafter beider Firmen ist.[175] Seinen Ausdruck findet dies nicht zuletzt in der ökonomisch erfolgreichen Touristifizierung und Eventisierung des Objektes (Abb. 8 und 9).

Das Objekt, das sich hinter dem Namen „Besucherbergwerk F60" verbirgt, zeigt offenkundig nicht die Verbundtechnologie. Der Abraumförderbrücke kamen in dem Jahrzehnt zwischen Stillstand und neuer Inbetriebnahme nicht nur ihre beiden Eimerkettenbagger abhanden, durch Umbau- und Ausbaumaßnahmen von Baugruppen im Zuge ihrer Erhaltung verlor sie rund 2500 t an Gewicht, bringt

---

175 Deutsches Nationalkomitee für Denkmalschutz bei der Beauftragten der Bundesregierung für Kultur und Medien (Hrsg.): Feierliche Verleihung des Deutschen Preises für Denkmalschutz 2019 durch das Präsidium des Deutschen Nationalkomitees für Denkmalschutz. Montag, 28. Oktober 2019. Aula der Landesschule Pforta in Naumburg, Berlin 2019, S. 24, unter: www.dnk.de/_uploads/media/2267_Festbrosch%C3%BCre%20Deutscher%20Preis%20f%C3%BCr%20Denkmalschutz%202019.pdf (Stand: 28.06.2020).

Abb. 9: Zu den vielfältigen Angeboten der Bespielung des „Besucherbergwerks F60" zählen seit Neuestem auch die so genannten Pyrogames. Eventisierung und Touristifizierung des muesalisierten Objektes sind zwar ein wichtiger Eckpfeiler seiner re-ökonomisierten Rentabilität, da die F60 allerdings als technisches Denkmal nobilitiert wurde, erschweren sie reflexive Deutungen

nur noch ca. 11 000 t auf die Waage. Dies beeinträchtigte ihre Erfolgsgeschichte jedoch nicht – 2006 nahm man sie in den erlesenen Kreis der Ankerpunkte der Europäischen Route der Industriekultur (ERIH) auf und begrüßte bereits 2009 Hiltraud Wille als 500 000. Besuchende, das Jahr, in dem die Brücke auch unter Denkmalschutz gestellt wurde.[176] Eine Erfolgsgeschichte, die nicht abzureißen scheint: Am 28. Oktober 2019 verlieh das Deutsche Nationalkomitee für Denkmalschutz (DNK) dem Besucherbergwerk Förderverein F60 e.V. den Deutschen Preis für Denkmalschutz, präziser die Silberne Halbkugel, die auch fünf weitere

---

[176] Vgl. www.f60.de/de/die-bruecke/chronik.html (Stand: 26.06.2020). Vgl. auch: Bluhm Frieder: Bergwerk mit Aussicht. Das Besucherbergwerk F60 bei Lichterfeld, Brandenburg, in: industrie-kultur. Denkmalpflege, Landschaft, Sozial-, Umwelt- und Technikgeschichte 13, 2007, 3, S. 33. Ferner die Darstellung auf der ERIH-Homepage, unter: www.erih.net/i-want-to-go-there/site/show/Sites/f60-overburden-conveyer-bridge/ (Stand: 26.06.2020). Zur Unterschutzstellung vgl. www.berlin.de/tourismus/nachrichten/5955484-1721038-lausitzer-foerderbruecke-f60-hat-denkmal.html (Stand: 29.06.2020). Es ist darauf hinzuweisen, dass nicht nur die Brücke, sondern auch der Werkstattwagen, in dem eine Präsentation zu sehen ist, und die Gleisrückmaschine unter Denkmalschutz gestellt wurden. Vgl. Brandenburgisches Landesdenkmalamt: Denkmalliste des Landes Brandenburg. Landkreis Elbe-Elster, S. 29, unter: https://bldam-brandenburg.de/wp-content/uploads/2020/02/07-EE-Internet-20.pdf (Stand: 29.06.2020).

Personen und Institutionen erhielten.[177] In seiner Festbroschüre hielt das DNK zur Begründung u. a. fest: „Dem Förderverein sind die Rettung und der Betrieb dieses einzigartigen Denkmals zu verdanken. Ein Denkmal mit starker regionaler Symbolkraft und hohem Aktualitätsbezug. [...] Der Eiffelturm in Paris brauchte lange ehe er ein solches Ausmaß der Identifikation erlangte. Die Förderbrücke F60 setzt ein Zeichen, dass Hoffnung und Mut macht für die Lausitz. Die Auszeichnung mit der Silbernen Halbkugel für den Förderverein F60 e.V. ist unsere Antwort darauf."[178] In der die Festveranstaltung ankündenden Pressemitteilung des DNK klang dies emotionaler. Dort hieß es, der Förderverein erhielte den Preis „für seinen ambitionierten, großartigen Einsatz, durch den die Abraumförderbrücke F60 von einem zur Verschrottung erklärten technischen Großgerät – Zeichen für wirtschaftliche Leistung, aber auch großdimensionierte Zerstörung von Landschaft – schrittweise zu einem Denkmal und touristischen Highlight der Region avancierte. Der Förderverein hat durch seinen Enthusiasmus auch die Bevölkerung und staatliche Stellen begeistert, so dass hier außerordentliches, bürgerschaftliches Engagement, kommunale Verantwortungsbereitschaft und staatliche Förderpolitik ineinander gegriffen haben. Durch die als Rettungsaktion geplante Initialzündung des Vereins steht die unter Denkmalschutz gestellte Förderbrücke nun eindrucksvoll für den Strukturwandel in der Lausitz."[179]

Wenngleich hier ausdrücklich nicht der Ort sein soll, diese Entscheidung des DNK in extenso zu diskutieren, gilt zumindest auf den vom denkmalpflegerischen Diskurs offengelegten Widerspruch von technischen Denkmal und touristischen Highlight hinzuweisen. So betonten unlängst beispielsweise Hans-Rudolf Meier und Marion Steiner, dass Prozesse der Eventisierung und Touristifizierung der aktuellen industriekulturellen Beliebigkeit Vorschub leisteten. Infolgedessen verlören sich aktuelle gesellschaftliche Kontexte und aufklärerische Perspektiven, „Vorschläge für neue und kritische Interpretationen von Vergangenheit mit einer zukunftsweisenden Richtung" seien verunmöglicht.[180] Ausdrücklich hingegen ist

---

177 Deutsches Nationalkomitee für Denkmalschutz bei der Beauftragten der Bundesregierung für Kultur und Medien (Hrsg.): Feierliche Verleihung (s. Anmerkung 175), S. 9.
178 Ebd., S. 23.
179 Deutsches Nationalkomitee für Denkmalschutz bei der Beauftragten der Bundesregierung für Kultur und Medien (Hrsg.): Pressemitteilung. Verleihung des Deutschen Preises für Denkmalschutz 2019 // Bekanntmachung der Preisträgerinnen und Preisträger // Preisverleihung am 28. Oktober 2019 in Naumburg v. 05.08.2019, S.3, unter: www.dnk.de/_uploads/media/2261_05.08.2019_Pressemitteilung_DeutscherPreis.pdf (Stand: 28.06.2020).
180 Meier, Hans-Rudolf/Steiner, Marion: Denkmal – Erbe – Heritage: Begriffshorizonte am Beispiel der Industriekultur. Monument – Patrimony – Hertiage: Industrial Heritage and the Horizons of Terminology, in: Bogner, Simone u. a. (Hrsg.): Denkmal – Erbe – Heritage: Begriffs-

im Folgenden anzuknüpfen an vom DNK genutzte Begrifflichkeiten wie Symbolkraft, Hoffnung, Mut usw. – Topoi, allesamt, die sinnfällig den Prozess der Musealisierung der Abraumförderbrücke F60, Nr. 36 spiegeln, der den Objektcharakter transformierte und das Objekt in eine neue technische Eigenzeit überführte, die allerdings partiell rückgebunden blieb an jene seines industriellen Vorlebens.

„Glück auf nun, F60, gigantisches Zeichen für menschlichen Genius, Mut und auch Kraft!" – Musealisierung und „Nachleben" eines bergbaulichen Großobjektes

Der prädestinierte ‚Schrotthaufen' F60, Nr. 36 erlebte, um auf die Diktionen Heike Webers zurückzugreifen, „ein bei [ihrer] Einführung oft weder bedachtes noch bekanntes ‚Danach', das hier als *Nachleben der Technik* angesprochen wird."[181] Gleichwohl Weber hiermit betonen will, das – v. a. ökologische – Folgewirkungen verschwundener, aber auch noch existierender Techniken zunehmend durch „Innovation[en] ‚repariert'"[182] werden (müssen), lässt sich im konkreten Einzelfall der F60, Nr. 36 ebenfalls von einem „Nachleben der Technik" reden, war doch ihr musealisiertes ‚Überleben' ursprünglich keine je gedachte und geplante Option, eine Aussage, die wohlgemerkt auf das materielle Erbe der Industrie grosso modo zutrifft. Gleichwohl eignet sich das Beispiel des gewählten Artefaktes besonders, um Objekt-Transformationen mit ihren materialen, materiellen und vornehmlich diskursiven Begleiterscheinungen zu thematisieren. Es eignet sich besonders aufgrund seines Konstruktionsmaterials. In den „Metamorphosen des Abfalls" wies Susanne Hauser bereits 2001 auf die ephemere Natur moderner Materialien hin, zu denen zweifelsfrei auch der Stahl zählt. Sie konstatierte: „Prototypen des industriellen Bauens im 20. Jahrhundert, der Flugzeughangar, das Öllager, die Baracke, der Hochofen, [...] sind dem Verfall und dem schnellen Austausch nahe und damit einem Ephemeren, das aus dem gesteigerten Verbrauch von Materialien

---

horizonte am Beispiel der Industriekultur. Monument – Patrimony – Heritage: Industrial Heritage and the Horizons of Terminology, Holzminden 2018, S. 16–35, S. 25. Zur dieser Kritik vgl. überblickartig und prononciert bereits: Engelskirchen, Lutz: Der lange Abschied vom Malocher. Industriearchäologie, Industriekultur, Geschichte der Arbeit – und dann? Ein kleiner Exkurs, in: Rasch, Manfred/Bleidick, Dietmar (Hrsg.): Technikgeschichte im Ruhrgebiet – Technikgeschichte für das Ruhrgebiet. Festschrift für Wolfhard Weber zum 65. Geburtstag, Essen 2004, S. 135–154.
181 Weber, Heike: Zeitschichten (s. Anmerkung 23), S. 113, Hervorhebung im Original.
182 Ebd., S. 114.

hervorgeht. [...] Sie werden abgerissen oder verkauft und versetzt [...], sobald sie Entwicklungen in der Produktion oder anderen Zwecken im Wege stehen. Dieses Ephemer-Sein betrifft alle Maschinerie des 20. Jahrhunderts, auch die heute als mögliche Skulpturen diskutierten Hochöfen. Diese sind aufgrund ihrer extremen Nutzung für einen schnellen Verschleiß [...] gebaut worden, nicht für den Erhalt und nicht für einen prolongierten Stillstand."[183] Dieses Ephemer-Sein des Materials hat Konsequenzen für das Objekt, ist es doch per se transitorisch, sein Entschafftwerden konstitutives Wesensmerkmal. Der Kulturwissenschaftler Torgeir Rinke Bangstad beschreibt die hiermit einhergehend Paradoxie des Erhalts des materiellen industriellen Erbes treffend, wenn er, einen breiten Kontext ansprechend, konstatiert, der „industrial heritage discourse emphasizes permance in a cultural context where the ephemeral is part of the routine and where function is what provides a building with a clear sense of purpose and meaning. The valuation of obsolete industrial relics is a break with this routine and a way to detach the industrial from its industrial context. [...] Forms of *in situ* preservation are attempts to prolong a situation where the material object and the surrounding cultural context remain connected. A factory building, however, is already a stranger to itself at the moment it falls out of the large production system."[184] Das per se Ephemer-Sein industrieller Objekte verbindet sich insofern mit einem Sich-Selbst-Fremd-Sein bzw. -Werden, infolgedessen sei, so Bangstad weiter argumentierend, für den Diskurs über das materielle Erbe des Industriezeitalters konstitutiv: „The presumption that heritage should facilitate a discovery of the self and foster pride

---

183 Hauser, Susanne: Metamorphosen des Abfalls. Konzepte für alte Industrieareale, Frankfurt a. M./New York 2001, S. 173. Zu den Kernthesen dieser Habilitationsschrift vgl. zusammenfassend: Hauser, Susanne: Ephemeres und Monumentales. Versuch über Materialität und Architektur im 20. Jahrhundert, in: Wolkenkuckucksheim | Cloud-Cuckoo-Land | Воздушный замок, 6, 2001, unter: www.cloud-cuckoo.net/openarchive/wolke/deu/Themen/011/Hauser/Hauser.htm (Stand: 28.07.2020). Dieses Ephemer-Sein hat für den stofflichen Metabolismus im Bauwesen erhebliche Konsequenzen, vgl. hierzu: Hassler, Uta/Kohler, Niklaus/Paschen, Herbert (Hrsg.): Stoffströme und Kosten in den Bereichen Bauen und Wohnen, Heidelberg/Berlin 1999; Hassler, Uta/Kohler, Niklaus: Das Verschwinden der Bauten des Industriezeitalters. Lebenszyklen industrieller Baubestände und Methoden transdisziplinärer Forschung, Tübingen 2004; Hassler, Uta (Hrsg.): Langfriststabilität. Beiträge zur langfristigen Dynamik der gebauten Umwelt. Towards a Sustainable Development of the Built Environment, Zürich 2011.
184 Bangstad, Torgeir Rinke: Industrial heritage and the ideal of presence, in: Olsen, Bjørnar/ Pétursdóttir, Þóra (Hrsg.): Ruin Memories. Materiality, Aesthetics and the Archaeology of the Recent Past, London/New York 2019 [2014], S. 92–105, hier: S. 92, Hervorhebung im Original; vgl. ausführlicher auch: Ders.: Defamiliarization, Conflict and Authenticity: Industial Heritage and the Problem of Representation, Diss. phil. NTNU – Trondheim 2014, unter: https://core.ac.uk/download/pdf/52113527.pdf (Stand: 23.12.2020).

of one's past, tends to neglect the way heritage creates new relations between people and their immediate environment. These new relations are not necessarily sanctioned by the past or something that was intended by the original users or creators."[185] Es scheint dieser Grundannahme geschuldet, dass insbesondere das Überleben des industriell-materiellen Erbes an Prozesse seiner sinnlich-bildlichen Ästhetisierung rückgebunden ist, wie sie uns ausdrucksstark in der Industriefotografie von Bernd und Hilla Becher entgegentritt.[186]

Erst aufgeladen mit einer ursprünglich fremden Aura ist das Objekt in der Lage, menschliche Entdeckerlust und Stolz auf die industrielle Vergangenheit zu wecken – Aura und Event, oder neutraler: Performanz, verweben sich miteinander und stellen sich so quer zum puristischen musealen Diskurs, verweisen auf die so genannte *experience economy*.[187] Insofern darf seltsam befremdlich anmuten, dass der Diskurs über den Erhalt der F60, der zur Mitte der 1990er-Jahre, seit 1997 Fahrt aufnehmend, standen doch Sprengung und Flutung des Restloches für 1998 an,[188] einsetzte, größtenteils ohne ästhetisierende Inszenierungen auskam. Um es thesenhaft zu formulieren, mag dies zum einen am radikalen Strukturbruch in der Niederlausitz gelegen haben, in dessen Kontext die objektbasierte, identitätsstiftende Rückversicherung und Zukunftsorientierung scheinbar einen anderen Stellenwert einnehmen konnten, als beispielsweise im moderierten Strukturwandel des Ruhrgebiets. Dies mag zum anderen jedoch am Objekt selbst, an dessen ‚schierer' Größe gelegen haben, bemühten die Akteure sie doch immer wieder als argumentativen Bezugspunkt. Es deutet sich bereits die diskur-

---

185 Bangstad: Industrial heritage (s. Anmerkung 184), S. 99.
186 Vgl. Parak, Gisela: Pulser for Preservation: Bernd & Hilla Becher and the role of photography in industrial heritage, in: Bluma, Lars/Farrenkopf, Michael/Meyer, Torsten (Hrsg.): Boom – Crisis – Heritage. King Coal and the energy revolutions after 1945, Berlin/Boston 2021 (= Veröffentlichungen aus dem Deutschen Bergbau-Museum Bochum, Bd. 242; = Schriften des Montanhistorischen Dokumentationszentrums, Nr. 42), S. 211–226.
187 Vgl., mit sehr kritischem Unterton zur Beziehung von Aura und Performanz: Korff, Gottfried: 13 Anmerkungen zur aktuellen Situation des Museums, in: Eberspächer, Martina/König, Gudrun Marlene/Tschofen, Bernhard (Hrsg.): Gottfried Korff. Museumsdinge. deponieren – exponieren, 2. erg. Aufl., Köln u. a. 2007, S. IX–XXIV, hier: S. XVII f.; vgl. zur Erlebnisökonomie, gerade auch in Verbindung mit Museen: Pine II, B. Joseph/Gilmore, James H.: The Experience Economy, in: Museums News 78, 1999, S. 45–48; Dies: Authenticity. What Consumers Really Want, Massachusetts 2007; Dies.: Museums and Authenticity, in: Museum News May/June 2007, S. 76–93. Die denkmalpflegerische Kritik an dieser Eventkultur wurde bereits erwähnt.
188 Vgl. Bayerl: F60 (s. Anmerkung 160), S. 48 f. Beschleunigend wirkte sich aus, dass in diesem Jahr die Landesregierung beschloss, eine Internationale Bauausstellung in der Lausitz zu implementieren.

sive Polyphonie an, die charakteristisch für Objekt-Musealisierungen ist.[189] Fragt sich mithin, was die Akteure alles vermeinten, in die F60 projizieren und einschreiben zu können, wie sie die Transformation des Ephemeren in das Immerwährende argumentierten, die F60 letztendlich museal entschafften.[190]

Werfen wir aber zunächst einen kurzen Blick auf die Befürworter einer artgerechten Entschaffung der F60. Allen voran ist die Lausitzer und Mitteldeutsche Bergbauverwaltungsgesellschaft (LMBV) zu nennen, in deren Eigentum das Objekt nach seiner Stilllegung gegangen war und die seit 1992 seine Sprengung vorbereitete.[191] Mühelos konnte sie ins diskursive Feld führen, dass die Verschrottung bereits bestätigt sei, im Sinne des so genannten Rückbaus, der Erhalt und Umbau für Nachnutzungen erhebliche Mittel verschlänge, die F60 kaum Denkmaleigenschaften aufweise, da sie zum einen nicht mehr in ihrer ursprünglichen Konstruktion existiere, zum anderen auch kein Unikat in der Region darstelle, befanden sich doch noch weitere Brücken dieses Typs im aktiven Einsatz. Das stärkste, auf den ersten Blick schwerlich von der Hand zu weisende Argument lautete allerdings, dass die F60 unter Bergrecht steht, ihr Entlassung und Überführung in das öffentliche Baurecht höchst schwierig, wenn überhaupt möglich, wäre[192] – schlussendlich verblieb die F60 als Besucherbergwerk unter Bergaufsicht.[193] Demgegenüber entfalteten die für die museale Entschaffung plädierenden Akteure einen vielstimmigen Argumentationschor – Größe, Re-Ökonomisierung, Erinnerung, Identität und Zukunft wurden beispielsweise angestimmt, wobei die Übergänge ebenso fließend sein konnten, wie die attributive Vermengung.

Die Größe des Objektes betonten vornehmlich zwei Stimmen, mit denen die Darstellung der musealisierenden Polyphonie beginnt. In seinen Ausführungen zu den Perspektiven touristischer Entwicklungen im Amt Kleine Elster/Niederlausitz, konkret im Raum Lichterfeld-Sallgast mit der F60, konstatierte der seinerzeitige Amtsdirektor Gottfried Richter 1997: „Übrigens ist ein Name für die Tagebaubrücke bereits geprägt – ‚Big Brontosaurus'."[194] Diese gigantomanisch,

---

189 Vgl. zusammenfassend zu solchen Prozessen z.B.: Eberspächer, Martina/König, Gudrun Marlene/Tschofen, Bernhard (Hrsg.): Gottfried Korff. Museumsdinge (s. Anmerkung 187).
190 Günter Bayerl hat diesen Prozess bereits zu einem frühen Zeitpunkt, 2001, ausführlicher dargestellt. Im Folgenden geht es mir weniger um die Akteure selbst, sondern vor allem um deren Argumente. Vgl. Bayerl: F60 (s. Anmerkung 160), S. 45–51.
191 Vgl. https://www.f60.de/de/die-bruecke/chronik.html (s. Anmerkung 176).
192 Die Argumente nach: Baxmann: Abraumförderbrücke F60 (s. Anmerkung 151), S. 50.
193 Baxmann: Besucherbergwerk (s. Anmerkung 72), S. 87.
194 Richter, Gottfried: Touristische Entwicklung von Lichterfeld-Sallgast, in: Amtsblatt des Amtes Kleine Elster/Niederlausitz 6, 1997, 8, o. S., zit. nach: Bayerl: F60 (s. Anmerkung 160), S. 47.

semantische Mimikry mutet befremdlich an, denn ganz im Gegensatz zum Brontosaurus, der seit der Dinosaurier-Renaissance der 1970/1980er-Jahre zur Ikone mutierte, weltweit verbunden mit dem Bild des „langhalsigen friedfertigen Dinosauriers", des „braven Kolosse[s],"[195] ist die F60 unbestritten kolossal, war allerdings weniger friedfertig – trug ihre Art doch zur „Verlusterfahrung Landschaft" im Allgemeinen und „Verheizte[n] Lausitz" im Besonderen bei.[196] Das biologische Schönfärben des Objektes entlarvt die im materiellen Erbe eingeschriebene industrielle Vergangenheit insofern auch als unbequem.

Eine grundlegend andere Analogie bemühte Rolf Kuhn. Der ehemalige Direktor der Stiftung Bauhaus Dessau war 1998 als Geschäftsführer der Vorbereitungsgesellschaft IBA Fürst-Pückler-Land in die Niederlausitz gezogen. Nach ihrer Implementierung übernahm er von 2000 bis 2010 auch deren Leitung.[197] „Eher zufällig war auch das heute geflügelte Wort vom ‚Liegenden Eiffelturm der Lausitz' entstanden: IBA-Geschäftsführer Prof. Rolf Kuhn verglich 1998 in einem Zeitungsinterview die F60 mit dem Pariser Wahrzeichen, das ursprünglich nur für die Dauer der Weltausstellung 1889 errichtet worden war, dann aber stehen blieb und zur Touristenattraktion wurde; so könne auch die F60 Wahrzeichen und Besuchermagnet der Lausitz werden."[198]

Nun ist allerdings durchaus fraglich, ob der F60 überhaupt Wahrzeichencharakter eingeschrieben werden kann, sind diese doch zumeist orts- weniger hingegen regionalgebunden. Anderseits fällt auf, dass das durch Größe ikonisierte Objekt in den Planungen der IBA Fürst-Pückler-Land einen gänzlich anders gelagerten Stellenwert gewann, als die Empfehlungen des Gründungsdirektoriums vorgesehen hatten. Zwar machten dessen Mitglieder Industriekultur als einen von insgesamt vier Arbeitsbereichen aus, denn „150 Jahre Industrialisierung in der Lausitz haben es verdient, daß die wichtigsten Zeugnisse für nachfolgende

---

195 Müller-Jung, Joachim: Der Stehaufsaurier, in: Frankfurter Allgemeine Zeitung vom 09.04.2015, unter: https://www.faz.net/aktuell/feuilleton/brontosaurus-zweimal-ausgestorben-und-dennoch-ueberlebt-13527852.html (Stand: 11.08.2020). Vgl. auch: Switek, Brian: My Beloved Brontosaurus. On the Road With Old Bones, New Science and Our Favorite Dinosaurs, New York 2013.
196 Lenz, Gerhard: Verlusterfahrung Landschaft. Über die Herstellung von Raum und Umwelt im mitteldeutschen Industriegebiet seit der Mitte des 19. Jahrhunderts, Frankfurt a. M. 1999; Umweltzentrum Hoyerswerda (Hrsg.): Verheizte Lausitz. Der Braunkohlenbergbau und seine Probleme im ostelbischen Raum, Hoyerswerda 1990.
197 Vgl. https://web.archive.org/web/20110721203410/http://www.iba-see2010.de/de/kontakt/koepfe/inhalte/kuhn.html (Stand: 03.08.2020).
198 Vgl. iba-see2010.de/de/verstehen/projekte/projekt3.html (Stand: 03.08.2020).

Generationen in originären Erinnerungsstücken erhalten bleiben",[199] doch wurde Tagebaugroßgeräten keine exzeptionelle Bedeutung zugewiesen, wie schlaglichtartig die Idee des „Lehrpfad[s] Industriemonumente – vom Hutmuseum Guben über das Kraftwerk Schwarze Pumpe bis zur Brikettfabrik Domsdorf" verdeutlicht, dessen Konzeption derartige Artefakte nur als ‚schmückendes' Beiwerk vorsah.[200]

Die beiden zitierten Stimmen eint nicht nur, dass sie das Industriell-Monumentale betonen, sondern auch die Re-Ökonomisierung der F60 konturierten, die sie heute prägt – ein touristifizierter Event-Ort zu sein. Und eben diese Transformation des Objektes war, wie Günter Bayerl knapp und treffend konstatierte, „eines der Hauptargumente zu ihrem Erhalt."[201] Auf die hiermit verbundene Problematik wird noch zurückzukommen sein, hier sei zunächst darauf hingewiesen, dass sich mit dieser Re-Ökonomisierung des Objektes das für die 1990er-Jahre charakteristische Diktum „Industriekultur hat immer zwei Zeiten: Respekt vor der Vergangenheit und Mut zur Zukunft" andeutet.[202] Überdeutlich spiegelt sich dies in einem kurz nach dem gesicherten Überleben der F60 von Anke Risch verfassten Gedicht: „Glück auf nun, F60, gigantisches Zeichen für menschlichen Genius, Mut und auch Kraft! Du stellst für die Zukunft nun neue Weichen –

---

199 BLHA Potsdam Rep. 2605 pro brandenburg e.V., Nr. 16, unfol., Internationale Bauausstellung Fürst-Pückler-Land. Werkstatt für neue Landschaften in der Lausitz. Die Empfehlung des Gründungskuratoriums (Entwurf) Juni 1997, S. 21 (Seitenangabe nach dem genannten Dokument). Die anderen drei Arbeitsbereiche waren: Neue Landschaften, Baukultur und Tourismus. Schlussendlich prägten die Durchführungsphase der IBA dann die sieben Themenschwerpunkte Industriekultur, Wasserlandschaften, Energielandschaften, Neuland, Grenzlandschaften, Stadtlandschaften und Zwischenlandschaften. Vgl.: www.iba-see2010.de/de/verstehen/projekte/schwerpunkte.html#7682 (Stand: 12.08.2020).
200 BLHA Potsdam Rep. 2605 pro brandenburg e.V., Nr. 16 (s. Anmerkung 199), S. 42. Wie schwer man sich auch und vor allem auf Seiten der Politik tat, auf den rollenden Zug des Erhalts der F60 aufzuspringen, zeigt u. a. ein im Juni 1999 stattgefundenes Treffen der Sächsisch-Brandenburgischen Standort- und Entwicklungsgesellschaft, auf dem über die Chancen des Tourismus in der Lausitz gesprochen wurde, die F60 aber keine Erwähnung fand. Vgl.: BLHA Potsdam Rep. 1700 Ministerium für Wirtschaft und Europaangelegenheiten Nr. 221, unfol.
201 Bayerl, Günter. Vom Regenwald in die Wüste. Die Niederlausitz und die „Musealisierung" der Industriekultur, in: John, Hartmut/Mazzoni, Ira (Hrsg.): Industrie- und Technikmuseen im Wandel. Standortbestimmungen und Perspektiven, Bielefeld 2005 (= Publikationen der Abteilung Museumsberatung, Nr. 20), S. 212–234, hier: S. 218.
202 Borsdorf, Ulrich u. a. (Hrsg.): Sonne, Mond und Sterne. Kultur und Natur der Energie. Katalog zur Ausstellung auf der Kokerei Zollverein in Essen, 13. Mai bis 13. September 1999 im Rahmen des Finales der Internationalen Bauausstellung Emscher Park, Bottrop/Essen 1999, S. 11, zit. nach: Baxmann, Matthias: Abraumförderbrücke F60 (s. Anmerkung 176), S. 56.

doch auch neue Ziele werden geschafft!"²⁰³ Während die Schatzmeisterin des Bezirksvereins Lausitzer Braunkohle emotional-pathetische, ihrer eigenen Vita geschuldete Töne anschlug, liest sich dieser Zusammenhang in den Worten des Technikhistorikers Günter Bayerl, seinerzeitiger Inhaber des Lehrstuhls für Technikgeschichte an der Brandenburgischen Technischen Universität Cottbus, heute BTU Cottbus-Senftenberg, weniger pathetisch, dennoch engagiert. Er hatte sich bereits zu Beginn des Jahres 1998 öffentlichkeitswirksam in einem Interview der „Lausitzer Rundschau" für den Erhalt der F60 stark gemacht, sei sie doch „das wichtigste Objekt von Größe und Qualität in der Niederlausitz", somit auch ihre Aura beschworen.²⁰⁴ 2001 resümierte er dann rückblickend: „Die Niederlausitz hat nicht nur eine Vergangenheit, sie hat auch eine interessante Zukunft. Die F60 ist die Niederlausitzer Brücke – nicht nur zur Erinnerung, sondern auch als Wegweiser, der von der Störung zum Wandel führt. Ein Werkzeug des Transfers für eine transitorische Landschaft."²⁰⁵ Es liegt durchaus auf der Hand, den konstruktiven Charakter des Objekts als industriekulturelle Metapher zu nutzen, gerade dann, wenn das Objekt, wie bei Bayerl, in kulturlandschaftlichen Dimensionen gedacht wird, denn hier gilt unbestritten: „Landschaft ist transitorisch".²⁰⁶ Die F60 erscheint daher besonders prädestiniert, den stetigen Zeitfluss zu versinnbildlichen, verliert aber mit dieser Zuschreibung noch stärker an Identität, als durch ihren Erhalt.

Es versteht sich von selbst, dass die von Bayerl und Risch formulierte Brückenmetapher nicht ohne Rückbezüge auf Vergangenheit auskommen kann. Scheint dies bereits im zitierten Gedicht von Anke Risch auf, so argumentiert Bayerl in dieser Hinsicht mit dem lebensweltlichen, historisch gewachsenen Identifikationspotential der F60.²⁰⁷ Deutlicher noch konturierte der Technikhistoriker und Denkmalpfleger Matthias Baxmann, Ende der 1990er-Jahre Leiter des Arbeitskreises Industriekultur der IBA Fürst-Pückler-Land, den Vergangenheitsaspekt des Objektes und nutzte hierfür ebenfalls die objektaffine Brückenmetapher: „Die Abraumförderbrücke bei Lichterfeld kann – selbst wenn sie einer touristischen Nutzung zugeführt wird – ein solches Merkzeichen, eine ‚Brücke des Erinnerns' sein."²⁰⁸ Diese These formulierte er Ende des Jahres 1998, zu

---

203 Risch, Anke: Erinnerung und Hoffnung, Teil 2 (s. Anmerkung 174), S. 553.
204 Bayerl, Günter: F60 (s. Anmerkung 160), S. 50.
205 Ebd., S. 59.
206 Burckhardt, Lucius: Landschaft ist transitorisch – Zur Dynamik der Kulturlandschaft, in: Laufener Seminarbeiträge 4, 1995, S. 31–36 (auch in: Topos – European Landscape Magazine 6, 1994, S. 38–44).
207 Vgl. Bayerl, Günter: F60 (s. Anmerkung 160), bes. S. 54 f.
208 Baxmann, Matthias: Abraumförderbrücke F60 (s. Anmerkung 151), S. 54.

einem Zeitpunkt, an dem das musealisierte „technische Nachleben" des Objektes noch nicht als „absolut sicher"[209] anzusehen war. Die Rede von der „Brücke des Erinnerns" diente ihm vor allem dazu, den Denkmalcharakter des Objektes zu untermauern, wobei er diesen, nicht zuletzt ob des fragmentarischen Erhaltungszustandes, vornehmlich aus dem Positionspapier „Industriedenkmalpflege und Geschichtskultur der Internationalen Bauausstellung Emscher Park" herleitete, das behauptete, „Identität und historisches Bewusstsein [sind] untrennbar mit der räumlich gebundenen Überlieferung, den Bauten und der Industrielandschaft verbunden".[210] Die aktuelle Kritik an derartigen Annahmen scheint einerseits wohlfeil, anderseits kaum möglich. Kaum möglich erscheint sie, da der konstatierte Zusammenhang von Identität und Industriekultur auch heute noch Prämisse der Forschung ist.[211] Gleichwohl ist sie wohlfeil, da aktuell zum einen Identität als sozialkonstruktivistische Kategorie verstanden wird,[212] mangelt es doch scheinbar an empirischen Studien.[213] Zum anderen, hiermit verbunden, gegenwärtig ihr historisch und räumlich Fluides deutlicher zu Tage tritt, wenn beispielsweise Industriekultur als Eckpfeiler einer europäischen Identität diskutiert wird.[214] Insofern, aber auch angesichts der bereits weiter oben zitierten Kritik an der Eventisierung und Touristifizierung von Industriekultur, darf die Metapher der „Brücke des Erinnerns" heute durchaus sehr kritisch gesehen werden, trug aber in den 1990er-Jahren dazu bei, für den Erhalt des Objektes zu sensibilisieren.

---

209 Ebd.
210 Positionspapier Industriedenkmalpflege und Geschichtskultur der Internationalen Bauausstellung Emscher Park, in: industrie-kultur. Denkmalpflege, Landschaft, Sozial-, Umwelt- und Technikgeschichte 1996, 1, S. 36, zit. nach: Baxmann, Matthias: Abraumförderbrücke F60 (s. Anmerkung 151), S. 52.
211 Vgl., neben vielen, nur: Berger, Stefan: Constructing Industrial Past. Heritage, Historical Culture and Identity in Regions Undergoing Structural Economic Transformation, New York/Oxford 2019 (= Making Sense of History 38); The Public Historian 39, 2017, 4 (= Special Issue: Deindustrialization, Heritage, and Representations of Identity); Tekniikan waiheita 35, 2017, 4, hier bes. zum methodischen Ansatz des Themenheftes: Sivula, Anna: Industrial Heritages Revisted: The Translocal Identities behind Resitant Localities, in: Ebd., S. 3–5.
212 Berger, Stefan/Wicke, Christian/Golombek, Jana: Burdens of Eternity? Heritage, Identity, and the "Great Transition" of the Ruhr, in: The Public Historian 39, 2017, 4, S. 21–43, bes. S. 22; Sivula, Anna: Industrial Heritage Revisted (s. Anmerkung 211).
213 Hier wäre z.B. zu nennen: Schwarz, Angela (Hrsg.): Industriekultur, Image, Identität. Die Zeche Zollverein und der Wandel in den Köpfen, Essen 2008.
214 Andrieux, Jean-Yves: Industrial Heritage: A New Cultural Issue, in: Encyclopédie pour une histoire nouvelle de l'Europe, unter: https://ehne.fr/en/node/12422 (Stand: 12.08.2020).

Kein Ende? Vom Fortleben der F60 und der materiellen Kultur des Bergbaus

Die vielschichtigen Zuschreibungen an die F60 überfrachteten das Objekt unverkennbar. Konnte es kein „Big Brontosaurus" sein, sollte es zumindest ein „liegender Eiffelturm" werden, verband sich hiermit doch auch eine Form der ikonenhaften Weltläufigkeit für die Region. Sollte es denkmalwürdig sein, so zugleich auch zukunftszugewandt, sollte mithin die durch den regionalen Strukturbruch verursachte klaffende Lücke zwischen „Erfahrungsraum" und „Erwartungshorizont", um Reinhart Kosellecks zu bemühen,[215] überbrücken, zumindest aber verkleinern. Drückt diese inhaltliche Überladung den Prozess der Musealisierung sinnfällig aus, so waren es doch konkrete Akteure und politische Entscheidungen, die für die Prolongierung der „technischen Eigenzeiten" der F60 verantwortlich zeichneten. Neben dem bereits namentlich erwähnten Amtsdirektor Gottfried Richter und dem Förderverein seien hier noch die Landschaftsarchitektin Elke Loewe und die namenlosen Teilnehmer einer im März 1998 initiierten, nicht repräsentativen TED-Umfrage der „Lausitzer Rundschau", die in übergroßer Mehrheit für den Erhalt der F60 votierten, erwähnt.[216] Ob allerdings ohne die Implementierung der IBA Fürst-Pückler-Land durch die Landesregierung Brandenburg die Bemühungen des Erhalts erfolgreich verlaufen wären, mag bezweifelt werden.

In diesem Kontext gilt es, auch ein bislang nicht erwähntes, auf der Hand liegendes Argument zu erwähnen, das für die Bewahrung des Objektes sprach – der gute Erhaltungszustand der F60, der vergleichsweise geringe finanzielle Mittel für die Restaurierung erforderte.[217] Er bildete gewissermaßen eine wichtige Basis, das musealisierte Objekt an die im Vorangegangenen geschilderten Routinen seiner „technischen Eigenzeit" zu koppeln. Konkret ist der Instand haltende Korrosionsschutz gemeint, für den der Förderverein jährlich „rund 25 000 Euro auf die hohe Kante [packt]".[218] Diese Fortschreibung von Routinen in den „techni-

---

215 Koselleck, Reinhart: „Erfahrungsraum" und „Erwartungshorizont" – zwei historische Kategorien, in: Ders., Vergangene Zukunft. Zur Semantik geschichtlicher Zeiten, 3. Aufl., Frankfurt a. M. 1995 [1977], S. 349–375.
216 Baxmann, Matthias: Abraumförderbrücke F60 (s. Anmerkung 151), S. 57.
217 Die Bedeutung dieses Arguments zeigt sich im Vergleich mit ähnlichen Bestrebungen im Mitteldeutschen Revier, vor allen in Böhlen, die aufgrund hoher Restaurierungskosten scheiterten. Den Hinweis hierauf verdanke ich Martin Baumert, Bochum/Leipzig.
218 Stürmer, Angelika: Lichterfelds Abraumförderbrücke F60, in: Märkische Allgemeine, unter: www.maz-online.de/Nachrichten/Kultur/Lichterfelds-Abraumfoerderbruecke-F-60 (Stand: 16.06.2020).

Abb. 10: Die F60 und der Bergheider See bilden die neue, post-industrielle landschaftliche Verbundtechnologie, verweisen symbolisch und symbiontisch aufeinander

schen Eigenzeiten" dient zwar in beiden Nutzungszuständen dem funktionalen Erhalt des Materials, doch unterscheidet sich die Materialität, die Oberflächentextur, erheblich, lassen sich doch bei der musealisierten F60 keine Nutzungsspuren erkennen, die im industriellen Leben ständiger Begleiter des Objektes waren.

Das nicht mitgedachte museale „Danach" der F60, Nr. 36 ist nicht nur durch die Routinen seiner industriellen „technischen Eigenzeit" mit dieser verbunden, sondern auch durch ökonomische Rentabilitätserwägungen. Sie standen am Beginn der technischen Entwicklung von Abraumförderbrücken, erweisen sich aber auch für ihr musealisiertes Fortleben als bedeutsam. Und ein metaphorisches Drittes tritt hinzu – der Verbundcharakter. Abraumförderbrücken sind industriell nur dann funktional, wenn sie i.d.R. mit Eimerkettenbaggern gekoppelt werden. Dieser Verbund kam dem „Besucherbergwerk F60" zwar abhanden, doch trat an seine Stelle ein neuartiger, jener des musealisierten Objektes mit dem Bergheider See. Die F60 korrespondiert heute und zukünftig mit diesem artifiziellen See – und es mag diesem Verbundcharakter geschuldet sein, der der weiter oben zitierten Brückenmetapher des Objektes zusätzliche diskursive Überzeugungskraft einschrieb (Abb. 10).

Wenngleich im Vorausgegangenen kritische Untertöne im Hinblick auf die Musealisierung und Denkmalwerdung der F60, Nr. 36 mitschwangen, so steht zweifelsfrei außer Frage, dass es sich um ein exzeptionelles Objekt der materiellen Kultur des Bergbaus handelt, allein schon, da niemals größere Abraumförderbrücken in Deutschland produziert wurden noch werden; ein Umstand, der bereits vor Verkündung des politischen Aus des Braunkohlenbergbaus im Jahr 2038 absehbar schien.[219] Die F60 markiert mithin den Schlusspunkt einer technischen Entwicklung, die 1924 im Niederlausitzer Braunkohlenrevier begann. Als musealisiertes Objekt überliefert, ist die F60 Nr. 36 präziser als bedeutendes materielles Erbe des deutschen Braunkohlenbergbaus anzusprechen, das als technisches Denkmal nobilitiert wurde. Im deutschen Sprachraum ist Erbe allerdings nicht gleichzusetzen mit Denkmal;[220] Denkmale werden gesellschaftlich produziert, das Erbe hingegen engt per se Entscheidungsspielräume ein – wir können es ablehnen oder annehmen. Schränkt die Nobilitierung „Denkmal" zukünftige Deutungs- und Entscheidungsoptionen ein, so schafft das „Erbe" größere Spielräume nachkommender Generationen. Fassen wir die überlieferte materielle Kultur des Bergbaus als „Erbe", so halten wir die Zukunft der Objekte und ihre zukünftigen Lesarten offener, anerkennen, dass ihr Erhalt möglicherweise nicht von Dauer sein wird, erlauben nachkommenden Generationen stets neu über die Objekte zu reflektieren, sie zu erhalten aber auch zu „entschaffen".[221] Eine derartige Transformationslogik mag mühsam sein, sie bewahrt uns dennoch vor dem Problem des Dauerhaften von sui generis ephemeren Objekten, ganz davon abgesehen erzeugt sie intergenerationelle Demokratie im Umgang mit dem materiellen Erbe. Kurzum: Im Umgang mit dem materiellen Erbe des Bergbaus könnte eine Form der Gelassenheit wirkmächtiger sein als borniertes Insistieren auf dauerhaften Erhalt.[222]

---

219 Vgl. Müller, Diethelm/Krause, Heinz/Nakonz, Horst: 60 Jahre Abraumförderbücken (s. Anmerkung 49), S. 166.
220 Vgl. Meier, Hans-Rudolf/Steiner, Marion: Denkmal – Erbe – Heritage (s. Anmerkung 180).
221 Ähnlich argumentierte bereits: Bayerl, Günter: Kulturlandschaften – Erbe und Erblasser. Die Niederlausitz als bedeutsames Erbe/Cultural Landscapes. Inheritance and Bequeathor. Niederlausitz as an Important Heritage Site, in: Deutsche UNESCO-Kommission e.V./Brandenburgische Technische Universität Cottbus (Hrsg.): Natur und Kultur. Ambivalente Dimension unseres Erbes – Perspektivenwechsel. Nature and Culture. Ambivalent Dimensions of our Heritage – Change of Perspective, Bonn 2002, S. 59–78.
222 Ähnlich auch argumentiert Bangstad: Industrial heritage (s. Anmerkung 184).

Internetressourcen

https://cp.tu-berlin.de/person/1802 (Stand: 11.02.2020).
https://eser-ddr.de/index.htm (Stand: 09.03.2020).
www.berlin.de/tourismus/nachrichten/5955484-1721038-lausitzer-foerderbruecke-f60-hat-denkmal.html (Stand: 29.06.2020).
www.bundesbank.de/resource/blob/615162/6ecf04e880e121e47209090ab82b1e1e/ mL/kaufkraftaequivalente-historischer-betraege-in-deutschen-waehrungen-data.pdf?__blob=publicationFile (Stand: 12.02.2020).
www.erih.net/i-want-to-go-there/site/show/Sites/f60-overburden-conveyer-bridge (Stand: 26.06.2020).
www.f60.de/de/die-bruecke/chronik.html (Stand: 26.06.2020).
www.iba-see2010.de/de/verstehen/projekte/projekt3.html (Stand: 03.08.2020).
www.ostkohle.de/html/klettwitz.html (Stand: 20.06.2020).
www.spiegel.de/spiegel/print/d-13497006.html (Stand: 21.03.2020).
https://tu-freiberg.de/fakult6/univ-prof-i-r-dr-rer-oec-habil-dieter-slaby (Stand: 21.03.2020).
https://web.archive.org/web/20110721203410/http://www.iba-see2010.de/de/kontakt/koepfe/inhalte/kuhn.html (Stand: 13.08.2020).
https://de.wikipedia.org/wiki/Betrieb_f%C3%BCr_Bergbauausr%C3%BCstungen_Aue (Stand: 09.03.2020).
http://www.wirtschaftslexikon24.com/d/instandhaltung/instandhaltung.htm (Stand: 20.02.2020).

Stefan Siemer
Mining safety in a nutshell: The filter self-rescuer, Dräger model 623

Mine safety is a complex system of institutional, scientific, legislative and technological factors. During the 20th century, new technologies effectively reduced the risk of mining accidents.[1] In the following, I will focus on a small and quite unspectacular part of this technical system, the filter self-rescuer, introduced by the German coal mining industry in 1951 and from 1957 as an obligitary personal device for every miner working underground. Today it is, like the safety helmet, the knee protector or the cap lamp, a standard device in coal mining worldwide.

The filter self-rescuer reflects, and encapsulates, the discussion on mining safety in the first half of the 20th century. Beginning in the years shortly after the First World War, I will follow its development until its final introduction in the 1950s. Beyond that, I will describe this innovation in the context of a new safety strategy in coal mining. Designed as part of the personal equipment, it reflects a new practice of instruction and training which in the end set up a new regime of self-discipline and self-control in mining safety.

The design

The object in question here is the filter self-rescuer Dräger model 623 in the historical collection of the Montanhistorisches Dokumentationszentrum (montan.dok) at the Deutsches Bergbau-Museum Bochum (Fig. 1). Delivered by the Dräger-Company in Lübeck in July 1949, it was among the first of the collieries at the Ruhr to be supplied in 1951.

The device weighs about one kilogram, its height is about 15 centimeters and its width 12 centimeters. The picture shows the sealed metal container with the filter inside, which in case of emergency one has to rip open. An exploded-view drawing explains its technical design in more detail (Fig. 2). The purpose of the device is to filter the highly poisonous carbon monoxide from smoke especially following coal dust explosions or firedamp ignitions. To breathe properly one has

---

[1] Farrenkopf, Michael: Accidents and mining: The problem of the risk of explosion in industrial coal mining in global perspective, in: Berger, Stefan/Alexander, Peter (Eds.): Making Sense of Mining History: Themes and Agendas (= Routledge Studies in Modern History, 54), London 2019, pp. 193–211, here: p. 202.

https://doi.org/10.1515/9783110729955-010

Fig. 1: The filter self-rescuer Dräger Modell 623 in a protection case, 1949

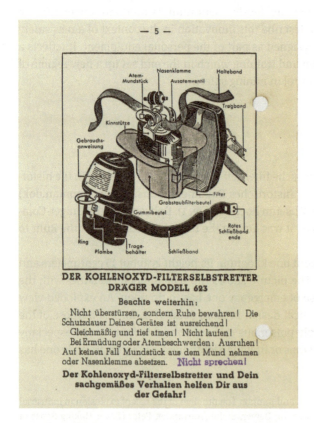

Fig. 2: Exploded-view drawing of the filter self-rescuer Dräger Modell 623, 1950

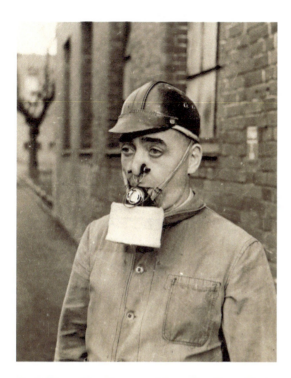

Fig. 3: Miner with self-rescuer at the colliery Hansa (Dortmund), 1949

to hold the filter with the mouthpiece in one's teeth and put on the nose-clamp in order to prevent breathing through the nose (Fig. 3). Inside the filter, the carbon monoxide comes in contact with a special chemical, a catalyst that transforms the poisonous gas into carbon-dioxide. The metal case protects the filter against external shocks under the rough working conditions underground. A rubber bag inside provides further protection against moisture since the catalyst must be kept dry in order to work properly. The smoke enters the filter at the bottom and first passes through both a coarse- and a fine dust-filter, then goes through a drying agent before it passes the section with the catalyst and is finally breathed through a valve system (Fig. 4).

The device effectively filters up to 6 percent of carbon monoxide from the smoke and operates up to one hour. Being a filter and not a breathing apparatus with an independent oxygen supply it essentially depends on the remaining oxygen in the smoke, which must be not less than 15 to 17 percent. Therefore, the self-rescuer is not a means of survival, but of escape as fast as possible into fresh air. As the label attached on the container points out quite clearly: "Nur zur Flucht benutzen", use only to escape.

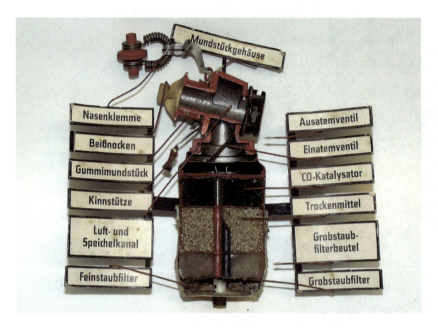

Fig. 4: Cross section model of the filter self-rescuer Dräger Modell 623, 1949

Mining rescue devices

In order to understand the design in a historical context, one has to have a look at mining rescue around 1900.[2] The development of breathing apparatuses was a reaction to mine accidents in the late 19th and early 20th centuries. Around 1900, coal dust explosions and firedamp ignitions led to some of the worst disasters in mining history, such as at Courrières in Northern France in 1906 or at Radbod in Germany in 1908. In order to tackle mining safety, mining authorities (*Bergämter*), mining academies and mining-schools (*Bergschulen*) and not least the mining companies established technical improvements and put training on the agenda. In addition, new regulations and laws were introduced in Germany,

---

2 Farrenkopf, Michael: Schlagwetter und Kohlenstaub. Das Explosionsrisiko im industriellen Ruhrbergbau (1850–1914), Bochum 2003 (= Veröffentlichungen aus dem Deutschen Bergbau-Museum Bochum, Nr. 121; = Schriften des Bergbau-Archivs, Nr. 14); Farrenkopf, Michael/Friedemann, P. (Eds.): Die Grubenkatastrophe von Courrières 1906. Aspekte transnationaler Geschichte, Bochum 2008 (= Veröffentlichungen aus dem Deutschen Bergbau-Museum Bochum, Nr. 164; = Schriften des Bergbau-Archivs, Nr. 20).

Fig. 5: Various breathing devices for mining resuce during an exercise at the Bochum Mining School around 1910

in order to set mining safety in practice. From a mere technical point of view the introduction of innovations like new safety lamps, better ventilation of the galleries deep underground and stone-dust barriers would also improve mining safety.[3]

A milestone in setting up new safety measures were the so-called *Grubenwehren*, specialized rescue brigades ready at each colliery. The first of these teams started work in 1897 at the Shamrock colliery in Herne.[4] Some of them were equipped with newly invented *Gaschutzgeräte*, heavy devices supplied with oxygen by hoses or in compressed air cylinders (Fig. 5). With them, the rescue-teams could work, like divers under water, independently of the surrounding atmosphere.

---

[3] Ziegler, Dieter: Kriegswirtschaft, Kriegsfolgenbewältigung, Kriegsvorbereitung. Der deutsche Bergbau im dauernden Ausnahmezustand (1914–1945), in: Ziegler, Dieter (Ed.): Rohstoffgewinnung im Strukturwandel. Der deutsche Bergbau im 20. Jahrhundert, Münster 2013 (= Geschichte des deutschen Bergbaus, Vol. 4), pp. 15–182, here: p. 119.

[4] Farrenkopf, Michael: „Zugepackt – heißt hier das Bergmannswort" – Die Geschichte der Hauptstelle für das Grubenrettungswesen im Ruhrbergbau, unter Mitarbeit von Susanne Rothmund, Bochum 2010 (= Veröffentlichungen aus dem Deutschen Bergbau-Museum Bochum, Nr. 178; = Schriften des Bergbau-Archivs, Nr. 22), pp. 32–42.

Only a few specialized firms were able to construct and produce these devices. Among them was the Bernhard Dräger company of Lübeck, who at first invented new rescue devices for submarine crews and soon adopted diving technology for mining purposes. In 1906, Dräger equipment was used during the mining catastrophe at Courrières in France, and later on at Radbod in 1908.

In 1910, the Head of the Miners' Rescue Organization (*Hauptstelle für das Grubenrettungswesen*), started work.[5] Founded by the so-called *Steinkohlenbergbauverein*, an influential board representing the interests of the most important coal-mining companies in the Ruhr area since 1858, its main task was to exam and test new equipment for mining rescue as well as assist and supervise the several rescue brigades at the local collieries.

Filtering carbon monoxide

Firms like Dräger produced their devices for the well-trained rescue brigades and not as a part of the miner's everyday equipment. Nevertheless, at the same time the idea occurred to provide every miner with a device of his own, ready in case of emergency. Such devices, soon called self-rescuers (*Selbstretter*), should be small, lightweight and easy to handle. But in practice this proved to be difficult. Devices like the *Pneumatogen-Selbstretter* with a compressed air cylinder from 1906 were much smaller than other rescue-equipment but still weighed about 5 kg, not to mention a complicated (and expensive) valve system hard to use for a non-trained miner (Fig. 6).

Obviously, this concept of miniaturization led in the wrong direction. Yet, shortly after the First World War, filter devices with new chemicals offered an alternative. The main focus was on combatting extremely poisonous carbon monoxide, considered responsible for the death of many miners. Around 1900, reports on mining disasters often mentioned miners found dead after firedamp ignition and fires underground without any external injuries. Soon it became clear that they had died not from the explosion itself but from toxic gases during the combustion process, like in the explosion in the Welsh colliery Senghenydd in 1913 which left 440 dead. With proper equipment providing oxygen for only a few minutes, some of them could have escaped the gas and survived.[6]

---

[5] Ebd., p. 95.
[6] Martin, Michael: Arbeiterschutz und Arbeitsmedizin im Ruhrbergbau 1865–1914, Bochum 2000, p. 201.

Fig. 6: Self-rescuer "Pneumatogen" with compressed air bottle, 1906

Carbon monoxide is a colorless and scentless gas, which results from incomplete combustion, that means a burning process with not enough oxygen involving materials like coal, mine timber and other materials underground.[7] Breathing in this gas only for a short time leads to death or severe damage to health. From a medical point of view, the problem has been described in detail for many years. In 1895, the German chemist Lothar Meyer conducted research into the absorption of carbon monoxide and its ability to replace oxygen. Transported by haemoglobin into the blood stream the organism will suffocate within a short time. Supplying pure oxygen as soon as possible is the only effective means of survival. The German miner and writer Bruno Gluchowski remembers his early experiences in a mine in the 1930s: "Those who took only a few breaths suddenly threw his arms into the air, turned around in circles and never got up again."[8]

---

[7] Lewin, Louis: Die Kohlenoxydvergiftung: Ein Handbuch für Mediziner, Techniker und Unfallrichter, Berlin 1920.

[8] „Wer ein paar Lungen voll Gas geschluckt hat, wirft plötzlich die Arme in die Luft, beginnt sich taumelnd im Kreise zu drehen, um nie wieder aufzustehen.", from: Gluchowski, Bruno: Der Durchbruch, Recklinghausen 1964, p. 46.

Fig. 7: The gas-mask for industrial purposes, advertisement 1926

It was crucial to find a breathing-device against carbon monoxide which was easy to handle and kept at hand. Gasmasks, which had proven effective against gas attacks in the First World War, were considered as an alternative (Fig. 7). But it was necessary to adapt them to the conditions underground and foremost to develop a filter which would effectively take the carbon monoxide out of the surrounding smoke.

In May 1919, the central office for mine rescue in Essen made a request for gas masks at the so-called *Reichsverwertungsamt* in Berlin, an authority which, shortly after the war, distributed war equipment for civil purposes. Of special interest here was the so-called *Marine-Atemeinsatz*, developed by the Kaiser-Wilhelm-Institut für physikalische Chemie und Elektrochemie during the war. A special compound of silver permagnate in the *Atemeinsatz* filtered up to 6 percent of carbon monoxide over a period of 15 minutes.[9] Nevertheless, after testing the filter at a test gallery in Dortmund-Derne, the Hauptstelle had severe doubts, since there was too little oxygen remaining in the smoke to operate the filter efficiently.[10]

However, at the same time a much better filter was at hand. In 1920, American chemists described the catalytic oxidation of carbon monoxide and carried out experiments with a granular material made of a specially prepared copper oxide and manganese dioxide, which they called "Hopcalite".[11] In a catalytic reaction, the compound converted carbon monoxide into carbon dioxide. A few years later, the Mine Safety Appliances Corporation in Pittsburgh/Pennsylvania began production of the first self-rescuer for miners (Fig. 8). Reports based on laboratory studies stated that "a miner should always have his self-rescuer at hand when in the mine".[12] In 1924, the American Bureau of Mines approved the "Carbon Monoxide Self-Rescuer" as a very useful means of protection against carbon-monoxide, since the device at least filtered 1 percent of carbon monoxide from the surround-

---

[9] Verein für die bergbaulichen Interessen an das Drägerwerk Lübeck, 02.05.1919, Montanhistorisches Dokumentationszentrum (montan.dok) beim Deutschen Bergbau-Museum Bochum/ Bergbau-Archiv Bochum (BBA) 17/296.
[10] Bergassessor Beyling an den Verein für die bergbaulichen Interessen, 03. Oktober 1919, montan.dok/BBA 17/296.
[11] Lamb, A. B./Bray, William C./Frazer, J. C. W.: The removal of carbon monoxide from air, in: Journal of Industrial and Engineering Chemistry, 12 (1920), pp. 213–221; Scheve, Erika: Die katalytische Oxydation des Kohlenmonoxyds an Hopcalit-Katalysatoren, s. l. 1962.
[12] Katz, S. H./Forbes, John J.: Use of miners' self rescuer, Washington 1928 (= Miners' Circular 30), p. 7.

FIGURE 2.—Miner wearing self-rescuer

Fig. 8: Carbon Monoxide Self-Rescuer manufactured by the Mine Safety Appliances Corporation in Pittsburgh/Pennsylvania, 1923

ing atmosphere.[13] From 1923 to 1927, 7,000 self-rescuers were available in American mines, which meant it supplied less than 1 percent of the entire workforce.[14]

First steps towards a self-rescuer in Germany

Successfully introduced to American mining, the story of the self-rescuer could have ended here. Nevertheless, the introduction of this device in Germany was delayed by nearly 30 years, when in 1951 the first collieries were supplied with a

---

[13] Fieldner, Arno Carl/Katz, S. H./Reynolds D. A.: The carbon monoxide self-rescuer, Serial 2591, Washington, April 1927.
[14] Katz, S. H./Forbes, John J.: Use of miners' self rescuer (note 12), p. 6.

quite similar model. The reasons for this will be discussed with a closer look to the testing practice at the *Hauptstelle* in Essen.

After testing the American filter in 1922, the head of the *Hauptstelle*, the mining engineer and specialist on rescue devices, Richard Forstmann, wrote to the *Drägerwerk* in Lübeck, that after a meeting, "the heads of the mine rescue services [...] unanimously came to the conclusion that the conditions for using carbon-oxide-absorbing cartridges in mining were hardly given at the moment and that their introduction into mining even posed a great risk of misuse".[15] Apparently, it was the low absorption rate of only about 1 percent carbon monoxide which raised doubts about the new filter as a practical device.

But in 1926, the *Auergesellschaft*, another company specializing in breathing apparatuses and gas masks presented a new filter (Fig. 9). The device in question, the so-called *DEGEA-CO-Gerät*, was much more sophisticated than the American predecessor. Attached to a belt and connected with a breathing mask it gave much more comfort to the user but was indeed much bigger. It could also filter up to 6 to 8 percent carbon monoxide from the surrounding air.[16] In its peculiar design, this device was not a self-rescuer, but instead a piece of working equipment for industrial purposes. It enabled work at places where poisonous gases occurred, such as in coking plants or gas tanks. One also has to bear in mind that there had been a growing market for industrial filters against dust and gases since the beginning of the 1920s.

The *Auergesellschaft* proposed the filter for testing and promised a further specification for coal mining as well as a reduction in sale prices from the current 60 Marks to 10.[17] Nevertheless the *Hauptstelle* had strong reservations. In a letter, Forstmann admitted that a modification might be useful for using a practical self-rescuer underground, but he was skeptical about the training necessary to use it correctly: "The miner's calmness and presence of mind will hardly be sufficient to handle the device properly".[18]

In this context, Forstmann also mentions newly introduced stone-dust barriers as a much more effective means of lowering the risk of carbon monoxide than a filter device. Those barriers, introduced to German coal mining at the beginning of the 1920s, consisted of containers filled with fine stone dust at certain places in

---

15 Richard Forstmann an die Industriemasken-Vertriebsgesellschaft m.b.H., 20.06.1922, montan. dok/BBA 17/296.
16 Aktennotiz Richard Forstmann, Essen, 22.03.1926, montan.dok/BBA 17/295.
17 Auergesellschaft an den Bergbauverein, 08.04.1926, montan.dok/BBA 17/295.
18 „[...] da kaum jemand die nötige Ruhe und Besonnenheit haben würde [...]" Auszug über die Sitzung des Ausschusses für das Grubenrettungswesen vom 05. Mai 1926, montan.dok/BBA 17/295.

Fig. 9: The „DEGEA" CO-Filter, 1926

the galleries. The shock wave of an explosion would mix the stone dust with coal dust and eventually stop the flames. At this point, two completely different safety measures were set against each other. While the barriers worked passively as part of the underground safety structure, the self-rescuer depended on the active role of the miner, who set it in action.

A year later, in 1927, the Main Board of Mining Rescue (*Ausschuß für das Grubenrettungswesen*) summed up the testing thus far and presented a list with arguments against the DEGEA filter as well as a concept for a self-rescuer in general.[19] It is hardly surprising that the objections only refer to technical features; a proper test of the "calmness and presence of mind" would not have been possible at all. Therefore, they refer to the lack of remaining oxygen in the smoke, the corrosion of breathing valves during long storage underground, the leaking of smoke into the filter and to a malfunction of the filter due to stone dust from the stone-dust barriers.

In 1928, Carl von Hoff, head of the laboratory of the *Hauptstelle*, took a much more moderate stance. In an article for the journal *Glückauf* he presents the self-rescuer as an effective means against carbon monoxide yet remarks that further examination under more realistic conditions underground would be necessary. A first series of tests at a testing gallery, the *Versuchsstrecke* in Bochum-Derne, had shown rates of residual oxygen of only 3 percent after explosions, conditions under which no filter could work efficiently. In the same year, the Auergesellschaft presented a much smaller version of the DEGEA filter, the so-called *DEGEA-CO-Kleingerät*, which in its main features very much resembled later constructions introduced in 1951. Its new feature was a two-way valve system replacing much simpler devices which only allowed one-way breathing like the American filter.[20] It was also tested by the "Hauptstelle" but also failed after initial tests.[21] However, in 1929 the *Hauptstelle* purchased five of them for further testing.[22]

---

[19] Auszug aus der Aktennotiz über die Sitzung betr. Rettungswesen am 01.04.1927, montan.dok/BBA 17/295.

[20] See Pütter, Karl Eduard: Ein Beitrag zur Kenntnis der Fluchtgeräte. Nach einem Vortrag auf der Jahreshauptversammlung 1934 des Vereins deutscher Chemiker, in: Die Gasmaske 7, H. 4–5, 1945, p. 90. Here the device is named "CO-Einstundengerät", referring to its one hour operating time.

[21] Forstmann to Auergesellschaft, 11.07.1928, montan.dok/BBA 27/295; Jahresbericht der Hauptstelle für das Grubenrettungswesen für das Jahr 1928, p. 8, montan.dok/BBA 17/351.

[22] Jahresbericht der Hauptstelle für das Grubenrettungswesen für das Jahr 1929, p. 1, montan.dok/BBA 17/352.

Fig. 10: Filter self-rescuer by Dräger (*CO-Kleinfilter*), 1931

In 1931, Dräger also introduced another small filter-device, the so-called *Kohlenoxyd-Kleinfiltergerät* (Fig. 10).[23] It too used a valve-system allowing breathing of the exhaled air outside of the filter to avoid the moisture damaging the chemicals.[24] This, however, points to a weak spot of these filters so far, as they had to be sealed properly to avoid moisture damaging the catalyst. To this end, the *Kleinfil-*

---

23 Vgl. Haase-Lampe, Wilhelm: Im Kampf gegen den Bergmannstod, in: Dräger-Hefte. Periodische Mitteilungen des Drägerwerks Lübeck, Januar 1931, Nr. 152, pp. 1894–1900, here: p. 1897.
24 The guidance of the exhaled air was also the subject of a patent application of the Drägerwerk 17th May 1930, Reichspatentamt, Patentschrift Nr. 628 597: Atemschutzfilter, insbesondere zum

tergerät had all its breathing holes sealed outside with paper and rubber which must then be torn off. In the early 1930s the tests of the *Hauptstelle* referred to exactly this sealing,[25] and already in 1928 an article in the *Dräger-Hefte*, a periodical published by Drägerwerk, assumed, that effective protection against moisture so far did not exist.[26] At least at the beginning of the 1930s, the level of interest of the industry in developing a self-rescuer decreased.[27] Instead, both companies, Dräger as well as Auer, focused on filters for special industrial purposes without regard to miniaturization. As an example, the *CO-Filtergerät 112*, produced by Dräger in 1941, in its bulky design resembles much more the devices of the professional rescue teams, than a personal self-rescuer.[28]

In the 1930s, Dräger and Auer developed the main features of the filter: the compact design, the valve system and guidance of the exhaled air. And even the absorption rate of the filters had improved significantly. Nevertheless, the criticism levelled at the filter self-rescuer became standard knowledge in contemporary handbooks on mining and mining safety. In 1930, in his comprehensive manual on mining rescue, Gustav Ryba plainly dismissed the use of gas filters for rescue purposes underground, due to the fact that the amount of residual oxygen needed to be no less than 15 percent. Instead, he recommended devices with compressed oxygen in gas cylinders. From the same point of view, the widely used *Lehrbuch der Bergbaukunde* also rejected CO-filters as rescue devices.[29]

To explain this gap between technical achievements and the recognition by mining experts, it is necessary to shift the discussion from the development of a technology to the use of the filter device and its social surroundings.

Schutz gegen Kohlenoxyd, online https://depatisnet.dpma.de/DepatisNet/depatisnet?action=pdf&docid=DE000000628597A&xxxfull=1 (20.012021).

25 Betriebsführer Heine, Zeche Alma, Gelsenkirchen an Carl von Hoff, 26.10.1931, montan.dok/BBA 17/248.

26 Haase-Lampe, Wilhelm: Das Selbstrettungsproblem im Bergbau, in: Dräger-Hefte, Juli 1928, Nr. 129, p. 1441–1443.

27 von Hoff, Carl: Die neuzeitliche Entwicklung der Gasschutzgeräte im deutschen Bergbau, in: Glückauf 91, H. 3/4, 1955, p. 77–87, here: p. 84.

28 See Drägerwerk Lübeck: Dräger CO-Filtergerät. Schutzgerät gegen Kohlenoxyd für Hüttenwerke, chemische Fabriken, Gasanstalten, Feuerwehren, für den Bergbau, Liste K 4, September 1941, montan.dok/BBA FP 3486, p. 4.

29 See Ryba, Gustav: Handbuch des Grubenrettungswesens, Vol. 2: Gas- und Wassertauchgeräte, Leipzig 1930, p. 117 f.; Fritzsche, C. Hellmut: Lehrbuch der Bergbaukunde mit besonderer Berücksichtigung des Steinkohlenbergbaus, begründet von Fritz Heise und Friedrich Herbst, Vol. 2, 6th edition 1942, p. 681.

Introduction as a standard device

In February 1946, a combined firedamp and coal dust explosion at the colliery Grimberg in Kamen left more than 400 dead and again raised the question of mining security and put the measures against carbon monoxide on the agenda (Fig. 11). An official report written shortly after the disaster pointed out that afterdamp containing carbon monoxide had spread throughout the entire underground and destroyed all life there.[30] If the miners had had a self-rescuer to hand, in most cases they could have escaped into fresh air and survived. The lack of remaining oxygen, the above-mentioned main argument in rejecting a self-rescue-filter, now played a minor role. As the *Fachausschuss für Grubenrettungswesen* pointed out, an important lesson from Grimberg should be the development of a filter-device against carbon monoxide with an operating time of one an hour and an effective filter against stone dust (Fig. 12).[31]

The companies commissioned with its construction were the same as before: Dräger and Auer.[32] In the middle of 1947, Dräger delivered the first prototype, which shortly after were tested in practice at selected collieries. Improvements like an effective protection against moisture and new mouthpieces with improved breathing as well as new foils of plastic and metal were tested in detail.[33] Finally, in June 1949, after three years of development, the *Oberbergamt* licensed the Dräger filter-rescuer model 623. In January 1951, the first self-rescuers were handed out to the entire working shift at the Hannover-Hannibal colliery, which was among the collieries with the highest risk of coal dust explosions.[34]

---

30 See Die Explosion auf Grimberg 3/4 am 20. Februar 1946. Bericht über das Ergebnis der amtlichen Untersuchung vor der Wiederaufwältigung der Grube und gutachtliche Stellungnahme, p. 149, montan.dok/BBA 17/150 (1).
31 Tätigkeitsbericht der Hauptstelle Grubenrettungswesen, Essen über das 2. Quartal 1946 (4), montan.dok/BBA 17/119. Until its foundation in 1953 the "Fachausschuss" was an informal board of directors and experts of the coal mining industries at the Ruhr. For details see Farrenkopf, Michael: "Zugepackt – heißt hier das Bergmannswort" (note 4), p. 275 f.
32 Geschichte der Versorgungszentrale von der Besatzung im April 1945 bis Ende 1946: Grubenrettungswesen (p. 10 f.), montan.dok/BBA 17/119; Jahresbericht der Hauptstelle für das Grubenrettungswesen Essen für das Jahr 1946, p. 4, montan.dok/BBA 17/365.
33 Tätigkeitsbericht der Hauptstelle für das Grubenrettungswesen seit Gründung der DKBL bis zum heutigen Tage, 1953, p. 17 f., montan.dok/BBA 17/119; Bericht der Hauptstelle für das Grubenrettungswesen für den Monat Mai 1948, montan.dok/BBA 17/119.
34 Tätigkeitsbericht der Hauptstelle für das Grubenrettungswesen seit Gründung der DKBL bis zum heutigen Tage, 1953, p. 18, montan.dok/BBA 17/119; Aktenvermerk über die Sitzung des Fachausschusses für Grubenrettungswesen, 19.07.1950, BBA 32/824.

Fig. 11: Dead miner after the disaster at the colliery Grimberg (Bergkamen), February 20th 1946

However, this story of success also had its failures, since some collieries faced problems with supplying the miners with the new device. As an example, in 1951, the Sachsen colliery in Hamm asked the local board of mines for permission to introduce self-rescuers.[35] Since there were no rooms above ground for maintenance and distribution, a permission was only granted under the condition that the self-rescuer would be safely stored at certain places underground, easily in reach in case of emergency. The number of devices should be half the workforce at the different mining districts. Accordingly, in February 1952, 600 of the Dräger-devices were stored underground and distributed into 53 lockers at different places.[36] This practice proved to be problematic. In 1953, a report on a fire

---

[35] Zeche Sachsen an das Bergamt Hamm, 04.12.1951, montan.dok/BBA 54/55.
[36] Revisionsnachweis der Hauptstelle Grubenrettungswesen für die Zeche Sachsen, 12.02.1952, montan.dok/BBA 54/55.

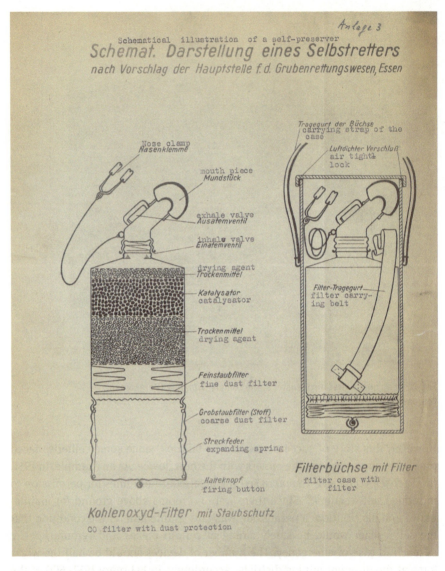

Fig. 12: Design for a filter self-rescuer by the Hauptstelle für das Grubenrettungswesen (Head Office of Miners Rescue Organisation), 1946

Fig. 13: Picking up filter self-rescuers before shift at the colliery Fürst Hardenberg (Dortmund), 1950s

after a blasting operation pointed out that none of the self-rescuers was at hand during the incident.[37] Only four years later, the board of mines changed the regulations: Since 1957, every miner underground was to carry with him a self-rescuer as part of his personal equipment. Accordingly, all collieries had to set up a specific infrastructure for self-rescuers above ground, including special storage rooms and workshops for maintaining them (Fig. 13).

Already in February 1953 Heinrich Kost, head of the *Deutsche Kohlenbergbau-Leitung*, an administrative board for rebuilding the coal industry in postwar Germany, sent a circular to all collieries at the Ruhr, in which he firmly recommended the use of self-rescuers.[38] He also remarked that at present around 45,000 self-rescuers were in use, which meant 15 percent of all miners underground were provided with one of them. Finally, in 1958, the entire coal-mining

---

[37] Zeche Sachsen an die Hauptstelle für das Grubenrettungswesen Essen, 23.11.1953, montan.dok/BBA 54/55.
[38] Heinrich Kost, Einführung von CO-Filter-Selbstrettern, 27.02.1953, montan.dok/BBA 32/824.

workforce in Germany was equipped with the device. Even Carl von Hoff, head of the *Hauptstelle* and the successor to Richard Forstmann, admitted its importance as a measure against carbon monoxide and as an essential part of the safety infrastructure.[39] The self-rescuer was a success: Ten years after the introduction the new filter rescued about 400 miners.[40]

Discipline and control

Obviously, the Grimberg disaster triggered a fundamental change in the discussion regarding the evaluation of the self-rescuer. Although the new device differed only in detail from those rejected by the *Hauptstelle* during the 1920s and 1930s, mining officials now held a completely different position. One could therefore ask what other than technical factors led to the integration of the self-rescuer into the system of mining safety at the beginning of the 1950s. From other than a mere technical point of view, it must also be interpreted as a device of social practice. Since the 1920s, the concept of "self-rescuing" and self-responsibility stood in contrast to a traditional safety regime as part of supervision and discipline underground as represented by the supervision of the overmen.[41]

Therefore, to introduce the new filter reflects a new regime of discipline and control within mining and a shift from authoritative discipline in terms of control to new practices of intrinsic self-control and self-discipline.[42] As late as the 1950s, the mining companies also began to implement new standards in mining safety in propagating the self-responsibility of miners. Other than previous printed instructions for miners like *Der Bergmannsfreund* (The Miners' Companion) from 1927, now instruction and safety training referred to the miner as an active part in

---

[39] See von Hoff, Carl: Die neuzeitliche Entwicklung der Gasschutzgeräte im deutschen Bergbau (note 27), p. 87.
[40] See Schewe, Adolf: Erfahrungen mit Kohlenoxydfilter-Selbstrettern, in Glückauf 98, 1962, Nr. 24, pp. 1397–1398, here: p. 1398.
[41] See Brüggemeier, Franz-Josef: Lebens- und Arbeitswelten von Bergleuten und ihren Familien, in: Tenfelde, Klaus/Pierenkemper, Toni (Eds.): Motor der Industrialisierung. Deutsche Bergbaugeschichte im 19. und frühen 20. Jahrhundert, Münster 2016 (= Geschichte des deutschen Bergbaus, Vol. 3), p. 194–287, here: pp. 229–232.
[42] See Bluma, Lars: Der Körper des Bergmanns in der Industrialisierung. Biopolitik im Ruhrbergbau 1890–1980, in: Ders./Uhl, Karsten (Eds.): Kontrollierte Arbeit. Disziplinierte Körper? Zur Sozial- und Kulturgeschichte der Industriearbeit im 19. und 20. Jahrhundert, Bielefeld 2012, pp. 35–72.

mining security.⁴³ His personal expertise and collaboration as well as instruction and teaching by the *Grubenwehren* became an essential part of the system.

But in the early 1920s, the old authoritarian safety-regime still dominated. As mentioned above, in 1922 Richard Forstmann pointed out that there was overall a "risk of misuse" concerning carbon-oxide-absorbing filters. Later on, in 1928, he argued that a lack of discipline and training in handling self-rescuers by untrained miners would lead in consequence to more accidents instead of preventing them.⁴⁴ But this attitude was deeply questioned after the Grimberg-disaster. In March 1946, the management of the Hibernia AG, which ran several collieries in the Ruhr area, complained about serious breaches of discipline among the miners in terms of a mass phenomenon.⁴⁵ Still under the impact of one of the worst mining disasters in Germany, the board of directors identified as major factors bad working conditions, a lack of mining safety and the experience of the war, which led former soldiers among the miners to question authority. In order to maintain discipline, the board proposed improving the standards of education and the readiness of the rescue teams. Not least they recommended the introduction of the self-rescuer in those collieries with a high risk of firedamp ignitions and coal-dust explosions.⁴⁶ Nevertheless, form a mere technical point of view they were still critical about the device as part of mining safety.⁴⁷

Apart from its mere technical performance, the filter is a means of social practice in order to restore discipline and brining back "safety" to the miners. Instead of completely relying on authority, the traditional safety infrastructure of rescue teams or at least technical infrastructure such as ventilation or stone-dust barriers, mining officials transferred a part of the responsibility for safety underground to the common miner by making him self-responsible for his own safety. In case of emergency, he had to act for himself and thus became an active part of the whole system.

---

43 See Stewart, Paul/Kift, Dagmar: On fatalities, accidents and accident prevention in coalmines. Colliers' safety discourse in oral testimony from the Ruhr in Germany and the Witbank collieries in South Africa, in: Berger, Stefan/Alexander, Peter (Eds.): Making Sense of Mining History: Themes and Agendas (= Routledge Studies in Modern History, 54), London 2019, pp. 212–233, here: p. 215.
44 See Richard Forstmann an Auergesellschaft, 20.07.1928, montan.dok/BBA 27/295.
45 "Massendisziplinlosigkeiten". See Friedrich Forath an die Hauptverwaltung der Hibernia, betr. Maßnahmen aus Anlaß des Grubenunglücks auf Grimberg, 14.03.1946, BBA 32/824.
46 See Köker an Walter Scheithauer, Betreff: Maßnahmen aus Anlaß des Grubenunglücks auf Grimberg, 07.05.1946, montan.dok/BBA 32/824.
47 See Friedrich Frorath über die Sitzung des Ausschusses für das Grubenrettungswesen an die Hauptverwaltung der Hibernia, 16.04.1946, montan.dok/BBA 32/824.

At this time, the shift from the technical to the social was underlined by an ominous rhetoric of warfare. Already in 1930, Gustav Ryba discussed the use of personal rescue devices with reference to the previous war: "Like the soldier of the First World War the miner should be permanently protected against poisonous gases. The miner should carry with him his two protecting devices: the self-rescuer and a lamp providing light in non-breathable air".[48] Referring to the introduction of the self-rescuer in 1951, other commentators pointed out parallels to the so-called *Volksgasmaske*, the gas mask for use during the Second World War and pointed out: "The miner will soon feel the burden of such a device, which he has to carry with him every day. Only permanent instruction, admonition and even, if necessary, punishment could bring him to use the device".[49] It was not only the physical burden of a new piece of equipment but also the burden of properly using it in case of emergency.

But it was still questioned whether miners were able to use the device like soldiers underground. To grant them an active role in the safety system of the mine meant also achieving better control of the behavior and discipline of the miners. The "risk of misuse", as Richard Forstmann termed it in the early 1920s, was still haunting mining officials. Therefore, they put instruction and training on the agenda, including detailed manuals depicting the handling of the filter. To activate the filter, six clearly defined steps are necessary: 1. Open the case-lock, 2. Open the case, 3. Pull out the filter, 4. Take the mouth-piece, 5. Put on the nose-clamp, 6. Fix the holding-straps. After this is done, the filter is ready for use.[50] Next to these written instructions, the rescue teams at the collieries also held instruction courses in which miners learned to handle the device.[51] In 1955, even two short films (lasting two minutes) were commissioned, showing a miner handling the self-rescuer underground. Shown in an endless loop at central places above ground, it would instruct miners before descending into the mine (Fig. 14).[52] Nevertheless, one decade later, we hear about problems with using the device. After a coal-dust explosion in 1966 at the Unser Fritz colliery in Herne,

---

[48] See Ryba, Gustav: Handbuch des Grubenrettungswesens (note 29), p. 9.
[49] See Eisenbarth, Heinz: Der Auer-Kohlenoxyd-Filter-Selbstretter, in: Glückauf 87, 1951, Nr. 33–34, pp. 788–790, here: p. 790.
[50] Gebrauchsanweisung zum Kohlenoxyd-Filterselbstretter Dräger Modell 623, 1. Ausgabe November 1950, herausgegeben von der Hauptstelle für das Grubenrettungswesen, in: montan. dok BBA 17/120.
[51] Steinkohlenbergbauverein an die Mitgliedgesellschaften und Zechen, betr. CO-Filter-Selbstretter-Wirtschaft, 09.12.1955, montan.dok/BBA 32/824.
[52] "Der Film soll auf jeder Schachtanlage während der Zeiten des Schichtwechsels an mehreren Tagen im Monat der an- und ausfahrenden Belegschaft in endloser Folge vorgeführt wurden.",

Fig. 14: "Your self-rescuer saves your life!" Instructional film, 1955 (film still)

out of 66 miners 37 had problems in handling the rescuer properly, partly due to faults of construction and material, partly due to lack of practice.[53]

So far, the discussion only referred to reports and letters, reflecting the official point of view of the *Hauptstelle* as well as the mining industry but not those of the miners themselves. But it would be interesting to get some hints about the miners' experiences with the new device: What did common miners think about it? How was the device adopted to working practices or used in case of emergency? Unfortunately, we only have a few historical sources that reflect on personal working experiences with the self-rescuer, like in the oral-history-project "Menschen im Bergbau", which presents interviews with former German miners.[54] Here, one of them remembers his first day underground in the 1970s:

---

ibid. The film showed the self-rescuer Auer, model 95 and the new Dräger, model 750, which was delivered in 1955.

53 See Zeche Sachsen an das Bergamt Hamm (Einsatz von CO-Filter-Selbstrettern), 18.01.1966, montan.dok/BBA 54/55.

54 See Moitra, Stefan/Katarzyna Nogueira/Adamski, Jens: Erfahrung, Erinnerung, Erzählung. Potenziale einer Oral History für die Bergbaugeschichte heute, in: Der Anschnitt 71/2–3 2019, pp. 93–105.

"You have the helmet, you have the lamp, that is, at this time the lamp had a big battery, I don't know what it is like today, but as I said, all of it was pretty heavy. The self-rescuer was also heavy [...]. Today they look a bit different, are a bit lighter, but not so much. If you have to slip through a narrow place you are not very quick at all [...]."[55]

Conclusion

In the early 1920s, the filter self-rescuer was an innovative technology, which challenged the so far well-established rescue strategies of specialized rescue-teams. Unlike much heavier inventions using compressed air bottles and complicated valve systems, the new device was lightweight, quite easy to handle and, this being the fundamental change, aimed at all miners underground. Though successfully introduced in the US coal-mining industry in the 1920s, mining officials in Germany had from the beginning strong objections against filter-rescuers. Besides their low technical performance with regard to the absorption of carbon monoxide and lack of residual oxygen necessary for breathing, the *Hauptstelle* also feared a deterioration in safety standards by misuse and incorrect handling.

Yet, after the Grimberg disaster in 1946 the situation changed completely. Under the impression of increasing problems in mining safety and discipline, the *Hauptstelle* finally recommended the introduction of the self-rescuer in German mines. Since then, the device became part of a new safety-strategy in which all miners played an active role. At the same time, instruction and learning in order to prevent misuse and wrong handling became important. Other than general safety instructions which were aimed at the prevention of causes of danger, the new device afforded active handling in case of emergency.

Therefore, the belated introduction of the self-rescuer cannot be interpreted mere from a technical point of view. It is also a device of social practice, in which learning and discipline played an important role. When safety and discipline were at stake, the self-rescuer was an appropriate means to restore mining safety.

---

[55] "Dann hat man den Helm, dann hat man die Lampe, das heißt die Lampe damals war ja der dicke, ja der große Akku, ich weiß nicht, wie es heute jetzt noch so ist, aber wie gesagt, es war ziemlich schwer alles. Filterselbstretter war auch schwer [...]. Heute sind, sind die ja, sehen die ja ein bisschen anders aus, sind ein bisschen leichter, aber auch nicht viel. Ja man ist auch nicht so beweglich, wenn man irgendwo mal durch irgendwo was durchrutschen muss [...]". Interview Frank Taubert, 12.7.2017, Projekt „Menschen im Bergbau", Archiv im Haus der Geschichte des Ruhrgebiets: LINT 69.

Alain Forti

Once upon a Mine… Le Bois du Cazier, du chaos d'une catastrophe à la mémoire d'un savoir-faire technique et humain

Comme le faisait remarquer Christophe Barbier dans un édito de la revue française *L'Express*[1], il est temps de réfléchir à ce que „modernité" veut dire, à une époque où la technologie triomphante „prométhéise" de plus en plus l'Homme. Le destin d'une ou plusieurs vies est ainsi plus souvent qu'on ne le pense, et au détriment de la sécurité la plus élémentaire, entre les mains d'un seul individu. Ce qui par exemple, après enquête, apparut comme trop régulièrement le cas dans les mines à l'occasion d'accidents graves.

Hier, théâtre de la plus importante catastrophe[2] qu'ait connue l'industrie houillère belge. Aujourd'hui, haut-lieu de la mémoire ouvrière sur fond de drame humain, l'ancien Charbonnage du Bois du Cazier à Marcinelle (B), reconnu par l'Unesco et labellisé par l'Union européenne[3], est devenu un site de mémoire et de conscience incitant entre autres à la réflexion sur le grand écart qu'il peut exister entre le génie humain et ses dérives. Et „quand la science avance sans conscience, on le sait, la monstruosité mécanique est en marche!"[4]

Deux pièces majeures des collections nourrissent ce questionnement de nature technico-philosophique. Il s'agit d'un ventilateur centrifuge de type „Guibal" et du camion d'intervention de la Centrale de sauvetage de Marcinelle.

---

[1] Barbier, Christophe: Le lieu du drame, in: L'Express (édito), n° 3 326, Paris, 1er avril 2015, p. 7.
[2] Le 8 août 1956, suite à une erreur humaine et un problème technique, un incendie d'une rare violence se déclare à l'envoyage de l'étage 975 du puits d'entrée d'air. Rapidement, les fumées gagnent l'ensemble des galeries et des chantiers. Privés d'oxygène, les mineurs bloqués au fond vont mourir asphyxiés. L'accident fera 262 victimes de 12 nationalités différentes, dont 136 Italiens, 95 Belges, mais aussi 5 Allemands, d'anciens prisonniers de guerre restés en Belgique après leur libération.
[3] Inscrit par l'Unesco en juillet 2012 sur la liste du Patrimoine mondial, avec trois autres sites miniers majeurs de Wallonie (le Grand-Hornu, Bois-du-Luc et Blegny-Mine) en raison de leur niveau d'intégrité et d'authenticité, ainsi que de leur représentativité d'une période significative de l'histoire humaine, le Bois du Cazier est aussi détenteur depuis mars 2018 du Label du Patrimoine européen. Et ce, pour le rôle important joué dans l'histoire et la culture, entre autres par la création à l'instigation de la CECA (Communauté Européenne du Charbon et de l'Acier), consécutivement à la catastrophe de 1956, d'un Organe permanent pour la sécurité et la salubrité dans les mines de houille et les industries extractives.
[4] Voir Barbier, Christophe: Le lieu du drame (note 1).

Et ce, en concordance harmonique avec la devise du site, „Le passé, présent pour le futur."

Je souhaite enfin dédier ce texte à Michel Vanbellinghen dont j'avais fait la connaissance en 1984, lorsque j'étais en peine phase d'écriture de mon mémoire de fin d'études.[5] Un ami trop tôt disparu, ingénieur électricien féru d'archéologie industrielle, indissociable des deux récits qui vont suivre.

Autant en emporte le vent (Vom Winde verweht – Gone with the wind)

Au cours de l'année 1995, Michel Vanbellinghen, abonné à la revue française *L'écho des berlines*[6], me contacte à propos du contenu d'un article qu'il venait de découvrir dans le n° 38 du périodique. Consacré aux vestiges de l'industrie houillère en Wallonie, dix ans après la fin de l'exploitation, cet article avait pour le moins titillé sa curiosité. Et plus particulièrement un passage concernant un charbonnage situé à Tamines dans la Basse-Sambre, à l'Est de Charleroi: „De loin les ruines de la fosse Sainte-Eugénie possèdent encore une certaine grandeur. De près, c'est la tristesse à l'état pur. [...] Bizarrement oublié par les ferrailleurs, le treuil d'extraction à câbles plats du puits n° 4 rouille lentement dans son bâtiment."[7] Il n'en fallait pas plus pour nous inciter à aller sur place pour nous rendre compte, de visu, de la situation. Aussi vite dit aussi vite fait, la découverte du site, avec une impatience certaine, était programmée (Fig. 1)!

---

5 Forti, Alain: Deux cent cinquante ans d'industrie houillère dans les bassins miniers de Charleroi et de la Basse-Sambre. Les sociétés anonymes des Charbonnages de Monceau-Fontaine et des Charbonnages Réunis de Roton-Farciennes & Oignies-Aiseau, étude historique et archéologique, mémoire présenté en vue de l'obtention du diplôme de licencié en Histoire de l'art et Archéologie, Université de Liège – Faculté de Philosophie et Lettres, année académique 1984–1985.
6 Revue comptant 56 numéros, publiée de février 1986 à novembre 1999 par des passionnés d'archéologie industrielle. L'adresse de contact était située à Rambouillet en France.
7 Goffinet, Benoît: Wallonie, 10 ans après (troisième partie), in: L'écho des berlines, trimestriel, n° 38, Association pour le Contact et l'Information en Archéologie Industrielle, Rambouillet 1995, p. 36.

Fig. 1: Vue du siège d'extraction Sainte-Eugénie de la SA des Charbonnages de Tamines, dans les années 1960

Le poumon de Sainte-Eugénie

Mais pour mener à bien cette expédition, il restait à prendre contact avec le liquidateur afin d'obtenir le précieux sésame. Après lui avoir téléphoniquement exposé nos intentions, celui-ci, aimablement, nous autorisa à parcourir en sa compagnie les lieux. Friche dont l'accès, faut-il le souligner, était, à grand renfort de panneaux d'interdiction, de fils barbelés et d'un berger allemand particulièrement dissuasif, fortement déconseillé, ne fusse que par mesure de sécurité vu l'état de délabrement avancé des bâtiments et les puits non obturés, laissant apparaître des moignons de guidonnage plongeant dans une cavité inondée ceinturée d'un cuvelage à l'appareillage descellé (Fig. 2)!

Restant sur notre faim, nous recontactèrent dès la semaine qui suivit notre guide d'un jour, mis en confiance, et séduit, par notre projet de réaliser une couverture photographique des vestiges en place et, surtout, par notre motivation à vouloir sauver la machine d'extraction encore présente. Après avoir reçu l'autorisation de pouvoir y retourner seuls, notre intention était également cette fois, faut-il l'avouer, d'effectuer une visite plus en profondeur. Nous avions en effet le sentiment que Sainte-Eugénie ne nous avait pas livré tous ses secrets. La date

Fig. 2: Vue aérienne de la friche industrielle de Sainte-Eugénie à Tamines, dans les années 1990

venue, nous nous équipâmes en conséquence, et notamment de casques et de lampes à chapeau, afin de pouvoir investiguer les endroits les plus sombres, et „mystérieux", qui nous auraient échappé lors de notre première venue.

Je passe maintenant le relais à Michel dont on devine, dans ces quelques lignes que lui inspira ce moment unique, l'émotion et l'exaltation qui nous envahirent au fur et à mesure de notre progression: „C'est ainsi que dans les bâtiments jouxtant le puits de retour d'air, nous découvrîmes un sombre couloir étroit au bout duquel se trouvait une lourde porte en bois. Nous empruntâmes bien sûr ce couloir étrange et ouvrîmes la porte avec difficultés. La porte passée, nous restâmes pantois devant la découverte. Devant nous, grandiose et majestueux dans sa structure, se dressait un ventilateur Guibal en parfait état de conservation, endormi là à jamais, attendant son triste sort: le mitraillage"[8] (Fig. 3).

---

[8] Vanbellinghen, Michel: Le ventilateur Guibal de nos jours, in: Charbonnages à cœur ouvert, Bulletin de l'Amicale des Mineurs des Charbonnages de Wallonie, trimestriel, n° 5, s. l. 1995, p. 12.

Fig. 3: Ventilateur Guibal in situ à Sainte-Eugénie, tel qu'il a été découvert en 1995

La ventilation dans les mines

La ventilation des travaux souterrains apporta, c'est peu de le dire, un souffle nouveau à l'art d'exploiter les mines. Mais cela ne se fit pas sans peine car, au début, nul ne sembla se préoccuper du rôle que celle-ci pouvait jouer pour protéger la santé, améliorer le confort et la productivité des travailleurs.

Car à cette époque, l'unique objectif de la ventilation était la sécurité.[9] C'est en effet d'abord comme moyen de lutte contre les dangers d'explosion et d'asphyxie que la ventilation s'imposa. Si bien que lorsque Humphry Davy inventa en 1815 la première lampe dite „de sûrete", les exploitants eurent tendance, pendant quelques années encore, à négliger et reléguer au second plan l'importance de l'aérage, confiants qu'ils étaient en les qualités annoncées de cette nouvelle lampe. Mais les tragiques accidents qui en révélèrent les faiblesses et ses limites expliquent les efforts considérables déployés par la suite, dès le début des années 1820, pour perfectionner à la fois ces lampes de sûreté mais aussi les moyens de ventilation.[10]

Et ce sont les progrès de cette même ventilation, initialement pensée et développée pour la sécurité dans les mines grisouteuses, qui mirent en exergue son effet bénéfique sur la santé des ouvriers. Ce que ne manquait pas de souligner dans ses cours l'ingénieur français Théophile Guibal, attirant l'attention sur l'anémie et l'emphysème pulmonaire, deux graves affections dont souffraient les mineurs travaillant dans des mines non grisouteuses où l'aérage, jugé non primordial, avait été négligé.[11]

Dans le vent de la modernité, Théophile Guibal (Toulouse [F], 1814 – Morlanwelz [B], 1888)

Poussé par une inclination naturelle, Théophile Guibal quitte son Sud-Ouest natal pour entreprendre, dès 1833 à l'âge de 19 ans, des études d'ingénieur à l'École centrale des Arts et Manufactures de Paris dont la réputation commençait à se répandre. C'est un an après l'obtention de son diplôme qu'il prend le chemin de la Belgique, après avoir appris par les journaux que l'Administration provinciale du Hainaut était, à l'initiative de Jean-Baptiste Thorn le gouverneur, désireuse de

---

9 Brison, Léon: Évolution du problème de la ventilation dans les exploitations souterraines, in: Publications de l'Association des Ingénieurs de la Faculté Polytechnique de Mons (A.I.Ms.), 1er Fascicule, s. l. 1959, p. 10.
10 Ibid.
11 Ibid., p. 10 et 11.

Fig. 4: Statue représentant Adolphe-Barthélemy Devillez et Théophile Guibal regardant un plan de ventilateur centrifuge. Monument en bronze réalisé par Louis Henri Devillez, coulé à la Compagnie des Bronzes à Bruxelles et installé au début du XXe siècle dans la cour de l'École des Mines de Mons, mieux connue aujourd'hui sous le nom de Faculté Polytechnique

créer à Mons une école pour enseigner aux jeunes gens la science de l'exploitation des mines. Ceci, dans le but d'épauler et de conseiller les directeurs et ingénieurs des charbonnages qui, pour la majorité d'entre eux, étaient certes des praticiens autodidactes compétents, mais à qui il manquait les connaissances scientifiques et théoriques indispensables à la bonne marche et au développement de cette industrie sur laquelle reposait l'essor économique de tout un pays.

Non seulement nommé professeur en charge des cours de géométrie descriptive, d'exploitation des mines et de construction des machines, Théophile Guibal sera aussi, avec son compatriote Adolphe-Barthélemy Devillez (1816–1891), condisciple sur les bancs de l'École centrale de Paris et maintenant collègue, l'un des fondateurs de cette illustre Institution (Fig. 4).[12]

---

[12] Sédille, Marcel: Théophile Guibal & les débuts de la technique des ventilateurs, in: Publica-

Apprenons-en un peu plus sur l'homme grâce à ce témoin direct. Théophile Guibal, d'après Devillez, „fut un élève rangé, studieux et plus préoccupé du désir de terminer honorablement ses études que de profiter des ressources de distractions que les jeunes gens trouvent à chaque pas dans cette immense ville de Paris, où un si grand nombre d'entr'eux, peu soucieux de l'avenir, ne font que perdre leur temps, et épuisent souvent sans résultat, le plus net des ressources de leurs familles. C'est pendant ces trois années d'étude, que ce génie de l'invention dont il donna des preuves toute sa vie, commença à se faire jour. Dans ces études de projets de fabrications industrielles, ou de machines, qui étaient imposées aux élèves, comme exercices préparatoires à la profession d'ingénieur, il lui arrivait souvent de proposer, pour résoudre ces problèmes, des moyens nouveaux et tout différents de ceux qui étaient ordinairement appliqués à leur solution."[13]

Parallèlement à l'enseignement, les travaux de recherche personnels de Guibal portaient sur la distillation des houilles fines, le percement des puits de mine à travers les couches aquifères, mais surtout sur l'aérage. C'est dans ce dernier domaine que se situent ses plus grandes réussites dont le développement en Belgique, en France, en Allemagne, en Angleterre... – les principaux pays industriels européens de l'époque – du ventilateur centrifuge portant son nom.[14]

Le ventilateur de type „Guibal"

Les ventilateurs centrifuges de type Guibal, améliorant grandement la ventilation, ouvrirent un chapitre nouveau dans l'art d'exploiter les mines. Ils permettaient en effet l'évacuation du grisou, dégagé en quantités croissantes, du gaz carbonique, augmentant avec la longueur des circuits d'aérage, ainsi que des poussières, en suspension dans les galeries et les chantiers. En 1877, soit 19 ans à peine après le dépôt d'un premier brevet[15], 355 ventilateurs de ce type sont en service dans le monde : 85 en Belgique et 270 à l'étranger, dont 180 rien que pour

---

tions de l'Association des Ingénieurs de la Faculté Polytechnique de Mons (A.I.Ms.), 1er Fascicule, s. l. 1959, p. 14.
13 Devillez, Adolphe: Le professeur Théophile Guibal, Notice biographique rédigée en 1888.
14 Sédille, Marcel: Théophile Guibal & les débuts de la technique des ventilateurs (note 12), p. 14.
15 Le premier ventilateur Guibal, faisant l'objet de ce brevet, fut installé en 1858 au siège n° 7 de Crachet Picquery à Frameries, dans le Borinage, voir Brison, Léon: Évolution du problème de la ventilation dans les exploitations souterraines (note 9), p. 9.

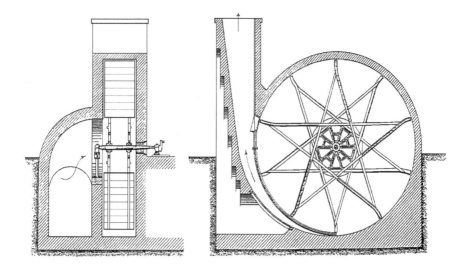

Fig. 5: Coupes verticales (parallèle et perpendiculaire à l'axe) du ventilateur Guibal installé au puits n° 12 de la division de Crachet-Picquery des Charbonnages du Levant du Flénu dans le Borinage

l'Angleterre, nation se montrant généralement réfractaire pour toute technique d'origine non insulaire.[16]

Le ventilateur Guibal[17] était essentiellement constitué par une roue à palettes en bois (au nombre de 6 à 10), généralement de grand diamètre (jusqu'à 12 m)[18], enfermée pour l'étanchéité du système sur presque toute sa circonférence dans une structure circulaire en briques ne laissant entrer l'air que par une seule ouverture, réglée par une vanne également en bois, commandant la liaison avec le puits de retour d'air. Actionné par une machine à vapeur, le ventilateur tournait à une vitesse relativement faible (environ 65 tours/min). L'air venant du fond de la mine entrait dans l'ouïe d'aspiration par effet de la force centrifuge et était évacué par une cheminée verticale évasée de 7 à 9 m de hauteur (Fig. 5).

---

16 Ibid., p. 10.
17 Mativa, Henri et al.: Les ventilateurs de mines, Rapport de la Commission instituée, pour l'étude des ventilateurs, par la Direction de l'Industrie de la Société Générale pour favoriser l'Industrie nationale, Publications de la Société des Ingénieurs sortis de l'École Provinciale d'Industrie et des Mines du Hainaut, Troisième série, Tome II, s. l. 1892–1893, p. 41 et 42.
18 Le ventilateur de Sainte-Eugénie est un modèle à 8 palettes en bois de chêne, pour un diamètre de 7 m et une largeur de 2 m.

De par leur simplicité – pour ne pas dire leur rusticité – et leur sécurité de marche, les ventilateurs Guibal fonctionnèrent pendant de nombreuses dizaines années avec régularité et fiabilité, à la plus grande satisfaction des exploitants. Révolutionnaires pour l'époque, ces ventilateurs restèrent inégalés pendant près d'un demi-siècle et survécurent à leur inventeur environ 20 à 25 ans. Il fallut pour les supplanter l'avènement d'un appareil moderne, dont le fonctionnement était non plus basé sur une forme d'empirisme et d'intuition géniale mais sur une théorie exacte, développée par un autre grand inventeur, Auguste Rateau.[19]

Un second souffle

Grâce à la compréhension du Bureau Économique de la province de Namur, maître-d'œuvre de l'assainissement du site de Sainte-Eugénie, à une subvention de la Région wallonne permettant de couvrir les frais liés à l'opération, et à la compréhension du démolisseur dont les engins de chantier furent mis à contribution, le ventilateur fut sauvé in extremis en 1999, alors que les opérations d'arasement des bâtiments étaient déjà en cours. Les différentes parties constitutives, au préalable relevées sur plan, ont été soigneusement démontées et numérotées par l'Entreprise générale de Construction Robert-Charles[20], pour ensuite être stockées dans les réserves du Musée de l'Industrie se trouvant dans les anciennes

---

[19] Sédille, Marcel: Théophile Guibal & les débuts de la technique des ventilateurs (note 12), p. 17. Après des études à l'École polytechnique puis à l'École des Mines de Paris, Auguste Rateau (Royan, 1863 – Neuilly-sur-Seine, 1930) commence, entre 1888 et 1897, sa carrière comme professeur à l'École des mines de Saint-Étienne. Il se lance ensuite dans une carrière industrielle le voyant se spécialiser dans les turbo-machines. Ce qui l'amènera à fabriquer des ventilateurs pour les mines et des soufflantes pour les aciéries. En 1903, il crée la Société pour l'exploitation des appareils Rateau qui, en 1917, s'implantera à La Courneuve en Île-de-France. Thermeau, Gérard-Michel: Auguste Rateau, maître de la construction mécanique, in: Auguste Rateau, maître de la construction mécanique. Voir: www.contrepoints.org/2016/10/23/268181-auguste-rateau-maitre-de-construction-mecanique (23 octobre 2016).

[20] Les opérations menées par l'Entreprise Robert-Charles ont été supervisées directement par son administrateur Valter Iurlaro, fils de mineur faut-il le souligner. Les plans du ventilateur avaient été dressés par Nathalie Daoust, dessinatrice en architecture. Sur le terrain, la coordination du chantier était assurée par Jean-Marc Jopart. Il est à souligner que la machine d'extraction encore présente sur le site, mentionnée dans l'article de L'écho des berlines et finalement à l'origine de la découverte et du sauvetage du Guibal, ainsi qu'une bascule servant à peser les camions des revendeurs en charbon, ont également été démontées et sont, tout comme le ventilateur, aujourd'hui visibles sur le site du Bois du Cazier.

Fig. 6: Le ventilateur Guibal de Sainte-Eugénie remonté dans l'espace „Forum" du Bois du Cazier

Forges de la Providence à Marchienne-au-Pont, siège de l'association Archéologie Industrielle de la Sambre dont j'étais l'attaché scientifique (Fig. 6).

Il sera réinstallé en 2004, par l'équipe qui avait procédé à son démontage, dans l'ancienne centrale d'énergie du Bois du Cazier – aujourd'hui l'espace „Forum" – à la base de la cheminée d'évacuation d'un ancien ventilateur, disparu avec le passage des ferrailleurs à la fermeture du charbonnage en 1967. Il est à signaler que, dans un souci didactique, la structure maçonnée enfermant normalement un ventilateur Guibal en ordre de marche n'a pas été reconstituée.

Si plusieurs centaines d'exploitations minières de par le monde furent équipées à un moment de ventilateurs Guibal, il est exceptionnel aujourd'hui de pouvoir encore en admirer un. Il semblerait qu'avec celui présent au Bois du Cazier, seul un autre appareil de ce type a été préservé. Il se trouve en Pologne, exposé en plein air dans le parc consacré au Patrimoine technique à la Mine „Reine Luiza" à Zabrze, en Haute Silésie (Fig. 7).

Fig. 7: Ventilateur Guibal (moitié supérieure) présenté à l'extérieur, à la Mine „Reine Luiza" à Zabrze, en Pologne

L'éternel retour (Die ewige Rückkehr – The Eternal Return)

Le principe de l'organisation d'un sauvetage minier en Belgique a été posé en 1905 par Gustave Francotte, Ministre de l'Industrie et du Travail, consécutivement à sa visite du stand du Syndicat allemand des Charbonnages Rhéno-Westphaliens à l'Exposition universelle et internationale de Liège.[21]

Sauvetage à propos duquel Victor Watteyne, Inspecteur Général du Service des accidents miniers et du grisou, mettra l'accent sur la solidarité entre mineurs. „Le sauvetage est, avant tout, une question de dévouement. Ce dévouement, je

---

21 Watteyne, Victor (Inspecteur Général du Service des accidents miniers et du grisou), avant-propos à l'article: Les appareils respiratoires et la station de sauvetage de Frameries, in: Annales des Mines de Belgique, tome XIV – 1ère livraison, Ministère de l'Industrie et du Travail. Administration des Mines, Bruxelles 1909, p. 524.

me plais à le dire bien haut, à la louange de nos mineurs (ingénieurs et ouvriers), n'a jamais fait défaut. Nos mineurs belges sont des mineurs de profession, et le dévouement est, dans ce métier, un devoir professionnel que non seulement aucun ne cherche à éluder mais qui est presque un instinct chez eux. Ayant occasion, par nécessité de service, de prendre connaissance des circonstances accompagnant tous les accidents qui surviennent dans notre pays, je puis donner le témoignage que jamais il n'a été failli à ce noble devoir, et je ne pense pas qu'il puisse être cité un seul cas, dans une mine de Belgique, où un ouvrier, qu'il était humainement possible de sauver, ne l'ait pas été."[22]

Les centrales de sauvetage

La première centrale de sauvetage de Belgique est édifiée à Frameries, en annexe à la station d'expérimentation et de recherches installée depuis 1902 dans les dépendances du siège Grand Trait de la Compagnie des Charbonnages belges. La fonction de cette dernière, dont l'implantation fut décidée en 1884 par l'Administration des Mines suite à de nombreuses catastrophes, consistait en l'étude sur le terrain des moyens à employer pour neutraliser au plus tôt les deux principaux responsables des coups de grisou, à savoir: les explosifs utilisés pour le creusement des galeries et les appareils d'éclairage. Encore mal connues et maîtrisées, l'électricité et la mécanisation feront aussi l'objet de toutes les attentions.

Étant donné l'impérieuse nécessité de la rapidité des secours en cas d'accident, cette première centrale, opérationnelle dès 1907, ne pouvait toutefois pas être considérée comme suffisante pour desservir l'ensemble des bassins charbonniers wallons et les dizaines de sièges d'extraction que ceux-ci comptaient.

Dès lors, un arrêté royal du 23 juin 1908 imposa aux dirigeants des exploitations grisouteuses de disposer d'un nombre suffisant d'appareils respiratoires et d'équipes de sauveteurs exercés. Dans le bassin de Charleroi, le matériel de sauvetage fut ainsi soit directement entreposé dans certains charbonnages, soit centralisé dans des dépôts communs à plusieurs sociétés mais, dans ce cas, sans permanence de sauveteurs (Fig. 8).

Après la Première Guerre mondiale, devant ce problème organisationnel responsable d'un manque d'efficacité flagrant, le Comité Permanent des Mines décidait en 1924 de remédier à la situation par la création de plusieurs centrales de sauvetage. En 1926, les associations charbonnières de la province de Hainaut optent, en raison du caractère particulièrement grisouteux de leurs exploitations,

---

[22] Ibid., p. 522 et 523.

Fig. 8: Équipe de sauveteurs à la fin des années 1920 dans un charbonnage de Fontaine-l'Évêque, dans le bassin de Charleroi

pour la création d'une station par bassin: à Frameries pour le Borinage, à Ressaix pour le Centre et à Marcinelle pour Charleroi et la Basse-Sambre. L'installation des autres centrales, à Glain pour Liège et dans chacune des mines limbourgeoises, suivra par après.

La Centrale de sauvetage de Marcinelle

Créée à l'initiative de Michel Vogels, alors directeur-gérant des Charbonnages de Marcinelle-Nord, la Centrale de sauvetage de Marcinelle a été mise en service au début de l'année 1930.[23] Elle constitue une section de la Caisse Commune d'Assurance de l'Industrie Charbonnière du Bassin de Charleroi et de la Basse-Sambre.

---

23 Centrale de sauvetage, in: L'Association charbonnière et l'industrie houillère des bassins de Charleroi et de la Basse-Sambre, chapitre V, Couillet 1931, p. 113.

L'ensemble des sociétés ont participé à son financement et s'y sont affiliées. Dans les années 1950, après de nombreuses transformations et modernisations, ses installations, se trouvant route de Beaumont (aujourd'hui avenue Eugène Mascaux), comprenaient de vastes magasins et dépôts de matériel, des garages, un auditoire et des salles de cours, une bibliothèque, un laboratoire ou encore une salle d'exercice pouvant être enfumée afin de permettre la formation et l'entraînement réguliers d'équipes de sauveteurs à l'utilisation d'un matériel spécifique dans un milieu irrespirable.

Elle arrêtera ses activités en 1984, avec la fin de l'exploitation minière en Wallonie consécutive à la fermeture du dernier charbonnage en activité: le siège Sainte-Catherine à Farciennes de la SA des Charbonnages Réunis de Roton-Farciennes & Oignies-Aiseau, dans le bassin de la Basse-Sambre entre Charleroi et Namur. Tirer sa révérence peut-être, mais non sans avoir tenté un dernier baroud d'honneur. Espérant en effet intéresser d'autres industries, comme la sidérurgie, à ses activités et à son expertise en matière de sécurité, la direction de la Centrale avait organisé au printemps de cette année 1984 une journée „portes ouvertes". Sauveteur-guide[24] pendant une partie de sa carrière de mineur, mon père, désireux de revoir les lieux et de saluer les personnes qu'il y connaissait encore, s'y rendit. L'accompagnant pour l'occasion, c'est là qu'il m'apparut pour la première fois, dans sa flamboyante livrée rouge.

Beau comme un camion!

Il s'agissait du camion d'intervention. Datant de 1955, quand la Centrale de Marcinelle avait renouvelé sa flotte de véhicules, il était arrivé en droite ligne des États-Unis par bateau. Importé par la General Motors Continental à Anvers, c'était un

---

24 „Le personnel d'intervention affecté à la Centrale se répartit entre les sauveteurs permanents et les sauveteurs-guides. Les premiers, choisis sur base volontaire parmi les ouvriers mineurs appartenant aux charbonnages de troisième catégorie, dits à dégagement instantané [de grisou], constituent l'épine dorsale de la Centrale. Après leur formation, ceux-ci sont divisés en trois équipes de six, soit deux hommes par poste de huit heures. Chaque équipe preste 12 jours d'affilée avant de voir ses membres reprendre leur travail à la mine où ils sont occupés et ce, afin de ne pas perdre le contact avec la réalité du métier. Les seconds, désignés dans le personnel de maîtrise par chaque société houillère à raison d'un homme par siège d'extraction et par poste, servent de guides aux sauveteurs permanents, d'où leur nom. Chaque trimestre, ces sauveteurs, astreints aux mêmes exigences que les permanents, viennent à la Centrale suivre une formation théorique ainsi qu'un entraînement. La réparation et la prévention des accidents", in: L'Association charbonnière et l'industrie houillère des bassins de Charleroi et de la Basse-Sambre, chapitre V, Couillet 1931, p. 115.

Dodge Job Rated type G (gabarit moyen) animé par un moteur Chrysler 6 cylindres en ligne (Fig. 9).

Véritable pièce de musée accusant près de trente ans, il était pourtant proche de l'état qui avait été le sien quand il était sorti de l'atelier de carrosserie de l'entreprise V. Van Dun à Anvers, spécialisée dans la réalisation de ce type d'engin.[25] Le peu d'interventions auxquelles il avait été amené à participer, ainsi que l'attention dont il faisait l'objet de la part du personnel, expliquait cette apparente „jeunesse éternelle" et le peu de kilomètres au compteur.

Spécialement aménagé pour le transport de 10 hommes, de dimension respectable (7,5 × 2,35 × 2,5 m, pour une tare de 4240 kg et une charge de 2570 kg), il contenait tout le matériel nécessaire aux premières opérations de sauvetage en milieu souterrain, notamment 10 appareils Dräger stockés en logettes individuelles capitonnées et reliés en permanence à un dispositif de contrôle central d'étanchéité (Fig. 10). En plus d'une première réserve de cartouches filtrantes et de bonbonnes d'oxygène pour les appareils respiratoires embarqués, ce véhicule emportait aussi un banc de chargement de lampes de mine, des lampes à huile et électriques, des vêtements et des casques de rechange pour les sauveteurs, des ventubes (conduits d'aération), des lances d'incendie, des pulmotors (appareillage portatif de réanimation), un coffre contenant des appareils de mesure pour le grisou, une boîte de secours, un outillage sommaire de chirurgie, divers agrès de déblaiement comme des pelles, pioches, barres à mine, etc. Pourvu d'une installation électrique d'éclairage et de chauffage à 24 volts, il pouvait aussi servir de poste avancé de commandement et d'atelier mobile d'entretien et de vérification du matériel utilisé en opération.[26]

Sa première sortie en opération, véritable baptême du feu, sera la catastrophe du Bois du Cazier à Marcinelle, le 8 août 1956 (Fig. 11, 12).

---

[25] Le camion importé consistait uniquement en un châssis nu à deux longerons et chaîne cinématique comportant le moteur, le train roulant, la face avant avec le capot mais sans pare-brise. La cabine, les portes, les coffres latéraux et la superstructure (en partie avec âme de bois recouverte d'une tôle d'acier) ont été réalisés selon les besoins spécifiques du client à l'arrivée du véhicule en Belgique. L'inscription d'origine mentionnant le nom du carrossier, peint au pinceau à la couleur blanche, apparaît toujours à l'extrémité des deux ailes arrière.

[26] Renseignements fourni par Serge Amores y Martinez Amoré, coordinateur-expert au Service de documentation et d'archives photographiques pour les sapeurs-pompiers. Amores y Martinez Amoré, Serge: Ces hommes du feu que l'on ne voit pas. L'histoire et les moyens techniques des pompiers industriels et privés belges, Neufchâteau 2015.

Fig. 9: Le nouveau camion d'intervention garé devant les bâtiments de la Centrale de sauvetage de Marcinelle, 1956

Fig. 10: Poste avancé de la Centrale de sauvetage, le camion contient, soigneusement rangé dans ses coffres, tout le matériel nécessaire à 10 hommes en intervention

Fig. 11: Le camion, stratégiquement positionné à proximité des puits, lors de la catastrophe du Bois du Cazier en août 1956

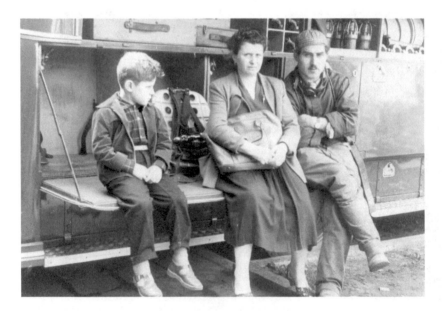

Fig. 12: Lieu de ralliement, le camion sera aussi l'endroit où les familles viendront apporter réconfort et tendresse aux sauveteurs entre deux descentes dans l'enfer

Ce n'est qu'un au revoir!

Poursuivant une carrière heureusement moins tragique et, de là, plus discrète, il sera finalement vendu pour une bouchée de pain[27] à la fermeture de la Centrale de sauvetage à un collectionneur privé après au préalable, faut-il le souligner, avoir été proposé à Michel Vanbellinghen qui, la mort dans l'âme, avait dû décliner la proposition ne possédant pas l'espace nécessaire pour l'accueillir dans de bonnes conditions. Ce véhicule serait pourtant venu bien à point à Michel qui, depuis peu, avait commencé à organiser des expositions de matériel lourd de mine, en soutien aux photographies de Désiré Deleuze[28] faisant découvrir l'univers des Gueules noires. Mais cette métamorphose de transporteur de pièces d'exposition en pièce de collection lui-même n'aura pas lieu! Pas cette fois, pas comme cela...

Sous les radars

Le véhicule s'évanouit alors dans la nature, non sans avoir personnellement essayé de le retrouver une première fois, en 1996, à l'occasion d'un double anniversaire: les 50 ans de la signature du protocole d'accord portant sur l'émigration vers la Belgique, et ses charbonnages, de 50 000 travailleurs italiens, ainsi que les 40 ans de la catastrophe du Bois du Cazier. Le projet imaginé consistait, dans le cadre de ces commémorations, à faire revenir le camion sur le carreau de ses „exploits", à l'époque toujours à l'abandon mais sécurisé pour l'occasion. C'était sans compter sur l'accueil de la personne qui l'avait acquis en son temps. Celui-ci me faisant vite comprendre que c'était peine perdue, d'autant que le camion, entre-temps, avait été revendu dans la région de Liège, à une personne active dans le milieu folklorique. Je n'en saurai pas plus!

---

[27] La somme de la transaction se montait à 10 000 francs belges de l'époque, correspondant aujourd'hui à 250 Euros.
[28] Désiré Deleuze (Brugelette, 1921 – Charleroi, 2014) œuvra entre 1947 et 1966 dans l'ensemble des bassins charbonniers belges à la demande, à la fois, des entreprises, de l'Administration des Mines ou des fabricants de matériel. Peaufinant sa technique au fil des descentes, et étant le seul à posséder un flash électronique protégé dans un caisson antidéflagrant qu'il avait fait réaliser, il lègue une collection unique au monde, tant par ses qualités techniques qu'artistiques. Cette collection est aujourd'hui conservée au Musée de la Photographie à Charleroi.

À l'approche du 50ᵉ anniversaire de l'accident, n'ayant toujours pas fait mon deuil mais sans beaucoup d'espoir, je me décide à faire passer un avis de recherche dans le trimestriel d'information du Bois du Cazier.[29] Et ce, sans résultat jusqu'à ce vendredi 24 mars 2006 quand quelqu'un me demande à l'accueil du site. Là, je fais la connaissance de Richard Mageren, un chauffeur routier de son état, passionné par tout ce qui touche aux services de secours, véhicules et matériel confondus. Directement, il m'annonce avoir dans un hangar du côté de Verviers „quelque chose" qui pourrait m'intéresser!

Le rendez-vous sur place est fixé dès la semaine suivante. Après dix ans d'attente, ce n'étaient pas quelques jours d'impatience supplémentaires qui risquaient d'altérer la joie d'une retrouvaille inespérée, à la condition qu'il s'agisse bien de notre camion...

„Le Beau au Bois dormant"

Arrive le grand jour. Jean-Louis Delaet le directeur, Christian Joosten le bibliothécaire et moi-même prenons la route vers Verviers et, masquant mal notre excitation, échafaudons pendant tout le trajet divers scénarios.

Sur place, la lourde porte du hangar enfin ouverte, nous apparut directement, dans la pénombre et la poussière, un camion rouge. Et sur ses portières, une inscription d'origine, miraculeusement arrivée jusqu'à nous : „Centrale de Sauvetage de l'Industrie Charbonnière des Bassins de Charleroi et de la Basse-Sambre – Marcinelle". Inscription identifiant et authentifiant, s'il le fallait encore, le véhicule. C'était bien lui (Fig. 13)!

Nous apprendrons par la suite que le camion avait bel et bien participé à des carnavals et autres cortèges. Activités folkloriques que confirment certes les confettis et les verres à bière en plastique retrouvés dans les coffres, mais surtout le nom du groupe qui s'affiche fièrement en lettres blanches autocollantes sur les flancs: „Les Flambeurs". Cela ne s'invente pas! Finissant par s'en lasser, son ancien propriétaire l'abandonna un certain temps sur un terrain lui appartenant pour finalement, avant de faire passer un ferrailleur, se raviser et le proposer à Richard Mageren dont il connaissait les centres d'intérêt.

---

[29] Les Nouvelles du Bois du Cazier, trimestriel, n° 3, Marcinelle décembre 2004 – février 2005, p. 5.

Fig. 13: Le camion tiré de sa torpeur, le 1er avril 2006 à Verviers

„Richard Cœur de Camion"

Après avoir offert, à son pas encore ex-propriétaire, un ouvrage sur le Bois du Cazier, entretenu la conversation un certain temps, fait répéter plusieurs fois l'improbable et incroyable odyssée du véhicule, ouvert moult fois les portières pour s'asseoir à son volant, comme si l'on voulait inconsciemment reporter le plus longtemps possible la discussion que l'on aurait, tôt ou tard, quant à son devenir, vient inexorablement l'instant tant redouté d'en négocier l'acquisition. La question incontournable concernait bien évidemment la valeur financière rationnelle à accorder à un tel véhicule. Même si ses qualités historiques et symboliques intrinsèques, ainsi que la charge émotive qui s'en dégage, sont indéniables et indiscutables, comment transposer ces dernières en valeur marchande? Le plus simple – mais moins glorieux – était finalement d'estimer objectivement sa cote en convertissant en Euros, au cours du jour de la mitraille, son poids sur la bascule.

Quels ne furent dès lors pas notre soulagement, et notre émotion, quand nous entendîmes son propriétaire nous déclarer tout de go, avant même d'avoir abordé le sujet et entamer les négociations: „J'estime qu'il est plus à sa place chez vous que chez moi, je vous l'offre". J'en ai encore aujourd'hui des frissons rien que d'y repenser. On était le samedi 1er avril, et ce n'était pas un poisson! Nous ne rêvions pas, nous avions bien entendu. Richard Mageren était on ne peut plus sérieux. Quel geste généreux, et d'une rare probité, ce Monsieur venait de poser là…

„Camion téléphone maison!"

Tout va alors s'accélérer:
- Le 20 mai, un convoi exceptionnel, dans tous les sens du terme, s'ébranle de Verviers vers Marcinelle. Sur le plateau surbaissé du semi-remorque trône un camion rouge ayant rendez-vous avec l'histoire, la grande et la sienne: un retour vers le passé et le carreau du Bois du Cazier, près de cinquante ans après en être parti (Fig. 14);
- Le 23 mai, une haie d'honneur constituée du donateur, du dernier directeur de la Centrale de sauvetage, d'ingénieurs, de mineurs, ainsi que de membres de familles d'anciens sauveteurs l'entoure lors de sa présentation au couple royal, Albert II et Paola, venu inaugurer le Mémorial en hommage aux victimes;
- Le 7 août, sur la „pointe des pneus", il est présent dans la scénographie imaginée par Luc Petit pour le spectacle „Gueules Noires", point d'orgue des commémorations du 50e anniversaire de la catastrophe narrant, dans une fresque son et lumière, le travail à la mine, l'histoire de l'immigration, l'accident de 1956 et le Bois du Cazier aujourd'hui.

Les feux de la rampe vont ensuite, dans la pénombre des réserves, une nouvelle fois s'éteindre pour quelques années. En coulisse, la question de la restauration se pose avec acuité. Il est en effet impensable de laisser dormir et de ne pas présenter au public une pièce d'une telle qualité et d'une telle importance! La remettre à neuf, dans un „état concours" selon le terme utilisé dans le milieu automobile, était financièrement difficile avec des estimations avoisinant les 100 000 Euros. L'option retenue, faisant l'économie du volet purement mécanique grâce au choix d'une présentation statique, fut donc de restaurer le camion en lui gardant une certaine „patine", tout en n'entreprenant rien d'irréversible qui puisse hypothéquer une approche ultérieure plus poussée (Fig. 15).

Fig. 14: Le retour du camion sur le site du Bois du Cazier, le 20 mai 2006

Fig. 15: Le 27 avril 2016 au Bois du Cazier, dix ans après son geste généreux, Richard Mageren légitimement fier du chemin parcouru

Les travaux de restauration, qui s'étalèrent de septembre 2015 à mai 2016, consistèrent donc, pour un total de près de 1 000 heures prestées[30]: en un nettoyage, un dépoussiérage, une neutralisation de la rouille, un dégrippage des charnières et un démontage des éléments mobiles comme les portes des coffres latéraux, un débosselage, un masticage et une remise en peinture, un traitement des chromes, un polissage de la carrosserie, des travaux de menuiserie et de sellerie pour les garnitures intérieures, etc. Si, de par l'option de départ, toutes ces opérations ne lui ont pas totalement rendu le lustre d'antan, elles lui redonnèrent néanmoins un éclat certain, digne de son glorieux passé (Fig. 16).

Fig. 16: „L'Espace sauveteurs" avec sa pièce de collection emblématique, un camion Dodge de 1955

---

30 À l'image de ce qui s'était passé au moment de la catastrophe pour tenter de sauver les mineurs, la restauration du camion donna lieu elle aussi à une véritable chaîne de solidarité. Vincent Mentino le carrossier fut, par exemple, entouré et aidé dans son travail par Daniel Bernard, un orphelin du Bois du Cazier, et Michel Pilat, l'époux d'une orpheline, qui en avaient fait une question personnelle. Par la suite vinrent s'ajouter des collectionneurs, des policiers, des pompiers... nous aidant à retrouver des pièces anciennes nécessaires à la remise en état dans le respect historique.

Grand absent en 1996, apparaissant timidement en 2006 lors de la visite royale et pendant le son et lumière, le camion d'intervention de la Centrale de Sauvetage de l'Industrie Charbonnière des Bassins de Charleroi et de la Basse-Sambre a ainsi enfin fait publiquement son grand retour, le 2 juin 2016, sur les lieux qui, en 1956, virent sa première intervention. Rééquipé et remis en situation, pierre angulaire d'un espace spécifique rendant hommage aux sauveteurs[31], il est ainsi redevenu, dans cette nouvelle vie, le symbole d'une solidarité qu'il avait si bien représentée lors de la catastrophe quand, point névralgique et logistique pour les sauveteurs bravant la mine en feu, il était le point de convergence de tous les regards, objectifs photographiques et autres micros.

„Hasard? Vous avez dit hasard!"

La (re)découverte et le sauvetage de ces deux pièces d'exception[32] que sont le ventilateur Guibal et le camion d'intervention de la Centrale de sauvetage de Marcinelle apparaissent comme autant de hasards que l'on pourrait, avec le recul, qualifier d'heureux si pas de miraculeux! „Le hasard c'est Dieu qui se promène incognito" avait dit Albert Einstein. Plus déterministe, le poète français Paul Eluard, quant à lui, y voyait plutôt des rendez-vous qui, ajouterais-je, inscrits à l'inconscient de notre agenda sont, un jour ou l'autre, honorés au gré de synchronicités! Plus prosaïquement et pratiquement, pour l'homme de musée qu'est François Mairesse[33], „l'esprit de l'objet le pousse [tout simplement] à revenir chez lui". Qu'il en soit donc ainsi le plus souvent possible, dans l'intérêt historique et pour le plaisir de tous!

---

[31] Les sauveteurs furent plus de trois cents à risquer leur vie pour sauver celles des mineurs bloqués au fond des galeries en feu du Bois du Cazier. Ils venaient des centrales de sauvetage de Marcinelle (bassins de Charleroi et de la Basse-Sambre), de Ressaix (bassin du Centre), de Frameries (bassin du Borinage), de Glain (bassin de Liège), des différents sièges des charbonnages campinois dans le Limbourg (Beringen, Limbourg-Meuse, Houthalen, Waterschei, Winterslag, Zolder et Zwartberg), ainsi que d'Essen dans la Ruhr (D) et de Lens dans le Nord-Pas de Calais (F).

[32] De part leurs qualités intrinsèques, ces deux pièces remarquables font l'objet d'une demande de reconnaissance comme «trésor» de la Fédération Wallonie-Bruxelles en tant qu'expression de son identité historique, esthétique ou culturelle.

[33] Professeur ordinaire à l'université de Paris 3 (Sorbonne nouvelle), François Mairesse (Bruxelles, 1968) est un muséologue d'origine belge. De 2002 à 2010, il dirigea le Musée royal de de Mariemont à Morlanwelz (B). Depuis 2013, il est le président du Comité international pour la muséologie de l'ICOM.

Hubert Weitensfelder
Sammeln, zeigen, forschen: Das Thema „Bergbau" im Technischen Museum Wien (TMW)

Das TMW ist eines der größten „polytechnischen" Museen in Europa, vergleichbar etwa mit dem Deutschen Museum in München, dem Science Museum in London und dem Musée des arts et métiers in Paris. Es besitzt ca. 180 000 bis 200 000 Objekte, ein zeitlicher Schwerpunkt liegt im 19. und in der ersten Hälfte des 20. Jahrhunderts. Rund 4000 Objekte betreffen das Thema Bergbau. Der Großteil der Bestände kann heute auf der Website über einen Online-Katalog abgefragt werden.[1]

Die Vorgeschichte der Gründung des TMW reicht tief in die Zeit der Habsburgermonarchie bzw. Österreich-Ungarns zurück. Im 19. Jahrhundert erstreckte sich das Staatsgebiet von Bregenz am Bodensee im Westen bis nach Czernowitz im Osten (heute Ukraine) und von Reichenberg (Liberec) und Krakau (Kraków) im Norden bis ins kroatische Ragusa (Dubrovnik) im Süden.

Die Bergbaulandschaft in diesem Gebiet war recht vielfältig. Im Westen fand sich in Schwaz (Tirol) eine Lagerstätte auf Silber. Im Osten lieferte Baia Mare (Frauenstadt, ungar. Nagybánya) im Bezirk Maramures Gold. Im Norden lag ein Braunkohlenrevier bei Dux, Brüx und Komotau (Duchcov-Most-Chomutov, Böhmen). Salz kam aus Wieliczka und Bochnia unweit von Krakau, Erdöl und Erdwachs (Ozokerit) aus Drohobycz und Boryslaw südlich von Lemberg (Lwiw). In Dalmatien im Süden lagerte Bauxit, in Bosnien-Herzegowina Eisen. Einigermaßen im Zentrum des Vielvölkerstaats, in Oberungarn (heute Mittelslowakei), waren in Kremnitz (Kremnica), Schemnitz (Banská Štiavnica) und Neusohl (Banská Bystrica) bekannte Lagerstätten auf Gold und Silber. Idria in Krain (Idrija, heute Slowenien) lieferte Quecksilber; es gilt nach dem spanischen Almadén als der historisch zweitgrößte Bergbau auf dieses Metall. Einige der ehemals österreichischen Orte und Lagerstätten sind heute Welterbe der UNESCO, darunter Wieliczka und Bochnia, Banská Štiavnica, Idrija sowie Teile des tschechischen Erzgebirges.

---

[1] Vgl. unter: technischesmuseum.at/Online-Sammlung/Site/Default.aspx (Stand: 18.06.2020). Die im Folgenden erwähnten Objekte können dort beispielsweise unter ihrer Inventarnummer abgefragt werden. – Ich widme diesen Beitrag meinem langjährigen Museumskollegen Helmut Lackner. Bis zu seiner Pensionierung im Jahr 2019 war er über zwei Jahrzehnte lang die prägendste Persönlichkeit in dieser Institution.

Die alpinen Regionen im heutigen Österreich sind, wie man sagt, „reich an armen Erzen, aber arm an reichen Erzen". Unter den Metallbergwerken wurde Schwaz bereits erwähnt. Am Mitterberg bei Mühlbach am Hochkönig (Salzburg) wurde Kupfererz abgebaut, in Kärnten Blei und Zink in Bleiberg sowie Eisenerz in Hüttenberg. Alle diese Minen wurden in den 1950er- bis 1990er-Jahren stillgelegt; lediglich am steirischen Erzberg, dem Mittelpunkt der historischen „Eisenwurzen", wird bis heute Eisenerz gewonnen. Lagerstätten auf Salz befinden sich u. a. in Bad Aussee (Steiermark), Bad Ischl, Hallstatt (beide Oberösterreich), Hallein (Salzburg) und Hall (Tirol), solche auf Braunkohle etwa in Köflach-Voitsberg (Steiermark) und im Hausruckviertel (Oberösterreich).

Im 19. Jahrhundert entstanden in der Habsburgermonarchie mehrere Schwerindustrie-Komplexe. Der wohl bekannteste wurde 1828 in Witkowitz (Vitkovice) bei Mährisch-Ostrau (Ostrava) gegründet, und zwar vom habsburgischen Erzherzog Rudolf Rainer, der auch Kardinal von Olmütz (Olomouc) war. Nach seinem Tod stieg Salomon Rothschild als Investor ein. 1873 wurde die „Witkowitzer Bergbau- und Eisenhüttengewerkschaft" gegründet, als größtes Hüttenwerk Österreich-Ungarns.

Im böhmischen Aussig (Ustí nad Labem) nahm 1856 der „Österreichische Verein für chemische und metallurgische Produktion" seinen Anfang. In den Alpenländern entstand 1881 die „Österreichisch-Alpine Montangesellschaft". Sie vereinte vorwiegend Bergwerke und Betriebe der Metallindustrie in der Steiermark (Donawitz, Eisenerz, Mur-Mürzfurche) und in Kärnten. Da sich die hochwertigen Steinkohlenlager im Norden der Habsburgermonarchie befanden, waren etwa zu den Hüttenbetrieben im Alpenraum lange Transportwege notwendig.[2]

Zur Geschichte des Themas „Bergbau" im TMW

Bis zum Ende des Ersten Weltkriegs

Das Museum wurde als „Museum für Industrie und Gewerbe" gegründet, und zwar anlässlich des 60-Jahr-Regierungsjubiläums von Kaiser Franz Josef im Jahr 1908. Träger war ein privater Verein. In der Spendenliste scheint eine Reihe von

---

[2] Vgl. als Überblick Matis, Herbert/Bachinger, Karl: Österreichs industrielle Entwicklung, in: Brusatti, Alois (Hrsg.): Die Habsburgermonarchie 1848–1918: Die wirtschaftliche Entwicklung, Wien 1973 (= Wandruszka, Adam/Urbanitsch, Peter (Hrsg.): Die Habsburgermonarchie 1848–1918, Bd. 1), S. 105–232, hier: S. 151–177.

Vertretern aus Bergbau und Großindustrie auf, darunter als Repräsentant des Bergbaus etwa Heinrich Graf Larisch-Mönnich. Seine Familie stammte aus Preußisch- und Österreichisch-Schlesien und besaß große Ländereien sowie Steinkohlengruben in Karwin (heute Karviná, Mährisch-Schlesien in der Tschechischen Republik). An Hüttenwerken und Betrieben des Maschinenbaus fanden sich als weitere Spender die „Witkowitzer Bergbau- und Eisenhüttengewerkschaft", die Gebrüder Gutmann – sie standen u. a. mit Witkowitz in Verbindung –, die „Österreichisch-Alpine Montangesellschaft" sowie die Škodawerke in Pilsen (Plzeň); dort wurden Maschinen und Geschütze erzeugt.

Unter den Eisen- und Stahlindustriellen, die sich finanziell für die Errichtung des Museums engagierten, waren einige aus dem Deutschen Reich gebürtig; sie besaßen Werke in der Steiermark und Niederösterreich. Dazu zählten Johann E. Bleckmann (in Mürzzuschlag/Stmk; der Gründer kam aus Solingen), die Gebrüder Böhler AG (Kapfenberg/Stmk; ursprünglich aus Frankfurt a. M.), Arthur Krupp (Berndorf/NÖ, ein Sohn Hermann Krupps aus Essen), Hugo von Noot (Wartberg/Stmk, aus Löhnen bei Wesel in Nordrhein-Westfalen; er gründete später mit Friedrich Vogel aus Solingen die Firma Vogel & Noot) sowie Schoeller & Co. (Ternitz/NÖ; der Gründer stammte aus Düren in Nordrhein-Westfalen). Unter den Österreichern engagierte sich Franz Mayr von Melnhof als Spender. Seine Betriebe lagen in Donawitz und Kapfenberg/Stmk.[3]

Nach einer umfangreichen Denkschrift des Arbeitsausschusses für das Museum vom Jahr 1908 waren 17 Sachgruppen vorgesehen, darunter als zweite Gruppe „Bergbau und Hüttenwesen". Obmann des Arbeitsausschusses war Arthur Krupp, sein Stellvertreter Paul Ritter von Schoeller; unter den neun weiteren Mitgliedern findet sich Hugo von Noot. Von der staatlichen Bürokratie waren sechs Ministerien vertreten. Den einzelnen Gruppen standen Fachreferenten zur Verfügung. Allein der Gruppe 2 gehörten 34 Personen an, darunter Max Ritter von Gutmann, Heinrich Graf Larisch-Mönnich, Dr. Johann Mac Garvey (Präsident des Galizischen Landes-Petroleumvereines, Lemberg) und Friedrich Schuster, der Generaldirektor der Witkowitzer Werke.[4]

Nun wurde an den Erwerb bzw. die Überlassung von Objekten geschritten. Die so genannten „Frühakten" im Archiv des TMW weisen für den Zeitraum 1908 bis 1921 einen regen Schriftwechsel mit einer Vielzahl von Firmen an einer Reihe von Standorten aus. Darunter waren die Bergdirektion in Příbram (Blei und Silber, Böhmen), die Verwaltung des Richardsschachtes in Brüx, die Bleiberger Berg-

---

3 Vgl. Arbeitsausschuss (Hrsg.): Das Technische Museum für Industrie und Gewerbe in Wien, 1908, S. 139–144 (Liste der Spender).
4 Vgl. ebd., S. 147 f., S. 157.

werksunion, die k. k. Bergdirektion Idria, die k. k. Berg- und Hüttenverwaltung Brixlegg (Tirol), Witkowitz, die Poldihütte (eine Tiegelgussstahlhütte in Kladno bei Prag), das Ternitzer Stahl- und Eisenwerk, die Gebrüder Böhler, die Galizische Karpaten-Petroleum AG und weitere Vertreter der Erdölindustrie in Galizien, ferner A. Fauck & Comp. (ein Unternehmen für Bohrtechnik), die Salzbergwerke Wieliczka und Bochnia sowie mehrere alpine Salinenverwaltungen, die Dynamit Nobel AG und die Veitscher Magnesitwerke (Stmk).[5]

In diesen Jahren gelangten einige besondere historische wie auch neu angefertigte Objekte in den Besitz des Museums. So spendete die Krainische Industriegesellschaft in Assling (Jesenice, heute Slowenien) ein oszillierendes Hochofen-Kastengebläse aus der Zeit um 1820 (Inv. Nr. 9764). Fürst Johann Schwarzenberg, Besitzer eines Eisenwerks in Turrach in der Obersteiermark, schenkte den ersten österreichischen Bessemer-Konverter aus der Mitte der 1860er-Jahre (Inv. Nr. 9808); er genehmigte, dass dieser für Schauzwecke aufgeschnitten wurde. Die Österreichisch-Alpine Montangesellschaft ließ dem Museum ein Modell des steirischen Erzbergs im Maßstab 1:1000 zukommen (Abb. 1). Die Mitterberger Kupfer AG in Mühlbach am Hochkönig stellte sich mit dem Modell einer Kupfererz-Aufbereitungsanlage ein; dieses zeigte in entsprechender Verkleinerung Erzscheider vom Krupp-Grusonwerk in Magdeburg (Inv. Nr. 9718). Und die Friedrich Krupp AG in Essen stellte ein Modell ihres berühmten Dampfhammers „Fritz" zur Verfügung (Inv. Nr. 9974).

Als „Highlight" für die Schausammlung des Museums wurde darüber hinaus ein Besucherbergwerk konzipiert. Die Idee dazu reichte weiter zurück: Bereits auf der Weltausstellung in Paris im Jahr 1900 hatten die Proponenten des Deutschen Museums in München und des Wiener Technischen Museums, Oskar von Miller und Wilhelm Exner, ein Schaubergwerk kennengelernt. Miller ließ daraufhin 1906 im provisorischen Museumsbau in München ein Unter-Tage-Bergwerk einbauen. Im dortigen Museumsneubau entstand anschließend bis 1925 ein Erz-, Salz- und Kohlenbergwerk. In Wien plante man einen Nachbau nach dem Vorbild des Steinkohlenbergbaus in Karwin. In den Jahren 1913/14 wurde zu diesem Zweck ein rund hundert Meter langer Rundweg konzipiert; er veranschaulichte Holzausbau, Druckluftbetrieb und die beginnende Elektrifizierung. Zu sehen waren u. a. der Füllort eines Förderschachts, eine Stoßbohr- und eine elektrische Drehbohrmaschine, ein Druckluftzhammer, eine Schrämmaschine, ein Bremsberg mit Seilförderung, eine Kettenförderung, eine Grubenlokomotive, eine Rettungs-

---

5 Vgl. TMW-Archiv, Frühakten II: Bergbau und Hüttenwesen.

Sammeln, zeigen, forschen: Das Thema „Bergbau" im Technischen Museum Wien — 271

Abb. 1: Steirischer Erzberg, Modell 1:1000, Österreichisch-Alpine Montangesellschaft, um 1914, Inv. Nr. 9705

und eine Gezähekammer. Um einen Eindruck von Lebendigkeit zu vermitteln, installierte man mehrere lebensgroße Puppen in Arbeitskleidung.[6]

Kurz nach der Gründung stellte die Stadt Wien gegenüber von Schloss Schönbrunn ein Grundstück zum Bau des Museumsgebäudes zur Verfügung. 1909 erfolgte in Anwesenheit Franz Josefs die Grundsteinlegung, im Sommer 1913 wurde das Gebäude fertiggestellt. Die geplante Sammlung war nach wie vor in 17 Gruppen sowie in 60 Sektionen gegliedert. Zur Beratung für den Sammlungsaufbau standen 875 Fachkonsulenten zur Verfügung. Als Gruppen waren nunmehr vorgesehen: 1) Bodenkultur, 2) Bergbau und Hüttenwesen, 3) Eisen- und Metallindustrie, 4) Maschinenbau, 5) Elektrotechnik, 6) Verkehrswesen, 7) Grundwissenschaften der Technik, 8) Chemische Industrie, 9) Nahrungs- und Genussmittelindustrie, 10) Grafische Industrie, 11) Industrie der Faserstoffe, 12) Bekleidungsindustrie, 13) Industrie der Steine und Erden, 14) Bau-

---

6 Vgl. Lackner, Helmut: Das Schaubergwerk, in: Lackner, Helmut/Jesswein, Katharina (Hrsg.): 100 Jahre Technisches Museum Wien, Wien 2009, S. 167–169.

wesen, 15) Gesundheitstechnik, 16) Gewerbehygiene und Unfallverhütung, 17) Feuerwehr und Rettungswesen.[7]

Wie aus den Frühakten hervorgeht, verstrich zwischen Anfragen des Museums um Objektspenden und deren Transport nach Wien öfters ein längerer Zeitraum. Der Ausbruch des Ersten Weltkriegs hatte zur Folge, dass sich viele zugesagte Lieferungen von Objekten weiter verzögerten. Die Betriebe hatten nun andere Prioritäten, sie klagten über Personalmangel oder waren – wie im Fall der galizischen Erdölindustrie – zeitweise von russischen Truppen besetzt.

Bereits kurz nach Kriegsbeginn traten schwere Defizite des österreichisch-ungarischen Bergbau- und Hüttenwesens zutage. Zuvor waren beispielsweise 77 % des benötigten Kupfers aus den USA importiert worden, zumeist aus den großen Lagerstätten in Arizona, im Raum Butte (Montana) und vom Lake Superior (Michigan). Das salzburgische Revier in Mitterberg-Mühlbach lieferte zwar rund 80 % des österreichischen Kupfers, das entsprach aber nur 4,7 % des Kriegsbedarfs. Auch die Versorgung mit Zinn, Wismut, Arsen und Platin belief sich auf weniger als zehn Prozent. Besser stand es mit Zink und Silber (10–50 %), mit Blei (50–90 %) sowie mit Eisen, Quecksilber und Antimon (90–100 %).[8]

Gegen diesen katastrophalen Mangel vor allem an Nichteisenmetallen ergriff die staatliche Verwaltung eine Reihe von Maßnahmen. So wurde der Abbau in staatlichen Bergwerken aktiviert und auf die Förderung in privaten Bergwerken zugegriffen; ferner wurden alte Ofenbrüche verwertet. Eine Reihe von Elektrizitätswerken erfuhr eine Modernisierung, wodurch ein Teil der Kupferleitungen eingespart werden konnte. Unter der Bevölkerung fand eine „Kriegsmetallsammlung" statt, bei der Metallobjekte aus Haushalten freiwillig abgegeben werden konnten. Sachverständige prüften diese Objekte auf ihren kulturgeschichtlichen Gehalt; in der Folge wurde ein Teil davon, darunter etwa alte Haushaltsmörser, Zinnkannen und auch ein Chanukkaleuchter, nicht zerstört und stattdessen in einer Ausstellung gezeigt. Darüber hinaus wurden viele Kirchenglocken abgenommen und eingeschmolzen, denn die „Glockenspeise" aus Kupfer und Zinn war sehr begehrt. Dieses Vorgehen war allerdings in der Bevölkerung sehr umstritten. In dieser Zeit gelangten einige einschlägige Objekte in die Sammlun-

---

[7] Vgl. Lackner, Helmut: Wilhelm Exner, Initiator und Motor der Museumsgründung, in: Lackner, Helmut/Jesswein, Katharina (Hrsg.): 100 Jahre Technisches Museum Wien (s. Anmerkung 6), S. 102–117, hier: S. 115.

[8] Vgl. Weitensfelder, Hubert: Metalle, Sprengstoff, Pflanzenfasern. Kriegsbedingte Ersatzmittel und Ersatzverfahren, in: Matis, Herbert/Mikoletzky, Juliane (Hrsg.): Wirtschaft, Technik und das Militär 1914–1918. Österreich-Ungarn im Ersten Weltkrieg, Wien/Berlin 2014 (= Austria: Forschung und Wissenschaft – Geschichte, Nr. 11), S. 227–251, hier: S. 229 f.

gen, darunter Mustertafeln mit „Sparmetallen" (z. B. Inv. Nr. 5288).[9] Im Mai 1918 wurde das Museum schließlich ohne große Zeremonie eröffnet.

Erste Republik und NS-Zeit (1919–1945)

Gleich nach der Ausrufung der Republik geriet die Institution in große Schwierigkeiten. Mit Anfang des Jahres 1922 wurde sie daher verstaatlicht. Im Gefolge des Krieges gelangten 1924 fast tausend Objekte der Kriegsmetallsammlung an das Museum.[10] Viele Objekte, die aus den früheren Kronländern für den Transport bereitgestanden hatten, fanden jedoch nicht mehr den Weg in die Hauptstadt.

Eine frühe Beschreibung der Schausammlung lieferte 1921 der Wiener Kultur- und Technikhistoriker Hugo Theodor Horwitz. In der Abteilung „Bergbau und Hüttenwesen" nannte er neben dem Schaubergwerk eine Reihe von Markscheide-Instrumenten, Grubenkarten und Ausbeutemünzen, Modelle des steirischen Erzbergs und des Blei-Zinkbergbaus auf dem Schneeberg in Tirol (wohl Inv. Nr. 9742) sowie die Kupfererz-Aufbereitungsanlage aus Mitterberg, einen Spurnagelhunt mit einem alten Schienenstück (Inv. Nr. 9651) und einen Rückentragekorb (Inv. Nr. 9657/2). Es folgten Grubenlampen, Bohr- und Schrämmaschinen (darunter wohl Inv. Nr. 9607, Abb. 2) sowie das Modell einer Tiefbohranlage (Inv. Nr. 9653 oder 9746, Abb. 3), Werkzeuge aus dem Salzbergbau und der Salzsiederei sowie Modelle einer Salzbrikettierungspresse und einer Meersaline (wohl Inv. Nr. 9559). In der Abteilung „Erdöl" waren u. a. Modelle einer Bohr- und Förderanlage (Inv. Nr. 9747) sowie einer Ölraffinerie zu sehen.

Aus dem Hüttenwesen wurden das Modell eines Stuckofens (Inv. Nr. 9772) und eines Holzkohlen-Hochofens (wohl Inv. Nr. 9776) präsentiert, ferner das schon erwähnte Kastengebläse, ein Balancier-Zylindergebläse aus Eisenerz aus dem Jahr 1847 (Inv. Nr. 9972) und weitere Gebläsemodelle. Das Modell eines Kokshochofens war noch in Arbeit (wohl Inv. Nr. 9781, Abb. 4). Aus der Stahl- und Schmiedeeisenerzeugung wurden ein Frischfeuer aus dem „Höllhammer" bei Kapfenberg zur Schau gestellt (Inv. Nr. 9865/1–28), ferner die Bessemerbirne aus Turrach sowie Modelle eines Puddelofens (Inv. Nr. 9868 oder 9870), einer alten

---

9 Vgl. Weitensfelder, Hubert: Kriegsbedingte Ersatzmittel, in: Technisches Museum Wien (Hrsg.): Unter dem Losungsworte Krieg und Technik. Das Technische Museum und der Erste Weltkrieg, Wien 2015 (= Edition TMW, Nr. 3), S. 22–35.
10 Ein anderer Teil dieses Bestands kam an das MAK, vgl. dazu Klampfl, Simon: Die „Patriotische Kriegsmetallsammlung" (1915) des Österreichischen Museums für angewandte Kunst. Unveröffentlichte Diplomarbeit Universität für angewandte Kunst Wien, Wien 2008.

Abb. 2: Stoßbohrmaschine, H. Flottmann & Co., Wien, 1920, Inv. Nr. 9607

Abb. 3: Patent-Express-Bohrgarnitur, Modell 1:10 (Teilansicht), Albert Fauck & Cie., Wien, 1911–1914, Inv. Nr. 9653

Abb. 4: Kokshochofen, Modell 1:20, Witkowitzer Bergbau- und Eisenhüttengesellschaft, Witkowitz, 1921, Inv. Nr. 9781

und einer modernen Tiegelgussstahlhütte (Inv. Nrn. 9877, 9878), eines modernen Schweißofens und eines Martinofens (Inv. Nrn. 9873, 9874).[11]

1929 fanden im Museum die ersten Sonderausstellungen statt. Sie waren Themen der aktuellen Energiepolitik gewidmet; denn nach dem Verlust der reichen Kohlenlager im mährisch-schlesischen Raum hatte die kleine Repub-

---

[11] Vgl. Horwitz, Hugo Theodor: Das Technische Museum in Wien, in: Geschichtsblätter für Technik und Industrie 8, 1921, S. 1–10, hier: S. 8–10; vgl. auch Lackner, Helmut: Die Schausammlung nach der Eröffnung, in: Lackner, Helmut/Jesswein, Katharina (Hrsg.): 100 Jahre Technisches Museum Wien (s. Anmerkung 6), S. 184–202.

lik Österreich mit mangelnder Energieversorgung zu kämpfen. Eine Schau thematisierte „Die Wasserkraftwirtschaft Österreichs"; ein besonderer Bezug dazu bestand auch durch den aus Mürzzuschlag gebürtigen Techniker Viktor Kaplan. Dieser hatte eine Turbine entwickelt, welche sich vor allem für größere Flusskraftwerke, z. B. an der Donau, eignete. Eine weitere Ausstellung mit dem Titel „Die österreichische Kohle" verwies auf die nunmehrige Bedeutung der Braun- und Glanzkohle, die als „Inlandskohle" angepriesen wurde. 1930 wurde auf Basis dieser Sonderschau die Dauerausstellung aktualisiert. 1934 bildete das Thema Bergbau erneut einen Schwerpunkt, und zwar im Rahmen einer Wanderausstellung „Österreichs Wirtschaft im Aufbau".[12]

In der NS-Zeit zeigte das Museum eine Ausstellung mit dem Titel „Kulturleistungen der Ostmark auf bergbaulichem und hüttenmännischem Gebiet". Ferner beteiligte es sich an auswärtigen Ausstellungen, z. B. ab 1938 an einer internationalen Bergbau-Schau im sächsischen Freiberg und 1941 an einer weiteren Ausstellung zum Bergbau in Mährisch-Ostrau.[13]

Zweite Republik (seit 1945)

In den Jahrzehnten nach dem Zweiten Weltkrieg fanden in den Schausammlungen nur wenige Änderungen statt. Das Thema Energie wurde 1952 mit einer Sonderschau über die Atomkraft wieder aufgegriffen. Das Schaubergwerk erfuhr während des Wiederaufbaus Mitte der 1950er-Jahre eine Erweiterung. Nunmehr wurde die Mechanisierung des Bergbaus durch die Darstellung eines Strebbruchbaus mit Kopf- und Fußstrecke betont. Spender von Objekten waren die Österreichisch-Alpine Montangesellschaft in Zeltweg (Stmk), die Gebrüder Böhler in Kapfenberg und die Österreichische Siemens-Schuckertwerke AG.[14]

1955 erschien ein Führer durch das Museum. Im Kapitel über das Berg- und Hüttenwesen erhielt das Schaubergwerk eine ausführliche Beschreibung. Ferner wurde kurz der Weg von der Eisenerzgewinnung bis zur Stahlerzeugung skizziert.[15] Vier Jahre später erschien dieser Führer in erweiterter Auflage. Nun wurde

---

12 Vgl. Lackner, Helmut: Erste Sonderausstellungen und Ausstellungsbeteiligungen, in: Lackner, Helmut/Jesswein, Katharina (Hrsg.): 100 Jahre Technisches Museum Wien (s. Anmerkung 6), S. 237–240, hier: S. 237.
13 Vgl. Klösch, Christian: Das Museum in der NS-Zeit, in: Lackner, Helmut/Jesswein, Katharina (Hrsg.): 100 Jahre Technisches Museum Wien (s. Anmerkung 6), S. 272–285, hier: S. 279.
14 Vgl. Lackner, Helmut: Das Schaubergwerk (s. Anmerkung 6), S. 169.
15 Vgl. Technisches Museum für Industrie und Gewerbe. Wien XIV, Mariahilfer Strasse 212, Wien 1955, S. 92–115.

Sammeln, zeigen, forschen: Das Thema „Bergbau" im Technischen Museum Wien —— 277

Abb. 5: Walzwerk, Modell 1:10, um 1800, Inv. Nr. 9778

zusätzlich das damals noch ganz neue LD-Verfahren zur Stahlerzeugung kurz erwähnt, es folgten Erläuterungen über Aluminium, Magnesium und Sintermetalle. An konkreten Objekten wurden die Modelle von Stuck- und Puddelofen sowie zwei Vitrinen mit Sintermetallen genannt (Inv. Nrn. 16.189 bis 16.192). Letztere stammten von den Plansee-Werken in Reutte in Tirol.[16]

1982 wurde ein weiterer Museumsführer publiziert, er war aufwendiger ausgestattet und mit farbigen Fotografien versehen. Konkret genannt wurden das steirische Frischfeuer (mit Foto) und der Bessemer-Konverter; abgebildet waren ferner fein gearbeitete Eisenkunstguss-Schmuckstücke aus dem renommierten Rudolf Graf von Wrbna'schen Eisenwerk im böhmischen Horschowitz aus den Jahren 1818 bis 1829 (Inv. Nrn. 5743, 8369, 8372, 8391, 31.830), ein Walzwerksmodell vom Beginn des 19. Jahrhunderts (Inv. Nr. 9778, Abb. 5) und das Modell einer kontinuierlichen Stranggussanlage aus dem Modellatelier der VÖEST in Linz

---

16 Vgl. Technisches Museum für Industrie und Gewerbe. Wien XIV, Mariahilfer Strasse 212, 2. erweiterte Auflage Wien 1959, S. 122–150.

(Inv. Nr. 18.788). Das Schaubergwerk wurde diesmal nur kurz beschrieben, sein Besuch aber nachdrücklich empfohlen.[17]

Insgesamt verlor die Institution in dieser Zeit stark an Prestige; von bösen Zungen wurde sie als „Museum im Museum" bezeichnet. Während der Direktionszeit von Peter Rebernik erfolgten kleine Eingriffe in mehrere seit Jahrzehnten kaum veränderte Schausammlungen. Das betraf etwa 1987 den Sektor Erdöl, 1990 die Salzausstellung und im Jahr darauf das Thema Magnesit. 1990 präsentierte Rebernik ein „Museumskonzept Technisches Museum Wien, MUT"; damit regte er eine Änderung des Museumsnamens an. Für die Schausammlung definierte er darin fünf Großbereiche: 1) Der Mensch und seine Lebensräume, 2) Mensch und Kommunikation, 3) Verkehr, 4) Rohstoffe – Energie – Produktion, 5) Grundlagen. 1991 wurde das Gebäude für acht Jahre zwecks einer Generalsanierung geschlossen.[18] 1992 wurden auch die Sammlungsgruppen neu strukturiert: Die vorgesehene Gliederung lautete: 1) Grundlagen & Information, 2) Energie & Rohstoffgewinnung, 3) Produktion & Industrie, 4) Transport & Tiefbau, 5) Alltag & Wohnen.[19]

Im Zug der intensiven Generalsanierung 1996/97 erfuhr auch das Schaubergwerk eine Umgestaltung. Nunmehr galt das Augenmerk der Maschinisierung des Streckenvortriebs und des Abbaus. An neuen Gerätschaften kamen eine Streckenvortriebsmaschine F 6-A der Österreichisch-Alpinen Montangesellschaft in Zeltweg sowie ein Doppelwalzenlader EDW 150-L der Firma Gebrüder Eickhoff in Bochum zur Aufstellung. Bis heute befindet sich das Bergwerk im östlichen Teil des Gebäudes. Es ist in zwei Ebenen in einem unterkellerten, ca. 300 Quadratmeter großen Bereich untergebracht.

1999 wurde das nunmehrige „Technische Museum Wien" (TMW) mit einer auf rund 22 000 Quadratmeter erweiterten Schaufläche wieder eröffnet. Zu den ersten wieder eingerichteten Schausammlungen zählten die Bereiche „Energie" sowie „Bergbau und Schwerindustrie". Letztere umfasste 2500 Quadratmeter; hier wurden nun mehrere hundert Objekte präsentiert, darunter viele der bekannten alten Leitobjekte des Bergbaus. Auch neuere technische Entwicklungen wurden berücksichtigt, beispielsweise mit der Schaustellung einer Elektroschlacke-Umschmelzanlage aus dem Gussstahlwerk im steirischen Judenburg aus dem

---

[17] Vgl. Maresch, Gerhard: Rohstoffe aus der Erde, in: Das Technische Museum in Wien. Die Welt der Erfinder und Konstrukteure Salzburg/Wien 1982, S. S. 37–41.
[18] Vgl. Donhauser, Peter: Bis zur Schließung 1992, in: Lackner, Helmut/Jesswein, Katharina (Hrsg.): 100 Jahre Technisches Museum Wien (s. Anmerkung 6), S. 326–339, hier: S. 329–332.
[19] Vgl. ebd., S. 336.

Sammeln, zeigen, forschen: Das Thema „Bergbau" im Technischen Museum Wien — 279

Abb. 6: Hydraulische Schmiedepresse, John Haswell, 3. Viertel 19. Jh., Inv. Nr. 527/5

Jahr 1977 (Inv. Nr. 50.438).[20] Eine mächtige hydraulische Schmiedepresse, die der schottische Ingenieur John Haswell im dritten Viertel des 19. Jahrhunderts konstruiert hatte, kam wieder zur Aufstellung (Abb. 6).

Ein sehr prominenter Neuzugang in dieser Schau war einer der beiden ersten LD-Konverter zur Stahlerzeugung, die 1952 in Linz in Betrieb genommen wurden. Er wurde in der Gutehoffnungshütte in Oberhausen im Ruhrgebiet gebaut und wiegt rund 120 Tonnen (Abb. 7). Das Objekt dominiert bis heute das Zentrum dieser Ausstellungshalle und wird von mehreren Kokillen flankiert.

---

20 Zur Eröffnung erschien ein Katalog: Dubbi, Mechthild u. a.: Schwerindustrie. Ein Führer durch die Sammlung des Technischen Museums Wien, Wien 1999.

Abb. 7: LD-Konverter zur Stahlerzeugung, 1952, Inv. Nr. 35.225, mit Blick auf einen Teil der ehemaligen Schausammlung Bergbau

Mit der Neueinrichtung erfuhren die Bestände des TMW zu Bergbau und Schwerindustrie eine Präsenz, wie sie niemals zuvor bestanden hatte.[21] Die Ausstellung war im ehemaligen Eisenbahn-Schaubereich platziert, was zu heftigen öffentlichen Diskussionen führte. Die Konzeption dieses Bereichs wurde stark vom langjährigen Museumskustos und späterem Sammlungsleiter sowie Vizedirektor Helmut Lackner geprägt. Der aus der Steiermark gebürtige Historiker hatte eine

---

21 Vgl. Lackner, Helmut: Das Schaubergwerk (s. Anmerkung 6), S. 169.

Dissertation über den österreichischen Kohlenbergbau geschrieben und machte sich über Jahrzehnte mit vielen einschlägigen Publikationen einen Namen.

Die Schausammlung war in vier Teile gegliedert: 1) Mineralische Rohstoffe (mit den Kapiteln Bergbau, Massenrohstoffe, Nichteisenmetall-Erze, Eisenerz, Salz, Brennstoffe), 2) Metallerzeugung (Edelmetalle, Eisen, Stahl, Nichteisenmetalle), 3) Metallverarbeitung (Gießen, Sintern, Galvanisieren; Schmieden und Pressen, Walzen und Ziehen; Drehen, Fräsen, Bohren; Nieten und Schweißen, Lokomotivbau) sowie 4) Leitsektor Stahl (Das LD-Verfahren, Stahlzeit, Arbeitsplatz Stahlwerk). Während im Museum zuvor lange Zeit rein technische Aspekte der Produktion dominiert hatten, kamen nun die Sozial- und die politische Geschichte vermehrt zur Geltung.

Anlässlich seines 100-Jahr-Jubiläums strebte das TMW für 2009 die Errichtung eines neuen Museumsbaus für ein Eisenbahnmuseum westlich des Hauptgebäudes an. Dieser kam schließlich nicht zustande. In der Folge wurden mehrere bereits restaurierte Lokomotiven in die bestehende Schausammlung eingebracht. Deren ursprüngliches Konzept wurde dadurch stark modifiziert. So kam in der Schau „Bergbau und Schwerindustrie" die Lokomotive „Ajax" zur Aufstellung, die älteste erhaltene Dampflok des europäischen Kontinents (Inv. Nr. 40.561/1). In den folgenden Jahren wurde diese Schausammlung durch die Platzierung eines Lok-Leitstands der Österreichischen Bundesbahnen weiter modifiziert. Dabei mussten u. a. viele Informationen zur Sozialgeschichte der Beschäftigten in Bergbau und Schwerindustrie weichen.

2017 kam das Ende für den größten Teil der Schausammlung „Bergbau und Schwerindustrie". Sie wurde zugunsten einer Jubiläumsschau über die „Wien-Pressburger Bahn" fast vollständig geräumt, die meisten Objekte kamen zurück ins Depot. Im November 2019 wurde an dieser Stelle eine „12.10"-er Lokomotive eingebracht (Inv. Nr. 41.442/1–2). Es handelt sich um den größten, schwersten, stärksten und schnellsten Dampfloktyp, der jemals in Österreich realisiert wurde. Dieses Exemplar wurde 1936 in der Lokomotivfabrik Floridsdorf für den Verkehr zwischen Wien und Salzburg gebaut. Lok und Tender sind 22,6 Meter lang und 138 Tonnen schwer. Damit ist nach rund 30 Jahren die Eisenbahn gewissermaßen wieder an ihren ursprünglichen Platz zurückgekehrt. Ein kleiner Teil der seit 1999 aufgestellten Objekte ist in diesem Bereich nach wie vor zu sehen, darunter neben dem LD- und dem Bessemer-Konverter die zwei Hochofengebläse (Abb. 8), die Schmiedepresse und das Modell des Erzbergs. Derzeit stehen sie außerhalb ihres ursprünglichen Kontexts. Eine neue Kontextualisierung ist in Planung.

Auf der dieser Schausammlung gegenüberliegenden Seite, in der Abteilung „Energie", wurde 2014 der Bereich Erdöltechnik neu überarbeitet und wieder eröffnet. Dort ist beispielsweise das bereits erwähnte Modell einer Bohr- und

Abb. 8: Balanciergebläse, Gusswerk bei Mariazell, 1847, Inv. Nr. 9972; dahinter das Kastengebläse, Inv. Nr. 9764

Abb. 9: Bohrinsel aus LEGO-Steinen Gullfaks A, Modell 1:140, 2014, Inv. Nr. 95.581

Förderanlage präsent, ferner ein neues Modell aus Kunststoff-Bauteilen, das der Bohrinsel Gullfaks A im norwegischen Sektor der Nordsee nachempfunden ist (Abb. 9).

Forschungen zu Bergbau und Schwerindustrie im und außerhalb des TMW

1932 wurde am Museum eine Zeitschrift, die „Blätter für Technikgeschichte", in Verbindung mit einem „Forschungsinstitut für Technikgeschichte" ins Leben gerufen.[22] Bis heute sind 88 Bände erschienen; die Themen Bergbau und Schwerindustrie sind darin immer wieder vertreten, darunter finden sich nicht wenige Beiträge von Helmut Lackner.[23]

Lackner setzte sich auch für die Aufarbeitung einer besonders wertvollen Kollektion unter den bergbauspezifischen Objekten des Museums ein, der so genannten „Sammlung Ernst". Ihr Begründer war Karl Ritter von Ernst (1833 Zara, heute Zadar in Kroatien – 1911 Pressburg). Er studierte u. a. an der Bergakademie in Schemnitz. Nach einer Zeit als Bergpraktikant war er an an Münzämtern in Venedig und Wien tätig und wurde 1874 Direktor des „k. k. Bergwerksprodukten-Verschleißes"; dieser verkaufte u. a. Quecksilber aus dem Staatsbetrieb in Idria. Karl von Ernst legte eine große Sammlung von Bergbaugeprägen an. Um 1918 gelangte diese an das Technische Museum; sie galt lange als verschollen. 2016 veröffentlichte schließlich der Numismatiker Bernhard Prokisch ein umfangreiches Buch über diese Sammlung.[24]

Nach Prokischs Ausführungen erreicht die Sammlung von Ernst nicht Umfang und Qualität deutscher Kollektionen etwa im Besitz Dagoberts von Schmula-Krappitz, Karl Vogelsangs oder der Preussag; doch enthält sie eine Reihe ungewöhnlicher bzw. unbekannter und sehr seltener Stücke. Ursprünglich

---

[22] Vgl. Lackner, Helmut: Das Österreichische Forschungsinstitut für Geschichte der Technik, in: Lackner, Helmut/Jesswein, Katharina (Hrsg.): 100 Jahre Technisches Museum Wien (s. Anmerkung 6), S. 248–263.
[23] Vgl. z. B. Lackner, Helmut: Montanhistorische Forschungen in Österreich. Ein Überblick über die Entwicklungen im 20. und zu Beginn des 21. Jahrhunderts, in: Blätter für Technikgeschichte 71, 2009, S. 215–243.
[24] Vgl. Prokisch, Bernhard: Die Sammlung von Bergbaugeprägen des Karl Ritter von Ernst. Münzen, Marken, Medaillen, Rechenpfennige und Jetons aus dem 15. bis 20. Jahrhundert, Wien 2016 (= Veröffentlichungen des Instituts für Numismatik, Nr. 17); zur Biografie des Sammlers: S. 35–40.

Abb. 10: Halbguldiner des Erzherzogs Sigismund von Tirol, Hall in Tirol, 1484 (älteste Münze der Sammlung Ernst), Inv. Nr. 9701/43

umfasste sie 1225 Objekte, davon waren 83 nicht mehr auffindbar. Das entspricht somit einem Verlust von sieben Prozent. Die beiden ältesten Stücke, darunter ein „Haller Halbguldiner" von Erzherzog Sigismund, tragen die Jahreszahl 1484 (Abb. 10). Das jüngste datiert auf 1907. Der Schwerpunkt der Kollektion liegt im späten 18. und vor allem im 19. Jahrhundert. 52% der Objekte stammen aus Österreich-Ungarn, 35% aus dem Deutschen Reich.[25]

In der Sammlung finden sich zunächst Ausbeutemünzen bzw. Ausbeutetaler aus Silber, Gold oder Kupfer. Dabei handelt es sich um historische Münzen, die aus dem gewonnenen Metall eines bestimmten Bergwerks geprägt wurden. Sie waren normale gesetzliche Zahlungsmittel; allerdings unterschieden sie sich durch besondere Prägebilder von den üblichen Umlaufmünzen.

Ein weiterer Bestand sind Bergmarken. Karl von Ernst gliederte diese in: 1) Geldmarken und Berggeld, 2) Lieferungsmarken, 3) Kontroll- und Arbeitsmarken, 4) Geschäfts-, Konsumvereins- und Wirtschaftsmarken, 5) Adressmarken. Nach heutigen Maßstäben würde eher folgende Einteilung getroffen werden: 1) Geldersatz, 2) Arbeitsbehelfe und 3) Werbemittel.

Unter den Medaillen unterschied Ernst: 1) Ausbeute-Medaillen, 2) Medaillen auf festliche Besuche, 3) Medaillen auf bergmännische Ereignisse, 4) bergmännische Huldigungs-Medaillen, 5) bergmännische Jubel-Medaillen, 6) Personen-Medaillen und 7) Prämien-, Preis- und Ausstellungs-Medaillen.

---

25 Vgl. ebd., S. 14–18.

Schließlich sammelte Ernst noch Rechenpfennige und Jetons; nach seiner Gliederung waren dies: 1) Personen-Jetons, 2) Rechen-Jetons, 3) Spruch-Jetons, 4) Jetons auf festliche Besuche, 5) Jubel-Jetons sowie 6) Jetons auf bergmännische Ereignisse.[26] Mit dieser Sammlung wurde nach Jahrzehnten eines weitgehend unbeachteten Daseins ein auch kulturgeschichtlich besonders wertvoller Bestand des Sammlungsbereichs Bergbau nachhaltig aufgearbeitet.

Angesichts eines doch reichen historischen Erbes des Bergbaus in Österreich ist das TMW übrigens beileibe nicht die einzige Institution, an der Bergbau historisch erforscht und vermittelt wird. Dazu zwei weitere Beispiele: Der „Österreichische Montanhistorische Verein" wurde 1976 im steirischen Leoben gegründet, dem Standort der heutigen Montanuniversität. Auf seiner Homepage sind 27 österreichische Schaubergwerke ausgewiesen. Seit 1990 gibt der Verein die Zeitschrift „Res montanarum" heraus. Bisher sind 59 Hefte mit 590 Beiträgen erschienen.[27]

Ein wesentlicher Motor zur historischen Bergbauforschung ist ferner das Projekt „HIMAT" („History of mining activities in Tyrol and adjacent areas"), das 2007 an der Universität Innsbruck ins Leben gerufen wurde. Hier fanden interdisziplinäre Forschungen aus den Bereichen Archäologie, Geschichte, Ethnologie, Linguistik, Natur- und Ingenieurwissenschaften statt. Bislang wird im Rahmen dieses Projekts eine erhebliche Zahl gedruckter Publikationen verzeichnet, ferner 13 abgeschlossene und sechs laufende Dissertationen sowie sieben abgeschlossene Masterarbeiten.[28]

Abschließende Bemerkungen

Das „Technische Museum für Industrie und Gewerbe" in Wien wurde wenige Jahre vor dem Ausbruch des Ersten Weltkriegs ins Leben gerufen. Österreich-Ungarn war kein Industriestaat: Große Teile des Landes, vor allem im Osten, waren von der Landwirtschaft dominiert; doch gab es Regionen mit regem Bergbau, den einen oder anderen schwerindustriellen Komplex und einige Chemiekonzerne. Geldgeber und Fachleute aus diesen Sektoren engagierten sich stark beim Aufbau und in der Organisation der Institution sowie bei der Beschaffung von Objekten. Gleich nach dem Zerfall des mächtigen, aber labilen Staates geriet das Museum

---

26 Vgl. ebd., S. 19–30.
27 Vgl. die Website des Vereins unter: mhvoe.at (Stand: 18. 06.2020).
28 Vgl. die Angaben unter: uibk.ac.at/himat/index.html.de (Stand 18.06.2020).

in eine tiefe Krise; wie viele andere Einrichtungen, erschien es nunmehr zu groß für eine dauerhafte Existenz in der kleinen Republik Österreich.

Im letzten Viertel des 20. Jahrhunderts erlebten die traditionellen Grundstoffindustrien schwere Erschütterungen, eine Reihe von Bergwerken wurde geschlossen. In dieser Zeit etablierten sich auch neue Konzepte, um das industrielle Erbe zu bewahren und kritisch aufzuarbeiten, sowie neue Museumstypen, beispielsweise das „Museum industrielle Arbeitswelt" im oberösterreichischen Steyr. In diese Zeit fiel auch die Einrichtung der Schausammlung „Bergbau und Schwerindustrie" des nunmehrigen Technischen Museums Wien.

Im zweiten Jahrzehnt des mittlerweile nicht mehr so jungen dritten Jahrtausends sind diese Bewegungen allmählich verebbt. Die Erfahrungswelten der Beschäftigten in einer Reihe von Wirtschaftssektoren der „alten" industriellen Welt entschwinden zusehends. Das betrifft etwa die Textilerzeugung, zu deren Geschichte das TMW über 15 000 Objekte besitzt, wie auch den Bergbau, in dem die Pflege der Tradition eine bedeutende Rolle spielt.

Um das Interesse daran zu bewahren bzw. neu zu erwecken, erscheint meines Erachtens ein verstärkter Rückbezug auf den Begriff des Materiellen erforderlich und damit auf die breite Palette an Roh- und Werkstoffen, welche die Grundlage unseres Lebens bilden. Dazu abschließend zwei kleine Beispiele aus der Praxis: 2018 wurde im TMW eine Schau mit dem Titel „Arbeit und Produktion" eröffnet. Dort wird u. a. mit einigen kleinen Meteorstücken das Thema „Asteroid mining" angeschnitten. Einige getrocknete Pflanzenteile und ein kurzer Filmausschnitt veranschaulichen ferner das Konzept des „Phytomining", also die Gewinnung von Metallverbindungen auf nicht-bergmännische Art. Auch wenn hier Trends veranschaulicht sind, die wohl in der näheren Zukunft keine große wirtschaftliche Bedeutung erlangen werden, liegt doch ein erheblicher Reiz in Geschichten dieser Art, die gegebenenfalls einen Aha-Effekt bewirken, auch weil sie noch nicht oft erzählt worden sind. Solche Themen immer wieder zu suchen und für das Publikum aufzubereiten, ist ein besonders attraktiver Aspekt kustodischer Museumsarbeit.

Norbert Tempel
Malakowtürme – Mythos und Realität

Als Malakowtürme bezeichnet man im Ruhrbergbau gemeinhin starke Mauerwerkstürme, die der Schachtförderung von Steinkohle von den untertägigen Lagerstätten an die Erdoberfläche dienen. Auch nach mehr als 150 Jahren faszinieren die erhaltenen Türme den Betrachter. Mächtigkeit und architektonische Ausgestaltung dieser imposanten Industriedenkmale zeugen von einem nie dagewesenen wirtschaftlichen und technischen Aufbruch. Die Malakowtürme entstanden, als sich der Bergbau von der Kleinzeche zur Großindustrie entwickelte und Industriebauten im Festungsstil en vogue waren. Dank stetiger technischer Anpassungen waren viele dieser Konstruktionen über 100 Jahre lang in bergbaulichem Gebrauch.[1]

Nach Aussagen der International Collieries Study von ICOMOS und TICCIH[2] legen die 13 im Ruhrgebiet erhaltenen Türme Zeugnis ab von einem nahezu singulären Phänomen: Als Sinnbild der prosperierenden Ruhrindustrie mit ihren leistungsfähigen Tiefbauschächten in der zweiten Hälfte des 19. Jahrhunderts ist der so genannte Malakowturm zum Mythos verklärt worden.

Bei dem Begriff „Malakowturm" handelte es sich ursprünglich um eine lediglich am äußeren Erscheinungsbild orientierte umgangssprachliche Bezeichnung, der keine klare Definition zugrunde lag. Erst als die Bauzeit der massiven Schachttürme schon abgeschlossen war, findet dieser Begriff auch in der Fachliteratur Eingang. Bergassessor Wilhelm Müller definiert 1902 erstmals Schachttürme nach dem „System Malakow".[3] Demnach sollen sich Malakowtürme insbesondere dadurch auszeichnen, dass sie über eine Seilscheibenbühne verfügen, deren Lasten in ein massives Schachtgebäude aus Mauerwerk geleitet werden.

---

[1] Typische Schadensbilder eines jahrzehntelang schwer strapazierten Malakowturms und dessen Instandsetzung werden beschrieben in: Niederhagemann, Stefan: Structural design, typical damages and reinstatement of the Malakoff Towers, in: Structural Studies, Repairs and Maintenance of Heritage Architecture XIII, 2013 (= WIT Transactions on the Built Environment 131), S. 259–265; zugleich online unter: www.witpress.com/elibrary/wit-transactions-on-the-built-environment/131/24819 (Stand: 09.11.2020).
[2] Hughes, Stephen: The International Collieries Study, 2013. Online unter: www.icomos.org/en/116-english-categories/resources/publications/226-the-international-collieries-study (Stand: 09.11.2020).
[3] Müller, Wilhelm: Seilscheibengerüste und Seilscheiben, in: Verein für die Bergbaulichen Interessen im Oberbergamtsbezirk Dortmund (Hrsg.): Förderung, Berlin 1902 (= Die Entwickelung des Niederrheinisch-Westfälischen Steinkohlen-Bergbaues in der zweiten Hälfte des 19. Jahrhunderts, Bd. 5), S. 359–363.

https://doi.org/10.1515/9783110729955-013

Nach Koschwitz[4] ist über das förderlastabtragende Mauerwerk hinaus auch die überragende Höhe des Schachtgebäudes Charakteristikum für die Malakowturm-Anlage. Trotz der definitorischen Problematik wird „Malakowturm" im Rahmen dieses Beitrags als operationaler Begriff in einem erweiterten Sinne beibehalten.

Der erste Teil dieses Beitrags diskutiert, welche Bedeutung diese Schachttürme und ihre Architektur – respektive ihre Bezeichnung als Malakowtürme – transferieren und welche Legenden sich um den Topos „Malakow" ranken. Im zweiten Teil gibt dieser Beitrag einen Überblick über die europäische Familie der mehr als 60 noch bestehenden steinernen Schachttürme.

Zur Funktion der Malakowtürme

Gehen wir zunächst der Bauform nach, wie wir sie im Ruhrgebiet kennen. Worin bestand die Notwendigkeit, derartige Turmbauwerke über den Schächten zu errichten?[5] Als der Bergbau im 19. Jahrhundert begann, tiefere Lagerstätten zu erschließen, nutzte er Dampfmaschinen zur Entwässerung. Gleichzeitig stieg der Bedarf an stärkeren Konstruktionen für die rasant ansteigende Förderung. Eine wirtschaftliche Förderung aus größerer Tiefe ließ sich nur mit mehretagigen Förderkörben (bis zu 4, seltener 6 Etagen) realisieren, die bis zur Hängebank deutlich über das Flurniveau zu heben waren, um die weiteren Aufbereitungsprozesse zu vereinfachen. Die damit zwangsläufig nach oben gerückten Seilscheiben (zur Umlenkung des Seils in Richtung Schacht) auf Bühnen aus massivem Holz machten eine hohe Stützkonstruktion erforderlich, die mit den damals

---

4 Koschwitz, Carl: Die Hochbauten auf den Steinkohlenzechen des Ruhrgebiets. Ein Beitrag zur Baugeschichte des Industriebaus an Hand von Quellenforschungen, Rekonstruktionen, maßstäblichen Aufnahmen und Entwürfen, Berlin 1930.

5 Auf eine ausführliche Darstellung der technischen Entwicklung wird hier aus Platzgründen verzichtet. Ein guter Überblick findet sich bei Buschmann, Walter: Zechen und Kokereien im rheinischen Steinkohlenbergbau, Aachener Revier und westliches Ruhrgebiet, Berlin 1998. Zudem sind folgende Publikationen empfehlenswert, in denen Aspekte der Malakowtürme behandelt werden: Möhrle, Theodor: Das Fördergerüst, seine Entwicklung, Berechnung und Konstruktion, 2. Auflage, Berlin 1928; Schönberg, Heinrich: Die technische Entwicklung der Fördergerüste und -türme des Bergbaus, in: Becher, Bernd/Becher, Hilla: Die Architektur der Förder- und Wassertürme, München 1971, S. 245–324 (zugleich Dissertation TH Aachen); Stemmrich, Daniel: Malakowtürme, in: Bieker, Johannes/Buschmann, Walter (Hrsg.): Bergbauarchitektur, interdisziplinäres Symposium, 30.05.1985 Essen, Bochum 1986, S. 26–45 sowie Wagenbreth, Otfried (Hrsg.); Wächtler, Eberhard (Hrsg.): Technische Denkmale in der Deutschen Demokratischen Republik, 1. Auflage, Leipzig 1983.

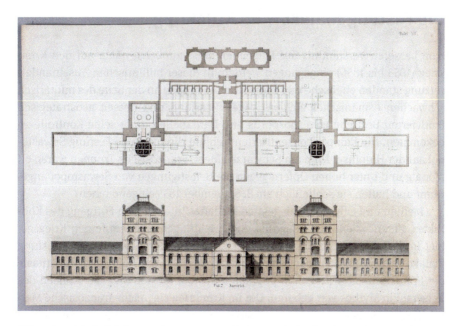

Abb. 1: Paradebeispiel einer großen, repräsentativen Doppelschachtanlage mit zwei Malakowtürmen: Die auf der Tafel dargestellte Förder- und Wasserhaltungs-Maschinenanlage der Steinkohlengrube Oberhausen wurde 1854 bis 1857 errichtet und nahm 1859 die Kohlenförderung für die Gutehoffnungshütte auf

üblichen Holzkonstruktionen nicht zu realisieren war. Diese Stützkonstruktion musste den diagonal wirkenden Kräften des Förderseils (in Richtung der neben dem Schacht stehenden Fördermaschine) standhalten. Daher wurden ab etwa 1850 über den Schächten auf quadratischem Grundriss massive, bis zu 30 Meter hohe Türme aus dickwandigem Ziegel- oder Naturstein-Mauerwerk errichtet. Ab den 1870er-Jahren wuchs die Höhe der Türme auf bis zu 35 Meter mit starken zusätzlichen Stützpfeilern in Richtung der Fördermaschine, die nun meist abgerückt in einem einzeln stehenden Gebäude untergebracht wurde. Für die Konstruktion der Seilscheibenbühnen kam Stahl zum Einsatz. Ab den 1880er-Jahren wurden statt der steinernen Schachttürme zunehmend Fördergerüste aus Stahl errichtet (Abb. 1).

Gleichzeitig legten die Investoren Wert auf eine repräsentative Gestaltung. Architektonisch gestalteten sie die Türme wie befestigte Burgen oder Paläste. In Deutschland werden sie gemeinhin „Malakow-Türme" genannt in Erinnerung an das Fort Malakow auf der Krimhalbinsel, das während des so genannten Krimkrieges lange Zeit den Angriffen der Invasoren standgehalten hatte.

Die Festung Malakow im Krimkrieg

Zum besseren Verständnis des Folgenden muss zunächst näher auf den Krimkrieg (1853 bis 1856) eingegangen werden. In dieser militärischen Auseinandersetzung standen englische und französische Truppen an der Seite des militärisch schwachen osmanischen Reiches gegen Russland und dessen geostrategisch motivierten Bestrebungen, Bosporus und Dardanellen unter seine Kontrolle zu bekommen. Die Kämpfe konzentrierten sich um die russische Festung Sewastopol auf der Halbinsel Krim am Schwarzen Meer. Französische Truppen waren elf Monate und unter hohen Opfern gegen die Befestigungen von Sewastopol angerannt und hatten sie schließlich am 8. September 1855 eingenommen.

Medien und Öffentlichkeit zeigten lebhaftes Interesse am Fortgang des Konfliktes, lieferte die junge Telegrafie doch Meldungen aus dem fernen Kriegsgebiet im Stundentakt in die Heimat der kriegsführenden Parteien. Die Festung Malakow wurde als nahezu uneinnehmbar dargestellt und beflügelte die Fantasie der Franzosen, sie wurde zum populären Symbol für den Sieg der Armeen des Kaisers: Ein Mythos war geboren. Der im Krimkrieg siegreiche französische Marschall Aimable Pélissier (1794 bis 1864) erhielt 1856 von Kaiser Napoleon III. den Titel „Duc de Malakoff". Gegenüber dieser französischen Schreibweise findet im Deutschen vielfach auch die Schreibweise „Malakow" Verwendung.

Viele der zahlreichen bildlichen Darstellungen des Geschehens nahmen es mit der Realität – obgleich ausgiebig fotografisch dokumentiert – nicht allzu genau und zeichneten das Bild einer gewaltigen Festungsanlage. Die Wirklichkeit sah erheblich bescheidener aus. Der Kern der Befestigungsanlagen auf dem so genannten Malakhov-Kurgan (russisch Малахова башня) etwa 2½ Kilometer südöstlich der Stadt Sewastopol war ein zweistöckiger Steinturm aus Kalkstein, auf dem zu Beginn der Belagerung fünf schwere 18-pfündige Kanonen aufgestellt wurden. Nach dem in russischen Diensten stehenden General Todleben war er von der Sewastopoler Kaufmannschaft errichtet und dann von der Marineverwaltung übernommen worden. Er soll nach einem Hauptmann namens Wladimir Malakhov benannt worden sein. Der Turm hatte einen Durchmesser von etwa 14 bis 15 Metern und eine Höhe von rund 8½ Metern. Nur dieser Turm, der bereits vor Beginn des Krieges erbaut worden war, wurde von den Russen als „Malakhov-Turm" bezeichnet.

Der Topos Malakow als Markenzeichen

Ein visionärer Unternehmer namens Alexandre Chauvelot (1796 bis 1861)[6] trat auf den Plan. Er hatte 1845 Ödland außerhalb der Festungsanlagen von Paris, in der Gemeinde Vanves, gekauft. Er teilte es in Parzellen auf und errichtete kleine Häuser – vorgeblich für die Arbeiterschaft. Es entstand ein Dorf unmittelbar vor den Toren der Großstadt. Chauvelot nannte dieses neue Ensemble zunächst „Nouvelle Californie", ein Verweis auf den Goldrausch im amerikanischen Westen. 1856 hatte der Unternehmer eine werbewirksame Idee. Er baute auf seinem Grundstück einen fast 50 Meter hohen Turm – angeblich in Anlehnung an den legendären Malakoffturm auf der Krim – als gleichermaßen populäres Symbol für die militärische Potenz der Nation wie die Exotik russischer Baustile. Der „Tour de Malakoff", ein reines Phantasieprodukt, wurde zu einem Ort der Unterhaltung für die Pariser. Eine Art Themenpark beherbergte eine Ausstellung zu Schlachten der französischen Armee, im Umfeld entstanden Geschäfte und eine Theaterbühne: eine Mischung aus „Disneyland" und „Shopping-Mall".[7]

Nachdem Marschall Pélissier zum Herzog von Malakoff ernannt worden war, bat Chauvelot um die Erlaubnis, den Namen seiner Siedlung von „Nouvelle Californie" in „Malakoff" zu ändern. Der Antrag wurde genehmigt. Ende der 1860er Jahre wurde dieser neue Stadtteil von Vanves bereits als Malakoff bezeichnet, 1883 wurde die Kommune Malakoff selbständig. Der phantasievolle Turm wurde bereits 1870 während des deutsch-französischen Krieges abgerissen, um nicht als Zielmarke für die feindliche Artillerie dienen zu können.

Und nun ging es Schlag auf Schlag: Bauwerke im Fortifikationsstil, gar echte Festungstürme wurden mit der Bezeichnung Malakow nobilitiert. Als Beispiele, die bis heute Bestand haben, seien hier nur ein ab 1856 erbautes Eingangsgebäude zum Marinearsenal im brasilianischen Recife genannt, das in der Kuppel ein Observatorium birgt sowie der 1852 bis 1855 errichtete Wehrturm am Kölner Rheinauhafen als Teil der preußischen Stadtbefestigung. 1888 wurde eine hydraulische Druckwasserpumpe für den Antrieb der Drehbrücke über die Hafenmündung im Turm installiert. Soweit nachvollziehbar, kam die Bezeichnung zur Bauzeit des Turms oder kurz danach auf. Ein echter Festungsturm war der runde „Tour Malakoff" in der Stadt Luxemburg, der noch 1861 aus massivem Naturstein errichtet wurde. Er hat die Schleifung der Festungsanlagen 1867 bis heute

---

6 Zu Chauvelot siehe auch den biografischen Eintrag im französischen Wikipedia unter: fr.wikipedia.org/wiki/Alexandre_Chauvelot (Stand: 09.11.2020).
7 Ausführliche Darstellungen zum Tour Malakoff siehe u. a. unter: malakoff-patrimoine.fr/index-fr.php?page=patrimoine-detail2&id_rubrique=73#490 (Stand: 09.11.2020).

überlebt. Eine texanische Kleinstadt wurde 1854 in Malakoff[8] umbenannt, in den 1920er- bis 1940er-Jahren betrieb man dort Kohlenbergbau.

Auch in Deutschland wurden Festungsnamen aus dem Krimkrieg schnell populär und als Markenzeichen genutzt. So wurden die symbolträchtigen Namen Sewastopol und Malakow 1857 zur Bezeichnung von Grubenfeldern bei Wetter im Ruhrrevier verwendet. Nach dem Zweiten Weltkrieg erhielt gar eine Kleinzeche in Wetter-Albringhausen die Bezeichnung „Malakoff".

Malakowtürme des Bergbaus

Wie die gemeinsame ICOMOS & TICCIH Bergwerksstudie[9] 2001 konstatiert,

> „überleben im Ruhrgebiet 13 hohe, gemauerte Malakow-Schachtkopftürme, die in der zweiten Hälfte des 19. Jahrhunderts als Tragkonstruktion für die Förderanlagen gebaut wurden und sowohl als Bauwerke als auch als Einhausung für das innovative Koepe-Fördersystem international einflussreich waren. Sie bildeten die zentralen Elemente der gut geplanten Großkomplexe massiver, gut gestalteter Gebäude, die den schnellen Aufstieg des Ruhrgebiets zu einem der produktivsten Tiefbaureviere der Welt ermöglichten. Diese beeindruckenden Türme sind bis zu 30 m hoch und haben Wandstärken bis zu 2,5 m. Angrenzende Gebäude enthielten Förder- und Pumpmaschinen im rechten Winkel zu oder in einer Linie mit den Türmen. Die Höhe der Türme nahm zu, als die Kohlebergwerke tiefer wurden und ihr Aussehen durch die Anwendung der Festungsarchitektur dekorativer wurde. Ecktürme mit separaten Treppenhäusern kamen als Feuertreppen hinzu und oft wurden in oder auf den Malakow-Türmen Fördergerüste aus Stahl errichtet" (Abb. 2).

---

[8] S. a. unter: tshaonline.org/handbook/online/articles/hjm02 (Stand: 09.11.2020).

[9] Englischer Originaltext in der "Joint ICOMOS & TICCIH Collieries Study" (siehe Anm. 2), Chapter 9.1., Case 3, Ruhr Malakoff Towers, Germany: "Thirteen tall masonry shaft head Malakoff towers, built to contain colliery winding gear in the second half of the 19th century, survive in the Ruhr and were influential internationally both as types of structures and as housings for the innovative Koepe system of winding. They formed the central elements of the well planned large complexes of substantial well designed buildings that were the vehicle for the rapid rise of the Ruhr as one of the most productive deep mining coalfields in the world. These impressive towers are up to 30 m (100 ft) in height with wall thicknesses up to 2.5 m (8 ft). Adjacent buildings contained winding and pumping engines at right-angles to or in line with the towers. The heights of the towers increased as coal pits became deeper and their appearance became more decorative, with the application of castellated architecture. Corner towers with separate staircases were added as fire escapes and steel headframes were often erected in, or on top of, Malakoff Towers".

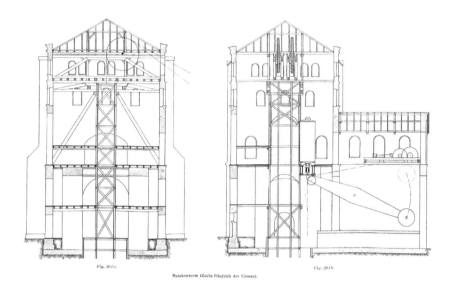

Abb. 2: Malakowturm der Zeche Friedrich der Große in Herne aus dem Jahr 1874: Die Schnitte zeigen im linken Teil die Fördereinrichtung mit den Seilscheiben im Kopf des Turms sowie die Verstärkung des Mauerwerks durch Mauerpfeiler und im rechten Teil die Einrichtungen der Wasserhaltung

Das zitierte Koepe-Fördersystem wurde 1876–78 von Friedrich Koepe (1835 bis 1922), einem Direktor der Krupp'schen Steinkohlenbergbau-Gesellschaft auf Zeche Hannover in Bochum, entwickelt und an der Fördermaschine von Schacht 1 erprobt. 1888 wurde das System auf Schacht 2 – in Verbindung mit einer Turmfördermaschine – erstmals vollständig angewandt.[10] Zu diesem Zeitpunkt war die Bauphase der Malakowtürme an der Ruhr bereits vorbei, stählerne Fördergerüste traten an ihre Stelle.

---

10 Am Schacht 2 der Zeche Hannover wurde 1888 die erste Turmförderung nach diesem System installiert und mehr als 40 Jahre lang betrieben, bevor sie durch eine moderne Turmförderanlage mit vier parallelen Seilen ersetzt wurde. Nach der Schließung des Bergwerks im Jahr 1973 wurde diese Anlage leider abgerissen. Die Seiltrommel an Schacht 1 wurde 1914 gegen eine Treibscheibe nach System Koepe ausgewechselt. Im Maschinenhaus neben dem erhaltenen Malakow-Turm am Schacht Hannover 1 blieb diese Dampffördermaschine (1892/3, 1914 umgebaut) als Denkmal erhalten, das Standort des Westfälischen Industriemuseums (heute: LWL-Industriemuseum) wurde. Der Schacht wurde seit 1929 als Wetterschacht genutzt und entsprechend ummantelt. Die Grubenlüfter samt Antrieben und Wetterkanälen zwischen Schacht und Lüftern blieben ebenfalls erhalten.

Rainer Slotta, langjähriger Direktor des Deutschen Bergbau-Museums Bochum, hat sich in einem Aufsatz[11] intensiv mit den Malakowtürmen an der Ruhr und ihrer Beziehung zur Festungsarchitektur befasst wie auch zur oben genannten Bergwerksstudie von TICCIH und ICOMOS beigetragen. Dabei folgt er weitgehend der oben dargestellten Definition von Müller und Koschwitz.

Mir erscheint eine strikte Abgrenzung des Malakow-Typs äußerst diffizil. Ohne detaillierte Informationen ist es vielfach kaum möglich, zwischen „echten" Malakowtürmen, architektonisch schlichter gestalteten Schachttürmen und Schachthäusern (ohne Lastabtrag über das Mauerwerk) zu unterscheiden. Als Übergangstyp vom Schachthaus zum Schachtturm sieht Buschmann[12] den erhaltenen Turm des Bergwerks Atsch im Aachener Revier (1845). Etliche Schachttürme, die vorwiegend der Wasserhaltung dienten, unterscheiden sich äußerlich kaum von den Türmen für die Förderung, so dass sie in diesem Zusammenhang gleichfalls zu betrachten sind. Eine frühe Anlage war der Kunstschacht Heinrich der Grube Centrum im Aachener Revier. Die 1847 bis 1857 vom Eschweiler Bergwerks-Verein errichtete zentrale Wasserhaltung beherbergte mit zwei gewaltigen Dampfmaschinen von 300 und 600 PS und 18 Dampfkesseln eine der damals größten Anlagen dieser Art in Preußen. Das mächtige Schachtgebäude war im Burgenstil gestaltet, ein zentral gelegener Eingang als Portikus mit vorgelagerter Treppe inszeniert. Ein stilistisch ähnliches, allerdings viel größeres, eine Vielzahl von Funktionen vereinendes Gebäudemassiv wurde für die Skalleyschächte I und II der saarländischen Grube Dudweiler bereits Anfang der 1850er Jahre erbaut.[13] Sie können als Vorgängertyp der schlankeren Malakow-Schachttürme eingeordnet werden.

Zudem wurden in Zusammenhang mit stählernen Fördergerüsten noch bis Anfang des 20. Jahrhunderts Schachthallen im Malakow-Stil errichtet, so auf dem Bergwerk Oranje-Nassau Schacht I im niederländischen Heerlen (heute Museum), aber beispielsweise auch in Frankreich und Böhmen. Diese Hallen sind meist relativ flach und ihre schlanken Wände weisen einen höheren Fensteranteil auf.

---

11 Slotta, Rainer: Malakofftürme, Schachttürme des Bergbaus und ihre Beziehung zur Festungsarchitektur, in: Der Anschnitt 53, H. 1, 2001, S. 28–42.
12 Vgl. Buschmann, Walter: Zechen und Kokereien (s. Anmerkung 5).
13 Ein leicht zugängliches Foto dieser beeindruckenden Anlage findet sich u. a. auf dem Titel eines Folders der RAG zur Chronologie des Saarbergbaus unter: delfslotta.de/download/themen/bergbau/2011-Flyer_Chronologie_Saarbergbau.pdf (Stand: 09.11.2020); eine ausführliche zeitgenössische Darstellung bei Schönfelder: Die Königliche Steinkohlengrube Duttweiler-Jägersfreude bei Saarbrücken, in: Die baulichen Anlagen auf den Berg-, Hütten- und Salinenwerken in Preußen, II. Jahrgang (1862), 2. Lieferung, S. 19–33 sowie Tafeln IX bis XIII.

Industrie-Architektur, Politik und Gesellschaft

Während der Industrialisierung entstanden zahlreiche Bauwerkstypen, für die es bis dahin keine historischen Vorbilder gab. In Folge eines allgemein gesteigerten Geschichtsbewusstseins und Repräsentationsbedürfnisses des Unternehmertums griff man Mitte des 19. Jahrhunderts gerne auf historische Bauformen zurück.

Stilistische Vorbilder der Malakowtürme finden sich zweifellos in den mittelalterlichen Donjons, befestigten Wohn- und Selbstverteidigungstürmen des französischen Kulturkreises sowie angelsächsischen Burgen, den so genannten Keeps. Die Außengestaltung der Schachttürme bediente sich daneben – dem Zeitgeschmack folgend – aus einem Repertoire vieler historischer Stile: von der Neoromanik bis zur Neugotik, dem Tudor-Revival wie dem Eklektizismus. Dies drückt sich oftmals durch die Verwendung von Zinnen an der Attika, Ecktürmen und Lisenen aus. Auch die Verwendung von Rundbogen- und Kreisfenstern ist typisch. Der Wehrcharakter trat besonders dann deutlich hervor, wenn die Außenwände über die Dachansätze hinausragten und die flachgeneigten Dächer verdeckten, so bei der Doppelmalakowturm-Anlage auf Zeche Hannover in Bochum. Dennoch wiesen Schachttürme nicht zwangsläufig alle diese Gestaltungselemente auf, manche waren äußerst schlicht gestaltet.

In Deutschland war im 19. Jahrhundert die Rheinromantik als Reaktion auf die beginnende Industrialisierung mit ihren negativ empfundenen Begleiterscheinungen populär, unzählige Darstellungen in Literatur, Musik und Malerei beschwören die vermeintlich glorreiche Vergangenheit und eine ungestörte, pittoreske Natur. Burgen und Schlösser im Rheintal wurden im „rheinromantischen" Baustil renoviert – wie die Ruine der Burg Stolzenfels, die Preußenkönig Friedrich Wilhelm IV. zum Schloss ausbauen ließ. Neben Elementen der englischen Neugotik ist der Einfluss des hier involvierten Karl Friedrich Schinkel auszumachen. Die repräsentative Renovierung des so genannten „Mäuseturms" auf einer Rheininsel bei Bingen 1856 bis 1858, seit 1815 ein Symbol der preußischen Herrschaft über die Rheinprovinz und Signalturm für die Schifffahrt am Binger Loch, fügt sich mit seiner neugotischen Gestaltung in die Denkmal-Landschaft des Rheintals ein. Die neu aufkommende Technik der Druckgrafik sorgte für eine breite Popularisierung.

Bei den neuen Bauaufgaben der Industrie griff man nur zu gerne auf diesen Formenkanon zurück, versprach er doch eine gewisse Akzeptanz gegenüber dem Eindringen der Produktionsstätten in die Landschaft. So bilden zeitgenössische Gemälde die industrielle „zweite Schöpfung" durchaus als pittoreske Ergänzung einer natürlichen Landschaft ab. Als die Eisenbahn im Rheintal gebaut wurde, bediente man sich bei der Gestaltung der Tunnelportale und der „Wehrtürme" an den Köpfen von Eisenbahnbrücken – so bis heute in Mainz ersichtlich – gleichfalls des Fortifikations-Stils. Ein militärischer Nutzen war damit nicht verbunden.

Die Verwendung historistischen Designs fand bei Industriegebäuden des 19. Jahrhunderts weite Verbreitung – insbesondere, wenn funktionsbedingt Turmbauten benötigt wurden. Beispiele sind Türme der Gichtaufzüge von Hüttenwerken, die Waggon-Hebetürme des Duisburger Rheintrajekts, Wasserhochbehälter von Textilfabriken sowie große städtische Wassertürme (gute Beispiele sind in Bremen und Breslau erhalten).

Die Popularität der Turmsymbolik in Verbindung mit „vaterländischer Gesinnung" äußerte sich auch in der Errichtung von Bismarcktürmen in historischen Bauformen. Ab 1869, insbesondere ab den 1890er-Jahren bis 1934, wurden deutschlandweit etwa 230 derartige Türme – häufig in schwerer Natursteinoptik – errichtet. Der innerstädtische Bau von Hochbunkern im Zweiten Weltkrieg griff gelegentlich auf den – in diesem Fall naheliegenden – Fortifikationsstil zurück: So lassen sich am Hochbunker vor dem Hauptbahnhof Wanne-Eickel gestalterische Anklänge an Festungen der Staufer entdecken.

Was verraten nun die Malakowtürme über die Gesellschaft und ihre Geschichte, welche Bedeutungen transferieren sie? Zwei Zitate zeigen die Bandbreite möglicher Deutungen auf. Matthew Jefferies bewertet in seiner Oxforder Dissertation anhand der Architektursprache die Interessenlage der Montanindustrie wie folgt:

> "Nevertheless, the peculiar tendency of heavy industrial and mining companies to continue building in historicist forms long after it had ceased to be fashionable [...] does indicate a conscious and consistent attempt to communicate a specific message, both to the workforce and to the public at large. In their use of a distinctive architectural vocabulary, traditionally associated with the army, church and royal court, the giants of German heavy industry wished to express their strength, solidity and longevity, but the preponderance of towers and battlements [...] also gives a clear impression of their authoritarian approach to industrial relations. The close identification with the architecture of the state – another bastion of historicism – is significant too, for such companies made no secret of their wish to be considered a pillar of the existing order."[14]

---

[14] Zitiert nach: Jefferies, Matthew: Industrial Architecture and Politics in Wilhelmine Germany, Oxford 1990, online unter https://ora.ox.ac.uk/objects/uuid:a90a0f19-dcbe-4f88-8282-0813a3050dbc/download_file?file_format=pdf&safe_filename=602369727.pdf&type_of_work=Thesis (Stand: 11.01.2021), S. 8. Darstellungen zum Malakow-Bautyp finden sich auf den S. 23–25. Das Buch erschien später unter dem Titel: Politics and culture in Wilhelmine Germany: the case of industrial architecture, Oxford 1995.

Dagegen der langjährige rheinische Industrie-Denkmalpfleger Walter Buschmann:

„Im Kontext der politisch-gesellschaftlichen Situation erhielten die Turmarchitekturen nach der gescheiterten Revolution von 1848/49 geradezu Symbolcharakter für eine bürgerlich liberale Gesellschaft, die sich innerhalb des feudal strukturierten Staates Freiheitsräume erkämpft und diese genauso tapfer verteidigt hatten, wie die russischen Truppen Sewastopol."[15]

Vielleicht ist es die Ambiguität der Architektursprache dieser Türme, die ihre Rezeption bis heute begleitet und einen breiten Konsens für ihre Erhaltung ermöglicht?

Die europäische Familie der Malakowtürme – eine Bestandsaufnahme

Insgesamt wurden im Ruhrgebiet im 19. Jahrhundert rund 130 Schachttürme errichtet, die dem Phänomen Malakowturm zugeordnet werden können. 13 von ihnen haben bis heute überlebt. Einige davon spielen im UNESCO-Weltkulturerbeprojekt „Industrielle Kulturlandschaft Ruhrgebiet" eine wichtige Rolle. Für eine Welterbe-Bewerbung müssen vergleichende Studien angestellt werden – Anlass für eine international angelegte Recherche, die der Verfasser zusammen mit Stefan Niederhagemann aus dem Deutschen Bergbau-Museum Bochum durchgeführt und in vier Teilen in der Zeitschrift Industriekultur in den Jahren 2012 bis 2015 publiziert und 2018 auf der XVII. Internationalen TICCIH-Konferenz im chilenischen Santiago vorgestellt hat.[16]

Eine Problematik der privat durchgeführten Recherche bestand darin, dass nicht alle Türme persönlich aufgesucht werden und keine zusätzlichen Archiv-

---

15 Siehe unter: rheinische-industriekultur.de/objekte/Bergbau/Malakows/malakows.html (Stand: 03.08.2020)
16 Vgl. Niederhagemann, Stefan/Tempel, Norbert: Malakowtürme im Ruhrgebiet – eine aktuelle Bestandsaufnahme, in: Industriekultur 2012, H. 3, S. 35–39; Niederhagemann, Stefan/Tempel, Norbert: Malakowtürme in Deutschland – eine aktuelle Bestandsaufnahme, in: Industriekultur 2014, H. 1, S. 35–39; Niederhagemann, Stefan/Tempel, Norbert: Malakowtürme in Mitteleuropa – eine aktuelle Bestandsaufnahme, in: Industriekultur 2015, H. 1, S. 26–30; Niederhagemann, Stefan/Tempel, Norbert: Malakowtürme in West- und Südeuropa – eine aktuelle Bestandsaufnahme, in: Industriekultur 2015, H. 3, S. 26–30.

recherchen erfolgen konnten. Konstruktionszeichnungen, Archivdokumente und historische Fotos der Bauwerke standen zumeist nicht zur Verfügung. Die meisten dieser Bauten sind unzureichend erforscht und kaum publiziert. Hilfreich war die Unterstützung von befreundeten Kollegen aus den internationalen Netzwerken von TICCIH und der Zeitschrift Industriekultur, so dass nahezu alle Türme im Bild dokumentiert werden konnten.

Im Resultat ist zu konstatieren, dass sich Schachttürme im Fortifikations-Stil nicht nur in den preußischen Steinkohlenbergbaugebieten (Ruhr, Aachen, Saar und Schlesien) verbreiteten, sondern auch im Kohle-, Erz- und Salzbergbau in anderen Regionen Deutschlands, insbesondere in Sachsen, sowie in der Österreichischen k.u.k.-Monarchie, dem russischen Teil Polens, den Niederlanden, Belgien, Frankreich, Spanien und im sardischen Erzbergbau. Schon Slotta[17] weist darauf hin, dass Malakowtürme in allen Revieren Europas seit der Mitte des 19. Jahrhunderts zahlreich zum Einsatz kamen – und zwar überall dort, wo mit dem Übergang zum Tiefbau große Teufen erreicht werden mussten. Die Benennung als Malakowturm ist jedoch vorwiegend in Deutschland verbreitet, wo er in den 1980er-Jahren als Gattungsbegriff an Popularität gewann, als etliche dieser Türme als Denkmäler eingetragen wurden. Erst durch Internet-Foren verbreitet sich diese Charakterisierung steinerner Schachttürme langsam auch in anderen Ländern.

Malakowtürme im Ruhrgebiet

Die folgenden Kapitel vermitteln ohne jeden Anspruch auf Vollständigkeit einen knappen Überblick über die verbliebenen Türme mit ihrer architektonischen Vielfalt und ihrer regionalen Verbreitung in Europa. Diese Bauwerke blieben oft mehr als 100 Jahre im Einsatz. Sie wurden vielfach den steigenden Anforderungen angepasst, häufig auch durch aufgesetzte stählerne Fördergerüste oder Maschinenhäuser mit Turmfördermaschinen.

---

17 Vgl. Slotta, Rainer: Malakofftürme (siehe Anm. 11), S. 33.

Tabelle 1: Erhaltene Malakowtürme im Ruhrgebiet

Bergwerk mit Schacht-Bezeichnung, Ort	Baujahr	Im Betrieb für die Kohlenförderung	Denkmal seit	Status quo	Anmerkungen
Carolinenglück Schacht 2, Bochum-Hamme	1856	1856–1891	–	Wasserhaltung	Wasserhaltung seit 1891, Förderung der Zeche 1964 stillgelegt
Holland Schächte 1 und 2, Gelsenkirchen-Ueckendorf	1856	1860–1974	1986	Umgenutzt (Wohnungen)	Doppelturm-Anlage
Carl, Essen-Altenessen	1856–1857	1861–1929	1985	Bislang unrestauriert	
Hannover Schacht 1, Bochum-Hordel	1858–1859	1859–1920er	1989	Museum	Wetterschacht seit 1929, Maschinenhaus mit Dampffördermaschine (1893/1914) erhalten
Prosper Schacht II, Bottrop-Batenbeck	1871–1875	1875–1974	1988	Öffentliche Nutzung	Stählernes Fördergerüst ergänzt 1934/1958
Westhausen Schacht 1, Dortmund-Bodelschwingh	1873	1873–1955	1983	Privat, teilweise instandgesetzt	Wetterschacht seit 1955
Unser Fritz Schacht 1, Wanne-Eickel	1873–1875	1875–1910	1991	Bislang unrestauriert	Wetterschacht seit 1910
Brockhauser Tiefbau, Bochum-Sundern	1874	1876–1887	1989	Konserviert und mit neuem Dach versehen	Mauerwerk aus Ruhrsandstein
Ewald Schacht 1, Herten	1875	1875–1998	2002	Bislang unrestauriert	
Julius Philipp Schacht 1, Bochum-Wiemelhausen	1875–1877	1878–1905	1987	Museum	
Fürst Hardenberg Schacht 1, Dortmund-Lindenhorst	1876	1876–1960	1990	Umnutzung geplant (Büros)	

Tabelle 1: (Fortsetzung)

Bergwerk mit Schacht-Bezeichnung, Ort	Baujahr	Im Betrieb für die Kohlenförderung	Denkmal seit	Status quo	Anmerkungen
Rheinpreußen Schacht 1, Duisburg-Homberg	1879	1884–1912	1985	Bislang unrestauriert	
Alte Haase Schacht Julie (1), Sprockhövel-Niedersprockhövel	1897	1860/1897–1969	1983	Stabilisiert, bislang ungenutzt	„Unechter" Malakowturm, da das Mauerwerk lediglich eine Schachteinhausung für ein eisernes Fördergerüst (das um weitere 15 m aus dem 25 m hohen Schachtgebäude herausragte) und Teile der Hängebank darstellte.

Auf eine bildliche Darstellung der im Ruhrgebiet erhaltenen Türme (Tabelle 1) wird hier verzichtet, da sie in der Literatur bereits vielfach vorgestellt wurden.[18] Die in den Abbildungen 1 und 2 dargestellten Bauwerke sind nicht erhalten.

Malakowtürme in Deutschland – außerhalb der Ruhr

Außerhalb des Ruhrgebietes wurden im damals preußisch-saarländischen Kohlenrevier, sowie in anderen Teilen Preußens und in Sachsen mehrere Fördertürme im Malakow-Stil errichtet. Sie wurden zur Förderung von Kohle, Erz und Salz sowie zur Wasserhaltung eingesetzt. Bekannt sind 16 erhaltene Beispiele; an der Saar hat keiner der Türme überlebt (Tabelle 2).

---

[18] Siehe Niederhagemann, Stefan/Tempel, Norbert: Malakowtürme im Ruhrgebiet (s. Anmerkung 16).

Tabelle 2: Erhaltene Malakowtürme in Deutschland (außerhalb des Ruhrgebiets)

Bergwerk/ Schachtbezeichnung, Ort, Bundesland[19]	Baujahr	Ende der bergbaulichen Nutzung	Mineral	Status quo	Anmerkungen
Atsch, Stolberg, Nordrhein-Westfalen	1845	1870	Kohle	Wohn-Nutzung	Übergangsform vom Schachthaus zum Malakowturm
von Oeynhausen-Schacht 2, Ibbenbüren, Nordrhein-Westfalen	1872	2018	Kohle	Abschlussarbeiten gemäß Betriebsplan	Seit 1928 Wasserhaltung
Schafberg, Mechernich, Nordrhein-Westfalen	1890er	1957	Erz und Abraum	Konserviert, Bergwerksmuseum Mechernich	1928 Installation einer Elektro-Fördermaschine im Turmkopf
Adolph, Bad Ems, Rheinland-Pfalz	1871	1945	Erz	Ruine	
Grube Werner, Bendorf, Rheinland-Pfalz	1880	1915	Erz	Wohn-Nutzung	
Hase-Schacht, Osnabrück, Niedersachsen	1871	1898	Kohle	Museum	
OD III, Nienstädt, Niedersachsen	1870	1960	(Kohle)	ungenutzt	Wasserhaltung
Einigkeit, Lugau, Sachsen	1860	1876	Kohle	Gewerbe-Nutzung	Umnutzung zu einer Spinnerei, später Schraubenfabrik
Glückauf-Schacht, Lugau, Sachsen	1870er	1975	Kohle	Gewerbe-Nutzung	
Concordia Schacht II, Oelsnitz, Sachsen	1871	1921	Kohle	Wohn-Nutzung	

---

[19] Rheinland, Westfalen und Niedersachsen (Hannover) gehörten bis 1945 zu Preußen.

Tabelle 2: (Fortsetzung)

Bergwerk/ Schachtbezeichnung, Ort, Bundesland	Baujahr	Ende der bergbaulichen Nutzung	Mineral	Status quo	Anmerkungen
Grube Flora, Ragewitz, Sachsen	1902	1959	Braunkohle	Gewerbe-Nutzung (Lagerung/Silo)	
Pluto, Gersorf, Sachsen	1872	1944	Kohle	Gewerbe-Nutzung	
Marienschacht, Bannewitz, Sachsen	1886–1891	1989	Kohle	ungenutzt	
Morgenstern Schacht II, Reinsdorf, Sachsen	1872	1959	Kohle	Museum	Seit 1927 Wetterschacht
Walter-Schneider-Schacht IV (ehem. Ernst-Schacht IV), Helbra, Sachsen-Anhalt	1885–1886	1973	(Erz)	ungenutzt	Wasserhaltung
Steinsalzbergwerk Ilversgehofen, Schacht Nord (I), Erfurt, Thüringen	1859	1916	Salz	Denkmal, ungenutzt	

Malakowtürme in Mitteleuropa

In Mitteleuropa überleben in Polen einige Türme aus preußischer Zeit im schlesischen Kohlenbergbau und im benachbarten ehemals russischen Teil Polens sowie in der Tschechischen Republik in Böhmen, einst einem Teil des österreichischen Imperiums, wo sie für den Erzabbau errichtet wurden. 18 verbleibende Schachttürme sind bekannt, zwei weitere kleine achteckige Türme dienen der Trinkwassergewinnung aus alten Bergwerksanlagen in Tarnowsky Góry (Abb. 3 und 4; Tabelle 3).

Abb. 3: Der 1860 über dem Schacht Wojciech (Wrangel) errichtete Malakowturm ist die älteste erhaltene Förderkonstruktion des Waldenburger Reviers in Niederschlesien

Abb. 4: Der Ševčin-Schacht (Franz) im Příbramer Erzrevier stammt von 1879. Als Bestandteil des größten tschechischen Bergbaumuseums wurde er mustergültig restauriert

Tabelle 3: Erhaltene Malakowtürme in Mitteleuropa

Bergwerk/ Schachtbezeichnung, Ort, Provinz[20], Land	Baujahr	Ende der Schachtförderung	Mineral	Anmerkungen
Schacht Ševcin (Franz), Příbram, Böhmen, Tschechien	1879	1978	Erz	Denkmal, Bergbaumuseum; Schacht benannt nach Kaiser Franz Josef I.
Schacht Vojtěch (Adalbert), Příbram, Böhmen, Tschechien	1870	1978	Erz	Denkmal, Bergbaumuseum, Maschinenhaus mit Dampf-Fördermaschine (1889)
Schacht Anna, Příbram, Böhmen, Tschechien	1870	1978	Erz	Denkmal, Bergbaumuseum, Maschinenhaus mit Dampf-Fördermaschine (1914)
Schacht Alexandr (Alexander), Ostrava-Kunčičky, Tschechien	1896	1992	Kohle	Kleiner Turm mit aufgesatteltem stählernen Fördergerüst, Kohleförderung bis 1926
Schächte Julia (Julius), Sobótka (Ida) und „Dampf", Wałbrzych (Waldenburg), Niederschlesien, Polen	1867, 1874, 1870er	1996	Kohle	Museum Stara Kopalnia (Altes Bergwerk)
Schacht Wojciech (Wrangel), Wałbrzych (Waldenburg), Niederschlesien, Polen	1860	1970er	Kohle	
Bergwerk Melchior, Schacht Staszic (Tiefbau), Wałbrzych (Waldenburg), Niederschlesien, Polen	1866	1989	Kohle	
Schacht Siostrzane (Schwester), Sobięcin (Hermsdorf) nahe Wałbrzych (Waldenburg), Niederschlesien, Polen	1854–1859	1950er	Kohle	Ruine

20 Schlesien gehörte bis 1918 bzw. 1945 zu Preußen, Böhmen war bis 1918 Teil der österreichischen k.u.k.-Monarchie.

Tabelle 3: (Fortsetzung)

Bergwerk/ Schachtbezeichnung, Ort, Provinz, Land	Baujahr	Ende der Schachtförderung	Mineral	Anmerkungen
Schacht Powietrzny, Wałbrzych (Waldenburg), Niederschlesien, Polen	ca. 1890	1990er	Kohle	Wetterschacht
Schacht Teresa (Cäsar), Bergwerk Thorez, Niederschlesien, Polen	1888	1991	Kohle	
Schacht Anna, Nowa Ruda-Kolno (Neuruda), Niederschlesien, Polen	1898	1930er	Kohle	
Schacht Andrzej (Aschenborn), Ruda, Oberschlesien, Polen	ca. 1870	1969	Kohle	
Schacht Głowacki (Oppburg), Bergwerk Ignacy (Hoym), Rybnik-Niewiadom, Oberschlesien, Polen	ca. 1900	1995	Kohle	
Bergwerk Saturn, Czeladź, Oberschlesien, Polen	ca. 1887	1995	Kohle	Das Bergwerk lag im damals russischen Teil Polens
Wetterschacht Elżbieta (Thomasschacht), Chorzów (Königshütte), Oberschlesien, Polen	1913–14	1970er	(Kohle)	Rundturm im Malakow-Stil, Wetterschacht
Schacht Paryż (General Zawadzki), Dąbrowa Górnicza, Oberschlesien, Polen	ca. 1880	1995	Kohle	Das Bergwerk lag im damals russischen Teil Polens
Adolph-Schacht und Maschinen-Schacht, Tarnowskie Góry (Tarnowitz), Oberschlesien, Polen	1880	2001	–	Wasserhaltung/ Trinkwassergewinnung

Malakowtürme in West- und Südeuropa

Die oben genannte Recherche aus dem Jahr 2015 listet 14 verbleibende Beispiele mit einer großen Bandbreite an bemerkenswert unterschiedlichen Designs und Oberflächen, vom unverputzten Stein- und/oder Ziegelmauerwerk bis hin zu verputzten Wänden (Tabelle 4, Abb. 5 bis 9). Der Schachtturm des Pozo Calero in Barruelo de Santullán, Kastilien und León, Spanien, repräsentiert den Typ des massiven Festungsstils, von dem weitere erhaltene Exemplare in Spanien und Frankreich existieren. Auf sardischen Erzbergwerken wurden die wohl einzigen

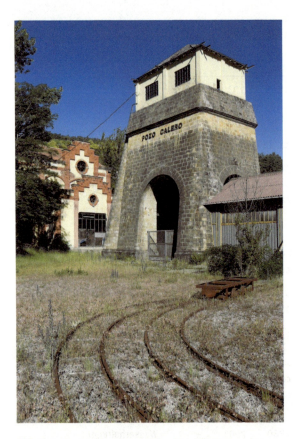

Abb. 5: Festungsstil – aber mit den Malakowtürmen des Ruhrgebiets nicht vergleichbar: Schachtturm Pozo Calero des Kohle-Bergwerks im nordspanischen Barruelo de Santullán. Derartige Türme, häufig auch in schlichterer Ausführung, waren in Spanien und Frankreich verbreitet und sind zum Teil bis heute erhalten

Malakowtürme – Mythos und Realität — 307

Abb. 6: Dieser erst 1907 ausgeführte Malakow-Förderturm auf Schacht 1 des Kohlenbergwerks Hasard Cheratte, im Tal der Maas bei Lüttich gelegen, verfügt über eine Elektro-Fördermaschine im Turmkopf. Der Betonturm wurde aufwändig mit Ziegeln verkleidet

Abb. 7: Im sardischen Bergrevier von Monteponi wurde 1874 der elegante Turmbau des Sella-Schachtes errichtet. Am Schacht waren große Dampfpumpen für die Wasserhaltung installiert

Abb. 8: Malakowturm und Betriebsgebäude des Pozzo San Giovanni wurden 1876 in romanischer Tradition ausgeführt und stellen das wohl gelungenste Ensemble des sardischen Bergbaus dar, das bis heute überdauert hat

Malakowtürme in Italien errichtet. Sie wurden von französischen, belgischen und deutschen Bergbauingenieuren beeinflusst. In den 1930er-Jahren wurden sie modernisiert und mit elektrischen Fördermaschinen ausgestattet, aber in ihrer steinsichtigen Optik belassen. In Frankreich und Belgien ging man zeitweilig dazu über, Seilscheibengerüst und Fördermaschine gemeinsam in größeren Hallen unterzubringen, deren Architektur dem Malakow-Stil nahestand.

Eine recht moderne Interpretation des Festungsstils, die sich vom Malakow-Stil deutlich abhebt, blieb mit dem Schacht Nulland der Dominiale-Mine im niederländischen Kerkrade erhalten (heute Museum). Der ausziehende Luftschacht bestand 1907 zunächst nur aus einer etwas 25 Meter hohen Röhre. Als man 1919 beschloss, den Schacht auch zur Materialförderung und Seilfahrt zu nutzen, vergrößerte man den Turm und ergänzte ihn um eine Strebe in Richtung der Fördermaschine und weitere Anbauten.

Abb. 9: Auf einer Bergkuppe bei Gennosa, südlich des sardischen Monteponi-Reviers, blieben die beeindruckenden Ruinen des Pozzo Santa Barbara der San Giorgio-Mine erhalten. Gebaut wurde diese an ein mittelalterliches Kastell erinnernde Anlage um 1870 für die Blei- und Zinkförderung, stillgelegt bereits in den 1940er-Jahren

Tabelle 4: Malakowtürme in West- und Süd-Europa

Bergwerk/ Schachtbezeichnung, Ort, Land	Baujahr	Förderbetrieb	Denkmalstatus	Mineral	Anmerkungen
Hasard-Cheratte Schacht I, Liège, Belgien	1907	1907–1977	×	Kohle	
Puits Sarteau Nord, Fresnes-sur-Escaut, Bassin Minier Nord-Pas de Calais, Frankreich	1853	1853–1860	×	Kohle	1860–1867 Wasserhaltung
Puits Tranchèe, Montjean-sur-Loire, Frankreich	1871/72	1872–1892	Seit 2004, ruinös	Kohle	

Tabelle 4: (Fortsetzung)

Bergwerk/ Schachtbezeichnung, Ort, Land	Baujahr	Förderbetrieb	Denkmalstatus	Mineral	Anmerkungen
Puits St. Marthe 1, Stiring-Wendel, Frankreich	1852	1852–1854	Seit den 1970er Jahren	Kohle	Wasserhaltung 1850er – 1960er
Puits Hottinguer, Èpinac, Burgund, Frankreich	1872–1876	1876–1944		Kohle	
Pozo Calero, Barruelo de Santullán, Kastilien und León, Spanien	1911	1911–2002	×	Kohle	Museum
Turm der Schaltzentrale des Kohlenkraftwerks des Bergwerks Minas de la Réunión, Villanueva del Rio y Minas, Andalusien, Spanien	1926	–	×	(Kohle)	1926 bis 1972 im Betrieb
Pozzo Vittorio Emanuele, Monteponi, Sardinien, Italien	1863	1863–1993	×	Erz	
Pozzo Sella, Monteponi, Sardinien, Italien	1874	–	×	(Erz)	Wasserhaltung 1874–1993
Pozzo Santa Barbara (San Giorgio-Mine), Gonnesa, Sardinien, Italien	1870er	1870er–1940er	Ruinös	Erz	
Pozzo Sant' Antonio, Montevecchio, Sardinien, Italien	1872	1872–1990er	×	Erz	
Pozzo San Giovanni, Montevecchio, Sardinien, Italien	1876	1876–1981	×	Erz	
Pozzo Sanna, Montevecchio, Sardinien, Italien	1886	1886–1980er		Erz	
Pozzo Amsicora, Montevecchio, Sardinien, Italien	1915	1915–1991	×	Erz	Rekonstruiert 1938, zuvor Pozzo Maestro

Sonderfall Großbritannien[21]

Schachttürme im Malakow-Stil stellen in Großbritannien eine Ausnahme dar. Wohl wurden in der Regel die wertvollen Balancier-Maschinen für Wasserhaltung und Förderung in steinernen Gebäuden untergebracht, nicht jedoch der Schacht samt Stützkonstruktion der Seilscheiben. Ein anschauliches Beispiel ist das bis heute erhaltene steinerne Maschinenhaus im Fortifikations-Stil des Jane Pit bei Workington im Kohlengebiet von West Cumbria, 1843 auf ovalem Grundriss errichtet und bis 1875 in Betrieb.

Wenige Kilometer weiter südlich, an der Hafeneinfahrt von Whitehaven wurde in den 1840er-Jahren der Wellington Pit in Form einer Burg gebaut, mit einem großen Bergfried, Türmen und enormen mit Zinnen bewehrten Mauern. Die beiden Schächte wurden zwischen 1840 und 1845 geteuft. Der Name des Bergwerks erinnert an den Feldmarschall Arthur Wellesley, Duke of Wellington (1769 bis 1852), der 1815 in der Schlacht von Waterloo gegen Napoleon erfolgreich war. Das gleichfalls turmartige Pförtnerhaus blieb nach der Stilllegung 1932 erhalten und dient heute als Basis der Küstenwache.

Noch 1913/14 wurde auf dem Kohlenbergwerk Chatterly Wittfield in Stoke-on-Trent ein schlichter, aus Ziegeln gemauerter Schachtturm für den Wistanley Schacht errichtet. Er soll nach deutschem Vorbild konzipiert und im britischen Kohlebergbau einzigartig sein. Nach Schließung eines zeitweilig dort angesiedelten Bergbaumuseums befindet sich die Anlage in ruinösem Zustand.

Ein später Höhepunkt und Abschluss der Entwicklung

Als später Höhepunkt und Abschluss der Entwicklung des Malakow-Turmtyps kann das Schalthaus des Zechenkraftwerks der „Minas de la Réunion" im andalusischen Villanueva del Rio y Minas aufgefasst werden (Abb. 10). Den Zinnenbewehrten Turm auf quadratischem Grundriss, der an das Kohlekraftwerk angebaut ist und formal als Bergfried im neomittelalterlichen Stil konzipiert wurde, kann man dank seiner Lage auf einer Bergkuppe neben den riesigen Schornsteinen als bestimmendes Element der Industrielandschaft der Region, als Symbol der Macht nicht nur für den Eigentümer, die private Bahngesellschaft Madrid – Zaragossa – Alicante, sondern auch für die neue Energiequelle, die Elektrizität, lesen. Der als „Castillete" (Kastell) bezeichnete Bau wurde 1926 erbaut, ist 23 m

---

21 "In some of the British coalfields, such as the South Wales coalfield (then serving the needs of the largest copper- and iron-smelting works in the world), there was a separate and earlier

Abb. 10: Form vollendet: Die Steinkohlenzeche Minas de la Réunión in Villanueva del Rio y Minas errichtete die Schaltwarte ihres Kraftwerks im andalusischen Neo-Mudéjar-Stil mit neugotischen Details

hoch und besteht aus vier Stockwerken, die durch eine spiralförmige Metalltreppe verbunden sind. Die Tragkonstruktion besteht aus Stahlbeton, der mit verschiedenfarbigem Ziegelmauerwerk verkleidet ist. Die Fassaden weisen Neomudéjar-Stilelemente und neugotische Details in spitzbogigen Fenstern und Wappen auf. Vier Türmchen an den Ecken krönen das Gebäude. Im Ensemble des stillgelegten Bergwerks ist der Turm am besten erhalten.

---

development of masonry shafthead towers, but these were smaller and constructed of unadorned rubble masonry. Later 19th-century stone and brick shafthead towers were built at No 3 shaft at Seaham Colliery (Great Northern Coalfield) and at the Winstanley Shaft (extant) at Chatterley Whitfield Colliery in Midlands England. Both were exceptionally plain but the latter is seen as being of 'German' type; it is, however, much plainer and has obliquely sloping side-buttresses of a type not seen on the much more elaborate Malakoff Towers in Germany. The Koepe winding with narrow friction pulleys was hardly used in Britain before nationalization in 1947, when it was widely adopted: the surviving Koepe winder of 1923, set on top of a plain tapering concrete tower, at the former Murton Colliery, was only the second built in the Great Northern Coalfield." Zitiert nach Hughes: The International Collieries Study (s. Anmerkung 2).

Ausblick

Die europäische Familie der etwa 60 verbliebenen Malakowtürme birgt ein reiches europäisches Erbe. Deutlich wird der Bedarf an transnationaler vergleichender Forschung und Austausch. In erster Linie aber sollten – nicht nur dem aktuellen material turn der Geschichtswissenschaft geschuldet – die materiellen Objekte selbst umfassend industriearchäologisch erforscht werden. Anders als beim stählernen Fördergerüst scheinen mir bei der Architektur der Türme in starkem Maße regionale Bautraditionen eine Rolle gespielt zu haben. Deshalb müssen wir mehr über die Motivationen und transnationalen Beziehungen von Investoren, Bergbauunternehmen, Maschinenbauern, Ingenieuren, Architekten und Baumeistern wissen sowie branchentypische und regionale Bautraditionen in den Blick nehmen, um anhand der Verbreitung des „Malakow-Typs" technologische und architektonische Verbindungslinien europäischer Bergreviere interdisziplinär zu erschließen.[22]

---

22 „A bewildering array of terms, from the 'history of material culture' to 'visual social history', have been employed in an effort to find an appropriate name for the study of historic places of industrial production and distribution, but in general the 'Begriffsflut' has succeeded only in highlithting the complex nature of the subject, which can involve not only architectural, social and economic history, but the history of business and technology too. It is significant that the acknowledged pioneers of the field, Kenneth Hudson in Britain, Jan Pazdur in Poland and Roland Günter in Germany, each arrived at the study of historic industrial buildings by a very different route, but have all subsequently stressed the importance of an interdisciplinary approach." Zitiert nach Jefferies (s. Anm. 14), Introduction, p. 8.

Ausblick

Alltagsobjekte

Thomas Stöllner
Entangled Connections: Materialized Practices of Knowledge-Networks of Mining. From the Theoretical Level to its Empirical Consequences in Mining Archaeology

Instead of an introduction: An example at the beginning

Nobody would deny that knowledge and mining practices are tightly interwoven and that complex enterprises like mining stimulate and catalyze the technical and social knowledge transfer. As obvious as this seems at the first glance it is not at a second glance; invention did not distribute easily within mining communities and sometimes it took hundreds of years until a seemingly superior technique was established on a broad scale.

One example is the introduction of gun-powder blasting between the 16th and the 18th century.[1] Already used and practiced in upper Italian quarries and mines, it took more than 150 years to be established as a technique and 200 years to completely supersede the older fire-setting techniques. It often had been asked why it took so long to introduce this technical complex, and there are several answers to this. Although the miners had some experience in handling gun-powder in military contexts it was not as efficient as it was wished in mining, neither in a direct comparison to the wood-based fire-setting, nor in relation to hand-driven galleries whose work effectivity was not much less than the blasting.[2]

---

[1] See for instance: Kirnbauer, Franz: Die Geschichte der Sprengarbeit im Bergbau, in: Aktiengesellschaft Dynamit Nobel (Ed.), Festschrift zu Ehren Alfred Nobels aus Anlaß der Erteilung der ersten Sprengstoffpatente vor 100 Jahren, Wien 1967, pp. 115–129; Ludwig, Karl-Heinz: Die Innovation des bergmännischen Pulversprengens. Schio 1574, Schemnitz 1627 und die historische Forschung. Der Anschnitt 38/3–4, 1986, pp. 112–122; for the Alps and especially Salzburg: Günther, Wilhelm: Von der Schlägel- und Eisenarbeit zur Sprengtechnik im Bergbau – Die bergmännischen Gewinnungs- und Fördermethoden, in: Ammerer, Gerhard/Weiß, Alfred Stefan (Eds.): Das Tauerngold im europäischen Vergleich. Archäologische und historische Beiträge des Internationalen Kongresses in Rauris vom 7. bis 9. Oktober 2000. Mitteilungen der Gesellschaft der Salzburger Landeskunde 141, 2001, pp. 131–139, here: pp. 135–137.
[2] See for example Weisgerber, Gerd/Willies, Lynn: The Use of Fire in Prehistoric and Ancient Mining: Firesetting. Paléorient 26/2, 2001, pp. 131–149.

The drilling technique especially was not as efficient before the 18th century (always a larger group of persons was needed to carry out the necessary preparations and drillings). There was also a high risk: casualties and serious injuries are reported in many cases when the new technique was introduced, such as in Gastein at the Radhausberg mines in 1642 when a blasting master brought it from the neighboring mining field in the Großarl-Valley. The blasting event failed in one case and did seriously injure the miner and blasting master and further assisting members of the team; so the report from 1642 ends with a conclusion that it already had been tried several times and that the outcome was more bad than good. The mining master concluded: „Die Gäng sind zu fest und brechen sich nit also wie an andere milderen Pürgen; mehr ist es an vielen Orten zu wassernötig. Viel Arbeit geht darauf und ist mehr Schaden als Nutz dabei. Man will's aber nit glauben und mit Gewalt erzwingen, bis dergleichen Schaden beschieht."[3]

It took another 100 years to introduce the technique at the Radhausberg. This introduction only became possible after the invention of another important side innovation – the drilling work that is nowadays an integrative part of all blasting work in general (Fig. 1).[4] It is therefore imperative to regard an invention not as a singular event, but as bundles of innovations that must be mastered practically. In general time must be ripe to make an invention into an economically and socially effective innovation.[5] In the case of blasting techniques in mining there are other examples that show barriers and conditions, which either favored or avoided the introduction. For Schemnitz and the Tolfa mountains as well as for the Venetian mines in Schio it was the acute depletion of usable forests and the lack of workmen that forced the operating people to introduce this technique and to improve it rapidly. It is obviously economic pressure that could accelerate the practical usage of this once done invention. But there are also opposite examples when the technique did not increase but lower the income of the hewers. In many mining fields they had also to pay for the mining means such as the powder and the blasting equipment, not to mention the risks they took in conducting the

---

3 Salzburger Landesarchiv, Montanakte, Ratschlag Libell in Gastein, 1642.
4 Kirnbauer, Franz: Die Geschichte der Sprengarbeit im Bergbau (note 1); Ludwig, Karl-Heinz: Die Innovation des bergmännischen Pulversprengens (note 1); see the description of the Professor of Mining technics in Schemnitz/Banská Štiavnica, Christoph Traugott Delius [1806], p. 215.
5 For this aspect already Schumpeter, Joseph: Theorie der wirtschaftlichen Entwicklung: eine Untersuchung über Unternehmergewinn, Kapital, Kredit, Zins und den Konjunkturzyklus, Leipzig 1911, here: pp. 85–86.

Fig. 1: Brixlegg, Austria, Early Modern Times Fahlore-mining, blaster's hewer tool equipment, consusting of a drilling set, a powder horn, a blaster's loam hod and a powder filling hod

work itself. And there were other preconditions such as the layout of a mine that could have been not in favor to introduce a new driving technique. Galleries and winning areas possibly were not arranged to implement the technique in order not to endanger other installations in the mine (e.g. by water installations, timbering a.s.o).

Routines and technoscapes: What archaeology can tell

Concluding from our initial example it is clear that not only the transfer of knowledge enabled the reception of practices in mining. It is also the circumstances that favoured adaptation and successful implementation. This truth also has direct bearing on the importance of work practices and their material manifestations. Daily practice in work processes and all the social interactions that are combined with it, are essential to embed an invention.[6] In many cases it is this embeddedness that allows the successful adaptation within a given amalgam of daily routines. The importance of daily routines for establishing identity is obvious and particularly discussed by M. de Certeau according to urban popular culture of the 20th century. His influencing study let us understand "acting routines" as a mostly un-reflected total system that not only influenced personal habits and beliefs but also what was regarded as "necessary" and "appropriate" for daily routines. This concept certainly spans wider than the more usual concept of the "chaîne opératoire" that archaeologists like to use explanatorily for their production and manufacturing debris.[7] What seems important for mining is that such is established also with small working gangs and therefore should be mirrored in residues of daily practices. In mining archaeological features such residues (e.g. as debris) can be found regularly and they allow a particular insight into such routines. There are areas where lighting tapers were put when they are burned down or where they got lighted before moving further in the mine: At the Bronze Age Arthurstollen the Bochum excavation brought to light a small rock ledge on which lighting tapers accumulated during work (most likely hand-by-hand or by rope hauling) to a deeper working area (Fig. 2).[8] The routines of the Bronze Age miners turn clearly before our eyes: He or they obviously came several times to this working site carrying out a similar routine thus appropriating also a place that had its special conditions according to a possible movability. For instance when carrying lighting tapers while working or when discarding tapers burned down. The miners could have put the splinters to any place in his/her surrounding but it was preferred to lay down them accurately on a heap. This heap possibly has occurred as a result of a special movement when changing the tapers in between other movements of his/her stationary work. This appropriation clearly

---

6 De Certeau, Michel: Kunst des Handelns [1980], Berlin 1988.
7 For example for the concept in general: Leroi-Gourhan, André: Hand und Wort – Die Evolution von Technik, Sprache und Kunst [1964/65], Frankfurt a. M. 1980; for mining see: Pfaffenberger, Bryan: Mining Communities, Chaînes Opératoires and Sociotechnical Systems, in: Knapp, A. Bernhard/Pigott, Vincent C./Herbert, Eugenia W. (Eds.): Social Approaches to an Industrial Past: The Archaeology and Anthropology of Mining, Routledge, London 1998, pp. 291–300, here: pp. 294–295; also: Stöllner, Thomas: Mining and Economy. A Discussion of Spatial Organisations and Structures of Early Raw Material Exploitation, in: Stöllner, Thomas et al. (Eds.): Man and Mining. Studies in honour of Gerd Weisgerber, Bochum 2003 (= Der Anschnitt, Beiheft 16), pp. 415–446; for crafts also: Rebay-Salisbury, Katharina/Brysbaert, Ann/Foxhall, Lin (Eds.): Knowledge Networks and Craft Traditions in the Ancient World: Material Crossovers, New York/Milton Park 2014 (= Routledge Studies in Archaeology 13).
8 Stöllner, Thomas: Arthurstollen, in: Fundberichte aus Österreich 55, 2016, pp. 418–419.

Fig. 2: Arthurstollen, Austria, Deep Gallery, Western-Lode part, lighting splinters deposition in situ and during the excavation and documentation under laboratory conditions

decided about the adaptation to the location but also about the way how the work could have been done. Routine and the affordance of the location therefore are enmeshed and inseparably combined. Another example was discovered and excavated some years earlier in the same mine: In a small side gallery (the "Cierny-gallery") a blaze pot was found, obviously (as it was fragmented but repaired by small schist stones) put there as stationary installation to light tapers (it was filled with small fragments burned down; Fig. 3).[9] As the area is on the cross junction of various galleries it was obviously the work space of someone (only one person can sit in this small gallery niche) who had to maintain the gloom for the working shift. Further persons could enter to light the tapers or even have a rest there.

---

[9] Stöllner, Thomas: Der Mitterberg als Großproduzent für Kupfer in der Bronzezeit: Fragestellungen und bisherige Ergebnisse, in: Oeggl, Klaus et al. (Eds.): Die Geschichte des Bergbaues in Tirol und seinen angrenzenden Gebieten, Proceedings zum 5. Milestone-Meeting des SFB HiMAT vom 07.–10.10.2010 in Mühlbach, Innsbruck 2011, pp. 93–106.

Fig. 3: Arthurstollen, Austria, Eastern-Lode part, Cierny gallery, emptied area with gloom-pot at the left, western wall, gloom pot in situ (below, right), gloom-pot (above, right)

I took these examples to explain which chances an underground excavation offers to understand work practices and daily routines that follow the necessities of a very specific work surrounding. Such routines are bound to specific technoscapes,[10] for instance to irregular (artisanal), regular (planned) and industrial mines. Their technical planning and the level of engineering determine the daily routines to a large extent. This already was true for prehistoric and ancient mining. Shafts sunk to considerable depths did require a geological understanding of the deposits and possibly even led to such during the first steps of exploring a deposit. At the European flint/chert/silex-mining fields shaft-sinking was obviously regarded the best way to reach but also to find the better silex-containing

---

10 Appadurai, Arjun: Disjuncture and Difference in the Global Economy. Theory, in: Culture and Society 7, 1990, pp. 295–310; for its archaeological usage for instance: Becker, Johannes/Jungfleisch, Johannes/von Rüden, Constance (Eds.): Tracing Technoscapes: The Production of Bronze Age Wall Paintings in the Eastern Mediterranean, Leiden 2018.

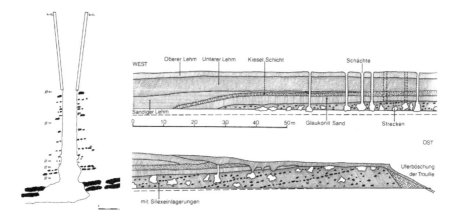

Fig. 4: Spiennes, Camp a Cayaux, shaft 2 and stratigraphic situation as observed during railway construction work in 1867

strata (Fig. 4).[11] The mining field of Arnhofen with estimated about 20 000 shafts provide us with insight into the daily routines when sinking the shafts into the softer loess-soils. The work was possibly planned for some days, including the time of approaching for the working gang and also to rest in camp nearby.[12] According to the calculations of Georg Roth the shafts were constructed in groups of three and were dug by smaller groups of 2 persons within 4 days per shaft.[13] So the shafts were ad-hoc work measures during which the decision where to put them (as the area was certainly covered by many already emptied and refilled shafts) was the most important task. According to Roth it was connected with expectations where to find a minimum of chert that made the expedition a successful one.[14] From the Bronze Age onwards mining enterprises and especially shafts got installations that required a higher level of engineering quality. As the shafts were constructed to a much greater depth, moving and transportation got

---

[11] Weisgerber, Gerd/Slotta, Rainer/Weiner, Jürgen: 5000 Jahre Feuersteinbergbau. Die Suche nach dem Stahl der Steinzeit, Bochum 1999 (= Veröffentlichungen aus dem Deutschen Bergbau-Museum, Nr. 77).
[12] Rind, Michael M. (Ed.): Das neolithische Hornsteinbergwerk von Abensberg-Arnhofen. Die Auswertung der Ausgrabungen 1998–2009, Kallmünz 2020 (= Materialhefte zur bayerischen Vorgeschichte 112).
[13] Roth, Georg: Geben und Nehmen. Eine wirtschaftshistorische Studie zum neolithischen Hornsteinbergbau von Abensberg-Arnhofen, Kr. Kelheim (Niederbayern), Köln 2008 [Diss.], p. 235.
[14] Ibid., pp. 208–333.

important requirements: In Hallstatt Late Bronze Age mining shafts were timbered and sunk down to more than 100 m; at the Tusch-Werk-mine several items of the hauling practice have been found beneath fallen down timbers of the shaft, such as a massive rope made of lime bast fibre and protective chamois leather (similar to gloves) that had allowed miners to manipulate the rope.[15] Shafts got complex installations that required specialized routines, thus also representing a kind of small technoscape in itself (hauling, moving, timbering and maintaining etc.). Such insights require a detailed debate on the materialized evidences of practices. It seems clear that such observations decide after all what kind of interpretation is possible in direction of overall work organization or the amount of raw material being exploited. In prehistory such data are much harder to gain than in more recent periods when written sources allow at least some insights. But material sources are treacherous: At Hallstatt the late Bronze Age hauling bags and a staircase[16] made the impression of having been used as means of a hauling transport system that have required a group of haulers constantly occupied with this work (Fig. 5). According to agent-based modeling the opposite seemed the case: salt-transport and debris dumping were possibly done once a shift as even a larger group of getters never could produce enough to keep even one hauler constantly busy.[17] This example makes apparent that working with the material evidence allows the development of models that are more than reflections of historical records but inherit independent evidence and information. Such may help to decide how machinery or tool sets were handled and how rapid a winning process was made. The various elements of a technically induced mining strategy certainly had ample impact on social interactions, for instance, as the elements determine the size of work and the number of workmen involved. I would like to call this the *social skin* of mining work practice. It is this materialized reality in

---

15 Barth, Fritz Eckart: Ein Füllort des 12. Jahrhunderts v. Chr. im Hallstätter Salzberg, in: Mitteilungen der Anthropologischen Gesellschaft Wien 123/124 (Festschrift Karl Kromer), 1993/94, pp. 27–38.
16 See for example Barth, Fritz Eckart: Zu den Tragsäcken aus dem Salzbergwerk Hallstatt, in: Archaeologia Austriaca 76, 1992, pp. 121–127; Reschreiter, Hans/Kowarik, Kerstin: Die Stiege – technische Perfektion, in: Kern, Anton et al. (Eds.): Salz-Reich. 7000 Jahre Hallstatt, in: Veröffentlichungen der Prähistorischen Abteilung des Naturhistorischen Museums Wien 2, Wien 2008, pp. 61–63.
17 Kowarik, Kerstin/Reschreiter, Hans/Wurzer, Gabriel: Salz – Bergbau – Wirtschaft: Diskussion wirtschaftsarchäologischer Aspekte am Beispiel der prähistorischen Salzbergwerke von Hallstatt, in: Eisenach, Petra/Stöllner, Thomas/Windler, Arne (Eds.): The RITaK conferences 2013-2014. Raw Materials, Innovation, Technology of Ancient Cultures RITaK 1, 2017 (= Der Anschnitt 34), pp. 171–179.

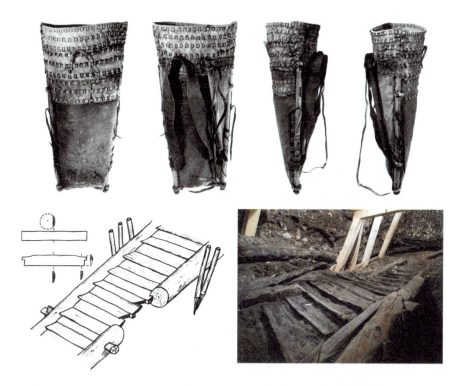

Fig. 5: Hallstatt, carrying bag from the Northern mining "group" at Hallstatt, Grüner Werk (after Barth 1992); below: staircase from the Tusch-Werk, reconstruction according the excavation feature

a mine that gave the frame for habitualized doings and experiences: As a simple example, did the amount of humidity and moisture result in specific outcomes for the work-experiences on corrosion of metal gear and machinery, to the slipperiness of ladders and pedals and the stress to personal clothes and shoes.[18] It also produces distinctive sensual experiences such as smells and touches on rocky surfaces and timbering for instance. It may be briefly shortly mentioned that sensual experiences and the concept of individualized perceptions are a par-

---

[18] Prehistoric and ancient salt mining is for instance a particularly impressive source as tools and clothes and show best stress marks of their intensive usage: see various chapters in Stöllner, Thomas/Aali, Abolfazl/Bagherpour, Natascha (Eds.): Tod im Salz – Eine Archäologische Ermittlung in Persien. Begleitbuch, Katalog und Graphic Novel, Offenbach/Bochum 2020.

ticularly worthy category for "dark" underground working spaces.[19] It is not only since E. Husserl and M. Merleau-Ponty that phenomenology and the specific perceptions of life-worlds became a major category in the understanding of human mental constructions. The usage of phenomenological theory in conceptualizing the "dark underground" certainly needs more theoretical work: Merleau-Ponty's groundbreaking foundation of the body-subject brings the mental and body experience to one interwoven embodiment, especially apparent when handling the specific conditions of a dark underground.[20]

These experiences make the metaphor of the social skin more apparent, something that made the mine for the worker the same as a protecting suit for a diver. However, the material world of actions constitutes the spheres of habitualized doing. This allows archaeology as primarily related to artefacts and their contextual setting to follow the material world as representations of a cultural setting that enables the reconstruction of approaches and appropriation of all sorts of things: Rocks, mined raw sources, already adopted tools and spaces as complex settings of life and work practices. It is clear that knowledge transfer is part of appropriation processes that require some sort of connectivity between the daily routines involved. With other words: Techniques and practices can only be successfully adopted if the counterpartying people already are acquainted to similar practices and mental constructs. Let me therefore first develop outlines of an archaeology of habitualized doing in order to understand the development of knowledge and its transfer within similar and different material worlds.

Spheres of actions – The archaeology of habitualized doing

I will briefly mention five examples that will explain how suitability to the learned spheres of habitualization directly influences the structure material environments of workmen in a production and mining processes. Embodiment theory does help to understand the role of internalized knowledge also in the frame of technical practices and their representations in a material world. It has already

---

19 Concepts of a "sensual" archaeology have been recently rediscussed in archaeology: Hamilakis, Yannis: Archaeology and the Senses: Human Experience, Memory, and Affect, Cambridge 2014.
20 Merleau-Ponty, Maurice: Phénoménologie de la perception, Paris 1945.

been discussed in anthropology and social sciences[21], only seldom with respect to materialized practices, which are the usual archaeological sources, as it is the usual archaeological sources.[22] It is obvious that mining, as every other craft, follows similar principles of habitualization to other craft spheres and therefore also conceptualizes daily routines as way to express identity. According to my own experience with mining work I would stress the fact that especially similar experiences that come along with bodily practices and internalized knowledge produce a certain companionship and a collective memory that goes with it. A mining community as any other community would therefore order the world of things on the pattern of the structure that prevails in the social world of its people.

Habitualized tools

Tools/crafts-person entanglement is certainly a very basic connection; as tools are principally extension of arm and hands as Andrè Leroi-Gourhan (1980) did emphasize on many occasions it is clear that movements and usage are tightly interwoven. This is for instance the case for handles and mining picks found between the Bronze Age Mitterberg and Kitzbühel districts, both related also by a similar ore- and host-rock geology.[23] The selection of tools followed obviously the necessities of a sub vertical, schist-embedded vein-deposit (Fig. 6). This is not only an externalized reflection of knowledge to use a certain tool according to a given structural condition. To a certain degree the picks and especially their kind of mounting are reflecting a specific habitualized movement during the process

---

21 See for example Ingold, Tim: The Perception of the Environment: Essays on Livelihood, Dwelling and Skill, London 2000; Marchand, Trevor (Ed.): Making knowledge: explorations of the indissoluble relation between minds, bodies, and environment, in: Journal of the Royal Anthropological Institute, Special Issue 16, Chichester 2010.
22 See for instance: von Rüden, Constance: Approaching Ancient Techniques. From Technology to Bodily Learning and Skill, in: Gauß, Walter/Klebinder-Gauß, Gudrun/von Rüden, Constance (Eds.): The Distribution of Technical Knowledge in the Production of Ancient Mediterranean Pottery. Proceedings of the International Conference at the Austrian Archaeological Institute at Athens, 23th–25th November 2012, Wien 2016, pp. 35–49.
23 See the discussion of it: Stöllner, Thomas et al.: The Enmeshment of Eastern Alpine Mining Communities in the Bronze Age. From Economic Networks to Communities of Practice, in: Körlin, Gabriele et al. (Eds.): From Bright Ores to Shiny Metals. Festschrift for Andreas Hauptmann on the occasion of 40 Years Research in Archaeometallurgy and Archaeometry, Rahden/Bochum 2016 (= Der Anschnitt, Beiheft 29), pp. 75–107; Thomas, Peter: Studien zu den bronzezeitlichen Bergbauhölzern im Mitterberger Gebiet. Mitterberg-Forschung 1, Rahden/Bochum 2018 (= Der Anschnitt, Beiheft 39).

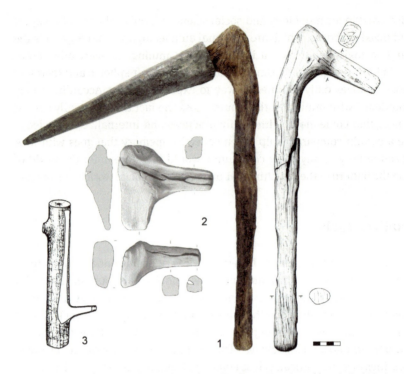

Fig. 6: Socketed picks and their haftings/handles from Mitterberg (1) and Kitzbühel, Kelchalm (2); usage of beech trunks and branches to produce handles of this kind (3)

of mining. Similar to a blindman's stick, a pick also becomes a prolongation of the worker's body and through practice he or she even starts to "feel" with the tip of the tool.[24] Consequently any change in the layout of a tool would necessarily result in an adjustment of whole movement, which has been habitualized and embodied through many years of practicing.[25] This is a reason why many of today's craftspeople often resist working with tools that are not their own, even though they might have the same layout – even slight differences in the other tool's wear is often enough for the craftsperson to feel uncomfortable.

---

[24] Polanyi, Michael: Implizites Wissen [1966], Frankfurt a. M. 1985.
[25] Ingold, Tim: The Perception of the Environment (note 21); von Rüden, Constance: Approaching Ancient Techniques. From Technology to Bodily Learning and Skill (note 22).

Entanglement to locations

People are entangled to locations in a working and related social process. Although we consider a working space as deduced by the knowledge of the winning process and its technical need on the one hand, we often forget the broad and specific adoptability of such spaces to distinct daily routines on the other. Even in technically highly advanced mining systems there are unsaid rules of doing, such as where to carry loads inside a larger working space, where to put provisions and how to organize toilets and rest areas. These are rules adopted by a larger group of persons that are not reflected by written regulations. Archaeological excavations sometimes unravel individual habits and routines that result in concrete material compounds. At the Bronze Arthurstollen-mines we were able to investigate two areas of maintaining light for underground workings[26]: As mentioned above the miners accustomed themselves to the location by specific movements (for instance where to put the lighting tapers and how to manipulate the blaze-pot) in the daily routine (Fig. 3). There are many other examples of which I took another one to explain how the customization to a given space also gave daily routines a special direction: In the Early Bronze Age gold mine of Sakdrisi (Georgia) a working area was discovered that was used by miners to refill the already exploited mine part with debris. For doing so an area to kneel or squat was established that allowed the handing down of hauling vessels (e.g. leather containers or baskets) and or dumping it down to fill the lower gallery. The area was protected by two smaller revetments made of already discarded stone hammers in order to avoid dumping in the kneeling or squatting ledge (Fig. 7). As the area was relatively narrow the inconvenient work condition and how the miner had to adopt his body the rocky surrounding got impressingly clear. He/she only could take the hauling vessel from above and he/she had to decide first in which direction this vessel was manipulated before taking it from one of his/her companions. Many more aspects of the daily work condition can be reconstructed and described by analysing the spatial condition: The rocky surrounding that possibly scraped the skin or protective clothes, possibly also the exhaustion that work in such a place resulted in. It is clear that such work not only ends in a reconfiguration of already existing underground conditions, but also leads to the adaptation of the human being to handle the given conditions.

---

26 Stöllner, Thomas: Der Mitterberg als Großproduzent für Kupfer in der Bronzezeit (note 9); Stöllner, Thomas: Arthurstollen (note 8), for description see above.

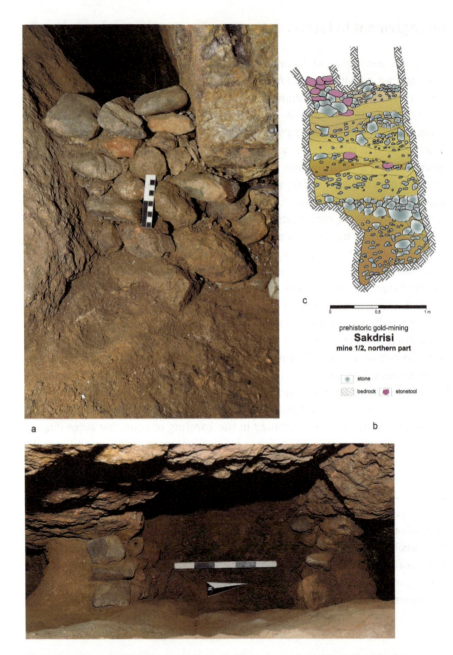

Fig. 7: Sakdrisi, west of Bolnisi, Georgia. Typical Kura-Araxes back-fill-stratigraphy from underground at mine 1/2 – north-extension (junction between main lode and western side-lode). (a) Hammer-stone wall at the South-profile; (b) South-profile at the junction; (c) Top view to the northern and southern hammer-stone-walls at the above mentioned junction

Ad hoc and planned trouble shooting

A third element of daily routines is to provide the ongoing winning process with ad-hoc solutions to enable the continuation of the winning and production process. Such practices are most of the time decisions made quickly and on the basis of experiences and materials that are available in the near neighbourhood of the work-place. In prehistoric and antique salt mines such solutions are evidenced for instance in the repairs of handles by fixing and binding broken pieces with leather and textile straps (Fig. 8, Nr. 1). At the Iranian salt mine of Chehrābād the Sasanian salt miners changed their handles when broken near the working space and had therefore to quickly adjust their handles to the iron tool[27]; heaps of shaved wooden bark and wooden debris had been produced that sometimes also were reused as firing material. Often wooden pieces had been used to fix a handle to a pick, such as leather straps and textiles had been used for the same purpose. The range of creativity is wide with such processes which allows insight into individual troubleshooting strategies. Another example is textile material that is used on a wide scale in mining: rags are used as such until today on various occasions in industrial mining machinery. Prehistoric and antique salt mining are good comparisons as most of the fabrics found at such mines were not used as clothes any more: They are used as binding material to connect and fix or to be used as sanitary dressing material (Fig. 8)[28]; it is assumed that rags of already discarded clothes were carried to the mines as worthy work equipment to enable repairs and ad-solutions of any kind.

This is certainly different with techniques and practice that required some sort of planning and preparation such as techniques in opening a mine or driving a gallery. Such need experienced people especially when facing a possibly expected

---

[27] Koszczinski, Katja: Die Abbaugeräte im antiken Salzbergwerk von Douzlākh (Chehrābād, Zanjān, IR), Eine taphonomische und experimentelle Annäherung, Bochum 2019 [Master-Thesis]; Kosczinski, Katja/Vollmer, Philipp: Das Experiment Salzbergbau, in: Stöllner, Thomas/Aali, Abolfazl/Bagherpour, Natascha (Eds.): Tod im Salz – Eine Archäologische Ermittlung in Persien. Begleitbuch, Katalog und Graphic Novel, Offenbach/Bochum 2020, pp. 147–152, here: pp. 148–149, fig. 3.

[28] See for example Stöllner, Thomas: More than old rags. Textiles from the Iron Age Salt-mine at the Dürrnberg, in: P. Bichler et al. (Eds.): Hallstatt Textiles. Technical Analysis, Scientific Investigation and Experiment on Iron Age Textiles. Proceedings of the Symposium Hallstatt 2004, BAR International Series 1351, Oxford 2005, pp. 161–174; Grömer, Karin/Amin Shirazi, Shahrzad: Textilien – eine bunte Welt, in: Stöllner, Thomas/Aali, Abolfazl/Bagherpour, Natascha (Eds.): Tod im Salz – Eine Archäologische Ermittlung in Persien. Begleitbuch, Katalog und Graphic Novel, Offenbach/Bochum 2020, pp. 181–186; for Hallstatt already Hundt, Hans-Jürgen: Vorgeschichtliche Gewebe aus dem Hallstätter Salzberg, in: Jahrbuch des RGZM 34, 1987, pp. 261–286.

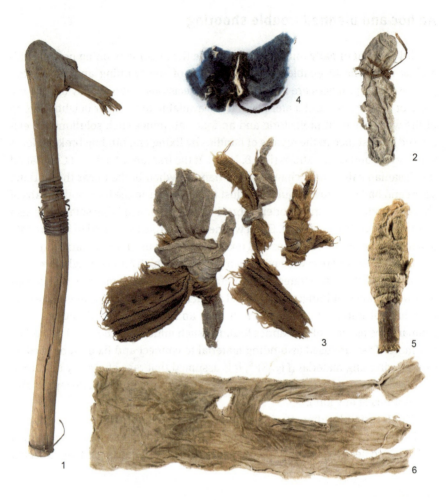

Fig. 8: Leather and textile repairs and secondary use of textiles in the Iron Age salt mines of Hallein-Dürrnberg (Austria) (1–3) and Douzlākh-Chehrābād (Iran) (4–6), (1) handle with leather-strap repair; (2) textile bandage, strapped by a bast stripe, (3) textiles knotted, (4) bundle of felt, strapped, (5) torch, enwrapped with textile, (6) textile stripe ripped for an after-use

trouble in order to cope with the task of a complex challenge. In mines this is for certain the geological and tectonic variations causing water events by tectonic faults, the instability of the rock face or any other trouble.[29] Such is unpredictable

---

29 See for instance for German industrial mining: Kroker, Evelyn/Farrenkopf, Michael: Gruben-

and therefore hazardous and not manageable by a daily routine. Therefore experienced people and technical engineering skills are successful strategies to adopt and alter the routines and develop strategies that outmatch simple ad-hoc solutions. This certainly can be seen already in the 5th and 4th millennium BCE mining when comparing the systematic backfilling of tunnels with ad-hoc solutions as it was documented in a mine at Grimes Graves, where an antler pick was used as a prop safeguarding a hanging block.[30]

A good example is the Middle Bronze Age mine Arthurstollen in the Mitterberg-mining zone in the Eastern Alps. Due to a geological drift the old miners lost their copper ore vein what resulted in a series of test drives they advanced in northern direction.[31] What they did not know at the beginning was that it was their own geological stratum, the hanging wall that had moved northwards. How should they know? After several attempts they gave up and tried to find the lost vein further in the depths where they finally came to the drift zone and understood about the geology and where to look for the lost ore-body: in the footwall and towards south. By trial and error they experimented with the deposit but finally understood and therefore even accumulated more knowledge than they originally had. This knowledge was used for their benefit when they had to build up a ventilation connection for the two mining areas already evolved in the east and the west of the drift. With the help of surveying techniques they were able to find the right concept and area to interconnect the foot- and the hanging wall from both sides. The example show after all the constant learning and knowledge accumulation process and the fact that the surveying technique could be successfully applied only based on this practical knowledge. The area shows even

---

unglücke im deutschsprachigen Raum. Katalog der Bergwerke, Opfer, Ursachen und Quellen, 2. Auflage Bochum 1999 (= Veröffentlichungen aus dem Deutschen Bergbau-Museum Bochum, Nr. 71).

30 See for example Fober, L.: Feuersteinbergbau, Typen und Techniken, in: Weisgerber, Gerd/Slotta, Rainer/Weiner, Jürgen: 5000 Jahre Feuersteinbergbau. Die Suche nach dem Stahl der Steinzeit, Bochum 1999 (= Veröffentlichungen aus dem Deutschen Bergbau-Museum, Nr. 77), pp. 32–47, and Fig. 541.

31 The feature is described on various occasions, for example Stöllner, Thomas: Der Mitterberg als Großproduzent für Kupfer in der Bronzezeit (note 9); Stöllner, Thomas: Der Mitterberg als Großproduzent für Kupfer in der Bronzezeit, in: Stöllner, Thomas/Oeggl, Klaus (Eds.): Bergauf Bergab. 10000 Jahre Bergbau in den Ostalpen. Wissenschaftlicher Beiband zur Ausstellung Bochum und Bregenz, Bochum/Rahden 2015 (Veröffentlichungen aus dem DBM, 207), pp. 175–185; Stöllner, Thomas: Resources, innovation, technology. Theoretical approaches to abstract concepts and research content, in: Eisenach, Petra/Stöllner, Thomas/Windler, Arne (Eds.): The RITaK conferences 2013–2014. Raw Materials, Innovation, Technology of Ancient Cultures RITaK 1, Rahden/Bochum 2017, pp. 11–23 (= Der Anschnitt, Vol. 34).

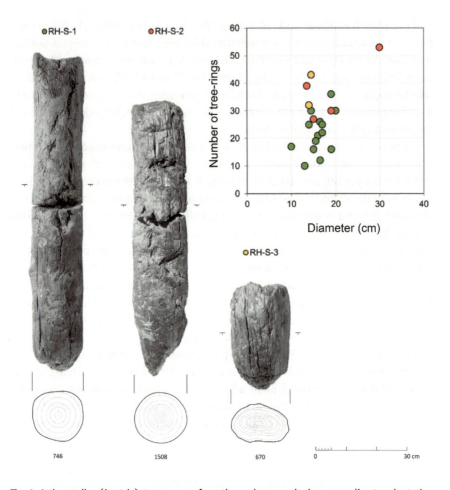

Fig. 9: Arthurstollen (Austria), types props from the underground mine, according to adaptation of their ends and their diameter and amount of tree-rings (after P. Thomas)

other adaptations by which knowledge and the risk assessment of the Bronze Age miners become apparent: The tectonic rift area (the so called deep mine at 4750 m), where they learned about the shift of the originally connected ore bodies, was timbered with several props. This propping, possibly induced by the imagination of a certain risk, has been studied in detail.[32] What is noticeable about the

---

[32] Thomas, Peter: Studien zu den bronzezeitlichen Bergbauhölzern im Mitterberger Gebiet (note 23).

props the miners used that they predominantly took a special kind of more stable trunks, which they selected according to these trees' more dense growing/tree-ring pattern. And they worked the trunks in special way at their endings (Fig. 9). It is obvious that the miners selected what they regarded as more stable and suitable for this kind of a more risky underground hollow. This not only reflects experiences but also risk-assessment in order to avoid an incalculable situation. Although the rock pressure never was that problematic as possibly considered by them; the props still were standing upright when an archaeologist entered the mine 3400 years later. At the end this shows the quality of their considerations.

However, the conceptualization of risk certainly led to adoption and stepwise inventions. It is often hard to decide on the basis of material culture and archaeological sources, whether there was a gradual or a sudden invention involved. Often this has to do with consciousness and extended levels of knowledge to regard a risk as such.

Hazards and protection

Let us take the mining catastrophes in Chehrābād mines, where at least three times a mining hall had been destroyed by an undervaluation of the tectonic risks of the surface near salt deposit.[33] Either the dangers were accepted while mining and producing was regarded as more important than personal endangerment or a part of this knowledge about the tectonic risks were lost or kept in secrecy by some. However, protection gear, such as fur bonnets preventing painful knocks to the miners' heads certainly are the result of a series of experiences made in this direction (Fig. 10,1). Some of these have been found in the Hallstatt and Dürrnberg Salt mines[34], but interestingly have not been found in the mine of Chehrābād. A Sasanian clove instead demonstrates how sophisticated protection clothes could

---

[33] Aali, Abolfazl/Stöllner, Thomas (Eds.): The Archaeology of the Salt Miners. Interdisciplinary Research 2010–2014, in: Metalla, 21.1–2, 2014 (2015), pp. 1–141 (Persian: pp. 143–216); Stöllner, Thomas/Aali, Abolfazl: Chehrābād: Ein antikes Salzbergwerk und seine bergbauarchäologische Erforschung: Von Produktionsverfahren und Unglücken, in: Stöllner, Thomas/Aali, Abolfazl/Bagherpour, Natascha (Eds.): Tod im Salz – Eine Archäologische Ermittlung in Persien. Begleitbuch, Katalog und Graphic Novel, Offenbach/Bochum 2020, pp. 117–130.

[34] Pany-Kucera, Doris/Reschreiter, Hans/Kern, Anton: Auf den Kopf gestellt? Überlegungen zu Kinderarbeit und Transport im prähistorischen Salzbergwerk Hallstatt. Mitteilungen der Anthropologischen Gesellschaft in Wien 140, 2010, pp. 39–68; Stöllner, Thomas: Der prähistorische Salzbergbau am Dürrnberg/Hallein II. Befunde und Funde der Untertageausgrabungen zwischen 1990–2000, Rahden 2002/2003 (= Dürrnberg-Forschungen, 3/1–2).

Fig. 10: Hallein-Dürrnberg (Austria) (1) and Douzlākh-Chehrābād (Iran) (2): Protective gear from the Early Latène (fir bonnet) and Sasanian period (glove)

have been: A part of the thumb leather was made of extra fine wool, possibly coming from a Karakul lamb thus demonstrating how skilfully the mining society looked after its protective clothes (Fig. 10,2).[35]

It is clear that the level of knowledge involved in the material world of mining is entangled to the life- and work practices in a mining environment. The constant transfer of experiences and declarative knowledge is a decisive point that might have altered also daily work routines. But in many cases a knowledge flow stays invisible for us especially in archaeology as the transmission leaves no traces in the material sphere and in our archaeological record and only superficially in historical notices. The transmission is related to the practices and daily-routines themselves.

For a long time we have been used to differentiating between various ways of knowledge and learning. Unlike the declarative knowledge, which does not necessarily mean you know how to master a technique but principally know about the effectiveness of it, mastering a technique is often non-declarative and implicit,

---

[35] Grömer, Karin/Ruß-Popa, Gabriela/Amin Shirazi, Shahrzad: Wie waren die Salzmänner gekleidet?, in: Stöllner, Thomas/Aali, Abolfazl/Bagherpour, Natascha (Eds.): Tod im Salz – Eine Archäologische Ermittlung in Persien. Begleitbuch, Katalog und Graphic Novel, Offenbach/Bochum 2020, pp. 165–174, here: pp. 172–174.

and part of, as Michael Polanyi called it, tacit knowledge.[36] As Tim Ingold laid out in several articles, people accumulate knowledge by doing and hence experiencing a technique, so they incorporate its specific characteristics stepwise.[37]

Worlds of experiences: Daily practice – "Things" – Knowledge: A possible theoretical approach for ancient mining

There are many similar tool-kits in our mining-archaeological record (e.g. hauling or advancing the gallery picks; protective gear). But it certainly has to be asked carefully if those tool-kits require practicing in a similar habitualized way. If looking to mining-picks it is clear that handles and picks and also the mineral mined are in particular interdependency with each other. This can be easily seen when comparing tools used in a similar mineral context by different mining communities (e.g. Kosczinski and Vollmer 2020). It can be shown that a different way how to use tools with iron points also is a result of different technical solution developed over time in certain experimental niches and in different social and environmental settings. The iron picks used at the Austrian Dürrnberg and the Iranian Chehrābād are different tools by manipulating and maintaining them. One important consequence is at hand: Similar tools do not require a similar handling, producing and maintaining concept. Such would be a necessary precondition for any decision about if such a technique was transferred from one area to another by skilled people. Although knowledge transfer always requires people involved it cannot be determined that such people did really master their technique or if such a knowledge was only superficial because they were not allowed to take all the secrecies of knowledge from the masters or they were not trained successfully in an apprentice-master relation. Transfer certainly requires the "things" to be practiced in a similar way to enable a "complete" knowledge transfer of all sorts of knowledge involved (Fig. 11), a fact much debated also in modern innovation theory.[38]

---

[36] Polanyi, Michael: Implizites Wissen (note 24).
[37] Ingold, Tim: The Perception of the Environment (note 21).
[38] Rogers, Everett Mitchell: Diffusion of innovations, 5th edition New York 2003. See also the discussions in: Burmeister, Stefan/Bernbeck, Reinhardt (Eds.): The Interplay of People and Technologies. Archaeological Case Studies on Innovations, Berlin 2017 (= Berlin Studies of the Ancient World, 43); some critics on evolutionary thinking: Shortland, Andrew: Hopeful Monsters? Inven-

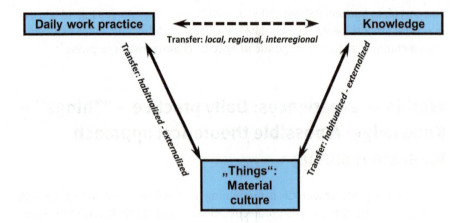

Fig. 11: Knowledge transfer as daily practice and the role of "things" in transmission of knowledge

Much what has to be said in concern of knowledge has to do with the specific forms of knowledge that is connected with mining and raw material acquisition. This is without doubt already the case with the appropriation of raw materials and their specific material properties that create a specific affordance.[39] In contrast to natural raw materials, resources are human-made. They are socially produced constructions expressing what people perceive as relevant. Both is knowledge based but in both cases charged in a different way with experiences and expectations. While raw materials are experienced by trial-and error, by sensual and technical testing, by visual expressions (e.g. colour and matrix) this is not the case with declarative knowledge of resources. Within the declarative knowledge, there are already commonly shared expectations regarding what to gain from an ore-deposit or a processed material. These are expectations of social value, technical usability and economic exploitability.[40] The knowledge evolution starts

---

tion and Innovation in the Archaeological Record, in: Bourriau, Janine/Phillips, Jacke (Eds.): Invention and Innovation. The Social Context of Technological Change 2. Egypt, the Aegean and the Near East 1650-1150 BC, Oxford 2004, pp. 1–11.

39 In the sense of Gibson, James Jerome: The Theory of Affordances, in: Shaw, Robert/Bransford, John (Eds.): Perceiving, Acting, and Knowing: Toward an Ecological Psychology, Hillsdale 1977, pp. 67–82; Gibson, James Jerome: The Ecological Perspective to Visual Perception, Boston 1979. Discussion for instance: Stöllner, Thomas: Resources, innovation, technology (note 31).

40 Knapp, A. Bernhard/Pigott, Vincent C./Herbert, Eugenia W. (Eds.): Social Approaches to an Industrial Past: The Archaeology and Anthropology of Mining, London 1998, pp. 8–13.

then from this point and leads to individual knowledge adaptations, if the expectations are not met by the current material properties. The constantly renewed knowledge-process about deposits and their exploitation and production aspects leads to a culturally embedded knowledge amalgam that could include several aspects of knowledge on the subject. This includes also daily work routines but also social and ritual norms how to practice and use such materials. It should be mentioned at this stage that social value and ritual knowledge how to handle this material were most of the time of similar importance to economic properties.[41] This also includes cultural limitations that could have led also to a conservative and limited knowledge amalgam that would have directed the practicing with raw materials and possibly prevented the usage of them at all.

It is therefore obvious that complex bundles of knowledge could not evolve without the curiosity and the willingness of people to adopt them. We therefore can understand special mining zones as regional knowledge networks, in which technical and social experiences could evolve over a long time in a very specific way.[42] Contrary to crafts-networks it should be stressed that regional mining networks have a stronger binding to geology and environment.[43] We have seen already examples from the Alps of such a knowledge networks.[44] But the concept is much older: The exploitation of special sources, such as the flint mining of Lower Bavaria or of the Netherlands and Belgium or such as specific salt-exploitation zones, led already in prehistory to regionally larger mining complexes in which also the flow of knowledge was more easily possible. This is the case for

---

41 Stressed with arguments: Stöllner, Thomas: Resources, innovation, technology (note 31).
42 Knapp, A. Bernhard/Pigott, Vincent C./Herbert, Eugenia W. (Eds.): Social Approaches to an Industrial Past (note 40); Stöllner, Thomas: Mining and Economy (note 7); Stöllner, Thomas: Mining Landscapes in Early Societies – Imprinting Processes in Pre- and Protohistoric Economies?, in: Bartels, Christoph/Küpper-Eichas, Claudia (Eds.): Cultural Heritage and Landscapes in Europe. Landschaften: Kulturelles Erbe in Europa. Proceedings International Conference Bochum 2007, Bochum 2008 (= Veröffentlichungen aus dem Deutschen Bergbau-Museum Bochum, 161), pp. 65–92.
43 Some examples are discussed by Rebay-Salisbury, Katharina/Brysbaert, Ann/Foxhall, Lin (Eds.): Knowledge Networks and Craft Traditions in the Ancient World (note 7).
44 For Bronze Age copper mining networks: Shennan, Steven: Producing copper in the eastern Alps during the second millennium BC, in: Knapp, A. Bernhard/Pigott, Vincent C./Herbert, Eugenia W. (Eds.): Social Approaches to an Industrial Past: The Archaeology and Anthropology of Mining, London 1998, pp. 191–204; Stöllner, Thomas: Enmeshment within Resource-Scapes – Eastern Alpine Copper Production of the Bronze- and Early Iron Age, in: Turck, Rouven/Stöllner, Thomas/Goldenberg, Gert (Eds.): Alpine Copper II – Alpenkupfer II – Rame delle Alpi II – Cuivre des Alpes II. New Results and Perspectives on Prehistoric Copper Production, Rahden/Bochum 2019 (= Der Anschnitt, Beiheft 42), pp. 13–30.

instance in the Romanian Bronze Age Salt mining districts in Eastern Transylvania.⁴⁵ Recent research proved the evolution and expansion of this innovative bundle to other surface near salt-sources. As a whole landscape and their inhabitants dealt with all the aspects of producing and trading the goods the knowledge amalgam could be handed down and furtherly developed over generations.

The complexity of knowledge involved certainly has reached a level that made it impossible to transfer easily it to other regions. Knowledge amalgams of this kind were tightly interwoven to the cultural experiences of communities, which makes it understandable why it could not be transferred by single miners with their personal experiences. The case-examples of the blasting master from Großarl who failed when he had to adopt his knowledge to another ore-district with different ore-geology is a simple but understandable example.⁴⁶

Regional prehistoric mining networks as "innovation hubs" with broad knowledge amalgams involved

On the other hand it was possible to master complex problems within such knowledge hubs and regional or even interregional knowledge networks (such as mining regions); here we come to a further important aspect of how knowledge could evolve if massive problems occurred and a practical solution on the basis of a general understanding of the circumstances was needed.

The widening of shafts in the later Neolithic chert mining (such as in 3rd mill. Poland and Britain) have been mostly interpreted as way to increase the security of the shafts for the underground work.⁴⁷ Whether this also helped to increase the productivity is not so clear and if this had an effect to the individual labour achievements is nearly impossible to understand. Although we do not understand the ways of interconnectivity of the British and Polish flint mines during the 3rd millennium so far (even if they were such at all), it is astonishing to learn about similar adaptations in the same time.

---

45 Harding, Anthony/Kavruk, Valerii: Explorations in salt archaeology in the Carpathian Zone, in: Archaeolingua Main Series 28, Budapest 2013.
46 Ludwig, Karl-Heinz: Die Innovation des bergmännischen Pulversprengens (note 1).
47 Migal, Witold: Reconstruction of the Flint Extraction System in Krzemionki, in: Ramos-Millán, Antonio/Bustillo, María Ángeles (Eds.): Siliceous rocks and culture, Granada 1997, pp. 315–325; Barber, Martyn/Topping, Peter/Field, David: The Neolithic Flint Mines of England, Swindon 1999.

What can be seen in large scale enterprises like the Bronze Age East Alpine mining fields are larger adaptive systems in technologies chosen for deep mining, beginning with winning and driving techniques, the techniques to control and haul the water and how to share labor, and followed by similar concepts of beneficiation and smelting as well as of managing supply and trade.[48] It was therefore rather a "closed shop" system that probably was not able to react quickly to fundamental changes. This dependency to once chosen paths is certainly a remarkable aspect.[49]

We should keep in mind these social, economic and environmental linkages when trying to understand the diffusion of technical concepts such as the firesetting technique in prehistoric times.[50] The oldest evidence is known from the Balkans and Central Europe in the 5th millennium.[51] Later during the 4th millennium the technique is known in wider geographical contexts including the Caucasus and Anatolia. By the 3rd and 2nd millennium it expanded to many ore-producing areas especially along the Tethyan Eurasian Metallogenic Belt (TEMB) which indicates the preference in using it in volcanic and carbonic rocks. It is interesting to note that the technique was combined with a tool-set that conventionally was used with it for a long time, including hafted and un-hafted hammer-stones, bone scrapers and antler-picks, sometimes also with wedges.[52] It is further interesting to observe this tool-set over large regional distances but also in a broad chronological range (Fig. 12). Interestingly it did not spread to mining fields of Egypt

---

48 In general Shennan, Stephen: Cost, benefit and value in the organization of early European copper production, in: Antiquity 73, 1999, pp. 352–363; Stöllner, Thomas: Enmeshment within Resource-Scapes (note 44).
49 For path-dependencies in early mining see Stöllner, Thomas: Resources, innovation, technology (note 31), pp. 13–15.
50 Generally: Weisgerber, Gerd/Willies, Lynn: The Use of Fire in Prehistoric and Ancient Mining (note 2).
51 Rudna glava and Kleinkems: Jovanović, Borislav: Rudna Glava. Der älteste Kupferbergbau im Zentralbalkan, in: Posebna Izdania 17, Belgrad 1982; Schmid, Elisabeth: Der jungsteinzeitliche Abbau auf Silex bei Kleinkems, Baden-Württemberg (D1), in: Weisgerber, Gerd/Slotta, Rainer/Weiner, Jürgen (Eds.): 5000 Jahre Feuersteinbergbau. Die Suche nach dem Stahl der Steinzeit, Bochum 1999 (= Veröffentlichungen aus dem Deutschen Bergbau-Museum, Nr. 77), pp. 141–165.
52 See examples: Garner, Jennifer: Das Zinn der Bronzezeit in Mittelasien II. Die montanarchäologischen Forschungen der Zinnlagerstätten, in: Archäologie in Iran und Turan 12, Mainz 2013 (= Veröffentlichungen aus dem Deutschen Bergbau-Museum, 194), pp. 209–216; Stöllner, Thomas et al.: Gold in the Caucasus: New research on gold extraction in the Kura-Araxes Culture of the 4th millennium BC and early 3rd millennium BC. With an appendix of M. Jansen, T. Stöllner, and A. Courcier, in: Meller, Harald/Pernicka, Ernst/Risch, Roberto (Eds.): Metalle der Macht, Halle 2014 (= Tagungen des Landesmuseums für Vorgeschichte Halle, 11), pp. 71–110; O'Brian, William: Prehistoric Copper Mining in Europe. 5500-500 BC, Oxford 2015.

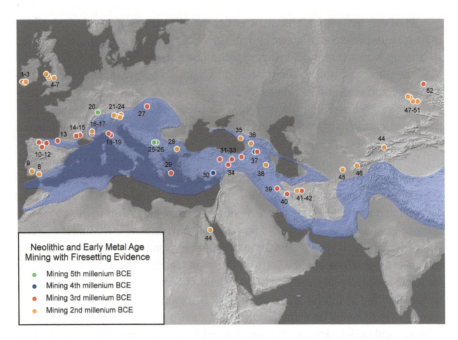

Fig. 12: Firesetting in prehistoric mining (5th till 2nd millennium BCE) and the TEMB-girdle (blue): 1. Ross Island, 2. Mount Gabriel, 3. Derrycarhoon, 4. Parys Mountain, 5. Great Orme, 6. Cwmystwyth, 7. Alderley Edge, 8. Chinflon, 9. Mocissos, 10. El Aramo, 11. El Milagro, 12. La Profunda, 13. Causiat, 14. Cabrières, 15. Bouco-Peyrol, 16. Saint-Vérant, 17. Les Rousses, 18. Libiola, 19. Monte Loreto, 20. Kleinkems, 21. Schwaz, 22. Brixlegg, 23. St. Veit, 24. Mitterberg, 25. Rudna glava, 26. Jamovac, 27. Španja Dolina, 28. Adatepe, 29. Siphnos, 30. Kestel, 31. Gümüşhane, 32. Kozlu, 33. Murgul, 34. Zeytindağ/Keban, 35. Bashkazara, 36. Saarkasch, 37. Sakdrisi, 38. Mazrayeh, 39. Shakin, 40. Veshnaveh, 41. Kuh-e Zar, Anaru, 42. Kuh-e Baba Ahmad, 43. Gebel Zeit, 44. Aktaš, 45. Karnab, 46. Mushiston, 47. Karagoin, 48. Askaraly, 49. Kalai Topkan, 50. Urunchaj, 51. Čerdojak, 52. Vladimirovka (Altai)

and the southern Levant most likely because of the desert-based aridity of mining fields and the lack of fuel in those areas. Wood and fuel for fire setting simply was not available. Does this mean that the environmental aspect did prevent the diffusion? One could take the opposite position if looking to the fire-setting activities in the semi-desert areas of the tin-mines of Karnab in Uzbekistan.

There the Andronovo-miners consumed the sparse bushes of the landscapes (such as the tamarix bushes) to burn the hard rock before hammering it.[53] This actually means that even under unfavorable conditions a technique could be

---

53 Garner, Jennifer: Das Zinn der Bronzezeit in Mittelasien II (note 52).

applied if the knowledge-complex of the miners involved did require it. It is clear that their cultural-technical experience did force them to organize the fuel instead of changing their traditional habitualized work routines when mining. This pinpoints another argument that seems decisive for the expansion of this technique from the older TEMB mining centres in Anatolia, the Balkans and the Caucasus (Fig. 12). Once learned and adopted to knowledge systems the Bronze Age communities of the Eurasian steppe zone remained with their standard technique until the Iron Age. This clearly points to a large interregional knowledge network, established already in 5th millennium in Europe and later expanded during the 3rd and 2nd millennium to many parts of the TEMB girdle where it was successfully applied by various mining communities.

In our examples we can learn much about the question of what triggered the transfer of complete technologies and socio-economic systems in a materialized world of practices. It has certainly to do with the level the mobility had once connected with the knowledge transfer. If there was a workmen's and specialist's mobility or if there was the migration and colonization of resource-landscapes by specialists and communities at a large scale, is a question that bears scrutiny.

Archaeology is in a very uncomfortable situation most of the time when understanding diffusional systems. I rather assume that Childe's diffusion theorem was only possible from a chronological bird-eye view.[54] It becomes more uncertain when looking more into the details. Therefore we are required to know more about the first usage of a technique, the question of adopting to regional social and technical knowledge amalgams and also why a technology was welcomed or rejected.[55] Our information is most of the time much too sparse to give more than general answers.

---

[54] For example: Childe, Vere Gordon: Man makes himself, London 1936; see also the comments in Sherratt, Andrew: Gordon Childe: Paradigms and Patterns in Prehistory, in: Australian Archaeology 30, 1990, pp. 3–13.
[55] For example also the comments on innovations in Shortland, Andrew: Hopeful Monsters? Invention and Innovation in the Archaeological Record, in: Bourriau, Janine/Phillips, Jacke (Eds.): Invention and Innovation. The Social Context of Technological Change 2. Egypt, the Aegean and the Near East 1650-1150 BC, Oxford 2004, pp. 1–11.

Conclusions

However, all our models of how to transfer practices adopted to special material worlds require a discussion about the sort of connectivity involved.[56] Connectivity was a necessary precondition for a successful implementation of practical knowledge and knowledge bundles to foreign communities, geological and environmental settings that were environmental skins to the miners. Some familiar, some alien. It is therefore necessary for our work as mining archaeologists to analyze carefully this connectivity background in order to better understand under which materialized conditions a flow of knowledge could have been successfully implemented. What we should not forget is that there were always individual choices of miners and entrepreneurs triggered by their sensual and/or analytical appropriation of these material worlds that directed the way of knowledge implementation.

---

56 See for example Taylor, Philip. D. et al.: Connectivity is a Vital Element of Landscape Structure, in: Oikos 68, 1993, pp. 571–573; a general critical review of network analyses: Brughmans, Tom: Thinking Through Networks: A Review of Formal Network Methods in Archaeology, in: Journal of Archaeological Method and Theory 20/4, 2013, pp. 623–662.

Reinhard Köhler

Das materiell und museal überlieferte Bergbauerbe einer Region ohne kontinuierlich ausgeprägte montanhistorische Tradition am Beispiel des Kellerwaldes in Nordhessen

Einführung

In der deutschen Mittelgebirgslandschaft findet man vielgestaltigen Bergbau auf unterschiedlichste Vorkommen. Dabei gibt es neben bedeutenden Montanstätten mit beachtlicher Bergbautradition viele Regionen, von denen man sagen muss, dass sie reich an armen Lagerstätten sind. Hier fand Bergbau häufig nur lokal und zeitlich begrenzt sowie mit wechselhaft wirtschaftlichem Erfolg statt.

Im südlichen Landkreis Waldeck-Frankenberg in Nordhessen liegt der „Kellerwald", der östliche Ausläufer des Rheinischen Schiefergebirges (Abb. 1). Er erstreckt sich südlich des heutigen Ederstausees bis zu den Flussniederungen der Schwalm und Wohra. Hier waren über Jahrhunderte zahlreiche überwiegend kleine Gruben in Betrieb.

Im Folgenden soll der Frage nachgegangen werden, welche materiellen Hinterlassenschaften dieses zu Beginn des 20. Jahrhundert nahezu vollständig auf-

Abb. 1: Ausschnitt aus der topographischen Karte von Hessen

gelassenen Bergbaus man noch vorfindet und ob daraus resultierende kulturelle Prägungen sichtbar sind. Daran anschließend ist es von Interesse zu betrachten, wie man heute mit diesem materiell und museal überlieferten Bergbauerbe umgeht und wie man es für die montanhistorische Forschung und Geschichtsschreibung fruchtbar machen könnte.

Geographie, wirtschaftliche Situation, Erz- und Gesteinslagerstätten

Die Region hat Höhenlagen zwischen etwa 250–675 m und ist sehr bewaldet. Wegen des hohen Buchenanteils wurde im direkt südlich an den Edersee angrenzenden Bereich der Ederhöhen der Nationalpark Kellerwald eingerichtet. Die Landschaft ist dünn besiedelt, die kleinen Dörfer nennt man „Walddörfer". Die Landwirtschaft auf den steinigen Böden war meist wenig ertragreich, so dass man stets andere Erwerbsquellen brauchte und suchte. Chancen boten daher der Abbau vorhandener Lagerstätten, die Verhüttung der Erze und der Betrieb von Hämmern, die genau wie die Mühlen Bachläufe mit Gefälle ausnutzen konnten. Der Waldreichtum gestattete eine ergiebige Köhlerei, die wiederum Holzkohle als Energieträger für Schmelzöfen lieferte.

Es gibt hier zahlreiche Metallerz- und Mineralvorkommen: Eisen (Rot- und Brauneisenstein in sehr verteilten Vorkommen), Mangan (meist beibrechend), Kupfer, Blei, Silber (vergesellschaftet und jeweils regional begrenzt in gestörten Vererzungen), Schwerspat (als Hauptmineral oder Träger einer Buntmetallvererzung), Gold (Waschgold aus der Eder), Eisenkiesel („Kellerwaldjaspis" und „Kellerwaldachat") sowie Dachschiefer (Tage- und Untertagebau).

Die Geschichte des Bergbaus

Eine zusammenfassende historisch-technische Darstellung des Eisen- und Buntmetallbergbaus der Region findet man überregional in Publikationen des Deutschen Bergbau-Museums Bochum (DBM)[1], aber auch regional gibt es ent-

---

[1] Vgl. Slotta, Rainer: Technische Denkmäler in der Bundesrepublik Deutschland, Bd. 4: Der Metallerzbergbau, Teil II, Bochum 1983 (= Veröffentlichungen aus dem Deutschen Bergbau-Museum Bochum, 26), S. 347–351; Ders.: Technische Denkmäler in der Bundesrepublik Deutsch-

sprechende Arbeiten von lokalen Geschichtsforschern², z. T. unterstützt durch regionalgeschichtlich ausgerichtete Vereine sowie die Kommunen³. Hinzu kommen geologische und lagerstättenkundliche Abhandlungen und Untersuchungen.⁴

Auf diesen Grundlagen lässt sich die Geschichte des Bergbaus im Kellerwald knapp umreißen.

Man kann nicht ausschließen, dass Bergbau auf Eisen bereits in vorgeschichtlicher Zeit stattfand.⁵ Erstmals schriftlich belegt ist der Eisenerzbergbau 1188

---

land, Bd. 5: Der Eisenerzbergbau, Teil I, Bochum 1986 (= Veröffentlichungen aus dem Deutschen Bergbau-Museum Bochum, 38), S. 660–665.
2 Vgl. Hochgrebe, Heinrich: Das Kupferbergwerk an der Leuchte 1552–1974, Bad Wildungen-Bergfreiheit, o. J. (= Informationsfaltblatt des Besucherbergwerks „Bertsch"); Ders.: Beiträge zur Geschichte von Bergfreiheit, unveröffentlichtes Manuskript, Bad Wildungen-Frebershausen 1988, Ders.: Aus der Geschichte des Bleibergwerks in der Banfe, unveröffentlichtes Manuskript, Bad Wildungen-Frebershausen 1978.
3 Der Waldeckische Geschichtsverein e.V. in Bad Arolsen förderte seit seiner Gründung im Jahr 1862 die regionalgeschichtliche Forschung im früheren Fürstentum Waldeck (Teil des heutigen Landkreises Waldeck-Frankenberg) und unterstützte stets die Arbeiten lokaler Historiker. Häufig wurden Arbeiten auch in der der lokale Presse publiziert. So widmete sich die „Waldeckische Landeszeitung" in Korbach in der Beilage „Mein Waldeck" immer wieder mit entsprechenden Themen der lokalen Bergbaugeschichte. Im Kontext des Bergbaus sowie der Begleitindustrie (Hütten, Hämmer, Schmieden und Köhlerei) und zu deren kulturprägender Bedeutung gab und gibt es immer wieder Publikationen. Insbesondere in der Reihe der vom Waldeckischen Geschichtsverein herausgegebenen Ortssippenbücher findet man quellenbasierte Ausführungen zur lokalen Bergbaugeschichte, wie z.B. bei Hochgrebe, Heinrich: Ortssippenbuch 18: Frebershausen, Arolsen 1979; Ders.: Ortssippenbuch 53: Kleinern, Arolsen 1996; Ders.: Ortssippenbuch 62: Gellershausen, Bad Arolsen 1998; Löwer, Helmut: Ortssippenbuch 44: Armsfeld, Arolsen 1992; Hochgrebe, Heinrich/Löwer, Helmut: Ortssippenbuch 48: Bergfreiheit, Arolsen 1994. Die Stadt Bad Wildungen, deren Stadtgebiet sechs Ortschaften des Kellerwaldes umfasst, hat zur Verbesserung der Regionalentwicklung der regionalen Technikgeschichte immer besondere Bedeutung beigemessen und Initiativen dazu über das Stadtmuseum Bad Wildungen in vielfältiger Weise unterstützt.
4 Die inländischen Rohstoffvorkommen waren und sind auch noch heute Gegenstand geologischer und lagerstättenkundlicher Forschung. Abhandlungen und Untersuchungen zur Lagerstättensituation und zum Bergbau im Kellerwald findet man daher oft als Berichte staatlicher Anstalten und Landesämter (u.a. Geologische Karten) sowie als Forschungspublikationen von Hochschulen und Instituten. Vgl. z. B. Nesbor, Heinz-Dieter u. a.: Kooperationsprojekte mit externen Forschungseinrichtungen im Rahmen der Aktualisierung der Geologischen Karte von Hessen 1:25 000 im Kellerwald. S. 137–144, in: Hessisches Landesamt für Umwelt und Geologie (Hrsg.): Jahresbericht 2011 des Hessischen Landesamtes für Umwelt und Geologie. Wiesbaden 2012.
5 Slotta, Rainer: Technische Denkmäler in der Bundesrepublik Deutschland Bd. 5 (s. Anmerkung 1), S. 661, hat bereits auf den Zusammenhang der Nachbarschaft eines vorgeschichtlichen Ringwalles und der Eisenerzvorkommen im Bereich der „Haingrube" am Wüstegarten hingewiesen. Der Gründer der heutigen Edelsteinschleiferei Lange, Herr Ludwig Lange, entdeckte und

durch die Zisterzienser im Kloster Haina. Ansonsten wurden Eisenerzvorkommen im gesamten Kellerwaldgebiet vom ausgehenden Mittelalter bis zum Ende des 19. Jahrhundert abgebaut. Es handelte sich überwiegend um oberflächennahen Bergbau, wie viele Schürfpingen und mehr oder weniger kleine Untertagegruben bezeugen. An den Bachläufen der Urff, des Wesebaches, der Norde sowie an der Eder gab es Poch- und Hüttenwerke mit Renn- bzw. Hochöfen sowie Hämmer. Zur Aufrechterhaltung des Hüttenbetriebes und zur Verbesserung der Verhüttungsprozesse wurden auch zugelieferte Erze z.B. aus Homberg im benachbarten Schwalm-Eder-Kreis oder Adorf (Nordwaldeck) dem Hüttenprozess zugeführt. Diese Hütten und Hämmer waren zwar wegen der mitunter recht hohen Investitionskosten auf dauerhaften Betrieb angelegt, litten jedoch regelmäßig unter Beschränkungen z. T. wegen Trockenheit, nicht ausreichender Erz- und Kohlelieferungen sowie nicht zuletzt wegen Misswirtschaft.[6]

Kupfer, Blei und Silber kommen vergesellschaftet als sulfidische Erze an vielen Stellen im Kellerwald vor. Am bekanntesten, allerdings auch nur mit wenigen wirtschaftlich erfolgreichen Perioden, ist der Bergbau im Urfftal. 1559/61 erhielten Bergleute verbriefte Rechte durch den Waldeckischen Grafen und die Bergmannssiedlung Bergfreiheit wurde gegründet. Es gab anfangs über wenige Jahrzehnte hohe Gewinne durch den Abbau oberflächennaher Erze an der „Leuchte", später war der Betrieb nur mit hohen Investitionen möglich und brachte lediglich kurzfristigen Erfolg. In den benachbarten Orten Armsfeld und Hundsdorf gab es kleinere Gruben auf Blei- und Kupfererze mit teilweise gutem Silberanteil, die jeweils anliegenden Berge heißen noch heute „Silberberg". Nördlich von Gellershausen/Frebershausen in der Nähe des Banfebaches („Bleigrund"/„Bleikopf", heute Kernzone des Kellerwald-Nationalparks) bestand seit dem 14. Jahrhundert ein Bleibergwerk. Man findet im gesamten Kellerwald etliche Bergbauversuche, die noch als Schürf- bzw. Schachtpingen bzw. verbrochene Stolleneingänge sicht-

---

barg im Rahmen von Geländebegehungen im Jahr 1974 in unmittelbarer Nähe von Eisenerzvorkommen eisenzeitliche Artefakte, wie z.B. Speerspitzen; siehe auch unten Abb. 14.
6 Vgl. ebd., S. 660–665; Schäfer, Karl: Geschichte der Eisenindustrie in der ehemaligen Grafschaft Waldeck im 16. und 17. Jahrhundert, Korbach 1977; Hochgrebe, Heinrich: Beiträge zur Geschichte von Bergfreiheit (s. Anmerkung 2), S. 7–24; Ders.: Ortssippenbuch 18: Frebershausen (s. Anmerkung 3); Ders.: Ortssippenbuch 62: Gellershausen (s. Anmerkung 3), Ders./Löwer, Helmut: Ortssippenbuch 48: Bergfreiheit (s. Anmerkung 3). Unbeantwortet ist die Frage, in welchem Umfang außerhalb gewonnene Erze in den Hütten des Kellerwaldes verarbeitet wurden. Wegen der vorhandenen großen Holzvorkommen lag es nahe, in den Tälern des Kellerwaldes Hütten aufzubauen, wobei man offensichtlich mit einplante, dass Erze ggf. über größere Entfernungen angeliefert werden mussten.

bar sind. Das Pochen und die Verhüttung der Buntmetallerze fanden in Grubennähe – vermutlich oft auch in anliegenden Eisenhütten – statt.[7]

Die nördlich des Kellerwaldes fließende Eder ist goldführend, ebenso ist Gold in den Bächen des Kellerwaldes nachgewiesen. Zeitweise, aber über viele Jahrhunderte hinweg, wurde Waschgold in der Eder gewonnen. Trotz einer sehr aufwendigen Unternehmung von Ludwig Wilhelm von Eschwege in der Nähe der heutigen Ortschaft Edertal-Mehlen im Zeitraum 1832–1835 hatte die Waschgoldgewinnung letztlich stets bescheidenen Erfolg.[8] Berggold ist im Kellerwald nach Analysen des Institutes Fresenius im Auftrag der Edelsteinschleiferei Lange in Bergfreiheit (um 1980) in nicht abbauwürdigen Spuren vorhanden.

Die Buntmetallerzvorkommen im Kellerwald sind häufig an Schwerspat gebunden, der auch mit abgebaut wurde. Es ist nicht bekannt, ob Schwerspat hier eine bergbauwirtschaftliche Bedeutung hatte.

Eisenkieselvorkommen gibt es im gesamten Kellerwald, die einheimische Bevölkerung hat z. B. den Bachläufen geeignete Brocken für dekorative Zwecke entnommen. Wirtschaftlich bedeutsam sind diese Vorkommen für die Edelsteinschleiferei Lange in Bergfreiheit, die seit inzwischen über fünfzig Jahren schleifwürdigen Eisenkiesel z. T. unter Tage abbaut und zu Schmucksteinen verarbeitet (Abb. 2).

Dachschiefer wurde u. a. in der Nähe von Bad Wildungen in verschiedenen Gruben noch bis in die Mitte des 20. Jahrhunderts über und unter Tage abgebaut. Ein nicht verfallener Stollen mit Abbauhallen im Berg besteht noch am „Schieferbruch" südlich von Gellershausen.[9]

Insgesamt unterstanden die Berg- und Hüttenwerke der staatlichen Aufsicht zunächst durch die gräfliche bzw. fürstliche und später durch die preußische Verwaltung. Die Gruben und Hütten im Süden des Kellerwaldes lagen in den Händen des Klosters Haina bzw. der Landgrafschaft Hessen.

---

[7] Vgl. Slotta, Rainer: Technische Denkmäler in der Bundesrepublik Deutschland, Bd. 4 (s. Anmerkung 1), Teil II, S. 347 ff., Hochgrebe, Heinrich: Beiträge zur Geschichte von Bergfreiheit (s. Anmerkung 2), S. 25–49; Ders.: Aus der Geschichte des Bleibergwerks in der Banfe (s. Anmerkung 2); Ders.: Ortssippenbuch 18: Frebershausen (s. Anmerkung 3); Ders.: Ortssippenbuch 62: Gellershausen (s. Anmerkung 3); Ders./Löwer, Helmut: Ortssippenbuch 48: Bergfreiheit (s. Anmerkung 3).
[8] Vgl. Sommer, Friedrich: Wilhelm Ludwig von Eschwege 1777–1855, Stuttgart 1928, S. 169 ff.; Völcker-Janssen, Wilhelm: Geologie und Bergbaugeschichte im Museum Korbach, in: Lehrberger, Gerhard/Völcker-Janssen, Wilhelm (Hrsg.): Gold in Deutschland und Österreich: Beiträge der Arbeitstagung im Museum Korbach am 9. und 10. September 2000, Korbach 2002 (= Museumshefte Waldeck-Frankenberg, 21), S. 29–70, hier: S. 55–59.
[9] Vgl. Hochgrebe, Heinrich: Ortssippenbuch 62: Gellershausen (s. Anmerkung 3); Ders.: Ortssippenbuch 18: Frebershausen (s. Anmerkung 3).

Abb. 2: Eisenkiesel, Bergbaumuseum Bergfreiheit

Die Rolle der Waldecker Grafen und Fürsten

Der Kellerwald gehört in weiten Teilen zum früheren Fürstentum Waldeck. Wirtschaftlich schwach und politisch kaum bedeutend stand man immer in schwieriger Konkurrenz zu größeren Nachbarn, insbesondere Hessen-Kassel. Das Land musste ab 1868 unter preußisches Kuratel, blieb aber noch bis 1929 politisch selbstständig. Die Waldecker Herrscher waren stets um politische Anerkennung bemüht, sie kamen 1712 in den erblichen Fürstenstand und erbauten als „kleine Kopie" von Versailles von 1710–1727 in Arolsen ein repräsentatives Residenzschloss, das man sich bei den höchst prekären Landesfinanzen eigentlich gar nicht leisten konnte.[10]

In diese Zeit fällt ein Aufruf zum Bergbau des Waldecker Fürsten Friedrich Anton Ulrich als das Angebot einer „Bergfreiheit" (Abb. 3).[11] Er wollte 1717 offen-

---

[10] Vgl. Menk, Gerhard: Waldecks Beitrag für das heutige Hessen, Wiesbaden 2001 (= Hessische Landeszentrale für Politische Bildung (Hrsg.): Hessen: Einheit aus der Vielfalt, Bd. 4), S. 52.
[11] Der Aufruf im Format 34 × 41cm, gedruckt auf dünnem Papier, beschreibt in seinen acht Artikeln die Bedingungen und Freiheiten (z.B. Bauholz und Steuern), unter denen Bergbau aufgenommen werden konnte. Der Druck wurde im Jahr 1988 auf einem Kasseler Flohmarkt erworben und befindet sich im Besitz des Verfassers.

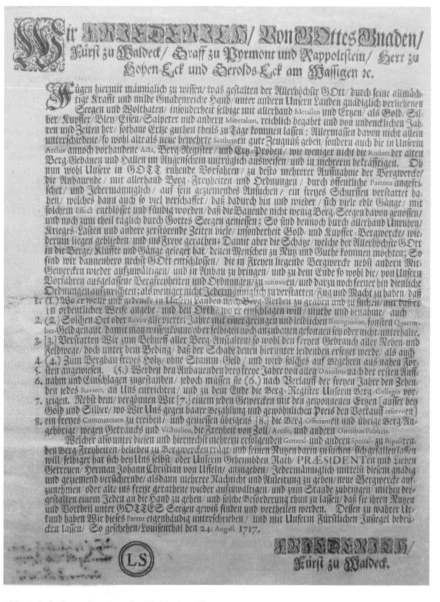

Abb. 3: Aufruf zum Bergbau des Waldecker Fürsten, 1717

sichtlich mithilfe des Bergbaus neue Einnahmequellen erschließen. Der Aufruf des Fürsten führte zwar im Kellerwald zu einigen Mutungen und Kapitalinvestitionen, neue und nachhaltig ertragreiche Bergbaubetriebe entstanden dadurch nicht.[12]

Welchen Anteil die Erträge der Bergwerke und Hüttenbetriebe am Haushalt des Fürstentums hatten, ist nicht näher untersucht. Er dürfte aber – was den Kellerwald betrifft – im Mittel über mehrere Jahrhunderte recht gering gewesen sein und kaum eine wesentliche Säule der Landesfinanzierung dargestellt haben – völlig anders als dies z. B. in Sachsen der Fall war.

Die Befundlage zum Montanerbe des Kellerwaldes

Im Metallerzbergbau wurde die letzte Grube, das Kupferbergwerk „Bertsch" in Bergfreiheit, vor etwa 100 Jahren aufgelassen, es gab danach nur Untersuchungsarbeiten. Schieferbergbau wurde noch bis in die 1950er-Jahre betrieben. Begrenzter Abbau von Eisenkiesel zur Schmuckherstellung findet aktuell noch statt (s. o.). Ansonsten hat man es im Kellerwald mit vielfältigen eher kleineren Bergbauaktivitäten zu tun, die über viele Jahrhunderte stattfanden und sich über die gesamte Region verteilt haben. Vor allem wegen der politisch bedingten häufigen Änderungen der Bergverwaltungsstrukturen liegt damit auch eine sehr verteilte und leider sehr unvollständige Quellensituation vor. Schriftliche Unterlagen findet man – wenn überhaupt – in den Archiven verschiedener Ämter, Behörden, Landesanstalten, Forschungseinrichtungen, Bibliotheken sowie evtl. bei den Inhabern der alten Bergrechte und den Grundbesitzern der alten Anlagen und Gebäude. Heinrich Hochgrebe hat einen erheblichen Teil seiner Quellen im hessischen Staatsarchiv in Marburg erschlossen.[13] Die Situation stellt sich hier deutlich schwieriger dar als in großen Montanregionen wie etwa im Erzgebirge.

Die zugänglichen Quellen wurden von der regionalgeschichtlichen Forschung, vom DBM und der Lagerstätten- und geologischen Forschung erfasst und auf den jeweiligen Anlass bezogen zusammengeführt. Damit ergibt sich ein in bestimmten Feldern der Betrachtung mitunter recht detailliertes, aber noch keineswegs vollständiges Bild der Montangeschichte. Insbesondere fehlen weitergehende technik- und wirtschaftsgeschichtliche Untersuchungen, die den Bergbau

---

12 Vgl. Dreves, Friedrich: Abriss der Waldeckischen Bergwerksgeschichte, in: Waldeckische gemeinnützige Zeitschrift, 1. Jahrgang, Arolsen 1837, S. 132–172.
13 Siehe oben Anmerkung 2.

im Kellerwald und übergreifende Bezüge (z.B. zur Waldwirtschaft) herausarbeiten. Gleichwohl bilden schriftliche Quellen eine wichtige Grundlage für Untersuchungen zur materiellen Kultur.

Dem materiellen Erbe kann man zunächst die unmittelbaren Anlagen des Bergbaues (Stollen, Schächte, Halden, Pingen, Schürfgräben, Wassertechnik), die Relikte der Aufbereitung und Verarbeitung der Erze (Waschplätze, Pochwerke, Hütten, Öfen, Hämmer und Schmieden) sowie Kohlenmeilerplätze zurechnen. Hinzu kommen dann noch die verschiedensten Artefakte des Bergbaus wie Gezähe, Leuchten, Gegenstände des bergmännischen Alltags usw. und schließlich noch Profan- und Sakralbauten.

Einige Produkte des Eisenerzbergbaus sind teilweise in der Region vorhanden und zwar als Kunstgussplatten, die zu Öfen zusammengesetzt waren, als Waren des täglichen Bedarfs (z.B. Tiegel und Mörser), Glocken und Eisenbarren. Sie wurden in den verschiedenen Hüttenwerken hergestellt.

Bei den Buntmetallen ist zumindest nachgewiesen, dass in Bergfreiheit ein Kupferhammer in Betrieb war. Hier gefertigte Kupferobjekte sind nicht bekannt. Über im Kellerwald gewonnene Blei- und Silberobjekte ist ebenfalls nichts bekannt. Man kann annehmen, dass diese Metalle u. a. als Barren verkauft und an anderer Stelle weiterverarbeitet wurden. Silber wurde z.T. vermünzt. Auf welche Weise, z.B. im Saigerverfahren, es gewonnen wurde, ist ebenfalls unbestimmt.

Für den Kellerwald muss man daher konstatieren, dass sich das materielle Erbe im gesamten Gebiet vor allem durch die Relikte der Bergbauanlagen manifestiert. Ein geschultes Auge erkennt schnell die alten Stollenmundlöcher, Pingen, Schürfe, Tagebaue, Kunstgräben, Kunstteiche usw.

Hingegen sind die früher einmal vorhandenen Anlagen zur Verarbeitung der Erze bis auf wenige Ausnahmen nicht mehr vorhanden und auch ausgehend von schriftlichen Quellen kaum mehr erkennbar.

Da, wo es sie noch gibt, sind sie als technische Denkmale kaum geschützt. Rainer Slotta betonte schon 1986 die nationale Bedeutung der Schönsteiner Hütte als technisches Denkmal und mahnte den dringenden Renovierungsbedarf des alten Holzkohlehochofens an, den er zu den letzten in der damaligen Bundesrepublik Deutschland rechnete (Abb. 4).[14] Es ist aktuell nicht erkennbar, dass dem Ensemble der Schönsteiner Hütte inzwischen vom Denkmalschutz mehr Aufmerksamkeit geschenkt wird.

Es existieren noch einige Profangebäude des Bergbaues wie z.B. das Hammergebäude in Schönstein, sowie Gebäude, die man dem mittleren Hammer in

---

14 Vgl. Slotta, Rainer: Technische Denkmäler in der Bundesrepublik Deutschland, Bd. 5 (s. Anmerkung 1), S. 664.

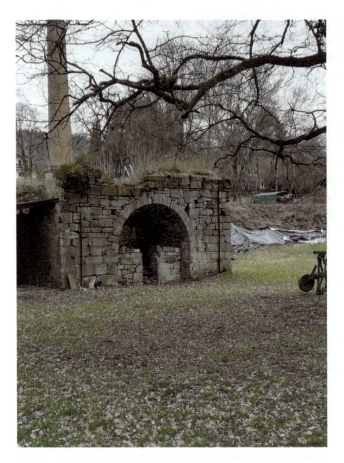

Abb. 4: Reste eines Holzkohlehochofens in Schönstein

Bergfreiheit und dem Hammer in der Ortschaft Kleinern zurechnet. Sie werden seit langem privat als Wohngebäude z. T. mit Wirtschafts- und Lagerräumen genutzt, so dass die ursprüngliche Funktion auch für Fachleute nicht zwingend erkennbar ist.

Gut erhalten sind in Bergfreiheit noch die Bergkirche (1678), das frühere Bergmeisterhaus (1676) sowie einige Bergmannshäuser aus dieser Zeit (Abb. 5).[15]

---

[15] Der bereits verstorbene Bergfreiheiter Künstler Joachim von Römer hat 1951 Skizzen verschiedener Profanbauten des Bergbaus angefertigt. Sie sind als Kopien im Bergbaumuseum Bergfreiheit zu sehen, die Originale befinden sich nach Angaben des Museums im Bestand des DBM.

Abb. 5: Skizze Bergfreiheiter Bergmannshäuser

Das DBM schenkte der Bergmannsiedlung und dem Bergbau an der Urff schon seit den 1950er-Jahren durch den damaligen Kustos Julius Raub besondere Aufmerksamkeit und verfügt im Bestand über ein Modell des Gebäudeensembles der Siedlung (Abb. 6).[16]

Technische und kulturelle Gegenstände im Kontext des Bergbaues wie Maschinen, Werkzeuge, Kleidung, Druckwerke usw. sind nur sehr rudimentär erhalten. Sie befinden sich im Bestand des Bergbaumuseums Bergfreiheit oder noch im Privatbesitz.[17]

---

[16] Das Modell gibt nicht die tatsächliche Gebäudesituation in Bergfreiheit wieder.

[17] Hochgrebe, Heinrich: Beiträge zur Geschichte von Bergfreiheit (s. Anmerkung 2) weist auf die Publikation „Bergbau an der Urff" o. J. von Julius Raub, früherer Kustos im DBM, hin und darauf, dass dieser für das DBM unter der einheimischen Bevölkerung Gegenstände des früheren Bergbaues erfragt habe. Weder zur Publikation noch zu evtl. erworbenen Artefakten ist etwas bekannt.

Abb. 6: Modell einer Bergmannssiedlung, Deutsches Bergbau-Museum Bochum

Insgesamt betrachtet fokussiert sich der Bestand des Montanerbes ohnehin hauptsächlich auf den Bad Wildunger Ortsteil Bergfreiheit, was wiederum auch nur deshalb so ist, weil dort das Zentrum des früheren Kellerwaldbergbaus zu sehen ist und sich engagierte Bürger ab den 1960er-Jahren um diese Hinterlassenschaft aktiv gesorgt haben.[18]

Seit den 1970er-Jahren wurde das Grubengebäude des Bergwerks „Bertsch" zum Besucherbergwerk ausgebaut, das frühere Bergmeisterhaus als Bergbaumuseum eingerichtet und ein Bergbaulehrpfad geschaffen. Damit wurde sicher auch eine Basis für die touristische Aufwertung und Vermarktung der Ortschaft gelegt.

Der Umfang der derzeit vorhandenen materiellen Bergbaukultur soll an einigen Beispielen einer näheren Betrachtung unterzogen werden.

Das Grubengebäude des früheren Kupferbergwerks „Bertsch" in Bergfreiheit mit dem Besucherbergwerk stellt neben der Schönsteiner Hütte das vermutlich

---

18 Vor allem die Bergfreiheiter Bürger Ludwig Lange, Horst Dieter Rieger, Wilfried Schneider, Günther Lehmann und Friedrich Köhler waren hier die Protagonisten. Sie wurden bei ihren Aktivitäten, den Bergbau an der Leuchte wiederum ins Gedächtnis zu rufen, von Heinrich Hochgrebe aus Frebershausen, dem äußerst quellenkundigen Heimatforscher, intensiv unterstützt und von Gottlieb Westmeyer (1881–1968), der als früherer Bergmann der letzte Zeitzeuge des Bergbaus war, beraten. Es gelang die Einrichtung eines Besucherbergwerkes und die Herrichtung des früheren Bergamtes als Museum. Nachdrücklich unterstützt wurde dies von der Stadt Bad Wildungen.

Abb. 7: Eingangsportal Besucherbergwerk „Bertsch" in Bergfreiheit

bedeutendste Technikobjekt des Montanerbes dar (Abb. 7). Es finden regelmäßige Besucherführungen statt und der allgemein zugängliche Teil des Grubengebäudes gestattet einen guten Überblick über alle Betriebsperioden mit ihren Höhen und Tiefen und offenbart die zu bewältigenden Schwierigkeiten der Lagestätte. Leider verfügt man nur über eine geringe Zahl originaler bergmännischer Artefakte, so dass die Präsentation der musealen Objekte ergänzt wurde.

So wird z.B. eine Anschlägerglocke für die Seilfahrt ausgestellt, die hier niemals verwendet wurde, aber durchaus Anschauungswert hat. Auch das Portal des Besucherbergwerks macht deutlich, dass die architektonische Gestaltung recht dekorativ geprägt ist. Authentisch wäre hier sicher ein Holzausbau im Türstock, was wohl weder die Genehmigung des Bergamtes gefunden, noch den Erfordernissen des Eingangsbereiches eines Schaubergwerks Rechnung getragen hätte.

Im Gebäude des früheren Bergmeisterhauses (1676) ist ein kleines Bergbaumuseum eingerichtet, wo man versucht, Technik-, Alltags-, Gedächtnis- und Wissensobjekte des Bergbaues in Bergfreiheit und der Region museal zu erfassen (Abb. 8).

Abb. 8: Ehemaliges Bergmeisterhaus Bergfreiheit, jetzt Bergbaumuseum

Auch hier zeigt sich – wie im Besucherbergwerk – die Problematik des knappen Bestandes. Man hat daher wichtige regionale Artefakte wie z.B. die eiserne erste Glocke der Bergkirche (Abb. 9)[19], einen Eisenbarren aus dem 19. Jahrhundert (Abb. 10)[20] sowie Eisengussplatten in der Ausstellung auch um Objekte aus orts-

---

19 Vgl. Hochgrebe, Heinrich: Beiträge zur Geschichte von Bergfreiheit (s. Anmerkung 2), S. 49. Die Glocke wurde auf der Hütte im benachbarten Fischbach gegossen. Sie hatte keinen guten Klang, weil die Wände zu dick waren. Dies zeigt, dass in der Hütte keine Spezialisten für Glockenguss am Werk waren. Es ist auch nicht bekannt, ob in Fischbach weitere Glocken gegossen wurden.
20 Der Barren ist eines der wenigen erhaltenen im Kellerwald hergestellten Endprodukte aus Eisen. Einen Überblick über die Eisenwaren, die im Zusammenwirken von Hütten-, Hammer-

Abb. 9: Erste Glocke der Bergkirche aus dem Jahr 1674 im Bergbaumuseum Bergfreiheit

Abb. 10: Eisenbarren der Fischbacher Hütte im Bergbaumuseum Bergfreiheit

fremden Bergbaubetrieben (Abb. 11) sowie Alltagsobjekte (Abb. 12) ergänzt, die keinen bemerkenswerten Bezug zum Bergbau im Kellerwald haben.[21]

---

und Schmiedebetrieben hergestellt wurden, findet man bei Schäfer, Karl: Geschichte der Eisenindustrie in der ehemaligen Grafschaft Waldeck im 16. und 17. Jahrhundert (s. Anmerkung 6).

21 Im Museum sind etliche Objekte des Bergbaues ausgestellt, die nicht aus dem Kellerwald kommen und in ihrer Funktion dort prinzipiell nie verwendet wurden. Dazu gehören z.B. eine Pedaldraisine (Grubenfahrrad), aber auch Sicherheitslampen aus dem Kohlebergbau u.a.m.

Abb. 11: Grubenfahrrad aus dem Kohlenbergbau im Bergbaumuseum Bergfreiheit

Abb. 12: Bäuerliche Alltagsobjekte (Butterfass und Küchengeschirr) neben einer Schmiedeesse im Bergbaumuseum Bergfreiheit

Abb. 13: Bergmannshaus in Bergfreiheit 1734

In Bergfreiheit findet man noch typische Bergmannswohnhäuser, die allerdings in den letzten Jahrzehnten baulich verändert wurden. Derartige Gebäude sind in keiner anderen Ortschaft im Kellerwald bekannt (Abb. 5 und 6).[22]

Bemerkenswert ist die Balkeninschrift des Hauses aus dem Jahr 1734, das unmittelbar an das Bergmeisterhaus angrenzt (Abb. 13). Durchaus standesbewusst stellt sich der Erbauer Johann Lorentz Schnedler als „Mineur" vor. Offensichtlich wurde das sehr solide und mit schönem Eichenfachwerk gebaute Haus in einer Zeit errichtet, als der Bergwerksbetrieb gute Erträge hatte oder zumindest über eine starke Finanzausstattung verfügte. Man kann annehmen, dass hier Letzteres der Fall ist, weil in dieser Zeit die Äbtissin des Stiftes Schaken, Sophie Wilhelmine geb. Gräfin von Waldeck, hohe Summen in den Bergbau an der Leuchte investiert hat – leider vergeblich.

Historisch von besonderer Bedeutung sind eisenzeitliche Artefakte, die heute mit anderen Objekten des Bergbaues im Rahmen einer kleinen Sammlung in der Edelsteinschleiferei Lange in Bergfreiheit ausgestellt sind (Abb. 14). Es handelt

---

Dies zeigt die Schwierigkeit, zu einer insgesamt schlüssigen Darstellung des Montanerbes zu kommen.

22 Vgl. Slotta, Rainer: Technische Denkmäler in der Bundesrepublik Deutschland, Bd. 4 (s. Anmerkung 1), S. 350, sowie Winkelmann, Heinrich: Die Bergmannswohnung, ihre Voraussetzungen und ihre Anfänge, in: Der Anschnitt 2, H. 3, 1950, S. 1–7.

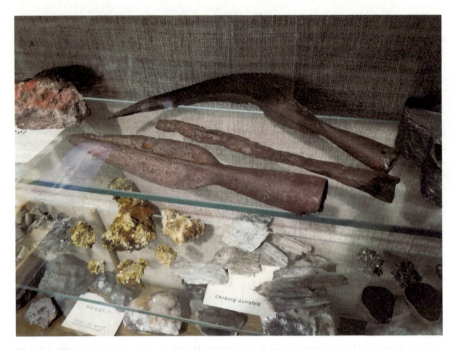

Abb. 14: Keltische Waffen: Sammlung in der Edelsteinschleiferei Lange, Bergfreiheit

sich dabei nach mündlicher Einschätzung des damaligen hessischen Landesarchäologen, Rolf Gensen, um latènezeitliche Waffen. Der Fundort am Fuße einer Diasbasgeröllhalde an der „Hohen Leuchte" liegt direkt nördlich vom Wüstegarten (675 m, höchste Erhebung im Kellerwald), wo sich eine vorgeschichtliche Wallanlage befindet.[23] Sowohl in der „Haingrube" am Wüstegarten und am nur wenige hundert Meter entfernten Pickelberg gibt es gute Eisenerzvorkommen. Bislang sind aber weder einzelne vorgeschichtliche Rennöfen noch größere Ensembles einer keltischen Eisengewinnung im Kellerwald nachgewiesen.

Eckhard Sander hat sich mit den Märchen der Gebrüder Grimm beschäftigt und einen interessanten Zusammenhang des Märchens „Schneewittchen und die sieben Zwerge" mit dem Bergbau im Kellerwald herausgearbeitet.[24] Damit wurde die Basis dafür gelegt, dass Bergfreiheit sich inzwischen als „Schneewittchendorf" darstellt. Es finden dazu Märchenvorstellungen auf einer Waldbühne im

---

23 Siehe oben Anmerkung 5.
24 Vgl. Sander, Eckhard: Schneewittchen und die sieben Zwerge, Bad Wildungen 2013.

Abb. 15: Skulpturengruppe am Ortseingang im „Schneewittchendorf" Bergfreiheit

Bereich der oberen Grubengebäude des früheren Bergwerks an der Leuchte statt, es gibt ein „Schneewittchenhaus" und am Ortseingang ist eine Skulpturengruppe mit Schneewittchen und den sieben Zwergen aufgestellt (Abb. 15).

Heinrich Hochgrebe hat auf eine Dissertation von Alfred Grüner aus dem Jahr 1957 hingewiesen, in der neun Märchen aus Bergfreiheit beschrieben werden.[25] Allerdings finden sich darin keine eindeutigen Bezüge zum Bergbau und auch keinerlei Verbindungen zum Märchen der Gebrüder Grimm. Hier ist sicherlich noch weitere Forschungsarbeit möglich.

Gleichwohl ist die folkloristische Wirkung der Zwergenfiguren kaum bestreitbar und der touristische Wert vermutlich hoch. Man kann diese Artefakte aber nicht dem Montanerbe des Kellerwaldes zuordnen, und ob man das Märchen von „Schneewittchen und den sieben Zwergen" als immaterielles Kulturerbe des Kellerwaldbergbaus sehen kann, ist fraglich.

---

25 Vgl. Hochgrebe, Heinrich/Löwer, Helmut: Ortssippenbuch 48: Bergfreiheit (s. Anmerkung 3), S. 69.

Dem immateriellen Kulturerbe wären noch bergmännisch-kulturelle Strukturen zuzurechnen, die z.B. im Vorhandensein eines typischen Vereinswesens (z.B. Knappschaften, Bergmannskapellen, Grabbrüderschaften o.ä.) Ausdruck finden. Während dies in anderen Bereichen des Fürstentums teilweise gegeben ist (z.B. beim Bergbau in Adorf und Itter), ist dazu im Kellerwald nichts bekannt.

Zusammenfassende Betrachtung

Der Bergbau im nordhessischen Kellerwald wurde nachweislich seit dem 12. Jahrhundert auf verschiedene Erze und Gesteine betrieben. Lediglich auf Eisen hatte er längerfristig Bestand und war einigermaßen ertragreich. Es fand meist oberflächennaher Abbau – über und unter Tage – statt. Man muss annehmen, dass die Erze vor Ort oder zumindest in der näheren Umgebung verhüttet wurden. Die gewonnenen Metalle wurden wohl überwiegend regional vermarktet.

Man muss feststellen, dass der Kellerwald keine durch den Bergbau nachhaltig geprägte Region ist. Die Vielzahl der vorhandenen letztlich mehr oder weniger armen Erzvorkommen boten wegen der prekären Situation der Landwirtschaft den Bewohnern des Kellerwaldes gewisse zusätzliche Erwerbsmöglichkeiten – auch durch die Nutzung der großen Holzvorkommen.

Eine regionale und temporäre Ausnahme bildete Bergfreiheit, weil es hier einige immerhin ein paar Jahrzehnte dauernde Betriebsperioden gab, die entweder ertragreich (z.B. Ende des 16. Jahrhunderts) waren oder hohe, aber vermutlich spekulative Kapitalinvestitionen in die Gegend brachten (z.B. im Zeitraum etwa 1630 bis 1650). Zu diesen Zeiten prägte der Bergbau die Region und es kam z.B. zur Zuwanderung von Bergleuten von außerhalb, dem standen aber auch entsprechende Abwanderungen gegenüber, wenn der Bergbau nichts mehr einbrachte.

Gleichwohl hat dieses Bergbauerbe heute eine sichtbare gesellschaftliche Verankerung. Es gibt Vereine wie den „Bergwerksverein Bertsch" in Bergfreiheit sowie Interessengruppen und Personen, die am Montanerbe des Kellerwaldes interessiert sind. Die Kommunen fördern deren Arbeit und die Verwaltungen des Naturparks Kellerwald-Edersee und des Kellerwald-Nationalparks greifen das Montanerbe des früheren Bergbaus im Kontext der Waldwirtschaft und des Umweltschutzes konzeptionell auf und bieten dazu entsprechende öffentliche Veranstaltungen an.

Es gibt insgesamt durchaus gute Gründe, sich des Montanerbes des Kellerwaldes anzunehmen:

Der Reichtum und die Vielfalt an mehr oder weniger intensiv ausgebeuteten armen Lagerstätten bieten der Montanforschung die Möglichkeit, die Vielschichtigkeit der technisch-historischen Entwicklung sowie die Wirtschafts-, Sozial- und Siedlungsgeschichte einer für die Mittelgebirge typischen Kulturlandschaft zu untersuchen. Die Relikte der technischen Objekte sind zudem weitgehend frei von Überprägungen. Nach wie vor gibt es Gruben, die seit langem aufgelassen und bisher nicht untersucht sind.

Die Erforschung des Zusammenwirkens von Montan- und Waldindustrie, besonders auch im Kontext aktueller Diskussionen zum Umwelt- und Ressourcenschutz, findet im Kellerwald sehr gute Voraussetzungen.

Die kritische Auseinandersetzung mit der materiellen Kultur ist hier besonders gefragt, denn die Problematik wissenschaftlich fundierter Interpretation und Einordnung der noch vorhandenen Objekte des Bergbaus einschließlich der Problematik folkloristischer und dekorativer Überprägung in der heutigen Darstellung des Montanerbes stellt sich nach wie vor.

Damit erhebt sich auch die Frage, welche Aufgaben den Trägern und Bewahrern der Bergbautradition im Kellerwald künftig zukommen können. Während bisher die Fokussierung auf die Beschäftigung mit den technischen und Alltagsobjekten dominierte, wird man künftig interdisziplinäre Betrachtungsansätze, die heute in der Montanarchäologie nahezu selbstverständlich sind, ausbauen müssen. Der so genannten „Citizen Science" bieten sich hier große Chancen, zumal es in der Region in der Sache engagierte Personen und Interessengruppen gibt. Die Vernetzung zwischen der Region und den Institutionen der Montanforschung wird man sicher ausbauen können, die aktuellen neuen Initiativen des DBM gehen auch in diese Richtung.

Dass in diesem Feld der konsequente Ausbau der Digitalisierung – vor allem bei der Archivierung, Dokumentation und Kommunikation – äußerst wichtig ist, sieht jeder, der hier arbeitet und forscht.

Gerade was die gesellschaftliche Verankerung der Auseinandersetzung mit dem Montanerbe angeht, kommen überdies der Museumspädagogik eine hohe Verantwortung und besondere Aufgaben zu. Hier kann im Kellerwald noch viel angestoßen und ausgebaut werden – ein sehr positives Beispiel gibt das Wolfgang-Bonhage-Museum in der Kreisstadt Korbach.

Die Chancen, die sich mit der Aufarbeitung und Darstellung des Montanerbes für die Regionalentwicklung bieten, sind groß und Erfolg versprechend, wie man nicht zuletzt vor dem Hintergrund der Einrichtung des Nationalparks Kellerwald und des Naturparks Kellerwald-Edersee in den letzten Jahrzehnten gut nachvollziehen kann.

Axel Heimsoth
Kleider machen Bergmänner.
Ein Forschungsdesiderat

Das Ruhr Museum veranstaltete 2015 die Sammlungsausstellung „Arbeit und Alltag. Industriekultur im Ruhr Museum". Im Rahmen dieses Projekts beschäftigte sich das Museum mit der Knappenuniform ebenso wie mit der Arbeitskleidung. Zu beiden Bereichen haben wir ganz wenige Bestände. Während zur Knappenuniform die Recherchen voran gingen – schließlich gehörte sie dem Bergwerksdirektor Dr. Hermann Reusch – blieben die Recherchen zur eigentlichen Arbeitskleidung unbefriedigend, ja es gab in Bezug auf die Literatur einen weißen Fleck.[1] Wir stellten dann die Arbeitskleidung eines Bergmanns vom Bergwerk Prosper-Haniel aus Bottrop aus.[2] Das Ruhrlandmuseum hatte sie 1999 übernommen, da die Objekte von einer Ruhrgebietszeche stammen und sowohl Schuhe als auch Textilien Gebrauchsspuren zeigen (Abb. 1 und 2).

Die Irritation über die mangelnde Aufarbeitung zu diesem Thema hielt an und dies in Verbindung mit der Feststellung, dass – wenn ich mich mit Kolleginnen und Kollegen in Museen austauschte und etwas zur Arbeitskleidung erfahren wollte – zuerst immer die Knappenuniform verstanden wurde. Also auch im musealen Kontext hatten diese Textilien und Schuhe keine Relevanz innerhalb der Sammlungskonzepte. Als Nachfrage kam: Warum soll man das überhaupt sammeln? Was ist der Mehrwert dieses Bestandes? Meine Irritation wuchs mit dem Grad an medialer Wahrnehmung, welche die Bergleute im Jahr 2018 anlässlich des „Des Endes der Steinkohle" in Deutschland erfuhren. Der Berufsstand des Bergmanns war im Jahr der endgültigen Stilllegung der letzten beiden Steinkohlenzechen in Deutschland in den Medien nie präsenter. Sichtbar war in diesem Jahr der politisch-gesellschaftliche Stellenwert des Bergmanns, und sichtbar war der Bergmann an seiner Kleidung, die so spezifisch ist, dass der Wiedererkennungswert bei hundert Prozent liegt, vergleichbar mit dem von

---

[1] Große Ausstellungen zur Geschichte des Steinkohlenbergbaus – vor allem mit Bezug auch auf das Ruhrgebiet – waren: Farrenkopf, Michael u. a. (Hrsg.): Glück auf! Ruhrgebiet. Der Steinkohlenbergbau nach 1945. Katalog der Ausstellung des Deutschen Bergbau-Museums Bochum vom 6. Dezember 2009 bis 2. Mai 2010, Bochum 2009 (= Veröffentlichungen aus dem Deutschen Bergbau-Museum Bochum, Nr. 169); Brüggemeier, Franz-Josef/Farrenkopf, Michael/Grütter, Heinrich Theodor (Hrsg.): Das Zeitalter der Kohle. Eine europäische Geschichte. Ausstellungskatalog des Deutschen Bergbau-Museums Bochum und des Ruhr Museums, Essen 2018.
[2] Vgl. Heimsoth, Axel/Kerner, Frank (Hrsg.): Arbeit & Alltag. Industriekultur im Ruhr Museum, Essen 2015.

https://doi.org/10.1515/9783110729955-016

Abb. 1: Puffjacke des Vorstandsmitglieds der Gutehoffnungshütte in Oberhausen, Dr. Hermann Reusch, 1934

Abb. 2: Arbeitsjacke der Uvex Arbeitsschutz GmbH, Fürth, um 1999

Abb. 3: „Das letzte Stück Kohle", Bottrop, 21. Dezember 2018. Reviersteiger Jürgen Jakobeit (Mitte) hält auf der Zeche Prosper Haniel in Bottrop das letzte Stück Kohle in der Hand. Rechts neben ihm Bundespräsident Frank-Walter Steinmeier, links Peter Schrimpf, Vorstandsvorsitzender der RAG Aktiengesellschaft (RAG)

Polizisten und Feuerwehrmännern. Es ist bezeichnend, dass sowohl Bundespräsident Frank-Walter Steinmeier als auch der Vorstandsvorsitzende der RAG Aktiengesellschaft (RAG), Peter Schrimpf, den „letzten Bergmann" berühren, seine Arbeitsjacke anfassen (Abb. 3). Bei der Berührung des Stoffs entsteht ein Moment der Solidarität, welcher medienwirksam fotografiert und gefilmt worden ist. Da das Thema zu diesem Zeitpunkt in so vielen Medien präsent war, wurden an einigen Stellen weitere Recherchen vorgenommen. Zum einen konnte die Unternehmensüberlieferung der RAG in ersten Ansätzen gesichtet und zum anderen konnten ehemalige Mitarbeiter befragt werden.[3]

Im vorliegenden Beitrag können erste Ansätze zu diesem Forschungsfeld vermittelt werden. Nach der Bestimmung des Themas folgt eine Analyse der bisherigen Sammlungsstrategien, die Vorstellung der Gründe, warum es sich um ein

---

[3] Für die Unterstützung bei den Recherchen bedanke ich mich bei der RAG Aktiengesellschaft (RAG) und ihrem ehemaligen Mitarbeiter Udo Schulz aus Marl.

Desiderat handelt, die Bedeutung der Kleidung für die Forschung – sowohl aus einer historischen als auch einer soziologischen Perspektive – und zum Schluss werden die notwendigen Aufgaben für die Forschungen der einzelnen Institutionen vorgestellt. Von heute aus betrachtet stellt sich die Frage, wie der Bergmann in der Vergangenheit wahrgenommen wurde. Woran liegt es, dass wir uns bis in die 1980er-Jahre an Bergleute entweder in ihren Knappenuniformen oder in ihrer Alltagskleidung erinnern? Welche Mechanismen waren dafür verantwortlich, dass wir (das Publikum, die Bevölkerung) dieses Bild generiert haben? Bevor ich auf die Gründe eingehe, soll an dieser Stelle das Forschungsfeld definiert werden: Was wird unter Arbeitskleidung verstanden? Hier gilt es zwischen den eigentlichen Bergleuten und der großen Zahl an weiteren Belegschaftsmitgliedern einer Zeche zu unterscheiden. Zuerst geht es um die Bekleidung, die Bergleute „typischerweise" – wie eine Definition des RAG-Konzerns 1969 festhielt – trugen: Arbeitsjacke, Arbeitshemd, Hose, Unterwäsche, Helm (Bergarbeiterkappe) und Schuhe.[4] Diese Stücke kauften sich die Männer bis zu diesem Zeitpunkt selber, was – bis zu einem gewissen Grade – ein Maß an individuellem Trageverhalten zu Folge hatte.

Die Wahl der Kleidung – „vom Scheitel bis zur Sohle" – war dem Bergmann vor allem vor dem Zweiten Weltkrieg freigestellt, da keine entsprechenden Vorschriften existierten. Aus Gründen der Sicherheit erschien zuerst 1935 die Vorschrift zum Tragen der Bergarbeiterkappe mit Aufforderungscharakter, denn sie beruhte auf Freiwilligkeit. Im gleichen Atemzug forderte die Bergpolizeiordnung für die Steinkohlenbergwerke im Verwaltungsbezirk Dortmund die Bergleute auf, sich „widerstandsfähiges Schuhwerk" zu kaufen.[5] Auch für die Knappenuniformen erschien in dieser Zeit eine Verordnung. Das preußische Wirtschafts- und Arbeitsministerium veröffentlichte 1934 die Regelung zum Tragen der Kleidung, gegliedert in Uniformgruppen für Beamte und Angestellte im Bergbau, um die alten bergmännischen Traditionen zu pflegen.[6]

Das Forschungsfeld ist sehr groß, könnte man doch sowohl zum Braun- und Steinkohlenbergbau, zum Erzbergbau und aller weiterer Arten des Bergbaus als auch weltweit das Thema „Bergleute und ihre Kleidung" angehen. Deshalb wird an dieser Stelle das Thema auf den Steinkohlenbergbau im Ruhrgebiet ein-

---

[4] RAG Archiv, Herne, Ordner „Arbeitskleidung 01-30-02", Rundschreiben B 1/2 – 7/70, „An alle Bergwerksdirektoren", 07.04.1970.
[5] Vgl. Kerner, Frank: Lederkappe für Bergleute, in: Die Gegenwart der Dinge. 100 Jahre Ruhrlandmuseum. Katalog zur Ausstellung des Ruhrlandmuseums vom 5. Dezember 2004 bis 27. Februar 2005, Essen 2004, S. 40–41 u. S. 246–247.
[6] Vgl. Heimsoth, Axel: Unter Tage – über Tage. Die Kleidung der Bergleute, in: Der Anschnitt 70, H. 3-4, 2018, S. 169–172.

geschränkt. Damit werden – an dieser Stelle, nicht etwa in Hinsicht auf künftige Forschungen – der Bergbau im Ausland genauso wie andere Gruppen von Beschäftigten nicht berücksichtigt. Sowohl andere deutsche Bergbauregionen als auch solche in Belgien, Frankreich, England und Polen würden sich für einen Vergleich anbieten. Eine weitere Personengruppe stellen die Frauen dar, die auch im deutschen Bergbau in verschiedenen Bereichen eine Anstellung gefunden haben. „Und danach setzte ebenso eine Entwicklung ein, dass Frauen im Putz- und Reinigungsdienst, im Magazin so peu à peu Arbeitsplätze gefunden haben." Hinzu kamen Verwaltung und Gesundheitsdienst, so dass es 1977 etwa 10 000 Frauen gegeben habe, die im Bergbau gearbeitet hätten, „davon drei Viertel als Angestellte", so Dagmar Kift.[7] Zu den vielen weiteren Berufsgruppen in den Bergbauunternehmen zählen die kaufmännischen Angestellten, Kraftfahrer, Küchenpersonal und andere. Einige von ihnen trugen eigene Berufskleidung, andere nicht. Neben der heterogenen Personalstruktur muss auf die weitere Ausrüstung hingewiesen werden, die Bergleute unter Tage mit sich führen. Diese Gegenstände (Grubenlampen, Selbstretter und Werkzeug) sollten als Ausrüstung und nicht als Teil der Arbeitskleidung definiert werden. Einen eigenen Bereich stellt zudem die Grubenwehr dar. Diese Männer werden mit einer eigens konzipierten Kleidung ausgestattet, die den extremen Anforderungen im Falle eines Zechenbrandes gerecht wird. Für die Sicherheitskleidung der Grubenwehren würde sich eine eigene Studie anbieten.[8]

Auf Drängen der Gewerkschaft kam es 1968/69 zu der Zusage von Seiten der Direktion der neu gegründeten Ruhrkohle AG, die Arbeitskleidung der Bergleute zu waschen und zu flicken. Nun stand 1969 die Frage im Raum, was man unter „Grubenkleidung" verstehen solle. Verhandelt wurde um die Art und den Umfang der gestellten Kleidungs- und Ausrüstungsstücke. So forderten die IGBE-Vertreter am 28. Oktober die Bereitstellung von Arbeitskleidung allgemein, „[...] also auch für Arbeitnehmer im Übertagebereich". Auch die Kittel für Arbeiter und Angestellte müssten zur Verfügung gestellt werden. Die Unternehmerseite hielt dagegen und wollte allein „Grubenzeug" jährlich stellen, „allenfalls könne noch überlegt werden, ob aus Sicherheitsgründen Schuhe und Helme dazugehörten."[9]

---

[7] Vgl. unter: www.deutschlandfunkkultur.de/frauen-im-bergbau-von-wegen-maennersache.1008.de.html?dram:article_id=432144 (Stand: 11.07.2019).
[8] Zu den weiteren Feldern, die mit der Arbeitskleidung zusammenhängen, gehören die Art und der Umfang der Reinigung. Welche Waschmittel wurden verwendet? Wer war für den Einkauf und die Nutzung verantwortlich?
[9] RAG Archiv, Herne, Ordner „Tarifvertrag – Gestellung und Reinigung von Arbeitskleidung", Ergebnisprotokoll über eine Besprechung des Paritätischen Arbeitskreises „Grubenkleidung", 28.10.1969.

In den folgenden Besprechungen wurde der Umfang der neuen Arbeitskleidung (inklusive Reinigung) definiert und erforderliche organisatorische und Umbaumaßnahmen von Seiten der RAG auf den Weg gebracht. Während das Bergbauunternehmen nun die Arbeitskleidung sowohl als notwendigen Teil des Arbeitsprozesses definierte als auch in das Equipment der Arbeits- und Sicherheitsausrüstung integrierte, fand diese Art von Kleidung in den Museen im Ruhrgebiet wenig Wertschätzung.

Sammlungskonzepte der Museen

Die Beachtung, welche die Bergarbeiterkleidung bisher bekam (oder nicht bekam), spiegelt sich in der Sammlungs- und Ausstellungsstrategie der Museen wider. Diese Institutionen sind – zeitversetzt – Seismografen für gesellschaftliche Veränderungen. Denn der gesellschaftliche Stellenwert des Bergbaus hat sich gewandelt und das Thema „tägliche Kleidung" – und hierzu zähle ich die Bergarbeiterkleidung – sollte zu einem relevanten Forschungsgegenstand in Museen werden. Erste methodisch valide Untersuchungen zu anderen Feldern gibt es inzwischen. Das LVR-Industriemuseum hat die enge Verflechtung der Mode und Bekleidung zwischen Politik, Wirtschaft, Gesellschaft und individuellem Handeln im Nationalsozialismus analysiert.[10] Eine solch komplexe Fragestellung wäre auch thematisch für den Bergbau möglich. Wie sahen bisher die Sammlungsstrategien in den großen Museen des Ruhrgebiets aus? Michael Farrenkopf, der Leiter des Montanhistorischen Dokumentationszentrums (montan.dok) beim Deutschen Bergbau-Museum Bochum, stellt zur Sammlungsstrategie seines Hauses fest: „Bergmännische Kleidung (insbesondere des Steinkohlenbergbaus) wurde erst seit der Systematisierung in den frühen 1970er-Jahren gesammelt, hier aber bis auf wenige Ausnahmen weitgehend nur im Rahmen eines für die Dauerausstellung des DBM notwendigen Umfangs." Es gibt zahlreiche Kopfbedeckungen, „andere Kleidungsstücke" sind sehr wenig vorhanden. „Erst mit der Gründung des montan.dok (2001) wurden bei Übernahmen auch Daten bergmännischer Arbeitskleidungen dokumentiert [...]".[11]

Wie die Dokumentation eines der Textilien im Deutschen Bergbau-Museum Bochum aussieht, soll exemplarisch an einer Arbeitsjacke (Abb. 4) vorgestellt

---

10 Vgl. LVR-Industriemuseum (Hrsg.): Glanz und Grauen. Kulturhistorische Untersuchungen zur Mode und Bekleidung in der Zeit des Nationalsozialismus, Ratingen 2018.
11 Elektronische Mitteilung von Dr. Michael Farrenkopf, Montanhistorisches Dokumentationszentrum (montan.dok) beim Deutschen Bergbau-Museum Bochum, 07.06.2019.

Abb. 4: Arbeitsjacke eines Gedingeschleppers, Zeche Fritz-Heinrich, Essen, um 1950

werden. Zu ihr findet sich in der museumseigenen Datenbank folgende Information:

> „Jacke aus sandfarbenem Stoff mit Umlegekragen und zwei Knopfreihen mit jeweils fünf Knöpfen aus Kunststoff; Halsöffnung mit Metallhaken und dazugehöriger Öse; Frontseite mit einer aufgenähten Schlaufe (linker Brustbereich zwischen Knopf zwei und drei) und zwei aufgesetzten Taschen im unteren Bereich; Innenseite der Jacke mit einer aufgesetzten Tasche und einem Aufhänger. Objektgeschichte: Die Arbeitsjacke gehört neben einem Lederhelm und einer Arbeitshose (montan.dok 030007251001 + 030007251003) zur Arbeitskleidung eines Gedingeschleppers (geb. 1928), der vom 04.08.1951 bis zum 31.12.1952 auf der Zeche Fritz-Heinrich in Essen tätig war."[12]

Das LWL-Industriemuseum sammelte seit den 1980er-Jahren Arbeitskleidung aus dem Ruhrbergbau, so die Leiterin im Referat Sammlung Olge Dommer. Grund dafür sei, dass das Museum über „Bergbaustandorte" im westfälischen Teil des Ruhrgebiets verfüge. Gesammelt wurden Arbeitsjacken, Arbeitshosen, Arbeitshemden (Pütthemden), Unterhemden, Socken, Halstücher, Gürtel, Arbeits-

---

[12] Elektronische Mitteilung von Dr. Michael Ganzelewski und Dr. Stefan Przigoda, Montanhistorisches Dokumentationszentrum (montan.dok) beim Deutschen Bergbau-Museum Bochum, 04.09.2019.

schuhe, Arbeitshandschuhe, Arschleder, Knieschoner, Schienbeinschoner, Schutzbrillen und Arbeitshelme (Leder und Kunststoff):

> „Die Anzahl dieser Objektgruppen ist jeweils sehr unterschiedlich, so haben wir beispielsweise nur wenig Unterwäsche (Unterhemden, Socken) und Halstücher. Das meiste stammt aus der Zeit nach der Gründung der Ruhrkohle AG, als die gesamte Arbeitskleidung durch die Zechen zur Verfügung gestellt wurde."[13]

Die Sprecherin der Fachgruppe Textil im LVR-Industriemuseum, Claudia Gottfried, stellt fest, dass seit der Museumsgründung vor allem diejenigen Objekte gesammelt wurden, die einen Bezug zum jeweiligen Industriestandort hatten. So ist zum Beispiel in Bergisch Gladbach das LVR-Industrimseum Papiermühle Alte Dombach für das weite Feld von Exponaten mit dem Bezug zu Papier verantwortlich. Da Bergbau nicht Teil des rheinischen Industriemuseums ist, gehörte die Bergmannskleidung nicht zu den Sammlungsbereichen. „Die Stücke, die in der Sammlung vorhanden sind, stammen vor allem aus dem ‚Weniger-Bestand' aus Oberhausen. So wurde in den Anfangsjahren des Museums ein kompletter Arbeiterhaushalt – der Haushalt Weniger – in den Besitz des Museums übernommen (mit allen Möbeln, Hausrat, einiges an Kleidung, Dokumenten zur Familie, Fotoalben etc.)."[14] Unter diesen Dingen befanden sich auch einige Stücke an Bergmannskleidung, die so ihren Weg in die Sammlung des LVR-Industriemuseums gefunden haben. Darüber hinaus wurde ein Ensemble von der letzten Schicht der Zeche Lohberg in Dinslaken (als rheinischem Bergbau) für die textile Sammlung übernommen. Die große Textilsammlung des LVR-Industriemuseums umfasst vor allem Alltags- und Festkleidung vom 18.–21. Jahrhundert. „Arbeitskleidung ist nicht gezielt gesammelt worden; außer den Stücken, die mit den Inventaren unserer Fabriken übernommen wurden."[15] So gehört nun die Arbeitsjacke von der letzten Schicht der Zeche Lohberg in Dinslaken, die am 30. Dezember 2005 getragen wurde, zu den Beständen. Neben der Jacke wurden Hose, Hemd, Schutzhelm, Helmlampe, Schuhe und Schienbeinschoner inventarisiert.

Sowohl beim Deutschen Bergbau-Museum Bochum als auch dem LWL-Industriemuseum finden sich einige Vitrinen und Inszenierungen zur Arbeitskleidung – häufig mit einem Hinweis auf den Sicherheitsaspekt oder der Reinigung der Tex-

---

13 Elektronische Mitteilung von Olge Dommer, LWL-Industriemuseum, Dortmund, 06.09.2019.
14 Elektronische Mitteilung von Claudia Gottfried, LVR-Industriemuseum, Standort Textilfabrik Cromford in Ratingen, 14.10.2019.
15 Ebd.

tilien.¹⁶ Im musealen Kontext der großen Dauerausstellungen wird dem Thema nur wenig Beachtung eingeräumt. Warum hat sich der Blick auf den Bestand Bergarbeiterkleidung – wenn überhaupt – erst so spät gerichtet? Die Gründe sind in einer Kombination der Faszination, die von den anderen Kleidungsstücken ausgeht, und der geschlechterspezifischen Art Kleidung zu sammeln und weiterzugeben zu suchen. Claudia Gottfried hat darauf hingewiesen, dass diesem Desinteresse durchaus eine geschlechterpezifische Ursache zugrunde liegt:

> „Meines Erachtens bildet sich hier in der Sammlung auch ein Genderthema ab. Wir (Textilerinnen im Standort Ratingen) haben sehr lange und immer wieder ein auffälliges Desinteresse (bis Abwehr) von (meist von Männern geleiteten und kuratierten) Museen der Schwerindustrie, von Eisen und Stahl gegenüber allem Textilen beobachten können. Kleidung galt und gilt als Frauensache, damit beschäftigt man sich nicht, maximal in Form von Uniformen. Das erklärt vielleicht auch, warum – wenn überhaupt Textilien gesammelt wurden – meist die Paradeuniformen den Weg ins Museum gefunden haben. Kleidung gilt unter den Eisen-Stahl-Schwerindustrie-Kollegen meist weder als sammlungs- noch als forschungswürdig. Die Kolleg*innen aus den Textilstandorten wiederum haben ihr Sammlungskonzept und ihre Forschung an kulturhistorischen Fragestellungen orientiert und daraus entwickelt. Hier spielte Arbeitskleidung bislang nur eine untergeordnete Rolle."¹⁷

Dem Befund entspricht, dass an dieser Stelle einige Exemplare der Knappenuniform präsentiert werden können, zu denen valide Informationen vorliegen. Dieses Kleidungsstück ist eine Ziviluniform, entwickelt aus dem preußischen Militär.¹⁸ Die Bergleute haben solche hochwertigen Uniformen gepflegt und legten Wert darauf, dass sie in die richtigen Hände – wie einem Museum – gelangten. Aus Sicht der Museen lässt sich viel über das Selbstbewusstsein und die Art der Hierarchie aus den Uniformen herauslesen. Sowohl für die Schenker als auch die Institutionen war es selbstverständlich, die Paradeuniformen in die Sammlungen zu übernehmen. Aus zwei verschiedenen Perspektiven soll nun deutlich gemacht werden, welche hohe Bedeutung die Bergleute ihrer Paradeuniform (Knappenuniform) beimessen.

Zum einen handelt es sich um ein historisches Foto von Bergleuten des Königlich Sächsischen Steinkohlenbergwerks Zauckerode (Abb. 5). Eine Gruppe hoher

---

16 Die Dauerausstellung des LVR-Industriemuseums, Standort Oberhausen, ist im Rahmen der Neugestaltung der Dauerausstellung seit 2018 geschlossen.
17 Vgl. Gottfried, Claudia: Mitteilung (s. Anmerkung 14).
18 Vgl. Funcken, Liliane/Funcken, Fred: Historische Uniformen. Napoleonische Zeit, 18. und 19. Jahrhundert, München 1989; Ortenburg, Georg/Ortenburg Ingo: Preußisch-deutsche Uniformen von 1616–1918, München 1991; Heimsoth, Axel: Eine Uniform vom Mülheimer Regiment Nr. 159, in: Forum Geschichtskultur Ruhr 01/2018, S. 62–63.

Abb. 5: Obersteiger, Schichtmeister und Maschinenmeister der Grube Zauckerode, 1898

Beamter hat sich 1898 ablichten lassen. Alle tragen ihre Paradeuniformen, zu der ein Schachthut und ein Säbel (mit Portepee) gehören. Einige können auch Orden vorweisen, die sie in den letzten Kriegen erworben hatten. Die Gruppe ist sich ihrer herausgehobenen Stellung bewusst, alle haben den militärischen Habitus eines sächsischen (oder preußischen) Offiziers. Doch wer entschied, wer zu ihnen dazu gehörte, was er tragen durfte und an welcher Position er zu stehen hatte?

Zum anderen werden der Charakter und die Reputation, die Bergleute in ihren Paradeuniformen ausstrahlen, im Rahmen großer Festveranstaltungen deutlicher. Sie nahmen abgestuft nach ihrem Rang – vergleichbar dem Militär – teil. Im Vorfeld mussten die Teilnehmer ihr Alter, Dienstalter und die ihnen verliehenen Orden auflisten. Nur so konnte gewährleistet werden, dass sich die hierarchisch organisierte wilhelminische Gesellschaft im Großen auch korrekt im Kleinen einer Festveranstaltung widerspiegeln würde. Exemplarisch soll der Habitus eines Bergmanns in Paradeuniform an einer Denkmalseinweihung vorgestellt werden.

Der Bergbau im Ruhrgebiet konnte als Berufsstand bei der Einweihung des Kaiser Wilhelm-Denkmals auf der Hohensyburg bei Dortmund teilnehmen.

Anwesend waren neben den bürgerlichen Honoratioren eine Reihe von anderen Gruppen und Vereinen. Eine wichtige Abordnung waren die Bergleute aus der Region. Die Bergbauunternehmen ordneten sie 1901 für das anstehende Fest ab. Der „Verein für die bergbaulichen Interessen im Oberbergamtsbezirk" wandte sich an seine Mitglieder – die Zechenbesitzer – und teilte den Wunsch des Denkmalkomitees mit, dass die Bergleute in Uniform an den Feierlichkeiten teilnehmen sollten. Generaldirektor Emil Kirdorf legte fest, dass seine Gelsenkirchener Bergwerks-AG (GBAG) 100 Bergleute und 20 Musiker nebst Fahne unter der Führung eines Steigers stellen werde.[19] Etwa eine Woche später nahmen aus seinem Unternehmen schon 150 Personen teil, die nun näher aufgeschlüsselt wurden.[20] Angeführt wurde – bezogen jeweils auf eine Zeche – der Name des Bergmanns, eine Tätigkeitsbeschreibung, das Lebensalter, die Dienstjahre und ob er „Inhaber folgender Orden und Ehrenzeichen" sei. Viele der Bergleute hatten mindestens 30 Dienstjahre absolviert und waren Kriegsveteranen. Die Bergleute konnten die Kriegsdenkmünze 1866, die Kriegsdenkmünze 1870/71, das Eiserne Kreuz, die Kaiser-Wilhelm-Medaille und -Schnalle und weitere Auszeichnungen vorweisen.[21] Die Veranstaltung fand dann nicht 1901, sondern ein Jahr später statt. Der Kaiser hatte abgesagt und für das Jahr 1902 an seiner Stelle die Teilnahme seines Sohnes Kronprinz Wilhelm von Preußen zugesagt. Erneut liefen nun die Planungen der Bergwerksbesitzer, die wieder Abordnungen zusammenstellten, auf Hochtouren an. Sie mussten nur die Planungen aus dem vorherigen Jahr umsetzen. Die Bergleute legten ihre Paradeuniform an und trugen ihre in den vergangenen Kriegen verliehenen Auszeichnungen, um ihre enge Verbundenheit mit dem Hause Hohenzollern zu demonstrieren. Dem Monarchen sollte so ein Eindruck vom rheinisch-westfälischen Patriotismus vermittelt werden. Der Paradeuniform kommt damit wie der Militäruniform eine ähnlich hohe Bedeutung bei, um die hierarchisch gegliederte wilhelminische Gesellschaft verstehen zu können.

Die Paradeuniform trägt der Bergmann bei feierlichen Anlässen, im Alltag trägt er „zivil". Diese letztere sehr allgemeine und schwer zu fassende Objektgruppe ist das, was Bergleute sowohl zu Hause als auch in ihrer Freizeit tragen. Diese Kleidung wird außerhalb der Werkstore (und innerhalb bis zur Umkleide) getragen und hat nichts mit feierlichen Veranstaltungen zu tun. Außerhalb der

---

19 Vgl. Brief an die Gelsenkirchener Bergwerks-Aktien-Gesellschaft Rheinelbe, 19.07.1901 und Antwortschreiben, 20.07.1901, in: Montanhistorisches Dokumentationszentrum (montan.dok) beim Deutschen Bergbau-Museum Bochum/Bergbau-Archiv Bochum (BBA) 55/2455, Teil 1.
20 Vgl. Brief der Gelsenkirchener Bergwerks-Aktien-Gesellschaft an den Bergbauverein, 29.07.1901, in: montan.dok/BBA 55/2455.
21 Vgl. Verzeichnis der zur Einweihung an der Enthüllung des Kaiserdenkmals auf Hohensyburg gestellten Personen, in: montan.dok/BBA 55/2455.

Abb. 6: „Krise an der Ruhr" Spiegel-Titel mit einem Fotomotiv von Anton Tripp, DER SPIEGEL 26/1966

Werkstore waren Bergleute (in der Vergangenheit) nicht von anderen Berufsgruppen zu unterscheiden. Um für ihre Forderungen Unterstützung von Seiten der Öffentlichkeit zu gewinnen, wurde bei Streiks dann die eigentliche Arbeitskleidung getragen. Für die Museen war die ältere Kleidung der Bergleute, sowohl ihr Sonntagsstaat als auch ihre Alltagskleidung, nicht von Interesse. Ob diese Art der Kleidung sich von anderen Berufsgruppen unterscheidet und deshalb zu einem eigenen Sammlungsbestand werden soll, bedarf weiterer Untersuchungen. Bisher sind diese textilen Bestände unter dem Oberbegriff „Arbeiterschaft des Ruhrgebiets" eingeordnet worden (Abb. 6).

Die letzte Gruppe umfasst die eigentliche Arbeitskleidung der Bergleute, das, was sie unter Tage trugen. Für Außenstehende war sie nur in einer gebrochenen, künstlerisch überformten Darstellung wahrnehmbar, da sie nicht das Zechen-

Abb. 7: Motiv eines Stempelsetzers auf einer Ehrenurkunde für 25-jährige Mitarbeit bei der GBAG, Hermann Kätelhön, Essen, 1928–1933

gelände betreten durften. Ausgenommen waren die Familienangehörigen der Bergleute, die die Textilien waschen und flicken mussten. Was trug nun in der Vergangenheit ein Bergmann unter Tage? Wir stützen uns auf Motive von Künstlern wie Hermann Kätelhön[22], der in den 1920er-Jahren die Welt unter wie über Tage detailreich und realistisch in Grafiken festhielt (Abb. 7). Der Bildhauer Paul

---

22 Vgl. Pasche, Eva: Hermann Kätelhön zum 125. Geburtstag. Erinnerungen an den Grafiker und sein Wirken in Essen, in: Essener Beiträge 123, 2010, S. 109–152; Hermann Kätelhön. Ideallandschaft: Industriegebiet. Ausstellungskatalog Museum Folkwang, Essen 2018; Grütter, Heinrich Theodor/Heimsoth, Axel (Hrsg.): Aufbruch im Westen. Die Künstlersiedlung Margarethenhöhe. Ausstellungskatalog Ruhr Museum, Essen 2019.

Vogelsanger schuf die Plastik „Der Stempelsetzer", welche in Stuttgart von der Württembergischen Metallwarenfabrik AG (WMF) vertrieben wurde.[23] Auch im Medium der Fotografie wurde die Kleidung des Bergmanns festgehalten. Aber in der Mehrzahl wurde eher der Körper des Bergmanns abgelichtet, weniger sein Arbeitsalltag unter Tage. Weniger die ungeschminkte Realität als „heroische Darstellungen" der Arbeit waren von Interesse. Der halbnackte Bergmann, der kraftvoll und mit Energie mit der Keilhaue oder dem Presslufthammer die Kohlen abbaut, war und ist ein beliebtes Motiv. Zu einer der Ikonen der Bergbaufotografie gehört die Darstellung eines Bergmanns vom Essener Fotografen Josef Stoffels.[24] Welchen Stellenwert in den Darstellungen Teilnehmergruppen einnehmen, die in einem halbprivaten Umfeld unter Tage einfuhren, muss noch analysiert werden.[25]

In der Realität existieren drei verschiedene Kleidungssituationen für den Bergmann: Bei feierlichen Anlässen trug er die Knappenuniform, im Alltag zog er seine Freizeitkleidung oder seinen Sonntagsstaat und bei der Arbeit unter Tage seine eigentliche Arbeitskleidung an. In diesem Zusammenhang kann von den „drei Körpern des Bergmanns" gesprochen werden.

Wissenschaftliche Fragestellungen

Bei der Kleidung handelt es sich um einen bedeutenden ökonomischen Faktor in einer Volkswirtschaft, den es zu untersuchen lohnt. Um welche Mengen an Stoff und Leder handelte es sich? Wer produzierte diese Produkte und welche Konsumdauer lag vor? Gerade in Zeiten vor dem Massenkonsum (und diese fing erst in den 1970er-Jahren an) waren Textilien immer teuer und ein rares Gut, mit dem äußerst sorgsam umgegangen werden musste.[26] Diesen Fragen konnte bisher

---

23 Vgl. unter: www.artnet.de/k%c3%bcnstler/paul-vogelsanger/ (Stand: 26.01.2020).
24 Vgl. Schneider, Sigrid (Hrsg.): Von A bis Z. Fotografie im Ruhr Museum, Köln 2011, S. 144; Grütter, Heinrich Theodor/Grebe, Stefanie (Hrsg.): Josef Stoffels. Steinkohlenzechen. Fotografien aus dem Ruhrgebiet. Ausstellungskatalog Ruhr Museum, Essen 2018, S. 102.
25 Schwer einzuschätzen ist, welchen Stellenwert die halbprivaten Aufnahmen der Grubenfahrten von Privatleuten einnehmen. Diese Fotos sind nicht gestellt, gingen privat und unkontrolliert in den Familienbesitz über, manche wurden auch publiziert. Welchen Stellenwert hat diese Art der Darstellung, um die Arbeitskleidung in der Öffentlichkeit zu „popularisieren"? Schließlich tragen und trugen die Protagonisten keine „echte Arbeitskleidung", sondern die Kleidungsstücke, die für die Gäste (Männer und Frauen – Unisex) vorgesehen waren.
26 Die Europäische Wirtschaftsgemeinschaft (EWG) liberalisierte den Import von Bekleidung aus Entwicklungs- und Schwellenländern. Allein in der Bundesrepublik Deutschland stieg zwischen 1960 und 1973 die Einfuhr von Textilien um das Elffache an, was die BRD zum größten

Abb. 8: Schulung sowjetischer Kriegsgefangener der Harpener Bergbau AG, 1943

nicht näher nachgegangen werden. Nur zwei Beispiele aus Phasen des Mangels sollen an dieser Stelle angeführt werden, die zeigen, welche Bedeutung das Thema hat. Besonders in den beiden Weltkriegen waren Textilen äußerst begehrt, da ein Import von Baumwolle, Wolle, Leder und anderer Materialien aufgrund der Embargopolitik der Kriegsgegner nur in kleinen Mengen möglich war. Als Ersatz wurden Sammlungen zu den begehrten Stoffen und Materialien im eigenen Lande organisiert und zugleich zu möglichen Ersatzmaterialien geforscht.

Im Ersten Weltkrieg war der Mangel an Textilien sehr groß, was sich auch im Bergbau bemerkbar machte: Es gab keine Arbeitskleidung mehr. Wie reagierten die Zechen auf das Fehlen von Kleidung? Wie wurden die zahlreichen Kriegsgefangenen eingekleidet? Schließlich waren gerade im Ruhrgebiet viele von ihnen im Einsatz (Abb. 8).[27] Gerade die für unter Tage so notwendige Baumwolle –

Importeur weltweit machte. Vgl. Birgit Beese: Die Internationalisierung der Bekleidungsproduktion nach 1970, in: Beese, Birgit/Schneider, Birgit: Arbeit an der Mode. Zur Geschichte der Bekleidungsindustrie im Ruhrgebiet, Essen 2001, S. 111–170, hier: S. 113.
27 Vgl. Seidel, Hans-Christoph: Zwangsarbeit im Bergbau. Der Arbeitseinsatz im Kohlenbergbau

sowohl für die Jacken, Hemden und Hosen – war rar und wenn vorhanden, wurde sie für das deutsche Militär verarbeitet. Um in der Not Ersatz zu finden, versuchte die Stadt Dortmund, den Unternehmen Arbeitskleidung aus Papier schmackhaft zu machen. 1917 bot sie unter anderem der GBAG 20 Anzüge zum Testen an. Das Material war weder der Feuchtigkeit noch den anschließenden Wäschen gewachsen; an Baumwolle als belastbares Material führte kein Weg vorbei. Das Problem, genügend Stoffe für die Heimatfront zu organisieren, war bis zum Kriegsende im Deutschen Reich nicht mehr zu lösen. Wie kam es in der Ruhrgebietsstadt zu der – aus heutiger Sicht – fast schon als Verzweiflungstat zu bewertenden Initiative?

Die Stadt Dortmund kaufte im Ersten Weltkrieg auf eigene Rechnung Arbeitsanzüge, die sie dann in der Altbekleidungsstelle am Westenhellweg verkaufen wollte. Insgesamt 2000 Stück zu einem Kaufpreis von 47 700 Mark umfasste 1917 der Auftrag. Er bestand aus blauen Jacken und Hosen, gestückelt in unterschiedlichen Größen.[28] Im Dortmunder Stadthaus fanden nun Besprechungen mit Wirtschaftsvertretern statt, von denen einige zumindest das Material einmal testen wollten. Die Dortmunder Drahtseilwerke forderten am 28. August beim Dortmunder Kriegswirtschaftsamt 50 Arbeitsanzüge in zwei bis drei Größen zum Stückpreis von etwa 23,75 Mark an: „Es wäre uns mit baldiger Zusendung gedient, da wir nach Erhalt dieser Anzüge erst festzustellen vermögen, welches Quantum wir insgesamt gebrauchen."[29] Die GBAG bestellte für ihre Schachtanlagen Minister Stein, Fürst Hardenberg und Hansa 20 Arbeiteranzüge aus Papierstoff bei der Stadt Dortmund, um Versuche über die Haltbarkeit zu starten. Bis zum 15. Oktober erwarben, neben der Bestellung der GBAG für ihre Zechen, die Union 50, Hoesch 20 und die Zinkhütte einen Arbeitsanzug. Außer diesen wenigen verkauften Anzügen waren die Regale der Altbekleidungsstelle voll mit nun knapp 2000 Stück. Aus der Wirtschaft gingen erste negative Rückmeldungen zur Qualität der Anzüge ein. Die Dortmunder Fa. Schüchtermann & Kremer. Maschinen-Fabrik schrieb am 6. Dezember an das Kriegswirtschaftsamt ihrer Stadt: „Wir teilen Ihnen ergebenst mit, dass sich von unseren Arbeitern niemand zum Bezuge eines Anzuges aus Papierstoff gemeldet hat."[30] Die Stadtverwaltung registrierte, dass die Industrie keinen Bedarf an den Anzügen hatte. Da sie sich nicht mehr anders zu helfen wusste, wies sie am 18. Dezember ihre Altbekleidungsstelle

---

des Deutschen Reiches und der besetzten Gebiete im Ersten und Zweiten Weltkrieg, 2 Bde., Essen 2005.
28 Vgl. Heimsoth, Axel: Teure Arbeitsanzüge aus Papier. Von einer Initiative der Dortmunder Stadtverwaltung, in: Jahrbuch Westfalen 71. Jg., 2016, S. 159–163.
29 Stadtarchiv Dortmund, Best. 3/2421.
30 Ebd.

an, die Anzüge auch in Kleinverkäufen an Einzelpersonen abzugeben. Als Verkaufspreis wurde 25 Mark veranschlagt, was aber nicht zum Erfolg führte. Die Papieranzüge trugen weder Bergleute noch andere Angestellte oder Beschäftigte während des Ersten Weltkriegs.

Das zweite Beispiel stammt aus dem Zweiten Weltkrieg. Die Nationalsozialisten forcierten eine Autarkiepolitik und versuchten Ersatzstoffe für Baumwolle und Wolle zu finden und sich so von den ausländischen Importen unabhängig zu machen. Kunstfasern kamen in Deutschland auf den Markt, basierend auf der Zellulose. Da bis zu 80 % der gesamten Kleidung im Deutschen Reich spätestens im Verlaufe des Zweiten Weltkriegs aus diesem Material oder aus Stücken mit Beimischung bestand,[31] muss vermutet werden, dass auch im Bergbau – und hier besonders bei den schlecht versorgten Fremdarbeitern und Kriegsgefangenen – die qualitativ schlechte Kleidung zum Einsatz kam. Die Kunstfasern sind physiologisch völlig unzureichend für schwere Arbeiten. Diese Fasern sind nicht widerstandsfähig und verschleißen schnell. Zudem wärmt dieses Material nicht und kühlt auch nicht. Bergleute trugen (wahrscheinlich) somit Kleidung unter Tage, die schnell zerriss und löcherig war. Zudem wärmte der Stoff weder noch nahm er Schweiß bei Hitze auf. Kann man sich eine schlechtere Situation ausmalen, um sich zu verletzen oder krank zu werden? Um die Bedeutung dieses Themas für die Kriegszeit zu veranschaulichen, sei auf die Zahl der als Bergleute beschäftigten Fremdarbeiter und Kriegsgefangenen hingewiesen. Im Ruhrgebiet lag die Zahl der Bergleute im Januar 1942 bei 323 782, davon waren 39 973 (12,35 %) Ausländer. Die Zahl der Arbeiter unter Tage stieg bis Dezember 1944 nur wenig auf 380 646 an. Dafür stieg aber prozentual der Anteil der Ausländer, die unter Tage arbeiten mussten, auf 159 613 (41,93 %) an.[32] Ein Nebenaspekt ist die Möglichkeit, die Kleidung als eine Art Uniform anzusehen. Nur wenig ist über die Arbeitskleidung der ausländischen Bergleute bekannt „Umstritten blieb dagegen, ob sichtbare Auszeichnungen auf der Kleidung eine leistungsfördernde Wirkung ausübten."[33]

In den Kriegs- wie den Friedenszeiten – sowohl im 19. als auch im 20. Jahrhundert – war der Bergmann für seine Arbeitskleidung selber verantwortlich. Der Unterschied war, dass er im Frieden jederzeit mit Waren gefüllte Geschäfte und

---

31 Vgl. Gottfried, Claudia: Kunstseide und Zellwolle. Moderne deutsche Produkte im Dienst der Diktatur, in: LVR-Industriemuseum (Hrsg.): Glanz und Grauen (s. Anmerkung 10), S. 276–305, hier: S. 280.
32 Vgl. Seidel, Hans-Christoph: Der Ruhrbergbau im Zweiten Weltkrieg. Zechen – Bergarbeiter – Zwangsarbeiter, Essen 2010, S. 400.
33 Ebd., S. 440; interner Vermerk Zeche Dannenbaum vom 01.02.1944, in: montan.dok/BBA 40/488.

Abb. 9: Grubenhemd, um 1999

Warenhäuser fand. Dieses individuelle System funktionierte deshalb, weil er entsprechende Kleidungsstücke ebenso wie die Bergmannskappe und die Schuhe erwerben konnte. Zu Hause fand er beim Waschen und Flicken der Bekleidung Unterstützung in der Familie. Häufig übernahm diese Aufgaben seine Ehefrau. Unklar ist, wo er in den einzelnen Ruhrgebietsstädten einkaufen konnte. Welche Unternehmen lieferten die entsprechenden Produkte? Eine weitere offene Frage stellt der Arbeitsalltag dar. Was passierte, wenn er mit löchriger Hose oder zerschlissener Jacke auf seiner Zeche einfahren wollte? Gab es eine Form von Kontrolle von Seiten des Bergwerks?

Seit 1952 trugen Bergleute vorgegebene Anzüge in Kombination mit Sicherheitsschuhen auf freiwilliger Basis (Abb. 9). Anscheinend konnten sie aber auch noch andere, individuelle Kleidung anziehen. In den 1960er-Jahren führten die Zechen als Teil der Sicherheitsausrüstung Schutzbrillen, Knie- und Schienbeinschoner ein. Waren bisher Steiger an ihren weißen Anzügen von einfachen Bergleuten zu unterscheiden, so kam 1962 die Einführung eines weißen Plastikhelms für Steiger und eines gelben für den Rest der einfahrenden Belegschaft auf.[34]

---

34 Vgl. Heimsoth, Axel: Unter Tage (s. Anmerkung 6).

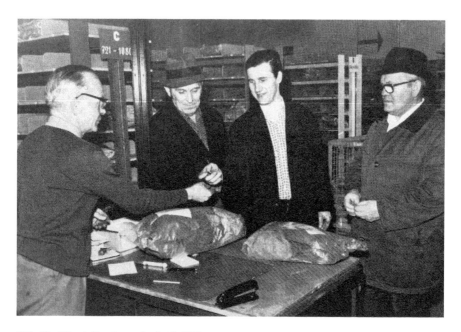

Abb. 10: „Waschdienst angelaufen", 1970

Erst nach der Gründung der RAG 1968 setzten die Gewerkschaften ab 1970 die wöchentliche Reinigung der Kleidung auf den Zechen durch. In anderen Branchen, wie der Stahlindustrie, gab es schon zentral organisierte Wäschereien.[35] Im Bergbau lag nun die Verantwortung zur Stellung und zur Reinigung der Kleidung auf Seiten des Bergbauunternehmens. Die RAG musste Kleidung und Schuhe in großen Mengen ankaufen und für die turnusmäßige Reinigung sorgen. Bei dieser Art von Verantwortung gegenüber der Belegschaft kann von einem „Unternehmens-System" gesprochen werden (Abb. 10).

Die RAG berechnete 1969 die Kosten, um alle 110 000 Bergleute, die an der Ruhr unter Tage arbeiteten, mit Kleidung auszustatten. So kosteten zwei Arbeits-

---

35 Bei den Hoesch-Werken wurde schon in den 1960er-Jahren die Schutzkleidung gewaschen; eine neue Zentralwäscherei wurde 1970 in Dortmund gebaut; die Firmenleitung berechnete, dass für die 25 000 Beschäftigten im Monat 110 bis 130 t (pro Kopf 1,5 kg) an zu waschender Kleidung anfallen werde. „Schutzbekleidung wird wöchentlich gewechselt und den Beschäftigten zur Verfügung gestellt. Der voraussichtliche Kilopreis wird bei den Hoesch-Werken mit 50 Pfg. angegeben.", Ordner „Tarifvertrag – Gestellung und Reinigung von Arbeitskleidung", Ruhrknappschaft Bochum: „Zentralwäscherei der Ruhrknappschaft beim Knappschafts-Krankenhaus Dortmund", 27.10.1969, in: RAG Archiv, Herne.

Abb. 11: Arbeitskleidung auf der Wäscheleine, Willy van Heekern, Gelsenkirchen, um 1952

anzüge 60 DM, zwei Paar Schuhe 50 DM und die Reparatur und das Waschen der Ausstattung (14-tägig) 60 DM. So entstanden auf diesem Felde pro Bergmann 170 DM Kosten pro Jahr. In der Summe belief es sich auf 18,8 Millionen DM – was einer Lohnerhöhung von 0,84 % gleichgekommen wäre.[36] Für das neue System mussten Großwäschereien gefunden werden, die entsprechend große Mengen innerhalb kürzester Zeit wuschen und zudem löchrige Kleidung flickten. Die Unternehmen errichteten neue Gebäude. So konnte dann der Püngel (Wäsche) an eigens eingerichtete Materiallager abgegeben und abgeholt werden. Im Tarifvertrag war die Reinigung speziell geregelt:

> „Die Arbeitskleidung wird, soweit erforderlich alle zwei Wochen, sonst in größeren Abständen kostenlos gewaschen. Der Arbeitsanzug wird ausgebessert, wenn dies notwendig und nach fachgerechter Beurteilung sinnvoll ist."[37]

---

36 Vgl. Ordner „Tarifvertrag – Gestellung und Reinigung von Arbeitskleidung", Anlage 9, Kosten für Arbeitskleidung, Essen, 09.09.1969, in: RAG Archiv, Herne.

37 Tarifvertrag über die Gestellung und Reinigung von Arbeitskleidung für die Arbeiter des rheinisch-westfälischen Steinkohlenbergbaus, Arb. MTV Paragraf 93. Nicht in den Tarifvertrag

Der Arbeitgeber, in diesem Falle die RAG, übernahm die Reinigung und Gestellung der Kleidung. Nun kam es zur Qualitätssteigerung bei der Bekleidung in den 1980er-Jahren. Die Normierungsmaßnahmen (DIN-Normen) hatten Einfluss auf den Ankauf der entsprechenden Teile. Die Ausrüstung wurde über Jahrzehnte optimiert, wie die Arbeitsjacke, wo anstelle der zweireihigen Knopfleiste eine einreihige mit verdeckter Leiste vorgeschrieben ist, um bei Arbeiten in Bauchlage das Abreißen der Knöpfe zu verhindern. Auch das Grubenhemd erlebte über die Jahre Veränderungen, vor allem in Bezug auf das verwendete Material. Es besteht nun aus reiner Baumwolle, einem Stoff, welcher sich nicht statisch auflädt. Privat stand es Bergleuten dann offen, ihre ausgemusterte Kleidung weiter zu tragen oder sie an Familienmitglieder weiterzugeben. Sicherlich werden in einem größeren Umfang diese Kleidungsstücke im Ruhrgebiet getragen worden sein (Abb. 11).[38]

Mit der Umstrukturierung des Systems „Reinigung der Kleidung" standen gleichzeitig viele Familienangehörige für den Arbeitsmarkt zur Verfügung. Denn mit dem Ende der wöchentlichen Reinigungen der Bergarbeiterkleidung entfielen viele der bisher notwendigen wöchentlichen Arbeiten.[39]

Die Kleidung wird öffentlich

Wenn wir eher die Gegenwart betrachten, drängen sich soziologische und medientheoretische Fragestellungen zum Untersuchungsgegenstand auf. Der Bergmann in seiner Arbeitskleidung ist zu einer öffentlichen Person geworden. Deutlich wird dies in der politischen Diskussion in unserer postindustriellen Gesellschaft in den vergangenen Jahren. Ich möchte die Gesellschaftsform deshalb so definieren, da in der öffentlichen Wahrnehmung der Fokus auf Informationsverarbeitung, Wissenschaft und Forschung liegt. Deshalb wird der Wert von einem solch raren Gut wie schwerer körperlicher Arbeit dann hochgeschätzt, wenn dieser in Kombina-

---

von 1970 aufgenommen wurde die Gestellung von Socken, Halstüchern, Taschentüchern, Arbeitshemden für Übertagearbeiter (soweit es sich um keine Overalls für z. B. Maurer handelt).
38 Ein weiteres Beispiel für eine Umnutzung stellt die Initiative eines Gelsenkirchener Arbeiters dar, der – nicht im Bergbau beschäftigt – sich eine Reihe von alten Grubenhemden besorgte und sie sich zu Stuhlbezügen umarbeiten ließ. Er betonte 2020, dass die gute Stoffqualität für seine Maßnahme ausschlaggebend war; mündliche Mitteilung am 07.02.2020 im Bistro Schacht XII.
39 Das Thema der Arbeitsmedizin muss aus Gründen der nicht recherchierten Quellen und Literatur außen vor bleiben. Sicherlich ist es von Interesse zu erfahren, wie Arbeitsmediziner die Art der Arbeitskleidung über die Jahrzehnte beurteilt haben.

tion von gesellschaftlicher Relevanz und Gefahr (Anstrengungen) auftritt. Unter Tage zu arbeiten war und ist etwas Besonderes, das in den letzten Jahren immer stärker in den Blickpunkt rückte. Der Bergmann kehrt vom Kohlenstaub gezeichnet von seiner Schicht zurück. Offensichtlich ist, dass er gearbeitet hat.

In den letzten Jahren haben deshalb alle Aktionen der Bergleute – wenn es um die Durchsetzung ihrer Forderungen ging – ein hohes Maß an medialer Aufmerksamkeit gefunden. Sowohl von Seiten der Politik als auch der Bevölkerung war der Bergmann in allen Medien präsent – immer erkennbar an seiner Arbeitskleidung. Die Wertschätzung, die er von vielen Seiten bekam, erreichte im Jahr des Kohleausstiegs seinen Höhepunkt. 2018 war das Ende des deutschen Steinkohlenbergbaus, was die Politik würdigte. Eine Delegation der Bergleute wurde in Düsseldorf vom Ministerpräsidenten Armin Laschet empfangen. Sie erschienen in ihrer Arbeitskleidung.

Den Fußballverein FC Schalke 04 verbindet eine besonders enge Beziehung zum Bergbau und damit auch mit seinen Traditionen. Auf einem ehemaligen Zechengelände entstand 1928 die Glückauf-Kampfbahn. Der Verein bezeichnet sich selber als „Knappenverein"[40] und die Mannschaft als „Knappenelf".[41] Die enge Verbindung zum Bergbau wurde über Jahrzehnte gepflegt. Auf der Zeche Prosper Haniel fuhr zum Beispiel das Team im Januar 2017 als Besuchergruppe in der vollen Bergmannsmontur ein.[42] Bei den Heimspielen finden im Stadion „Veltins-Arena" Choreographien auf den Tribünen statt. Teil der aufwendigen Inszenierungen sind Darstellungen von Bergleuten in ihrer Arbeitskleidung, die auf einer Schubkarre mit Kohlen obenauf auch den DFB-Pokal mitführen. Die VELTINS-Arena, das Stadion von Schalke 04, war Ende des Jahres 2018 einer der zentralen Orte bei den Veranstaltungen zum „Abschied von der Kohle" (Abb. 12). Der Fußballverein lud zweitausend Bergleute („Kumpel") ein, um an der Aktion „Danke Kumpel" teilzunehmen. Sie erschienen am 19. Dezember 2018 in ihrer Arbeitskleidung. Das Fußballspiel an diesem Abend übertrugen die Fernsehsender deutschlandweit live. Der Finanzvorstand vom FC Schalke 04, Peter Peters, verspricht den Kumpeln an diesem Abend ein hoch emotionales Erlebnis: „Tau-

---

40 Vgl. unter: www.gelsenkirchen.de/de/freizeit/ausfluege_und_sehenswuerdigkeiten/glueckauf-kampfbahn/index.aspx (Stand: 30.12.2019).
41 Vgl. Grütter, Heinrich Theodor: Schalker Kreisel, in: Brüggemeier, Franz-Josef/Borsdorf, Ulrich/Steiner, Jürg (Hrsg.): Der Ball ist rund. Katalog zur Fußballausstellung im Gasometer Oberhausen im CentrO, anlässlich des hundertjährigen Bestehens des Deutschen Fußball-Bundes, 12. Mai bis 15. Oktober 2000, Essen 2000, S. 168–173, hier: S. 169.
42 Vgl. unter: www.ikz-online.de/sport/fussball/s04/schalke-will-dahin-wo-die-kohleist-id209322807.html?displayDropdownTop=none&displayDropdownBottom=block (Stand: 30.12.2019).

Abb. 12: Choreo der Fans des FC Schalke 04 in der Veltins-Arena, Gelsenkirchen, 18.04.2018

sende Bergleute kommen in voller Montur ins Stadion, werden mit ihren Lampen leuchten und nicht mit Handys, und das Steigerlied wird gespielt."[43]

Schon seit den 2000er-Jahren kam es zu einer kulturellen Deutung des Themas „Arbeit des Bergmanns". Wie kam es zur Popularisierung dieses Themas „Arbeitsalltag" in den Museen? Wie können junge Zielgruppen, etwa Kinder und Jugendliche, für ein solch komplexes Thema erwärmt werden? Eine Möglichkeit stellt die Anlage eines Kinderbergwerks dar. In einem solchen „Bergwerk" können Kinder unter Anleitung in entsprechender Kleidung selber arbeiten (Abb. 13). Das Kinderbergwerk „Zeche Knirps" – es ist Teil der Zeche Hannover, einer der Standorte des LWL-Industriemuseums – ist Vorreiter auf diesem Feld:

> „Ausgerüstet mit Bergarbeiterhelmen und Grubenhemden begeben sich die Schülerinnen und Schüler auf Entdeckungsreise durch das Industriedenkmal. [...] Anschließend schlüpfen die jungen Besucher selbst in die Rollen von Hauer, Schlepper und Fördermaschinist und treten zur kurzen Spielschicht im Kinderbergwerk Zeche Knirps an."[44]

---

[43] Vgl. unter: www.derwesten.de/sport/fussball/s04/fc-schalke-04-bergleute-id215370003.html (Stand: 01.10.2019).
[44] Vgl. unter: www.lwl.org/industriemuseum/standorte/zeche-hannover/fuehrungen/schulklassen/vor-kohle (Stand: 01.10.2019).

Abb. 13: Internetauftritt der „Zeche Knirps": Kinder in Bergmannskleidung mit gelben Helmen, Bochum, 2019

Neben die kulturelle Deutung der „Arbeit des Bergmanns" tritt nun immer stärker die kommerzielle Vermarktung des gesamten Themas Bergbau. Ein Verkaufssegment stellt die Herstellung von „Bergarbeiterkleidung" dar. Die Firma Makerist wirbt mit der Grubenlampe eines Bergmanns, die man selber dank einer Häkelanleitung herstellen könne. So könne man „einen glänzenden Auftritt haben, nicht nur im Revier."[45] Zu einer der führenden Firmen im Marktsegment „Bergarbeiterkleidung" hat sich „Grubenhelden" entwickelt (Abb. 14). Gegründet wurde das Unternehmen 2016 in Gladbeck. Es entwirft aktuelle Mode und Accessoires mit Bezug auf den Steinkohlenbergbau des Ruhrgebiets:

> „Grubenhelden, das sind unsere Väter, Großväter, Onkel, Nachbarn. All die Kumpel und Malocher, die mit ihrer Hände Arbeit dazu beigetragen haben, diese Region zu dem zu machen, was sie heute ist. Die ihr ihre ehrliche und menschliche Seite verliehen haben.

---

[45] „Makerist wurde 2013 von Axel Heinz und Amber Riedl gegründet und ist europäischer Marktführer für E-Books und E-Learning-Produkte im boomenden Handarbeitssektor." Vgl. unter: www.makerist.de/patterns/grubenhelm-mit-lampe-haekelanleitung (Stand: 20.12.2019).

Abb. 14: Zip-Up Hoodie der Collection Grubenhelden, 2019

Grubenhelden, das ist unser Ansatz, Tradition und Zukunft zu vereinen. Stolz auf unsere Heimat zu sein, auf die Attribute, für die das Ruhrgebiet steht. [...] Ehrlichkeit ist im Ruhrgebiet wichtig. Und wer könnte ehrlicher die Geschichte der Vergangenheit erzählen als ein Zeitzeuge. Jemand, der dabei war unter Tage. Daher kommt die Authentizität in unserer Kollektion dadurch zum Ausdruck, dass in jedem einzelnen Teil ein Stück eines originalen Grubenhemdes hochwertig verarbeitet wird. Ob im T-Shirt, Hoodie oder in einer Cap, der Stoff, aus dem Geschichten sind, ist überall präsent."[46]

---

46 Vgl. unter: www.grubenhelden.de/de/content/4-uber-uns (Stand: 20.12.2019).

Was muss geleistet werden?

Die noch vorhandenen Akten, Materialien zum System der Gestellung und Reinigung von Arbeitskleidung innerhalb der RAG sollten gesichert und aufgearbeitet werden.

Die vergleichbaren Bestände in externen Unternehmen wie der Zulieferindustrie sollten entweder erschlossen oder zumindest über eine Vernetzung mit dem Deutschen Bergbau-Museum Bochum öffentlich gemacht werden.

Die Materialien und Prüfgeräte für die Materialanalyse sollten gesammelt werden. So könnten die Möglichkeiten und Grenzen der Entwicklung des Arbeitsschutzes besser aufgearbeitet werden. Ein Ansprechpartner wäre der TÜV Rheinland.

Die vorhandenen Fotobestände sollten aufgearbeitet werden. Auf vielen der Aufnahmen über und unter Tage kann man erkennen, was der Bergman trug. So lässt sich für die zurückliegenden Jahrzehnte die Art der Kleidung aufschlüsseln.

Die in den Museen vorhandenen Textilien und Schuhe sollten analysiert werden. Das Material muss auf Qualität, Verarbeitung und Verschleißspuren untersucht werden; wie lange trug tatsächlich ein Bergmann seine Kleidung? Daraus ergeben sich Antworten auf die Frage, ob es Auflagen gab, die geflickten Jacken und Hosen (oder zerrissenen und gelöcherten Teile) nicht mehr anziehen zu dürfen.

Im Rahmen des Projekts „Digitaler Gedächtnisspeicher – Menschen im Bergbau" sollte es zu weiteren qualitativen Interviews kommen. So könnte dezidiert nach den Tragegewohnheiten der ehemaligen Bergleute geforscht werden.

In einem weiteren Schritt könnten die Museen die Bekleidung unter qualitativen Aspekten sammeln. So könnten Geschichten zu einzelnen Objekten auftauchen, die viel über die Arbeit unter Tage erzählen. Ein berühmtes Objekt befindet sich im Deutschen Bergbau-Museum Bochum. Dort gibt es den Arbeitsschuh des Hauers Fritz Wienpahl, der bei einem Unglück 1930 auf Zeche Victor in Castrop-Rauxel verschüttet wurde und erst nach 183 Stunden gerettet wurde. Die Rettungsmannschaften versorgten ihn in der Zwischenzeit über ein Rohrsystem mit Suppe und Wasser. Sein Schuh diente ihm als Trinkbehälter.[47]

Ein weiterer Zugang zur Erschließung des Themas „Kleidungsverhalten im Bergbau" eröffnet sich über die Kunstgeschichte. Über eine ikonographische Deutung der „Bergbaumalerei" würden so auch für die ältere Zeit, wo nur wenige

---

[47] Vgl. Ganzelewski, Michael: Erde, in: Brüggemeier, Franz-Josef/Farrenkopf, Michael/Grütter, Heinrich Theodor (Hrsg.): Das Zeitalter der Kohle. Eine europäische Geschichte. Ausstellungskatalog des Deutschen Bergbau-Museums Bochum und des Ruhr Museums, Essen 2018, S. 54–65.

Abb. 15: Aufräumarbeiten in der Kaue der Zeche Amalie, Anton Tripp, Essen, 30. September 1966

oder keine Fotografien vorliegen, die Bilder mit Bergleuten gedeutet werden. Künstler wie Hermann Kätelhön legten Wert auf ihre realistische Darstellung.

Erst in der Kombination dieser Maßnahmen wird es möglich sein, ein neues Sammlungskonzept zu entwickeln. Wichtig wäre, für kommende Generationen einen Sammlungsbestand zu hinterlassen, der so aufgearbeitet ist, dass kommende Fragestellungen möglich sind. Zum Beispiel müsste es in fünfzig Jahren dann möglich sein zu fragen (und zu beantworten): Wie haben sich die Bergleute unter Tage gefühlt? Aus der Perspektive des Jahres 2070 wird es schwierig sein, körperlich anstrengende Arbeit unter erhöhten Temperaturen zu vermitteln. Deshalb kommt etwas so Einfachem wie der Kleidung, welche die Bergleute über den Zeitraum ihrer Schicht getragen haben, eine eminent wichtige Bedeutung bei. Viele Fragen sind noch offen, ökonomische wie alltagsgeschichtliche. Wichtig ist jetzt zu sammeln, da die Bergleute und ihre Angehörigen, die die Wäsche damals noch waschen und flicken mussten, noch leben und für Interviews zur Verfügung stehen (Abb. 15).

Attila Tózsa-Rigó

Infrastruktur und Logistik der Bergbauproduktion in Neusohl in der zweiten Hälfte des 16. Jahrhunderts

Die oberdeutschen Bankhäuser spielten eine herausragende Rolle im Bergwesen des Königreichs Ungarn. Die Investitionen der oberdeutschen Unternehmer betrafen in der frühen Neuzeit hauptsächlich die niederungarischen Bergbauregionen (heute in der Mittel- und Westslowakei). Die Untersuchungen zum Thema stimmen darin überein, dass die oberdeutschen Investoren eine grundlegende Rolle in der ungarischen Erzgewinnung spielten. Die Fachliteratur lenkte bisher nur wenig Aufmerksamkeit auf den infrastrukturellen Hintergrund des Bergbauwesens in Niederungarn im 16. Jahrhundert. Der vorliegende Beitrag beschäftigt sich daher mit den Geschäftsnetzwerken der oberdeutschen Bankhäuser in Mitteleuropa. Während der Forschungen erregten einige Fragen des ungarischen Bergbauwesens die Aufmerksamkeit. In der ersten Hälfte der vorliegenden Studie geht es um die technischen Innovationen von Johann Thurzó, in der zweiten Hälfte geht es um die Frage, welche Informationsgruppen der historischen Quellen analysiert werden können, um Beiträge zum Themenkreis Infrastruktur, Logistik und materielle Kultur der niederungarischen Kupferausbeutung und teilweise zur Erzausfuhr im Zeitabschnitt der Konzession der Augsburger Gesellschaft Paller & Weis gewinnen zu können.

Die niederungarischen Bergbaugebiete, die sich um die niederungarischen Bergstädte konzentrierten, gehörten zu den bedeutendsten in Europa. Die größten Städte waren das sog. „goldene" Kremnitz (auf ungarisch Körmöcbánya, heute Kremnica), das „silberne" Schemnitz (auf ung. Selmecbánya, heute Banska Stiavnica) und das „kupferne" Neusohl. Das Zentrum dieser Bergbau-Region war zweifelsohne Neusohl (auf ung. Besztercebánya, heute Banská Bystrica). In Neusohls Umgebung lagen vielleicht die bedeutendsten europäischen Kupferbergwerke im Spätmittelalter und in der frühen Neuzeit.

In der ersten Hälfte des 16. Jahrhunderts waren die Fugger die Hauptinvestoren in Neusohl. Die Partner der Fugger waren in diesem Unternehmen die Thurzó, genauer gesagt Johan Thurzó, oder anders Thurzó János. Die Fugger-Thurzó Gesellschaft spiegelt um die Jahrhundertwende und in den ersten Jahrzehnten des 16. Jahrhuderts die charakteristischen Merkmale der frühkapitalistischen Unternehmen wider.[1] Die Anteile der Gründer Jakob Fugger und Johann Thurzó

---

[1] Zur Gesellschaft Fugger-Thurzó ausführlicher: Tózsa-Rigó, Attila: A Fugger-Thurzó együtt-

Abb. 1: Wasserhebemaschine mit Wasserkraft, Georgius Agricola, 1557;
A. Die Gerinne; B. Die Haspel winden; C., D. Wassergerinne under den gängen;
E., F. Zwifache Schanfflen; G., H. Die Spillen; I. Die groβe Scheibe; K. Eiserne Seil; L. Die Bulgen;
M. Das hängende Hueβlin (Ledersack); N. Hengsitzer; O. Männer, die die Bulgen ausschütten

waren in 50–50 % bestimmt. Diese Aufteilung basierte auf verschiedenen Kapitalformen: Die Unternehmung der Fugger begründete die Bergbauinvestition mit

---

működés első szakasza az 1490-es években [Die erste Phase des Zusammenwirkens Fugger-Thurzó in den 1490er-Jahren], in: Bárány, Attila u. a. (Hrsg.): Hunyadi Mátyás és kora [Mathias Corvinus und sein Zeitalter], Debrecen 2019. S. 169–178.

Abb. 2: Verwendung der Wasserkraft, Georgius Agricola, 1557

finanziellen Mitteln, Thurzó trug zum Erfolg mit anderen Kapitaltypen bei. So konnte die Gesellschaft Thurzós bedeutende Verbindungen zum ungarischen Hof ausnutzen, die auf seine ausgedehnten technischen Kentnisse zurückgeführt werden können. Thurzó kann nämlich mit vollem Recht als eines der größten technischen Genies des Zeitalters bezeichnet werden.

Die von Thurzó teilweise noch in Polen entwickelten technischen Methoden wurden im Sinne des mit dem Ungarnkönig Mathias Corvinus geschlossenen Vertrags in einigen der ungarischen Gruben adaptiert. Diese Methoden wurden als Betriebsgeheimnis behandelt. Thurzó bekam den entsprechenden Anteil vom Profit der Bergwerke, in denen seine technischen Innovationen verwendet wurden. Im Vertrag von 1475 erweiterte König Mathias die Vereinbarung auf jede verlassene Grube, in denen das Wasser mit Hilfe von Thurzós Kehrrädern herausgehoben wurde (Abb. 1 und 2).[2]

---

[2] Vgl. Pölnitz, Götz Freiherr von: Jakob Fugger: Quellen und Erläuterungen, Bd. 2, Tübingen 1953, S. 19–20.

Schließlich bekamen Jakob Fugger und Johann Thurzó eine Ausbeutungserlaubnis für das neusohlische Kupfer im Jahre 1493. Außer der technischen Kenntnisse und der Kontakte mit dem ungarischen Hof, spielten bei der Gründung der Gesellschaft Thurzós Bergbau-Einrichtungen auch eine bedeutende Rolle. Letztendlich können noch Thurzós ausgedehnte Verbindungen in den Norden bis ins Baltikum erwähnt werden. Mehr als die Hälfte des Kupferexports der Gesellschaft wurde mit Hilfe dieses Netzwerkes und unter dem Namen von Thurzó abgewickelt.[3]

Technische Prozesse der Kupfergewinnung im Zeitabschnitt Fugger-Thurzó

Die Rohrschmelzung wurde in den Erzöfen vorgenommen (Abb. 3). In der Zeit von Fugger und Thurzó bildete das wöchentliche Quantum für zwei Öfen circa 18 500 kg. Es waren dies zwei doppelte Öfen, die eng nebeneinander aufgebaut waren und in denen die Schmelzung abwechselnd durchgeführt wurde. Die Bedienung der Öfen erforderte stets je einen Schmelzmeister, einen Helfer, sowie einen Fürmesser, welch Letzterer zwei Öfen gleichzeitig bedienen konnte.

Durch die Röstung des Frischlechs wurde eine Masse gewonnen, die als Röst bezeichnet wurde.[4] Es gab aber die Möglichkeit noch nicht, aus diesem Röst reines Kupfer zu produzieren, denn es war noch eine weitere Schmelzung notwendig. Durch die Schmelzung dieser Masse bekam man ein schwarzes oder gelbes Rohkupfer, je nach dem Silbergehalt während des Schmelzprozesses. Das somit gewonnene Rohkupfer bildete gleichzeitig das Endprodukt des ersten Abschnittes in der hüttenmäßigen Verarbeitung des Erzes. Die Herstellung von Reinkupfer aus dem Rohkupfer wurde sodann durch den Raffinationsprozess in den Spleißhütten durchgeführt.[5] Die gewinnbringende Entsilberung wurde durch die verfahrenstechnische Zusatzentwicklung von Thurzó, dem Spleißen, ermög-

---

[3] Zu den Verbindungen mit dem ungarischen Hof ausführlicher: Magyar Életrajzi Lexikon [Ungarisches biographisches Lexikon]. Magyar Elektronikus Könyvtár [Ungarische elektronische Bibliothek]. Unter: http://mek.oszk.hu/00300/00355/html/ABC15363/15712.htm. (Stand: 06. Mai 2020).

[4] Frischschmelzen oder Frischarbeit hieß in Ungarn die Arbeit, wodurch das in den verrösteten Rohlechen steckende Silber ins Blei gebracht wurde. Es hing vom Silbergehalt ab, wie viel Silber daraus kam und wie viel davon in den Frischschlacken und dem Frischlech zurückblieb. Vgl. Deutsche Encyclopädie oder Allgemeines Real-Wörterbuch aller Kunste und Wissenschaften von einer Gesellschaft Gelehrten, Bd. 10, Frankfurt a. M. 1785, S. 556.

[5] Vgl. Kalus, Peter: Die Fugger in der Slowakei, Augsburg 1999. S. 27.

Abb. 3: „Das Gewelb des heintzen" (Heizgewölbe), Georgius Agricola, 1557

licht. Thurzós technologische Neuerungen in der Kupfer- und Silbergewinnung beruhten auf der Kombination von Spleißen und Saigern. Das Spleißen bildete die zweite Phase des dreistufigen Prozesses (Schmelzen, Spleißen, Saigern) der Verhüttung in Neusohl.[6]

---

[6] Vgl. Skladaný, Marián: Die Entsilberung des Neusohler Schwarzkupfers als historiographisches Problem, in: Bartels, Christoph/Denzel, Markus A. (Hrsg.): Konjunkturen im europäischen

Die Dosierung des Rohkupfers für die Spleißhütten belief sich auf die Menge von 36 bis 40 Zentner. Für die Raffinierung wurde hartes Holz verwendet. Der Prozess dauerte etwa 7 bis 8 Stunden. Die Feuerungen wurden mit Kohlen vorgewärmt. Bei jedem Ofen arbeiteten stets zwei Spleißer, die das Kupfer während der Feuerungen abkühlten. Die Schlacke mußte stets entfernt werden. Aus den Schlacken wurde das rote Rohkupfer gewonnen. Aus der von der Reinigung des Rotkupfers übriggebliebenen Schlacke gewann man das sog. Preußen- oder Libettenkupfer, das von drittrangiger Qualität war.[7] Libettenkupfer bekam seinen Namen von der Siedlung Libetbánya (heute in der Slow. Ľubietová, auf deutsch Libethen). Der letzte Abschnitt war die Seigerung. Sie erforderte ein silberhaltiges Kupfer, das sog. Reichkupfer. Wie allgemein bekannt, wurde das Reichkupfer mit Blei geschmolzen und dann in zweiter Phase der Seigerung das im Kupfer vorhandene Silber vom Blei absorbiert, d. h. das Silber wurde samt dem Blei vom Kupfer abgeseigert. Die Trennung von Silber aus dem Kupfer war nicht möglich gewesen, bis Thurzó die um 1460 erfundene, oben erwähnte Methode des Seigerns in den ungarischen Bergstädten einführte. Da das Neusohler Kupfer besonders silberhaltig war, war die saubere Trennung der beiden Metalle gewinnbringend, wenn auch der Verlust durch das Verfahren sehr hoch war.[8]

Die andere wichtige technische Innovation von Johann Thurzó betraf ein anderes, aber auch sehr bedeutendes Problem des Bergbaus. Das war die Trockenlegung der Stollen. Bei der Entwässerung war die Antriebskraft von herausragender Bedeutung. Der Wirkungsgrad der menschlichen und der tierischen Kraft war ziemlich begrenzt. Das hat Thurzó erkannt und das war das zentrale Element seiner technischen Konzeption.

Er hat für die Aushebung von Wasser aus den Stollen Wasserkraft verwendet (Abb. 1). Dank dieser Energie, die Thurzós Kehrräder antrieb, war die Konstruktion sehr effektiv, und die Anlage konnte die Stollen in 14 Tagen trockenlegen.

Bergbau in vorindustrieller Zeit. Festschrift für Ekkehard Westermann zum 60. Geburtstag, Stuttgart 2000, S. 173–188, hier: S. 178.

[7] Zum Preußen- und Libettenkupfer: Vlachović, Josef: Die Kupfererzeugung und der Kupferhandel in der Slowakei vom Ende bis zur Mitte des 17. Jahrhunderts, in: Kellenbenz, Hermann (Hrsg.): Schwerpunkte der Kupferproduktion und des Kupferhandels in Europa 1500–1650. Kölner Kolloquien zur Internationalen Sozial- und Wirtschaftsgeschichte, Bd. 3, Köln/Wien 1977, S. 148–171, hier: S. 150, 154.

[8] Vgl. Kalus, Peter: Die Fugger (s. Anmerkung 5), S. 28–30. Die Endprodukte des Saigerns, Silber und Garkupfer, waren zusammen etwa zwei Drittel teurer als das Ausgangsprodukt Schwarzkupfer. Vgl. ebd. Im Gegensatz zur Kalus' Meinung behauptet Skladaný, dass die Schwarzkupfererze des Montanreviers um Neusohl im Vergleich mit Revieren in Tirol oder in Böhmen verhältnismäßig silberarm waren. Skladaný, Marián: Die Entsilberung (s. Anmerkung 6), S. 178.

Das Wasser wurde in großen Säcken von den Stollen ausgehoben, in je einem Sack zu einem Fuder Wasser (ein Fuder entsprach circa 1611 Liter). Die andere wichtige technische Innovation war, dass Thurzó die nötige Ressource für den Antrieb mit langen Wasserleitungen sicherte (Abb. 2). Sie lieferten die Wassermenge für das Betreiben der Entwässerungsanlage. Das grundlegende Problem der Konstruktion war, dass sie von den Wetterbedingungen abhing, d. h. Thurzós Anlage in den trockenen Sommermonaten und im Winter, als die Bäche in den Wäldern oft eingefroren waren, nicht funktionierte.[9]

Die Fugger-Thurzó Gesellschaft bildete nicht nur für Thurzó, sondern auch für Jakob Fugger ein sehr wichtiges Geschäftsfeld. Was die Fugger betrifft, kann das Neusohl-Projekt ebenfalls als hervorragend bewertet werden. Neben dem bedeutenden Profit muss betont werden, dass die Fugger mit dem Neusohl-Projekt das Ziel, in Ostmitteleuropa einzudringen, erreichten und es ihnen zugleich gelang, einen der bedeutendsten Bodenschätze der Region rentabel auszubeuten. Die mit Thurzó gegründete Gesellschaft kann nicht nur als ein erster Schritt in dieser Richtung bewertet werden, sondern bestimmte die Strategie der Fugger bis Mitte des 16. Jahrhunderts grundlegend. Vielleicht einer der anerkanntesten Experten der Fugger-Forschung, Mark Häberlein, formulierte die Bedeutung der Gesellschaft auf adäquate Weise: Für den bedeutendsten Geschäftsakteur des damaligen Europas, Jakob Fugger, war der wichtigste Geschäftspartner Johann Thurzó.[10]

Später übernahmen die Manlich von den Fuggern das „Neusohl-Projekt". In den letzten Jahrzehnten des Jahrhunderts tauchten schon zahlreiche technische Probleme auf und Melchior Manlich und seinem Partner Philip Welser gelang es nicht, ihre Neusohl-Konzession profitabel zu beenden. Über die technischen Schwierigkeiten kann man in den Quellen der 1560er-Jahre immer häufiger lesen.[11]

---

9 Vgl. Paulinyi, Oszkár: A bányavíz leküzdése érdekében létesített első tárózómedencék és váltókerekek [Die ersten Speicherbecken und Wechselräder für die Bekämpfung des Grubenwassers], in: Paulinyi, Oszkár: Gazdag föld – szegény ország. Tanulmányok a magyar bányaművelés múltjából [Reicher Boden – armes Land. Studien aus dem Kreis der ungarischen Montangeschichte], hrsg. v. Búza, János/Draskóczy, István, Budapest 2005, S. 315–334, hier: S. 323–324.
10 Häberlein, Mark: Die Fugger. Geschichte einer Augsburger Familie (1367–1650). Stuttgart, 2006, S. 64.
11 Vgl. Österreichische Staatsarchiv (ÖStA) Finanz- und Hofkammerarchiv (FHKA) Ungarisches Münz- und Bergwesen (UMBW) 10. (1567–1568). Ohne Anspruch auf die Vollständigkeit: fol. 544r–547v, fol. 637v, fol. 877r–882v.

Das Paller-Weis Zeitalter

Für die profitable Erzgewinnung brauchten die Habsburger neue Investoren. Der Paller-Weis Konzern (Wolfgang Paller und Leonhard Weis) bekam 1569 eine bedeutende Ausbeutungs- und Ausfuhrkonzession für Kupfererz um Neusohl.[12] Die Verbindung zwischen den Augsburgern und der Finanzverwaltung der Habsburger beruhte grundsätzlich auf den früheren Kreditleistungen der oberdeutschen Unternehmer. Daraus resultierend war der Kaiser den zwei erwähnten Kreditgebern aus Augsburg im Jahre 1569 mehr als eine halbe Million rheinische Gulden schuldig. Nach den diesbezüglichen Verweisungen der Kammer hätten davon fast 280 000 rheinische Gulden aus dem Kupferbergbau in Niederungarn getilgt werden sollen.[13]

Wegen der bei der Gesellschaft der Manlich-Welser schon erwähnten technischen Schwierigkeiten schien die Ausbeutungskonzession für neusohlisches Kupfer in den 1560er-Jahren eine nicht sehr vielversprechende Geschäftsidee zu sein – im Gegensatz zu den letzten Jahren des vorigen Jahrhunderts. Die Bedeutung der Montangeschäfte darf selbstverständlich nicht unterschätzt werden, aber die diesbezüglichen Quellen müssen aufmerksam analysiert werden. Auf diese Weise kann man erörtern, ob das Neusohl-Projekt für Paller und Weis wirklich als eine Möglichkeit betrachtet werden kann, die damalige wirtschaftliche Krise zu überwinden oder ob sich die Konzession zwangsläufig ergeben hat.

Die Quellen weisen zweifellos darauf hin, dass Paller und Weis keinesfalls davon begeistert waren, dass ihre Forderungen ausschließlich durch Kupferlieferungen getilgt wurden. Nach langwierigen Verhandlungen ist es den Parteien schließlich gelungen, eine Vereinbarung zu treffen und auf diese Weise entstand das Beszterce-Projekt zwischen dem kaiserlichen Hof und der Firma Paller und Weis im Mai 1569. Laut des Vertrags waren Paller und Weis berechtigt, in den

---

12 Zur Rolle der Augsburger im Geschäftsleben des Königreichs Ungarn: Tózsa-Rigó, Attila: A dunai térség szerepe a kora újkori Közép-Európa gazdasági rendszerében. Délnémet, osztrák, (cseh-)morva, és nyugat-magyarországi városok üzleti és társadalmi hálózatai [Die Rolle des Donauraums im mitteleuropäischen Wirtschaftssystem in der frühen Neuzeit. Geschäfts- und verwandtschaftliche Netzwerke der oberdeutschen, österreichischen, (böhmisch-)mährischen und westungarischen Städte], Miskolc 2014, S. 198–203.
13 Zum Neusohl-Projekt der Gesellschaft Paller-Weis und zur Wirtschaftskrise der zweiten Hälfte des 16. Jahrhunderts: Tózsa-Rigó, Attila: A nagy túlélők. A Paller-Weis társaság (1569–1582) hiteltevékenysége és a besztercebányai rézüzlet kapcsolata [Die großen Überlebenden. Zusammenhänge zwischen der Kredittätigkeit der Gesellschaft Paller-Weis (1569–1582) und dem Neusohler Kupfergeschäft], in: Magyar Gazdaságtörténeti Évkönyv [Jahrbuch für ungarische Wirtschaftsgeschichte] 2, 2017–2018, S. 67–100.

nächsten drei Jahren aus Neusohl 15 000 Zentner Kupfer – nach der Bezahlung der gewöhnlichen Zollsummen – ins Ausland liefern zu dürfen. Paller und Weis konnten das Kupfer in westlicher Richtung bis Wien zollfrei transportieren. Auf Grund der Kalkulationen kostete das Kupfer 13 Gulden und 15 Kreuzer pro Zentner. Mit der oben erwähnten Menge der wertvollen Rohstoffe wollte die Krone ihre Schulden tilgen. Kaiser Maximilian II. und sein Reichspfennigmeister Georg Ilsung wollten die ganze Forderung der Paller und Weis der Kupferausbeutung in Neusohl anlasten. Die Augsburger lehnten dies aber kategorisch ab und bewilligten, ausschließlich nur die Summe von 280 000 rhein. Gulden aus den Kupferlieferungen zu tilgen. Diese Tatsache zeigt uns, dass Paller und Weis nicht riskieren wollten, die ganze Forderung aus der Kupferausbeutung ausgleichen zu lassen. Es war nämlich gar nicht sicher, dass man aus den Stollen um Neusohl eine ausreichende Menge von Kupfererz während des zur Verfügung stehenden Zeitabschnitts ausbeuten konnte.

Infrastruktur – Logistik – Materielle Kultur

Die Gesellschaft Paller und Weis konnte die erste Etappe der Konzession schließlich rentabel ausnutzen. Der Vertrag für Kupfererz-Ausbeutung zwischen dem Augsburger Konzern und dem Haus Habsburg wurde dreimal erneuert. Der lange Text des Vertrags aus dem Jahre 1569 betrifft vorwiegend die Umstände der Kupfertransporte und des Kupferhandels (verschiedene Bedingungen der Kupferausfuhr, Ablaufplanung, mögliche Handelsrichtungen usw.).[14] Der Text informiert uns über die materielle Kultur des damaligen Bergbaus fast gar nicht. Demgegenüber bieten uns die Quellen der Niederösterreichischen Kammer einen Überblick, in welch einem technischen Zustand die Bergwerke in der zweiten Hälfte der 1560er-Jahre waren. Obwohl sich die Mehrheit der Dokumente mit dem Kupferexport beschäftigt, kann man auch wichtige Informationsgruppen zum Thema Infrastruktur und Logistik identifizieren.

Meine Analyse basiert auf den Quellen der Niederösterreichischen Kammer, und zwar auf der Quellensammlung Ungarisches Münz- und Bergwesen (ÖStA FHKA UMBW).[15] Diese Analyse verspricht tragfähige Beiträge sowohl für die

---

[14] Vgl. Hildebrandt, Reinhard (Hrsg.): Quellen und Regesten zu den Augsburger Handelshäusern Paler und Rehlinger 1539–1642. Wirtschaft und Politik im 16./17. Jahrhundert, Teil 1: 1539–1623, Stuttgart 1996, Dokument Nr. 39, S. 76–86.
[15] Ich konnte meine Forschungen 2019 mit Hilfe eines Forschungsstipendiums Collegium Hungaricum CH2 in Wien durchführen. András Oross (Ungarische Archivdelegation beim Östereichi-

Wirtschaftsgeschichte als auch für die Bergbaugeschichte der frühen Neuzeit und rückt die Umstände des ungarischen Bergbauwesens um Neusohl in ein neues Licht.

Die Quellen informieren uns unter Anderem über die Arbeitskraft in Neusohl. In den Dokumenten ist mehrmals erwähnt, dass die Kammer sehr oft Fachleute aus Tirol und seltener aus Joachimstahl beschäftigte.[16] Einer der Fachleute im analysierten Zeitabschnitt, Ulrich Dreiling, stammte wahrscheinlich auch aus Tirol. Die in Neusohl beschäftigten Fachleute standen mit dem Verwalter der Fugger in Schwaz in Verbindung.[17] Außer Bergleuten und anderer technischer Fachleute beschäftigten die Neusohler Bergwerke selbstverständlich auch eigene Arbeitskräfte für administrative und finanzielle Aufgabenbereiche. Man kann auf Grund der Quellen behaupten, dass es in der Nähe der Stollen, d. h. „am Berg", Schreibstuben gab, in denen Schreiber arbeiteten.[18] Die Quellen informieren uns auch darüber, dass in Neusohl wahrscheinlich mehrere Buchhalter arbeiteten und es einen obersten Buchhalter gab, der mit den bedeutendsten Kaufleuten in Kontakt stand.

Es ist ein Nachweis oder im heutigen Sinne eine Statistik über die Kupferherstellung aus der ersten Hälfte des Jahres 1567 erhalten. Er kann als ein wichtiger Beitrag für die materielle Kultur des frühneuzeitlichen Bergbauwesens bewertet werden, da im Text zu lesen ist, dass es in der Nähe von Neusohl zwei Spleißhütten gab, und zwar eine in Tryba (Theya/Teyba) und eine andere in Palaggen.[19] Allerdings ist die Schreibweise der Hütten unsicher und die Lokalisierung fragwürdig. Im ersten Fall geht es höchstwahrscheinlich um die Spleißhütten in Tajov in der Nähe von Neusohl. Die Wälder um Theya/Theyba sind in der Quelle mehrmals erwähnt.[20] Es ist auch eine andere Version des Namens dieser Spleißhütte in anderen Quellen erhalten, und zwar Taya Hütte.[21] Die Lokalisierung der Hütte in Palaggen ist mir bisher nicht gelungen. Auf Ungarisch entspricht dem erwähnten Siedlungsnamen vielleicht Palánk: Palánk heißt auf Deutsch Palisade oder Bohle und wurde im Ungarischen sehr oft als Siedlungsname verwendet.

---

schen Staatsarchiv, Wien) leistete mir eine unentbehrliche Hilfe bei meinen Forschungen, wofür ich ihm hier meinen besten Dank aussprechen möchte.
16 Vgl. ÖStA FHKA UMBW 10. fol. 415r–v, fol. 425r, fol. 464r–v.
17 Vgl. ÖStA FHKA UMBW 10. fol. 415r–v. Zu Fachleuten aus Joachimstahl: ÖStA FHKA UMBW 10. fol. 418v.
18 Vgl. ÖStA FHKA UMBW 10. fol. 417v.
19 Vgl. ÖStA FHKA UMBW 10. fol. 480r.
20 Vgl. ÖStA FHKA UMBW 10. fol. 496r–498v; fol. 499r–500r.
21 Skladaný, Marián: Die Entsilberung (s. Anmerkung 6) S. 184.

Es ist noch eine andere Spleißhütte in Moschnitz erwähnt. Die Benennung ist irreführend, denn es geht selbstverständlich nicht um Moschnitz in Südpreußen, sondern um die sog. „Polnische oder Polacken Hütte" in Moschnitz, das in der Nähe von Neusohl, genauer im Grantal lag. Heute heißt der Ort Moštenica (auf Ungarisch Mosód).[22] Es geht im Text um die Erzeugung des bereits erwähnten Preußen- und Libettenkupfers. Die Quelle informiert uns kurz über die verschiedenen Phasen der Verspleißung und auch über die nötigen Werkzeuge.

Wichtige weitere Beiträge kann man aus den 1560er-Jahren finden. Die Quellen informieren uns auch über bedeutende Bauarbeiten, bevor die Firma Paller und Weiß die erwähnte Konzession erworben hat. Die Bauarbeiten sind aber leider nicht im Detail beschrieben.

Auf Grund der Informationen über die Administration der Kammer lässt sich folgern, dass der sog. oberste Zeugmeister (in dieser Zeit Franz von Porrendorf oder Pottendorf) in Neusohl eine koordinierende Tätigkeit von großer Bedeutung ausübte. Er sorgte für die Einrichtungen und weitere Ausrüstungen in Neusohl. Höchstwahrscheinlich arbeiteten dem „obristen" Zeugmeister untergeordnet mehrere weitere Zeugmeister, wie zum Beispiel Proviantmeister, die für die Versorgung der Bergleute und der Beamten verantwortlich waren.[23] Der Text informiert uns auch darüber, dass der sog. Zeugwart(meister) dafür verantwortlich war, die in den Verträgen bestimmte Kupfermenge den Faktoren oder anderen Vertretern der Kaufleute und Unternehmer auszuliefern. Es gab auch noch einen (oder mehrere) Bauschreiber, der hauptsächlich die Bauarbeiten koordinierte.[24]

Letztendlich seien hier noch einige interessante Datenreihen für frühneuzeitliche Kupferausbeutung erörtert. Man kann in den Dokumenten des Finanz- und Hofkammerarchivs unter dem Titel „Verzaichnus aller ausgaben was auf Schmelzung der 800 C[enten] gar khupffer ausgangen und verwandt worden" auch darüber lesen, welch eine Logistik und welche materielle Infrastruktur die Herstellung und der Transport von 800 Zentner Rohkupfer erforderten.[25] Die Informationen der Quelle rücken auch ins Licht, warum die Kupferausbeutung für die Habsburger und auch für andere Staatszentren des Zeitalters so wichtig war. Die erwähnte Kupfermenge wurde nach Wien geliefert, um dort Messing für das Kanonengießen herzustellen.[26] Der sog. Fürlohn kostete z. B. 50 denar pro

---

22 Ich bin für die Lokalisierung meinem Freund und Kollegen Miroslav Lacko dankbar.
23 Vgl. ÖStA FHKA UMBW 10. fol. 639r.
24 Vgl. ÖStA FHKA UMBW 10. fol. 707v.
25 ÖStA FHKA UMBW 10. fol. 707r–709v.
26 „Verzaichnus was die Acht Hundert Centen gar khupffer, so man zu giessung etliche Geschütz herauf auß dem Neusoll gebracht hat" ÖStA FHKA UMBW 10. fol. 707r.

Zentner. Die Lieferungskosten von Neusohl bis Wien (circa 300 km) betrugen also circa 400 ungarische Gulden. Dieser Summe entsprachen 500 rheinische Gulden.[27] Als Referenzangabe kann eine Information aus dem Jahre 1568 angeführt werden. Ein Inventar der Burg Kanizsa (Südwestungarn) gibt an, dass eine Kanone 12 ungarische Gulden pro Zentner kostete.[28] In diesem Fall geht es aber nicht nur um den Metallgehalt, sondern das Gewicht umfasst das Metall (Kanonenrohr) und alles weitere Zubehör der Kanone. Das Kanonengiessen war für die Habsburger – stellt man die militärischen Umstände des Zeitalters in Rechnung – von höchster Bedeutung. Dies wird auch im mit der Firma Paller und Weis geschlossenen Vertrag von 1569 betont. Die Kammer sicherte sich eine näher nicht bestimmte Menge von Kupfererz für ihre eigenen, insbesondere militärischen Zwecke: „Behalten wir unns hiemit austruckenlich bevor, was wir selbst [...] Zu unnserer aignen notturfft für Khupfer als Zu giessung aller geschüz, Gloggenmachung und Zuberaitung allerlay Khuchelgeschier, gepey".[29]

Das Dokument informiert uns darüber, wieviel Gießharz (in der Quelle: „Gueßherts"), Blasebälge („Plaßbalg") und andere Werkzeuge die Herstellung erwähnter Kupfermenge brauchte. Auf Grund des Verzeichnisses kosteten die erwähnten Materialien und Werkzeuge für 800 Zentner Kupfer fast 38 Gulden. In der Quelle ist weiterhin zu lesen, dass der Kessel zu Verhüttung des Kupfers ummauert wurde. Der Neusohler Bauschreiber verzeichnete zu diesen Arbeiten Kalk, Ziegel und auch Sand (*„khalch unnd Ziegl auch auf Sanndt"*) und er brauchte auch weitere Arbeiter.[30] Die Rohstoffe und die Arbeit kosteten insgesamt mehr als 11 Gulden. In der bestimmten Phase der Erzeugung wirkten höchstwahrscheinlich mehrere Kupferschmiede zusammen. Ihre Arbeit wurde von einem Kupferschmied-Meister koordiniert. Vom Meister Sebastian Hergerhofer wurden für ihre Arbeit dreissig Tiegel beschaffen.[31] Das Rohkupfer wurde in halbkugelför-

---

27 Bisher habe ich leider keine Information darüber gefunden, wieviel Kupfer die Herstellung einer „mittelmäßigen" Kanone brauchte. Da bei der Herstellung verschiedene Metalllegierungen verwendet wurden, kann man solch eine durchschnittliche Menge gar nicht bestimmen. Auf Grund mündlicher Mitteilung des Militärhistorikers Béla Sarusi Kiss.
28 Vgl. Domokos, György: Inventáriumok a Királyi Magyarországon és az Erdélyi Fejedelemségben a 16–17. században: váraink fegyverzete és hadfelszerelése [Inventare im Königreich Ungarn und im Fürstentum Siebenbürgen vom 16. bis 17. Jahrhundert: Bewaffnung und Ausrüstung unserer Burgen], in: A hódoltság kora. Szakkönyv- és tanulmánygyűjtemény a törökkor történelméből, PC-CD-ROM, Budapest 2005, S. 30. Ich bin für die fachliche Hilfe von György Domokos dankbar.
29 Hildebrandt, Reinhard (Hrsg.): Quellen (s. Anmerkung 14), Dokument Nr. 39, S. 83–84.
30 ÖStA FHKA UMBW 10. fol. 707v.
31 „dreyssig khupfferin degel [...] zu guessung des khupffer[s]", ebd.

mige Luppen gegossen. Die benötigten Werkzeuge der Kupferschmiede kosteten mehr als 52 Gulden. Der Arbeitslohn betrug bei dieser Phase circa 18 Gulden.[32] Der Transport des Rohkupfers in der erwähnten Menge benötigte 13 bis 14 Wagen. Es gab noch weitere Arbeitsphasen, die selbstverständlich weitere Kosten verursachten. Für sie brauchte man weitere Mengen von Kalk und Sand und es wurden noch mehrere Taglöhner („*Tagwerkher*") verwendet.[33] Der Lohn des Kupferschmiedes und des Gießers betrug 12,5 Gulden. Es gab noch Unterhaltskosten für Männer, die den Transport bis Wien begleiteten.[34] Sie betrugen mehr als 27 Gulden. Insgesamt kosteten also die Herstellung und der Transport von 800 Zentner circa 1017 Gulden.[35]

Die Quellen der niederösterreichischen Kammer bieten also bedeutende Beiträge zur materiellen Kultur des Bergbaus in der Frühen Neuzeit. In diesem Bestand ist z.B. auch ein langes Inventar über Werkzeuge und Arbeiterlöhne für die Münzprägung aus dem Jahr 1569 zu finden.[36] Diese Informationen stehen aber zum Thema der vorliegenden Studie nicht in unmittelbarem Zusammenhang. In Zukunft sollte die Forschung über diese Quellengruppe unbedingt erweitert werden.

---

32 Vgl. ÖStA FHKA UMBW 10. fol. 708r.
33 Vgl. ebd.
34 „fuer die Zerung unnd herberg gilt alhie in Wien die Zeit so sy hie gewesen" ÖStA FHKA UMBW 10. fol. 708v.
35 Vgl. ebd.
36 Vgl. ÖStA FHKA UMBW 11. fol. 16r–18v.

Andrea Riedel

Vom Gnadengroschen zur Rentenformel – die (historische) Rolle der Sammelbüchse der Freiberger Hüttenknappschaft im Alltag des Freiberger Reviers

Das Stadt- und Bergbaumuseum Freiberg ist eines der ältesten auf bürgerlichem Engagement beruhenden sächsischen Museen. Neben der Dauerausstellung, Sonderausstellungen und der umfangreichen Sammlung gibt es verschiedene Forschungsvorhaben zu Objekten des Hauses. In Vorbereitung der vierten Sächsischen Landesausstellung 2020 als auch einer eigenen Sonderausstellung wurde die Sammelbüchse der Freiberger Hüttenknappschaft als ein exemplarisches Beispiel der Sozialgeschichte des sächsischen Erzbergbaus untersucht. Besonders bedeutsam und wertvoll ist die Sammelbüchse, da die Hüttenknappschaft in den bisherigen Forschungen unterrepräsentiert ist.

Die Sammelbüchse steht symbolisch für die Geschichte der Freiberger Knappschaft. Sie ist ein äußerst seltenes Sachzeugnis der Frühzeit der „Sozialversicherung" und somit keine Massenware, zylindrisch, aus Roheisen gefertigt und grün bemalt. Die Höhe beträgt 20 cm, der Durchmesser 14 cm. Der Deckel ist mit drei trapezförmigen, im Dreieck angeordneten Eisenbändern mit Scharnieren versehen. An zwei der Scharniere schließen sich kurze Eisenbänder an, die je einen Schlitz für die an der Seitenwand befestigten Ösen besitzen. Ein an der Büchsenwand fest angebrachtes schmales Eisenband dient der ständigen Verbindung von Korpus und Deckel. Mittels zweier Hängeschlösser konnte man die Sammelbüchse sicher verschließen. Der Deckel selbst hat einen 3 cm langen Schlitz für das Einwerfen der Münzen sowie einen Ring mit beweglicher Öse zum Tragen oder auch Befestigen der Büchse. Vorn befindet sich ein Schild mit dem farbigen Wappen des Herzogtums Sachsen, darunter in gotischer Art die Jahreszahl 1546. Seitlich besitzt die Büchse zwei weitere Schilder, auf denen auf rotem Grund gekreuzt das Hüttengezähe, Forke und Glätthaken sowie die Initialen „DS" zu sehen sind. Die Buchstaben stehen höchstwahrscheinlich für den damaligen Ältesten der Hüttenknappschaft. Der obere und untere Rand sowie die Schließen sind mit einer einfachen schwarzen Kante verziert. Die Büchse wurde in einer Bergschmiede, wie aktuelle Untersuchungen zeigen, angefertigt. Die angewand-

Abb. 1: Die Sammelbüchse der Freiberger Hüttenknappschaft mit dem Wappen des Herzogtums Sachsen und der Jahreszahl 1546

ten Handwerkstechniken waren: Schmieden, Sägen, Bohren, Lochen, Nieten, Stauchen, Abkanten, Schleifen, Feilen und Bördeln (Abb. 1 und 2).[1]

Was sagt uns dieses Alltagsobjekt als Gebrauchsgegenstand? Man kannte im Mittelalter keine Trennung von Religion und weltlichem Leben. Kirche und Glauben durchdrangen die Gesellschaft in alle Winkel. Der gegenseitige Beistand innerhalb der Berufsgruppe, die religiöse Fürbitte, Andachten, Totengedenken und Fürsorge im Alltag verschränkten sich miteinander. Den Bergbau und die Berggemeinde sah man in Gottes Hand, ebenso das Schicksal jedes Einzelnen. Reichen Bergbaugewinn begriff man als göttlichen Segen, Unglück und Misser-

---

[1] Vgl. Sächsische Landesstelle für Museumswesen (Hrsg.): Sächsische Museen, Stadt- und Bergbaumuseum Freiberg, Chemnitz 2005, S. 122–124.

Abb. 2: Die Sammelbüchse der Freiberger Hüttenknappschaft mit gekreuztem Hüttengezähe (Forke & Glätthaken) auf rotem Grund sowie den Initialen „D S"

folg als Bestrafung. Der Zusammenschluss in den Gebets- und Solidarbruderschaften war die Antwort auf eine Lebens- und Arbeitsrealität an den Grenzen zu Fegefeuer und Hölle.

Bischof Johann von Hildesheim (1257 bis 1260) stellte am 28. Dezember 1260 zwei Urkunden gleichen Rechtsinhaltes aus. Der Hildesheimer Bischof sicherte darin der Bruderschaft zu St. Johannes, außerhalb der Goslarer Mauern und vor dem Rammelsberg gelegen, seinen Schutz und seine Hilfe zu. Diese beiden Urkunden stellen die frühesten schriftlichen Belege für eine Bergleutebruderschaft mit sozial-karitativem Charakter im deutschsprachigen Raum dar.[2]

---

[2] Vgl. Weltkulturerbe Erzbergwerk Rammelsberg Goslar (Hrsg.): Auf breiten Schultern – 750 Jahre Knappschaft, Kurzführer, Goslar 2011.

Die im Jahr 1168 auf der Flur der bäuerlichen Siedlung Christiansdorf gefundenen Silberadern lockten zahlreiche (Harzer) Bergleute an. Der Fund führte zum Rücktausch eines Teils des Gebietes, das zuvor dem Kloster Marienzella (Altzelle) vom Markgrafen Otto von Meißen (der Reiche) übertragen worden war. Durch den Erzfund entstanden in kurzer Zeit Siedlungskomplexe neben dem 1185 letztmalig erwähnten Christiansdorf. Dazu zählen die Bergleutesiedlungen um St. Jakobi, die Kaufleutesiedlung um St. Nikolai, das Burglehnviertel mit der Burg und der Marienkirche (heutiger Dom St. Marien). Die Anlage der Oberstadt mit dem Obermarkt und der Petrikirche bildeten den Abschluss im Gründungsprozess der Bergstadt Freiberg. Die Ansiedlung entwickelte sich rasch zur Berghauptstadt des Erzgebirges mit Bergschöppenstuhl als oberste bergrechtliche Instanz und Münzstätte. Als eine erste Glanzzeit des Freiberger Bergbaus gilt die Zeit vom Fündig werden bis gegen Ende des 13. Jahrhunderts. Fast mühelos wurden die Schätze aus der Erde gehoben. Das Silbererz war von solcher Fülle und Reinheit, dass der berühmte Naturforscher des 13. Jahrhunderts, der Dominikaner Albertus Magnus, notierte: „Das Silber ist reiner als irgendetwas, das man in Stein findet; es ist die reinste und beste Art von Silber. Es hat wenig Beimischung, als ob es durch den Fleiß der Natur gereinigt sei."[3]

Markgraf Otto von Meißen (der Reiche) erlangte das Bergregal für seine Markgrafschaft. Die Freiheit für jeden, nach Erz schürfen zu dürfen, stellte die rechtliche Grundlage für den Betrieb des Bergbaus dar. Das sehr frühzeitig herausgebildete Freiberger Bergrecht wurde von zahlreichen europäischen Montanzentren übernommen und im 14. Jahrhundert in zwei Ausführungen kodifiziert (Abb. 3).

Unmittelbar mit dem Bergbau ist das Hüttenwesen verbunden. Die ersten Hütten entstanden vorwiegend am Münzbach und der Freiberger Mulde. Mit Beginn des 14. Jahrhunderts betrieben die Landesherren Hütten auf eigene Rechnung. In den Hütten wurde das silberhaltige Gestein durch einfaches Ausschmelzen zum Münzmetall. Davon profitierte die Freiberger Münze, welche erstmals 1244 urkundlich erwähnt wurde und sich bis 1556 zur Hauptmünzstätte der Markgrafschaft Meißen entwickelte. Versuche, auch außerhalb des ursprünglichen Bergreviers Freiberg neue Silbervorkommen zu entdecken, hatten im benachbarten Dippoldiswalde Erfolg. Die aktuellen Untersuchungen des Sächsischen Landesamtes für Archäologie und des Sächsischen Oberbergamtes zeigen, dass der Bergbau dort seine Anfänge um 1200 hatte.[4]

---

3 Vgl. Albertus Magnus: De mineralibus et rebus metallicus libri quinque, Coloniae 1569, S. 314.
4 Vgl. Sächsisches Landesamt für Archäologie: Sonderausstellung „Silberrausch und Berggeschrey", Dresden 2010. Texttafel zum Bergbau in Dippoldiswalde.

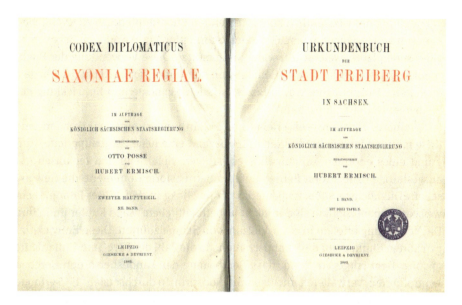

Abb. 3: Codes diplomaticus Saxoniae Regiae – das Urkundenbuch der Stadt Freiberg aus dem Jahr 1891

Die erzgebirgischen Berg- und Hüttenleute schlossen sich ab der zweiten Hälfte des 14. Jahrhunderts zu Gesellschaften zusammen, für die in der ersten Hälfte des 15. Jahrhunderts die Bezeichnung „dy knabschafft" aufkam. Die erste Erwähnung der Knappschaft datiert vom 7. Oktober 1426.[5] Ihrem Wesen nach waren die frühen Knappschaften kirchenrechtliche Bruderschaften (Laiengesellschaften), Träger eines bergmännischen Sozialleistungswesens waren sie nur bedingt. Zur Knappschaft gehörten neben den Lohnarbeitern die Beamten, die Eigenlehner sowie die vielen kleinen Gewerken, die Berganteile besaßen und zugleich Bergleute waren. Bis zur Mitte des 18. Jahrhunderts waren darüber hinaus die sächsischen Landesfürsten Ehrenmitglieder. In der Altarbruderschaft „gesellschaft der heuwer", der der Pfarrer der Frauenkirche zu Freiberg am 16. August 1400 beurkundete, dass sie zur Wiederherstellung des Häueraltars einen jährlichen Zins von 24 Groschen gestiftet haben, wurzelt die Freiberger Bergknappschaft. Zwischen 1350 und 1400 gegründet, ist sie die älteste der erzgebirgischen Knappschaften.[6] Neben der

---

[5] Posse, Otto/Ermisch, Hubert: Codex diplomaticus Saxoniae Regiae, Zweiter Haupttheil, Leipzig 1891, S. 78.
[6] Vgl. ebd., S. 61.

Verwendung der wöchentlich zu entrichtenden Büchsenpfennige zu kirchlichen Zwecken wurden hiervon bereits vor der Reformation kranke oder im Berg verunglückte Bergleute, welche arm waren, unterstützt. Diese Verwendung der Büchsenpfennige stand offenbar im Einklang mit dem kanonischen Recht. Hier bedarf es weiterer Forschungen, v. a. in Bezug auf die Geschichte und Entwicklung der Freiberger Hüttenknappschaft.

Freibergs Montanwesen erlebte im 15. Jahrhundert einen starken, in eine Krise mündenden Rückgang. Nach 1524 begann eine neue Bergbauperiode. Aufgrund eines enormen Kapitalzuflusses nahmen viele neue und technisch gut ausgestattete Gruben den Betrieb auf, als Betriebsform dominierte die Gewerkschaft. Die höchste Silberausbeute ist mit 63 299 kg in den 1470er-Jahren nachweisbar. Nebenprodukte sind in nicht unbeträchtlichem Maße Kupfer und Zinn. Die Verhüttung erfolgte in einer Vielzahl von Schmelzhütten. Diese Entwicklungen hatten Einfluss auf die Knappschaften, da die Zahl der Berg- und Hüttenleute anstieg. Dem entgegen stand, dass Bergbeamte des Landesherrn den Bergbau kontrollierten, verwalteten und das Direktionsprinzip durchsetzten. 1545 erfolgte ein erster Schritt zum Aufbau einer mittleren Bergbehörde im albertinischen Sachsen, als Simon Bogner in Freiberg zum Bergvogt ernannt wurde und somit Verantwortung für den gesamten Bergbau trug.

Eine entscheidende Weiterentwicklung erfuhr das knappschaftliche soziale Unterstützungsrecht in der Reformationszeit. Am 29. September 1536 wurde in Freiberg die freie Religionsausübung verkündet.[7] 1539 erfolgte der Übergang des albertinischen Sachsen zum Protestantismus. Dieser Prozess wirkte sich auch auf die Knappschaften aus. Teilweise blieben die Bruderschaften dem Namen nach bestehen, allerdings unter Änderung ihrer Ordnungen. Aufgehoben war die Vereinigung der Knappen allerdings nur als kirchenrechtliche Bruderschaft, der Solidargedanke lebte weiter. Für Martin Luther und die Reformation war die Unterstützung bedürftiger Berg- und Hüttenleute ein Gebot christlicher Nächstenliebe. Daher wandelten sich auch die Rechtsanschauungen über die Büchsenpfennige, ihren Zweck, ihre Verwendung sowie über ihren Rechtsgrund: Nach der „Confirmation des Kurfürsten August" über die Knappschafts-Büchsenpfennige vom 23. Dezember 1553 sollte zur Erhaltung der armen, kranken Personen, die zur Knappschaft gehören, ein jeder Arbeiter von seinem Arbeitslohn wöchentlich einen Pfennig geben. Noch konkreter sind die Freiberger Bergbräuche, die Bergvogt Simon Bogner zwischen 1554 und 1568 gesammelt hat: „Büxenpfennig werden getreulich eingebracht und gesamblet und den armen ausgespendet,

---

[7] Sächsische Landesstelle für Museumswesen (Hrsg.): Sächsische Museen, Stadt- und Bergbaumuseum Freiberg, Chemnitz 2005, S. 40.

wie es der bergkmeister, geschworne, zechmeister und eltesten der knabschafft eintrechtig erkennen und beschließen. Ob sie sich aber eintrechtigk nicht entschließen künten, gehets nach der meisten stimme, also auch mit den geschenken, weil es bluetgelt ist und den armen gehört."[8] In diesen Zeilen ist nicht mehr die Rede davon, dass Büchsenpfennige kirchlichen Zwecken gewidmet sind, sie waren vielmehr für die Armen und Kranken unter den Berg- und Hüttenleuten bestimmt. Somit begann der soziale Gedanke in den Knappschaften in den Vordergrund zu treten.

Hatte die Reformation in Sachsen einen Wandel der Rechtsanschauungen über Zweck, Verwendung und Rechtsgrund der Büchsenpfennige bewirkt, so wandelten sich in den harten Zeiten der Kriegsunruhen nach der Reformation und des Dreißigjährigen Krieges die Knappschaften selbst zu straff organisierten Verbänden, deren Mitglieder eng zusammenhielten und auf recht nüchterne Alltagssorgen eingestellt waren. Friedrich von Hardenberg (Novalis), Student der Freiberger Bergakademie, schrieb um die Wende des 19. Jahrhunderts in seinem Romanfragment Heinrich von Ofterdingen betreffend: „Arm wird der Bergmann geboren und arm gehet er wieder dahin."[9]

Die innere Organisationsstruktur der Knappschaften zeigt indes den zunehmenden Einfluss des Staates. Über die Freiberger Bergknappschaft ist bekannt, dass im 17. Jahrhundert der Vorstand aus dem Bergmeister, den Geschworenen, vier Zechmeistern und zwölf Ältesten bestand. Besonders interessant und nachhaltig ist, dass diese Zusammensetzung in ähnlicher Form bis heute Bestand hat. Der Knappschaftsälteste wurde vom Bergmeister, den Geschworenen und den Zechmeistern gewählt, bedurfte jedoch der Bestätigung durch den Bergvogt. Der Vorstand verwaltete, die von den Berg- und Hüttenleuten eingezahlten Büchsenpfennige, deren Höhe er festsetzte. Die Leistungen standen im Ermessen des Vorstandes, der die Bedürftigkeit des zu Versorgenden, die Notwendigkeit der Hilfe und die jeweilige Kassenlage berücksichtigte. Die Einzahlung der Büchsenpfennige in die Sammelbüchse weist auch auf die Gebrauchsbeziehungen hin – die Sammelbüchse von Schmieden in einer Bergschmiede als handwerkliche Arbeit geschaffen, wird für den wöchentlichen/täglichen Gebrauch eingesetzt. Dieselben Menschen zahlen ihren Obolus in die Büchse ein, welche sie geschaffen haben.

---

[8] Löscher, Hermann: Das Erzgebirgische Bergrecht des 15. und 16. Jahrhunderts. Die erzgebirgischen Berggebräuche des 16. Jahrhunderts und ihre Vorläufer seit 1450, in: Freiberger Forschungshefte, D 24, Berlin 1959, S. 153.
[9] Schulz, Gerhard (Hrsg.): Novalis, Heinrich von Ofterdingen, München 1987, S. 183.

In nachreformatorischer Zeit wandten sich die Knappschaften vor allem gegen wirtschaftliche und soziale Missstände. Sie kämpften gegen zu hohe Brotpreise, die Innungsgewalt, den Getreideaufkauf, gegen Milizsteuer und Quatembergelderhebungen (eine von den Gewerken vierteljährlich zu entrichtende Gebühr für das erhaltene Abbaurecht).[10] Auch der jährlich am 22. Juli (St. Magdalena) begangene Schneeberger Bergstreittag (1496 und 1498 Streik der unter der Knappschaft vereinten Berg- und Hüttenleute in Schneeberg gegen Lohnkürzungen) kündet davon. Der sächsische Kurfürst Johann Georg II. legte 1665 per Edikt diesen Tag als Streittag fest.

Die Knappschaften unterstützten ihre Mitglieder und deren Familien, gelegentlich auch fremde Berg- und Hüttenleute, bei Krankheiten. Die Rechnungsregister der Freiberger Bergknappschaft weisen z.B. für die Jahre 1618 bis 1764 auf, dass Ärzte und Barbiere nebeneinander in gleicher Weise zu Rate gezogen wurden. Besondere finanzielle Anforderungen stellte das Begräbniswesen an die Knappschaften. Nach der Freiberger Bruderschaftsordnung von 1553 mussten die jüngeren Knappen bei der Bestattung von Knappschaftsangehörigen, ihrer Frauen, Kinder oder Witwen und Waisen den Sarg tragen. Man führte dabei u. a. die silbernen Knappschaftsinsignien „Schlägel & Eisen" mit. Ein besonders schönes Exemplar der Insignien aus dem Jahr 1534, gefertigt von Andreas Moller, befindet sich heute in der Ausstellung des Stadt- und Bergbaumuseums Freiberg (Abb. 4). Durch das Anwachsen der Begräbnisse infolge von Seuchen und der großen Kindersterblichkeit in den schlecht ernährten Bergmannsfamilien wurde 1619 in Freiberg eine eigene knappschaftliche Begräbnisgesellschaft gegründet.[11]

An der Spitze der Einnahmen für die geschilderten Ausgaben standen die Büchsenpfennige. Die Neueintretenden mussten außerdem ein Brudergeld (Eintrittsgeld) zahlen. Die Höhe der zu entrichtenden Büchsenpfennige änderte sich im Laufe der Zeit. In Freiberg gab der Berg- und Hüttenmann 1553 von einem Taler Lohn drei Pfennige (ein Taler zu 24 Groschen, ein Pfennig = 1/12 Groschen). Die Büchsenpfennige wurden ursprünglich bei den Zusammenkünften entrichtet, wobei von der Summe sogleich die Ausgaben abgezogen wurden. Später wurden sie von den Steigern auf den Gruben und in den Bergamtsdörfern wöchentlich eingesammelt und in den Sammelbüchsen verwahrt.

Eine andere Einnahmequelle waren die Ausbeuten der Gruben. Den Knappschaften stand der Ertrag der Ausbeute von je einem Freikux (Freikuxe sind von

---

[10] Sächsisches Staatsarchiv-Hauptstaatsarchiv Dresden: 10024 Geheimer Rat, Loc.: 13541/24, Nr. 08562/01.
[11] Sächsisches Staatsarchiv-Hauptstaatsarchiv Dresden: 10036 Finanzarchiv, Loc. 41747, Abt. A, Ca. 2, Lit. G, Berg- und hüttenmännische Begräbnisgesellschaften.

Abb. 4: Die Knappschaftsinsignien Schlägel & Eisen aus getriebenem, graviertem und teilweise vergoldetem Silber, Andreas Moller, 1534

jedweden Beiträgen an den Kosten der Gruben befreit, haben jedoch Teilhabe an der Ausbeute) bei jeder Ausbeutegrube zu (ein Kux entsprach dem 128. Teil eines Bergwerks). Noch bedeutsamer als die Ausbeuteeinnahmen waren die Umsätze beim Eisenverlag. Alle Arten des eisernen Handwerkzeugs der Berg-, Hütten- und Hammerleute ließen die Knappschaften nach 1550 auf ihre Rechnung herstellen und verkauften es gegen Gewinn an die Gruben, Hütten und Hammerwerke. Des Weiteren verliehen die Knappschaften Geld, zahlreiche Schuldverschreibungen zeugen davon. Außerdem kamen noch Strafgelder und Einnahmen aus dem Verleih von Knappschaftseigentum zu den Begräbnissen hinzu.

Diese Aufzählung der wesentlichen Einnahmequellen darf nicht darüber hinweg täuschen, dass die Frage der ausreichenden Unterstützung armer, kranker und bergfertiger Bergleute bzw. deren Angehörigen und Hinterbliebenen lange Zeit ungelöst war. Die Höhe der Almosen war in Krisenzeiten erheblichen Schwankungen unterworfen, die oftmals die gesamten Bareinnahmen der Knappschaften verschlangen. Trotz kurfürstlicher Instruktion war ein Zwang für die Gewerken zur Unterstützung kranker Berg- und Hüttenleute nicht verpflichtend. Der Landesfürst musste, um den Erzbergbau nach Ende des Dreißigjährigen Krieges wieder zu fördern, Rücksicht auf die Gewerken nehmen, da sie das Kapital für eine Wiederaufnahme des Bergbaus zur Verfügung stellten.

Erst in den „Resolutiones Friedrich Augusts, König in Polen und Kurfürst zu Sachsen" vom 7. Januar 1709 wurde festgelegt: „Vier Wochen Lohn haben die Gewerken den verunglückten zu reichen. Außerdem aber, wenn die Genesung nicht erfolgen oder auch der Beschädigte darüber versterben würde, so ist hernach derselbe oder dessen hinterlassene Witwe und Waisen lediglich aus der Knappschaftskasse zu versorgen, bei welcher hingegen desto reichlicher ausgeteilt werden soll." 1764 wurde eine weitere Regelung zugunsten kranker und beschädigter Bergleute getroffen: „Wenn ein Steiger oder Arbeiter wegen Krankheit länger als 4 Wochen von der Zeche bleiben muss, so ist ihm der Lohn auf 4 Wochen und mit Einreichung derjenigen Woche, in der er außen geblieben ist, im Register zu verschreiben und zu bezahlen. Wenn ein Grubenarbeiter verunglückt, so müssen die Gewerken den Lohn über die 4 Wochen so lange weiter zahlen, wie die ärztliche Behandlung dauert, falls der Bergarzt die Wiederverwendbarkeit des Erkrankten in Aussicht stellt."[12] Ab dem Jahr 1793 wurde in Freiberg in jedem Vierteljahr eine Schicht für die Knappschaftskasse verfahren, wodurch die auszuzahlenden Almosen erhöht werden konnten. Für die Freiberger Berg- und Hüttenleute schuf man 1800 bis 1805 ein Bergmagazin zur Getreideversorgung im Schloss Freudenstein und 1844 das Bergstift als Krankenhaus. Der Versorgung der alten und bergfertigen Bergleute dienten das Johannishospital und das Hospital St. Bartholomäus.

Die Sammelbüchse als Gebrauchsgegenstand verliert mit den neuen Formen des Sparens beziehungsweise der Einnahmenregistrierung ihre Bedeutung. Sie wird im wahrsten Sinne des Wortes nicht mehr zur Hand genommen, wobei ihre Bedeutungszuweisung keineswegs ambivalent zur Materialität steht, sondern sich geeignetere Formen der Einnahmen- und Ausgabenregistrierung durchsetzen. Das Sparen an sich wird zur Staatsfinanzierung und zur staatlichen Daseinsfürsorge hinzugezogen.

---

[12] Rescript, das denen in Unglücksfällen verstorbenen Bergleuten, Zeit ihrer Krankheit zu reichende Lohn betref., den 23. Mart 1709, P 1347; Special Rescript, die der Bergfreiheit zuwider, an die Bergleute gemachte Anforderungen betreffend, 7. Jan. 1764, P 1431, in: Heinsius, Johann Samuel: Fortgesetzter Codex Augusteus oder neuvermehrtes Corpus Juris Saxonici, Leipzig 1772.

Auch im 19. Jahrhundert prägte das Berg- und Hüttenwesen maßgeblich das Leben in Freiberg und Umgebung. Es erlebte nochmals einen großen Aufschwung, was in der erhöhten Zahl der Arbeitskräfte, dem Aufschluss neuer Lagerstätten und der Auffahrung weiterer Gruben ablesbar ist. Neue Maschinen im unter Tage Bereich, der Werkstoff Eisen und der Einsatz von Sprengstoff sind Parameter für diese Modernisierungen. Die Zentralisierung der Gruben für eine wirtschaftlichere Produktion ging damit einher. Die höchste Silberausbeute wurde im Jahr 1868 mit 32 910 kg erreicht.

Waren in der Revolution von 1848 noch zahlreiche Forderungen von den sächsischen Knappschaften erhoben worden (z. B. Ausbau der Sterbeunterstützungskassen), so begann die zweite Hälfte des 19. Jahrhunderts mit grundlegenden Fortschritten für das sächsische Berg- und Knappschaftsrecht. Für die Entwicklung des sächsischen Knappschaftswesens waren drei Gesetze bestimmend:
- das Gesetz, den Regalbergbau betreffend vom 22. Mai 1851
- das Allgemeine Berggesetz für das Königreich Sachsen vom 16. Juni 1868
- das Nachtragsgesetz zum Allgemeinen Berggesetz vom 2. April 1884

Zum Entwurf eines neuen Regulativs für die Freiberger Revierknappschaftskasse wurden 1853 erstmals in der Geschichte des Versicherungswesens umfassende statistische Unterlagen über die Sterblichkeit gesammelt und verarbeitet. Über das Ergebnis wurden die „Mortalitätstafeln" für den Bergmannsstand aufgestellt. Das daraufhin erlassene neue Regulativ vom 9. Januar 1856 setzte folgende Leistungen fest:
- Invalidengeld nach mindestens zehn Dienstjahren (berechnet nach neun verschiedenen Dienstaltersklassen und dem zuletzt bezogenen Lohn oder Gehalt bzw. nach dem Wochendurchschnitt der letzten drei Jahre)
- Witwengeld ohne Rücksicht auf die Dienstzeit des Mannes, unterschieden jedoch nach dem Alter der Witwen, Zulage bei tödlicher Verunglückung des Mannes
- Waisengeld
- Krankenlohn an Arbeiter für die fünfte bis achte Woche, in Höhe von 3/10 des vorher von der Grube gezahlten Krankenlohns
- außerordentliche Unterstützung
- Beiträge zu den Beerdigungskosten
- Beiträge zu Schulgeld, den Impfkosten, Bergstiften[13]

---

[13] Sächsisches Staatsarchiv- Bergarchiv Freiberg: 40010 Bergamt Freiberg, Nr. 1938.

Abb. 5: Das Königlich Sächsische Bergamt in der Kirchgasse 11 in Freiberg (heute Sitz des Sächsischen Oberbergamtes), 1891

Das mit der Leitung (Direktion) des sächsischen Bergbaus betraute Oberbergamt und das für das Revier Freiberg zuständige Bergamt hatten ihren Sitz in Freiberg (Abb. 5). Die Marktwirtschaft hielt auf der gesetzlichen Grundlage des allgemeinen Berggesetzes für das Königreich Sachsen auch im Bergbau- und Hüttenwesen Einzug und war mit der Ablösung des Direktionsprinzips durch das Inspektionsprinzip verbunden. Beim Inspektionsprinzip beschränkte sich die Rolle des Staates auf die Kontrolle der Einhaltung der Gesetze. Es bewahrte jedoch den Erzbergbau nicht vor dem Niedergang. Die Konkurrenz des billigen ausländischen Silbers und der damit einhergehende Währungsverfall nach 1873 als auch die immer schwieriger werdenden Abbaubedingungen sind die Hauptursachen. Mit dem Kauf der fünf größten Gruben im Freiberger Revier 1886 und deren straffen Leitung durch die Oberdirektion der königlichen Erzbergwerke versuchte der Fiskus vergeblich den Niedergang des Bergbaus und die Schließung der Gruben aufzuhalten. 1903 musste der sächsische Landtag schließlich aus Rentabilitätsgründen den Beschluss zur Stilllegung des Erzbergbaus in Freiberg und Umgebung fassen. Im Jahr 1913 erfolgte seine (erste) Einstellung, viele Berg- und Hüttenleute wurden arbeitslos, schulten um oder wanderten aus.[14]

Zur Anpassung an das Krankenversicherungsgesetz vom 15. Juni 1883 wurde am 2. April 1884 ein Nachtragsgesetz zum Allgemeinen Berggesetz erlassen, das als das erste sächsische Knappschaftsgesetz gilt und im Wesentlichen folgendes regelte: Die Knappschaftskassen wurden institutionell, also nicht nur rechnungsmäßig, in Kranken- und Pensionskassen getrennt. Die Aufsicht für alle Knappschaftskassen oblag dem Bergamt Freiberg.

Da als Voraussetzung für die Zulassung der Nachweis der dauernden Leistungsfähigkeit galt, diese aber bei den einzelnen Pensionskassen kaum gegeben war, vereinigten sich auf Anregung des Bergamtes Freiberg von den 29 Knappschaftspensionskassen 27 zu einer Kasse, die am 1. Januar 1891 unter dem Namen „Allgemeine Knappschafts-Pensionskasse für das Königreich Sachsen" mit Sitz in Freiberg fungierte. Der Bundesrat erkannte die neue Kasse als besondere Kasseneinrichtung an, so dass sie auch die reichsgesetzliche Invalidenversicherung fast für den gesamten sächsischen Bergbau durchführte.[15]

Das Inkrafttreten der Reichsversicherungsordnung vom 19. Juli 1911, welche Vorschriften für die Knappschaftskassen enthielt, machte bald eine Änderung des landesrechtlichen Berggesetzes notwendig. Die sächsische Regierung entschloss sich nach dem Vorbild Preußens, ein aus dem Allgemeinen Berggesetz herausgenommenes Knappschaftsgesetz für das Königreich Sachsen zu schaffen. Es wurde am 17. Juni 1914 verabschiedet und regelte ausführlich und erschöpfend die Krankenversicherung in enger Anlehnung an die reichsgesetzlichen Vorschriften. In der knappschaftlichen Pensionskasse wurden allerdings nur noch Berg- und Hüttenarbeiter versichert (Abb. 6).[16]

Der Übergang vom Kaiserreich zur Republik brachte für die knappschaftliche Versicherung einen bedeutenden Reformschub. Die Reformbestrebungen führten

---

14 Die erste planmäßige Einstellung des Freiberger Erzbergbaus erfolgte 1913. Im Zuge der Autarkiebestrebungen in den 1930er-Jahren wurde 1937 der Bergbau im Freiberger Revier erneut aufgenommen und bis 1969 betrieben.
15 Vgl. Sächsisches Staatsarchiv-Bergarchiv Freiberg: 40074 Knappschaften, 04 Geschäftsberichte der Allgemeinen Knappschaftspensionskasse Freiberg 1891–1900.
16 Vgl. Sächsisches Staatsarchiv-Bergarchiv Freiberg: 40024 Landesbergamt Freiberg, 14.1. Berggesetzgebung, Änderungen und Ergänzungen Allgemeines Berggesetz (Knappschaftsgesetz) vom 31.08.1910, Februar – Juni 1914.

Abb. 6: Freiberger Bergakademist im Atelier mit passender Kulisse und Requisiten auf einer bergmännischen Porträtfotografie, um 1900

nach längeren politischen Kämpfen schließlich zum Reichsknappschaftsgesetz vom 1. Januar 1924. Organisatorisch brachte das Gesetz die Zusammenführung aller bisherigen Knappschaftsvereine in einen Reichsknappschaftsverein, der allein juristische Person und Träger der gesamten Knappschaftsversicherung (Kranken- und Pensionsversicherung) war. Als 15. Bezirksknappschaftsverein wurde als Nachfolger der Allgemeinen Knappschafts- Pensionskasse für Sachsen sowie der sächsischen Knappschafts-Krankenkassen die „Sächsische Knappschaft" errichtet. Sie umfasste den Freistaat Sachsen und hatte ihren Sitz nach wie vor in Freiberg.

Mit dem Zusammenbruch des Deutschen Reiches und dem Ende des Zweiten Weltkrieges im Mai 1945 kam die Reichsknappschaft zum Erliegen. Mit Befehl Nr. 28 der sowjetischen Militäradministration vom 28. Januar 1947 wurde für das gesamte Gebiet der damaligen sowjetischen Besatzungszone eine besondere Ver-

Abb. 7: Logo des grenzübergreifenden Welterbes Montanregion Erzgebirge/Krušnohoří (seit Juli 2019)

ordnung über die Sozialversicherungspflicht geschaffen. In Sachsen sah man von der Errichtung einer besonderen Sozialversicherungskasse ab, so dass die sächsischen Berg- und Hüttenleute, wenn auch mit besonderen günstigen Leistungen, bei den örtlichen Sozialversicherungskassen versichert wurden. Die Sozialversicherungskasse Bergbau in Halle/Saale musste laut Festlegung am 30. November 1947 ihren Dienstbetrieb einstellen.[17] Erst am 15. Januar 1991 erwachte in Sachsen die Tradition der knappschaftlichen Sozialversicherung auf der Grundlage des Vertrages zur Deutschen Einheit erneut. Heute hat die Knappschaft-Bahn-See ihre Regionaldirektion für Sachsen in Chemnitz.

Seit dem 6. Juli 2019 ist die Montanregion Erzgebirge/Krušnohoří anerkanntes Welterbe. Der außergewöhnliche Reichtum an Rohstoffen im sächsischen und böhmischen Erzgebirge bildete die Grundlage für eine über 800-jährige, auf dem Montanwesen beruhende Entwicklung dieser Region. Vom 12. bis in das 20. Jahrhundert war der Bergbau der dominierende Wirtschaftszweig und prägte die Herausbildung der heutigen Kulturlandschaft. Die reichen Funde an Rohstoffen wurden ebenso Wegbereiter für herausragende wissenschaftliche Errungenschaften, Innovationen im Bergbau und Hüttenwesen wie der Herausbildung einer Bergverwaltung, die die Entwicklungen in anderen Bergbauregionen weltweit maßgeblich beeinflussten und prägten. Immaterielles Welterbe findet sich zudem bei den sächsischen Bergparaden und somit indirekt in den Traditionen der Knappschaften wieder (Abb. 7).

---

[17] Vgl. Sächsisches Staatsarchiv-Hauptstaatsarchiv Dresden: 11392 Sozialversicherungsanstalt Sachsen, Auflistung aller auf sozialpolitischem Gebiet erlassenen Gesetze, Befehle, Verordnungen, Bestimmungen 1945–1951.

Abb. 8: Plakat der Sonderausstellung „Vom Gnadengroschen zur Rentenformel", 2020

Abb. 9: Replik der Sammelbüchse der Freiberger Hüttenknappschaft von 1546

Die Sammelbüchse der Freiberger Hüttenknappschaft aus dem Jahr 1546 ist eines der Leitobjekte der zentralen Ausstellung der vierten Sächsischen Landesausstellung „Boom – 500 Jahre Industriekultur in Sachsen" und Leitobjekt der Sonderausstellung „Vom Gnadengroschen zur Rentenformel" im Stadt- und Bergbaumuseum Freiberg im Jahr 2020 (Abb. 8). Daher wurde von der Sammelbüchse der Freiberger Hüttenknappschaft eine Replik im Maßstab 1:1 vom Goslarer Restaurator Ralf Siegemund unter Anwendung traditioneller Handwerkstechniken und Beachtung der Materialität angefertigt (Abb. 9). Die Sammelbüchse der Freiberger Hüttenknappschaft verdeutlicht nationale (Bergbau-)Geschichte in einem Zeitraum vom 16. bis ins 21. Jahrhundert.

Heino Neuber

„Glückauf zur Schicht! Das beste Licht beschütze Dich!" – wie eine Rübölblende Aspekte des sächsischen Steinkohlenbergbaues beleuchtet

Heute zählen sie zu den ausgesuchten Kostbarkeiten vieler Sammlungen bergmännischen Geleuchts, sind begehrte Raritäten und werden zu hohen Preisen gehandelt. Das Verständnis ihres Wertes freilich veränderte sich ganz wesentlich gegenüber demjenigen in der langen Epoche ihrer tatsächlichen Nutzung. Die Rede ist von der schlichten Rübölblende, die ebenso gut unter den Begriffen Wetterkasten oder Freiberger Blende weithin bekannt ist. Bemaß sich doch ihre Kostbarkeit einmal danach, dass sie dem Bergmann auf seiner Suche nach Schätzen in den dunklen Tiefen der Erde das so wesentliche Licht spendete, um ihm Orientierung, aber auch Erkenntnis teilwerden zu lassen.

Seit dem 18. Jahrhundert löste sie die Froschlampe ab und versprach durch den Holzkasten nicht nur Schutz vor Verlöschen durch Wetterzug. Der Ausschlag in Weißblech oder zum Teil in Messing wertig gestaltet, verstärkte die Leuchtkraft des schwachen Lichts und schützte das Holz vor der Flamme. Bestückt mit Kerzen und zunehmend vor allem mit dem Kuckuck für das Verbrennen von Raps- oder eigentlich Rüb(sen)öl gehörte die Rübölblende bald zu den typischen Ausstattungs- und Gebrauchsgegenständen der Bergleute in Sachsen.

Zuerst im bestimmenden Erzbergbau, fand sie schließlich auch im Steinkohlenbergbau Verwendung, der sich als wesentlicher Antrieb der Industrialisierung des Landes von handwerklicher Förderung zu industrieller Gewinnung entwickelte. Dies nicht zuletzt, da viele Bergleute den niedergehenden Erwerbszweig Metallbergbau verlassen mussten, um im aufstrebenden Kohlenbergbau ihr Auskommen zu sichern und eine neue Heimat zu finden. Ihre Ausrüstung führten sie mit – für deren Erhalt und Betrieb sie zudem verantwortlich waren. Schon hier wird deutlich, wie vielfältige wirtschafts- und sozialgeschichtliche Hintergründe mit der Blende ans Licht geholt werden können.

Allerdings gelangte das vorhandene Geleucht verstärkt in den Brennpunkt durch die Bedrohung ausströmender, explosiver Gase, die das lebensnotwendige Licht zur lebensgefährlichen Entzündung bringen konnten. Die technische Entwicklung aber bot lange Zeit keine wirkliche Alternative zur offenen Flamme. Allein die Leuchtkraft der frühen Sicherheitslampen blieb weit hinter den Blenden zurück. Wiederholte Grubenkatastrophen durch Schlagwetter erschütterten Sachsen: 1869 die schwerste mit 276 Opfern im Döhlener Becken

Abb. 1: Die einst an Walter Ulbricht übergebene Blende mit gebräuchlichem Zubehör Ölhorn und Tzscherpertasche, um 1870

bei Dresden. Schrecklich jene 1879 in Zwickau, die das Leben von 89 Bergleuten auslöschte. Sie aber schlug bei dem Zwickauer Mechaniker Carl Wolf den entscheidenden Funken zur Konstruktion einer brauchbaren Sicherheitslampe. Versehen mit einer Innenzündvorrichtung und einem wirksamen Magnetverschluss erzeugte der Brennstoff Benzin eine helle, regulierbare Flamme, die zugleich die Bestimmung etwaigen Grubengases ermöglichte.

Der weltweite Siegeszug dieser Erfindung beleuchtet die Rüböblende nun aus dem Blickwinkel technischen Fortschritts. Der Wahlspruch der Grubenlampenwerke Friemann & Wolf – „Glückauf zur Schicht! Das beste Licht beschütze Dich!" – erhellt dennoch, was dem Bergmann zu allen Zeiten sein Licht bedeutete. Symbolhaft sollte sie bald für eine vergangene Epoche stehen, die dem harten, gefahrvollen Bergbau und seinen armen Bergleuten nicht selten den romantischen Schein einer guten, alten Zeit entzündete. Die Blende ist ein wertvoller Gebrauchsgegenstand im kulturhistorisch interessanten Wandlungsprozess zum Erinnerungsstück und zum Zeitzeugnis. Neben den ursächlichen treten zuerst der persönliche, bald der historische und nicht zuletzt ein spekulativer Wert.

Wird die Blende zum musealen Gegenstand, ist viel gewonnen. In Wechselwirkung zu den vielen Objekten, die als Hinterlassenschaften vergangener Lebens-

und Arbeitswirklichkeiten bewahrt werden, kann sie authentisch erhellen, wie sich geschichtliche Zusammenhänge aus einem Einzelgegenstand erschließen.

Dies soll – kurz angerissen – an einem besonderen Objekt aus den Beständen des Bergbaumuseums Oelsnitz/Erzgebirge, dem Museum des sächsischen Steinkohlenbergbaues, nachvollzogen werden (Abb. 1).

Die Historische Dimension

> „Obwohl mit dem Tiefergehen des Abbaues mitunter Schlagwetter [...] auftraten, war noch sehr lange offenes Geleucht üblich. Es war in der Dunkelheit ein prächtiges Bild, wenn sich lange Züge von Grubenlichtern die Höhen zu den Schächten hinaufwanden, freilich auch unangenehm für die Entgegenkommenden, weshalb der Zwickauer Rat 1861 das Tragen brennender Blenden diesseits der Bockwaer Brücke verbot. Gegen Schlagwetter hielt man als sicherstes Schutzmittel die ewige Lampe oder Zehrlampe, die am höchsten Punkte angebracht wurde und auftretende Schlagwetter im Entstehen verbrannte. Nach dem Polizeiregulativ von 1856 war dies dort, wo das Grubengas ausströmte und noch kaum mit Luft vermengt war, gestattet. Diese Vorschriften meinen merkwürdigerweise, daß Schlagwetter durch ‚Umherfliegen von spinnwebartigen Fäden, weißlichen Nebeln oder flockigen Ballons' zu erkennen seien."[1]

Dieses Zitat verdeutlicht das Spannungsfeld, den der Gegenstand unserer Betrachtung erhellt: Ein unter den technischen und technologischen Gegebenheiten einer Entwicklungsstufe bergmännischer Ausrüstung zur Verfügung stehendes Geleucht wird durch sich schnell wandelnde Anforderungen infrage gestellt. Dennoch blieb es durch fehlende Alternativen und aus Gewohnheit, durch mangelnde Kenntnisse und nicht zuletzt aus Gründen der Sparsamkeit lange Zeit bei diesem für den Bergmann lebenswichtigen Ausstattungsstück.

Seine Geschichte begann im 18. Jahrhundert. Entstanden im sächsischen Erzbergbau, bedeutete die Einführung des Wetterkastens – besser bekannt als (Freiberger) Blende – eine erhebliche Verbesserung gegenüber den bis dahin üblichen so genannten Froschlampen, bei denen nicht nur die Flamme, sondern oft genug der Brennstoff selbst ungeschützt waren. Das veränderte sich durch den drei- oder allseitig zu schließenden Wetterkasten. Der hier so bezeichnete „Kuckuck", die kleine, runde Messinglampe als Brenner für das Rüböl (Rapsöl),

---

[1] Bezirksgruppe Sachsen der Fachgruppe Steinkohlenbergbau Zwickau (Hrsg.): 75 Jahre Gemeinschaftsarbeit der Sächsischen Steinkohlenbergwerke, Zwickau 1936, S. 227.

ist erstmals in Geyer 1770 nachweisbar.² Auch er eine Einsparungsmöglichkeit und technische Verbesserung zugleich, denn die vorherige Bestückung mit „Heller- oder Pfenniglichten" hatte bei der Menge des zur Verfügung stehenden Wachses seinen Preis, und die Leuchtkraft ist bescheiden gewesen.

Auch beim sächsischen Steinkohlenbergbau bediente man sich des gängigen Geleuchtes. Anfangs mag dies durchaus unbedenklich gewesen sein. Der handwerkliche Abbau in geringen Teufen besaß zunächst nur bescheidenen Umfang. Dazu nahmen die Aufschlüsse in den Flözen nur wenig Fläche am jeweiligen Abbauort ein, so dass der mögliche Austritt explosibler Gase, die in den Kohlen eingeschlossen sind, stark begrenzt war. Große Ansammlungen vermied man dadurch unbewusst, dem eine wiederum unbedenkliche Nutzung der Blenden folgte.

Natürlich änderte sich das mit dem Übergang auf großflächige industrielle Gewinnung bei immer mehr offener Flözfläche und den damit steigenden Gefahren. Aber alle der bereits benannten Gründe führten dazu, dass man noch bis nach 1900 auf das offene Geleucht zurückgriff, ja in mancher Hinsicht zurückgreifen musste. Besaßen doch beispielsweise alle Sicherheitsgeleuchte bis zur Erfindung der Benzin-Sicherheitslampe eine Leuchtkraft, die höchstens 20 % einer Wachskerze betrug. Zudem waren sie nicht zuverlässig. Das führte zur Leistungsverminderung im Grubenbetrieb. Folgendes möge diese Zeit und die Einstellung der Verantwortlichen kennzeichnen:

> „Wenigstens glaubte noch 1862 Kohlenwerksinspektor Kühn, daß durch den Gebrauch dieser Sicherheitslampen eher Unfälle verursacht als verhütet würden. 1860 wurde im ganzen Zwickauer Revier nur vor einem einzigen Ort mit Sicherheitslampe gearbeitet und mehrere Oberhohndorfer Gruben besaßen zusammen nur eine einzige Sicherheitslampe. Dennoch sind im Zwickauer Revier bis 1867 nur im ganzen 23 tödliche und 67 nicht tödliche Unfälle durch Schlagwetter vorgekommen."³

Die Rübölblende also in ihrer historischen Einordnung gesehen. Es dürfte deutlich werden, warum unser Bild des sächsischen (Kohlen-) Bergbaues bis in das 20. Jahrhundert nicht nur in den berühmten Darstellungen Eduard Heuchlers[4] oder den Fotografien Heinrich Börners[5] so durch dieses Geleucht bestimmt ist.

---

2 Wagenbreth, Otfried/Wächtler, Eberhard (Hrsg.): Bergbau im Erzgebirge. Technische Denkmale und Geschichte, Leipzig 1990, S. 76.
3 Vgl. Bezirksgruppe Sachsen der Fachgruppe Steinkohlenbergbau Zwickau (Hrsg.): 75 Jahre Gemeinschaftsarbeit (s. Anmerkung 1), S. 227.
4 Heuchler, Eduard: Album für Freunde des Bergbaues, Freiberg 1855; Ders.: Die Bergknappen in ihren Berufs- und Familienleben, Dresden 1857.
5 Börner, Heinrich: Der Bergmann in seinem Berufe, Freiberg 1892; Börner, Heinrich/Georgi, Max: Der Kohlenbergmann in seinem Berufe, Freiberg 1894.

Es mag daher nicht verwundern, wenn die Blende – geradezu ein Symbol für die Bergarbeiterschaft in ihrem harten Mühen um das tägliche Brot – um 1950 dem damaligen stellvertretenden Ministerpräsidenten der DDR als Geschenk überreicht wurde. Denn das wissen wir von seinem Übergang in museales Gewahrsam: „Überreicht vom Büro Walter Ulbrichts."[6] Und es liegt hier nicht zuletzt ein historischer Forschungsansatz, denn es ist bislang nicht festzustellen, wo, wann und warum ihm dieses Geleucht übergeben wurde.

Die technische Dimension

Eine technische Beschreibung der Rübölblende gibt das Büchlein „Der belehrende Bergmann" von Carl Robert Hoffmann, die aus einer Zeit überkommen ist, in der der sächsische Steinkohlenbergbau im Aufstieg begriffen war:

> „Die Blende im Allgemeinen ist ein aus drei Stücken bestehender, nach unten, oben und drei Seiten verschlossener, nach vorn aber offener Kasten von Holz, der die Lampe oder das Grubenlicht vor dem Zuge der Wettern und vor hereinfallenden Wassertropfen schützt; das erste Stück ist der viereckige Boden, darüber liegt ein hoher Bügel, der an zwei einander gegenüber stehenden Seiten des Bodens anschließt, und so, außer gegen oben, noch zwei Seiten deckt; von den noch offenen zwei Seiten wird die eine durch das dritte Stück, die Rückenwand verschlossen; die ganze Blende ist innen mit Blech ausgeschlagen, damit das Holz nicht anbrennt. An der Rückenwand hat sie einen Haken von Eisen oder Kupfer, je nachdem sie weiß oder gelb ausgeschlagen ist, an welchen man sie während des Fahrens in ein Knopfloch des Kittels hängen kann. Der Ursprung des messingnen Ausschlags und kupfernen Hakens liegt darin, daß die Aufsichtspersonen bisweilen mit dem Compasse umgehend und daher alles Eisen entfernen müssen."[7]

Hoffmann erwähnt nicht den gläsernen Schieber, der vorn vertikal in Nuten nach unten eingeschoben werden kann, und damit einen vollständigen Verschluss und Schutz garantiert. Brauchte man ihn nicht oder hatte der Bergmann eine Hantierung am Kuckuck vorzunehmen, so war der Schieber leicht in einen dazu vorgesehenen Schlitz einzuschieben, der sich zwischen einer bei dieser Ausführung doppelten Rückwand befindet. Damit erfüllte die Blende alle Bedingungen der Nutzerfreundlichkeit unter den Möglichkeiten ihrer Entstehungs- und

---

6 Bergbaumuseum Oelsnitz/Erzgebirge: Karteikarte zum Objekt Freiberger Blende, Inventar-Nummer: V/01/4136/L.
7 Hoffmann, Carl Robert: Der belehrende Bergmann, Essen 1981 [1830], S. 82.

Abb. 2: Bergleute mit brennenden Blenden auf dem Heimweg von der Krönung Fundgrube bei Annaberg, Zeichnung von Rudolf Köselitz

Gebrauchszeit: Schutz vor Luftzug und Tropfwasser, Bewahrung des Brennmaterials vor Auslaufen und Verschütten bei vernünftiger Handhabe und leichtes Anzünden durch Stahl und Stein.

Als wichtige technische Neuerung ihrer Zeit besitzt die Blende eine wesentliche technische Dimension, die durchaus allein zu stehen vermag (Abb. 2).

Die wirtschaftliche Dimension

Im November 1838 reichte Oberstollnfaktor Ernst Rudolph von Warnsdorff „[...] einen, die bergmännische Kleidung betreffenden, Aufsatz" beim Königlichen Oberbergamt in Freiberg ein.[8] Dort legte er seine Ansichten zu einer seitens der Behörde beabsichtigten Vereinfachung der bergmännischen Kleidung, ins-

---

[8] SächsBergA Freiberg, Bestand 40001 Oberbergamt Freiberg, Nr. 2363: Acta Die Dienstkleidung und Rang-Ordnung beim Berg- und Hüttenwesen betreffend. Ober-Berg-Amt zu Freyberg 1835. 6714. Vol. III., S. 129.

besondere aber der diesbezüglichen Uniformierung dar. Nach dem Tode des Oberberghauptmannes Sigismund August Wolfgang von Herder, dem gerade die Bekleidung als wesentlicher Faktor bei der Bewahrung eines berg- und hüttenmännischen Standesbewußtseins galt, sollte diese nach den gesellschaftlichen und hygienischen Geboten der Zeit reformiert und zugleich nach dem Einkommen aller Angelegten vereinfacht werden. Für uns erhellt die Auslassung aber etwas Wesentliches – den Preis, der seinerzeit für eine Blende zu zahlen war. In einer Berechnung, die den finanziellen Aufwand von Arbeits-, Parade- und Zivilkleidung vergleicht, findet sich bei der „Grubenblende mit Lampe" des Bergarbeiters ein Betrag von 7 Groschen und 6 Pfennigen. Dem muss des praktischen Betriebes halber noch „1 Lichttasche mit Tscherper, Feuerstahl und Oelfläschchen" zu 1 Taler und 5 Groschen zugerechnet werden.[9] Ein Aufsichtsbeamter hatte für seinen „gelben Wetterkasten mit Lampe" (also eine mit Messing ausgeschlagene Blende), sogar 20 Groschen zu begleichen, während es bei der Tzscherpertasche gleich blieb.[10] Der Ausschlag der Blenden, zu dem wir eben durch Hoffmann Näheres erfuhren, fand also seine Entsprechung im Preis. Für seine Zeit gab er den Verdienst des Doppelhäuers mit 27 Groschen Wochenlohn, den eines Gänghäuers (die nächste Aufsichtsperson über Häuern und Förderleuten), der schon ein mit Messing versehenes Geleucht führte, mit 50 Groschen an.[11]

Damit lagen die – freilich einmaligen – Anschaffungskosten bei etwa einem halben bis zu einem Wochenlohn. Dazu rechneten sich dann fortwährende Kosten für die Unterhaltung des Geleuchtes durch Beschaffung von Öl und Dochten sowie die Behebung von Beschädigungen. An dem Verhältnis dürfte sich auch späterhin durch die allgemeinen Preissteigerungen nicht viel verändert haben. 1861 lag der durchschnittliche Jahresverdienst eines Bergarbeiters im Metallbergbau bei rund 102 Talern (hatte sich also gegenüber 1830 verdoppelt), im Steinkohlenbergbau aber ziemlich genau bei 170 Talern.[12] Es fiel dem letzteren damit wohl leichter, sich das Geleucht zu beschaffen, doch waren die Lebenshaltungskosten in den Steinkohlenrevieren allgemein höher.

---

9 Ebd., S. 186.
10 Ebd., S. 187. Die Tzscherpertasche führt ihren Namen nach einem oder zwei seitlich angebrachten, kurzen Messern, den so genannten Tzscherpern. Sie wird sowohl zur Arbeits-, wie zur Festtracht vorn am Arschleder getragen und enthält unter anderem die nötigen Utensilien zum Betrieb des Geleuchtes.
11 Vgl. Hoffmann, Carl Robert: Der belehrende Bergmann (s. Anmerkung 7), S. 81.
12 Gottschalk, Carl Gottlieb: Das Berg- und Hüttenwesen im Königreiche Sachsen, in den 10 Jahren von 1861 bis 1870, in: Ders. (Hrsg.): Jahrbuch für den Berg- und Hüttenmann auf das Jahr 1872, Freiberg 1872, S. 175–183, hier: S. 177.

Abb. 3: Ein Drittel der Belegschaft des Viktoria-Schachtes in Lugau, 1884

Bei aller handwerklichen Herstellung dieser Blenden und ihrer langjährigen Nutzung handelte es sich seinerzeit doch um ein Massenprodukt. Zu ihm aber liegen uns – wie aus der obigen Darstellung ersichtlich – kaum Informationen zu Herstellern, Handel, Preisen etc. vor. Sicher gestaffelt nach den Ausführungen für Arbeiter und den wertigeren für die Beamten und Offizianten wird aber die Masse selbst allein daran deutlich, dass schon im Zeitraum 1861 bis 1870 durchschnittlich 27 500 Erz- und Kohlenbergleute in Sachsen angestellt waren. Im Kohlenbergbau allein 16 585 Mann. Setzen wir davon die Anzahl der Leute bei den Tagebelegschaften ab, ist die Anzahl der damals vorhandenen Blenden zu ermessen. Es wird aber auch ersichtlich, wie viele dieser Stücke – gemessen an den Beständen der Museen und Privatsammlungen – verloren gegangen sind.

Aus der Perspektive der Werkseigentümer betrachtet, wird zudem deutlich, welche Ersparnis durch die Verlagerung der Kosten für die Ausrüstung auf die Bergleute den Unternehmern – sei es dem Staat oder privaten Geldgebern – in ihren Aufwendungen entstand. Dies einmal bezogen auf die von diesen zu leistenden Anschaffungs- und Betriebskosten der (Benzin-) Sicherheitslampen und später Akkumulator-Lampen. Es zeigt den respektablen Posten in den Betriebsausgaben der Werke, die bei einem Verbleib nach alter Gewohnheit entfielen.

Dafür nahm man die Risiken des offenen Geleuchts bei weiter Auslegung der Vorschriften durchaus in Kauf. „Sicherheitslampen benutzten nur die ‚Ableuchter' oder Steiger, während die Mannschaft trotz zahlreicher Schlagwetterunfälle mit offenem Geleucht anfuhr. Erst im Jahr 1902 musste nach einer bergbehördlichen Vorschrift bei den Königlichen Werken und den Burgker Werken die offene Blende durch Benzin-Sicherheitslampen ersetzt werden.[13] ‚Nur ungern fügten sich namentlich die Häuer der neuen Vorschrift, da sie bei der schwerfälligen Handhabung und dem spärlichen Licht Gefahr befürchteten'. Auch die Betriebsleitung benützte sicher diese Argumente wegen der Kosten, denn jetzt war der Betrieb Eigentümer der Lampen."[14]

Das ist eine wirtschaftliche Dimension, der sich die menschliche des Bergmannsstandes eng anschließt – und die allerlei Ansätze für weitere Forschungen bietet (Abb. 3).

Die menschliche Dimension

Wie alle in der museologischen Betrachtung stehenden Objekte hat natürlich auch eine Blende im unmittelbaren und mittelbaren Sinne eine menschliche Dimension. Denn gleichwie: Alle bewahrten Stücke sind doch zum Mindesten durch Menschen gesammelt und des Aufhebens für wichtig erachtet worden. Besonders nun bei allem, was durch menschliche Arbeit entstanden und durch Nutzung mit Lebens- und Entwicklungsvorgängen verbunden ist, erweitert sich das Maß dieser vielgestaltigen Bezüge.

Mit dem aufstrebenden Kohlenbergbau setzten Wanderungsbewegungen ein. Heraus aus den wirtschaftlich stagnierenden bzw. im Rückgang begriffenen Erzbergbaugebieten traten viele Bergleute den Weg in die neu entstehenden Reviere an. Die „schwarzen Diamanten" bezahlten die Anschubfinanzierung beim Aufstieg Sachsens zur „Werkstatt Deutschlands". Denn das Zeitalter der Industrialisierung war die Epoche der Dampfkraft. Das Licht führten sie mit sich – es mag ihnen oft genug spärlich erhellt haben, wohin der weitere Lebensweg führen würde.

---

13 Menzel, Carl (Hrsg.): Jahrbuch für das Berg- und Hüttenwesen im Königreiche Sachsen. Jahrgang 1903, Freiberg 1903, S. B 153.
14 Reichel, Wolfgang u. a.: 14 Ausgewählte Sachthemen des Bergbaus, 14.5: Wetterwirtschaft, Ventilation, in: Reichel, Wolfgang/Schauer, Manfred: Das Döhlener Becken bei Dresden – Geologie und Bergbau, Dresden 2007 (= Bergbau in Sachsen, Bd. 12), S. 301–309, hier: S. 304.

Bereits zu Anfang des 19. Jahrhunderts warb man Arbeiter aus dem Bergamtsrevier Johanngeorgenstadt in das Steinkohlenrevier des Döhlener Beckens ab. Von den Gemeinden um die Schächte des Königlichen Steinkohlenwerkes Zauckerode zurückgewiesen, nach einem Leben in Zelten in den umliegenden Wäldern, konnten sie auf Bemühungen des Schichtmeisters Lindig hin eine Kolonie, den späteren Ort Unterweißig, anlegen. Er gehört heute zu Freital.

In das Zwickauer und Lugau-Oelsnitzer Revier wanderten vornehmlich Bergleute aus den Revieren um Freiberg und Schneeberg ein. Eine Untersuchung im Zusammenhang mit den Opfern des Schachtbruches auf der „Neuen Fundgrube" in Lugau 1867 ergab, dass von 101 umgekommenen Bergarbeitern 40 aus dem Erzbergbau zugezogen waren. Davon wiederum 20 aus dem Freiberger und 9 aus dem Schneeberger Revier. Zwei der Bergleute hatte ihr Weg zunächst von Erbisdorf bei Freiberg nach Meschede in Westfalen geführt, ehe sie nach Lugau gelangten.[15] Die Wanderungen führten also teilweise durch ganz Deutschland. Immer wieder mußten sich die Menschen in neuen Lebens- und Arbeitsumwelten zurechtfinden, sollten und wollten heimisch werden.

Die soziale Dimension

Eben bereits klang im Zusammenhang mit dem Stichwort Grubenunglück die soziale Dimension an, die so eng mit der menschlichen verbunden ist, da sie aus den Wechselbeziehungen der Menschen das gesellschaftliche Zusammenleben formt.

Das offene Geleucht einer Blende war – um nur ein historisches Ereignis ins Licht zu holen – Auslöser des schwersten und opferreichsten Grubenunglückes in Sachsen überhaupt: der Schlagwetterexplosion auf dem Segen-Gottes- und Neue-Hoffnung-Schacht des Freiherrlich von Burgker Steinkohlenwerkes 1869. Am 2. August, einem Montagmorgen, ereignete sich das Unglück unmittelbar nach dem Beginn der Frühschicht. 276 Bergleute fanden den Tod. Was es ausgehend von der kleinen Ursache auslöste, offenbaren die Worte, die der Steiger Ernst Bähr als Abschiedsgruß aufschrieb. Er hatte sich mit wenigen anderen zunächst in einen nicht zerstörten Grubenbereich retten können, entrann aber ebensowenig den erstickenden Schwaden: „Das hier ist der letzte Ort, wo wir Zuflucht genommen haben, und ich habe meine Hoffnung aufgegeben, weil die

---

[15] Neuber, Heino: „… denn man sah nichts als Elend …" – die Grubenkatastrophe auf der „Neuen Fundgrube" in Lugau, Oelsnitz/Erzgeb. 2018, S. 63 f.

Wetterführung [...] vernichtet sind, der liebe Gott mag die meinigen und meine lieben Freunde die mit Sterben müssen sowie die Familien in Schutz nehmen."[16] Die Tragödien, die Schicksale ganzer Familien bestimmten und beeinflussten, lassen sich aus diesen Worten erahnen.

Vom erwähnten Lugauer Schachtbruch ist bekannt, dass Frauen und Kinder in die Herkunftsorte verzogen, dass Kinder in zum Teil weit entfernte Pflegefamilien vermittelt wurden, aber auch, dass sich Ehefrauen neu verheirateten und eine ganz neue Familiengeschichte damit begründeten.[17] Dies mag die Ursache sein, dass es in Vorbereitung der Gedenkfeier aus Anlaß des 150. Jahrestages 2017 schwierig war, heute noch in der Region lebende Nachkommen einstiger Opfer zu finden, wie dem Verfasser aus zwei persönlich behandelten Fällen bekannt ist, bei denen durch Neuverheiratung der Witwen der Familiengeschichte schwer zu folgen ist.

Doch noch mehr kann hier beleuchtet werden, insbesondere kleine Sachverhalte, mit denen wir uns über die Arbeits- und Lebensbedingungen dem sozialen Status und der damit verknüpften gesellschaftlichen Einordnung der Bergleute nähern. Wieder nur ein Schlaglicht: „Abschließend eine Bemerkung zur Geschichte der Arbeitshygiene: Wer heute ein Schaubergwerk des Erzgebirges besichtigt, darf sich durch die darin angebrachte elektrische Beleuchtung nicht über die Unzulänglichkeit des Lichtes am Arbeitsplatz der erzgebirgischen Bergleute in früherer Zeit hinwegtäuschen lassen, die beim kümmerlichen Schein der Öllampen acht bis zwölf Stunden vor Ort arbeiten mußten."[18] Das traf auf den hier angezogenen Erz- und Steinkohlenbergbau nicht minder zu. Dem seitens der Unternehmer nach besten Worten geförderten Standesbewusstsein eines herausgehobenen Berg- und Hüttenwesens, dem sich die Arbeiter mit Stolz selbst vergewissern sollten, standen Missstände solcherart gegenüber. In der Steinkohle traten dazu noch die schlechte Bewetterung und eine Nutzung anderer Brennstoffe, wie dem Rüböl zugesetztes Petroleum, das die Leuchtkraft der Blenden bei niedrigem Sauerstoffgehalt begünstigen sollte. Der Bergmann war ein schlecht bezahlter und seiner Gesundheit beraubter Industriearbeiter (Abb. 4).

---

16 Zitiert in: Haustein, Veit: Das Grubenunglück von 1869 im Plauenschen Grund bei Dresden, in: Bergbau- und Hüttenverein Freital e.V. (Hrsg.): Jubiläums- und Gedenkschrift 200 Jahre Gründung Freiherrlich von Burgker Werke & 150 Jahre Grubenunglück im Plauenschen Grund, Freital 2019, S. 42–59, hier: S. 48.
17 Vgl. Neuber, Heino: „... denn man sah nichts als Elend ..." (s. Anmerkung 15), S. 99 ff.
18 Vgl. Wagenbreth, Otfried/Wächtler, Eberhard (Hrsg.): Bergbau im Erzgebirge (s. Anmerkung 2), S. 76.

Abb. 4: Bergung der Opfer des Grubenunglückes auf Segen-Gottes-Schacht in Kleinnaundorf, 1869

Die administrative (juristische) Dimension

Hieran soll zunächst ein Bereich schließen, der das eben Gesagte noch einmal aufnimmt. Gab es doch auch Bemühungen, die Lage aus den geschehenen Unglücksfällen heraus zu verbessern – wie eng sie mit unserer Blende verbunden sind, mag der folgende Absatz über Wetterversuche durch Berginspektor Bernhard Förster auf dem Carl-Schacht des Lugau-Niederwürschnitzer Steinkohlenbauvereins im Sommer 1869 beleuchten. Angeregt durch die Umstände des Schachtbruches auf der nahegelegenen Neuen Fundgrube (ebenso aber auch im Hinblick auf das Grubenunglück auf Segen-Gottes- und Neue-Hoffnung-Schacht der Burgker Werke) wollte er darüber Gewißheit erlangen, ob bei unterbundenem Wetterstrom noch genügend Zeit besteht, ein vollständiges Ausfahren der Mannschaft über den mittlerweile vorgeschriebenen zweiten Ausgang zu gewährleisten. Förster hatte gerade diese Wahl getroffen, da „[...] das Lugau-Niederwürschnitzer Steinkohlenwerk eins der von Schwaden am meisten heimgesuchten Werke ist [...]"¹⁹. Der Grund hierfür war schon allein in der nach wie vor angewandten natürlichen Bewetterung zu sehen. So berichtete man Förster, dass im Sommer selbst im Hauptwetterstrom an einigen Stellen die Blenden nur matt brannten. War damit an sich schon keine ausreichende Zufuhr von Frischwettern zu gewährleisten, kamen die besonderen Bedingungen des Steinkohlenbergbaues in Verbindung mit den damals üblichen Abbaumethoden noch hinzu. So ließ man alte Baue, in denen sich verstärkt Grubengas ansammelte und ausströmte, ohne Abdämmung stehen und betrieb keinen konzentrierten Abbau. Der Hauptwetterstrom war dabei so angelegt, dass die Wetter beim Carl-Schacht bis ins Tiefste einströmten. Über das Ansteigen der Flöze führte man sie mit Hilfe von Wetterblenden durch die Grubenbaue und Strecken bis zum Vereinigungsschacht, wo sie über einen bretternen Wetterturm auszogen.

Der Ventilationsversuch wurde durch Aufhängen von Blenden an bestimmten Stellen des Grubengebäudes und die Abdämmung der natürlichen Bewetterung vorbereitet. Förster wollte die Zeit messen, bis wann die Mannschaft potentiell ausgefahren wäre und schließlich aus der Anzahl der noch brennenden Lampen die Risiken abschätzen. Nach nur einer Stunde Versuchsdauer waren die Wetterverhältnisse so schlecht, dass ein eingefahrener Bergmann nach kurzer Strecke, und ohne die erste der aufgehängten Lampen erreicht zu haben, ergebnislos umkehren mußte, da ihm die Blende ausgehen wollte. Zwei Stunden nach dem Verdämmen ließ man wieder frische Wetter vom Schacht aus einströmen, konnte aber erst 30 Minuten später bis kurz vor die erste Blende gelangen, da keine atembare Luft vorhanden war. Man öffnete dann die Wetterblenden in den Steigstrecken, um wenigstens an die anderen der vier aufgehängten Geleuchte in kürzerer Frist zu gelangen. Nach 2 ½-stündiger Befahrung war erst die Hälfte des Hauptwetterstroms schwadenfrei. Förster musste konstatieren, dass sich die Mannschaft im Falle eines Schachtbruches nicht mehr retten könnte. Die Zeit würde weder zur Ausfahrt, noch zur Herstellung eines Wetterweges nach den Bauen des Nachbarwerkes ausreichen.²⁰ In seinem Bericht an das Bergamt Freiberg forderte er: „Man muß vielmehr ein solches Werk bezüglich der Sicherstellung seiner Schächte gerade so ansehen und muß es polizeilich mit ganz derselben unbe-

---

19 Neuber, Heino: „Hierin liegt jedenfalls das einzige Radicalmittel gegen die gedachte Gefährdung von Menschenleben" – über frühere Wetterverhältnisse im sächsischen Steinkohlenbergbau am Beispiel eines Wetterversuches beim Lugau-Niederwürschnitzer Steinkohlenbauverein 1869, in: Die Turmstütze. Nr. 24, 2009, S. 8–11, hier: S. 8 (zitiert aus: SächsBergA Freiberg, Bestand 40024-21. Akta. Die Werke des Lugau-Niederwürschnitzer Steinkohlenbau-Vereins betr. Bergamt Freiberg 1869. Anzeige des Berginspectors B. Förster, Ventilationsversuche beim Lugau-Niederwürschnitzer Steinkohlenwerke betreffend. 7. Sept. 1869).
20 Ebd., S. 9.

Abb. 5: Der Carl-Schacht in Lugau im Jahre 1857

dingten Strenge überwachen, als ob es nur einen einzigen Ausgang hätte; man muß also bei bedrohlicher Beschaffenheit selbst zu zeitweiligen Betriebseinstellungen schreiten, [...] Hierin liegt jedenfalls das einzige Radicalmittel gegen die gedachte Gefährdung von Menschenleben [...]".[21]

Das Direktorium versuchte, die Tatsachen durch ausgewählte, aber auch fadenscheinige Entgegnungen ad absurdum zu führen. So heißt es: „Unser Betriebsvorstand kann Hunderte von Beispielen bringen, daß Arbeiter in solchen unterirdischen Räumen, es mögen dieß Abbauörter oder Förderstrecken sein, in welchen kein Grubenlicht brannte, also der dazu erforderliche Sauerstoff fehlte, sich auf die Dauer ganzer Schichtzeiten, aufgehalten haben, ohne zu ersticken, denn es entwickelt sich nicht Schwaden, wie auf stehenden Grubenwaßern oder nach Gasexplosionen, sondern es entstehen nur gemeinschlechte Wetter und die

---

[21] Ebd., S. 9 (zitiert aus: Anzeige des Berginspectors B. Förster, die Wetterverhältnisse des Lugau-Niederwürschnitzer Steinkohlenwerks betreffend. 24. Sept. 1869).

Flucht der Arbeiter würde, wenn kein anderes Hilfsmittel vorhanden wäre, allerdings nur im Finstern zu erzielen sein."[22]

Auch wenn man die Hauptforderung Försters, die Aufstellung eines Ventilators, noch über ein Jahr hinauszögerte, auch wenn es nur ein kleiner Schritt zur Schaffung einer wirklichen und nutzbringenden Wetterwirtschaft sein mochte – so war es doch ein wichtiger Beitrag für die stetige Verbesserung der Arbeitsbedingungen im sächsischen Steinkohlenbergbau (Abb. 5).

Die sicherheitstechnische Dimension

Ein Jahrzehnt war seit der Katastrophe im Döhlener Becken vergangen, als es auf dem Brückenberg-Schacht II in Zwickau erneut zu einer Schlagwetterexplosion kam, die 89 Bergleuten das Leben kostete. Ein Überlebender berichtete:

> „Bald nach Wiederaufnahme der Arbeit aber [...] hörten wir einen dumpfen Schlag oder Schall, die Luft drückte stark gegen uns, so daß die meisten Grubenlichter verlöschten, und in kurzen Zwischenräumen erfolgten einige Erdbebenartige Erschütterungen, wenige Augenblicke nachher war unsere ganze Strecke von einem dichten Nebel, von Rauch, Staub und Asche erfüllt [...] wohl aber wurden wir von Todesangst erfaßt, als uns dieser dichte Nebel einhüllte und aus demselben zuweilen Flammen hervorzuckten, denn jetzt mußten wir ein größeres Grubenunglück vermuten [...] Ich rief nun meinem Nebenmann zu, mit mir zu entfliehen [...] Neulinge aber, welche [...] in der Finsterniß unserer Zurufe ungeachtet nicht vorwärts wollten, weil sie in ihrer Herzensangst alle Ueberlegung und Energie verloren hatten, sind erstickt. Freilich war die Flucht unter solchen Umständen grausig, die Gänge waren ganz finster, [...] da die wenigsten Arbeiter sich Zeit genommen hatten, die verlöschenden Lampen wieder anzuzünden, die angezündeten aber nur matt leuchteten und gar bald verlöschten."[23]

Nun hatte man freilich schnell eine bergamtliche Verordnung zum Einsatz von Sicherheitslampen bei der Hand – allein die bekannten Bauarten mit Ölbetrieb gewährten weder ausreichende Lichtqualität noch durchgreifende Sicherheit. Daneben setzte man bereits 1880 eine Kommission zur Revision der bergpolizeilichen Vorschriften in Sachsen ein, die mehr als ein Jahr später erstmals tagte.

---

22 Ebd., S. 10 (zitiert aus: Schreiben des Direktoriums des Lugau-Niederwürschnitzer Steinkohlenbauvereins an das Bergamt Freiberg vom 30. Oktober 1869).
23 Die Unglücks-Katastrophe im II. Brückenberg-Schachte zu Zwickau am 1. December 1879 nebst Trauergottesdienst-Predigt und Namensverzeichnis der 89 verunglückten Bergleute und Notizen über deren Angehörige, Zwickau o. J. [1879], S. 6 ff.

Der so genannten Schlagwetterkommission gehörten Vertreter von Bergamt, Bergakademie und Steinkohlenwerken, unter anderen Prof. Dr. Clemens Winkler und der bereits namentliche Bernhard Förster an. Schnell war man sich einig, dass Zehrlampen und offenes Geleucht möglichst zu verbieten seien. Neben vielen zu bedenkenden Maßnahmen lief aber alles darauf hinaus, eine Sicherheitslampe einführen zu müssen, die allen nötigen Anforderungen im Hinblick auf starke Leuchtkraft und gefahrlose Nutzung genügte. Während Winkler selbst an einer Lampe tüftelte, wurde man von der Erfindung eines gewissen Carl Wolf in Zwickau überrascht, die sich schnell Eingang in den westsächsischen, bald aber gesamtdeutschen Bergbau zu verschaffen wusste. Das erste Werk, bei dem vollständig auf die Wolf'schen Lampen umgestellt war, ist der Steinkohlenbauverein Concordia in Oelsnitz/Erzgeb. gewesen.

Der Mechaniker, dem das Grubenunglück an seiner Wirkungsstätte unmittelbar vor Augen stand, überzeugte mit der Konstruktion einer gefahrlosen und wirklich brauchbaren Grubenlampe. 1881 erstmals vorgestellt, war sie in gemeinsamer Erprobung mit den staatlichen Stellen schließlich 1883 ausgereift: die Benzin-Sicherheitslampe mit ihren Vorzügen wesentlich hellerer Brand, sicherer Verschluss durch Magnet, innere Zündvorrichtung und Bestimmung der Grubengaskonzentration über die Aureole, den bläulichen Schein über der Flamme.

Binnen weniger Jahre trat diese Erfindung ihren Siegeszug um den ganzen Erdball an. Zunächst auf der Grundlage des Benzinbrands entwickelt, folgte 1903 die Einführung von Geleucht auf Basis eines Blei- und 1907 eines Nickel-Cadmium-Akkumulators. Besonders die zuletzt entwickelten Lampen waren ein Meilenstein im Ringen um die Verhinderung von Explosionen durch schlagende Wetter. Sie verbrauchten nicht einmal mehr den so nötigen Sauerstoff der Grubenluft. Azetylenlampen revolutionierten ab 1904 die Ausleuchtung im schlagwetterfreien Bergbau, später kamen elektrische und Pressluft-Beleuchtung dazu.

Die Firma Friemann & Wolf beförderte die Entwicklung der Wirtschaft im Zwickau-Chemnitzer Gebiet. Mittelbar kündete dieser Erfolg immer vom sächsischen Steinkohlenbergbau und erzählte auch von der Blende, die bei allem Schicksal, das sich mit ihr verbindet, doch Ausgangspunkt dieser Entwicklung war. Immer gesehen als die technische Möglichkeit ihrer Zeit (Abb. 6).

Nun konnte die Neufassung der Allgemeinen Bergpolizei-Vorschriften für das Königreich Sachsen vom 25. März 1886 in Kraft treten, die nun unter § 122 vorschrieb: „In Bauabtheilungen, in welchen a) vor nicht länger als 6 Monaten Schlagwetter vorgekommen sind, oder rücksichtlich welcher b) sonst nach den örtlichen Wahrnehmungen das Vorkommen von Schlagwettern wahrscheinlich ist, dürfen nur Sicherheitslampen verwendet werden. Wenn innerhalb eines Grubenrevieres mehrere mit Schlagwettern behaftete Bauabtheilungen liegen, so kann die Bergbehörde den ausschließlichen Gebrauch der Sicherheitslampe

Abb. 6: Messestand von Friemann & Wolf auf der Westsachsenschau in Zwickau 1938, innerhalb der Darstellung der Grubenlampen und ihrer Lichtwirkung links die Blende

für die ganze Ausdehnung dieses Revieres, unter Umständen der ganzen Grube, anordnen [...]."[24]

Bis dahin freilich hatten andere Festlegungen gegolten, auch wenn man sich der Gefahren bewusst gewesen ist: „Die schlagenden Wettern sind die gefährlichsten; denn wenn dieselben mit einem Lichte in Verbindung kommen, so entzünden sie sich unter heftigen Explosionen, und verstümmeln die sich darin aufhaltenden Arbeiter furchtbar. So wurden im Jahre 1821 in einer (300 Ellen tiefen) Grube bei Burgk, unweit Dresden, durch solche Wettern neun Häuer verbrannt, wovon drei nach einigen Tagen starben."[25] Zuerst widmete sich 1856 das „Poli-

---

[24] Allgemeine Bergpolizei-Vorschriften für das Königreich Sachsen vom 25. März 1886, in: Menzel, Carl (Hrsg.): Jahrbuch für das Berg- und Hüttenwesen im Königreiche Sachsen auf das Jahr 1886, Freiberg 1886, S. 233–248, hier: S. 246.
[25] Vgl. Hoffmann, Carl Robert: Der belehrende Bergmann (s. Anmerkung 7), S. 29.

zei-Regulativ, den Betrieb des Steinkohlenbergbaus im Bezirke der Königlichen Kreisdirection zu Zwickau betreffend" verschiedensten Fragen. Es war – trotz der eingangs genannten Schilderungen, wie man Schlagwetter erkennen könnte – so umfassend und auch nach unserer heutigen Auffassung so sachkundig abgefasst, dass es allen späteren Bergpolizeiverordnungen und Sicherheitsbestimmungen als Vorbild diente. Allerdings traf man keine grundlegenden Bestimmungen zum Geleucht. Nur in bestimmten Situationen verpflichtete das Regulativ zur Verwendung der Sicherheitslampe damaliger Art.[26]

Nach dem Schachtbruch auf der „Neuen Fundgrube" gab man endlich die lange verhandelten „Vorschriften für die Bergarbeiter zur Verhütung von Unglücksfällen bei dem Stein- und unterirdischen Braunkohlen-Bergbaue des Königreichs Sachsen" heraus. Schon in § 5 findet sich:

> „Von dem Geleuchte und Feuerzeug. Das Geleucht soll für die Arbeiter in der Regel aus Oellampen in Blenden bestehen. [...] Niemand darf ohne Feuerzeug einfahren. Dasselbe ist stets in gutem Stande zu erhalten. [...] In Bezug auf das in Schlagwettern zu führende Geleuchte und Feuerzeug ist jedesmal den besonderen Anordnungen des Aufsichtspersonals auf das Strengste nachzugehen."[27] Dann heißt es: „§ 9. Verhalten beim Verlöschen des Lichtes auf der Fahrt. Ein jeder in der Grube Fahrende hat beim Verlöschen mit seinem Feuerzeuge, welches er nie ablegen darf, in Strecken und Abbauräumen sofort an Ort und Stelle, auf der Fahrt im Schachte aber nach Erreichung der nächsten Ruhebühne oder des nächsten Abtritts und nach fester Fußfassung daselbst sich wieder neues Licht zu verschaffen. [...] Bei dem Verlöschen einer Sicherheitslampe ist neues Licht nur auf der hierzu bezeichneten Station und durch die damit speciell beauftragte Person zu beschaffen, die verlöschte Sicherheitslampe aber bis dorthin im Dunkeln oder unter Benutzung der brennenden dergleichen Lampe eines Mitarbeiters zu bringen."[28]

Der § 39: „Begegnung der durch schlechte Wetter drohenden Gefahr" bringt sogar Hinweise zur Prüfung auf schlagende Wetter mit der Blende.[29]

---

[26] Polizei-Regulativ, den Betrieb des Steinkohlenbergbaus im Bezirke der Königlichen Kreisdirection zu Zwickau betreffend, o. O., o. J. S. 59.
[27] SächsBergA Freiberg, Bestand 40059 Kohlenwerksinspektion Dresden, Nr. 40: Maasregeln zur Verhütung von Unglücksfällen. Königl: Kohlenwerksinsp: Dresden. 1865–1868. Königl: Berginspectorat Dresden. 1869. 29. Vol: 2. Cap: I. Vorschriften für die Bergarbeiter zur Verhütung von Unglücksfällen bei dem Stein- und unterirdischen Braunkohlen-Bergbaue des Königreichs Sachsen. Dresden, 1867, S. 6.
[28] Ebd., S. 10.
[29] Ebd., S. 32.

Diesen Vorschriften waren solche „[...] für die Bergwerksbesitzer, Beamten, Officianten und Aufseher zur Verhütung von Unglücksfällen bei dem Stein- und unterirdischen Braunkohlen-Bergbaue des Königreichs Sachsen" zugeordnet. Sie bestimmten hinsichtlich der Sicherheitslampen in § 60:

> „1. Jede Grube, in der sich schlagende Wetter haben spüren lassen, oder in welcher nach Maaßgabe der in den nachbarlichen Grubenfeldern gemachten Erfahrungen das Auftreten schlagender Wetter zu erwarten steht, muß eine ihren Betriebs- und Belegungsverhältnissen entsprechende Anzahl, mindestens aber zwei in gutem Stand befindliche Sicherheitslampen von bewährter Construction vorräthig halten. 2. Dieselben sind vor dem Gebrauche derartig zu schließen, daß sie nicht willkürlich geöffnet werden können. [...] 5. Alle Grubenbaue, in denen das Auftreten schlagender Wetter zu besorgen ist, müssen, sofern sie nicht in ununterbrochener mit Lösung vor Ort verbundener Belegung stehen, vor dem Anfahren der Mannschaft entweder durch einen Steiger oder durch besonders und regelmäßig damit beauftragte zuverlässige Personen mit der Sicherheitslampe untersucht werden. 6. Dieselben haben das Resultat der Untersuchung an den Zugängen der betreffenden Grubenbaue durch in die Augen fallende, der Belegschaft bekannt gemachte Zeichen anzugeben, außerdem aber die betreffenden Bergarbeiter an hierzu bestimmten Stationen von dem Befunde ihrer Arbeitspuncte in Kenntniß zu setzen und denjenigen, welche Sicherheitslampen benutzen müssen, diese auszuhändigen und dagegen das gewöhnliche Geleucht in Empfang zu nehmen und bis zu Ende der Schicht aufzubewahren. [...] 12. In allen Grubenbauen, wo der Gebrauch der Sicherheitslampe vorgeschrieben wird, ist das Mitführen offenen Geleuchtes, einer Tabakspfeife oder eines Feuerzeuges, außer Stahl, Stein und Schwamm, untersagt."[30]

Dieser Exkurs zeigt, dass man stets um eine Verminderung der Gefahren, die sich aus der Verwendung des offenen Geleuchtes beim Steinkohlenbergbau ergaben, bemüht war. Er zeigt nicht minder, wie schwierig es war, tragfähige wissenschaftliche Erkenntnisse und technische Möglichkeiten zu erlangen.

Einen gewissen Abschluss der mit den Bergpolizei-Vorschriften in den Fassungen von 1886 und 1896 immer genauer getroffenen Anordnungen brachten die Vorschriften von 1901, in denen weitere Einschränkungen und Genehmigungspflichten Festschreibung fanden: „§ 135. In den Grubenbauen der Stein-

---

30 SächsBergA Freiberg, Bestand 40059 Kohlenwerksinspektion Dresden, Nr. 40: Maasregeln zur Verhütung von Unglücksfällen. Königl: Kohlenwerksinsp: Dresden. 1865–1868. Königl: Berginspectorat Dresden. 1869. 29. Vol: 2. Cap: I. Vorschriften für die Bergwerksbesitzer, Beamten, Officianten und Aufseher zur Verhütung von Unglücksfällen bei dem Stein- und unterirdischen Braunkohlen-Bergbaue des Königreichs Sachsen. Dresden 1867, S. 27 f.

kohlenwerke dürfen zur Beleuchtung nur Sicherheitslampen benutzt werden. Diese müssen im geschlossenen Zustande anzündbar und, was die Lampen der Arbeiter anlangt, verschlossen sein. § 136. In die Grubenbaue von Steinkohlenwerken darf kein Feuerzeug mitgenommen, und es darf in denselben kein Feuer angemacht werden."[31]

Damit verlöscht die Epoche der (Freiberger) Blende in den Steinkohlengruben Sachsens. Indessen birgt unsere Blende noch weit mehr Dimensionen, die sich bis heute fortschreiben und Beachtung verdienen.

Die gesellschaftspolitische Dimension

Viele der bereits beleuchteten Baue reflektieren die Blende in einen weiten Spannungsbogen sozialer Fragen, die Anlass zu einer Wandlung der Arbeits- und Lebensverhältnisse auf dem Weg zur modernen Industriegesellschaft darstellten. Es erhellten sich anfangs bis dahin völlig unbekannte Felder im Hinblick auf die Gefahrenpotentiale des Kohlenbergbaues und des daraus erwachsenden menschlichen Leides. In kürzester Zeit aber erlangte der sächsische Steinkohlenbergbau nationale Aufmerksamkeit, wurden hier doch Fragen diskutiert, die nach einer allgemeingültigen Beantwortung verlangten.

Auf dem Vereinstag der Deutschen Arbeitervereine 1867 in Gera behandelte August Bebel beispielsweise ausführlich die Grubenkatastrophe auf der „Neuen Fundgrube" in Lugau. Dabei nahmen die Delegierten folgende Resolution an:

> „Die in letzter Zeit im Bergbau vorgekommenen Unglücksfälle machen es den Arbeitern zur Pflicht, die Landesregierungen zu veranlassen, daß Gesetze geschaffen werden, wonach jeder Arbeitgeber oder Unternehmer [...] die Verpflichtung hat, für jeden Schaden, den der Arbeiter während der Verrichtung seiner Tätigkeit erleidet und durch Fahrlässigkeit seitens des ersteren eingetreten ist, einzutreten. Insbesondere wird bezüglich der Bergarbeiter als notwendig erkannt: 1. Strengste Kontrolle des Staates über die Bergwerksgesellschaften; 2. Gesetzliche Einführung des Zweischachtsystems, bestehend in einem Förder- und in einem Sicherheitsschacht; 3. Einführung des Entschädigungsprinzips an die Verunglückten und deren Hinterbliebenen aufgrund eines zu erlassenden Gesetzes sowie strengste Handhabung der Bestimmungen in bezug auf Tötung oder Beschädigung aus Fahrlässigkeit; 4. entschiedene Bekämpfung der einseitigen Einführung so genannter Knappschaftsord-

---

31 Allgemeine Bergpolizei-Vorschriften für das Königreich Sachsen vom 2. Januar 1901, in: Menzel, Carl (Hrsg.): Jahrbuch für das Berg- und Hüttenwesen im Königreiche Sachsen. Jahrgang 1901, Freiberg 1901, Anlage zum Anhange C, S. 1–27, hier: S. 22.

nungen (Geldstrafen, Gedingewesen, Knappschaftswesen betreffend) durch Werksbesitzer und Werksgenossenschaften ohne Vereinbarung und Zustimmung der Arbeiter; 5. Verwaltung der Knappschaftskassen durch die Arbeiter."[32]

Die Forderungen mündeten in das 1871 verabschiedete Reichs-Haftpflichtgesetz. Es entsprach den Ansprüchen nicht völlig, bildete aber die Grundlage einer durchaus notwendigen Veränderung auf arbeitsrechtlichem Gebiet.

Dass der Kampf um die Rechte der Arbeiter zugleich die Frage nach ihrer gesellschaftlichen Verortung war, zeigt besonders der Briefwechsel Lugauer Bergarbeiter mit Karl Marx. Als erste deutsche Arbeiter traten sie unmittelbar mit ihm in Kontakt. Friedrich Engels verfasste einen „Bericht über die Knappschaftsvereine der Bergarbeiter in den Kohlenwerken Sachsens", der in England und Deutschland erschien. Dem Beitritt dieser Bergleute zur I. Internationale folgte ein noch wesentlicherer Schritt: Am 17. Januar 1869 begründeten sie mit der „Gewerksgenossenschaft deutscher Berg- und Hüttenarbeiter in Lugau und Umgegend" die erste deutsche Bergarbeitergewerkschaft. Der daraus 1870 entstandenen „Internationalen Genossenschaft der Berg-, Hütten- und Salinenarbeiter" gehörten rund 15 000 Bergarbeiter aus Sachsen, dem Aachener Revier und dem Ruhrgebiet an. Der endlich 1876 entstandene „Verband Sächsischer Berg- und Hüttenarbeiter" wurde zu einem Vorreiter der Gewerkschaftsbewegung in Deutschland.

Die Blende, deren erhellender Wirkung sie sich bei ihrer Arbeit versicherten, wird damit zugleich zum Symbol gesellschaftspolitischer Errungenschaften, die in ihrer Entwicklung bis heute nachwirken und den bestimmenden Anteil des sächsischen Steinkohlenbergbaus am Werden des modernen Industriezeitalters festschreiben.

Zu erwartende, bedeutende Wandlungsprozesse innerhalb der Gesellschaft erfordern immer wieder die Auseinandersetzung mit den Ereignissen der Vergangenheit. Denn noch jedes Mal stellen sich Verständnisfragen, die nur durch Rekonstruktion von Vorgängen, durch die Beschreibung von Zuständen und Betrachtung von Zusammenhängen erhellt werden können.

---

[32] Zitiert in: Hue, Otto: Die Bergarbeiter. Historische Darstellung der Bergarbeiter-Verhältnisse von der ältesten bis in die neueste Zeit, Bd. 2, Stuttgart 1913.

Geschichtswissenschaftliche Dimension

Mühsam nur lassen sich im schwachen Widerschein der Vergangenheit unmittelbare Angaben zu den Blenden ermitteln. Forschungs-, mag sein auch Überlieferungslücken lassen Hersteller und Händler, Preise von Lampen und Betriebsstoffen, aber vielfach auch die Herkunft überlieferter Stücke im Dunkeln bleiben.

Mittelbar aber sind die Angaben – und das nicht nur etwa in Übersichten zur Entwicklung des Geleuchts – wichtig zur Verdeutlichung der Technikgeschichte und nicht minder der Arbeits- und Lebensbedingungen der Bergarbeiter. Sei es durch die bloße Benennung im Rahmen ihrer Ausrüstung, sei es über einen Hinweis auf die kümmerliche Ausbeute an Licht, der zur Kennzeichnung der Umstände bei der Kohlengewinnung dient.

Auch wenn die eigentliche Herkunft der Blende in der Sammlung des Bergbaumuseums Oelsnitz/Erzgebirge bislang nicht festzustellen war – der Bezug zu Walter Ulbricht ist durchaus passend. Denken wir nur an das von ihm herausgegebene Werk „Zur Geschichte der deutschen Arbeiterbewegung" und bleiben bei der Geschichtsforschung und -darstellung in der Deutschen Demokratischen Republik, so finden wir die Beschäftigung mit der Arbeitergeschichte bzw. Geschichte der Arbeit herausgehoben. Das schon allein deshalb, weil sie die sinnfälligen Grundlagen für die angestrebte, neue Gesellschaftsordnung bieten konnte. Ganz stark im Interesse stand dabei der sächsische Steinkohlenbergbau. Es sei hier nur auf wenige bedeutende Forschungsarbeiten von Ernst Engelberg[33], Eberhard Wächtler (grundlegend „Bergarbeit zur Kaiserzeit")[34], Otfried Wagenbreth[35] oder wichtige Arbeiten verwiesen, die im Rahmen der Freiberger Forschungshefte erschienen – speziell eine Schrift von Werner Döhler.[36] Dazu treten eine Reihe von zum Teil (alle ideologischen Notwendigkeiten der Zeit einmal fortgelassen) tiefgründig recherchierten Bänden zur Entwicklung einzelner Steinkohlenwerke, die bis heute dienlich sind.[37] Aber auch populärwissenschaftlich

---

[33] Engelberg, Ernst/Rößler, Horst/Wächtler, Eberhard: Zur Geschichte der sächsischen Bergarbeiterbewegung, Berlin 1954.

[34] Wächtler, Eberhard: Bergarbeit zur Kaiserzeit. Die Geschichte der Lage der Bergarbeiter im sächsischen Steinkohlenrevier Lugau-Oelsnitz in den Jahren von 1889 bis 1914, Berlin 1962 (= Geschichte der Fabriken und Werke, Bd. IX).

[35] Vgl. Wagenbreth, Otfried/Wächtler, Eberhard (Hrsg.): Bergbau im Erzgebirge (s. Anmerkung 2).

[36] Döhler, Werner: Die ökonomische Lage der Zwickauer Bergarbeiter im vorigen Jahrhundert, Leipzig 1963 (= Freiberger Forschungshefte – Kultur und Technik D 45).

[37] Beispielhaft seien hier angeführt: Betriebsparteiorganisation und Werkleitung VEB Steinkohlenwerk Karl-Marx, Zwickau (Hrsg.): Von den Brückenbergschächten zum VEB Steinkohlenwerk

angelegte Bücher, wie etwa das 1979 erschienene „Seilfahrt und Ofenreise"[38] arbeiteten nicht nur das Thema auf, sondern versuchten, einen breiteren Leserkreis für ein Gebiet zu sensibilisieren, das letztlich auch im Mittelpunkt früher Bemühungen um die Industriekultur über die Erhaltung der Denkmale des (industriellen) Steinkohlenabbaus in Sachsen – sie gehören zu den frühesten Beispielen in Deutschland – stand.[39]

Nach der Wiedervereinigung Deutschlands trat aufgrund vielfältiger Umstände eine Vernachlässigung bei der geschichtswissenschaftlichen Beschäftigung mit dem sächsischen Steinkohlenbergbau ein. Das heißt nicht, dass etwa alle Arbeiten dazu abgebrochen worden wären. Im Gegenteil entstanden bis in die jüngste Vergangenheit eine Reihe herausragender Publikationen.[40] Die Wahrnehmung aber innerhalb der allein nationalen Geschichtsschreibung ging erheblich zurück oder fand nicht statt. Es bleibt daher Aufgabe, mittels der geschaffenen Grundlagenarbeiten und weiterer Beschäftigung mit vielfältigen, lohnenden Fragestellungen den Anschluss wiederherzustellen und der deutschen Bergbaugeschichte neue Aspekte zu erhellen.

Museologische Dimension

Es ist dabei allerdings längst deutlich geworden, dass schriftliche Zeugnisse allein keine umfassende, begreifbare Darstellung einer vergangenen Lebenswirklichkeit ermöglichen. Vielmehr ist es unerlässlich, gegenständliche Überlieferungen einzubinden, um unser Bild einer gewesenen Zeitspanne so wie die

---

Karl Marx, Zwickau 1859–1959. Zwickau 1959; VEB Steinkohlenwerk Oelsnitz (Hrsg.): Unser der Tag – Unser die Zukunft, Oelsnitz (Erzgeb.) 1969.
38 Pfannstiel, Margot: Seilfahrt und Ofenreise. Geschichten aus Hütte und Schacht, Berlin 1979.
39 Wagenbreth, Otfried: Die Pflege technischer Kulturdenkmale – eine neue gesellschaftliche Aufgabe unserer Zeit und unseres Staates zur Popularisierung der Geschichte der Produktivkräfte, in: Wissenschaftliche Zeitschrift der Hochschule für Architektur und Bauwesen Weimar 16, 1969, H. 5, S. 465–484.
40 Vogel, Rolf: Das Lugau-Oelsnitzer Steinkohlenrevier, Oelsnitz (Erzgeb.) o. J. [1992]; Steinkohlenbergbauverein Zwickau e.V. (Hrsg.): Der Steinkohlenbergbau im Zwickauer Revier, Zwickau 2000; Ders.: Der Grubenbrand im VEB Steinkohlenwerk ‚Martin Hoop' Zwickau am 19. April 1952, Zwickau 2012; Kulturamt und Stadtarchiv der Stadt Zwickau (Hrsg.): Die Grubenkatastrophe im VEB Steinkohlenwerk ‚Karl Marx' Zwickau vom 22. Februar 1960, Zwickau 2010; Bergbau- und Hüttenverein Freital e.V. (Hrsg.): Jubiläums- und Gedenkschrift 200 Jahre Gründung Freiherrlich von Burgker Werke & 150 Jahre Grubenunglück im Plauenschen Grund, Freital 2019.

RAT & HILFE

NOTRUF
Polizei 110, Feuerwehr und Rettungsdienst 112, Ärztlicher Bereitschaftsdienst 116117, Giftnotruf 0361 730730

ALLGEMEINMEDIZIN
19 - 7 Uhr
Für den gesamten Altkreis Stollberg: Ärztlicher Bereitschaftsdienst, zu erfragen unter 116 117
Außerhalb der regulären Sprechzeiten Telefon 116117.

AUGENARZT
19 - 7 Uhr, Annaberg-Buchholz: Rufbereitschaft, 116117

APOTHEKEN
18 - 8 Uhr
Lugau: Park-Apotheke, Chemnitzer Straße 1, 037295 41626

TIERARZT
18 - 6 Uhr
Lugau: Dr. Uwe Junghans (nur Kleintiere), 037295 2211
Zwönitz: DVM Riccardo Holler (gemischt), 037754 75325, 0172 2305199
Um Wartezeiten zu vermeiden, wird gebeten, dass Kleintierbehandlungen zum Notdienst mit dem jeweiligen Tierarzt vorher telefonisch abgesprochen werden.

BÜRGERSERVICE
Telefonseelsorge:
Beratung über regionale Hilfsangebote unter den kostenfreien Nummern 0800 1110111 oder 0800 1110222

BLUTSPENDETERMIN
Lugau: Oberschule am Steegenwald, Sallauminer Straße 88, 13.30-18.30 Uhr

PILZBERATER

Lugau: Olaf Gebert, Juri-Gagarin-Straße 4, 037295 6049, olafgebert@googlemail.com
Neuwürschnitz: Angelika Tauscher, Oberwürschnitzer Straße 13, 037296 12077, 0170 9322150, angelika.tauscher@web.de
Niederwürschnitz: Klaus Strobelt, Parkstraße 9, 037296 13496, 0178 1649665;
Dirk Strobelt, Parkstraße 9, am Wochenende 037296 13498, 0178/1649660, wochentags nur telefonisch unter 03731 4795139; beide PilzberatungSTL@aol.com
Stollberg: Jana Colditz, Rudolf-Breitscheid-Straße 16, 037296 449418, 0172 7639605, jcol86@aol.com; Lothar Bergelt, Pestalozzistraße 15, 037296 82062;
Zwönitz: Andreas Simon, Matthes-Enderlein-Straße 5, 037754 2919, simonandreas@gmx.de

STOLLBERGER ZEITUNG

Erzgebirge
Andreas Luksch, Regionalleiter, Telefon: 03733 141-13140
Martina Brandenburg, Telefon: 03725 3484-13645
Thomas Wittig, Telefon: 03733 141-13157
Jürgen Freitag, Telefon: 03771 594-13240

Lokalredaktion Stollberg
09366 Stollberg, Herrenstraße 19
Telefon: 037296 6990-2841
Telefax: 0371 656-17234
Red.Stollberg@freiepresse.de

Leser-Obmann
Reinhard Oldeweme
Telefon: 0371 656-65666
Montag bis Freitag von 10 bis 12 Uhr
leser-obmann@freiepresse.de

Geschäftsstelle Stollberg
09366 Stollberg, Herrenstraße 19

Anzeigen, Anzeigenberatung, Abonnements, Leserreisen, Bücher
Telefon: 037296 6990-0
Telefax: 0371 656-17230

Verlagsbezirksleiter
Andreas Mey, Telefon: 03733 141-13000
Andreas.Mey@freiepresse.de

Anzeigenverkaufsleiter
Lars Renner, Telefon: 03771 594-13200
Lars.Renner@freiepresse.de

Geschäftsstellenleiterin
Anett Holmann
Telefon: 03733 141-13100
Anett.Holmann@freiepresse.de

SERVICE-TELEFON
0800 80 80 123
kostenfrei
MONTAG BIS FREITAG: 6.00-18.00Uhr
SAMSTAG: 6.00-13.00 Uhr
Telefonische Anzeigenannahme
Abo-Service | Ticket-Service

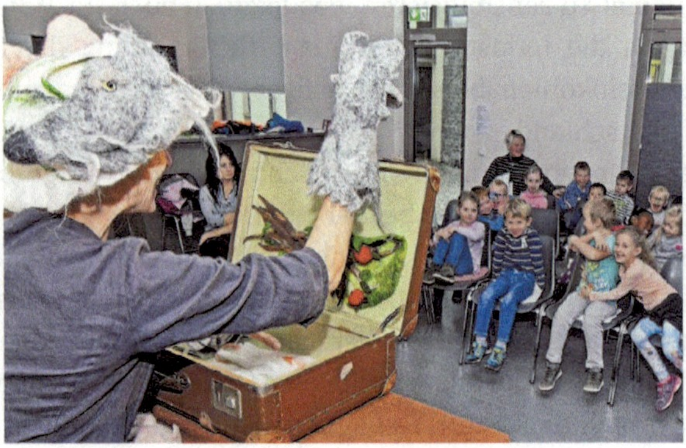

Märchenkiste öffnet sich

Insgesamt 60 Kinder aus den drei Lugauer Kindertagesstätten waren im Rahmen des Projektes „Kilian – Wir geben Büchern eine Bühne" in der Stadtbibliothek Lugau zu Gast. Madame Rosa (Uta Davids) hat im Mehrzweckraum der Einrichtung ihren Märchenkoffer geöffnet. Erzählt und gespielt wurden Märchen, unter anderen „Der schlaue Fuchs". Die Veranstaltung fand im Rahmen eines im Jahr 2012 vom Bibliotheksverband Sachsen zusammen mit dem Kultusministerium des Freistaates ins Leben gerufenen Projektes, bei dem Künstler verschiedener Sparten beliebte Kinder- und Jugendbücher in öffentlichen Bibliotheken des Freistaates Sachsen inszenieren, stattgefunden. Ziel ist es, bei Kindern in Kindertagesstätten und an allgemeinbildenden Schulen mit Unterstützung literarischer, musikalischer und theatraler Mittel die Lust am Lesen zu wecken. Seit dem Start des Projektes konnten sich mehr als 10.000 Kinder an Kinderbuch-Inszenierungen unterschiedlichster Art erfreuen. |fp

FOTO: BERND FRANKE

Wie kam Walter Ulbrichts Büro zu diesem Geleucht?

VON VIOLA GERHARD

SERIE: AUSBLICK IN DIE AUSSTELLUNG

Bis zum 24. April 2020 ist das Bergbaumuseum Oelsnitz wegen Umbaus geschlossen. Einige Exponate der künftigen Dauerausstellung stellt „Freie Presse" als „Objekt des Monats" vor. Aktuell ist es eine sogenannte Blende.

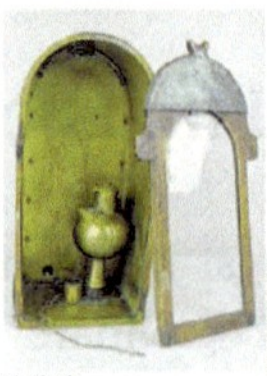

Die Blende.

OELSNITZ – Mit den letzten warmen Sonnentagen im zu Ende gegangenen Oktober geht es nun langsam in die kalte und dunkle Jahreszeit. Ein Grund mehr, mit dem aktuellen Objekt des Monats ein wenig Licht in die Dunkelheit zu bringen, erklärt Deborah Weise, Mitarbeiterin des Bergbaumuseums Oelsnitz. Aus diesem Grund sei die Wahl im November auf einen der wichtigsten, wenn nicht den wichtigsten Begleiter der Bergleute gefallen: das Geleucht. Im speziellen Fall handelt es sich allerdings um eine Blende, um die sich noch einige Geheimnisse ranken. Zum Beispiel, was sie mit Walter Ulbricht, ab 1960 Staatsratsvorsitzende der DDR, zu tun hat. Aber der Reihe nach.

Bereits Mitte des 18. Jahrhunderts wurden Blenden, wie das im Bild gezeigte Exemplar, in Sachsen nachweislich verwendet, erklärt Weise. Da sie das für die Arbeit unter Tage unerlässliche Licht vor Wetterzug oder Tropfwasser schützten, konnten sich die neuen Lampen schnell flächendeckend verbreiten.

Weise: „Typisch waren die bogenförmig gefertigten Holzkästen mit einer offenen Seite. Diese konnte mit einer in Holz gefassten Glasscheibe verschlossen werden." Für die nicht brennbare Innenauskleidung sei in der Regel Messingblech verwendet worden, denn es erhöhte zusätzlich den Schein des Lichtes. Ebenfalls aus Messing waren die kleinen Öllampen im Inneren der Blende. Man nannte sie Kuckuck und sie wurden in der Hauptsache mit sogenanntem Rüböl, aber auch Talk und später Petroleum betrieben. Außerdem konnten sie auch außerhalb der Blende verwendet werden. Zusätzlich zur Öllampe war meist eine Vorrichtung zum Einstellen einer Kerze vorgesehen. Löcher in der Rückwand versorgten die Flamme mit ausreichend Sauerstoff.

Vor der Rückwand war ein Schlitz zum Verstauen des Glasschiebers vorgesehen. Wie die Museumsmitarbeiterin weiter erklärt, diente ein an der Rückseite angebrachter Metallhaken zum Tragen und Verstauen der Blende an Kleidung oder Gürtel.

„Das vorliegende Exemplar stammt sehr wahrscheinlich aus dem Besitz eines Beamten, da der Haken aus Kupfer und nicht, wie üblich, aus Eisen gefertigt wurde", sagt Weise. „Und sein Geleucht schien ihm sehr wichtig, denn der im oberen Bereich gebrochene Schieber wurde sorgfältig mit einer Blechummantelung repariert."

Wie die meisten der vorgestellten Sammlungsstücke sei auch das Objekt des Monats November wieder mit vielen Fragezeichen versehen, erklärt sie. „Aus den Unterlagen geht hervor, dass die Blende bereits 1953 in museale Bestände überging. Unter der Kennung ‚Herkunft' ist ‚Überreicht vom Büro Walter Ulbrichts' vermerkt."

Tatsächlich habe der damals stellvertretende Ministerpräsident der DDR im Jahr 1949 den Karl-Liebknecht-Schacht und das Lugau-Oelsnitzer Revier besucht, vom Überreichen einer Bergmannslampe sei jedoch nichts überliefert. „Dass die Blende von hier stammt, ist allerdings sehr sicher. Der hornförmige kleine Griff zum Entnehmen und Einführen des Glasschiebers war üblich und spezifisch für die Gegend."

Wem das Stück jedoch einst gehörte, lasse sich nicht mehr nachvollziehen. Auch, wie es den Weg in das Büro Ulbrichts fand, darüber könne heute nur spekuliert werden. Erhielt er die Grubenlampe vielleicht bei seinem Besuch hier geschenkt? Oder waren Lugau-Oelsnitzer Bergleute zu Besuch in Berlin? „Vielleicht findet sich gar ein Leser, der an dieser Stelle Licht ins Dunkel bringen kann", hofft Deborah Weise. In der neuen Dauerausstellung des Bergbaumuseums werde die Blende auf jeden Fall in neuem Licht erstrahlen und einen Platz in der umfangreichen Lampensammlung einnehmen.

BISHER erschienene Beiträge dieser Serie sehen Sie, wenn Sie diesen QR-Code scannen oder im Internet unter. » **www.freiepresse.de/exponate**

Betrüger erneut erfolgreich

Polizei: Aufklärung älterer Angehöriger wichtig

ANNABERG-BUCHHOLZ – Erneut haben Unbekannte mehrere ältere Menschen sowohl im Chemnitzer Raum als auch im Erzgebirge angerufen und mit dem sogenannten Enkeltrick versucht, sie um ihre Ersparnisse zu betrügen. In einem Fall waren die Täter erfolgreich und erbeuteten mehrere zehntausend Euro. Eine Seniorin aus Aue war mehrfach telefonisch kontaktiert worden, wobei eine Notlage einer angeblichen Nichte vorgetäuscht worden war, die dringend eine hohe Summe Geld für vermeintliche Notarkosten bräuchte. Die Angerufene übergab das Bargeld letztlich an der Wohnungstür an eine unbekannte Botin, die schwarze, schulterlange Haare gehabt haben soll und mit einem weinroten Kleinwagen wegfuhr. In einem weiteren Fall wurde in Chemnitz einer Seniorin bereits ein Taxi geschickt, mit dem sie zur Bank fahren und Geld abholen sollte. Erst als die richtige Angehörige kontaktiert wurde, flog der Schwindel auf. Die Polizei rät dazu, mit älteren Angehörigen über derartige Betrugsmaschen zu sprechen und vor solchen überraschenden Anrufen zu warnen. Im Zweifelsfall solle der Angerufene auflegen und die Polizei verständigen. |bjost

INFOS über die Betrugsmasche „Enkeltrick" oder ähnliche finden Sie etwa auf der Polizei-Internetseite » **www.polizei.sachsen.de/de/23179.htm**

Musiker schwelgen in Erinnerungen

Wer in Karl-Marx-Stadt und dem Umland für Stimmung sorgte, ist zum Treffen eingeladen. Es soll nicht nur geredet werden.

VON CHRISTOF HEYDEN

CHEMNITZ/STOLLBERG – Zu einer Wiedersehensparty wollen sich am Freitag im Gasthaus „Goldener Hahn" in Kleinolbersdorf-Altenhain einst im Rampenlicht stehende Akteure der Musikszene von Chemnitz und dem Umland treffen. Rolf Steinbach und Robby Drechsel, Mitglieder der zu DDR-Zeiten renommierten Band Glashaus, bereiten das Stelldichein der Sänger, Musiker und Techniker vor, denen in den 1970er- und 1980er-Jahren die Bühnen bei Jugendtanzveranstaltungen gehörten. „Wir suchen den Kontakt zu früheren Kollegen der Tanzmusikszene, wollen Kontakte auffrischen und uns an so manches Erlebnis erinnern", sagt Rolf Steinbach. „Zum Premierentreffen 2012 waren über 80 Kollegen der Einladung gefolgt. Wir freuen uns, wenn diese Neuauflage eine ebensolche Resonanz finden würde."

Der frühere Glashaus-Bandchef denkt dabei an Gruppen wie Bumerang, Diskant, Jet und der Drive-Band. „Auf den Jugendtanzbühnen standen auch Simultan, Rapunzel, Rock-Report, Wanderer und Con Six. In diese Zeit zählen Brigitte Stefan und Meridian ebenso." Teils Jahrzehnte hätten die Kapellen für Stimmung gesorgt. „Wir laden zum Treffen nicht nur Musiker und Roadies ein, auch Vertreter von Einstufungskommissionen, Programmgestalter, Konzertmanager und andere ehedem im Kulturbetrieb Beschäftigte sind willkommen, wie Rundfunkmoderatoren und Medienleute", so Steinbach.

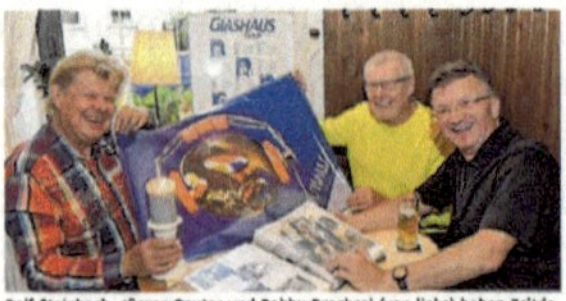

Rolf Steinbach, Jürgen Reuter und Robby Drechsel (von links) haben Zeitdokumente gewälzt. Am Freitag wollen die Mitglieder der einstigen Band Glashaus frühere Musikerkollegen treffen. FOTO: CHRISTOF HEYDEN

Der frühere Bassist Rolf Steinbach erinnert an betriebliche Kultur- und Speisesäle, die „Rock 'n' Roll-Kantinen" genannt wurden. „Da ging es sonnabends beim Jugendtanz im Industriewerk, im Großdrehmaschinenbau „8. Mai", bei Numerik, Germania oder Elite-Diamant hoch her. Die Zahl der heute noch durch die Lande Tourenden ist überschaubar, manche tun etwas ganz anderes und einige der gestandenen Oldies weilen nicht mehr unter uns." Beim Treffen der Musiker am Freitag soll auch in die Saiten und zum Mikrofon gegriffen werden. So werden Ecke Bauer und die Band „Bauerplay" erwartet und Brigitte Stephan soll auftreten. Zudem ist nicht auszuschließen, dass sich Musiker zu spontanen Sessions zusammenfinden.

DAS MUSIKERTREFFEN findet am **Freitag, 8. November**, um 17 Uhr im Restaurant „Goldener Hahn", Zschopauer Straße 565, statt.

Abb. 7: Vorstellung und Erschließung von musealen Objekten durch Öffentlichkeitsarbeit selbstverständliche Wahrnehmung der Lebensumwelt, in der wir uns bewegen, vervollständigen zu können.

Streifen wir die weißen Handschuhe über und nehmen unsere Blende sachkundig vor, wird deutlich, welche museologischen Notwendigkeiten der ferneren Bewahrung eines derartigen Objektes, aber auch welche Vorleistungen durch die Grundlagenarbeit der Museologie für die weitere „Befragung" zu erbringen sind.

Dies reicht von der sachgerechten, konservatorisch richtigen Bewahrung, Behandlung, aber auch Ausstellung des historischen Geleuchts, über die stetigen Bemühungen, weitere Stücke mit reichem Überlieferungshintergrund in einen Bestand nehmen zu können, bis hin zur grundlegenden Bearbeitung im Rahmen von Inventarisierung und vor allem Katalogisierung. Denn die Erschließung macht doch eine Sammlung erst wirklich nützlich. Dabei stellen sich speziell beispielsweise Fragen nach der Ausführung (Mannschafts-, Beamten- oder Besucherlampen), zur Altersbestimmung und zu Merkmalen, die auf die Echtheit des Stückes hinweisen – sollte doch im Hinblick auf die gegenwärtige Preislage die Herstellung von Nachbauten durchaus nicht außer Acht gelassen werden. Darüber hinaus müssen gerade bei ungeklärter Herkunft Merkmale abgeglichen werden, die eine Zuordnung zu einem bestimmten Gebiet ermöglichen können. So gibt es typische Kennzeichen beispielsweise für Blenden aus dem Schneeberger Raum, aber auch beim sächsischen Steinkohlenbergbau etwa für die Reviere um Lugau-Oelsnitz oder das Döhlener Becken.

Solche Arbeiten sind nicht zu unterschätzen und dürfen sich gern auch mit Öffentlichkeitsarbeit verbinden lassen. Die hier besprochene Blende etwa wurde im Rahmen der Reihe „Objekt des Monats" des Bergbaumuseums Oelsnitz/Erzgebirge den Lesern der regional auflagenstärksten Zeitung vorgestellt, um möglicherweise weitere Erkenntnisse zu erlangen.[41] So vielstrahlig also die Dimensionen, so vielfältig auch die allein museologische Arbeit (Abb. 7).

Persönliche – identitätsstiftende Dimension

Innerhalb der musealen Auseinandersetzung sind wir bestrebt, zugleich mit dem Objekt seine Authentizität zu bewahren, die sich am günstigsten über einen persönlichen Hintergrund herstellen lässt. Im Falle Walter Ulbrichts gelingt dies in seltener, aber doch nur mittelbarer Eindrücklichkeit. Ist dagegen der einstige

---

41 Gerhard, Viola: Wie kam Walter Ulbrichts Büro zu diesem Geleucht?, in: Freie Presse, Stollberger Zeitung v. 06.11.2019.

Nutzer bekannt, entsteht eine sorgsam zu wahrende Unmittelbarkeit dieser Aura, dieses spürbaren Herkommens.

Dies dürfte nicht zuletzt der Grund sein, warum viele der Geleuchte bis heute als Familienerbstück, als Erinnerung an das eigene Herkommen aufbewahrt werden. Gerade in der Verbindung mit dem im Erzgebirgsraum als so lebenswichtig verstandenen Licht wird über die Objekte eine einmalige Betonung regionaler Selbstwahrnehmung durch eigene Identifikation erreicht. Diese besondere Form einer zugleich gefühlsseitig getragenen Bewahrung von Authentizität muss und kann seitens eines Museums beim Übergang in den Bestand durchaus im Rahmen begleitender Dokumentation festgehalten werden. Anders gestaltet sich dies zumeist, wenn der Abgabe an eine museale Bewahrstätte die Veräußerung auf dem Antiquitätenmarkt vorgezogen wird.

Antiquarische Dimension

Freilich sind das Ausmaß des Verlustes ursächlicher Überlieferungszusammenhänge, noch mehr die Zerstörung der Authentizität durch Trennung von damit verbundenen Menschen, von persönlichen Erinnerungen, von Geschichten und Ereignissen, nicht zuletzt durch ein „Anrichten" im Sinne von falsch verstandener Aufarbeitung der Blenden nicht zu ermessen. Museale Sammlungen, aber auch sachgemäß geführte Privatsammlungen leiden durch diese Entwicklung, die das wertvolle Geleucht nicht zuletzt als eine Wertanlage versteht, die sich an der Preisentwicklung vor dem Hintergrund der Seltenheit der Stücke ablesen lässt.

Es kann hier – bei allem Verständnis für die wirtschaftlichen Interessen der Verkäufer und Händler – nur immer wieder dazu aufgefordert werden, den Museen die Objekte zuerst anzubieten. Dies setzt freilich entsprechende Etats für Ankäufe voraus, um realistische Angebote unterbreiten und Möglichkeiten erhalten zu können. Denn es ist um unser kollektives Gedächtnis, um unsere Identität bestellt, die allen Verantwortlichen stets am Herzen liegen sollten.

Kulturgeschichtliche Dimension

Von bergmännischer Kultur darf man wohl annehmen, dass sie vielen Bewahrern, Trägern und Beschauern am Herzen liegt. Das Licht in seiner hohen Bedeutung für den Bergmann wird dabei in der Blende zum herausragenden Symbol. Der sächsische Steinkohlenbergbau besitzt dabei eine wesentliche Bindeglied-

Abb. 8: Mettenschicht des Bergbau- und Hüttenvereins Freital in der St. Jakobus-Kirche zu Pesterwitz

Funktion zwischen dem im 19. Jahrhundert stetig zurückgehenden, die bergmännische Kultur jahrhundertelang formenden Erzbergbau und den fortgesetzten Bemühungen um ihren Erhalt bis in die Gegenwart hinein. Bereits bei der Betrachtung der menschlichen Dimension wurde deutlich, dass der Wechsel von Berg- und Hüttenleuten zum aufstrebenden Steinkohlenbergbau ein bedeutsamer Faktor für die grundsätzliche Bewahrung von Brauchtum und Traditionen, mitunter gemessen an den wahrgenommenen Äußerlichkeiten, war. Dazu tritt die bewußte Übernahme, wie beispielsweise beim Erzgebirgischen Steinkohlen-Aktienverein in Zwickau, der bestimmend für das Zwickau-Oelsnitzer Revier an den sächsischen Erzbergbau angelehnte Paradeuniformen einführte und dazu als Paradegeleucht Froschlampen einführte. Die hier infrage stehende Blende selbst war dazu kontinuierlicher Gebrauchsgegenstand.

Damit kommt dem Steinkohlenbergbau des Landes eine wesentliche Trägereigenschaft beim fortgesetzten Erhalt Sachsens als Bergbaulandschaft mit seiner kulturellen Eigenart zu, die in weltweit bekannten und beeinflussenden Ausdrucksformen bis heute ihren Niederschlag findet.

Die Blende begleitet diesen Langzeitprozess. Man denke nur an die jährlichen Mettenschichten des Bergbau- und Hüttenvereins Freital, bei denen sie selbstverständlich getragen wird – hier nicht zuletzt verwoben mit einer romantischen Dimension – oder erst in jüngster Vergangenheit an den im Rahmen der Sächsischen Landesgartenschau 2015 in Oelsnitz/Erzgeb. aufgestellten Brunnen vor dem Bahnhofsgebäude: Eine Blende krönt – ihren leuchtend goldgemalten Bogen dem Betrachter nach vier Seiten offenbarend – einen Sockel aus strahlig angeordneten Streckenprofilen. Aus ihnen sprudelt das klare Wasser unserer Tage und doch ist der Brunnen zugleich ein Born, der den Kreis zu den Urquellen des Werdens dieser Region durch die Hebung der Schätze aus den Tiefen schließt: das künstlerische Schaffen als spiegelnder Ausschlag eines lebenswichtigen Alltagsgegenstandes (Abb. 8).

Summarisch sehen wir vor allem zwei marginale Erkenntnisse: dass sich an einem Objekt eine reiche Fülle vielfältigster geschichtlicher Aspekte erhellen lässt, und dass sächsische Bergbaugeschichte – gerade auch in Einzelheiten – nicht ohne den sächsischen Steinkohlenbergbau zu denken ist.

Gedächtnisobjekte

Johannes Großewinkelmann
„Ich denke gerne an die Zeit zurück!" – Die Erinnerungskultur ehemaliger Bergleute des Erzbergwerkes Rammelsberg anhand von Objekten aus privaten Sammlungen

Prolog

Die Herausgeber der vierbändigen „Geschichte des deutschen Bergbaus" um den 2012 verstorbenen Historiker Klaus Tenfelde hatten es bereits angedeutet, dass zu einer „Nach-Geschichte" des 2018 beendeten deutschen Steinkohlenbergbaus „bergbaubezogene Erinnerungskulturen" an Bedeutung gewinnen werden.[1] Man könnte annehmen, das Erzbergwerk Rammelsberg, das bereits im Juni 1988 seine Förderung eingestellt hat, könnte über 30 Jahre nach der Schließung auf eine reichhaltige Erinnerungsarbeit hinsichtlich des bergmännischen Arbeitens und Lebens blicken und wäre in dieser Hinsicht der Erforschung bergmännischer Erinnerungskulturen den Industriemuseen im Ruhrgebiet voraus. Doch dem ist nicht so: Dem Sammeln privater Erinnerungsstücke wurde am Weltkulturerbe Rammelsberg lange Zeit wenig Aufmerksamkeit geschenkt, weil der Fokus auf die Bergbaugeschichte des Erzbergwerkes und nicht auf die private Erinnerung an die bergmännische Arbeit gerichtet war. Zwar wurden in Oral-History-Projekten in den 1990er-Jahren private Erinnerungen Rammelsberger Bergleute gesammelt, sie fanden aber kaum einen Niederschlag in der Sammlung materieller Erinnerungsstücke.

Erst in den letzten Jahren wurden bei so genannten „Ehemaligentreffen" Rammelsberger Bergleute gezielt Erinnerungsstücke erworben, die als persönliche Andenken[2] in privaten Sammlungen vorhanden waren. Bevor der Blick auf

---

[1] Vgl. Tenfelde, Klaus/Berger, Stefan/Seidel, Hans-Christoph: Zur Einführung in das Gesamtwerk, in: Bartels, Christoph/Slotta, Rainer (Hrsg.): Der alteuropäische Bergbau. Von den Anfängen bis zur Mitte des 18. Jahrhunderts. Münster 2012 (= Geschichte des deutschen Bergbaus, Bd. 1), S. 15–20, hier: S. 16.
[2] Es wurde bewusst das deutsche Wort „Andenken" gewählt, weil die auch im Deutschen häufig verwendete französische Bezeichnung „Souvenir" eine andere Bedeutung haben kann. Das Wort „Andenken" hat einen religiösen Hintergrund, wurde aber ab dem 18. Jahrhundert auch auf Dinge übertragen, die Erinnerungen wecken. Vgl. Holm, Christiane: Erinnerungsdinge, in: Samida, Stefanie u. a. (Hrsg.): Handbuch Materielle Kultur. Bedeutungen, Konzepte, Disziplinen, Weimar 2014, S. 197–201, hier: S. 198.

die Erinnerungsobjekte gelenkt wird, sollen zunächst einige Vorüberlegungen zu Fragestellungen der Erinnerungskultur, der Bedeutung von Erinnerungsobjekten für die materielle Kultur und der Musealisierung von Andenken erläutert werden. Es geht um die Ausdeutung einer Dingwelt als eigenständige Quelle im Kontext von sozialen Interaktionen, denn die Andenken der Rammelsberger Bergleute sind Teil einer komplexen bergmännischen Erinnerungskultur.[3]

Von der Erinnerung zum Objekt – Fragen an den Gegenstand

Die Auseinandersetzung mit Erinnerungskultur, die in den letzten Jahren durch die empirische Kultur- und die Geschichtswissenschaft geführt wurde,[4] soll im Folgenden weitgehend auf die individuelle Erinnerung eingegrenzt werden, obwohl im individuellen Gedächtnis nicht nur die unverwechselbaren eigenen Erfahrungen gespeichert werden, sondern in ihm verschränken sich immer auch individuelles und kommunikatives Gedächtnis. Das individuelle Gedächtnis ist laut Aleida Assmann immer Teil eines kommunikativen „Wir-Gedächtnisses" und dieses kann eine spezifische Form haben: „das Wir-Gedächtnis der Familie, der Nachbarschaft, der Generation, der Gesellschaft, der Nation, der Kultur."[5] Dabei ist es nicht einfach, genaue Grenzen zwischen dem genannten Wir-Gedächtnis und dem individuellen Gedächtnis, zwischen Wir-Erinnerung und individueller Erinnerung zu ziehen. Die Erinnerungen durchqueren die einzelnen Ebenen und den einzelnen Menschen und vermischen und überlagern sich.

Bei der Beschäftigung mit der individuellen Erinnerung geben entsprechende neurologische Befunde zu bedenken, dass die menschliche Erinnerung zum Flüchtigsten und Unzuverlässigsten gehört, dass es gibt. Doch gleichzeitig ist die Erinnerungsfähigkeit ein wesentliches Merkmal von dem, was Menschen erst zu Menschen macht. „Die je eigenen biographischen Erinnerungen sind

---

3 Vgl. Ludwig, Andreas: Materielle Kultur, Version 1.0, in: Docupedia-Zeitgeschichte, 30.05.2011, unter: https://docupedia.de/zg/Materielle_Kultur (Stand: 10.03.2020).
4 Vgl. Samida, Stefanie: Materielle Kultur – und dann? Kulturwissenschaftliche Anmerkungen zu einem aktuellen Trend in der Zeitgeschichtsforschung, in: Zeithistorische Forschungen, Online-Ausgabe, 13, 2016, H. 3. Unter: https://zeithistorische-forschungen.de/3-2016/5406 (Stand: 10.03.2020).
5 Assmann, Aleida: Der lange Schatten der Vergangenheit. Erinnerungskultur und Geschichtspolitik, München 2006, S. 23.

unentbehrlich, denn sie sind der Stoff, aus dem Erfahrungen, Beziehungen und vor allem das Bild der eigenen Identität gemacht ist."[6]

Die Erinnerungen eines Menschen sind nicht austauschbar und nicht übertragbar. Jeder Mensch besitzt seine eigene Lebensgeschichte, die er aus einer spezifischen Position wahrnimmt. Dadurch unterscheiden sich individuelle Erinnerungen trotz aller Überschneidungen mit Erinnerungen anderer Menschen voneinander. Doch die einzelnen Erinnerungen existieren nicht isoliert nebeneinander, sondern sind mit anderen Erinnerungen vernetzt. Dadurch wirken Erinnerungen verbindend und können Gemeinschaft erzeugen. Viele Erinnerungen sind aber nur fragmentarisch und erhalten erst in der Erzählung eine Form und Struktur. Diese wiederum ist labil und flüchtig, weil Erinnerungen verblassen oder ganz verloren gehen, wenn sich Lebensumstände ändern oder andere Bewertungsmuster das gegenwärtige Leben bestimmen, „so dass ehemals Wichtiges nach und nach unwichtig und ehemals Unwichtiges in der Rückschau wichtig werden kann."[7] Bereits Maurice Halbwachs hat in den 1920er-Jahren in den individuellen Erinnerungen Rekonstruktionen gesehen, „die sich auf soziale Bezugsrahmen der Gegenwart",[8] auf die gegenwärtige Lebenssituation beziehen.

Dieser Gegenwartsbezug der individuellen Erinnerung wird von einem weiteren Zeithorizont, dem Wechsel der Generationenerinnerungen, durchschnitten. „Jede Generation entwickelt ihren eigenen Zugang zur Vergangenheit und lässt sich ihre Perspektive nicht durch die vorangehende Generation vorgeben. [...] Mit jedem Generationenwechsel, der nach einer Periode von ca. dreißig Jahren stattfindet, verschiebt sich das Erinnerungsprofil einer Gesellschaft merklich."[9] Genau wie bei den individuellen Erinnerungen rücken dann Haltungen, die einst bestimmend waren, allmählich vom Zentrum an die Peripherie.

Nur ein kleiner Teil unserer Erinnerungen ist im Gedächtnis aufbereitet und dient zur Erzählung unserer Lebensgeschichte. Ein großer Teil der Erinnerungen „schlummert" quasi im Verborgenen des Gedächtnisses und wird meistens erst durch einen äußeren Anlass wieder sprachlich aufbereitet. Bei den Ehemaligentreffen am Erzbergwerk Rammelsberg bewegen sich viele individuelle Erinnerungen der Bergleute in kommunikativer Runde in einem engen Korsett bestimmter Themen und Zeithorizonte. „Dieser Zeitabschnitt, in dem ein Mensch die eigenen

---

6 Ebd., S.24.
7 Ebd., S. 25.
8 Moller, Sabine: Erinnerung und Gedächtnis, Version 1.0, in: Docupedia-Zeitgeschichte, 12.4.2010, S. 1, unter: https://docupedia.de/zg/Erinnerung_und_Ged%C3%A4chtnis (Stand: 10.03.2020).
9 Assmann, Aleida: Schatten (s. Anmerkung 5), S. 27.

biografischen Erinnerungen mit seinen Zeitgenossen teilen kann, ist überschaubar. [...] Der Erfahrungshintergrund der Generation bestimmt in diesem Sinne die individuelle Wahrnehmung und Einordnung von Ereignissen."[10]

Erst herausgelöst aus der Gruppendynamik und in individuellen Gesprächen gelingt es mit Hilfe von Dingen, wie Maurice Halbwachs aufgezeigt hat, eine sinnliche Präsenz zu erzeugen, die zum Bestand des kollektiv verfügbaren Erinnerungsrepertoires ganz neue individuelle Erinnerungen hinzufügt. Denn für die Erinnerung bedarf es nicht nur eines Gedächtnisses, sondern auch externer Erinnerungsspeicher und dazu eignen sich besonders Dinge. Damit hat die Gegenwart der Dinge einen Anteil an der individuellen Erinnerung.[11] Hannah Arendt hat diesen Zusammenhang auf die kurze Formel gebracht: „Ohne Erinnerung und Verdinglichung, die aus der Erinnerung selbst entspringt, weil die Erinnerung der Verdinglichung für ihr eigenes Erinnern bedarf,[...] würde das lebendig Gehandelte, das gesprochene Wort, der gedachte Gedanke spurlos verschwinden [...]."[12]

Aus den Ausführungen zur individuellen Erinnerungskultur ergeben sich bezogen auf das vorliegende Thema spezifische Fragestellungen: Welche Unterschiede gibt es in der Zusammenstellung der privaten Sammlungen und welche Rückschlüsse auf den Erinnerungszusammenhang lassen sich daraus ablesen? Führen veränderte Bewertungskriterien im individuellen Gedächtnis zu veränderten Sammlungskriterien bei den Bergleuten?

Nach dem Tod einer Person werden die persönlichen Erinnerungsobjekte, die materiellen Rückstände eines gelebten Lebens, meistens aufgelöst. Wohnungen werden entrümpelt, Nachlässe landen im Sperrmüll. Natürlich geht nicht immer alles verloren, was mit dem Leben der Person verbunden war, zu dem die Gegenstände gehörten. Aber es besteht ein deutlicher Unterschied zwischen den materiellen Überresten einerseits und den lebendigen Erinnerungen andererseits. Dadurch, dass die Rammelsberger Bergleute mit der Übergabe ihrer Andenken an das Weltkulturerbe Rammelsberg ihre Erinnerungen mitliefern, werden mit den materiellen Erinnerungsträgern lebendige Erinnerungsbezüge geliefert. Diese sprachlichen Erinnerungsbezüge waren nicht immer direkt, sondern kamen bei einigen Objekten über einen Rückblick der nachfolgenden oder sogar der Enkelgeneration auf die Geschichten, die der Vater oder Großvater zu den Gegenständen erzählt hatte. Hier verschränken sich individuelle Erinnerungs-

---

10 Moller, Sabine: Erinnerung (s. Anmerkung 8), S. 2.
11 Vgl. Halbwachs, Maurice: Das Gedächtnis und seine sozialen Bedingungen, Frankfurt a. M. 1991 [1925], S. 163 ff.
12 Arendt, Hannah: Vita Activa oder vom tätigen Leben, München 1981 [1960], S. 87 f.

stücke mit dem Familiengedächtnis, „das zum Teil perspektivisch gebrochen ist, zum Teil aus einem gemeinsamen Schatz von Anekdoten, Formeln und Haltungen besteht,"[13] aber natürlich zu einem neuen Blick auf die materiellen Hinterlassenschaften einer Bergmannsgeneration führt. Was haben demnach die Rammelsberger Bergleute gesammelt, welche Art von Andenken werden mit welchen individuellen und familiären Erinnerungen verbunden? Wie bestimmt das Objekt die Erinnerung der Bergleute?

Mit der Übergabe der Andenken an das Weltkulturerbe Rammelsberg begann ein Prozess, der bei der Sinngebung von Dingen an museale Einrichtungen immer eine Rolle spielt, die bei Objekten aus privaten Sammlungen besonders spezifisch sein kann. Objekte werden durch den Übergang ins Museum aus vormaligen Kontexten entfernt. Die vormuseale Biographie kann in der Phase der Musealisierung verloren gehen und dann nicht mehr vollständig rekonstruiert werden.[14] Erinnerungsstücke, die ins Museum gegeben werden „mutieren dort zu Museumsobjekten und durchlaufen [...] eine ‚kühle Transformation' durch die jegliche subjektive Anhaftung eliminiert und für alle Zeit entfernt wird. Damit wird der ‚lebendige Faden' zwischen dem Objekt und seinem Besitzer, also den possessiven Eigenschaften des Objekts, durchtrennt und der ‚systematischen' Instanz des Museums überantwortet."[15] Doch diese subjektiven Dimensionen der Dingdeutungen sollten durch die Musealisierung nicht verloren gehen, weil sie einen kulturellen und gesellschaftlichen Wert darstellen, der im musealen Raum vermittelt werden sollte. Es soll an den Erinnerungsstücken der Rammelsberger Bergleute gezeigt werden, dass die „Dinge spezifische Bedeutungen mitbringen, bevor sie deponiert und exponiert werden. Damit ist es möglich, eine Kategorie der Dingbetrachtung einzuführen, die auf die subjektive Dimension der Dingbedeutung verweist. Das ‚vergessene Menschliche' in den Dingen wird so trotz seiner Mutation zum Museumsobjekt bewahrt."[16]

---

13 Assmann, Aleida: Schatten (s. Anmerkung 5), S. 206.
14 Vgl. Henning, Nina: Objektbiographien, in: Samida, Stefanie u. a. (Hrsg.): Handbuch Materielle Kultur. Bedeutungen, Konzepte, Disziplinen, Weimar 2014, S. 234–237, hier: S. 236.
15 Gößwald, Udo: Die Erbschaft der Dinge. Eine Studie zur subjektiven Bedeutung von Dingen der materiellen Kultur, Graz 2011, S. 7.
16 Ebd., S. 8. Vgl. auch: Böhme, Katja/Ludwig, Andreas: Lebensweltliche Dingordnung. Zum Quellencharakter musealisierter Alltagsgeschichte, in: Zeithistorische Forschungen, Online-Ausgabe, 13, 2016, H. 3, unter: https://zeithistorische-forschungen.de/3-2016/5411 (Stand: 10.03.2020).

Andenken und Erinnerungstypen

Die Erinnerung an ihre Arbeit, die einige Bergleute, und im ersten Beispiel in einer besonders extrovertierten Form, in ihrem Vorgarten pflegen, ist angelehnt an die öffentliche Erinnerungspflege (Abb. 1). In vielen Orten, nicht nur im Harz, sondern auch im Ruhrgebiet, ist der Hunt auf Schienen, der Grubenwagen gefüllt mit Gestein, das Symbol, um auf die vergangene Bergbautradition hinzuweisen. Am gezeigten Beispiel, dass an der Zufahrtsstraße zum Erzbergwerk Rammelsberg zu sehen ist, wurde diese Tradition von einem ehemaligen Hauer des Bergwerks aufgegriffen. In diesem Erinnerungsensemble sind etliche historische Daten eingeflossen, die in der Stadt Goslar Teil der städtischen Erinnerungskultur sind. Individuelle und städtische Erinnerungskultur bilden Schnittmengen und werden Teil einer Generationenerinnerung. Der Hunt im Vorgarten ist nicht nur im Harz oder im Ruhrgebiet, er ist in Polen, Tschechien oder Großbritannien ein Erinnerungszeichen für ein bergmännisches Erbe, das von einer Generation eingesetzt wird, die noch im Bergbau vor „Ort" gearbeitet hat. Für diese Generation war der gefüllte Grubenwagen ein Zeichen für wirtschaftlichen Aufschwung und eine gesicherte Zukunft.

Etwas beiläufiger daher kommt da der Hunt, der auch im Vorgarten steht, aber von der nachfolgenden und der Enkelgeneration als Teil des Kinderspielplatzes genutzt wird. Eine Art des Umgangs mit den Erinnerungsobjekten der Väter und Großväter, die aus einem unmittelbaren Andenken einen symbolischen Gegenstand macht. Der Grubenwagen wird zu einem Symbol für die Arbeit der Väter und Großväter. Die Erinnerung an die Arbeit im Bergbau rückt vor dem Hintergrund anderer gesellschaftlicher Bedingungen aus dem Zentrum weiter an die Peripherie.

Auch im dritten Beispiel ist der Hunt im Garten wieder als Erinnerungsobjekt ausgewählt. Doch er stand nicht im Vorgarten, sondern war privater platziert, in den Garten hinter dem Wohnhaus. Er sollte nicht öffentlich die Erinnerung an die bergmännische Arbeit seines Eigentümers demonstrieren, sondern war für die tägliche kleine private Erinnerung gedacht, wenn man auf der Terrasse oder im Garten stand. Herausgelöst aus gemeinschaftlichen Zusammenhängen wurde der Grubenwagen für eine permanente sinnliche Präsenz genutzt, um dem kollektiv verfügbaren Erinnerungsrepertoire immer auch individuelle Erinnerungen hinzufügen zu können. Hierzu diente auch das auf der Terrasse ausgestellte bergmännische Werkzeug, das Gezähe. Es erinnerte den ehemaligen Steiger ganz konkret an die Arbeit vor Ort unter Tage.

Nach dem Tod ihres Mannes waren diese Andenken im Garten der Witwe völlig fremd. Sie ließ die Dinge an ihrem Platz, weil sie jetzt wiederum an ihren Mann erinnerten. Der aktuelle Bezugsrahmen veränderte den Erinnerungsbezug

"Ich denke gerne an die Zeit zurück!" – Die Erinnerungskultur ehemaliger Bergleute — 463

Abb. 1: Hunt im Vorgarten eines Bergmannshauses in Goslar

der Andenken in kurzer Zeit mehrfach. Aus biografischen Erinnerungsstücken wurden Andenken zur Trauerbewältigung und als die Dinge dann von der Witwe an das Museum abgegeben wurden, fand ein erneuter Wechsel des Erinnerungszusammenhanges statt: Die Musealisierung der Objekte belebte auf einer dem Individuum entrückten Ebene die Erinnerung an bergmännische Arbeit.

Selbst im Hobbykeller des bereits genannten Steigers war an der Wand eine Lampenstation aufgebaut, quasi eine Zelle aus der ehemaligen Lampenstube des Erzbergwerks Rammelsberg (Abb. 2). Diese Lampenstation, technisch an die Bedingungen des Hausstromnetzes angepasst, erinnerte auch im Rentnerleben an die Notwendigkeit, beim morgendlichen Gang in die Grube zunächst in der Lampenstube Geleucht und CO-Filterselbstretter mitzunehmen. Eine ganz konkrete Erinnerung an die Arbeitssituation vor Ort.

Mit den Objekten werden verschiedene Erinnerungsebenen angespielt, weil sich im Laufe des Lebens die Erinnerungen aktualisiert haben und nicht mehr nur die Arbeit in der Lehrzeit, sondern auch die Arbeitstätigkeiten kurz vor Eintritt ins Rentenalter erinnert werden sollten. Mit den Objekten im Garten erfuhr die Erinnerung an die bergmännische Arbeit eine folkloristische Verklärung,

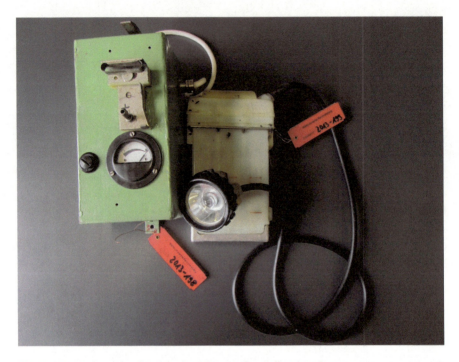

Abb. 2: Akku-Grubengeleucht mit Ladestation aus dem Keller eines Bergmanns

während die Ladestation mit Geleucht an ganz konkrete Dinge aus einer noch nicht weit zurückliegenden Arbeitswelt erinnerte. Das zeigen auch die anderen Dinge, die in diesem privaten Nachlass noch vorhanden waren, wie z. B. die in Nescafé-Gläsern aufbewahrten Konzentratproben aus der Aufbereitungsanlage des Erzbergwerkes Rammelsberg. Es waren die „Produkte des Berges" mit denen der verstorbene Steiger bis zum Ende seines Arbeitslebens täglich hantiert hatte, weil er an verantwortlicher Position in der Aufbereitungsanlage arbeitete.

In den 1960/70er-Jahren goss ein Bergmann des Erzbergwerkes Rammelsberg kleine Figuren aus Blei und verkaufte diese in der Werkskantine des Bergwerks an die anderen Kumpel (Abb. 3). Diese Bleifiguren stellten überwiegend die schwere körperliche Arbeit der Bergleute im Mittelalter und früher Neuzeit dar. Auch Figuren aus der Sagenwelt und insbesondere Abbildungen der Heiligen Barbara, der Schutzpatronin der Bergleute, waren Teil dieser Figurenwelt.

In der privaten Sammlung eines Hauers, die nach seinem Tod von seiner Frau dem Museum angeboten wurde, befand sich das in mehreren Jahrzehnten erschienene vollständige Angebot dieser Bleifiguren. Er hatte sich im Wohnzimmer eine Schauvitrine eingerichtet und konnte anhand der einzelnen Miniaturskulpturen

Abb. 3: Bleifiguren aus einem Bergmanns-Nachlass

einen Teil seiner Arbeitsbiographie Revue passieren lassen, weil er seine beruflichen Stationen mit dem Erwerb bestimmter Figuren in Zusammenhang brachte.

Leider hatte seine Frau die Vitrine bereits ausgeräumt, als sie dem Museum den Nachlass anbot, so dass die ursprüngliche Sammlungs- und Präsentationssituation nicht mehr erhalten war. Die Bleifiguren zeigen, dass die Erinnerung an die Arbeit und die Betriebsstätte nicht über konkrete Arbeitsmittel stattfand, sondern sie sich realitätsfernen Darstellungen der bergmännischen Arbeits-, Lebens- oder ihrer Mythen- und Sagenwelt bediente.

Die Medaillen- und Gedenkmünzensammlung eines Schiesshauers (Bergmann mit Sprengberechtigung), der von 1948 bis 1988 und seine Frau von 1961 bis 1988 am Erzbergwerk Rammelsberg beschäftigt waren, verband die Erinnerung an die bergmännische Arbeit direkt mit einem Teil der Arbeitsbiographie dieses Ehepaars (Abb. 4). Beide sammelten in ihrem aktiven Arbeitsleben, aber auch noch im Ruhestand. Einige der Medaillen, Gedenkmünzen und Zinnbecher haben die Eheleute in ihrer langen Dienstzeit von der Preussag (der Eigentümerin des Erzbergwerks) zu Dienstjubiläen bekommen. Da ihre Sammelleidenschaft im Kollegenkreis bekannt war, erhielten sie an Geburtstagen weitere Gedenkmün-

Abb. 4: Jubiläumsmedaillen als Teil einer Münzensammlung

Abb. 5: Nachlass des Großvaters mit Lederhelm. Der Lederhelm wurde von der Urenkelin auf Faschingsfesten zur Verkleidung benutzt

zen oder kauften diese privat an. Auf den Medaillen, Münzen und Zinnbechern befinden sich historische, aber auch zeitgenössische Darstellungen der bergmännischen Arbeit.

Nachdem ihr Mann gestorben war, bewahrte die Witwe die Dinge noch mehrere Jahre, auch in der eigens dafür aufgestellten Eckvitrine im Wohnzimmer ihres Hauses, auf. Anders als die Bleifiguren im vorhergehenden Beispiel, konnte die Erinnerung hier überwiegend mit ganz konkreten Daten in Verbindung gebracht werden.

Interessant ist, dass auch ein großer Teil der Fotos, die das Ehepaar im Zusammenhang mit ihrer Arbeit gemacht hat, sich an bestimmten historischen Daten orientierten, wie etwa Betriebsjubiläen, Geburtstagen, Besuche prominenter Zeitgenossen und Politiker oder dem Tag der Betriebsschließung. Die Erinnerung an die Arbeit wurde durch sehr konkrete bildliche Dokumentationen und dingliche Überlieferungen erlebt. In der Kommunikation über die Bedeutung der Andenken wurden konkrete Ereignisse, die auf Fotos nachweisbar waren, mit Objekten aus der Medaillensammlung kombiniert und die sprachlich gefasste Erinnerung mit einer visuell-haptischen Darbietung bestätigt.

Der Nachlass, den eine Enkelin eines ehemaligen Rammelberger Obersteigers dem Weltkulturerbe Rammelsberg übergeben hat, zeigt ihre enge Verbindung zu den Stücken und damit zur bergmännischen Arbeit ihres Großvaters (Abb. 5). Der Großvater hatte den Enkelkindern viel von seiner Arbeit am Erzbergwerk Rammelsberg erzählt und er hatte die Objekte aus seiner Sammlung in Zusammenhang mit seinem Bergmannsleben gesetzt. Die Enkelin gab den Nachlass an das Museum, weil sie befürchtete, dass ihre Kinder, also die Urenkel, die Verbindung zwischen Urgroßvater und bergmännischer Arbeit nicht mehr würden herstellen können. Dabei schilderte sie, wie ihre Tochter, also die Urenkelin, die bei dem Gespräch zugegen war, immer mit dem Lederhelm des Opas gespielt hatte und ihn auch für Faschingsverkleidungen nutzte. Diese Episode macht deutlich, dass „der durch das Individuum definierte Wert und die Bedeutung, welche die Grundlage der privaten Sammlung bildet, in sozialem Kontext entstanden (ist) und aus ihm entsteht, das heißt, auch die Bedeutung die der private Sammler seiner Kollektion zuschreibt, kann in Bewegung sein."[17]

Die gesammelten Objekte, die an Arbeit erinnern sollten, erhalten neue Bedeutungszuschreibungen und können dadurch ihre ursprüngliche Sammlungsintention verlieren. Diesen Wandel wollte die Enkelin verhindern in der

---

17 Sommer, Monika: Das steiermärkische Landesmuseum Joanneum als Speicher des kulturellen Gedächtnisses, unter: https://www.oeaw.ac.at/fileadmin/Institute/IKT/PDF/Publikationen/odg/2000/ms2.pdf, S. 129–147, S. 135 (Stand: 09.03.2020).

Hoffnung, dass die Dinge im Museum, weiterhin der Erinnerung an die Arbeit des Großvaters dienen.

Dieses Beispiel verdeutlicht auf sehr anschauliche Weise, wie die Bedeutung von Andenken sich im Familiengedächtnis wandeln, weil sie im Laufe der Zeit auf veränderte Gegenwartsbezüge treffen. Dieser Wandlungsprozess wird zudem begleitet von einem veränderten Blick der verschiedenen Generationen auf die Sprache der Dinge. Der Lederhelm des Großvaters, den dieser unter Tage getragen hatte und den er als Objekt zur Erinnerung an die Gefahren der bergmännischen Arbeit aufbewahrt hatte, wird von der Urenkelin auf Faschingsfesten als Verkleidung benutzt. An dem Wandel des Lederhelms vom bedeutungsvollen Teil einer bergmännischen Ausrüstung zu einem Accessoire der Freizeitgesellschaft, lässt sich der Weg des Erinnerungswandels, der dahinter steckt, deutlich zeigen.

Paradeuniformen sind begehrte Objekte in den Sammlungen der Bergleute. Diese Textilien wurden häufig schnell nach ihrem Erwerb schon zu Sammlungsgegenständen, weil sie im Laufe der Jahre mit dem Körperumfang ihres Eigentümers nicht mitwuchsen. Viele Bergleute haben eine Uniform, den so genannten „Bergkittel", am Ende ihrer Ausbildungszeit bekommen und sie verbanden mit dieser Uniform den Einstieg in die erwachsene, bergmännische Arbeitswelt. Die Uniform war der Ritterschlag, mit ihr konnten sie sich auf den öffentlichen Bergparaden präsentieren und ihre Zugehörigkeit zur Bergmannswelt demonstrieren. Das Tragen des Bergkittels erhob deren Besitzer vollständig in die Kaste der Bergleute, machte sie zu vollwertigen Bergmännern. An diesen Schritt erinnern sich viele Bergleute mit Stolz und diese Erinnerung war für viele der Startpunkt für Erzählungen aus ihrer Arbeitswelt.

Bei der Übernahme bergmännischer Sammlungen war der angebotene Bergkittel häufig der Anlass, um mit dem Museum Kontakt aufzunehmen. Dieses für die eigene Arbeitsbiographie bedeutende Kleidungsstück sollte erhalten bleiben und wurde vielfach zum Auslöser längerer Erinnerungsgespräche und umfassenderer Sammlungsübernahmen.

Seltener haben die Bergleute ihre ganz normale Arbeitskleidung gesammelt. Die Arbeitshose oder -jacke wurde als Erinnerungsstück nicht aufbewahrt, sie war dreckig, sie hatte meistens deutliche Gebrauchsspuren oder sie wurde im Alltag und Freizeit verbraucht. Der gezeigte Grubenwehranzug eines ehemaligen Bergmanns des Erzbergwerks Rammelsberg bildet eine Ausnahme, weil er weniger in Gebrauch war als die normalen Arbeitsanzüge (Abb. 6). Der orangene Overall wurde nur zu Übungen oder Einsätzen der Grubenwehr angezogen. Seine signalrote Färbung zeigt seine besondere Bedeutung. Sein Besitzer verband mit diesem Anzug einen gewissen Stolz, der über den Arbeitsstolz als Bergmann hinausreichte. Er fühlte sich als Mitglied der Grubenwehr zu einer Elitetruppe zugehörig, die über eine hohe körperliche Fitness verfügen musste und bei Gefahr

"Ich denke gerne an die Zeit zurück!" – Die Erinnerungskultur ehemaliger Bergleute — 469

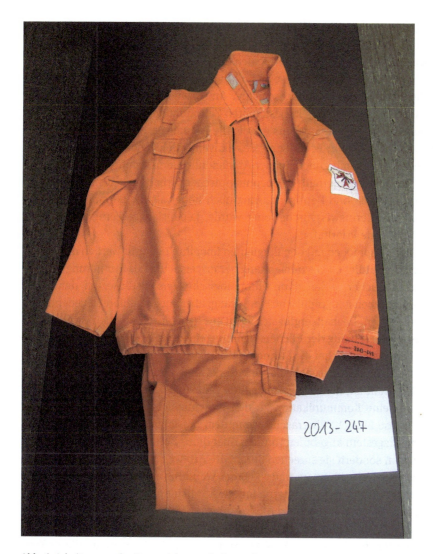

Abb. 6: Arbeitsanzug der Rammelsberger Grubenwehr

unter Tage als Spezialeinsatztruppe gerufen wurde. Die Erinnerungen an die Gefährlichkeit der bergmännischen Arbeit wurden umgelenkt in den Stolz, dieser Gefahr mit der Grubenwehr begegnen zu können.

In Büchersammlungen Rammelsberger Bergleute finden sich überwiegend nur wenige wertvolle historische Darstellungen des Harzer Bergbaus. Interessant in Bezug auf persönliche Erinnerungen sind Publikationen oder unveröffentlichte Manuskripte, die von den jeweiligen Sammlern selbst verfasst wurden.

Häufig bildet die Literatur zu speziellen geologischen, bergmännischen oder maschinentechnischen Fachgebieten, die den beruflichen Alltag bestimmten, den Hauptbestand in den Bücherregalen der Bergleute.

Vervollständigt werden diese Sammlungen durch historische Standardwerke aus der Politik- und Technikgeschichte. Am Erscheinungsdatum der Literatur wird deutlich, dass ab einem bestimmten Zeitpunkt keine aktuellen Titel mehr aufgenommen wurden. Meistens endete die Aktualisierung des Buchbestandes schon etliche Jahre vor Beendigung des aktiven Arbeitslebens. Ein Umstand der verdeutlicht, dass mit zunehmender Arbeits- und Berufserfahrung in den gehobenen Positionen innerhalb der bergmännischen Arbeitswelt bis in die 1970er-Jahre die Arbeits- und Berufserfahrung noch höher als die permanente Aktualisierung des Berufswissens bewertet wurde. Lebenslanges Lernen hatte noch nicht die oberste Priorität.

In den Gesprächen mit den Bergleuten über ihre Literatur werden die Bücher aus ihrem inhaltlichen Zusammenhang herausgelöst und als Erinnerungsobjekte eingesetzt. Bücher bilden dann chronologische Versatzstücke, an denen der berufs- und arbeitsbiographische Werdegang, aber auch familiäre Begebenheiten erinnert werden. Deshalb ergibt sich nicht aus dem einzelnen Buch, sondern aus der Zusammensetzung der Büchersammlung ein komplexes Erinnerungsbild. In vielen Fällen sind Bücher die Erinnerungsobjekte von Steigern, also einer Berufsgruppe, die der Leitungsebene des Bergwerks angehörte.

Interessant ist, dass die gesammelten Objekte der Bergleute in den meisten Fällen für eine Kommunikation zu den individuellen Erinnerungen bestimmt waren. Diese Einsicht überrascht, wenn dem Museum Schränke voller Mineralien und Erzgestein angeboten werden. Aber diese „toten" Steine sind auf keinen Fall stumm, sondern sie sprechen durch ihre Art der Präsentation und durch die teilweise über Jahrzehnte im Haus oder der Wohnung aufgestellte Art und Weise. „All das ist bereits Teil der Interpretation: Ähnlich der Fotos, die man in Zigarrenkästen, an der Wand oder in Alben aufbewahren kann – wobei die Präsentationsform [...] zur Ordnung eines lokalen Mikrokosmos tendiert." Und schließlich schöpfen die Menschen „Kraft aus Dingen [...], die sie zuvor mit dieser Kraft ausgestattet haben."[18] Gottfried Korff vermutet hinter den Beziehungen von Menschen zu Objekten aus ihrer Lebens- und Arbeitswelt den Versuch, „das Hier und Jetzt zu transzendieren, sich in bedeutungsgesättigte Netze einzuordnen und die

---

[18] Köstlin, Konrad: Das Heimatmuseum. Musealisierung des Lokalen – Lokale Erinnerungspolitik, in: Csáky, Moritz u. a. (Hrsg.): Speicher des Gedächtnisses, Teil 1: Absage an und Wiederherstellung von Vergangenheit, Kompensation von Geschichtsverlust, Wien 2000, S. 89–97, hier: S. 94.

Abb. 7: Briefbeschwerer aus verhüttetem Rammelsberger Zinkkonzentrat, hergestellt in Palmerton (USA), 1935

Netze über Dinge zu verobjektivieren [...] mit dem Zweck, Bedeutungen kommunizierbar und tradierbar zu machen. Es geht [...] um die Einordnung des Ichs in übergreifende zeitliche, soziale und kulturelle Zusammenhänge. [...] Wir wollen den Dingen etwas ansehen, wir wollen wenn wir sie sehen, etwas mit sehen, wir wollen sie als etwas sehen – als Repräsentant, als Indikatoren, eben als Zeichen für etwas."[19]

Das trifft insbesondere auf die Sammlung eines Hütteningenieurs zu. Die Hütte ist für ein Erzbergwerk der Ort, an dem aus dem gewonnenen Erzkonzentrat das eigentliche Produkt erzeugt wird, im Falle des Erzbergwerks Rammelsberg Kupfer, Blei, Zink, Silber und Gold. Dieser Zusammenhang kommt in historischen Darstellungen zum Erzbergwerk Rammelsberg häufig zu kurz. Deshalb bewahrte der Hütteningenieur in seiner Sammlung ein zentrales Objekt auf. Es ist eines der ersten Zinkstücke, welches in den USA nach einem neuen Verhüttungsverfahren 1935 aus Rammelsberger Zinkerz hergestellt wurde (Abb. 7). Dieses neue

---

[19] Korff, Gottfried: Vom Verlangen Bedeutungen zu sehen, in: Borsdorf, Ulrich/Grütter, Heinrich Theodor/Rüsen, Jörn (Hrsg.): Die Aneignung der Vergangenheit. Musealisierung und Geschichte, Bielefeld 2004, S. 81–103, online unter www.degruyter.com/downloadpdf/books/9783839403211/ /9783839403211-003/9783839403211-003.pdf, S. 84 (Stand: 09.03.2020).

Verhüttungsverfahren konnte nur eingeführt werden, weil mit dem ‚Rammelsbergprojekt', einem nationalsozialistischen Wirtschaftsförderungsprogramm, am Erzbergwerk Rammelsberg eine moderne Aufbereitungsmethode in einer neu errichteten Aufbereitungsanlage eingeführt wurde. Diese neue Aufbereitung war bis zur Schließung des Erzbergwerks Garant für eine wirtschaftliche Förderung der Bergwerksanlage.

Das Zinkstück erinnerte den Hütteningenieur an das für seine Arbeitsbiographie entscheidende bergmännische Vermächtnis der Region. An dieser Stelle wird private Arbeitserinnerung sehr direkt durch Andenken Teil historischer Zusammenhänge, die über die individuelle Erinnerung in den Bereich der kollektiven Erinnerungskultur hineingreifen.

Die Bedeutung von Andenken als Erinnerungsspeicher im Museum

Der Kontext, der bisher zu Formen der individuellen und kollektiven Erinnerung, zum Verhältnis von materieller Kultur und Erinnerung und zur Musealisierung der Objekte angesprochen wurde, dient letztendlich dem „mehrfachen Ausdeuten polyvalenter Objekte und ihrer Kontexte auf der Grundlage des Spurenlesens,"[20] um Dinge aus den Regalen der Bergmannswohnungen, die voller verborgener Erfahrungen und Erinnerungen stecken, mit Gefühlen, Empfindungen und Wissen in Verbindung zu bringen. Das könnte spätere Betrachter der Objekte im Museum die Dinge auf einer emotionalen Ebene näherbringen und Wissen nachhaltiger vermitteln.

Doch ob Bleifiguren, Bergmannsuniform, Mineralien oder Grubenwagen: Die vorgestellten Erinnerungsstücke gehören zu einer Generation von Bergleuten, die heute zwischen 70 und 80 Jahren alt sind. Die Zusammenstellung der Andenken zeigt ein breites Spektrum an Dingen, die in einer spezifischen Lebenssituation individuelle Erinnerungen erzeugten. Diese individuellen Erinnerungen wurden über bestimmte Formen der materiellen Kultur in kommunikative Strukturen eingebettet, die aus den persönlichen Andenken ein Teil der familiären oder kollektiven Erinnerung einer Generation machen konnten. Blieben die Erinnerungsobjekte weitgehend in der individuellen Sphäre verhaftet, waren sie häufig familiären Be- und Verwertungsprozessen ausgesetzt, die aus dem direkten Andenken ein mittelbares materielles Symbol machten.

---

20 Ludwig, Andreas: Materielle Kultur (s. Anmerkung 3), S. 6.

Mit dem Abgeben der Sammlung kommen nicht nur Dinge ins Museum, sondern auch kleine oder größere Einblicke in eine Lebens- und Arbeitswelt, die häufig ganz eng verbunden war mit dem Erzbergwerk Rammelsberg. Erzählt wird diese Lebens- und Arbeitswelt gegenwärtig und in Zukunft immer häufiger von den Hinterbliebenen dieser Bergleute, ihren Ehefrauen, Kindern oder Enkeln. Es gibt also Erinnerungen aus zweiter und dritter Hand. Diese Erinnerungskultur geht seit einigen Jahren in die Darstellung der Geschichte des Rammelsberger Bergbaus ein, weil die Erinnerungen der Bergleute im wahrsten Sinne des Wortes „aussterben".

Es mag zunächst aussehen, als wäre es für ein Museum wie das Weltkulturerbe Rammelsberg, nur in zweiter Linie wichtig, sich solcher Erinnerungsarbeit zu widmen. Aber übertragen wir die vorgestellte, sicherlich noch sehr grobe Analyse der Erinnerungsobjekte auf andere Themen, z. B. Erinnerungsobjekte aus Konzentrationslagern, dann wird sehr schnell klar, warum es wichtig erscheint, dass Museen sich der Erinnerungskultur aus zweiter und dritter Hand widmen. Wir können seit geraumer Zeit beobachten, wie Aussagen zu historischen Zusammenhängen im Nationalsozialismus durch eine Erinnerungskultur einer nachfolgenden Generation verzerrt werden, um einfache populistische Parolen zu untermauern und damit rechte Politik zu betreiben.

Es ist also wichtig dafür zu sorgen, dass die museale Vermittlung von Erinnerungen den Prozess der Entstehung und des Wandels dieser Erinnerungen kommuniziert. „Denn eine Zeit, die das Gedächtnis für die Dinge, die ihr Leben formen, verloren hat, weiß nicht, wo sie steht, und noch weniger, was sie will."[21]

---

21 Giedion, Siegfried: Die Herrschaft der Mechanisierung. Ein Beitrag zur anonymen Geschichte, Frankfurt a. M. 1982 [1948], S. 19.

Amy Benadiba
Behind each object, the memory of someone: collect information to justify the collection

Located at Lewarde, in the north of France, the Centre Historique Minier is in the heart of the Nord-Pas-de-Calais coalfield, whose exploitation lasted from 1720 to 1990 (Fig. 1). The Centre is set on the old Delloye colliery, which has worked from 1931 to 1971, and since 2012 is recognised as a remarkable site by the UNESCO. The Mining History Centre is France's largest mining museum.

On 21st December 1990, the Nord-Pas de Calais coalfield nationalised mining company closed the last coal mining shaft, bringing the curtain down on three hundred years of history which had begun at Anzin in 1720. The coalfield stretches from Valenciennes to Bruay, taking in the areas around Douai (Nord), Lens and Béthune (Pas-de-Calais), a swathe 120 km long but just 12 km wide at its widest point, covering 1/12th of the Nord-Pas-de-Calais's total surface area. In total, two billion tons of coal were extracted from this coalfield. When the activity was at its peak between the 1930s and 1960s, an average of 200,000 people were

Fig. 1: The Centre Historique Minier

employed to extract around 30 million tons each year. Delloye colliery belonged to the Aniche Mining Company until it was nationalised, as was the coalfield as a whole, in 1946. Work at the colliery began in 1931. During the first year, 18,634 tons of coal were extracted. Production peaked in 1963, at more than 440,000 tons. The seams were narrow, rarely more than a metre wide. This made mining them unprofitable, and the activity was discontinued in 1971.

At that point, the managers of the H.B.N.P.C. (Houillères du Bassin minier du Nord-Pas de Calais), the Nord-Pas de Calais coalfield nationalised mining company and Alexis Destruys its Company Secretary in particular, wished to create a mining history centre to commemorate three centuries of mining in the area. The project was validated in 1973 and the Delloye colliery, which was being dismantled at the time, was chosen as the site. It was selected because it was representative of the interwar period and thanks to its location at the centre of the coalfield, close to the motorway network. Created in 1982, the Centre Historique Minier's aim is to conserve and promote the Nord-Pas de Calais's mining culture that future generations can learn about three centuries of mining in the area. Open to the public since 1984, the Centre hosts on average 150,000 visitors each year. Gradually, the site took on its current appearance: the machine building with its glass roof, the galleries and the first themed exhibitions were set up during the 1980s. Then in the 1990s, new editorial and events policies were implemented: each year a new publication was added to one of the centre's two collections and several temporary exhibitions and events were organised for visitors to the centre, including the Patois Festival, Museums at Night and the Heritage Days. The site is made up of three entities: a mining museum, a documentation centre which houses the archives of the Nord-Pas-de-Calais coalfield nationalised mining company and a scientific centre explaining the history of coal in the context of the wider history of energy.[1] The museum holds a collection of 15,000 objects. Four domains are particularly well represented: the history of mining techniques, which is undoubtedly the strong point of the collections, numismatic, ethnology, with representations of the miners' daily lives and geology, and with a significant collection of coal fossils and rock samples discovered while prospecting for coal. Over the last few years, the Centre Historique Minier has also been developing a collection of fine arts and decorative objects representing miners and mining. All have the common denominator of being linked to the universe of mining and, for the majority, of coming from the region.

The technical collections were formed thanks to the Nord-Pas de Calais nationalised mining company which from the mid-1970s encouraged the conser-

---

[1] See online: www.chm-lewarde.com/fr/ (21.07.2020).

vation of all evidence relating to the activity of mining as the pits progressively closed: equipment, tools, machines, models and also educational material from the nationalised mining company training centres. From the range of objects obtained, we can develop a good understanding of developments in techniques and working conditions underground (hewing coal, digging, lighting, safety, transport etc.) from the late 19th century through to the 1990s and of the work carried out above ground. Currently, a large number of these objects are displayed in context in the mine's reconstructed galleries and in Delloye colliery's industrial buildings. The rest of the objects are kept in the storerooms and displayed regularly as part of the temporary exhibitions organised by the Mining History Centre. A collection of coal fossils was put together when the museum was created. Around 1,500 were brought up from various extraction sites within the coalfield and 64 outstanding examples are presented in the exhibition "The origins of coal: the Carboniferous". At the end of 2017, the museum's collection was enriched when it was entrusted with a part of the rock collection from the Office of Geological and Mining Research. This consisted of several hundred drill cores from coal prospecting and geological samples taken from various areas of the coalfield at the request of the Nord-Pas de Calais nationalised mining company.

As most of the collections originated from the nationalised mining companies, ethnological material originally represented only a small proportion of the material held. Consequently, in the early 1990s the Mining History Centre made intensive efforts to increase its collection of artefacts relating to miners' daily lives, both in the mine and when they were not working. This acquisition policy began with the launch of two organised collection campaigns in 1991 and 1992. These enriched the collections with objects used in day-to-day life relating to household activities – cooking, washing clothes, sewing and so on – and objects linked with the major waves of immigration, such as Polish cabbage graters for example. The area in which donations were most numerous was leisure: postcards and souvenirs depict the miners' holidays at La Napoule or Berck, while score sheets and musical instruments demonstrate the importance of music.

As we can see, the constitution of the Centre Historique Minier's collections has therefore evolved over time. It began with the initiative of the nationalised mining company, which in 1973 started a vast rescue operation of mining heritage: gradually as the pits closed in the region, various objects were grouped together on the site of the Delloye colliery, serving as a place of reception for the collected elements, with the wish to open a museum. The objects collected during this period thus constitute the heart of the collection. Unfortunately, they are very poorly documented and the logic of their grouping seems to be more driven by the desire for accumulation than selective reflection. The collections have been completed over the years by purchases or donations of different objects linked with all the topics dealt with by the Centre Historique Minier (geology, history of the Nord-Pas-de-Calais Mining coalfield, technical and industrial heritage related to the mine and energies, daily life in the mining towns).

From 1994, the management of the collections was entrusted to the expertise of a professional curator. This allowed the definition of the main lines of a first logic of constitution for the collection and the establishment of an inventory in line with museums' rules. In 2003, the attribution by the State of the "Musée de France" label to the Centre Historique Minier thus came to reward the work done and allowed to offer a juridical framework. The "museums of France" are museums approved by the State and receiving priority assistance, according to the terms of the law of January 4th 2002. The "Musée de France" designation may be granted to museums belonging to the State, to another legal person governed by public law or to a person governed by private law on a non-profit basis. Today, 1,219 museums have been designated "Musée de France". According to that and within the meaning of this law "any permanent collection composed of objects whose conservation and presentation are of public interest and organized for the knowledge, education and pleasure of the public" can apply to become a "Musée de France".

The museum owner of such a collection must also meet specific criteria to obtain this designation:
– commitment to the missions: to preserve, restore, study, enrich the collections; make them accessible to the public; implement educational and dissemination actions; contribute to the progress and dissemination of research[2]
– it must be directed by scientific staff from the territorial or national cultural sector (a curator or a conservation attaché)
– own or network with other museums, an educational service
– maintain an inventory of his collections
– write a scientific and cultural project that sets out its main orientations

The different museums which have this appellation constitute a dense network throughout the territory, metropolis and overseas. Museums in France may depend on local and regional authorities: municipalities, communities of municipalities, departments and regions. They may also depend on the state, as well as associations or foundations. The appellation allows the following advantages:
– mentioned in the communication documents issued by the Ministry of Culture

---

[2] Code du patrimoine – Art. L.441-2.

- access to State subsidies in the following areas: investment, conservation, restoration, exhibitions and cultural and educational activities, publishing (aid to the creation of scientific and cultural jobs in certain regions); for acquisitions, eligibility for the Regional Museum Acquisition Fund and the Heritage Fund; if applicable, eligibility for the Regional Restoration Fund
- possibility to benefit for acquisitions of the right of pre-emption of the State[3]
- possibility to benefit from tax provisions in favour of corporate sponsorship for acquisitions
- inalienability[4], imprescriptibility[5] and insaisissability of the collections
- possibility to transfer ownership of the collections to another museum in France, or to benefit from the transfer of ownership of collections from another museum in France[6]
- opportunity to benefit from the advice and expertise of State departments both within the Regional Directorates of Cultural Affairs and within the Museum Service of France (consulting architects, consulting restorers, curators of the Museum Service of France, specialists of the public and the new technologies)
- possibility to benefit from deposits of national museums[7]

The designation of the appellation obviously sees it follow the 2002 law which compels the certified museums to submit each new acquisition to the opinion of a scientific commission made up of curators and experts coming from different domains. This scientific commission includes five representatives of the State and ten personalities appointed by the prefect of the region, exercising or having exercised scientific activities respectively in one of the following fields: archeology, contemporary art, decorative arts, graphic arts, ethnology, history, painting, natural sciences, technical sciences, sculpture. Each object approved by this commission can enter in the public collections of the State.

At the Centre Historique Minier, several observations were made by the team in charge of the conservation of collections: For the museum, the main way to make acquisitions is the donation by an individual. On average, 116 objects entered the collections in this way between 2012 and 2019. Otherwise, the team

---

[3] Code du patrimoine – Art. L.123-2.
[4] Code du patrimoine – Art. L.451-5.
[5] Code du patrimoine – Art. L.451-3.
[6] Code du patrimoine – Art. L.451-8 and 451-10.
[7] See online: http://traduction.culture.gouv.fr/url/Result.aspx?to=en&url=https://www.culture.gouv.fr/Aides-demarches/Protections-labels-et-appellations/Appellation-Musee-de-France (21.07.2020).

faced the contributors' lack of knowledge about the jurisdiction related to acquisitions by a museum certified "Musée de France" and the obligation to have each acquisition approved by a specific commission. Moreover, the storage spaces dedicated to the collections are very close to saturation point. And to conclude, several similar objects are collected in large numbers and a significant part of them are lacking in information.

Since 2016, these different observations encouraged the team to put in place a specific procedure of donation much more selective and more adequately reflecting the expectations of the scientific commission. The line of work since 2016 is thus: "To preserve is to choose".

The implementation of this procedure has also enabled a new dialogue with potential donors by compensating for the public's lack of knowledge about the regulations governing any donation procedure in a museum designated "Musée de France". Indeed, each donation proposal is studied by means of a completed form signed by the future donor, on which are recalled all the information relating to the deed of donation and the legal notices attached to it. In this way, each donor is informed of the need for the museum to submit the acquisition project to the scientific commission, to understand the museum's right to accept or refuse a donation and can thus measure the importance of their action and its consequences for the future of the object, which becomes de facto, by its inclusion in the inventory of the museum's collections, a public object.

It is important to remember that objects from the mine are rarely unique. In its selection, the Centre now favours the fact that what makes them unique is their context, their story, and this story is often closely linked to the story of their owner. For example, the Centre has dozens of miners' leather helmets, hundreds of pneumatic drills and more than a thousand lamps. The Centre has therefore focused its selection on objects with a well-documented historical context. This orientation gives a more human dimension to the collection, increases its scientific interest and even adds to it an emotional value.

Indeed, objects are carriers of meanings and, depending on the point of view from which they are studied, they can reveal various forms of information. Objects are the witnesses of a bygone past or of the characteristics of an environment from which they were removed and of which they represent sometimes the last material traces; their insertion into a museum's collection therefore justifies their collection, their arrangement and, at the end, their presentation in order to convey, through the collection, a message.[8]

---

[8] Davallon, Jean: Claquemurer, si l'on peut dire, tout l'univers: la mise en exposition, Paris 1986, p. 88.

Above all objects are material things; each of them having their own attributes and functions and producing specific effects for those who oversee and possess them. In a museum, an object does not have the same function as a common object. Indeed, objects once integrated into a collection or into the exhibition of a museum acquire additional values which modify their status.[9] Some artefacts kept in ethnographic museums are, for example, good illustrations of this change of status caused by their integration into a museum's purpose; the visitor gives them a special value and sees them differently once they are presented under specific lights or in museum display cases.[10] In a certain way, through the fragment, the museum has the capacity to refer to an abstract totality which would have been impossible for the visitor to conceive without the intermediary of the museum institution.[11]

When objects are included in the presentation of a museum, that is to say in the collection of a professional institution, they acquire an additional so-called "heritage" value. This value, which grants them a special status, is according to the relations that objects maintain with their original environment, from which they were removed.[12] The object holds a knowledge in relation to the original environment from which it was taken. Through various aspects it gives testimony to the characteristics of this environment and provides information about it to those who observe it. Each object has therefore a deep documentary value, because it is a scientific sample and serves as a symbol of its original environment and as a witness to the history of the one who possessed it. Objects disseminate information and data. Every object is speaking. By its presence in a museum it bears witness to its history and to the history of those who possessed it.[13] By their integration into the collections, objects change from the common to preciousness. The notion of preciousness relates to the rarity value of things: what exists in small numbers always seems more valuable than what is easily accessible and which makes less impression on us. But how can we know what makes an object precious that is part of our daily life?

Rarely characterised by the use of expensive materials, things which are familiar to us, and thus which seem trivial, only surprise us exceptionally by their

---

[9] Cameron, Duncan F.: Le musée: un temple ou un forum [1971], in: Desvallées, André (Ed.): Vagues: une anthologie de la nouvelle muséologie, Vol. 1, Paris 1992, p. 77–98.
[10] Goneth, Marc-Olivier/Hainard, Jacques/Kaehr, Roland (Eds.): Le musée cannibale, Neuchâtel 2002.
[11] Ibd.
[12] Davallon, Jean: Claquemurer (note 8), p. 245.
[13] Burkhalter, Isabelle et al.: Pour un musée au service de la société et de son développement, in: Lettre de l'Ocim, 2006, Nr. 105, S. 19–27, p. 19–27.

splendor. Generally, a link with time is necessary to accentuate the preciousness of an object; old things, even if they were common in their time, seem extremely precious to us because of their resistance to time, because they send the observer back to a period he has not known, discovering the habits of someone he didn't know, and make him aware of the ephemeral nature of everyone's life. Objects can survive accross time, while man fails. It is the object that tells us what is past and without it few elements guarantee the survival of this past story that we do not know; the object becomes the last sign of a previous life and that's why we give an invaluable character to old things.[14]

Humans' actions are often guided by the desire to perpetuate their history and to leave a trace of their existence. In order to make future generations more fully understand our daily life, preservation measures govern the things that we consider to be a "universal heritage". The notion of quality or rarity of the object has dominated, and still dominates, acquisition policies; that means that we want, as a priority, to preserve objects esteemed worthy to be. Judging what is important to keep, taking a step back to identify what seems trivial to us, is something very complex to achieve.

Let us now study some examples of donations from the collections of the Centre Historique Minier and, first of all, look at some great classics for a mine museum. The donation made by Mrs Carpentier was a lump of coal taken the 21st December 1990 in the Oignies colliery (Fig. 2). On the 21st December 1990, the Nord-Pas-de-Calais coalfield turned an important page of its history with the end of coal mining, marked by the closure of the Oignies pit number 10. Many miners had wanted to keep a trace of this important moment (the closure of the last pit of Nord-Pas-de-Calais region) and collected a lump of coal in the Michelle vein. These lumps have become symbols of the 270 years of coal mining in the region. Yet the Centre Historique Minier preserves at least two other lumps collected from the Michelle vein on the 21st December 1990. Why then did it accept Mrs Carpentier's donation? Simply because of its story: indeed, Mr Jacques Garnier, father of Mrs Carpentier, was surveyor at pit number 9 in Oignies at the moment of the closure. He collected a large piece of coal that he divided into five. Each piece was varnished and placed on a base to become an independent lump. He kept one and offered the rest to his four children. Mrs Martine Carpentier, her daughter, has offered the Centre her piece, on which the date and the place of discovery is written.

We can now understand that the gift by Mrs Carpentier not only has a commemorative value regarding the end of coal mining in our region, but it is also a

---

14 Baudrillard, Jean: Le système des objets, Paris 1969, pp. 103–128.

Fig. 2: Lump of coal taken the 21st December 1990 in the Oignies colliery by Mr Jacques Garnier

symbol of and a testimony to the dedication of a miner to his work and the image of his wish to pass on a part of this story to his children in order to keep a trace of three centuries of mining. By his presence in the collection it is the memory of Mr Jacques Garnier and his family that is now preserved.

Mrs Samson has donated a miner's bonnet to the Centre Historique Minier that belonged to Mr Paul Lavie, who had worked with it from September 1939 to 1972 (Fig. 3). This bonnet was given to the contributor's parents on January 1998 by the original owner, Mr Lavie, with a short letter in which he relates that he was foreman in the mines of the Auchel and Bruay group and that his bonnet accompanied him during three years of service in different pits: Marles, Bruay, and Haillicourt. This bonnet served him by allowing him "to mop up the sweat of [his] forehead". This type of hat was indeed worn by miners under their leather hat or later under their cap or helmet to keep it in place. This object today presents traces of its use and is therefore not in excellent condition of conservation. It is discolored, dirty and the elasticity is distended. The Centre Historique Minier possesses about 30 bonnets in good condition but unfortunately we have no information about their origin and they are probably modern ones. Once again, it's the presence of a precise context of use for this current piece of miners' equipment and the knowledge of Mr Lavie's life that makes this donation exceptional.

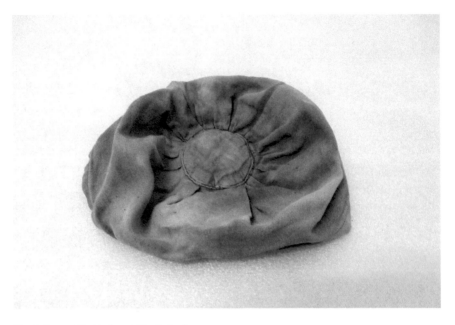

Fig. 3: Bonnet that belonged to Mr Lavie

The Centre also has in its collections more surprising objects: the donation made by the Verrier family is a good example. Simon Verrier was born in 1878 near Saint-Etienne in France. His career is known thanks to the archives kept by his family. In 1897, he studied at the School of Mines and when he graduated from this school in 1899, he was hired in the mines of Lens. In 1906, he received a medal for his participation in the rescue operations during the Courrières mining disaster. In 1914, he became main engineer before being mobilised at the beginning of World War One on the site in Lens. He was taken hostage in 1914 but managed to escape. He found refuge with the help of Dr Hémery in a cave where two nuns who were members of the Red cross hid him. At that time, he wore a Red Cross armband to ensure his identity as a male nurse. He wrote enigmatic inscriptions on bandages that seem to be related to climatic conditions and atmospheric pressure, probably in order to help the French troops. On April 1917, he was evacuated to Namur in Belgium. His evacuation took three months. His journey then continued to Switzerland, again thanks to the protection of the Red Cross.

At the end of the War, he returned to Lens and resumed his job. In 1936, he became director at the Mines of Carvin. But on the 21st May 1940, during World War II, the Wehrmacht occupied Carvin. Because of his status Simon Verrier was forced to become the mayor of the city until 1941. He was replaced after an opera-

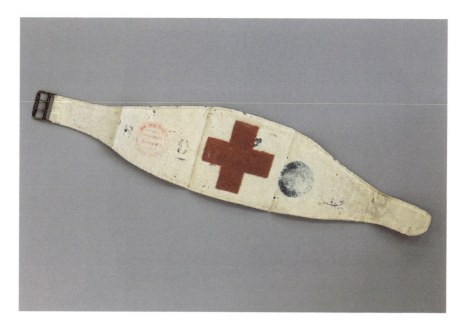

Fig. 4: Armband with a Red Cross symbol that belonged to Mr Simon Verrier

tion of sabotage about which he was criticized for not having anticipated. At the time of the nationalization of the French mines in 1946 he retired and died on August 1970.

The three objects presented here constitute the Verrier family's donation to the Centre Historique Minier. They illustrate two highlights of Simon Verriers life: the bandage and the armband recall the moment of his escape during the World War One and the leather bag his role as Director of the Mines of Carvin and the difficulties he experienced between 1940 and 1941 (Fig. 4–6). These objects, which are very personal and have no obvious connection with mining, are unquestionably unique and bear witness to an unusual story that has taken place under historical difficult circumstances significant to the Nord-Pas-de-Calais coalfield. As such they are of great interest for the collections of the Centre Historique Minier.

Thanks to these three examples from the collections of the Centre Historique Minier acquired in accordance with the new donation procedure set up by the museum staff, we can observe how personal memory can be transmitted by an object that belonged to him and which itself can serve as a witness. The integration of this type of object in a museum collection obviously adds a lot to the scientific and patrimonial value of a cultural institution and can even become an essential point for the constitution of the collecton. Of course, it is impor-

Fig. 5: Leather bag that belonged to Mr Simon Verrier

Fig. 6: Bandage that belonged to Mr Simon Verrier

tant to point out that these specific reflections about each acquisition lead to a time-consuming selection process and much documentation work related to each object through exchanging and gathering information from each contributor or family. As a result, the team of the Centre Historique Minier no longer accept simple objects with unspecific links to miners' work but instead promote objects with a well-documented context documenting the memory of the person behind it exemplifying the great history of coal mining. The value of these objects is two-fold: they have a scientific value because they illustrate or have an obvious link with mining and they also have historical value because they reflect different people and memories that are now kept for eternity.

Nicola Moss, David Bell
Under the Banner of Mining

"Under the Banner of Mining" is by no means an exhaustive article but aims to provide a glimpse into the historical importance of banners within Scotland's mining communities. The origins and purpose of banners will be explored by describing the needs, grievances and causes for celebration that were the impetus for banner production before moving onto their use specifically within the Scottish mining industry. It is important to note that while this examination gives a focus to Scotland, the use of banners within England and Britain generally must be included to provide a greater context to the overall development of these objects.

There will be an examination of the different purposes of banners: to be clearly seen; to encourage support from those who saw them; to show strength and solidarity; to identify; to request change in job security and working conditions; and to remember events. The manufacture of these banners will then be analysed: from professional banner makers to miner support groups; the materials used; and the connections that are made here between purpose and chosen images. Leading on from this, the symbolism that is used throughout mining banners in Scotland will be explored and popular themes analysed. There are a wide range of images used in banners, from Masonic symbols, slogans, representations of people both real and fictional, and landmarks (often but not exclusively collieries). These images communicate messages to the viewer, encouraging different rational and emotional responses, but all either attempting to garner support from, or sending a statement to the viewer. This article will unpick these symbols, and trace consistent themes that have lasted from the 19th century through to the present.

Finally, this article will investigate the current use of mining banners in terms of curation, preservation and public functions. As objects, banners are found both in museum collections as well as at public events, where they still carry out their original purpose. Some are objects that represent our history – promoting organisations that no longer exist, some represent organisations that still exist but whose remit is much changed since their creation (miner workers unions), whilst others represent groups with aims unchanged since their formation.

Within the National Mining Museum Scotland, with a small Curatorial Team and no on-site Conservator, our collection of banners remains rolled and wrapped, with little current possibility of public viewing. This lack of access contrasts with the high visibility of banners at the Gala Days and rallies still traditionally held each year in Scotland and forces us to consider such objects as both historical and current.

https://doi.org/10.1515/9783110729955-022

Origins and Purpose

For over 5000 years, societies and organised groups have used a wide range of symbolic devices to identify themselves. The Egyptians used vexilloids, poles with carved figures attached, to distinguish different parts of their kingdom. Early Romans used a bundle of straw attached to a spear which acted as both a rallying device and for signalling.[1]

China's Emperor Zhou employed a white flag to be carried ahead of him to announce his presence, while more recently around 100BC, the Roman flag or vexillum appears. This was a square of dark red cloth usually bearing a symbol, figure or inscription and was fixed to a cross-bar on a lance. Early flags were used to identify countries and regions or for military purposes such as shows of strength and power, or to support battlefield tactics.[2]

In contrast, the evolution of heraldic emblems from the 12th century focussed on the individual or a specific family, showing a person's military or social rank. These 'coats of arms' were first used in the battlefield or at tournaments, where the face of the individual was usually obscured by armour and another form of identification was required. This practice became widespread and was brought under the control of Royal Heralds, also known as messengers, who established a strict code of usage and were responsible for granting specific heraldic signs to individuals and families. By the 15th Century, these coats of arms had been granted to corporate bodies such as the Draper's company and to the city of Gloucester. Coats of Arms are particularly relevant in studying the history of Scottish mining banners, as these were reflected in the design of blank books – a type of passport proving memberships of a guild or association, usually including a coat of arms.[3]

The Tudor coat is heraldically speaking unusual but attractive. The roses appear to refer to the English towns of Lancaster and York. The boar's head to the badge of Richard, Duke of Gloucester (afterwards King Richard III, who granted the Town its Charter of Incorporation in 1483). The horseshoes and nails are symbolic of the early trade of Gloucester, England which in the twelfth century, and probably before, was famous for its ironworks and smithery.

This summary of early flags, heraldry and coats of arms is useful in the context of banners, as many designs were taken from these sources, repurposed in emblems and ultimately banners themselves. As industrialisation gathered pace, creating industries where large groups of people worked together, Friendly

---

[1] Foley, John: The Guinness Encyclopaedia of Signs and Symbols, Middlesex 1993, p. 116.
[2] Ibid., p. 116.
[3] Ibid., p. 117.

Societies began to be formed. These organisations provided financial and social services to individuals, often according to their religious, political or trade affiliations, eventually evolving into "proto-unions". Workers would pay a regular fee in return for support in times of illness, unemployment, or to avoid a paupers funeral. Friendly Societies developed emblems which proved membership of specific Friendly Societies or unions. It was noted that "There were few active members of the union who did not adorn his home with an emblem certifying the date of his entry into the union, signed by the General Secretary, mounted in a suitable frame."[4] By 1815 over one million Friendly Societies existed in Britain.

Early society emblems and memberships used heraldic shields prominently, but these started to be phased out in the mid to late Victorian times, when there was more focus on craft pride, old traditions and trade details and products. New industries such as transport, mining and textiles among others became unionised and the use of the emblem flourished. Initially produced through engraving on copperplate or woodblock, the greater use of these emblems coincided with the development of lithographic printing, which could utilise photography to transfer images and produce product in colour. The main manufacturer of emblems at this time was Blades, East and Blades, run by Rowland Blades[5], who was in favour of Trade Unions.

Later emblems often included images of men who were seen to have played an important role in the formation or success of the organisation, but this could lead to unforeseen problems. The Stone Masons Emblem was designed and produced in the 1860s and depicted two of its leading members.[6] By 1872, one of them was dead and the other, called Connolly, had emigrated to America and his membership had lapsed. There was much debate amongst members regarding this lapsed membership but Connolly returned to Britain, renewed his membership and the emblem design with his image was retained.

With regards to emblems and the mining industry, it was specifically noted that "The Midlands miners' emblem, produced by Alexander Gow in 1893, is one of the best examples of what marked the miners' organisation – regional pride and solidarity, strong leadership, and an intense interest in using political influence to change coalfield conditions. Miners' emblems always celebrate their

---

[4] Pugh, Arthur: Men of Steel by One of Them: A Chronicle of 88 Years of Trade Unionism in the British Iron and Steel Industry, London 1951, p. 100.
[5] Leeson, R. A.: United We Stand: An Illustrated Account of Trade Union Emblems, Bath 1971, p. 37.
[6] Ibid., p. 29.

leaders, who were not just officials but, in the villages where most miners lived, community leaders."[7]

In 1889 the National Union of Gasworkers and General Labourers stated on one of their emblems "8 Hours Labour"[8] indicating a move towards emblems becoming more overtly political.

We can see through this potted history of organised labourers and their symbols that "The heraldry of labour emerged from a shadowy half-world of craft memory and secret solidarity as under the impact of the new industries old traditions crumbled and working men struggled to build community in the face of black and brittle and sometimes ubiquitous hostility."[9]

Industrialisation brought huge societal change with a move away from a paternalistic economy to larger, more efficient industries. The French revolution, Luddites and Peterloo saw the established order fearing revolt in Britain, whilst Owenite, co-operative socialism, Methodism and working-men's self-education sought alternative, non-violent ways to support working people through these times.

At the time it was recorded that "Working people had created a rich subculture for themselves, dense with institutions, clubs, unions, education societies, co-operatives, chapels. From it the Trades Unions emerged and from it they drew their imagery: from old craft, Freemasonry, friendly societies, temperance groups, from the chapel and the Sunday school, from the bible and from Bunyan".[10]

Manufacture

The oldest surviving banner that evidence can be found for, dates from the 1820s and by 1831, miners were parading colliery banners at Jarrow, North East England.[11] By 1840 a recognisable tradition had begun, with early union banners representing the new industries of the industrial revolution running in parallel with the more traditional craft society's emblems. The Northumberland and Durham miners' strike of 1844 saw 72 banners paraded.[12]

---

[7] Ibid., p. 59.
[8] Ibid., p. 54.
[9] Gorman, John: Banner Bright: An Illustrated History of Trade Union Banners, Essex 1986 [1973], p. 14.
[10] Ibid., p. 16.
[11] Ibid.
[12] Scott, Derrik: Great Strike of the Northumberland and Durham Coalfield in 1844, online:

Initially, banners would be commissioned from local signwriters, coach makers or even a union member with artistic flare. However, in 1837, George Tutill established a banner-making business in England and over the next 50 years had a virtual monopoly in banner production, along the way making improvements to the process that led to far more durable and cost-effective products.[13] Originally a decorator of fairground caravans, Tutill was the classic Victorian self-made man. A shameless capitalist – his factory at 83 City Road was conveniently close to a pool of cheap but skilled labour – Tutill managed to make a fortune out of the enemies of capitalism. The greatest irony was that he managed to do it while running a non-union shop.

In 1868 the first Trades Unions Congress was held and by 1874 the Congress had a membership of 150 unions with over 1 million members.[14] A selection of banner mottoes from the 1860s and 1870s give a flavour of union ideals. These include "Unite in Love" from the Tin Platers Union, "Justice to all men" from the Ironworkers, "Industry and benevolence unite us in friendship" noted by the Woodworkers and more commonly throughout several trades "God helps those who help themselves".

Where possible and sometimes through rather tenuous associations, unions would link themselves to much older craft and guild organisations, to give a sense of being more longstanding than they actually were. The Newcastle based Cooperative Smiths for example, used the slogan "All arts do stand", taken from the much older Worshipful Company of Blacksmiths motto "By hammer and hand all arts do stand".[15] To convey rich and longstanding links to the past, some banners also used historic or religious images. The Stonemasons portrayed the temple of Solomon, Typographers – Caxton at his press and the Woodworkers – Joseph of Nazareth.

Visually the dignity of work and the craftsmanship of occupations were prominent, as it was with the earlier emblems, including tools of the trade, scenes depicting the workplace and the results of labour such as ships or buildings.

These slogans spoke of unity, brotherhood, fairness and of looking towards conciliation rather than conflict. They portrayed steadfast but reasonable groups of workers who understood biblical teachings and who were skilled employees in industries that enhanced the nation's economy. The provision of insurance

---

The great strike of the Northumberland and Durham coalfield, 1844 – Derrik Scott (libcom.org) (03.02.2021).
13 Gorman, John: Banner Bright: An Illustrated History of Trade Union Banners (note 9), p. 16.
14 Ibid., p. 18.
15 Ibid., p. 19.

Fig. 1: Gala Day Parade 1986, Edinburgh

against accident, illness and death aimed to show the compassion and understanding of the union for its members and encouraged non-members to join the union.

More recently in the 20th century, Gala Days have provided the opportunity for miners to parade their banners and promote their cause. The participation in these annual events shows a statement of allegiance to the local community and union. Children often take centre stage ensuring that the importance of these events, community spirit and the use of these banners are passed down to the next generation. Visual impact remains important as during the procession this draws the eye to the miner's message. These provide "a stage upon which aspirations are voiced, where comradeship was consummated, solidarity expressed and sheer joy of survival demonstrated in music and dance"[16] (Fig. 1).

---

[16] Stephenson, Carol/Wray, David: Capital and Class. Emotional Regeneration through Community Action in Post-Industrial Mining Communities: The New Herrington Miners' Banner Partnership, London 2005, p. 184.

Fig. 2: Women's Support Group Banner, 1984–85

Some of the more recent banners from the 1970s and 1980s were created in response to particular social situations, specifically the strikes which enveloped the country at that time. As a result, many banners were created in-house to support the cause of the striking miners. A number of Women's Support Groups also produced banners at this time to highlight the work that women could do in supporting the miners and their families (Fig. 2).

Symbolism

As noted earlier, symbolism features prominently in the design of many of these mining banners. These symbols differ depending on the key message that the miners intended to spread.

The National Mining Museum Scotland currently holds over 20 banners, ten of which specifically mention the National Union of Mineworkers – a trade union organisation for coal miners which was involved in mining strikes in Great Britain, including those of 1972, 1974 and 1984–85. Equally, five banners specifically mention strike or support action, ensuring the political nature of mining

Fig. 3: National Union Mineworkers Lady Victoria Branch Banner

is made abundantly clear. Due to this political nature of many of these banners, symbolism is incorporated heavily throughout their development. Often Scottish banners feature the images of 'heroes' or 'leaders' – those men who were high ranking within the unions including Alex Moffat, President of Scottish Mineworkers Union, Abe Moffat, President of the National Union of Scottish Mineworkers, James Keir Hardie, Arthur James Cook and Michael McGahey to name but a few. Arthur James Cook in particular was noted for being "never one so hated by the government, so obnoxious to the mine owners, so much a thorn in the flesh of the General Secretaries of Unions"[17] (Fig. 3).

Their images were used to promote the status of these men alongside the unions themselves. There are noted instances where "leaders" who have fallen out of favour with the mining community have had their faces vandalised through the addition of graffiti or by having their eyes cut out![18] Some portraits

---

17 Gorman, John: Banner Bright: An Illustrated History of Trade Union Banners (note 9), p. 105.
18 Ibid., p. 111.

Fig. 4: Musselburgh Miners Women's Support Group, 1984–85

have since been painted over with new images, while some others whose faces have remained, have since had their names forgotten.

As well as recognisable portraits, many banners have also used traditional Scottish emblems such as the thistle (the national flower of Scotland) or have used Scots language to emphasise the sense of place and the pride held for the country. "It's A' Oor Ain" as written on the Musselburgh Miners Women's Support Group banner means "it's all our own! or "it's our people" (Fig. 4). Used alongside the name of the colliery or specific region of Scotland this highlights the miners' local pride. The sense of place was not always so strong however. The Bilston Glen banner with the images of A J Cook and Abe Moffat, was originally created for another colliery, Rosyth, but when this pit was closed a decision was made to take this banner to the miner's welfare. As the welfare were unable to use the banner at that time, it was handed over to another mine and its name was altered to Bilston Glen, enabling a different colliery to take advantage of this impressive and no doubt expensive banner (Fig. 5).

The symbolic clasped hands are also used frequently, signifying the union or bond between men and the importance of working together, comradeship and of

Fig. 5: National Union Mineworkers Bilston Glen Branch Banner

looking out for each other. The strength and solidarity portrayed by this symbol ensured that it was used extensively by trade unions. The image of hands and arms are often placed side by side with other items such as the staple tools of the miner's trade – safety lamps, picks, shovels or coal cutters.

Less often in the Museum's collection, the banners show the miners themselves, either at the mine itself, underground in tight spaces, walking to work or tired and dirty returning home after a full day of work. One banner in the collection specifically depicts the pit ponies and their daily burden (Fig. 6).

Alongside the symbols themselves, specific words appear frequently. Aside from the Scots language as noted earlier, common words include union or united, peace, strength, progress, equality and socialism, again highlighting the importance of the union in building positive changes for the welfare of the miners, their families and society at large.

Fig. 6: We Hew Out Away

A final reference must also be made to colours as these hold their own significance. Red appears to be the most common colour used within mining banners and is heavily associated with communism and left-wing politics, again highlighting the banners political nature. Black has also been used frequently during events such as memorials and a colliery representing a recent fatality would carry a black drape across the top of their banner as a symbol of grief and respect.

In the present day, the miners' banner in Britain evokes memories of the bitter strike of 1984 to 1985. A variety of banners were used throughout strike action across Scotland, some of high quality and expense, while others apparently produced in sole response to these strikes. With the eventual decline and an end to the industry, the purpose of the banner as an expression of protest has disappeared. However, protest is just one of several voices a banner can amplify and their relevance comes now from a different perspective. This relevance takes us

back to some of the recurring words and phrases that have appeased on banners from the very early days, and indeed from emblems:
- Unity is Strength
- Unite in Love
- Through Love and Unity We Support Each Other
- Unity Combination and Liberty
- Knowledge is Power
- Come Let Us Reason Together
- United We Stand Divided We Fall
- Defence Not Defiance

Now, when banners are paraded at gala days, funerals and other commemorative events, these words conjure up the close-knit communities that formed in mining areas, where the vast majority of inhabitants worked for the same colliery, knew each other at work and at play, and shared common experiences. They were places where people looked out for each other and understood the dangers of mining work. They were places where only by working together could improvements in pay and conditions be achieved. They were places where education was valued and often, with reading rooms and libraries, someone could develop skills and knowledge for its own sake or to better their position. This is not to take a rose-tinted view: as in any community, there could be conflict, housing conditions were often poor and as homes were often tied to the job dismissal from work could have devastating results for families. But despite these negative factors, these communities are seen as supportive and understanding of each other, in ways that now, where neighbours are often strangers to each other, are very different. Banners therefore hark back to different times, but also say that the goals of comradeship and unity are still worth striving towards. This relevance takes us back to some of the recurring words and phrases that have appeared on banners from the very early days and indeed from emblems themselves.

Curation and Preservation

With the end of the industry, some banners have since been passed on to local museums such as the National Mining Museum Scotland, where they are cared for in perpetuity. Most of those are held in storage rather than on display. The issue of degradation and conservation of the banners is ongoing and tends to be magnified by a lack of resource and funding for these particular items. The extremely delicate nature of these coupled with limited staffing and no on-site conservator means that these banners are rarely examined even by the curatorial team. At the moment the National Mining Museum Scotland has only one banner on display mainly due to these conservation issues but also due to the setup of the permanent exhibition area and the lack of an identifiable space to tell a full and effective story of the miner's banners.

The Curatorial Team have however, recently digitised most of the banners in its collection. It is hoped that these digital images will enable ways for the Team to use the banner collection to engage with audiences in a distinctive way and ensure that this reduces the handling of the fragile banner collection. Other local museums are also using this method to record what they hold and to use these images as a way to ensure the preservation of their own collection of banners.

Despite the number of banners already held in museums throughout Scotland, we need to ask if there is a current use for banners associated with mining other than being passed over to local institutions for care. There are indeed mining banners in Scotland that still exist outside the museum and heritage sector. Some of these have been looked after with pride since their inception and continue to be used for particular events.

As well as being used for community events, mining banners are also used for acts of remembrance such as memorials and funerals. The National Mining Museum Scotland made a decision some years ago to have a replica banner created which can be handed out as a loan to people or organisations who wish to use a mining banner at a memorial or funeral of a former miner.

The current use in events and memorials may provide a different meaning and outlook from the original use of these banners but by keeping these in the public domain we ensure that the memories of the past are kept alive and are passed down to new generations many of whom are now living in former mining communities. Their present use enables these banners to become a form of living heritage and ensures that they continue to have an impact on the public and future events.

It is important to note that not all mining banners have been kept in the public domain or held in storage in local museums. It is more than likely that many of these banners have simply deteriorated over time, have succumbed to damage whether accidental or intentional or have simply been lost over the passage of time. It is entirely possible that some banners have simply been thrown out or forgotten about as the need for them and their purpose has diminished.

Scottish mining banners are, however, still being discovered. In early 2019, the National Mining Museum Scotland was gifted a banner found in an attic. This banner was created by the Cardowen Womens Support Group in support of one of the miners' strike of the 1980s. It is discoveries such as these that lead us to believe that there are yet more banners tidied away in cupboards, attics and store rooms just waiting to be discovered (Fig. 7).

Fig. 7: Fife Miners Wives Action Group Banner, 1984–85

Conclusions

The use of symbolic devices to demonstrate belonging to a group goes back thousands of years. From the use of flags and coat of arms slowly developed a system of social belonging which evolved into a series of workforce and union related activities. While records of historical mining banners in Scotland are limited, we know that their usage goes back to the 19th century with the original intent to promote the beliefs and aspirations of organisations, to protest against injustices and to improve workers conditions. Politics have never been too far from use and have amplified over the 20th century with the closure of mines in Scotland and the impact this had on miners and their families.

The manufacture has changed over the centuries. From companies paid to create intricate and beautifully designed Victorian style banners promoting pride in individual collieries to those developed during the heart of strike action by miners themselves or their families. The vast difference in style highlights the different purposes of these banners and indeed the resources available to the creators. This links into a change of symbolism as the later years saw many banners of protest focus on text alone or the image of family to establish what these changes meant.

With regards to present day use, there is much to be done with regards to conservation, display and engagement with those mining communities with strong links to particular banners, across all of Scotland. While digitisation offers a more instant level of freedom to use the images alone to engage with audiences, it does not tackle the wider issues such as the display and full understanding of the significance of these banners on the community.

Mining banners in Scotland were designed with a purpose. This may have been to promote the cause of the miners, demand improvements in their work, protest against cuts or to simply celebrate their way of life. It is due to these causes that these banners exist and are here today to act as a reminder to future generations of the significance of these on the social history of the country. It is therefore the duty of the heritage sector to ensure that we continue to reach out to these audiences and enable them to understand the significance these banners had in creating their communities today.

Anissa Finzi, Maria Schäpers
Die Schutzpatronin der Bergleute im Ruhrgebiet: Förderung der Barbaraverehrung und Sammlungsobjekt im Deutschen Bergbau-Museum Bochum

Die Heilige Barbara gilt als die Schutzpatronin der Bergleute.[1] Es ist daher nicht verwunderlich, dass sie ihren Platz im Deutschen Bergbau-Museum Bochum (DBM) hat. Bemerkenswert ist aber, dass die Sammlung rund um die Heilige schon in die Anfangszeit des Museums zurückreicht, als Barbara noch keineswegs bei allen Bergleuten als ihre Patronin anerkannt war. Für die meisten Bergleute im Ruhrgebiet war sie lediglich als eine der Vierzehn Nothelfer bekannt. Bemerkenswert ist zudem der Umfang der Sammlung, die vor allem in jüngerer Zeit mit der im DBM betreuten Nemitz-Stiftung St. Barbara beachtlich angewachsen ist. Den Anfängen der Sammlung und den Bemühungen um die Etablierung der Barbara-Verehrung bei den Bergleuten im Ruhrgebiet widmet sich der erste Teil dieser Betrachtung. Im zweiten Teil werden die Objekte als solche in den Blick genommen. Die systematische Untersuchung der Objekte mit bergbaulichem Bezug der letzten gut hundert Jahre vorwiegend aus der Sammlung der Nemitz-Stiftung St. Barbara gibt Aufschluss über die Verbundenheit der Heiligen mit dem Bergbau und ihre unterschiedlichen Funktionen im Laufe der Zeit.

---

1 Vgl. zu der Heiligen Barbara und den verschiedenen Ausführungen der Legende um ihr Martyrium vor allem im Hinblick auf eine Verbindung zum Bergbau Heilfurth, Gerhard: St. Barbara als Berufspatronin des Bergbaus. Ein Streifzug durch ihren mitteleuropäischen Verehrungsbereich, in: Zeitschrift für Volkskunde 53, 1956/57, S. 1–64; Kirnbauer, Franz: St. Barbara als Schutzpatronin der Bergleute und Artilleristen, in: Festschrift der Dynamit Nobel Wien, Wien 1965, S. 188–189; Nemitz, Rolfroderich: Die Sammlung der Nemitz-Stiftung St. Barbara. Ausstellung im Deutschen Bergbau-Museum Bochum, Bochum 2009 (= Veröffentlichungen aus dem Deutschen Bergbau-Museum Bochum, Nr. 167).

Abb. 1: „Schutzmantel-Barbara" von Heinrich Moshage, nach 1950

Die Anfänge der Barbara-Sammlung im DBM und das Bemühen um die Etablierung der Barbara-Verehrung bei den Bergleuten im Ruhrgebiet[2]

„Am liebsten hätte ich die Figur gleich mitgenommen und in unser Museum verpflanzt, denn dort wäre sie doch am richtigen Platze."[3] So äußerte sich Heinrich Winkelmann, der seinerzeitige Leiter des damaligen Geschichtlichen Bergbau-Museums Bochum, in einem Brief an den Aufsichtsratsvorsitzenden der Mitteldeutschen Stahlwerke Heinrich Koppenberg. Die Figur, die Winkelmann im Auge hatte, war eine Darstellung der Heiligen Barbara im Dampfkesselüberwachungsvereins-Gebäude in Essen. Winkelmann schrieb, dass diese in Koppenbergs Werk hergestellt würde. Es könnte sich um die berühmte, von Heinrich Moshage entworfene „Schutzmantel-Barbara" handeln (Abb. 1). Diese wurde in dem Lauchhammerwerk als Teil der Mitteldeutschen Stahlwerke gegossen.[4] Der Brief von 1933 ist der älteste bekannte Hinweis auf ein bestehendes Interesse an der Heiligen Barbara als Museumsobjekt. Er wird als Teil des Archivbestandes montan.dok/BBA 112: Deutsches Bergbau-Museum Bochum, Bochum, im Bergbau-Archiv Bochum verwahrt. Die Aufarbeitung des Bestandes war Teil des Projektes „montan.dok 21".[5]

Nach dieser frühen Erwähnung kann mit dem Jahr 1935 der Beginn einer systematischen Sammlungsaktivität angesetzt werden.[6] Die Absicht war, „alle Arten der Barbara" zu sammeln und „eine Sammlung von Darstellungen der Heiligen Barbara anzulegen."[7] So lautete es bei ersten Anfragen vonseiten des Bergbau-Museums Bochum nach fotografischen Reproduktionen von Barbara-Darstellungen.[8]

---

[2] Die folgenden Ausführungen beruhen vor allem auf den bei der Bearbeitung des Archivbestandes montan.dok/BBA 112: Deutsches Bergbau-Museum Bochum, Bochum, von Maria Schäpers gemachten Beobachtungen.
[3] Durchschlag des Schreibens Winkelmanns an Koppenberg, 14.08.1933, in: Montanhistorisches Dokumentationszentrum (montan.dok) beim Deutschen Bergbau-Museum Bochum/Bergbau-Archiv Bochum (BBA) 112/1751.
[4] Vgl. zu der in dem Lauchhammerwerk gefertigten Barbara Pasche, Eckart: Die Heilige Barbara – Schutzheilige der Gießer, in: Giesserei, 2019, H. 12, S. 48–51.
[5] Vgl. zum Projekt unter www.bergbaumuseum.de/forschung/forschungsprojekte/projektdetailseite/montandok-21-ueberlieferungsbildung-beratungskompetenz-und-zentrale-serviceeinrichtung-fuer-das-deutsche-bergbauerbe (Stand 04.06.2020).
[6] Vgl. den Durchschlag des Schreibens Winkelmanns an Hütte und Schacht, Vereinigte Werkszeitungen des Deutschen Instituts für Nationalsozialistische Technische Arbeitsforschung und -schulung in der Deutschen Arbeitsfront, 11.12.1935, in: montan.dok/BBA 112/976.
[7] Erstes Zitat ebd.; zweites Zitat: Durchschlag des Schreibens Winkelmanns an Dr. Wilhelm Pieper, Magdeburger Braunkohlenbergbau-Verein e.V., 22.01.1936, in: montan.dok/BBA 112/976.
[8] Einen Einblick in die Sammlungstätigkeit des Museums in diesem Bereich bietet vor allem

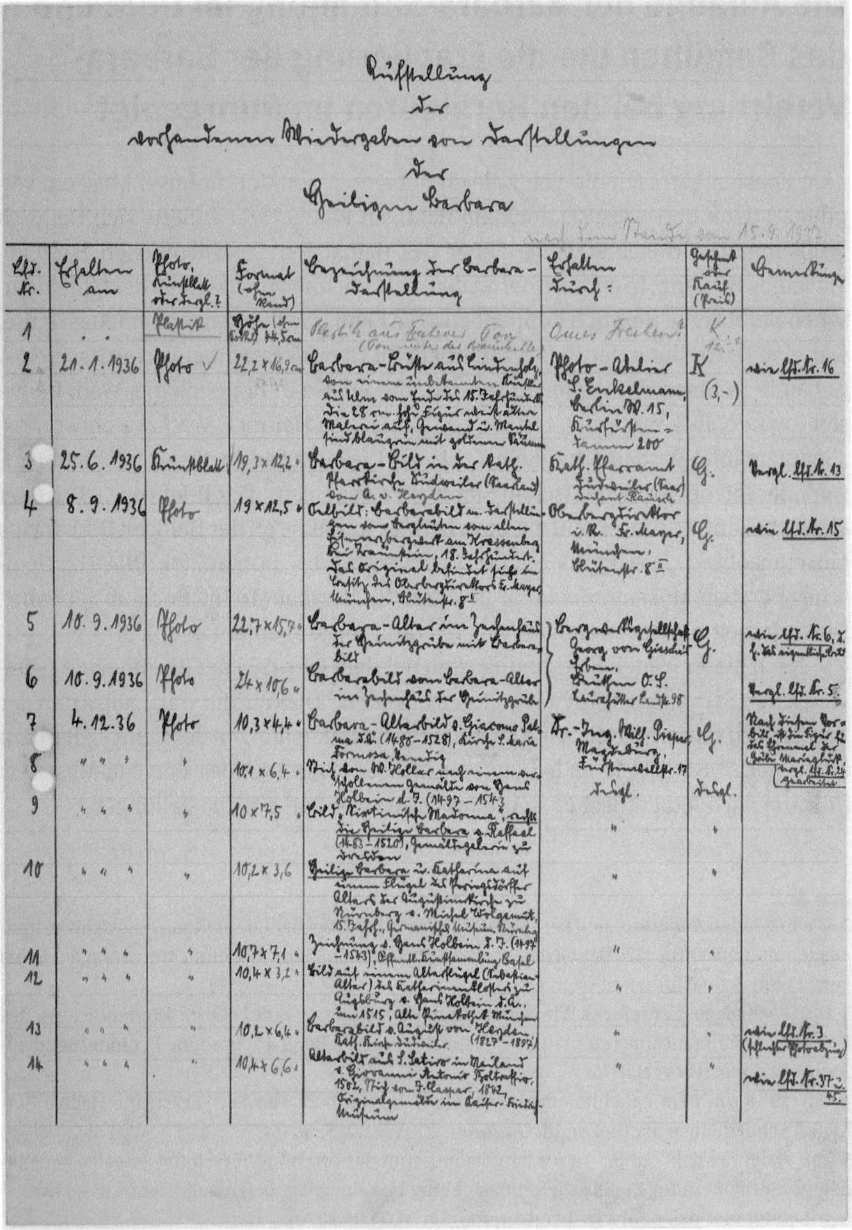

Abb. 2: Verzeichnis der Barbara-Darstellungen im DBM von 1937

In einem ersten handschriftlichen Verzeichnis mit dem Titel „Aufstellung der vorhandenen Darstellungen der heiligen Barbara" von 1937 mit 52 laufenden Nummern werden überwiegend Schenkungen und Ankäufe von Fotografien aufgeführt (Abb. 2).[9] Es finden sich aber auch einige Objekte auf der Liste. So werden unter Nummer 47 eine Medaille und unter Nummer 48 eine Plakette genannt.[10] In der Spalte „Bemerkungen" wird für beide erwähnt, dass sie im Museum ausgestellt seien. Die Heilige Barbara wurde dementsprechend schon zu diesem frühen Zeitpunkt in der Ausstellung des Bergbau-Museums Bochum präsentiert.

Bei der Silbermedaille handelt es sich um eine Jubiläums-Medaille der Westfälischen-Anhaltischen Sprengstoff-Aktiengesellschaft von 1916 (Abb. 3).[11] Barbara ist in einem Soldatenmantel gekleidet dargestellt; im Hintergrund sind Artillerie und eine Tagesanlage zu erkennen. Die Darstellung spiegelt damit das Unternehmen und seine Produkte und spielt auf die unterschiedlichen Zuständigkeitsbereiche der Heiligen Barbara an.[12] Die Heilige wird nicht nur im Bergbau verehrt, sondern ist Schutzpatronin einer ganzen Reihe von Berufsgruppen. Neben den Berg- und Hüttenleuten verehren sie beispielsweise die Bau- und Architektur-

---

die Akte mit dem Titel „Barbara-Darstellungen" mit einer Laufzeit von 1935–1975 (montan.dok/ BBA 112/976). Weitere Nachrichten finden sich verstreut im allgemeinen Schriftverkehr des Museums vgl. montan.dok/BBA 112-4 passim. Über die Sammlungsdokumentation besonders in Form von speziellen Verzeichnissen zu Barbara-Darstellungen lassen sich die Aktivitäten ebenfalls verfolgen. Vgl. besonders das Verzeichnis der Barbara-Darstellung von 1937, in: montan.dok/ BBA 112/3612 sowie montan.dok/BBA 112/5603 mit einer Auflistung zu der Sammlung bis in die 1970er-Jahre hinein. Nur bedingt geben Eingangs-, Stiftungs- und Kontrollverzeichnisse Auskunft, da hier nicht immer alle Erwerbungen aufgeführt werden, wie der Vergleich zwischen dem Verzeichnis von 1937 und dem Kontrollbuch montan.dok/BBA 112/6214 und dem Stiftungsverzeichnis montan.dok/BBA 112/422 zeigt. Ab 1954 sind offenkundig keine Einträge in Bezug auf die Heilige Barbara in den Eingangsbüchern vermerkt, hier wurde ein eigenes Eingangsbuch für Barbara-Darstellungen montan.dok/BBA 112/6384 geführt, was sich fast ausschließlich auf den Bereich der Fotografien bezieht. Dieses Eingangsbuch wird in montan.dok/BBA 112/976 erwähnt, vgl. beispielsweise die handschriftlichen Vermerke auf dem Durchschlag des Antwortschreibens an Lala Aufsberg, 07.09.1954, und dem Schreiben Paul Dierkes', Eingang 26.02.1954. Stiftungen bzw. Schenkungen werden im Stiftungsbuch angegeben, wie das Beispiel des Bildes „Barbara wacht über den Rhein 12.2.1955 33/3247", in: montan.dok/BBA 112/6208, zeigt.
9 Vgl. Verzeichnis der Barbara-Darstellung von 1937 (s. Anmerkung 8).
10 montan.dok 033301068000 und 033301793000.
11 Ende 1936 erhielt das Museum von Pieper eine Fotografie der Medaille (montan.dok 029300097000); kurze Zeit später wurde dem Museum dann die Medaille (montan.dok 033301068000) geschenkt.
12 Vgl. zur Westfälischen-Anhaltischen Sprengstoff-Aktiengesellschaft (WASAG) und ihrer Produktpalette Fischer, Wolfram: WASAG. Die Geschichte eines Unternehmens, 1891–1966, Berlin 1966.

Abb. 3: Jubiläums-Medaille der WASAG von 1916 mit Darstellung der Heiligen Barbara

branche und eben auch Personen, die mit Feuer und Sprengstoff umgehen und Waffen herstellen.[13]

Die ersten figürlichen Darstellungen der Heiligen Barbara im Bergbau-Museum Bochum ließen nicht lange auf sich warten. Am 12. Dezember 1938 kaufte das Museum eine um 1600 aus Lindenholz gefertigte Skulptur an (Abb. 4).[14] Vermittelt hatte dieses Stück der Montanhistoriker Hanns Freydank, mit dem sich Winkelmann im regen Austausch befand.[15] Neun Monate später entschloss sich Winkelmann zum Kauf einer weiteren Holzfigur, die ihm von einer Kunsthandlung angeboten worden war (Abb. 5).[16] Diese Arbeit hatte er zuvor von dem Kölner Schnütgen-Museum prüfen lassen, immerhin kostete die Skulptur 2000 RM.[17]

---

13 Vgl. zu den verschiedenen Zuständigkeitsbereichen Beckmann, Christof M.: Die Hl. Barbara in Verehrung und Brauchtum, in: Sekretariat Kirche und Gesellschaft, Bischöfliches Generalvikariat Essen (Hrsg.): Sankt Barbara Verehrung und Brauchtum. Ausstellung Essen 1990, Essen 1990, S. 11–34.
14 Vgl. die entsprechenden Einträge auf der Karteikarte und in der FAUST-Datenbank zu montan.dok 033301100001.
15 Vgl. montan.dok/BBA 112/966 zu der Vermittlung und dem weiteren Austausch zwischen Winkelmann und Freydank.
16 Vgl. die entsprechenden Einträge auf der Karteikarte und in der FAUST-Datenbank zu montan.dok 033301661001.
17 Vgl. den Schriftwechsel Winkelmanns mit Dr. Hermann Schnitzler, Schnütgen-Museum, im Juni 1939, in: BBA 112/763.

Abb. 4: 1938 angekaufte Barbara-Skulptur   **Abb. 5:** 1939 angekaufte Barbara-Skulptur

Bedenkt man die knappen Mittel, die dem Gründungsdirektor für den Ankauf von Objekten für das Bergbau-Museum Bochum zur Verfügung standen, dann ist umso bemerkenswerter, dass er bereit war, in die Sammlung der Heiligen Barbara solch eine hohe Summe zu investieren.[18]

---

18 Für das Haushaltsjahr 1939 waren im Bereich „11 Ausstellungsgegenstände, Modelle, Einzelstücke, Frachten etc.", unter den auch Ankäufe von Objekten fielen, 20 000 RM laut „Ausrechnung zum laufenden Etat des Bergbau-Museums für die Zeit vom 1. Januar bis 31. Dezember 1939", in: montan.dok/BBA 112/220, vorgesehen. Die Anschaffung der Barbarafigur konnte, laut

Die Heilige Barbara gehöre in das Bergbau-Museum, so Winkelmann schon 1933.[19] Darüber war er sich auch mit seinem Vorgesetzten, dem Geschäftsführer der Westfälischen Berggewerkschaftskasse (WBK) und Bergschuldirektor Friedrich Herbst, einig.[20] Der Gedanke, dass für die Schutzheilige der Bergleute Raum in einem Bergbaumuseum sein sollte, ist naheliegend. Bei einem Blick auf die erwähnten Skulpturen drängt sich allerdings die Frage nach einem Bergbaubezug der Objekte auf. Wenig ist über ihre Geschichte bekannt. Während die eine Skulptur vermutlich eine erzgebirgische Schnitzerei ist, stammt die andere wohl ursprünglich aus einem kirchlichen Zusammenhang in Bocholt.[21] Erst ihre Eingliederung in den Bereich „Bergbau in der Kunst und bergmännisches Brauchtum" sowie ihre Ausstellung über lange Zeit im DBM oder auch ihre Präsentation in der Ausstellung „Bergbau in der Kunst" 1969 in Helmstedt stellt den Bezug zum Bergbau her.[22] Sie werden gleichsam im Museum Teil einer materiellen Kultur des Bergbaus.[23]

---

der Mitteilung an die Stadt Bochum durch die WBK, 12.10.1940, in: montan.dok/BBA 112/220, aus Rückstellungen aus dem Rechnungsjahr 1938 ermöglicht werden. 1935 wurde noch aufgrund von Sparzwängen eine Summe von 500 RM für den Ankauf von Kunstgegenständen als zu hoch empfunden, vgl. dazu das Schreiben Herbsts an den Vorstandsvorsitzenden der WBK, Bergassessor Dr.-Ing. e.h. Otto Krawehl, 30.09.1935, in: montan.dok/BBA 112/1407.
19 Vgl. oben bei Anm. 3.
20 Vermerk Herbsts auf Piepers Schreiben, 04.12.1936, sowie Schriftwechsel zwischen Winkelmann und Herbst im Dezember 1936, in: montan.dok/BBA 112/976.
21 Vgl. die in Anm. 14–17 genannten Quellenangaben.
22 Vgl. die Eintragungen im Bereich „Standort" auf den Karteikarten. In den Museumsführern aus dem Jahr 1954 und 1959 werden die Figuren ebenfalls erwähnt: 1954 dürfte mit der Beschreibung: „eine [...] aus Holz geschnitzte Barbara des 17. Jahrhunderts" montan.dok 033301100001 gemeint sein, Bergbau-Museum (Hrsg.): Wegweiser durch das Bergbau-Museum. Ein Gang durch Geschichte und Kultur des Bergbaus, Bochum 1954, S. 56. Vgl. dazu auch Winkelmann, Heinrich: 25 Jahre Bergbau-Museum, in: Der Anschnitt 5, H. 4–6, 1953, S. 3639, hier: S. 38 mit der dortigen Abbildung der Barbara in der Ausstellung. Bergbau-Museum (Hrsg.): Wegweiser durch das Bergbau-Museum. Ein Gang durch Geschichte und Kultur des Bergbaus, Bochum 1959, S. 78, erwähnt eine „Holzplastik der hl. Barbara [...] eine echt westfälisch-niederdeutsche Gestalt des 16. Jahrhunderts", was auf montan.dok 033301661001 schließen lässt. Diese war auch Teil der Ausstellung „Bergbau in der Kunst" 1969 in Helmstedt, vgl. Braunschweigische Kohlen-Bergwerke Helmstedt (Hrsg.): Bergbau in der Kunst. Werke aus dem Bergbau-Museum Bochum. Ergänzt durch Funde auf dem BKB-Gelände. Leihgaben des Braunschweigischen Landesmuseums für Geschichte und Volkstum, Helmstedt 1969, S. 7.
23 Vgl. zu einer Problematisierung der Präsentation von aus ihrem ursprünglichen Zusammenhang gerissenen Objekten im Museum anhand von liturgischen Gegenständen die Ausführungen von Virdis, Alberto: The Role of Painting in the Definition of Spaces in Medieval Art, in: Pau, Federica/Vargiu, Luca (Hrsg.): Following Forms, Following Functions. Practices and Disciplines in Dialogue, Cambridge 2018, S. 65–84.

Die Sammlung der Barbara-Darstellungen im DBM bewegte sich daher von Anfang an in einem Spannungsfeld zwischen solchen mit einem Bezug zum Bergbau und solchen ohne diesen. Es wurden eben „alle Arten" von Barbara-Darstellungen gesammelt;[24] mit Blick auf die im zweiten Teil besprochene Sammlung der Nemitz-Stiftung St. Barbara auch heute noch eine treffende Beschreibung.

1953, als die Sammlung schon im dreistelligen Bereich lag,[25] fasst Günther Schiedlausky, Mitarbeiter des damaligen Bergbau-Museums, in einem Aktenvermerk das Vorgehen zusammen: Zunächst sei viel Material gesammelt worden, dabei habe man erkannt, dass nur sehr wenige Darstellungen etwas mit dem Bergbau zu tun hätten, daher habe man einen anderen Weg beschritten und gefragt, inwieweit in Bergbaugegenden die Barbara, im Gegensatz zu anderen Regionen, besonders verehrt werde.[26] Das Interesse an einer Erforschung der Verehrung und den damit zusammenhängenden Bräuchen ist schon seit Ende der 1930er-Jahre bezeugt.[27] Für eine intensivere Auseinandersetzung fehlte aber schlicht das Geld.[28]

---

24 Zitat: Durchschlag des Schreibens Winkelmanns an Hütte und Schacht (s. Anmerkung 6). Als Beispiel aus der Sammlung der Abbildungen in früher Zeit ohne Bezug zum Bergbau sei das Vierzehn-Nothelfer-Relief von Tilman Riemenschneider aus der ehemaligen Spitalkirche in Würzburg (montan.dok 029100453000) genannt. Für einen direkten Bezug zum Bergbau sei das Tafelbild der Heiligen Barbara als Schutzpatronin der Bergleute in der Pfarrkirche in Dudweiler (montan.dok 029000111000) aufgeführt.
25 Vgl. zum Umfang den Durchschlag des Schreibens Winkelmanns an Dr.-Ing. Wilhelm de la Sauce, Deutsche Kohlenbergbau-Leitung, 15.01.1953, in: montan.dok/BBA 112/802.
26 Vermerk Schiedlauskys mit „Westfalia Lünen" überschrieben, 29.09.1953, in: montan.dok BBA 112/976. Winkelmann selbst brachte gegenüber Heinz Pommer, der ihm im März 1959 weitere Fotos anbot, zum Ausdruck, dass er nun vor allem Bildwerke sammeln wolle, die in einem gewissen Bezug zum Bergbau stünden, in: ebd. Allerdings, so Winkelmann weiter, seien Barbara-Abbildungen mit einem guten Kolorit auch noch von Wert im Hinblick auf das Vorsatzblatt des jährlich erscheinenden Kalenders der Gewerkschaft Eisenhütte Westfalia. Für dessen Gestaltung war Winkelmann mitverantwortlich, vgl. Kirnbauer, Franz: Heinrich Winkelmann†, in: Österreichische Zeitschrift für Volkskunde 71, 1968, S. 37–39, hier: S. 39.
27 So korrespondierte Winkelmann mit Freydank, der die besagte Skulptur 1938 vermittelt hatte. Vgl. das Schreiben Freydanks vom 25.07.1938, in: montan.dok/BBA 112/966. Winkelmann informierte einen Forscher aus Ungarn, Jenö Faller, dass die Bergleute die Barbara nur als eine der Vierzehn Nothelfer kennen würden, die sie in der Sterbestunde anriefen. Vgl. zum Austausch zwischen Faller und Winkelmann montan.dok/BBA 112/925. Das Ergebnis von Fallers Forschung ist noch heute in der Bibliothek des DBM mit einer Übersetzung Freydanks unter der Signatur 823 vorhanden. Offenkundig blieb die Thematik auch während des Zweiten Weltkrieges auf der Agenda. So erwähnt der damalige Kustos des Bergbau-Museums Bochum, Julius Raub, in einem Dienstreisebericht ein Gespräch in Brüssel im November 1942 über die Barbara mit Jacques Breuer, Musée du Cinquantenaire, vgl. montan.dok/BBA 112/1303.

Das Stichwort Erforschung von Bräuchen leitet zu einem weiteren wichtigen Aspekt über. Nämlich der Etablierung der Verehrung der Heiligen Barbara als Schutzpatronin bei den Bergleuten im Ruhrgebiet. Dagmar Kift hat sich eingehend mit diesem Aspekt beschäftigt und dabei auch den Anteil Winkelmanns und der 1947 gegründeten Vereinigung der Freunde von Kunst und Kultur im Bergbau e.V. (VFKK), deren Mitbegründer Winkelmann war, herausgearbeitet.[29] Viele Menschen, die Oberschlesien als Folge des Zweiten Weltkrieges verlassen mussten, verehrten die Heilige und wollten die damit zusammenhängenden Bräuche, beispielsweise in Form von Barbara-Feiern der Landsmannschaften, in der Ruhrregion etablieren. 1953 nahm Winkelmann an einer solchen Feier teil, 1954 war das Bergbau-Museum bereits Mitveranstalter. „Kulturelle Aufwertung, Identitätsstiftung und soziale Festigung"[30], darum ging es nach Kift dem Ruhrbergbau. In Zeiten der hohen Fluktuation auf den Zechen war all das, was Aufwertung des Images des Bergbaus und das Entstehen einer gemeinsamen Identität förderte, willkommen. Die Verankerung einer Barbara-Tradition bot sich für Winkelmann in dieser Hinsicht besonders an. Denn Barbara sei, „für den Bergmann [...] Symbol der Rechtlichkeit seines Werktages, Sinnbild seiner Arbeit, Inbegriff seines Standesbewußtseins".[31]

Für Winkelmann war es von Bedeutung, dass die Barbara-Feiern in würdiger Weise vollzogen wurden. Er beklagte sich im Januar 1953 über die Barbara-Feiern im Ruhrgebiet; sie seien gesellschaftliche Abende, die mit einer Barbara-Feier

---

1953 äußerte sich Winkelmann gegenüber de la Sauce (s. Anmerkung 25) zu seinen Erkenntnissen bezüglich der Bräuche und der Verehrung in einzelnen Bergbaugebieten. Winkelmann wünschte sich eine wissenschaftliche Auseinandersetzung mit dem Thema beispielsweise in Form einer Dissertation, ebd. und Durchschlag des Schreibens Winkelmanns an Bergassessor Paul Schorn, Wirtschaftsvereinigung Bergbau, vom 28.12.1953, in: montan.dok/BBA 112/976.
28 Vermerk Schiedlauskys (s. Anmerkung 26).
29 Vgl. auch im Folgenden Kift, Dagmar: „Die Bergmannsheilige schlechthin". Die Heilige Barbara im Ruhrgebiet der 1950er-Jahre, in: Der Anschnitt 58, H. 6, 2006, S. 254–263; Dies.: Über Klassengrenzen hinweg. Arbeiterkultur im Ruhrbergbau der 1950er Jahre, in: Dies./Palm, Hannelise (Hrsg.): Arbeit – Kultur – Identität. Zur Transformation von Arbeitslandschaften in der Literatur, Essen 2007, S. 115–134; Dies.: Nicht nur Barbara – Frauen im Bergbau, in: Kultur und Heimat 56, 2008, S. 4–20; Dies.: Kultur, Kulturpolitik und Kulturgeschichte im Ruhrbergbau nach dem Zweiten Weltkrieg, in: Dies. u. a. (Hrsg.): Bergbaukulturen in interdisziplinärer Perspektive. Diskurs und Imagination, Essen 2018, S. 31–43.
30 Kift, Dagmar: „Die Bergmannsheilige schlechthin" (s. Anmerkung 29), S. 258.
31 Winkelmann, Heinrich: Zur Volkskunde der schlesischen Bergleute, in: Der Anschnitt 5, H. 3, 1953, S. 4-9, hier: S. 9.

nichts zu tun hätten.³² Er sah es als seine Aufgabe an, für Barbara-Feierlichkeiten und dortige Vorträge, gutes Material zusammenzutragen.³³

Eine weitere Maßnahme zu Verbreitung der Heiligen Barbara als Schutzpatronin unter den Bergleuten war das von der VFKK in Auftrag gebene „St.-Barbara-Spiel der Bergleute", das am 4. Dezember 1955 im Bergbau-Museum uraufgeführt wurde. Hier wird die reiche Legendenüberlieferung weitergesponnen und Barbara zur Begründerin des Bergbaus gemacht und damit ihr Patronat für die Bergleute in ein ganz neues Licht gerückt.³⁴

Neben dieser immateriellen Förderung der Etablierung eines Barbara-Brauchs ist schließlich noch der Beitrag Winkelmanns und seiner Mitarbeitenden bei der materiellen Verbreitung der Heiligen vor allem in Form von Skulpturen und Plastiken zu erwähnen. 1937 regte Winkelmann die Bildhauerin Helene Leven-Intze an, eine Barbarafigur für den Bergbau zu schaffen (Abb. 6 und 7).³⁵ Auch in der Folgezeit initiierte Winkelmann die Schaffung von Figuren, wie die vom Bildhauer Hermann Zettlitzer.³⁶ Ab den 1950er-Jahren wurde des Öfteren der Wunsch nach Barbara-Figuren an das Bergbau-Museum herangetragen. Vor allem leitende Persönlichkeiten des Ruhrbergbaus wollten bedacht werden.³⁷

---

32 Durchschlag des Schreibens Winkelmanns an Prof. Dr. Hans Kauffmann, Universität zu Köln, 27.01.1953, in: montan.dok/BBA 112/799. Er freute sich daher, als er in den Niederlanden 1957 die Gelegenheit hatte, eine seines Erachtens würdige Feier mitzuerleben, vgl. dazu Durchschlag des Schreibens Winkelmanns an J. Verdonck, Kempisch Leercentra voor Jonge Mijnwerkers Centrum Houthalen, 08.01.1958, in: montan.dok/BBA 112/947.
33 Vgl. das Schreiben Winkelmanns an Schorn (s. Anmerkung 27). Davon profitierte beispielsweise Dr. Hans Verres von der Gewerkschaft Sophia-Jacoba, der bei einer Barbara-Feier im Aachener Revier 1953 eine Rede halten sollte, vgl. den Austausch zwischen Winkelmann und Verres im November und Dezember 1953, in: montan.dok/BBA 112/976.
34 Sylvanus, Erwin: St.-Barbara-Spiel der Bergleute, Bochum 1956; vgl. dazu Kift, Dagmar: „Die Bergmannsheilige schlechthin" (s. Anmerkung 29), S. 259. Ein Kommentar dazu dürfte ganz im Sinne Winkelmanns gewesen sein: „Dies ist eine sinnige Mahnung, die Arbeit des Bergmanns von einem höheren Standpunkt aus zu betrachten; es wird den festlichen Zusammenkünften der Knappen eine religiöse Weihe gegeben." Dies schrieb Hans Hochenegg an Winkelmann am 01.06.1957, in: montan.dok/BBA 112/954.
35 Vgl. den Aktenvermerk Winkelmanns vom 18.12.1937 und den Schriftwechsel zwischen Leven-Intze und Winkelmann, in: montan.dok/BBA 112/1711; der Entwurf (montan.dok 029100463000) ähnelt der 1952 Bergassessor Adolf Hueck zu seinem 40-jährigen Dienstjubiläum geschenkten Figur (montan.dok 030005960001). Leven-Intze bekam 1937 eine entsprechende Bestellung von Hueck, dem Leiter der Bergbaugruppe Hamborn, für ein neues Verwaltungsgebäude in Hamborn.
36 Vgl. montan.dok 033302857001 und den Schriftwechsel zwischen Winkelmann und Zettlitzer im September 1952 und Februar 1953, in: montan.dok/BBA 112/976.
37 In seinem Schreiben am 22.04.1950 an Dr. Felix Kuetgens, Suermondt-Museum, spricht Winkelmann von einer „höhergestellte[n] Persönlichkeit des Ruhrbergbaus", in: montan.dok/BBA

Abb. 6: Entwurf einer Barbara-Skulptur von Helene Leven-Intze von 1937

Abb. 7: Spätere Ausführung der Barbara-Skulptur von Helene Leven-Intze, 1952 an Bergassessor Adolf Hueck zum 40-jährigen Dienstjubiläum geschenkt

Winkelmann suchte bei Galerien, Auktionshäusern und Museen nach entsprechenden Objekten.[38] Auch außerhalb der Montanindustrie empfahl er beispielsweise Alfred Hövelhaus, Generaldirektor der Schlegel-Scharpenseel-Brauerei AG in Bochum, den Bildhauer Hubert Baumeister für eine Barbara für das Barbarastübchen in der Schlegel-Gaststätte.[39] Wenn es um die Schaffung und Anschaffung neuer Barbara-Objekte ging, wurden von Winkelmann immer wieder Rat und Expertise eingeholt.[40]

Winkelmann hatte dabei genaue Vorstellungen wie eine „echte Barbara"[41] auszusehen habe. Wichtig war insbesondere, dass der Heiligen Barbara die richtigen Attribute beigegeben wurden.[42] Ohne Attribute keine Heilige Barbara; das galt auch für Moshages Schutzmantel-Barbara, die er ansonsten schätzte.[43] Neben den richtigen Attributen, wie Turm oder Kelch, war dem Museumsdirektor die Beibehaltung des Sakralen ein Anliegen, so tadelte er eine Keramikplastik der Bildhauerin Elsa Montag als zu profan.[44] Geradezu als Entweihung empfand er Darstellungen, in denen der Heiligen Barbara eine elektrische Grubenlampe bei-

---

112/908, in einer Anfrage an die Kunsthandlung Böhler am 05.07.1952 ist von „einem leitenden Bergmann" die Rede, in: montan.dok/BBA 112/976. Auf der Suche war beispielsweise Bergwerksdirektor Fritz Lange, wie aus dem Schreiben Winkelmanns am 08.11.1955 an diesen hervorgeht, in: montan/BBA 112/796.
38 Vgl. die Anfrage im Januar 1955 an diverse Stellen bezüglich einer „Holzfigur der Hl. Barbara" und das Rundschreiben, 16.10.1959, an mehrere Antiquitätenhändler, Galerien und Auktionshäuser mit der Anfrage nach einer „Barbara-Plastik" für „besondere Zwecke" und entsprechende Antworten, in: montan.dok/BBA 112/976.
39 Vgl. den Schriftwechsel zwischen Winkelmann und Hövelhaus im Juni 1959, in: montan.dok/ BBA 112/824.
40 Vgl. den Austausch zwischen Winkelmann und Bergassessor Heinrich-Otto Kaiser bezüglich der Erstellung eines Barbara-Reliefs für das Berglehrlingsheim Westhausen im Januar 1953, in: montan.dok/BBA 112/976. Die Bergschule Hamborn erwarb 1953 eine überlebensgroße Holzfigur des Bildhauers Heinrich Schroeteler, die Winkelmann in seinem Schreiben vom 08.12.1953 an Bergschullehrer Josef Erdmenger gut bewertet; ein Jahr zuvor hatte Erdmenger Bildmaterial als Vorbild für die Schaffung der Figur von Winkelmann angefordert, in: ebd.; Winkelmann hatte schon Leven-Intze mit Bildmaterial und Ausarbeitungen zur Heiligen Barbara aus seiner Sammlung versorgt, vgl. Durchschlag des Schreibens Winkelmanns an Leven-Intze 24.09.1937, in: montan.dok/BBA 112/1711.
41 Durchschlag des Schreibens Winkelmanns an Gerhard Rauschenbach, Fried. Krupp. Bergwerke Essen, 08.12.1952, in BBA 112/799.
42 Vgl. Durchschlag des Schreibens Winkelmanns an Lange (s. Anmerkung 37). Zu der Nennung der Attribute vgl. auch das Rundschreiben von 1959 (s. Anmerkung 38).
43 Vgl. ebd. und Durchschlag des Schreibens Winkelmanns an de la Sauce (s. Anmerkung 25).
44 Vgl. ebd.

gegeben wurde.⁴⁵ „Scheinbar ist es aber auch Auffassungssache, wie die Barbara dargestellt wird. Ich stehe auf dem Standpunkt, dass man ihr keine bergmännischen Attribute geben dürfte, denn es ist doch eine Figur, die ihre Attribute nach einer bestimmten Legende hat."⁴⁶ Dieser Anspruch Winkelmanns sollte ein Wunsch bleiben, wie die folgende Analyse der Objekte der Nemitz-Stiftung St. Barbara zeigen wird.

Es ist deutlich geworden, dass die Heilige Barbara schon in der Frühzeit des Museums eine Rolle spielte. Zwar verehrten zu diesem frühen Zeitpunkt die meisten Bergleute im Ruhrgebiet die Barbara noch nicht als ihre Schutzpatronin, aber die buchstäblich materielle Präsenz der Heiligen Barbara im Bergbau-Museum erinnerte schon die Besucher an dieses Patronat. Nicht zuletzt durch die Bemühungen des Museumsdirektors Winkelmann und der VFKK wurden die Verehrung und entsprechende Bräuche den Bergleuten im Ruhrgebiet ein Stück weit nähergebracht. Die zunehmende Verehrung der Heiligen bedeutete aber auch eine gesteigerte Nachfrage nach Barbara-Objekten. Auch hier war das Bergbau-Museum mit seinem Direktor ein wichtiger Ansprechpartner.

Die Systematisierung und Interpretation der Barbara-Sammlung am DBM⁴⁷

Im Laufe der Zeit wuchs die Sammlung rund um die Heilige Barbara im DBM weiter an. Einen Großteil macht die von Dr. Rolfroderich und Jutta Nemitz im Jahr 2002 gegründete Nemitz-Stiftung St. Barbara aus, die das Ziel verfolgt, das Wissen in Kunst und Kultur um die Heilige Barbara und ihr Umfeld zu fördern. Das DBM pflegt und sichert die Sammlung und macht diese der Öffentlichkeit zugänglich. Seit 2009 wird ein Teil der Sammlung im „Schwarzen Diamanten", dem Erweiterungsbau des Museums, als Dauerausstellung präsentiert.

Mittlerweile umfasst die Sammlung der Stiftung über 550 Objekte mit Bezug zur Heiligen Barbara. Ausstellung und Katalog⁴⁸ klassifizieren die Stücke in folgenden Untergruppen: Reliquiare – Skulpturen – Reliefs – Behälter und

---

45 Vgl. ebd.
46 Durchschlag des Schreibens Winkelmanns an Walther Greischel, Landesmuseum Provinz Westfalen, 16.12.1950, in: montan.dok/BBA 112/907.
47 Im Rahmen des von der Alfried Krupp von Bohlen und Halbach-Stiftung geförderten Stipendiums „Kulturelle Vielfalt und Migration" hat Anissa Finzi 2015 die Barbara-Sammlung am DBM einer Sichtung und Interpretation unterzogen. Die Ergebnisse werden im Folgenden vorgestellt.
48 Vgl. Nemitz, Rolfroderich: Nemitz-Stiftung St. Barbara (s. Anmerkung 1).

Gefäße – Ikonen – Schmuckstücke und Amulette – Gemälde – Glasgemälde und Hinterglasbilder – Buchmalerei, Grafik, Publikationen und Medien – Textilien, Stickereien und Gobelins – Varia – Münzen und Medaillen – Briefmarken. Die vorwiegend aus Mittel-, Süd- und Osteuropa stammenden Objekte entstanden zwischen dem 15. und 21. Jahrhundert und weisen nur partiell einen Bezug zum Bergbau auf. Auf welchen verschiedenen Ebenen dieser Bezug zum Vorschein tritt, ist Teil der folgenden Analyse.

Viele Barbara-Darstellungen ähneln denen anderer christlicher Heiliger. Abgebildet wird sie mit den für sie typischen Attributen Turm und Kelch, hin und wieder auch mit Krone, Nimbus oder Palmzweig. Ihre Darstellungen variieren je nach zeitlichem Kontext und regionaler Verortung. Seit dem 16. Jahrhundert trägt Barbara eine vornehme Tracht der Zeitmode, gelegentlich wird sie mit Kopfbedeckung dargestellt.[49] In diesen Darstellungen tritt Barbara nicht als Heilige für eine bestimmte (Berufs-)Gruppe in den Vordergrund, sondern erscheint als eine der Vierzehn Nothelfer oder in ihrer Rolle als jungfräuliche Erzmärtyrerin. Dies zeigt sich insbesondere anhand von Ikonen und Skulpturen der Heiligen.

Mit der Wandlung der Heiligen Barbara von einer katholischen Heiligen zur „ökumenischen Schutzpatronin",[50] änderten sich in den letzten gut hundert Jahren auch ihre Darstellungsweisen. Nun fand insbesondere der Bergbau zunehmend Eingang. Diese Verbindung der Heiligen mit der Branche verdeutlichen die Objekte anhand ganz unterschiedlicher Merkmale.

Dinge weisen einen spezifischen Informationsgehalt auf, sie sind Zeichenträger und damit „Türöffner für die Dechiffrierung historischen wie gegenwärtigen Alltagslebens".[51] Nicht nur ihre Funktion, Art der Herstellung, Gestaltung, Beschaffenheit und ihr Stellenwert können Aufschluss geben, auch der Umgang mit Dingen ist eine „Art symbolische Kommunikation"[52]: Dieser ist „gekennzeichnet durch Absichten und Haltungen, aber er kennzeichnet selbst auch Absichten, Haltungen und Positionen, und Dinge kehren Inneres nach außen, fungieren auch als unbewusste Markierungen."[53] Die folgende Systematisierung und Interpreta-

---

49 Vgl. Petzoldt, Leander: Barbara, in: Kirschbaum, Engelbert/Braunfels, Wolfgang (Hrsg.): Lexikon der christlichen Ikonographie, Bd. 5, Freiburg i. Br. 1994, S. 304–311, hier: S. 305.
50 Vgl. Kift, Dagmar: „Die Bergmannsheilige schlechthin" (s. Anmerkung 29).
51 König, Gudrun M.: Auf dem Rücken der Dinge. Materielle Kultur und Kulturwissenschaft, in: Maase, Kaspar/Warneken, Bernd Jürgen (Hrsg.): Unterwelten der Kultur. Themen und Theorien der volkskundlichen Kulturwissenschaft, Köln 2003, 95–118, hier: S. 97.
52 Korff, Gottfried: Umgang mit Dingen, in: Pressestelle der Hochschule der Künste Berlin (Hrsg.): Lebensformen. Alltagsobjekte als Darstellung von Lebensstilveränderungen am Beispiel der Wohnung und Bekleidung der „Neuen Mittelschichten", Berlin 1991, S. 35–51, hier: S. 42.
53 Ebd.

tion der Barbara-Objekte mit ihren verschiedenen Verbindungen zum Bergbau sollen Hinweise darauf geben, wie sich die Verbundenheit der Heiligen mit dem Bergbau – und auch dem Ruhrgebiet – in Objekten manifestiert und welchen Symbolgehalt diese haben. Sie dienen als Anregung für weitere Fragestellungen und Analysen zur Bedeutung der Heiligen Barbara im (Ruhr-)Bergbau.

Da Objekte mehrere Bedeutungsebenen aufweisen, sind die erarbeiteten Kategorien nicht als gegensätzliche Einzelmerkmale eines Objekts zu verstehen. Sie laufen vielmehr häufig quer zueinander und ergänzen sich. In den Blick genommen werden die Motivik, die Materialität der Objekte, die Provenienz, wobei insbesondere nach der Aneignung durch Gewerkschaften, Unternehmen und Bergbauvereinen gefragt wird, sowie die Funktionszusammenhänge in denen die Objekte stehen. Diese Kategorien sind induktiv aus der Sichtung der Sammlung entstanden und erheben keinen Anspruch auf Vollständigkeit.

Motivik: Die Heilige Barbara im bergbaulichen Kontext

Eine zentrale Kategorie bilden jene Darstellungen, die die Heilige Barbara im bergbaulichen Kontext zeigen. Dieser ikonografische Zugang beleuchtet die verschiedenen bergbaulichen Elemente rund um die Barbara-Darstellungen.

In diese Kategorie fallen Darstellungen der Heiligen Barbara in einer vom Bergbau geprägten Landschaft. Fördergerüste und rauchende Schlote umgeben die Heilige, bisweilen segnet sie ein Zechengelände. In anderen Darstellungen befindet sich Barbara in vorindustrieller Landschaft, umgeben von Bergleuten. Die teils idyllisch anmutenden Darstellungen platzieren Barbara an prominenter Stelle und zeigen sie als wichtige Akteurin im Bergbaugebiet. Beispielhaft für diese Kategorie stehen die folgenden beiden Objekte: Eine Lithografie aus dem 19. Jahrhundert (Abb. 8) und ein Gusseisenrelief (Abb. 9) aus der Nachkriegszeit. Die Lithografie präsentiert Barbara in vorindustrieller Landschaft eingerahmt von einem Turm zu ihrer rechten und einem dezenten Fördergerüst zu ihrer linken Seite. Die Bergleute tragen per Hand Kohle, der blaue Himmel unterstreicht die Idylle. Bei dem Gusseisenrelief befindet sich zu Barbaras Füßen eine Industrielandschaft. Sie hält einen kleinen Turm in ihrer rechten Hand, deutlich größer als das Symbol der Heiligen sind allerdings die Fördergerüste. Die beiden Darstellungen, die die Heilige jeweils zentral und überdimensioniert präsentieren, verdeutlichen den industriellen Wandel. Während bei der Lithografie der Turm als Symbol der Heiligen wesentlich größer ist als das Fördergerüst, stellen sich die Dimensionen bei dem Gusseisenrelief aus den 1960er-Jahren genau umgekehrt dar.

Abb. 8: Lithografie mit Barbara, 19. Jahrhundert

Andere Darstellungen dieser Kategorie verdeutlichen Barbaras Verbindung mit dem Bergbau durch Platzierung der Heiligen in einem Schacht. Sie befindet sich dort entweder alleine oder mit Bergleuten. Hier kommt vor allem Barbaras Funktion als Schutzpatronin, die vor plötzlichen Gefahren bewahrt, zum Tragen.

Abb. 9: Gusseisenplastik Barbara, um 1960

Zusätzlich zur Darstellung Barbaras, die häufig mit ihren gängigen Attributen (Turm, Kelch, Krone/Nimbus oder Schwert) präsentiert wird, befinden sich in ihrer Nähe Elemente des Bergbaus, wie Schlägel und Eisen, die Aufschrift „Glück auf", Grubenlampen oder Fördertürme. Durch die Darstellung der Heiligen mit ihren zentralen Elementen sowie durch Platzierung der Symbole des Bergbaus in ihrer Nähe, scheint die Beziehung zwischen der Heiligen und der Branche symbiotisch.

Abb. 10: Bronzeskulptur Barbara von Heinrich Schroeteler, 2. Hälfte 20. Jahrhundert (Vorder- und Seitenansicht)

Bei anderen Darstellungen sind die Assoziationen zum Bergbau deutlich subtiler. Hierbei handelt es sich beispielsweise um Darstellungen, bei denen eine Grubenlampe symbolisch angedeutet wird oder die Heilige auf einem Kohlenberg steht. Auch bei dieser Skulptur des Bochumer Bildhauers Heinrich Schroeteler (Abb. 10), entstanden vermutlich um 1960, erscheint der Bezug zum Bergbau weniger offensichtlich: Die Heilige Barbara wird klassisch mit Kelch und Turm

Abb. 11: Holzskulptur Barbara, 2. Hälfte 20. Jahrhundert

Abb. 12: Bronzeskulptur Barbara von Heinrich Schroeteler, 2. Hälfte 20. Jahrhundert

dargestellt. Bei Betrachtung von der Seite fällt allerdings auf, dass der Turm einem Malakowturm ähnelt. Während die meisten Darstellungen einen runden Turm mit drei Fenstern zeigen, verweist diese eckige Form in unterschwelliger Weise auf den Bergbau.

Besonders offensichtlich zeigt sich die Verbindung der Heiligen mit dem Bergbau und ihr Wandel zur überkonfessionellen Schutzpatronin an den Darstellungen, bei denen die klassischen Attribute der Barbara wiederum ersetzt werden durch Elemente, die im Bergbau eine wichtige Rolle spielen. Bergbausymbole werden zu Elementen der Barbara stilisiert, wenngleich die neuen Attribute ikonografisch an die klassischen angelehnt sind. So fügen sie sich in die Gesamtkomposition ein und wirken nicht wie Fremdkörper. Durch diese Symbolik wird Barbara eindeutig im Bergbau verortet und scheint mit diesem geradezu zu verschmelzen. Exemplarisch für diesen Aneignungsprozess stehen diese beiden Skulpturen: Bei dieser vermutlich als Auftragsarbeit in der zweiten Hälfte des 20. Jahrhunderts entstandenen Holzskulptur aus Österreich (Abb. 11) hält Barbara einen Kelch und eine Grubenlampe in der Hand. Ihr gängigstes Attribut, der Turm, wurde durch das Geleucht ersetzt. Allerdings erinnert die eckige Form der Grubenlampe an einen Turm und spielt so mit den Assoziationen der Betrachtenden. Die Bronzeskulptur von Heinrich Schroeteler (Abb. 12) ist schlichter gehalten. Barbara trägt einen Umhang, zu ihren Füßen befindet sich als klassisches Attribut der Turm, über den sie schützend die Hand hält. Dieser Turm ist eindeutig als Fördergerüst zu erkennen. Damit ersetzt das Strebengerüst den eigentlichen Turm der Heiligen. Durch die Spezifizierung des Turms hat sich die Bedeutung für die Heilige gewandelt. Für Barbara haben nun vor allem die im Bergbau verbreiteten Fördertürme bzw. -gerüste Relevanz.

Die Materialität der Objekte

Ebenso wie die Motivik, gibt auch die Materialität der Objekte Aufschluss über die Verbindung der Heiligen Barbara zum Bergbau. Das verwendete Material kann als Intention verstanden werden, auf die Branche zu verweisen.

Ein zentrales Material ist Kohlekeramik, aus welcher seit der Nachkriegszeit etliche Medaillen und Plaketten produziert wurden. Im Ruhrgebiet stellte die Kohlekeramische Anstalt der Bochumer Zeche Hannover-Hannibal kunstgewerbliche Objekte aus dieser Kunstkohle her. Nach Schließung der Zeche im Jahr 1967 wurde das „schwarze Porzellan" bis 1986 von dem Bergwerksverband in Essen-Frillendorf produziert. Die Verwendung dieses Materials zur Herstellung von Plaketten und Medaillen und der Erwerb durch Kommunen, Kirchen, Vereine und Gewerkschaften verweisen auf die Verbundenheit mit dem Rohstoff Kohle und dem gesamten Ruhrrevier. Vor allem die Tatsache, dass gerade Barbara viele der kohlekeramischen Objekte ziert, verdeutlicht ihre besondere Stellung im Berg-

Abb. 13: Kohlekeramik-Plakette der Heiligen Barbara von Heinrich Moshage, 1965

bau.[54] Beispielhaft für die Bedeutung der Materialität steht diese Plakette aus dem Jahr 1965 (Abb. 13), die die weit verbreitete „Schutzmantel-Barbara"[55] des

---

54 Vgl. LWL-Industriemuseum (Hrsg.): Kohlekeramik. Medaillen, Plaketten, Gebrauchsobjekte. Die Sammlung Dr. Jürgen Huesmann. Katalog zur Ausstellung im LWL-Industriemuseum Zeche Zollern, Dortmund, 13. November 2011 bis 12. Februar 2012, Essen 2011.
55 Diese Darstellung zeigt Barbara ohne ihre bekannten Attribute Turm, Kelch oder Schwert. Lediglich der Nimbus verweist auf ihre Funktion als Heilige. Barbara erinnert an die „Schutzmantelmadonna", die unter ihrem ausgebreiteten Mantel Gläubigen Schutz und Zuflucht bietet. Durch diese Darstellungsform wird Barbara mit Maria nahezu auf eine Stufe gestellt. Vgl. Poeschel, Sabine: Handbuch der Ikonographie. Sakrale und profane Themen der bildenden Kunst, 2. Auflage Darmstadt 2007, S. 119.

Abb. 14: Steinkohlenrelief der Heiligen Barbara, 20. Jahrhundert

Bildhauers Heinrich Moshage aus den 1930er-Jahren zeigt. Durch Platzierung des bergbaulichen Kontextes, also den Schriftzug „Glück auf" sowie Schlägel und Eisen, wird die Verbindung der Heiligen mit der Branche noch verstärkt.

In der Sammlung befinden sich zudem Skulpturen der Heiligen, die entweder aus Presskohle geformt oder direkt aus einem Stück Steinkohle gearbeitet sind. In diesen Darstellungen ist Barbara untrennbar mit dem Rohstoff verbunden, sie verschmilzt geradezu mit ihm, wie anhand dieses aus Steinkohle gearbeiteten Reliefs, das zu besonderen Anlässen als Präsent von der Zeche Walsum der Ruhrkohle AG vergeben wurde (Abb. 14), deutlich wird.

Die Aneignung durch Bergbaufirmen, Gewerkschaften und Vereine

Zu den klassischen Bergbausymbolen wie Schlägel und Eisen, dem Schriftzug „Glück auf", Fördertürmen und Grubenlampen hat sich mit der Heiligen Barbara im Laufe der Zeit ein weiteres Zeichen gesellt. Die Heilige ist mit dem Bergbau eng verknüpft und damit selbst zu einem Symbol der Branche geworden.

Ab Ende der 1960er-Jahre griffen Bergbauunternehmen, Gewerkschaften und Vereine verstärkt das Barbara-Motiv auf. Sie versahen Medaillen und Plaketten mit Barbaradarstellungen. In diesen Darstellungen ist Barbara meist mit ihren gängigen Attributen Turm und Kelch versehen oder als oben erwähnte „Schutzmantel-Barbara" abgebildet. Zusätzlich zu den Bergbauzeichen Schlägel und Eisen oder dem Schriftzug „Glück auf" wurden nun auch Logos, Namen von Unternehmen oder Gewerkschaften mit der Heiligen Barbara verbunden.

Die Heilige wurde zudem zunehmend auf Werbegeschenken und Präsentationsgaben von Firmen oder Gewerkschaften abgebildet. Die Schnupftabakflasche (Abb. 15) der Gewerkschaft IGBCE Nord aus dem Jahr 2010 zeigt die besondere Verbindung von Barbara und Bergbau – nicht nur durch die Gewerkschaft als Vertreiberin, sondern auch durch das Produkt „Schnupftabak", das im Bergbau

Abb. 15: Schnupftabakflasche Barbara, 2010

Abb. 16: Gemälde mit Barbara von Ruth Schaumann, 2. Hälfte 20. Jahrhundert

eine zentrale Rolle spielt. Die Platzierung Barbaras auf dieser Schnupftabakdose verdeutlicht, dass die Heilige zu einem wesentlichen und selbstverständlichen Element des Bergbaus geworden ist.

Ein weiterer wichtiger Indikator zur Bestimmung von Barbara-Objekten mit Bezug zum Bergbau ist die Provenienz. Sie gibt Aufschluss über den Bezug der Heiligen zu Unternehmen, Vereinen und Gewerkschaften, zeigt welche Arbeiten im Auftrag entstanden sind, wo sie platziert waren und gegebenenfalls auch in welchem Kontext sie genutzt wurden. Dieses Gemälde (Abb. 16) zeigt die Heilige Barbara mit Nimbus, die einen lebensgroßen, dreifenstrigen Turm umarmt und sich in einer vom Bergbau geprägten Landschaft befindet. Zu ihren Füßen ist links ein Stollen abgebildet, Bergarbeiter schlagen Kohle. Durch zwei der drei Turmfenster sind ebenfalls Arbeiter zu erkennen. Das Gemälde der Künstlerin Ruth Schaumann hatte Heribert Barking, Bergwerksdirektor und ab 1953 technisches Vorstandsmitglied der Bergwerksgesellschaft Walsum AG, in Auftrag gegeben.

Die Provenienz der Objekte kann Aufschluss über die Akteure und zeitlichen Dimensionen der Verehrung der Heiligen geben. Schließlich haben Bergwerksgesellschaften aktiv an den Bräuchen und am Kult um die Heilige mitgewirkt und aktiv gefördert, indem Gemälde und Skulpturen in Auftrag gegeben und in den Unternehmen und Bergwerken platziert wurden.

Funktionszusammenhänge

Nicht nur die Darstellungen der Heiligen, sondern auch die Objekte, auf denen sie abgebildet ist, sowie das Arrangement und die Art der Darstellung können Aufschluss über die ihr zugedachte Rolle geben.

Die Darstellung der Heiligen auf so genannten Bergbaudevotionalien wie beispielsweise auf Ziertellern oder Trachtenzubehör zeigt eine Verbindung von Bergbau, Tradition und der Heiligen. Barbara wird selbstverständlich zwischen Darstellungen von Arbeitsvorgängen oder Bergleuten in Paradeuniformen platziert und erscheint damit nicht nur als wesentliches Element des Bergbaus. Vielmehr evozieren diese Objekte den Eindruck einer langen Verbundenheit und Tradition der Heiligen mit der Branche, wenngleich der Ruhrbergbau und die Barbara-Verehrung in der Region vergleichsweise jungen Datums sind.[56]

---

56 Vgl. Tenfelde, Klaus: Bergarbeiterkultur in Deutschland. Ein Überblick, in: Geschichte und Gesellschaft 5, 1979, S. 12–53, hier: S. 40.

Abb. 17: Lesezeichen mit Barbara, 2009

Barbara-Darstellungen finden sich aber auch auf Objekten aus anderen Funktionszusammenhängen, ohne eindeutigen Bezug zum Bergbau. Beispielhaft steht hierfür das Lesezeichen (Abb. 17) mit der Darstellung der Heiligen, das im Rahmen der RUHR.2010 entstanden ist. Unter dem Label „ruhr_gut" wurden vier Lesezeichen produziert, die die „schönste Erinnerung ans Ruhrgebiet" darstellen sollten. Als Repräsentanten des Ruhrgebiets waren folgende Figuren abgebildet: der Fußballer Helmuth Rahn, Hausfrau Else, Bergarbeiter Fritz sowie die Heilige Barbara. Da diese Objekte exemplarisch für das Ruhrgebiet stehen, evozieren die Darstellungen folgende Assoziationskette: Barbara = Bergbau = Ruhrgebiet.

Abb. 18: Barbara-Bier, 2010

Die Heilige Barbara ist aus ihrem klassisch religiösen Kontext herausgelöst. Aus der Heiligen wird nun eine „allgemeine" Schutzfigur, die für den gesamten Berufsstand schützend wirken soll. Barbara und der Bergbau bilden nicht nur eine untrennbare Einheit; durch die Verbindung vom Ruhrgebiet mit dem Bergbau scheint die Heilige auch untrennbar mit der Region verbunden zu sein. Die Heilige übernimmt in diesen Darstellungen eine Marketingfunktion. Dadurch, dass sie exemplarisch für den Bergbau steht, hat sie gleichzeitig Symbolkraft für die gesamte Ruhrregion. Ihre Darstellungsweise und Funktion gehen über den reinen Ikonenverkauf hinaus: Sie dienen nicht dem Zweck der Heiligenverehrung, sondern als Marketingprodukt des Reviers.[57]

---

[57] Allerdings scheinen Barbaradarstellungen selten so explizit vom Bergbau gelöst zu sein wie bei diesem Lesezeichen. So verweist Lisa Weißmann in ihrer Analyse der Bildwelten und

Diese Marketingfunktion verdeutlicht auch das abgebildete „Barbara Bier" (Abb. 18), das seit dem Jahr 2007 von Walter Bräu Büderich vertrieben wird. Das Bier trägt schlicht den Namen der Heiligen, auf dem Etikett ist nicht Barbara, sondern ein Bergarbeiter in Tracht vor einem Fördergerüst abgebildet. Um mit ihr zu werben und sie als Bergbau-Ikone vor Augen zu führen, ist eine bildliche Darstellung Barbaras nicht mehr nötig.

Ausblick

Im Zuge der Wandlung Barbaras von einer katholischen Heiligen zu einer überkonfessionellen Schutzpatronin und damit einer Identifikationsfigur für die gesamte Bergbaubranche und in Teilen auch für die Ruhrregion wandelten sich ihre Darstellungsweise, ihr zugeschriebene Merkmale wie auch Einsatzgebiete. Barbara wurde nicht nur in Bergwerken und Unternehmen platziert, sondern erfuhr auch eine Verweltlichung und wurde zunehmend vermarktet. Ihre Schutzfunktion wurde nun auch auf andere Bereiche ausgeweitet und strategisch eingesetzt, wie beispielsweise anhand von Schutzhelmen mit dem Namen „Barbara" deutlich wird, die in den 1960er-Jahren produziert und unter Tage eingesetzt wurden.

Durch die ab den 1960er-Jahren im Ruhrgebiet vermehrte Verbreitung der Heiligen durch Plaketten, Medaillen und Jubiläumsgeschenke von Gewerkschaften, Vereinen und Bergbauunternehmen wurde Barbara regelrecht in den Bergbau integriert. Eine zunehmende Kommerzialisierung und Vermarktung der Barbarafigur, die sich nicht ausschließlich auf den Bergbau konzentrierte, erfolgte dann ab den 1990er-Jahren.

Die zunehmende Vermarktung des Bergbaus und der Heiligen als Identitätsstifterin geht zeitlich mit dem Niedergang des Steinkohlenbergbaus einher. Während die tatsächliche Bedeutung der Branche schwand, wurde sie zunehmend symbolisch aufgeladen.[58] Die Stilllegungen von Zechen und der damit verbundene Strukturwandel brachten es mit sich, dass aktiv eine Erinnerungskultur

---

Symbole des Ruhrreviers darauf, dass Darstellungen der Heiligen vor allem im sakralen und bergbaulichen Kontext verbleiben. Vgl. Weißmann, Lisa: Bilder und Symbole des Ruhrreviers. Entstehung, Übernahme und Neugestaltung, in: Osses, Dietmar/Weißmann, Lisa (Hrsg.): Revierfolklore. Zwischen Heimatstolz und Kommerz. Das Ruhrgebiet am Ende des Bergbaus in der Populärkultur, Begleitbuch zur Ausstellung, Essen 2018, S. 37–47, hier: S. 47.

58 Diese Folklorisierung des Bergbaus und Ruhrgebiets zeigte auch die Ausstellung „Revierfolklore". Vgl. ebd.

geschaffen wurde. In diesem Zusammenhang hat auch die Heilige Barbara eine wichtige Funktion übernommen, wie nicht nur anhand des jährlich zelebrierten Barbaratages deutlich wird.[59]

Eine Betrachtung und Analyse der Barbara-Objekte, ihrer Ikonografie, Materialität, Provenienz und der Funktionszusammenhänge gibt Aufschluss über die Vielschichtigkeit der Verbindung der Heiligen mit dem Bergbau. Sie kann verschiedene Bedeutungsebenen des Barbarabrauchtums offenlegen und zeigen, wie sich die Branche die Heilige angeeignet hat. Dieser objektbasierte Zugang, der auch die Kontinuitäten und Wandlungen der Darstellungen der Heiligen Barbara in den Blick nimmt, schafft Anknüpfungspunkte für weitere kultur- und sozialgeschichtliche Fragestellungen zur Bedeutung der Heiligen sowohl für den Bergbau als auch für das Ruhrgebiet.

So stehen Barbara-Darstellungen aus Kohlekeramik, wie die oben gezeigte Moshage-Barbara, konträr zu Ikonenbildern und anderen ausschließlich religiös motivierten Darstellungen, bei denen Barbara als Heilige verehrt wird. Eine weitergehende Analyse der Barbara-Objekte vermag es, mehr über die spezifische Verbindung der Heiligen mit der Branche offenzulegen. Mittels eines stilgeschichtlichen und ikonografischen Zugangs können tiefere Bedeutungen eines Werkes aufgedeckt und erklärt werden sowie direkte wie indirekte Quellen aufgespürt und bestimmte Bildthemen, ihre Entwicklung, Darstellungstraditionen sowie tiefere Inhalte erforscht werden.[60] Weiterführende Fragen können lauten: An welche bekannten Figuren und Bilder knüpft die Darstellung der Heiligen Barbara an und in welcher Bedeutungstradition stehen diese? Welche Bedeutungen werden Barbara zu bestimmten Zeiten zugeschrieben und wie schlägt sich dies in ihrer Darstellungsweise nieder? Auf welche Darstellungsformen greifen die jeweiligen Akteure zurück? Wie wurde die Heilige in unterschiedlichen sozialen Settings dargestellt? Gibt es Bereiche, in denen sie in ihrer Rolle als Nothelferin oder als eine der vier jungfräulichen Erzmärtyrerinnen überwiegt? An welchen Punkten wird sie eher als weltliche Figur präsentiert? Diese Betrachtungen können helfen, die Binnenstrukturen und symbolisch aufgeladenen Darstellungen der Heiligen und ihre Bedeutung für den Bergbau besser zu verstehen.

---

59 Vgl. Berchem, David Johannes: Barbarafeiern und Knappentage im Ruhrgebiet. Regionale Brauchveranstaltungen zwischen Tradition, Kulturtransfer und Folklorismus, in: Osses, Dietmar/Weißmann, Lisa (Hrsg.): Revierfolklore. Zwischen Heimatstolz und Kommerz. Das Ruhrgebiet am Ende des Bergbaus in der Populärkultur, Essen 2018, S. 69–78.
60 Vgl. van Straten, Roelof: Einführung in die Ikonographie, 3. überarbeitete Auflage, Berlin 2004.

Aus einer kulturanthropologischen, am handelnden Menschen interessierten Perspektive, kann zudem nach der Sinnhaftigkeit der Heiligen für die jeweiligen Akteure gefragt werden. Wann, von wem und auf wessen Initiative hin wurden beispielsweise Skulpturen in den jeweiligen Zechen des Ruhrgebiets platziert?[61] Welche Bedeutung hatte sie für bestimmte Gruppen und wie wurde vor Ort mit den Skulpturen umgegangen?[62] Wurde Barbara vor allem in Betrieben verehrt und welche Bedeutung hatte sie im Privaten? Trotz Ende des aktiven Steinkohlenbergbaus bietet aktuell ein ethnografischer Zugang mittels Interviews[63] und teilnehmender Beobachtungen noch die Chance, dem spezifischen Umgang mit Barbara-Objekten und ihrer konkreten Bedeutung für die Akteure nachzugehen.

---

[61] Dass die Heilige Barbara für die Akteure im Bergbau Relevanz besitzt und auch nach den Zechenschließungen gewürdigt wird, zeigt sich auch daran, dass sich in vielen der auf der Homepage www.bergbau-sammlungen.de (Stand: 15.06.2020) aufgeführten Bergbau-Sammlungen Objekte rund um die Heilige befinden. In Alsdorf, im Aachener Revier, wurde beispielsweise 2014 eine Barbarakapelle eingeweiht, in der die Barbaraskulptur der 1992 geschlossenen Grube Anna nach mehreren „Zwischenstationen" ihren Platz gefunden hat. Vgl. Barbara-Bruderschaft – Arbeitskreis des Bergbaumuseums Grube Anna e.V. (Hrsg.): Die schwarze Barbara. Eine Kapelle für die Schutzpatronin des Aachener Reviers, Alsdorf 2015.

[62] Hier wäre nicht nur nach dem Wechselspiel der Landsmannschaften und Bergbauunternehmen beispielsweise bei der Etablierung des Brauchtums und der Platzierung von Skulpturen zu fragen, sondern auch nach der Bedeutung der Heiligen für atheistische oder muslimische Akteure im Bergbau. So lassen auch die Interviews aus dem Projekt „Digitaler Gedächtnisspeicher – Menschen im Bergbau" auf weiteres Forschungspotenzial schließen: Der in der Türkei geborene und als Sohn eines so genannten „Gastarbeiters" nach Deutschland migrierte Faruk Özdemir berichtet, dass in Bezug auf bergmännische Traditionen „diese religiöse Seite [...] dann an mir vorbei [geht]". Klaus Hüls, Arbeitsdirektor aus Bottrop mit katholischen Wurzeln, erzählt dagegen von einer Barbarastatue auf Prosper-Haniel, die täglich mit Blumen geschmückt wurde. Diese Praktik sei allseits „akzeptiert", auch unter den nicht christlichen Kollegen. Vgl. die Interviews mit Faruk Özdemir und Klaus Hüls: https://menschen-im-bergbau.de/themen/traditionspflege-und-erinnerungskultur/bergbaukultur/ (Stand 15.06.2020). Laut Franz Grave hielten vor der Einfahrt auf Prosper-Haniel mitunter muslimische Bergleute vor der Statue der Heiligen inne und baten um Schutz. Vgl. Grave, Franz: Ein Licht in der Dunkelheit, in: Müller, Werner (Hrsg.): Unter Uns. Die Faszination des Steinkohlenbergbaus in Deutschland, Bd. 2: Kultur und Leben, München 2016, S. 158–169, hier: S. 163. Zu den konkreten Praktiken im Umgang mit der Heiligen, ihrer tatsächlichen Bedeutung für die Akteure und der Frage, ob die Bitte um sichere Rückkehr aus tatsächlicher Überzeugung oder eher aus Gewohnheit und einer Gruppendynamik heraus geschah, lohnen sich weitere Untersuchungen.

[63] Im Oral History-Projekt „Digitaler Gedächtnisspeicher – Menschen im Bergbau" wurden zwischen 2015 und 2018 bereits insgesamt 84 Interviews mit Menschen, die mit dem Steinkohlenbergbau verbunden waren, geführt. In den erzählten Lebensgeschichten und Erfahrungen rund um die Branche wird auch auf die Heilige Barbara Bezug genommen. Vgl. die Projekthomepage unter: https://menschen-im-bergbau.de (Stand: 15.06.2020).

Lisa Egeri
Knappenbrief, Grubenlampe und die Heilige Barbara – Objekte zwischen individueller und kollektiver Erinnerungskultur

Die vom Bergbau geprägte Geschichte des Ruhrgebiets ist in der Öffentlichkeit präsent – Fördergerüste, Grubenwagen sowie Schlägel und Eisen begegnen uns in der Region auf Schritt und Tritt. Durch den Erhalt und die Pflege von Denkmalen, die Verwendung von bergbaulichen Symbolen sowie Erinnerungsveranstaltungen bleibt die montanindustrielle Vergangenheit im öffentlichen Raum sichtbar. Einen vorläufigen Höhepunkt erreichte das Erinnern an montanhistorische Zeiten mit dem symbolischen Ende des deutschen Steinkohlenbergbaus im Jahr 2018 mit der Schließung der letzten Zechen in Bottrop und Ibbenbüren. Die Ausstellung „Revierfolklore. Zwischen Heimatstolz und Kommerz" des LWL-Industriemuseums präsentierte im gleichen Jahr in der Zeche Hannover eine erste Bestandsaufnahme von Objekten und Praktiken der populären Kultur, bei denen sich Anzeichen einer Folklorisierung des Bergbaus und des Ruhrgebiets erkennen lassen. Grundlegend dafür war die Beobachtung, dass sich mit dem Niedergang des Steinkohlenbergbaus im Ruhrrevier zunehmend die Symbole aus der Montanindustrie in der Alltagswelt entdecken ließen. Exponate vom industriellen Zeitalter bis heute zeigten viele Facetten der Erinnerungskultur im Ruhrgebiet, die eng mit dem Bergbau verbunden ist.[1]

Als erste Vorläufer des heutigen Sammelsuriums von Ruhrgebietssouvenirs mit Bergbaubezug können die Erinnerungsgaben gelten, die unter anderem in Form von Miniaturen, Plaketten und Wandtellern seit Mitte des 20. Jahrhunderts populär wurden. Kaum eine andere Branche brachte solch eine Fülle von Andenken hervor, die auf einen immer wiederkehrenden Bildkanon referieren. Dieser wurde bereits in den 1920er-Jahren vermehrt auf Knappen- und Jubiläumsurkunden sowie Hauerbriefen aufgerufen. In den Boom-Jahren des Bergbaus entstand schließlich ein Markt für „Nippes" in Form von praktischen oder dekorativen Objekten mit Bergbaubezug. Unternehmen produzierten, verkauften oder verschenkten die Objekte, um ihre Arbeiterschaft enger an den Beruf und den Betrieb zu binden. Als Unikate zu Jubiläen vergeben oder als Werbegeschenke

---
[1] Vgl. Osses, Dietmar/Weißmann, Lisa (Hrsg.): Revierfolklore. Zwischen Heimatstolz und Kommerz. Das Ruhrgebiet am Ende des Bergbaus in der Populärkultur, Essen 2018.

https://doi.org/10.1515/9783110729955-024

Abb. 1: Förderwagen mit Graffiti in Dortmund als Zeichen einer Erinnerungskultur im öffentlichen Raum

verkauft oder verschenkt: Die Objekte zeugen von einer Verbindung zum Bergbau und waren weitgehend im bergbaunahen Milieu verbreitet. Sammlungen dieser Andenken finden sich heute in kleinen wie auch großen Bergbausammlungen, in privaten Initiativen, in Vereinen oder großen Museen und werden dort einer Öffentlichkeit präsentiert. Als kulturhistorisches Museum, das den Lebens- und Arbeitsalltag der Menschen in der Region in den Mittelpunkt seiner Themen und Ausstellungen stellt, sammelt, bewahrt, erforscht und vermittelt das LWL-Industriemuseum eine Vielzahl solcher Objekte: Über 200 Erinnerungsgaben aus dem Bergbau wie Wandteller, Anstecknadeln, Miniaturmodelle und Plaketten sowie über 70 Hauer-, Knappen- oder Jubiläumsurkunden bilden einen fundierten Bestand an alltagskulturellen bergbaulichen Exponaten. Weit über jene branchenspezifischen Gedächtnisobjekte hinaus gehen gegenwärtig produzierte Objekte, die sich zwischen Kitsch, Andenken, Souvenir und Design bewegen und sich die Formen und Symbole des Bergbaus zu Eigen machen. Es zeigt sich, dass mit der Popularisierung der Industriekultur Symbole des Bergbaus zu Signets von Heimat und des strukturgewandelten Ruhrgebiets umgedeutet werden (Abb. 1).

Der vorliegende Aufsatz fragt nach den kulturellen und symbolischen Bedeutungszuschreibungen, die sich jenseits von Form und Materialität entschlüsseln lassen. Welche Rückschlüsse lassen sich bezüglich Bedeutung, sozialen Beziehungen, Identität und Erinnerung ziehen? In welchem Verhältnis stehen dabei die individuellen Erinnerungen und das kollektive Gedächtnis? Welche objektbasierten Daten braucht es für die Beantwortung dieser Fragen im Museum?

Individuelles Erinnern, gemeinsame Erinnerungskultur und kollektives Gedächtnis

Fragen nach den Handlungen von Akteuren und Wechselbeziehungen von Mensch und Objekt stehen im Mittelpunkt der Betrachtung. Mit der Entschlüsselung der Bedeutungsebenen, wie die mit dem Objekt verbundenen Denkweisen, Gefühle, Erinnerungen und Erfahrungen, erzählen die Dinge etwas über die Geschichte einer Gruppe wie auch einzelner Menschen. Die Materialität der Objekte allein gibt dabei nicht immer Aufschluss über Verwendungszweck und Bedeutung. Dies stellt sowohl die Forschung am Objekt, die Präsentation und die Vermittlung in Museen vor Herausforderungen, da Objekte mit der Aufnahme in die Museumssammlungen und -ausstellungen aus ihren ursprünglichen Sinnzusammenhängen herausgerissen werden.[2] Für die zeitgeschichtliche Forschung an und mit Alltags- und Erinnerungsobjekten lohnt sich eine interdisziplinäre Betrachtung, denn Disziplinen wie die Europäische Ethnologie/Volkskunde stehen ganz in der Tradition der Erforschung materieller Kultur. Ihre Methoden erlauben hilfreiche Zugänge zu den Forschungsobjekten, wie es beispielsweise bei der teilnehmenden Beobachtung der Fall ist. Aus volkskundlicher Perspektive ist es die Bestimmung eines Museumsobjektes, „kulturhistorischer Sachzeuge zu sein. Um diesen Status zu erlangen, muss es mittels bestimmter Methoden in klärende Zusammenhänge gestellt werden. Denn Gegenstände sind bekanntlich nicht aus sich heraus dazu geeignet, Wesen und Wandel bestimmter alltagskultureller Phänomene zu erklären."[3] Im Museum müsse Kultur anhand von Dingen interpretiert, die Motive der Sammelnden gedeutet und Rückschlüsse auf die materielle Ebene der Lebenswelt gezogen werden.[4] Damit werden Dinge als

---

[2] Vgl. Samida, Stefanie: Materielle Kultur – und dann? Kulturwissenschaftliche Anmerkungen zu einem aktuellen Trend der Zeitgeschichtsforschung, in: Zeithistorische Forschungen/Contemporary History, Online-Ausgabe 13 (H. 3), 2016, S. 506–514.

[3] Antonietti, Thomas: Vom Umgang mit dem Museumsobjekt. Grundsätzliches zur volkskundlichen Sachkulturforschung, in: Antonietti, Thomas/Bellwald, Werner: Theorie und Praxis volkskundlicher Museumsarbeit. Das Beispiel Wallis. Vom Ding zum Mensch, Baden 2002, S. 21–47, hier: S. 22.

[4] Vgl. ebd., S. 46.

Repräsentanten von individuellen und kollektiven Erfahrungen anerkannt, mit denen sich uns verschiedene „Dimensionen des Gedächtnisses als individuelle, soziale und kulturell vermittelte Erinnerungen"[5] erschließen.

Ganz unterschiedliche Disziplinen beschäftigen sich mit Konzepten von Gedächtnis und Erinnerung. „Über die Disziplinen hinweg besteht weitgehende Einigkeit, dass Erinnern als ein Prozess, Erinnerungen als dessen Ergebnis und Gedächtnis als eine Fähigkeit oder eine veränderliche Struktur zu konzipieren ist. Gedächtnis ist allerdings unbeobachtbar."[6] Nach Maurice Halbwachs, dessen These vom kollektiven Gedächtnis die Forschung prägte, steht das Verhältnis von individuellem und kollektiven Gedächtnis in einem wechselseitigen Verhältnis: Wenn ein Individuum sich erinnert, ist es geprägt von seiner Zugehörigkeit zu einer sozialen Gruppe, auf dessen Standpunkt es sich stellt. Das kollektive Gedächtnis hingegen zeigt sich erst in der Erinnerung der einzelnen Individuen.[7] Eigene Erinnerungen sind damit immer sozial geprägt und beeinflusst von individuellen wie auch gruppenbezogenen Erfahrungen. Erinnern weist dabei stets einen Gegenwartsbezug auf sowie einen konstruktiven Charakter, so dass – je nach den Gegebenheiten der Gegenwart – die Versionen der Vergangenheit immer andere sein können. Erinnerungen sind also weniger als ein unverstellter Blick in Vergangenes zu deuten, als dass sie vielmehr Hinweise auf die gegenwärtigen Belange der erinnernden Person geben. Der Bezug des kollektiven Gedächtnisses zur Vergangenheit stützt dabei den Prozess der Identitätsbildung. „Erinnert wird, was dem Selbstbild und den Interessen der Gruppe entspricht. Hervorgehoben werden dabei vor allem Ähnlichkeiten und Kontinuitäten, die demonstrieren, dass die Gruppe dieselbe geblieben ist. Die Teilhabe am kollektiven Gedächtnis zeigt an, dass der sich Erinnernde zur Gruppe gehört."[8] Seine Ausprägung findet das kollektive Gedächtnis dabei in Erinnerungskulturen, die nach Astrid Erll von einer materiellen, einer sozialen und einer mentalen Dimension bestimmt werden. Die materielle Dimension umfasst dabei Medien und andere kulturelle Objektivationen wie Denkmäler, Fotos und Andenken. Die soziale Dimension meint die Träger oder Trägerschaften, die sich an der Entstehung, Bewahrung und Verbreitung des relevanten Wissens für eine Gruppe beteiligen. Zuletzt

---

5 Gößwald, Udo: Die Erbschaft der Dinge, in: Tietmeyer, Elisabeth u. a. (Hrsg.): Die Sprache der Dinge. Kulturwissenschaftliche Perspektiven auf die materielle Kultur, Münster 2010, S. 33–42, hier: S. 39.
6 Erll, Astrid: Kollektives Gedächtnis und Erinnerungskulturen. Eine Einführung, Stuttgart 2017 [2004], S. 6.
7 Vgl. Halbwachs, Maurice: Das Gedächtnis und seine sozialen Bedingungen, Frankfurt a. M. 1985 [1925].
8 Erll, Astrid: Kollektives Gedächtnis und Erinnerungskulturen (s. Anmerkung 6), S. 6–14.

spielen die kollektiven Codes und Schemata eine Rolle, die mentale Dimension der Erinnerungskultur, die das gemeinsame Erinnern ermöglichen. Die Dynamik dieser drei Dimensionen der Erinnerungskultur produziert kollektives Gedächtnis. Deutlich wird damit, dass die Betrachtung der materiellen Dimension alleine unzureichend Aufschluss über eine gemeinsame Gedächtniskultur geben kann. Jedoch zeigt sich in den Objekten, welche Inhalte des kollektiven Gedächtnisses den Individuen in der Erinnerungsgemeinschaft zugänglich gemacht werden. Die eingehende Hinterfragung der vorliegenden Exponate lässt erste Rückschlüsse auf die soziale sowie auf die mentale Dimension der Erinnerungskultur zu und damit auf die Einflüsse auf das kollektive Gedächtnis. Einen Ausblick gibt die Betrachtung gegenwärtiger Reviersouvenirs, die deutlich macht, dass sich Erinnerungskultur in einem stetigen Wandel befindet sowie es in der Gesellschaft mehrere Erinnerungsgemeinschaften gibt und damit nie von einem homogenen, kollektiven Gedächtnis ausgegangen werden kann.[9]

Andenken an Arbeitswelten: Bergbauliche Urkunden

Hauerbriefe, Treueurkunden und Jubiläumsurkunden geben Einblicke in die Ausgestaltung, Speicherung und Verbreitung von bergbaulichen Bildwelten (Abb. 2). Neben industrielandschaftlichen Abbildungen waren vor allem der Bergarbeiter und seine Arbeit als Motiv beliebt. Das Bildprogramm wurde entweder eigens im Auftrag der Bergbauunternehmen gestaltet oder man griff auf bekannte Werke einschlägiger Künstler wie Hermann Kätelhön zurück. Das Interesse an diesen Ehrengaben war seitens der Unternehmen groß, die damit erheblichen Einfluss auf die Produktion erinnerungskultureller Objekte seit den 1920er-Jahren hatten. Sie versuchten, die Einstellung der Bergarbeiter zu ihrer Arbeit positiv zu beeinflussen, ein Ständebewusstsein zu entwickeln und sie an den Betrieb zu binden. Ebenso griffen auch Gewerkschaften auf diese Form der Wertschätzung zurück. Besonders häufig treten die Urkunden in den Boomjahren des Bergbaus im Ruhrgebiet in den 1950er-Jahren auf. Sie wurden zu einem Massenmedium, das die Inhalte des kollektiven Gedächtnisses für die Erinnerungsgemeinschaft des Bergbaus bereitstellte. Die damit entstehende spezifische Bildwelt des Bergbaus und die Verbreitung kultureller Stereotypen wurde somit erheblich von den institutionalisierten Akteuren der Montanindustrie beeinflusst und mitgetragen.

---

9 Vgl. Erll, Astrid: Kollektives Gedächtnis und Erinnerungskulturen (s. Anmerkung 6), S. 98 ff.

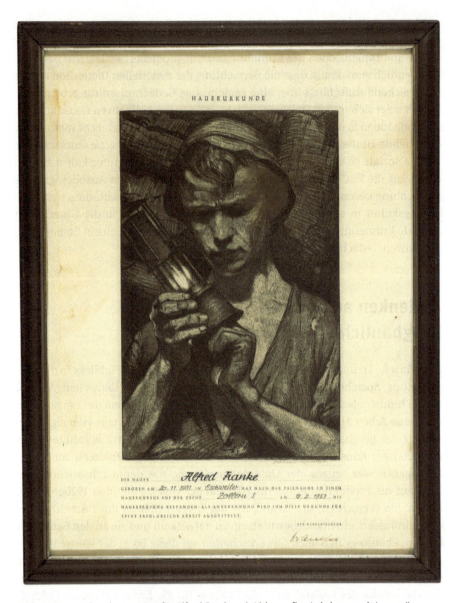

Abb. 2: Hauerurkunde von 1953 für Alfred Franke mit Lithografie „Lehrhauer mit Lampe"

Als Ausstellungsobjekte geben die Urkunden einerseits Aufschluss über die branchenspezifischen Erzählungen, andererseits lassen sie sich als Andenken und Erinnerungsobjekte interpretieren, die jeweils für sich in einen biografischen Kontext gestellt werden können.

Beide Lesarten lassen sich an folgendem Beispiel zeigen: Die Urkunde für Alfred Franke, der auf der Zeche Zollern in Dortmund tätig war, wurde ihm als Ausbildungsdiplom am 13. Februar 1953 ausgestellt. Die darauf abgebildete Lithografie „Lehrhauer mit Lampe" ist eine bekannte Grafik von Hermann Kätelhön, der dieses Motiv in den 1920er-Jahren erstellte. Kätelhön war fasziniert vom Ruhrbergbau und der Arbeit der Bergleute unter Tage und widmete diesem Thema einen großen Teil seiner künstlerischen Werke. Viele seiner Grafiken dienten später als Urkundenmotive. Oft in einem starken Hell-Dunkel-Kontrast stellt er die verschiedenen Arbeitsbereiche des Bergarbeiters dar. Seine Motive aus dem Ruhrbergbau können als heroisch überhöhte Darstellungen der Arbeit unter Tage gelten. Doch ging es ihm selbst bei der Gestaltung weniger um stereotype Darstellungen der „Helden der Arbeit" als vielmehr um einen Beitrag zu einem besseren Verständnis für die Situation und Arbeitsverhältnisse der Bergleute. Mit einer sozialkritischen Wertung lässt sich dies allerdings nicht gleichsetzen.[10] Neben Schlägel und Eisen ist wohl die Grubenlampe eines der Symbole aus der bergbaulichen Welt, die die weiteste Verbreitung fand. Sie haben sich zu Schlüsselobjekten des Bergbaus entwickelt – und dies meist in Form der Benzin-Sicherheitslampe, die bis in die 1950er-Jahre im Ruhrbergbau eingesetzt wurde. Als technische Objekte sind sie zu Sammlerobjekten geworden und locken zu Grubenlampenbörsen viele Experten an. Als Erinnerungsstücke wurden sie in unterschiedlichsten Formen nachgebildet und dienen als Dekorationsobjekte mit Erinnerungscharakter. Sie schmücken Bergmannsfeiern und Vereinsfahnen.

Durch den besonderen Arbeitsplatz des Bergmanns in der Dunkelheit unter Tage ist die Grubenlampe zum herausragenden Symbol des Bergbaus geworden. Das Geleucht des Bergmanns war von jeher das wichtigste Werkzeug in der vom Tageslicht abgeschnittenen Arbeitswelt. Die Grubenlampe wird oft als „treuer Freund" des Bergmanns bezeichnet, der die Dunkelheit erhellt.[11]

Trotz fehlender objektbezogener Erzählungen des früheren Besitzers der Urkunde lässt sich auf die Funktion des Erinnerns schließen: Zum einen befindet sie sich in einem Rahmen, der zur Befestigung an der Wand dient. Zum anderen lässt die Vielzahl der im Museum aufbewahrten Urkunden darauf schließen, dass sie von ihren ehemaligen Besitzern als erhaltenswert beurteilt wurden. Das Objekt erzählt als individualisiertes Unikat und Erinnerungsobjekt von der persönlichen Geschichte von Alfred Franke und gibt zugleich als Massenmedium mit bildlichen und symbolischen Darstellungen Hinweise auf die dahinterstehenden

---

[10] Vgl. Dommer, Olge/Dückershoff, Michael: Kunst für das Ruhrrevier. Hermann Kätelhön (1884–1940), Dortmund 1997.
[11] Vgl. Heilfurth, Gerhard: Der Bergbau und seine Kultur, Zürich 1981.

Konstruktionen der bergbaulichen Geschichte und der dazugehörigen Erzählungen der Branche. Die Praxis der Vergabe solcher Urkunden sowie die damit einhergehende symbolische Vermittlung kultureller Stereotype prägen die Vorstellungen sowie Fremd- und Selbstbilder mit. Durch die Urkunden als Medium des kollektiven Gedächtnisses werden die Inhalte desselben „für die Mitglieder der Erinnerungsgemeinschaft zugänglich."[12]

Dekoratives Erinnerungsstück: Aschenbecher aus Kohlekeramik

Seit den 1950er-Jahren ließen Unternehmer und Firmen der Montanindustrie verschiedenste Dinge zur Erinnerung an den Bergbau herstellen, die einen großen Teil der materiellen Hinterlassenschaften aus der bergbaulichen Branche ausmachen (Abb. 3). Sie wurden als Jubiläumsgaben, Dekorationsobjekte und Werbegeschenke in Umlauf gebracht und sind als Andenken bei Sammlern und Bergbaubegeisterten beliebt. In der Kohlekeramischen Anstalt der Zeche Hannover in Bochum wurden zwischen 1947 und 1967 ganz besondere kunstgewerbliche Artikel hergestellt. Mit einem damals neuartigen Verfahren wurde aus gepresstem und gebranntem Kohlenstaub eine Vielzahl von Plaketten und Münzen produziert. Doch auch Gebrauchsgegenstände, wie dieser Aschenbecher, können aus Kohlekeramik hergestellt werden. Nicht nur das Material, sondern auch die Motivik der Gegenstände deutet auf die Verbundenheit zum Bergbau und zur Region hin. Schlägel und Eisen, Fördergerüste und Grubenlampen zieren eine Vielzahl der Produkte. Viele Städte und Vereine im Ruhrgebiet gaben Erinnerungsgaben in Auftrag und ließen sich durch Gravuren individuelle Stücke erstellen.[13] Der Aschenbecher aus Kohlekeramik mit einem integrierten Feuerzeug in Form einer Grubenlampe stellt ein besonders originelles Erinnerungsstück dar, denn unter Tage passen Kohle und Feuer gar nicht zusammen: Funkenflug und offene Flammen bergen größte Gefahren für die Bergleute. Nach Feierabend scheint die Entspannung jedoch groß genug zu sein, um die genüsslich gerauchten Zigaretten im kohleverzierten Aschenbecher ausdrücken zu können.

---

12 Erll, Astrid: Kollektives Gedächtnis und Erinnerungskulturen (s. Anmerkung 6), S. 99.
13 Vgl. Obergassel, Cordula: Kohlekeramik – vom industriellen Werkstoff zum regionaltypischen Sammelobjekt, in: LWL-Industriemuseum (Hrsg.): Kohlekeramik. Medaillen, Plaketten, Gebrauchsobjekte. Die Sammlung Dr. Jürgen Huesmann, Essen 2011, S. 6–12.

Abb. 3: Bergbauliches Andenken in Form eines Aschenbechers aus Kohlekeramik

Das Objekt ist eine Leihgabe des Vorsitzenden des Fördervereins der Zeche Hannover, der sich im November 1988 mit dem Zweck gründete, die Geschichte und Tradition des Bergbaus zu bewahren und bei dem Erhalt der Anlagen und Gebäude der ehemaligen Zeche zu helfen. Eine Vielzahl solcher Objekte, eine Mischung aus persönlichem Eigentum und Vereinsbesitz, zieren das Fördervereinsheim. Weniger knüpft das Objekt an individuelle bzw. biografische Arbeitserfahrung an, als dass es vielmehr eine traditionsbewahrende Funktion enthält, die an kollektive Erinnerungen an den vergangenen Bergbau vor Ort anknüpft. Die Vereinsmitglieder verbinden nicht mehr die gemeinsamen Arbeitserfahrungen unter oder über Tage, da kaum noch Mitglieder selbst aktiv in der Montanindustrie tätig sind oder waren. Vielmehr geht es um den Erinnerungsort des Denkmals selbst, dessen Geschichte zusammen mit den kollektiven Erzählungen des Bergbaus und der Region an eine jüngere Generation weitergegeben werden sollen.[14]

So wie der Förderverein Zeche Hannover mit seinen Veranstaltungen, Aktionen und Führungen die Erinnerungskultur des Ruhrbergbaus wesentlich mitprägt, so sind daran auch viele weitere Vereine und Privatpersonen mit ihren

---

[14] Vgl. Interview mit Michael Jörig, Vorsitzender des Fördervereins Zeche Hannover, am 19.06.2018 im Rahmen der Ausstellung „Revierfolklore".

ehrenamtlich gepflegten bergbaulichen Sammlungen, die sie zur Schau stellen, beteiligt.

Das Nebeneinander von technischen Arbeitsgeräten und persönlichen Erinnerungsstücken gibt oftmals erst zusammen mit objektbezogenen Erzählungen Aufschluss über die jeweiligen Bedeutungszuweisungen.[15] Um diese Ebene abseits der Materialität der Objekte zu entschlüsseln und zu verstehen, bieten Zeitzeugeninterviews im Rahmen der Oral-History-Methode besonders vielversprechende Ansätze. Für Museen stellt sich dabei die Herausforderung, Objekte verknüpft mit jenen Erzählungen zu bewahren. Einer reflektierten Herangehensweise bedarf es auch bei der Interpretation. Wie eingangs dargestellt, sind individuelle Erinnerungen immer auch sozial geprägt, konstruiert und von der jeweiligen Gegenwart abhängig – und nicht als ein Spiegel der Vergangenheit zu deuten.[16] Dass Erinnerungsobjekte des Bergbaus nicht immer mit biografischen Erzählungen eng verbunden sind, zeigt ein weiteres Objektbeispiel.

Akte der kollektiven Erinnerung: Zu Ehren der Heiligen Barbara

Nach dem Zweiten Weltkrieg erlebte die Heilige Barbara als überkonfessionelle Identifikationsfigur für die Bergleute im Ruhrgebiet einen neuen Aufschwung (Abb. 4). Angesichts der hohen Zahl der so genannten Neubergleute, die aus anderen Branchen in den boomenden Bergbau kamen, setzte der Ruhrbergbau auf eine neue Kulturpolitik mit dem Ziel, Bergleute an die Tradition und Kultur des Bergbaus heranzuführen. Dadurch sollte eine gemeinsame Identität der sehr heterogenen Belegschaft entwickelt werden. Heinrich Winkelmann, Direktor des Bergbaumuseums in Bochum, gründete zusammen mit Fritz Lange, Direktor der Bochumer Zeche Hannover-Hannibal, und Adolf Schmidt, Vorsitzender der IG Bergbau, 1947 die „Vereinigung der Freunde für Kunst und Kultur im Bergbau e.V.". Sie forcierten eine künstlerische Auseinandersetzung mit dem Bergbau sowohl durch die Bergleute selbst, die als Laienkünstler aktiv werden sollten, als auch durch professionelle Künstlerinnen und Künstler. Ziel war es

---

[15] Vgl. Siemer, Stefan: Taubenuhr und Abbauhammer. Erinnerungsobjekte in Bergbausammlungen des Ruhrgebiets, in: Eser, Thomas u. a. (Hrsg.): Dimensionen des Authentischen im Museum. Ein Werkstatt-Bericht, Mainz 2017, S. 33–44.
[16] Vgl. Erll, Astrid: Kollektives Gedächtnis und Erinnerungskulturen (s. Anmerkung 6), S. 6.

Abb. 4: Statuette der Heiligen Barbara vor einem Stück Kohle vom Förderverein Zeche Hannover

unter anderem, die oberschlesische Tradition der Barbaraverehrung im Ruhrgebiet zu etablieren.

Im Rahmen dieser neuen Kulturpolitik im Bergbau wurde die Heilige Barbara säkularisiert und modernisiert. Sowohl Vertriebene und Aussiedler aus Oberschlesien, die im Ruhrbergbau tätig waren, als auch Kulturpolitiker, die damit die Industrie aufwerten und eine gemeinsame Identität einheimischer und zugewanderter Bergleute schaffen wollten, setzten sich für die Aufnahme der Heiligen Barbara in die bergmännische Tradition und das Brauchtum ein.[17] Als Skulptur oder auf Bildern wird die Schutzpatronin der Bergleute traditionell mit den Attributen Turm, Kelch, Schwert oder Märtyrerpalme dargestellt. Im bergbaulichen

---

[17] Vgl. Kift, Dagmar: Kumpel Anton, St. Barbara und die Beatles. Helden und andere Leitbilder im Ruhrrevier, Essen 2010.

Kontext wurden diese Attribute transformiert: An die Stelle des Kelchs oder des Turms traten nun die Grubenlampe und der Förderturm. Ein Mitglied des Fördervereins Zeche Hannover in Bochum stellte die Statuette der Heiligen Barbara vor ein Kohlenstück auf einen Marmorsockel mit den bekannten Symbolen des Bergbaus: Rechts hängt an dem Kohlestück ein Haken mit dem Bergbauemblem Schlägel und Eisen, an dem eine abnehmbare Grubenlampe befestigt ist. Der Marmorsockel ist mit dem Bergmannsgruß „Glück auf" beschriftet. In der linken Hand hält die Heilige Barbara, wie auch in traditionellen Darstellungen, einen Kelch. Durch die ihr beigefügten bergmännischen Symbole erhält sie einen eindeutig bergbaulichen Branchenbezug. Mit dem Turm wurde dennoch versucht, die ursprünglich religiöse Bedeutung der Figur mit aufzugreifen. Schlägel und Eisen mit Grubenlampe, die neben ihr angebracht worden sind, dienen als rein dekorative Elemente, ihrer ursprünglichen Funktion als bergmännisches Gezähe völlig enthoben.

Die Förderung von Laienkünstlern im Ruhrgebiet hatte ihre Hochzeit in den 1950er-Jahren. Doch auch später schufen (ehemalige) Bergleute Werke mit einem künstlerischen Anspruch. Interessant an der Heiligen Barbara ist, dass sie einerseits eine große Rolle in den Bildwelten des Bergbaus spielt, aber im Gegensatz zu anderen Symbolen des Bergbaus weitgehend in der Branche und im Sakralen verbleibt. Diese Art von Objekten steht für einen „eher diffusen Rückbezug auf eine vormodern-frühneuzeitliche Geschichte des Bergbaus"[18] und nicht für eine individuelle Erzählung oder Erinnerung. Mit dem Symbol der Heiligen Barbara lassen sich jedoch soziale Praktiken verknüpfen: Bis heute wird am 4. Dezember der Gedenktag der Heiligen Barbara zelebriert (Abb. 5). Solche Gedenkrituale bestimmen das branchenbezogene Gedächtnis mit und lassen sich als ein Akt kollektiver Erinnerung deuten, an dem auch Museen mitwirken. Im Rahmen der Dokumentation verschiedener Barbarafeiern im Jahr 2018 verbunden mit Interviews mit Beteiligten zeigte sich die Vielfalt bergbaulicher Traditionen und Bräuche, die inzwischen mitunter auch von der jüngeren Generation adaptiert und weitergetragen werden. In Interviews mit den Akteuren und Mitgliedern von Knappenvereinen, die nicht selbst im Bergbau aktiv waren, war die individuelle Erinnerung an Erzählungen von Eltern und Großeltern, deren Arbeits- und Lebensalltag vom Bergbau geprägt wurde, ein wichtiges Motiv, sich für den Erhalt bergbaulicher Traditionen zu engagieren und sich damit zu identifizieren.[19] „Die auf Wiederholung angelegte Praktizierung der mit einem hohen symbolischen

---

18 Farrenkopf, Michael/Siemer, Stefan: Bergbau sammeln und ausstellen. Historische Objekte und das Bewahren von Erinnerungen, in: Forum Geschichtskultur Ruhr 1, 2018, S. 37–41, S. 40 f.
19 Die Interviews wurden 2018 im Rahmen der Ausstellung „Revierfolklore" geführt.

Abb. 5: Bergparade am 20. Knappentag zu Ehren der Heiligen Barbara durch die Bochumer Innenstadt am 17. Dezember 2017

Identifikationswert versehene Bräuche sowie die damit einhergehende nachhaltige Vergegenwärtigung und die generationsüberspannende Verstetigung eines regionalspezifischen Normen-, Werte- und Verhaltenskanons manifestierten die Erinnerungskultur im Ruhrgebiet."[20] Die Dreidimensionalität von Erinnerungskultur mit dem Zusammenspiel von kulturellen Artefakten, sozialen Praktiken und kulturspezifischen Schemata lässt sich mit der Figur der Heiligen Barbara besonders gut veranschaulichen.

Bekenntnis zum Bergbau: Schachthut und Federbusch

Riten und Bräuche wie das Tragen von Trachten dienen der Vergegenwärtigung der Zugehörigkeit zu einer sozialen Gruppe (Abb. 6). Bei besonders feierlichen

---

[20] Berchem, David Johannes: Barbarafeiern und Knappentage im Ruhrgebiet. Regionale Brauchveranstaltungen zwischen Tradition, Kulturtransfer und Folklorismus, in: Osses, Dietmar/Weißmann, Lisa (Hrsg.): Revierfolklore. Zwischen Heimatstolz und Kommerz. Das Ruhrgebiet am Ende des Bergbaus in der Populärkultur, Essen 2018, S. 69–78, hier: S. 78.

Anlässen wie der Barbarafeier, zu Paraden, Hochzeiten oder Beerdigungen tragen Bergleute und Bergbaubegeisterte bis heute bergmännische Trachten. Mit Stolz wird die bergbauliche Tradition gepflegt und nach außen sichtbar präsentiert. Jene Tracht entwickelte sich aus der Arbeitsbekleidung der Bergleute und hat einen funktionalen Ursprung. So lassen sich die Elemente der Tracht auf bestimmte Tätigkeiten im Bergwerk zurückführen. Zur Grundausstattung der Tracht gehören dabei ein Bergkittel sowie der Schachthut mit Federbusch. Der Schachthut, der in Oberschlesien auch „Tschako" genannt wurde, geht aus dem Kopfschutz hervor, der zu Abbauarbeiten unter Tage getragen wurde. Der Federbusch, der früher auch „Federwisch" genannt wurde, war ein frühes bergmännisches Hilfsmittel, das zur Reinigung von Bohrlöchern zur Sprengung eingesetzt wurde. Am Kragenspiegel des Bergkittels kann man den Rang des Bergmannes ablesen und auch die Größe und Farbe des Federbusches zeigt an, zu welcher Berufsgruppe der Uniformträger gehört. In den heutigen Knappenvereinen, deren Mitglieder nicht durchweg aktive Bergleute sind oder waren, spielen die Rangabzeichen der Bergmannstracht eher eine untergeordnete Rolle. Den abgebildeten Schachthut mit Echtgoldverzierungen und schwarz-weißem Federbusch ließ sich Martin Rosendahl, Vorsitzender des Knappenvereins „Glück Auf Herbede", im Jahr 2017 von der Schneiderei Haase und Schimanski anfertigen. Gegründet wurde der Knappenverein am 21. Juni 1885 in der Hochphase der bergbaulichen Vereinsgründungen. Allein zwischen 1880 und 1889 wurden 84 Knappenvereine im Ruhrgebiet gegründet. Im Mittelpunkt der Vereine standen die Pflege des kameradschaftlichen Geistes, das Geleit bei der Beerdigung verstorbener Mitglieder und vor allem die Unterstützung erkrankter Mitglieder. Laut Satzung war die Mitgliedschaft im Knappenverein auf Bergmänner aus Herbede im Alter von 18 bis 40 Jahre begrenzt. Mit der Einführung gesetzlicher Versicherungen haben die Knappenvereine zu Beginn des Jahrhunderts eine wichtige Aufgabe verloren und sich mehr und mehr der Kameradschaft und Traditionspflege zugewandt.[21] Heute verschreibt sich der Knappenverein „Glück Auf Herbede" ähnlich wie viele andere bergmännischen Zusammenschlüsse ganz der Bewahrung der branchenspezifischen Traditionen. Dabei geht er mit der Zeit: Nun sind auch Frauen als Mitglieder herzlich willkommen und die ursprüngliche Altersbeschränkung wird schon lange nicht mehr aufrechterhalten. Zur Pflege bergbauspezifischer Traditionen trägt auch die Schneiderei Haase und Schimanski in Bochum bei, die sich trotz des Endes des Steinkohlenbergbaus in Deutschland nicht über ein zurückgehendes Interesse beklagen kann. Im Gegenteil: Das bergbauliche Sortiment, das

---

21 Kroker, Evelyn/Kroker, Werner: Solidarität aus Tradition. Die Knappenvereine im Ruhrgebiet, München 1988.

Abb. 6: Schachthut mit Federbusch vom Vorsitzenden des Knappenvereins „Glück Auf Herbede"

von Krawatten und Fliegen mit Schlägel und Eisen bis zu Maßanfertigungen von Schachthüten und Bergkitteln reicht, war 2017/2018 gefragter denn je. Teilweise lassen sich ganze Knappenvereine von der Schneiderei mit Bergbautrachten ausstatten, denn jeder Verein hat sein ganz eigenes Modell. Die meisten Trachten von bergbaulichen Vereinen in Bochum und über die Grenzen des Ruhrgebiets hinaus werden dort in Handarbeit angefertigt – oft bis zu drei Trachten pro Woche.

Mit dem Tragen der traditionsreichen Kleidungsstücke, dem Zelebrieren branchenspezifischer Feierlichkeiten sowie dem Weitertragen der Erzählungen von der Arbeit unter Tage und der Geschichte des Ruhrreviers betreiben bergbauliche Vereine aktive Erinnerungsarbeit. In Interviews mit Vereinsmitgliedern zeichnet sich jedoch ein eher pessimistisches Zukunftsbild ab – sie prognostizieren, dass in den folgenden Generationen, die in Zeiten einer nicht mehr aktiven Montanindustrie aufwachsen, der Bergbau für die eigene Identität kaum mehr eine Rolle spielen wird.[22] Bei der Betrachtung heutiger Andenken und Souvenirs aus dem Ruhrgebiet wird allerdings deutlich, dass hier die Symbole aus dem Bergbau eine große Rolle spielen, die immer mehr für die Region statt für die Branche stehen und großen Anklang finden.

Vom Branchen- zum Regionalbezug: Andenken und Souvenirs heute

Weit über die branchenspezifischen Gedächtnisobjekte hinaus gehen Objekte, die sich zwischen Kitsch, Andenken, Souvenir und Design bewegen und sich die Formen und Symbole des Bergbaus zu Eigen machen.

Immer weiter entfernt sich die Zeit des aktiven Bergbaus im Ruhrgebiet und die Erinnerungen daran. Der Verwendung und Beliebtheit bergbaulicher Motive in der Populärkultur tut dies aber keinen Abbruch – im Gegenteil scheinen sie auf großen Anklang zu stoßen. Die bergbaulichen Symbole verbinden sich dabei immer mehr mit den Begriffen „Ruhrpott", „Ruhrgebiet" und „Heimat" und verlieren dabei weitestgehend ihren Branchenbezug (Abb. 7). Längst sind die Andenken nicht mehr nur im bergbaunahen Milieu verbreitet – sie sprechen Touristen an oder sind ein Bekenntnis ihres Besitzers zur Region. Eine besondere Bedeutung erhalten dabei Objekte, „die mit der Verwendung authentischer Materialien aus dem Bergbau eine Wahrhaftigkeit und Echtheit einfordern und gleichsam Reliquiencharakter erhalten."[23] Dieser Strategie bedient sich auch das junge Modelabel „Grubenhelden". Das Label wurde 2016 gegründet und hat bisher eigene Verkaufsstellen in Gladbeck und auf dem Gelände der Zeche Zollverein in Essen. Sie designen Bekleidung, in denen sie bergmännische Kleidung verarbeiten. Die Objekte kombinieren dabei modernes Design und beworbene Authentizität, mit der sie nicht nur eine praktische Funktion erfüllen, sondern auch eine Andenkenfunktion erhalten. So liest man auf der Webseite: „Ehrlich-

---

[22] Aus Interviews zur Ausstellung „Revierfolklore".
[23] Osses, Dietmar: „Glück auf Ruhrpott"! Was vom Bergbau übrig bleibt. Zur Folklorisierung des Ruhrgebiets in der Populärkultur, in: Osses, Dietmar/Weißmann, Lisa (Hrsg.): Revierfolklore. Zwischen Heimatstolz und Kommerz. Das Ruhrgebiet am Ende des Bergbaus in der Populärkultur, Essen 2018, S. 22–35, S. 34.

Abb. 7: Kaffeebecher „Glück Auf! Ruhrpott" als Souvenir aus dem Ruhrgebiet

keit ist im Ruhrgebiet wichtig. Und wer könnte ehrlicher die Geschichte der Vergangenheit erzählen als ein Zeitzeuge. Jemand, der dabei war unter Tage. Daher kommt die Authentizität in unserer Kollektion dadurch zum Ausdruck, dass in jedem einzelnen Teil ein Stück eines originalen Grubenhemdes hochwertig verarbeitet wird."[24] Sie vermarkten den Mythos Bergbau durch eine Verbindung von alt und neu, um „Tradition und Zukunft zu vereinen"[25], was durch das Bekenntnis der Unternehmer zu ihrer Verbundenheit mit der Region, der bergbaulichen Vergangenheit und den Werten deutlich wird. Damit sprechen sie das Heimatgefühl ihrer Kunden an, vermarkten die Ruhrgebiets-Geschichte und machen die Erinnerung an den Bergbau auch für junge Menschen attraktiv. Und der Erfolg des Labels zeigt, dass das Konzept aufgeht.

Aussagen über das Erinnerungspotenzial gegenwärtig produzierter und vermarkteter Souvenirs und Andenken aus dem Ruhrgebiet, die sich die Symbole und Motive des Bergbaus angeeignet haben, lassen sich aus der Gegenwartsperspektive nur vorsichtig formulieren. Sicherlich aber stehen die Objekte immer weniger für die bergbauliche Branche, sondern spiegeln ein Bekenntnis zur Region wider. Wie sich kollektive Erinnerungen an den Bergbau im Ruhrgebiet verändern und welche Rolle die materielle Kultur der Gegenwart dabei spielt, bleibt eine spannende Frage auch an die Museen, die jene Objekte sammeln und bewahren.

---

24 Webseite der Grubenhelden unter: www.grubenhelden.de/de/geschichte (Stand: 15.07.2020).
25 Ebd.

Fazit

„Dinge werden im Museum zu ‚Museumsobjekten' und durchlaufen, wie James Clifford einmal geschrieben hat, eine ‚kühle Transformation', durch die jegliche subjektive Anhaftung eliminiert und für alle Zeit entfernt wird. Damit wird der ‚lebendige Faden' zwischen dem Objekt und seinem Besitzer [...] durchtrennt und der ‚systematischen' Instanz des Museums überantwortet."[26] Erst durch die Erhaltung des „lebendigen Fadens" lassen sich die mehrschichtigen Bedeutungsebenen von Erinnerungsobjekten erschließen. Die angeführten Beispiele bergbaulicher Andenken können als kulturelle Objektivationen Rückschlüsse auf das kollektive Gedächtnis geben, das sich erst in der Erinnerung einzelner Individuen zeigt. Diese individuelle Erinnerung steht in einem wechselseitigen Verhältnis zur kollektiven Erinnerungskultur, da sie durch gruppenbezogene Erfahrungen geprägt wird. Dabei wird das erinnert, was dem Selbstbild der Gruppe und ihren Interessen zugutekommt. Gleichzeitig ist die Betrachtung der materiellen Dimension für Aussagen über die kollektive Erinnerungskultur unzureichend. Im Hinblick auf eine vorgeschlagene Dreidimensionalität lassen sich erst unter Hinzuziehung der mentalen und sozialen Dimension fundierte Rückschlüsse auf komplexe Strukturen einer Erinnerungskultur ziehen. Objektbasierte Daten und Zusammenhänge können dabei Methoden wie die Oral-History oder Feldforschung liefern. Museen stehen dabei vor der Aufgabe, diese Zusammenhänge von materieller und immaterieller Kultur zu erforschen und zu bewahren, um damit die mehrschichtigen Bedeutungsebenen der Objekte vermitteln zu können.

Durch Erinnerungsobjekte des Bergbaus lassen sich so jene branchenspezifischen Erzählungen bewahren und Rückschlüsse auf das kollektive Gedächtnis in der Region ziehen. Dabei sind Museen in der Verantwortung, sich selbst als institutionalisierte Akteure der regionalen Erinnerungskultur zwischen Andenken, Tradition und Folklorisierung zu hinterfragen.

---

26 Gößwald, Udo: Die Erbschaft der Dinge (s. Anmerkung 5), S. 33.

Anna-Magdalena Heide, Maren Vossenkuhl
Zum Gedenken?
Porträts berühmter Bergleute

„Informationen werden in vielen Fällen nicht rechtzeitig gesammelt und in geeigneter Form niedergelegt; eine Vermittlung kann dann leider nur noch in der Form erfolgen, daß man sich zu den dann anonymen Vitrinenobjekten irgendwelche Geschichten ausdenkt oder sie als Illustrationen für längst bekannte Dinge benutzt."[1]

Diese kritische Feststellung von Hans-H. Clemens und Christof Wolters über die Dokumentationsarbeit an Museen ist zwar schon fast zweieinhalb Jahrzehnte alt, doch hat sie an Aktualität keineswegs verloren. Denn man kann es drehen und wenden, wie man will: Eine qualitativ hochwertige Ausstellung, die mit den Objekten Geschichte(n) erzählt, steht und fällt mit der Objektdokumentation nach wissenschaftlichen Standards. Für diese aufwändigen Detailarbeiten mangelt es den meisten Museen nach wie vor an personellen Ressourcen. Die Thematisierung der über Jahre stiefmütterlich behandelten Sammlungen vieler Museen sowie die Bemühungen, diese Versäumnisse auszugleichen, standen selten im Fokus des Interesses. Von der Etablierung der Digital Humanities, zu deren Aufgabengebiet auch zunehmend die Objekt- und Bestandsdigitalisierung gehört, profitiert seit einigen Jahren allerdings auch die Objektforschung.

Das Projektteam „montan.dok 21. Überlieferungsbildung, Beratungskompetenz und zentrale Serviceeinrichtung für das deutsche Bergbauerbe" konnte sich, gefördert von der RAG-Stiftung, in der Vergangenheit bereits mit verschiedenen Objektbeständen intensiver auseinandersetzen. Um die Projektergebnisse und damit auch den Mehrwert einer professionellen Objektdokumentation in die Öffentlichkeit zu bringen, bediente man sich verschiedener Möglichkeiten: die Erstellung einer Website, die nicht nur die Vernetzung einzelner Bergbausammlungen in ganz Deutschland sichtbar macht, sondern auch die Sammlungsarbeit über Objekte oder Funde des Monats thematisiert, die Bereitstellung von Daten für Projekte wie „Coding da Vinci" oder auch Workshops für kleinere Bergbausammlungen.[2]

---

[1] Clemens, Hans-H./Wolters, Christof: Sammeln, Erforschen, Bewahren und Vermitteln, Berlin 1996 (= Mitteilungen und Berichte aus dem Institut für Museumskunde, Staatliche Museen zu Berlin, Preußischer Kulturbesitz, 6), S. 7.
[2] Vgl. www.bergbau-sammlungen.de/ (Stand: 11.05.2020) sowie www.bergbaumuseum.de/forschung/forschungsprojekte/projekt-detailseite/montandok-21-ueberlieferungsbildung-beratungskompetenz-und-zentrale-serviceeinrichtung-fuer-das-deutsche-bergbauerbe (Stand: 11.05.2020).

https://doi.org/10.1515/9783110729955-025

In den letzten zwei Jahren widmete sich ein Teil des Projektteams der Gemäldesammlung des Deutschen Bergbau-Museums Bochum (DBM). Neben einer standardisierten digitalen Erfassung von Objektdaten ging es vor allem darum, über die Verwaltungsakten des DBM Objektgeschichten zu rekonstruieren und die historischen Dokumentationsarbeiten nachvollziehen zu können. Damit bereichert das „montan.dok 21-Projekt" nicht zuletzt die vielfach geführte Debatte um das kulturelle Gedächtnis des deutschen Steinkohlenbergbaus um eine institutionenimmanente Perspektive eines branchenbezogenen Museums.

Die Gemäldesammlung des DBM – Zum Gedenken an den (Steinkohlen-)Bergbau

Zeitgleich zur Aufarbeitung einzelner Objektbestände ging es auch darum, sowohl den Objektnamenthesaurus als auch die Sammlungssystematik neu aufzubauen, um mit einem neuen kontrollierten Vokabular einen standardisierten strukturellen Überbau zur Objektinventarisierung und -dokumentation zu schaffen.[3] Es war und ist eine Gratwanderung, die Musealen Sammlungen in der Datenbank („FAUST 7") so abzubilden, dass zum einen die Anforderungen an ein Forschungsmuseum gewahrt sowie der zu erwartende Aufwand in der weiteren Bearbeitung leistbar bleiben. Zum anderen war es wichtig, die Daten so aufzubereiten, dass die Möglichkeit besteht, die eigene Systematik an andere Systematiken anzuschließen bzw. anderen Sammlungen den Anschluss an die hauseigene Terminologie zu ermöglichen. Im Ergebnis orientiert sich der neu aufgestellte Objektnamenthesaurus an der Oberbegriffsdatei[4] (OBG) und wurde, in diesem speziellen Sammlungsbereich, teilweise an den Gemäldebestand des

---

[3] Vgl. Werner, Claus: Von Abbauhammer bis Zylinderkappe. Sammlungsklassifikation und Objektnamenthesaurus zur Bergbautechnik am Deutschen Bergbau-Museum Bochum, in: Farrenkopf, Michael/Siemer, Stefan (Hrsg.): Perspektiven des Bergbauerbes im Museum: Vernetzung, Digitalisierung, Forschung, Berlin/Boston 2020 (= Veröffentlichungen aus dem Deutschen Bergbau-Museum Bochum, Nr. 235; = Schriften des Montanhistorischen Dokumentationszentrums, Nr. 37), S. 69–81.

[4] Die Oberbegriffsdatei ist ein Normvokabular für das Feld der Objektbezeichnung, initiiert von der Landesstelle für die nichtstaatlichen Museen in Bayern. Die OBG besteht aus einer hierarchisierten Sammlung von Objektbezeichnungen, die in 45 Hauptgruppen mit ihren jeweiligen Untergruppen aufgeteilt ist. Das Vokabular wird sowohl als Datei zum Download als auch webbasiert zur Verfügung gestellt. Siehe z.B. xtree-public.digicult-verbund.de/vocnet/ (Stand: 04.06.2020).

DBM angepasst. Anders als in dezidiert kunsthistorischen Sammlungen sind die Gemälde als Teil der kulturhistorischen Sammlung in der Sammlungssystematik nicht nach Künstlern, Stilrichtungen, Materialien oder ähnlichem kategorisiert worden, wenn auch diese grundlegenden Daten in den zugehörigen Feldern erfasst wurden und werden. Ausschlaggebend für die Kategorisierung war die ikonografische Ebene, die sich an der Hessischen Systematik[5] orientiert. Dort findet man unter dem Begriff der Malerei (Oberbegriff: „Bildwerke") u. a. die Kategorien „Religiöse Darstellungen", „Alltagsdarstellungen", „Landschaften" oder „Historische Ereignisse". Für die Musealen Sammlungen des DBM wurden z. B. die Kategorien „Arbeits- und Technikdarstellungen", „Bergmannsdarstellungen" oder „Bergwerk" hinzugefügt. Auf diese Weise konnten alle zuvor gesetzten Anforderungen in Einklang gebracht werden.

Um den gesamten Gemäldebestand des DBM einer Re-Inventarisierung mit zugehöriger Dokumentation unterziehen zu können, bedurfte es einer strategischen Vorgehensweise. So wurde im ersten Schritt geprüft, wie viele Daten bereits vorhanden waren und welche Qualität diese aufwiesen. Datensätze neueren Datums wurden einer Überarbeitung gemäß den neu gesetzten, hausinternen Standards[6] unterzogen. Objekte der historischen Dokumentation, die aus den zuvor genutzten Datenbanken übertragen wurden, mussten von Grund auf neu bearbeitet werden. Dazu wurden alle Standorte und Inventarnummern erfasst und die in der überlieferten Karteikartendokumentation enthaltenen Informationen so weit wie möglich geprüft und in die Datenbank übertragen. Widersprüche und offene Fragen wurden am Objekt selbst recherchiert oder ggf. über die Heranziehung von Literatur oder Online-Recherchen geklärt. Dieser Schritt führte zugleich in die Tiefenrecherche, da sowohl Eingangsbücher und noch vorhandene historische Objektdokumentationen als auch die Akten des Bergbau-Archivs Bochum (BBA) in die Dokumentationsarbeit einbezogen wurden. Daraus entstanden Querverweise zu anderen Objekten oder Dokumentationsbereichen, wie dem Archiv und der Fotothek. Die Verknüpfung der Dokumentationsbereiche führte häufig zur Anreicherung der Datensätze. So ließen sich beispielsweise Künstlerinnen und Künstler oder Datierungen ermitteln und Dubletten sowie historische Objektfotos auffinden. In manchen Fällen gaben zufällige Entdeckungen im his-

---

[5] Die Hessische Systematik ist eine Systematik zur Inventarisierung kulturgeschichtlicher Bestände in Museen, die vom Hessischen Museumsverband e.V. herausgegeben und kostenfrei zur Verfügung gestellt wird. Siehe museumsverband-hessen.de/de/veroeffentlichungen/arbeitshilfen (Stand: 04.06.2020).
[6] Innerhalb der Projektzeit wurde das Kompendium „Leitfaden zur Sammlungsdokumentation in den Musealen Sammlungen des Montanhistorischen Dokumentationszentrums (montan.dok) beim Deutschen Bergbau-Museum Bochum" entwickelt.

torischen Schriftverkehr oder in früheren Verwaltungsakten weiteren Aufschluss über vorhandene Gemälde oder ließ sich der Weg der Erwerbung rekonstruieren.

Durch die fotografische Dokumentation, die durch Kolleginnen und Kollegen in der Abteilung „Dokumentation und Digitalisierung" durchgeführt wurde, konnten weitere Fehlerquellen aufgespürt und gelöst werden. Für eine möglichst unverfälschte Farbwiedergabe wurde zu Beginn der Aufnahmen eine Farbkarte zur Einstellung des Weißabgleichs fotografiert. Abgelichtet wurden die Gemälde in ihrer Vorder- und Rückansicht. Ebenfalls erfasst wurden Besonderheiten oder Schäden. Eine nochmalige Feststellung der genauen Bildmaße diente einerseits dazu, die Gemälde auf Originalgröße zu skalieren. Andererseits wurden die Werte in den Metadaten der Fotografien gespeichert. Jedes Gemälde wurde freigestellt, mit einem minimalen Rahmen versehen und mit einem Adobe RGB Farbprofil abgespeichert.

Bei der Überarbeitung der Objektdatensätze war dabei festzustellen, dass sich die Qualität der Objektdokumentation für das heutige Verständnis bzw. im Vergleich zur historischen Kartierung, ab den 1970er-Jahren verschlechtert hat. Zwar ist mit der EDV-basierten Verzeichnung ein Recherchetool etabliert worden, der die Durchsuchbarkeit der reichen Museumsbestände ermöglichte. Durch die Umstrukturierungen des Hauses zu einem Forschungsmuseum verschoben sich allerdings die Prioritäten und Arbeitsschwerpunkte derartig, dass die Objektdokumentation deutlich in den Hintergrund trat. Wurden die in den frühen 1940er-Jahren eingeführten Karteikarten zuvor meist sehr detailliert mit Informationen versehen und teilweise bebildert, verfügte das erste EDV-System nur über eine begrenzte Zeichenzahl, so dass nur grundlegende Daten aufgenommen werden konnten. Das dadurch entstandene Informationsdefizit, insbesondere was die Provenienzen und Objektgeschichten angeht, ist heute nicht mehr vollständig aufzuholen.

Die Analyse des Bestandes bezieht sich auf eine Datengrundlage von 578 Gemälden, die seit der Museumsgründung 1930 in die Musealen Sammlungen des DBM aufgenommen wurden. Die Re-Inventarisierung mit der dazugehörigen Tiefenrecherche sowie der Aufbau einer Sammlungsstruktur haben dazu geführt, dass die Datenbank für den Gemäldebestand ein ergiebiges Recherchetool darstellt, dass neben zahlreichen Filterfunktionen zu unmittelbaren Objektinformationen auch die Möglichkeit bietet, Arbeitsweisen und Strukturen der historischen Museumsarbeit in den Blick zu nehmen. Einige Muster in der Sammlungsgeschichte sollen im Folgenden an einigen Beispielen sichtbar gemacht werden.

Die Grafik (Abb. 1) lässt einige Zäsuren bei den Gemäldezugängen seit 1930 erkennen[7]:

---

[7] Vgl. Zugänge 1942/356, 1942/357, 1942/358, 1942/359, 1942/360, 1942/361, 1992/002, 2007/0401, 2014/0193, 2017/0249, 2018/0201.

Zum Gedenken? Porträts berühmter Bergleute — 557

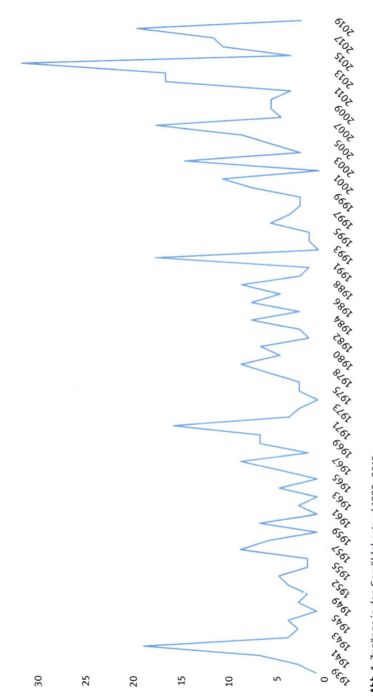

Abb. 1: Zugänge in den Gemäldebestand 1939–2019

- 1942 tätigte Museumsdirektor Dr.-Ing. Heinrich Winkelmann gezielte Ankäufe von Porträtgemälden der Künstler Ernst Sigmund von Sallwürk und Lucien Jonas. Die Erwerbungen der Gemälde von Lucien Jonas erfolgten auf Dienstreisen Winkelmanns nach Frankreich und Belgien und gehören zu Jonas' Ölstudie „Bildnisse französischer Bergleute". Die besondere Bedeutung der Gemälde des Künstlers Ernst Sigmund von Sallwürk für die Sammlung des DBM wird im weiteren Verlauf noch detailliert dargestellt.[8]
- 1971 kamen durch eine Schenkung der Rheinelbe Bergbau AG mehrere Ölgemälde unterschiedlicher Künstler in die Musealen Sammlungen des DBM. Dabei handelt es sich um Laienkunst, welche der damalig bestehenden Sammlungsabteilung „Bergmännische Feierabendgestaltung" zugeordnet wurde. Die Motive erstrecken sich von Porträts über Alltagsdarstellungen bis zu Industrielandschaften oder abstrakten Darstellungen.
- 1992 wurde eine Gemäldesammlung des Künstlers Alexej von Assaulenko als Dauerleihgabe der NRW-Stiftung in den Museumsbestand aufgenommen. Der Bergbauzyklus in Öl entstand zwischen 1951 und 1960 und erweiterte die Sammlung um die zu diesem Zeitpunkt schon vorhandenen Porträtgemälde.
- 2007 gab die Wohnbau Auguste Victoria GmbH Gemälde von Künstlern wie Hans D. Tylle oder Hermann Metzger, zugehörig zu den Kunstbeständen der RAG, als Dauerleihgabe an das DBM.
- In den Jahren 2014 und 2017 übergab die RAG-Stiftung eine Gemäldesammlung des Künstlers Friedrich G. Einhoff als Dauerleihgabe in die Musealen Sammlungen. Dies erfolgte durch die mit dem Ende des deutschen Steinkohlenbergbaus verbundene Auflösung der RAG-Kunstbestände. In dieser Sammlung befanden sich u. a. auch einige Gemälde des Künstlers Friedrich Neugebauer, die den Musealen Sammlungen 2018 übergeben wurden.

In der Zeit des Gründungsdirektors Heinrich Winkelmann lag die Priorität eindeutig auf Porträtgemälden[9], andere Kategorien wurden zwar auch bedient, blieben aber in einer nicht signifikanten Anzahl (Abb. 2). Unter Museumsdirektor Hans Günter Conrad lassen sich breit gefächerte Sammlungsaktivitäten in verschiedenen ikonografischen Bereichen nachweisen: Gerade Bergwerks- sowie Arbeits- und Technikdarstellungen holten auf, dazu stieg das Interesse an Gemäl-

---

8 Siehe S. 565.
9 Siehe S. 567–572.

den zur Heiligen Barbara (Abb. 3). Ob Conrad eine besondere Strategie verfolgte, etwa eine Ausgewogenheit angestrebt wurde, sich die Sammlungsgenese vorwiegend durch den Bewahrungsgedanken gestaltete oder durch schlichten Zufall, ist (noch) nicht erforscht.

Die Anzahl der angeschafften Gemälde in der Ära Conrad unterscheidet sich nicht signifikant (ca. 95–120 Stück) von der Zeit unter Winkelmann. Auch ab 1988, unter der Leitung von Dr. Rainer Slotta, setzt sich die Ausgewogenheit in den Motiven fort, die durch die Aufnahme von Industrieanlagen bzw. -landschaften eine Erweiterung erfahren (ca. 250 Stück). Allerdings lassen sich in den letzten Dekaden keine gesicherten Aussagen über die Prioritäten der Sammlungsverantwortlichen treffen, da sich die Zusammenstellung der Gemälde vorwiegend über Schenkungen und Dauerleihgaben ergab, also vor allem passive Sammlungsstrategien verfolgt wurden, wie die folgenden beiden Auswertungen zeigen (Abb. 4 und 5).

Während unter Direktor Winkelmann sehr viel angekauft wurde (Abb. 4), dominieren seit etwa 30 Jahren Schenkungen, Sachspenden und vor allem Dauerleihgaben (Abb. 5). Ankäufe finden im Vergleich dazu kaum noch statt. Zu prüfen wäre, ob eine ausgewogene Gestaltung der Gemäldesammlung überhaupt angestrebt wurde, oder ob die passive Sammlungsstrategie auf eine geringe Relevanz der Objektgruppe schließen lässt. Hatte die Entwicklung zu einem Forschungsmuseum auch eine Verschiebung der Sammlungsprioritäten zur Folge? Ließ die immerwährende Dominanz von Technikobjekten keinen großen Spielraum für die Weiterentwicklung anderer Sammlungsbestände? Für die jüngere Vergangenheit steht fest, dass ein unzureichender Etat einen aktiven und überlegten Aufbau und die Weiterentwicklung der gesamten Sammlung deutlich behindert.

Die Gesamtentwicklung wirft natürlich die Frage auf, wie eine zukünftige Gestaltung der Musealen Sammlungen innerhalb der Grenzen eines strukturierten Sammlungskonzeptes aussehen kann.

Eine besondere Internationalität bildet sich in der Gemäldesammlung nicht ab, thematisch zentral blieb der deutsche Steinkohlenbergbau. Zwar sind auch europäische Künstler, vorwiegend aus Frankreich, Belgien, Polen und Großbritannien, vertreten. Insgesamt bleibt die Anzahl jedoch zu gering, als dass sich hier Rückschlüsse auf eine bewusste Berücksichtigung anderer Bergbaureviere oder anderer Länder ziehen lassen. Den Großteil der Werke aus Belgien und Frankreich erwarb Direktor Winkelmann sowohl in den Kriegsjahren der 1940er-Jahre als auch nach der Wiederaufnahme des Museumsbetriebes in den 1950er-Jahren. Darunter fallen die bereits erwähnten Porträtgemälde von Lucien Jonas sowie Gemälde des belgischen Künstlers Constantin Meunier, den Winkelmann sehr schätzte. Meuniers Gemälde gehören auch zu den wenigen Ankäufen, die in den 1980er-Jahren getätigt wurden. Großbritannien wird durch den Künstler Jack

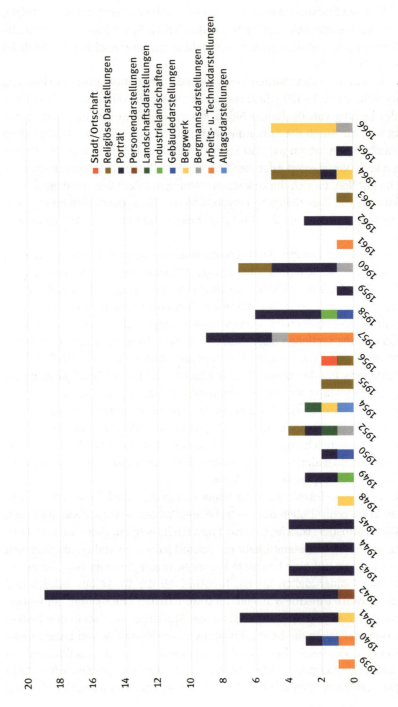

Abb. 2: Die ikonografische Ausrichtung der Ära Winkelmann: Aufschlüsselung der zugegangenen Gemälde nach Motiven (1939–1966)

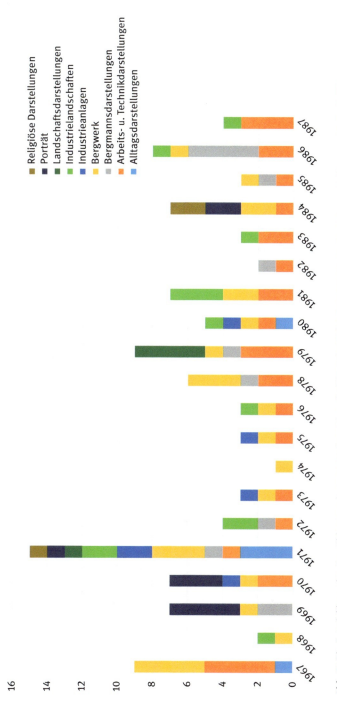

Abb. 3: Die Entwicklung der Gemäldesammlung unter Conrad. Aufschlüsselung der zugegangenen Gemälde nach Motiven (1967–1987)

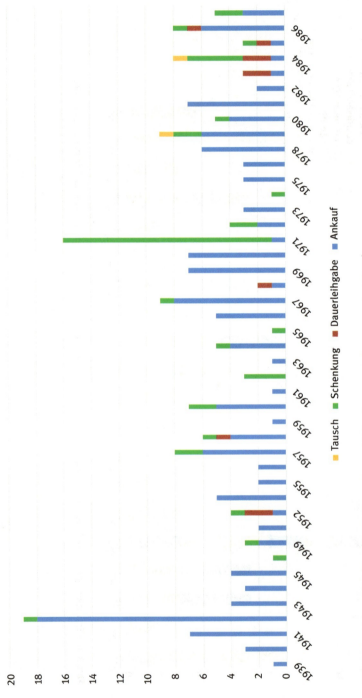

Abb. 4: Zugangsart 1939 bis 1987 (Sachspenden und Schenkungen wurden zusammengefasst)

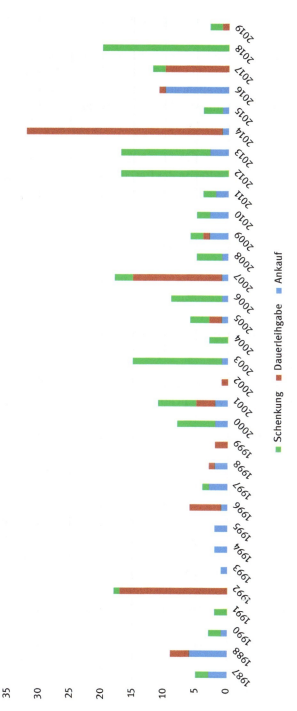

Abb. 5: Zugangsart 1987 bis 2019 (Sachspenden und Schenkungen wurden zusammengefasst)

Crabtree vertreten, der in den 1970er-Jahren einige Gemälde zur Kohlenindustrie in Südwales anfertigte.

Inhaltlich bleibt der Bezug zur Steinkohle bis heute führend. Als weitere Felder sind der Erz- und Kalibergbau sowie das Kokereiwesen stark vertreten. Dabei konzentrieren sich die Motive vor allem auf Porträts, Arbeits- und Technikdarstellungen sowie Bergwerksdarstellungen. Mit über 400 Objekten überwiegen die Gemälde in Öl allen weiteren Ausführungsformen, wie z.B. Aquarell- oder Acrylmalerei.

Das Ende des deutschen Steinkohlenbergbaus spiegelt sich in den Erwerbungen deutlich wider: Die ab etwa 2010 von der RAG und RAG-Stiftung erhaltenen Gemälde machen rund 50 % der Gemäldezugänge der letzten 30 Jahre aus.

Insgesamt ist festzustellen, dass auch die intensive Auseinandersetzung mit den Objekten nicht dazu führte, alle Fragen umfassend klären zu können. In manchen Fällen waren Provenienzen bzw. Zugangsnummern nicht mehr auszumachen und somit der Erwerbungskontext nicht mehr zu rekonstruieren. In anderen Fällen verlief die Recherche nach Künstlern im Sande, so dass die Objekte entweder im Depot verharren oder tatsächlich lediglich als „Illustrationen für längst bekannte Dinge" herhalten können. Dennoch wurde durch die inhaltliche Aufarbeitung der historischen Gemäldesammlung vielen Objekten wieder eine Geschichte gegeben.

Darüber hinaus können Aussagen über die Sammlungsgenese und die Historie des Hauses getroffen werden, was vor nicht allzu langer Zeit so kaum möglich war. Das Gedenken wird auf mehreren Ebenen sichtbar: über die Ikonografie und Objektgeschichten der Gemälde ebenso, wie über Veränderungen und Prioritäten in der Sammlungsgeschichte des DBM, das als „Gedächtnisspeicher" einen Beitrag zur Erinnerungskultur des Bergbaus leistet. Kritisch zu fragen wäre in diesem Zusammenhang, wie zukünftig mit Schenkungen und Spenden zu verfahren ist. Der durch den Personalmangel notwendige Pragmatismus verleitet dazu, Objekte „blind" zu sichern und sie erst bei Gelegenheit einer kritischen Bewertung zu unterziehen. Dieses Vorgehen birgt die Gefahr, die ohnehin begrenzten Depotflächen zu überlasten, während man die Objekte zu Lasten der schwindenden Objektgeschichten im Arbeitsalltag lediglich verwalten, statt erforschen kann. Wäre es unter Umständen sinnvoller, auch auf die Gefahr hin auf relevante Objekte zu verzichten, zunächst die Objektgeschichten in den vorhandenen Beständen zu sichern? Neben dem Zugewinn an Informationen für die Objektforschung sowie die kuratorische Arbeit macht die fundierte Dokumentationsarbeit außerdem Sammlungsentwicklungen und -desiderate sichtbar und ist damit elementar für die Erarbeitung einer langfristigen Sammlungsstrategie. Welche Inhalte transportiert die Gemäldesammlung, insbesondere in Hinblick auf die

Zugänge der letzten 30 Jahre? Sollte die intensive Bestandserschließung auch ein Anlass sein, zu entsammeln?[10] Nicht zu vernachlässigen ist darüber hinaus die Grundlage, die für Forschungsarbeiten geleistet wird. Am Beispiel der Porträtserie „Berühmte Bergleute" von Ernst Sigmund von Sallwürk soll im Folgenden exemplarisch demonstriert werden, wie sich der Blick auf Objekte verschieben kann, wenn durch eine solide Objektdokumentation und Erforschung der Sammelkontexte die ursprünglichen Motive des Sammelns transparent werden.

Wer gedenkt hier wem wozu? – Die Reihe „Berühmte Bergleute" von Ernst Sigmund von Sallwürk

Mit Fug und Recht lässt sich behaupten, dass die von Museumsdirektor Heinrich Winkelmann in Auftrag gegebene Porträtserie die älteste zusammenhängende Sammlung an Ölgemälden in der Geschichte des DBM ist. Diese hatte sich Winkelmann, der für den Aufbau des Museums sonst ganz auf Spenden der Bergbauindustrie setzte, einiges kosten lassen. „Auftragskunst in einem technikhistorischen Museum", mögen sich Sammlungs- und Museumsinteressierte vielleicht fragen, „was hat es denn damit auf sich?"

Die Historisierung der eigenen Sammlungsgeschichte stellt noch ein beklagenswertes Desiderat dar. Bei der Suche nach Antworten helfen hauseigene Publikationen deshalb nur bedingt. Werden die Porträts in der wissenschaftlichen Auseinandersetzung oder bei der kuratorischen Arbeit überhaupt berücksichtigt, beschränken sich die Ausführungen auf deskriptive Analysen oder Objektbeschriftungen.[11] Es mag daran liegen, dass Porträts, wie Stephanie Hauschild aus-

---

10 Vgl. Deutscher Museumsbund e.V. (Hrsg.): Nachhaltiges Sammeln. Ein Leitfaden zum Sammeln und Abgeben von Museumsgut, Berlin/Leipzig 2011.
11 Vgl. Farrenkopf, Michael/Ganzelewski, Michael: Das Wissensrevier. 150 Jahre Westfälische Berggewerkschaftskasse/DMT-Gesellschaft für Lehre und Bildung, Katalog zur Sonderausstellung des Deutschen Bergbau-Museums Bochum vom 19. Juni 2014 bis 22. Februar 2015, Bochum 2014 (= Kretschmann, Jürgen/Farrenkopf, Michael (Hrsg.): Das Wissensrevier. 150 Jahre Westfälische Berggewerkschaftskasse/DMT-Gesellschaft für Lehre und Bildung, Bd. 2 (= Veröffentlichungen aus dem Deutschen Bergbau-Museum Bochum, Nr. 198), S. 76; Kretschmann, Jürgen/Düppe, Stephan (Hrsg.): 1816–2016. Die Geschichte der Technischen Hochschule Georg Agricola. Bochum 2016, S. 10; Farrenkopf, Michael/Przigoda, Stefan: Visuelle Präsentationsformen bergbaulicher Eliten zwischen privater Erinnerung und öffentlicher Darstellung, in: Füßl, Wilhelm (Hrsg.): Von Ingenieuren, Bergleuten und Künstlern. Das Digitale Porträtarchiv „DigiPortA",

führt, eine „schwierige Kost"¹² sind. Für Besucher – im Zeitalter sozialer Medien und der damit verbundenen Inszenierung des Selbst sind wohl auch die Kuratoren zu ergänzen – seien Porträts im Alltag so allgegenwärtig, die Rezeption so „selbstverständlich", dass sie kaum noch irritieren, erstaunen oder Fragen aufwerfen. Wenn überhaupt, konstatiert Hauschild für die museale Praxis etwas pessimistisch, erschöpfe sich die Auseinandersetzung mit Porträts bei Besuchern in der Frage, ob die Dargestellten denn tatsächlich so aussahen.¹³ In Hinblick auf die Sallwürk-Gemälde ist selbstkritisch zu festzustellen, dass die bisherige Ausstellungspraxis eine derartige Lesart förderte. Denn der Mangel an Informationen über die Objekte verleitet, bemühen wir Clemens und Wolters ruhig noch einmal, die ehrwürdig anmutenden Objekte als bloße „Illustrationen"¹⁴ zu verwenden.

Werden Porträts auf ihre Stellvertreterfunktion beschränkt, ohne nach den entsprechenden Bedeutungshorizonten zu fragen, wird ihnen eine ‚Unschuldigkeit' zugeschrieben, die ihnen wahrscheinlich in den seltensten Fällen gerecht wird. Denn mit der Darstellung von eindeutig identifizierbaren Individuen – so definiert Hauschild Porträts in Abgrenzung zum anonymen ‚Typus'¹⁵ – ist immer auch die Frage verbunden, wer wie zu welchem Zweck präsentiert wird und was erinnert werden soll. Sollen Porträts beispielsweise soziale Vorbilder sein? Versinnbildlichen sie vielleicht ein Schönheitsideal? Stellen sie eine Verortung im gesellschaftlichen Gefüge dar oder markieren sogar einen Herrschaftsanspruch?¹⁶ Diese Bedeutungsebenen offenbaren sich den Betrachtenden nicht zwingend, sondern lassen sich in der Regel nur erschließen, wenn ihre Entstehungszusammenhänge überliefert sind.¹⁷

München 2020, S. 71–85. In den neu kuratierten Rundgängen der Dauerausstellung des Deutschen Bergbau-Museum Bochum werden die Sallwürk-Gemälde hingegen überhaupt nicht berücksichtigt (Stand: April 2020).
12 Vgl. Hauschild, Stephanie: Maler, Modelle, Mäzene. Geschichte und Symbolik der Porträtmalerei. Stuttgart 2008, S. 8.
13 Vgl. ebd.
14 Clemens, Hans-H./Wolters, Christof: Sammeln, Erforschen, Bewahren und Vermitteln (s. Anmerkung 1), S. 7.
15 Vgl. Hauschild, Stephanie: Maler, Modelle, Mäzene (s. Anmerkung 12), S. 19.
16 Vgl. Dolezych, Alexandra: Herrscherbilder, Bundeszentrale für politische Bildung, 06.02.2007, unter www.bpb.de/gesellschaft/medien-und-sport/bilder-in-geschichte-und-politik/73218/herrscherbilder (Stand: 27.04.2020); Held, Jutta/Schneider, Norbert: Grundzüge der Kunstwissenschaft. Gegenstandsbereiche – Institutionen – Problemfelder, Köln/Weimar/Wien 2007, S. 101–103; Büttner, Frank/Gottdang, Andrea: Einführung in die Malerei. Gattungen, Techniken, Geschichte, München 2012, S. 168.
17 Selbstverständlich können Objekten im Laufe der Zeit, zumal in Ausstellungszusammenhängen, neue Funktionen und Bedeutungen zugeschrieben werden. Da es in diesem Beitrag darum

Die Sallwürk-Gemälde sind in den Kontext des geplanten Jubiläums der Westfälischen Berggewerkschaftskasse, der damaligen Trägergesellschaft des Museums, zu stellen.[18] In die Feierlichkeiten, zu denen es nie kam, sollte auch das Bergbau-Museum eingebunden werden, weshalb Winkelmann die Ehrenhalle des neu errichteten Gebäudes zu Repräsentationszwecken mit Gemälden von wichtigen Bergleuten versehen wollte. Dazu beauftragte er 1939 den Hallenser Künstler Ernst Sigmund von Sallwürk. Der Kontakt existierte bereits, da Sallwürk auf Anregung Hanns Freydanks, ein aus Halle stammender freier Mitarbeiter des Museums, bereits Kopien von bergmännischen Uniformdarstellungen für das Museum angefertigt hatte. Unter Berücksichtigung des überwiegend spendenbasierten Sammlungsaufbaus erwecken die Anzahl der geplanten fünfzig Ölgemälde mit für Winkelmann ungewöhnlich hohen Investitionssummen zwischen je 200 und 350 RM den Eindruck, als müsste Sallwürk ein überaus bedeutsamer Künstler gewesen sein – etwa ein Heuchler oder gar Meunier seiner Zeit. Tatsächlich ist über ihn aber wenig bekannt. 1874 in Baden-Baden als Sohn des Pädagogen Ernst von Sallwürk geboren, absolvierte Ernst Sigmund sein Kunststudium in Karlsruhe und München. Nach dem Studium arbeitete er in Karlsruher Ateliers und fertigte im Rahmen des Künstlerbundes Werbepostkarten für die Sektfirma Kupferberg an. Nach Zwischenstationen in Leipzig, Dresden und Berlin kam er 1903 nach Halle. Dort verdiente er sein Geld als akademischer Kunstmaler vor allem mit Auftragsporträts. Zusätzlich war er als Illustrator und Zeichenlehrer tätig.[19] Von einer überregionalen oder gar nationalen Bekanntheit kann bei Sallwürk demnach keine Rede sein. Freydank regte die Zusammenarbeit mit dem

---

geht, die Dringlichkeit einer möglichst detaillierten Objektverzeichnung zu unterstreichen, liegt der Fokus im Folgenden auf der ursprünglichen Bedeutungszuschreibung. Vgl. König, Gudrun/Papierz, Zuzanna: Plädoyer für eine qualitative Dinganalyse, in: Hess, Sabine/Moser, Johannes/Schwertel, Maria (Hrsg.): Europäisch-ethnologisches Forschen. Neue Methoden und Konzepte, Berlin 2013, S. 283–307, hier: S. 294 ff.
18 Olaf Hartung führt aus, dass der Vorstand der Westfälischen Berggewerkschaftskasse (WBK) die Idee hatte, den institutionellen „Ursprung" in den Zusammenhang der von Herzog Wilhelm von Cleve erlassenen Bergordnung vom 27. April 1542 zu stellen. Das anstehende 125-jährige Jubiläum der Bergschule Bochum sollte deshalb mit dem 400-jährigen Bestehen der WBK in einer ausladenden Feier begangen werden. Als der Irrtum durch die Forschungsarbeit Hans Spethmanns offenbar wurde, sah man von diesem Jubiläum ab. Vgl. Hartung, Olaf: Museen des Industrialismus. Formen bürgerlicher Geschichtskultur am Beispiel des Bayerischen Verkehrsmuseums und des Deutschen Bergbaumuseums, Köln/Weimar/Wien 2007, S. 404 f.
19 Vgl. Saure, Gabriele: Sallwürk, Sigmund, in: Beyer, Andreas/Savoy, Bénédicte/Tegethoff, Wolf (Hrsg.): Allgemeines Künstlerlexikon. Die Bildenden Künstler aller Zeiten und Völker. Rovere – Samonà, Berlin/Boston 2018, S. 470 f.

in den Akten als „weltfremd"[20] beschriebenen Künstler aber an, weil dieser die „modernen Experimente ablehnt und sich in der altüberlieferten Weise betätigt. Er selbst nennt Holbein seinen Lieblingsmaler und Lehrmeister."[21] Wichtiger als ein namhafter Künstler war demnach der Malstil. Theoretisch hätten alle Künstler den Auftrag erhalten können, die sich dem Ideal der griechisch-römischen Antike verpflichtet fühlten und in ihren Gemälden eine ‚Abbildung der Wirklichkeit' anstrebten.[22] Wenngleich der Anspruch immer eine Illusion bleiben muss,[23] legt der Schriftwechsel zwischen Winkelmann, Freydank und Sallwürk nahe, dass man einen gesteigerten Wert auf die ‚wirklichkeitsnahe' – oder wie es bei Freydank heißt „lebenswahr[e]"[24] – Darstellung legte. Insbesondere bei Porträts, deren ‚korrekte' Ausführung durch Quellen oder gar Familienmitglieder und Bekannte hätte bewertet werden können, ließ Freydank die Haar-, Augen- und Gesichtsfarbe recherchieren und kontrollierte die detailgenaue Darstellung von Uniformen, Familienwappen und Orden akribisch.[25]

Am Beispiel des Porträts von Fritz Heise, ehemaliger Geschäftsführer der Westfälischen Berggewerkschaftskasse und enger Freund des Museumsdirektors, lässt sich allerdings nachvollziehen, dass ‚lebenswahr' eine durchaus strapazierfähige Kategorie war: Das Heise-Porträt ist das einzige Gemälde in der Reihe, bei dem eine Person tatsächlich Porträt saß – also, wie Winkelmann es formulierte, „nach dem Leben"[26] gemalt wurde. Da der Museumsdirektor die Darstellung von „hervorragenden Bergleuten als Mümmelgreise"[27] nicht besonders schätzte, wies er Sallwürk an, die in Berlin angefertigten Skizzen des damals 75-jährigen,

---

20 Maschinenschriftlicher Brief Freydanks an Winkelmann, 14.11.1939, in: Montanhistorisches Dokumentationszentrum (montan.dok) beim Deutschen Bergbau-Museum Bochum/Bergbau-Archiv Bochum (BBA) 112/966.
21 Ebd.
22 Siehe dazu Hauschild, Stephanie: Maler, Modelle, Mäzene (s. Anmerkung 12), S. 21.
23 Vgl. Hauschild, Stephanie: Maler, Modelle, Mäzene (s. Anmerkung 12), S. 18 f.
24 Maschinenschriftlicher Brief Freydanks an Winkelmann, 19.03.1942, in: montan.dok/BBA 112/966.
25 Vgl. die maschinenschriftlichen Briefe Freydanks an Winkelmann, 05.03.1942, 19.03.1942 und 09.09.1943; den maschinenschriftlichen Durchschlag Winkelmann an Sallwürk, 26.03.1942, sowie die handschriftliche Notiz Winkelmanns an Möllmann auf dem handschriftlichen Brief Sallwürks an Winkelmann, 10.08.1944, in: montandok/BBA 112/966.
26 Maschinenschriftlicher Durchschlag Winkelmann an Sallwürk, 02.05.1941, in: montan.dok/BBA 112/966.
27 Maschinenschriftlicher Durchschlag Winkelmann an Freydank, 10.04.1941, in: montan.dok/BBA 112/966.

nahezu erblindeten Professors mit einer 1932 fertiggestellten Grafik von Hermann Kätelhön zu kombinieren (Abb. 6 und 7).[28]

Heise selbst hatte an das Porträt keine besonderen Ansprüche. Er legte lediglich fest, dass er ohne Kopfbedeckung gezeigt werden wollte. Es war deshalb Winkelmann, der entschied, seinen ehemaligen Vorgesetzten in einer bergmännischen Uniform – allerdings ohne den Tschako – zu präsentieren. Und das, obwohl er Freydank gegenüber konstatierte, Heise habe eine solche nie getragen.[29] Die angestrebte Wirklichkeitsnähe hinderte den Museumsdirektor demzufolge nicht daran, die bürgerliche Selbstverortung Heises zugunsten einer beruflichen Identitätszuschreibung aufzugeben. Damit hatte er allerdings weder sich noch dem Künstler einen Gefallen getan. Denn Sallwürk, mit den bergmännischen Gepflogenheiten, wie Freydank in anderen Zusammenhängen ebenfalls monierte, offensichtlich nicht vertraut,[30] bildete Heise in einem Bergkittel ab, den es zu dessen Amtszeit noch gar nicht gegeben hatte.[31] Notwendige Korrekturen meldete Winkelmann auch bezüglich der ästhetischen Gestaltung an. So ließ er die Augenpartie des Professors mehrfach korrigieren, weil sie „recht entzündet"[32] wirkten. Zufrieden war er am Ende allerdings nicht: der Ring unter dem rechten Auge erschien ihm nach wie vor „sehr stark gezeichnet" und „die rechte Backe [...] zu tief heruntergezogen" zu sein.[33]

Denken wir an den Aufwand, den wir vielleicht beim letzten Bewerbungsfoto, einem Profilbild in den sozialen Medien, einem Mitarbeiterporträt oder einem aktualisierten Foto für die Großeltern aufgewendet haben, überraschen Winkelmanns Verbesserungswünsche kaum. Wer versucht bei solchen Gelegenheiten nicht, sich von seiner sprichwörtlichen ‚Schokoladenseite' zu zeigen und sich ins rechte Licht zu rücken? Wird dafür heutzutage viel Zeit in die digitale Bildbearbeitung investiert, wies man Künstler früher genaustens an, was sie wie darzustellen oder wegzulassen hatten. Der Mehrwert dieser Objektgeschichte – Porträts sind idealisierte Darstellungen – ist also relativ banal.

---

28 Vgl. den maschinenschriftlichen Durchschlag Winkelmann an Freydank, 03.06.1941, in: montan.dok/BBA 112/966.
29 Vgl. den maschinenschriftlichen Durchschlag Winkelmann an Freydank, 03.10.1941, in: montan.dok/BBA 112/966.
30 Vgl. den maschinenschriftlichen Brief Freydanks an Winkelmann, 05.03.1942, in: montan.dok/BBA 112/966.
31 Vgl. dazu den maschinenschriftlichen Aktenvermerk „Besprechung Dr. Freydank", 28.10.1941, in: montan.dok/BBA 112/966.
32 Ebd.
33 Maschinenschriftlicher Durchschlag Winkelmann an Freydank, 08.01.1942, in: montan.dok/BBA 112/966.

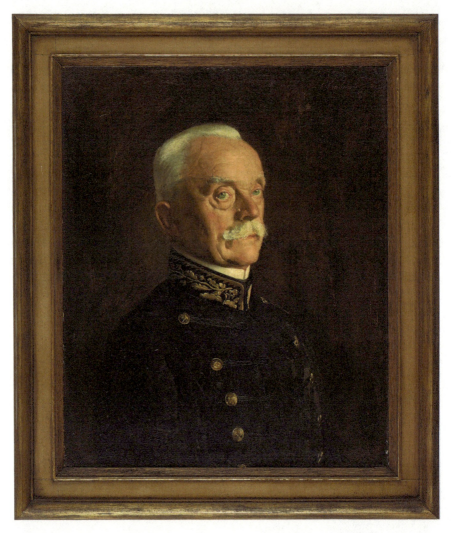

Abb. 6: Fritz Heise, Öl auf Malpappe, 65 × 54 cm, Ernst Sigmund von Sallwürk, 1941

Betrachtet man die Sallwürk-Gemälde allerdings in Serie, fällt auf, dass die beruflich heterogene Gruppe mehrheitlich bergmännischer Beamter aus unterschiedlichen Revieren und Jahrhunderten, aber auch Wissenschaftler, Staatsoberhäupter, ein Theologe und ein Dichter, auffällig homogen dargestellt wurde. Nach welchen Kriterien die Auslese „berühmt" und „Bergmann" getroffen wurde, lässt sich nicht nachvollziehen. Was alle Darstellungen eint, ist die Präsentation (weitgehend älterer) weißer Männer deutscher Herkunft (Abb. 8).

Abb. 7: Fritz Heise, Radierung auf Papier, 51,3 × 41,5 cm, Hermann Kätelhön, 1932

Von den ursprünglich geplanten fünfzig Gemälden sind durch den Tod Sallwürks im Dezember 1944 lediglich neunundzwanzig größenstandardisierte Werke auf Pressholz bzw. Malpappe angefertigt worden. Dabei handelt es sich ausschließlich um Brustporträts, die alle einen einheitlichen Malstil und dieselbe gesetzte Farbgebung aufweisen. Die überwiegend hintergrundlosen Darstellungen stellen weder zeitliche noch räumliche Bezüge her, rücken dafür aber die Individuen ins Bildzentrum. Über die Uniformen und bergmännischen Attribute, wie die Barte oder ein bergbauspezifisches Buch, wird die berufliche Identität der Dargestellten hervorgehoben. Weitere bilderzählerische Elemente, die beispielsweise etwas über persönliche Interessen, familiäre Beziehungen, Forschungsschwerpunkte etc. erzählen, gibt es nicht. Die gesellschaftliche Bedeutung der Porträtierten wird über Orden, Ehrenzeichen, Dienstgrade an den Kragenspiegeln und Wappen hergestellt, womit dem Kreis der Auserwählten zugleich etwas Elitäres zugeschrieben wird. Ein ‚berühmter Bergmann' ist in der Sallwürk-Reihe weder

Abb. 8: Porträtserie „Berühmte Bergleute" von Ernst Sigmund von Sallwürk nach den Lebensdaten der Dargestellten

der körperlich Arbeitende noch der Widerständige. Es ist der über den Dingen stehende Denker, der durch Verwaltungsreformen, wissenschaftliche Erkenntnisse oder technische Erfindungen, also durch einen Beitrag zum technischen wie gesellschaftlichen Fortschritt, zu Rang und Namen kam.

Erst nebeneinander betrachtet, fällt der Charakter der Ahnengalerie ins Auge, der durch die normierte Bildgröße und die weitgehend einheitliche Rahmung unterstrichen wird. Dabei unterstützt der naturalistische Malstil die Rezeption der Gemälde als scheinbar ‚authentische' Abbildung der Bergbauelite. Sinn und Zweck der Galerie ist demnach nicht nur die Vermittlung von Vorstellungen über das Aussehen längst Verstorbener. Das übergeordnete Bildprogramm zielt vielmehr darauf ab, dass Standesbewusstsein der Bergleute des 18. und 19. Jahrhunderts in Erinnerung zu rufen, das sich seit der Industrialisierung und der damit einhergehenden Privatisierung des Bergbaus in Auflösung befand. Anders als in einer Kunstgalerie stehen bei den Sallwürk-Porträts weder der Künstler und sein Können noch das Kunstwerk als „Erscheinungsding"[34] im Zentrum. Kunst war in diesem Zusammenhang ein kulturpolitisches Vehikel, um die Vorstellungen der Besucher durch eine elitäre Bildsprache zu beeinflussen. Unterstützt wurde dies durch die Materialität. Öl auf Holz (bzw. Malpappe) suggeriert im Vergleich zu einer Druckgrafik oder einer kleinformatigen Fotografie eine gewisse Wertigkeit. Die gesetzten Farben und die antik wirkenden Rahmen ließen die Gemälde zusätzlich älter und damit gewichtiger wirken. Darüber hinaus wurde zusätzlich Bedeutsamkeit erzeugt, indem der Museumsdirektor als ‚Experte' und beglaubigende Autorität in letzter Instanz festlegte, wer „berühmt" genug war, um in der ‚Ehrenhalle' des angeblich größten Bergbaumuseums der Welt gezeigt zu werden.[35] Aus dieser Perspektive sind die scheinbar bedeutungslosen Porträts in erster Linie als eine zeithistorische Quelle für das Repräsentationsbedürfnis einer Branche im Allgemeinen und das eines Museumsdirektors im Besonderen zu begreifen. Sie singulär auszustellen und/oder sie auf eine illustrierende Funktion zu reduzieren, verschleiert nicht nur die ihnen inhärente kulturpolitische Propaganda. Vielmehr werden durch eine derartige Ausstellungspraxis sowohl der Künstler als auch die Gemälde bedeutsamer gemacht, als sie tatsächlich waren. Dass Objekte im Laufe ihrer musealen Biografie neue Funktionen erhalten, andere verlieren und damit auch die Bedeutungsebenen in Bewegung geraten,

---

34 Thiemeyer, Thomas: Museumsdinge, in: Samida, Stefanie u. a. (Hrsg.): Handbuch Materielle Kultur. Bedeutungen, Konzepte, Disziplinen, Weimar 2014, S. 230–233, hier: S. 230.
35 Vgl. „Unser Bergbaumuseum als Erziehungsfaktor. Auch während des Krieges ‚wächst' das Museum in seinen Räumen", in: Westfälische Landeszeitung – Rote Erde, 08.08.1941, o. S., in: montan.dok/BBA 112/2302.

ist selbstverständlich. Doch sollten sich Kuratoren im Falle der Sallwürk-Porträts zumindest bewusst sein, dass sie den Gemälden durch die für Kunstgalerien typische Ausstellungspraxis ohne die Rückbindung an den Entstehungskontext eine Aura andichten, die diesen nicht gerecht wird.

Informationen zum Projekt:

www.bergbau-sammlungen.de/ (Stand: 11.05.2020)
www.bergbaumuseum.de/forschung/forschungsprojekte/projekt-detailseite/
    montandok-21-ueberlieferungsbildung-beratungskompetenz-und-zentrale-serviceeinrichtung-fuer-das-deutsche-bergbauerbe (Stand: 11.05.2020)
museumsverband-hessen.de/de/veroeffentlichungen/arbeitshilfen (Zugriff am 04.06.2020)
xtree-public.digicult-verbund.de/vocnet/ (Stand: 04.06.2020)

Anhang

Abstracts

Michael Farrenkopf
Materielle Kulturen des Bergbaus – einleitende Bemerkungen
Der Beitrag präsentiert einleitende Gedanken zum Konzept der Materiellen Kulturen in Relation zum gegenwärtigen Stand der Bergbaugeschichte. Der vorliegende Band geht dabei auf eine wissenschaftliche Konferenz zurück, die vom 05. bis 07. Dezember 2019 unter dem Titel „Materielle Kulturen des Bergbaus – Material Cultures of Mining" im Deutschen Bergbau-Museum Bochum (DBM), Leibniz-Forschungsmuseum für Georessourcen, mit internationaler Beteiligung durchgeführt worden ist. Der Band beabsichtigt, nach den Potentialen der materiellen Überlieferungen des Bergbaus im Sinne der Materiellen Kultur als solches zu fragen. Dies erscheint herausforderungsvoll, denn einerseits ist das Feld der Materiellen Kultur heute zwar in gewisser Weise en vogue, als fächerübergreifender Komplex ist es jedoch höchst divers verortet. Andererseits stellt sich die Frage, inwieweit dabei Bezüge zur Geschichtswissenschaft allgemein und einer modernen Bergbaugeschichte speziell ermittelt werden können, die sich im Idealfall befruchten und in der Zukunft erkenntnisleitend angewendet werden können. Der Beitrag zeichnet die disziplinäre Genese und die theoretischen Gehalte der Material Culture Studies nach, wobei für diese in Deutschland heute die Definition von Hans Peter Hahn maßgeblich ist. Er bezeichnet die Materielle Kultur als die Summe aller Gegenstände, die in einer Gesellschaft genutzt werden oder bedeutungsvoll sind. Auf den ersten Blick lässt sich ein solches Theoriegebäude der Materiellen Kultur mit den bisherigen Ausprägungen einer Bergbaugeschichte kaum in Verbindung bringen. Dies hat weniger mit deren spezifischen Themen und Ergebnissen im Verlauf der letzten Jahrzehnte als vielmehr damit zu tun, dass eine Auseinandersetzung mit der Materiellen Kultur zumal in der deutschen Geschichtswissenschaft insgesamt bislang kaum erfolgt ist. Wenn die Material Culture Studies aus einer aktuellen Sicht allerdings Untersuchungen zur lebensweltlichen, alltagsnahen, sinnlichen und suggestiven Qualität der Dinge mit ihren materiellen und symbolischen Bedeutungen verbinden und sich ihre Arbeiten sowohl auf die Gegenwart als auch die Historie erstrecken, scheint es zumindest angeraten darüber nachzudenken, inwieweit bis heute bestehende Gräben zwischen der Materiellen Kultur und der Bergbaugeschichte sinnvoll überwunden werden können. Mit der Industriearchäologie bzw. Industriekultur sowie einer Erinnerungsgeschichte in Form der so genannten Erinnerungsorte werden dabei zwei Forschungsbereiche benannt, bei denen bereits heute Anschlusspotentiale zwischen Materieller Kultur und Bergbaugeschichte bestehen.

Stefan Siemer
Bergbaugeschichte im Material Turn – einige Gedanken vorab
Die Bergbaugeschichte als Teil einer Geschichte von Wissenschaft und Technik bezieht sich ganz offensichtlich auch auf Objekte und ihre Bedeutungen. Als Teil von Museumssammlungen spiegeln Objekte Bergbautechnik, Geologie, Alltag und Aspekte der Tradition, Erinnerung und sogar der Kunstgeschichte. Obwohl ein wesentlicher Teil der Bergbaugeschichte, werden Objekte selten außerhalb der Bergbauarchäologie als eigenständige Quellen oder als Teil einer dem Bergbau eigentümlichen materiellen Kultur erforscht. Stattdessen beschäftigt sich die Bergbaugeschichte im Rahmen herkömmlicher Schriftquellen mit sozialen Bewegungen, der Arbeiter-, Wirtschafts- oder neuerdings auch der Umweltgeschichte. Von diesem Befund ausgehend handelt der Beitrag von einigen neueren Konzepten innerhalb der Material Culture Studies und fragt danach, was von ihnen für die Bergbaugeschichte übernommen werden kann und was insgesamt aus diesen neuen Ansätzen für sie zu lernen ist. Es stehen im Wesentlichen zwei verschiedene Perspektiven zur Diskussion. So kann man einerseits Objekte über externe Quellen interpretieren und kontextualisieren. Hier sprechen die Objekte nicht für sich selbst, sondern erhalten ihre Stimme indirekt durch schriftliche Dokumente oder Bildquellen. Andererseits werden Objekte vor allem durch ihre Materialeigenschaften wahrgenommen, zum Beispiel durch Materialien wie Eisen, Kunststoff, Beton oder Holz. Wie alle historischen Objekte hängt auch ein Objekt der Bergbaugeschichte letztlich von der Ambivalenz von Bedeutung und Materialität, von äußeren Kontexten und dreidimensionaler Einzigartigkeit ab.

Michael Farrenkopf
Run on the objects!? – Joint research and collecting between plea and practice
Collecting, preserving and researching objects are still defined as three of a total of five core tasks of museums in the definition of the International Council of Museums (ICOM) from 2007. They form in some ways the basis for exhibiting and presenting as the other core tasks, which museums are most likely to be associated with in the public perception. Despite a current controversy over a new definition of the museum as an institution on an international level, in which the practice of collecting is considered particularly controversial, the connection between object collections and their research in Germany is constitutive. This applies, in particular, to the eight so-called Forschungsmuseen (Research Museums) of the Leibniz Association and, not least, to the Deutsches Bergbau-Museum Bochum (German Mining Museum Bochum) as the Leibniz Research Museum for Georesources. Its Montanhistorisches Dokumentationszentrum (montan.dok) as a collection-related research infrastructure has strongly promoted the collection of

objects in various projects in recent years, because with the ending of the German coal industry, regulated by law, by the end of 2018, there was a great pressure to merely secure the material culture of the mining industry. And even if the formation of the history of technology as a scientific discipline since the end of the 19th century was closely connected with the largely contemporary formation of modern museums of science and industry, the connection between common research and collection of objects seems to be a historical constant for mining. In contrast, the appropriation and arrangement of objects as material culture and as a symbolic form of interpretation of the world has hitherto covered the research discourse within the museums themselves, but university research, including modern technological history, is seldom a topic. The contribution aims to problematize this area of conflict and ask how a research-led "run on the objects" can actually be generated for mining-related object collections.

Andreas Benz
The historical mining and metallurgical models of the TU Bergakademie Freiberg and their use in teaching on museology
The TU Bergakademie Freiberg owns more than 30 scientific collections, which are cultural property within the framework of legally binding collection regulations since 2014 and are therefore under special protection. In addition to the Geological Collections, the preserved collection of historical mining and metallurgical models stands out. In the article, this collection of around 250 objects will be presented and its more than 200-year history discussed. During the 19th century, the models were predominantly, but not exclusively, produced for teaching purposes. With the increasing complexity of technology, this didactic tool loses significance until the First World War as well as within the Freiberg mining industry in general. Rediscovery as a means of didactism did not take place until a curator of the collection was employed in 1985. After "rescue" and restoration of the forgotten models had taken place, they could now reflect a historical context. A collaboration between the custody and the Institut für Wissenschafts- und Technikgeschichte (IWTG) makes this possible. Over the last ten years, this collaboration has successively deepened with the study courses Industrial Archaeology (BA) and Industrial Culture (MA). The custody organizes the courses and also provides the rooms for teaching. Here the students come into close contact with the objects and learn about the problems of conservation and restoration. In a two-semester seminar in which the collection and exhibition concepts are explicitly tested, this practical museology is offered to the students. Within the last three years, two major special exhibitions have taken place, in which students have independently carried out research with selected objects based on defined questions and criteria. The exhibition "Perspektiven

der Bergbausammlung" (perspectives of mining collections) illustrate the role and transformation of objects as sources. Quite in contrast to the former practice of classifying objects according to their purpose, the students now arrange them according to today's criteria. Therefore, other points of view with regard to production, previous owners or models as pieces of art are possible. The course "Erhalt von Kulturgut" (preservation of cultural heritage) is different. Here the students acquire elementary knowledge in the handling of collection objects and learn about preventive conservation. This also includes an examination of the history of materials in the sense of historical materials science. Taking into account the history of the object and its function as well as material aspects, the final examination thesis, normally written within one semester, can provide important impulses for improving conservation and the public perception of the objects. In addition to the classical fields of collecting and preserving, object-related teaching has developed into an important pillar of the curator's work. Not least, these different projects have led to a valorization of the collections by the public as well as by the institution itself. After all, universities are not museums.

Swen Steinberg
Materialbasiertes Wissen zwischen Lokal- und Globalbezug. Deutsche Bergbaumodelle, Migration und nordamerikanische Bergschulen, 1860–1914
Die Bergakademien in Freiberg, Clausthal und Berlin richteten bereits in der ersten Hälfte des 19. Jahrhunderts „Werkstätten" ein, in denen montane Praktiken in teils zerlegbaren, teils voll funktionstüchtigen (zumeist hölzernen) Modellen abgebildet wurden. Diese Praktiken waren dabei nicht nur ihrem Namen nach regional oder gar lokal (z.B. „Tin blast furnace as used in Saxony", „Harz jig", „Freiberger Röstnadel"). Ihr Transfer etwa in transatlantische Kontexte scheint vielmehr auf den ersten Blick wenig zielführend, da die dargestellten Methoden teils sehr stark von lokalen Rahmenbedingungen abhängig waren (Metallgehalte, Energieressourcen, Grundwasserverhältnisse, Qualität des Baumaterials). Dennoch wurden diese Modelle aus Freiberg, Clausthal und Berlin in amerikanischen Mining Schools wie New York/Columbia oder Golden schon in den 1860er- und 1870er-Jahren angekauft und gezielt in der Lehre eingesetzt. Zudem waren diese Modellsammlungen ein beliebtes Ausstellungsstück und finden sich etwa auf den Weltausstellungen, aber auch auf zahlreichen regionalen Messen der USA. Diese Modelle spiegeln dabei den Transfer von Anwendungspraktiken, wie ein Blick in den Katalog der Colorado School of Mines aus dem Jahr 1896 verdeutlicht, zeigte doch eines der Modelle einen „Round silver-lead furnace, as used in Germany and Utah". Zugleich wurden diese Modelle auch in ihrer Methodik der Wissensvermittlung transferiert: 1917 reflektierte etwa ein Professor der Univer-

sity of Illinois über den Nutzen dieses deutschen Modellwissens und kündigte wohl nicht zuletzt auch bedingt durch den Ersten Weltkrieg den Aufbau einer eigenen Modellwerkstatt an, in der dann aber vor allem US-amerikanische Praktiken modellhaft dargestellt und verstehbar gemacht werden sollten. Der Beitrag zeigt, dass sich anhand dieser Modelle eine ganz eigene und nicht-schriftliche Form transnationaler Wissenstransfers aufzeigen lässt, die anschlussfähig an moderne Fragestellungen und Methoden der materiellen Kultur ist. Das Thema beruht auf dem Habilitationsprojekt des Verfassers: „Wissen über Berg und Wald: Diskurse und Transferpraktiken in den Montan- und Forstwissenschaften Zentraleuropas und Nordamerikas im Vergleich (1860–1960)" und stützt sich auf in Deutschland sowie 2015 bis 2016 im Rahmen eines DFG-Stipendiums in den USA durchgeführte Recherchen.

Jennifer Garner, Manuel Zeiler
From archaeology to experiment: New research on Celtic iron technology in the Siegerland region
In the younger Iron Age (3rd century BC) Celtic smelters already produced steel everywhere in the Siegerland. The use of a dome-shaped furnace type, which apparently stems from a "Celtic" technological tradition is remarkable; outside the Celtic cultural circle only shaft furnaces are used. In addition, the furnaces differed not only in their pear shape from contemporary furnaces in other regions, but above all in their enormous dimensions of 1.20 m inner diameter and 1.50 m height. Other components such as a front channel in order to stir the fire, the presence of nozzles in the dome area and the use of wood instead of charcoal raised questions about the functioning of these stoves at an early stage. A cooperative of the Deutsches Bergbau-Museum Bochum, LWL-Archäologie für Westfalen, Römisch-Germanisches Zentralmuseum Mainz, local researchers from Siegerland and students of the Ruhr-Universität Bochum and the Westfälische Wilhelms-Universität Münster in 2017 and 2018 carried out smelting experiments in a replica in the LWL-Freilichtmuseum Hagen, the results of which will be presented here.

Ulrike Stottrop
Minerals and fossils as knowledge carriers and collection objects
The exploration of rocks, minerals and fossils and the interpretation of scientific results are indispensable for successful mining. At the same time, mining promotes geological knowledge both real and metaphorical. Without these discoveries, insights for example on the evolution of plants would only be fragmentary.

Helmuth Albrecht
Mobile versus in situ? Artefacts as historical source in Industrial Archaeology: The example of water engines in the Freiberg mining area
Research in industrial archaeology always starts from an examination of the object or artefact. These can be tools, machines, industrial plants, technical and infrastructural systems or even landscapes. Especially for more complex structures, the historical location is important: in understanding the artefact it provides the essential context. The value of objects in situ as sources is higher than for those spatially relocated, for example in a depot or a museum exhibition. In a figurative sense the same applies to object-related sources preserved in archives. The article will exemplify this from a practical point of view: The object in question is the *Wassersäulenmaschine* (a water engine) at the Segen Gottes Erbstolln at Gersdorf, part of the mining landscape of the Erzgebirge/Krušnohoří region just recently chosen as a World Cultural Heritage site.

Torsten Meyer
No Scrap!? – Of "Layers of Time of the Technical", "Technical Intrinsic Times" and the change in object status of a conveyor bridge in the Lower Lusatian lignite mining district
There is much to suggest that the numerous "turns" in history have also led to an increased and innovative reflection on the concept of time in recent years. In this context, recent studies by Achim Landwehr are worth mentioning. Referring to him, Heike Weber recently proposed some ideas on time with regard to technical artefacts. Her reflections are the starting point for the article, which deals with the significance of time in the context of the material culture of mining. In terms of methodology, the article combines theoretical positions from material culture studies with the most recent industrial heritage. As a case study, the article puts the former conveyor bridge F60 of the Klettwitz-Nord open-cast mine in the Lausitz lignite district in focus. Today it is part of the "F60 Visitor Mine" and therefore reflects changing aspects of its status as an object. As a technical object it is "one of the largest mobile working machines in the world" and therefore it is it's own worth looking at among other reasons for the significance of its materiality in order to get closer to the "technische Eigenzeit" (own technical time), which is strongly influenced by materiality. Referring to the "F60 Visitor Mine", often referred to as the "lying Eiffel Tower", the "Nachleben der Technik" (afterlife of technology) is also important. The process of the reinterpretation of the object and the narrative of lignite mining in the region, which contribute to the literary topos of the "lying Eiffel Tower", has to be illustrated. With regard to the object status, this change raises the question of the *Evokationspotenzial* (evo-

cation potential) of the F60. By comparing the technical object with the object of memory, the article aims at a critical reevaluation.

Stefan Siemer
Grubensicherheit in der Nussschale: Der CO-Filter-Selbstretter Dräger Modell 623
Grubensicherheit ist ein komplexes System aus institutionellen, wissenschaftlichen und technischen Faktoren. Einen kleinen und eher unauffälligen Teil dieses Systems stellt der CO-Filter-Selbstretter dar. Er wurde im deutschen Kohlenbergbau 1951 eingeführt und war ab 1957 vorschriftsmäßiger Teil der persönlichen Ausrüstung unter Tage. Seine Entwicklung begann kurz nach dem Ersten Weltkrieg, um das nach Grubenbränden hochgefährliche Kohlenmonoxid aus der Atemluft zu filtern. Das Gerät spiegelt damit gleichzeitig allgemeine Diskussionen um die Grubensicherheit in der ersten Hälfte des 20. Jahrhunderts. Als reines Filtergerät stand es zunächst im Schatten der weitaus komplizierteren Atemgeräte der Grubenwehren. Das änderte sich mit dem schweren Grubenunglück auf der Zeche Grimberg 3/4 in Bergkamen im Februar 1946, als während einer Schlagwetter- und Kohlenstaubexplosion 402 Bergleute starben, viele von ihnen durch Kohlenmonoxid. Kurz darauf gaben die Bergwerksgesellschaften bei den Herstellern einen CO-Filter-Selbstretter in Auftrag. Doch der späte Erfolg des Geräts hing nicht allein mit seinen technischen Eigenschaften zusammen. Vor allem stand die Einführung des neuen Gerätes für eine neue Praxis von Unterweisung und Training, die sich auf die gesamte Belegschaft bezog und damit für ein neues Regime von Disziplin und Kontrolle in der Grubensicherheit sorgte.

Alain Forti
Once upon a Mine... Le Bois du Cazier, from the chaos of a catastrophe to the memory of technical and human know-how
As Christophe Barbier remarks in the French weekly magazine *L'Express*, the triumph of technology ultimately leads to people being forced more and more into the role of a modern Prometheus. The fate of an individual is also increasingly dependent on the actions of the many, especially in coal mining. Where science advances without being aware of its problems, the monstrosity of technology is not far away. Against the background of human tragedies, the former Bois du Cazier mine is an important memorial to industrial work. At the same time, it is a place for reflecting on human inventions and its consequences. Two objects that have miraculously survived in the collection allow us to reflect upon these philosophical implications. On the one hand, there is the "Guibal" type mine ventilator, on the other the vehicle of the mine rescue station in Marcinelle.

Hubert Weitensfelder
Collecting, exhibiting, researching: Mining at the Vienna Museum of Technology (TMW)
The beginnings of the Technisches Museum Wien (TMW) lead back to the time of the Habsburg Monarchy. Accordingly, the collections represent a broad geographical spectrum. This also applies to objects of mining and heavy industry. Since 1918, both collections were put on display quite differently in the exhibitions. At present, there is a massive reduction in the number of exhibited objects and exhibition space. Accordingly, mineral raw materials and their extraction will remain part of present debates, but the related stories will change.

Norbert Tempel
Malakow Towers – Myth and Reality
As the depth of mining shafts increased in the 19th century, stronger structures were needed. The first head frames made of steel appeared around 1890. Its predecessors were thick-walled brickwork towers, created from the 1850s onwards. They were able to absorb the diagonal forces of the hoisting cable (in the direction of the hoisting machine at the side of the shaft). At the same time, the mining companies wanted to express their economic power by designing the architecture of the towers in the style of fortress architecture. In Germany they were called "Malakowtürme" after a round tower of the Malakow (or Malakoff) fort on the Russian Crimea, which withstood the attacks of the French and English for a long time during the Crimean War (1853–1856). By intensive media coverage, "Malakow" had become the epitome of strength and resistance. The design spread not only in the Prussian coal mining areas (Ruhr, Saar and Silesia), but also in the Netherlands, Belgium, France and the Austro-Hungarian Empire, as well as in ore mining in Sardinia. Some of these constructions remained in operation for more than 100 years, partly supplemented by a steel winding tower. The heritage of Malakow towers in the Ruhr area forms an essential part of the application of the "Industrielle Kulturlandschaft Ruhrgebiet" (industrial landscape or the Ruhr area) as a UNESCO World Heritage Site. Referring to the more than 50 towers preserved to date, the article presents the architectural diversity and the spread of this type of construction in Europe, its role models and the references to towers with other functions outside mining, whose design and naming, even in contemporary times, were probably influenced by the myth of the Malakow Tower.

Thomas Stöllner
Verschlungene Verbindungen: Materielle Praktiken in Wissensnetzen des Bergbaus. Von der Theorie und ihren empirischen Konsequenzen in der Bergbauarchäologie

Der Bergbau als eines der ersten professionellen Unternehmungen ist besonders auf den Austausch von Erfahrungen und Wissen angewiesen. Die Ausbreitung bestimmter Techniken wie des Feuersetzens, des Sprengens mit Schwarzpulver oder anderer technischer Lösungen im Bergbau, in der Aufbereitung und in der Verhüttung, trägt entscheidend dazu bei, Innovationen, die die Produktionsweisen und damit soziale und kulturelle Entwicklungen veränderten, im Sinne einer Vielzahl verschiedener Entscheidungen aus der täglichen Praxis heraus zu verstehen. Bergwerke sind nicht nur ein technisches, sondern auch ein soziales Umfeld, das mit einer „sozialen Haut" verglichen werden kann, mit einer Eigendynamik, aus der in unterschiedlicher Notwendigkeit Praktiken resultierten: von der Ausbeutung eines Rohstoffs bis hin zu all den anderen Handlungen, die notwendig sind, um den Hauptzweck der Gewinnung zu erreichen. Dies materialisiert sich in Werkzeugen und Geräten und in materiell basierten sozialen Praktiken (z.B. die Zubereitung von Essen und der Errichtung von Lagern), die sich beispielsweise auf Orte und Transportgeräte beziehen. Archäologische Quellen erlauben einen tieferen Einblick in derartige Prozesse, vor allem auf der Grundlage von Ausgrabungen und Dokumentationen. Dieser Artikel geht von der grundsätzlichen Unterscheidung von explizitem und implizitem Wissen aus, um verschiedene Formen von Wissen und Praktiken, die in Techniken eingebettet sind, und deren möglichen Transfer zwischen Gemeinschaften und durch Individuen zu verstehen. Konnektivität als theoretisches Modell ist sehr wichtig, um zu begreifen, unter welchen Bedingungen Entscheidungen in die materielle Welt übertragen, aber auch eine Anpassung innerhalb verschiedener geologischer, geographischer und sozialer Kontexte vollzogen werden konnte.

Reinhard Köhler
Mining heritage in a region without a coherent mining tradition. The example of the Kellerwald in Northern Hesse

The article focuses on the region of the Kellerwald National Park in northern Hesse. One finds here various historical mining activities (iron, copper, lead, silver, gold, slate, jasper...) of which only a few were economically profitable. Although there are various written sources on this subject, other than in major mining regions, they either summarize the records or refer only to a small amount of sound and cohesive original sources of the mining administration. Besides this there are some studies on geology and mineral deposits as well as folkore (including fairy tales and legends). Accordingly, artefacts are of great importance. Unfortunately, these are quite rare and geographically, temporally and functionally diverse. The spectrum ranges from Latène metal finds to mining relics from the first half of the 20th century. Much has been collected privately, but little is collected by public museums (partly in the Deutsches Bergbau-Museum Bochum). Of course, one can find some mining heritage (profane and sacred), as well as landmarks related to mining. A major local place is the settlement Bergfreiheit, founded in the 16th century. Here, as elsewhere, mining tradition is presented to tourists. One can also find a visitors' mine and a small museum. This puts the role of mining history in focus and its contribution to a better understanding of the region. The article is therefore an attempt to understand artefacts in its function and in the context of a human-thing relationship. By presenting mining heritage in a broader context it also discuss means to make this heritage more accessible for local historiography and educational purposes.

Axel Heimsoth
The clothes of miners. A research desideratum
Why have museums only recently collected miners' clothing? The reasons for the lack of interest in textiles worn during the working shift is due to prevailing collecting and exhibition strategies of large museums and the special role of mining in this context. On the one hand, the majority of textile museums only collect fashion and not work clothes, on the other hand, many mining museums focus on mining technology leaving aside everyday objects. The broad field of work clothing remains a desideratum, not least because until now the history of textiles was researched solely by women, while men worked as miners. With the last collieries closed, mining museums and other institutions now have the opportunity to obtain objects, among them clothing, from former miners. Part of the new collection strategy should be a combination of object-based research and specific interviews. In this way, one can trace back different working conditions underground for several generations. This offers museums the opportunity to present current research in their exhibitions. Until recently, museums like the Ruhr Museum show miners' clothes only in photographs. Thanks to a new strategy in research and collecting, one can present the clothing industry as a relevant economic sector. Hundreds of thousands of miners needed clothing every day that, due to the working conditions, quickly wore out. Who replaced it? Who kept it tidy and clean? Which companies were active in this sector? Economic and socio-historical questions are on the agenda, which will lead to different results in the course of German history. In times of crisis such as the World Wars, textiles were scarce goods and only for limited sale. Just recently the image of the miner has changed. Work clothes are no longer worn only by miners. The peak in social perception was in 2018 as the miner in his work clothes was present at numerous

events and helped to shape the "farewell to hard coal" as a common image. The attention paid all over the world to German miners showed in the fashion label "Grubenhelden". Since the prosperous fashion company reuses original shirts for new shirts, it is only a matter of time before no original miners' clothing is left. Every museum should therefore rethink its own collection strategy.

Attila Tózsa-Rigó
Infrastructure and logistics of mining production in Neusohl in the second half of the 16th century
The Upper German banks played a prominent role in the mining industry of the Kingdom of Hungary. In the early modern period, the investments of Upper German entrepreneurs mainly refer to the Lower Hungarian mining regions (today in western Slovakia). In the centre of this region was Neusohl (on the Hungarian Besztercebánya, today in Slovakia, Banská Bystrica). In the first half of the 16th century the main investors were the Fuggers, with later the Manlich taking over the "Neusohl Project" from the Fuggers. In the last decades of the century, numerous technical problems arose. The Habsburgs needed new investors for profitable ore mining. In 1569, the company of Paller-Weiß received a significant exploitation and export concession for copper ore in Neusohl. The contract between the company from Augsburg and the House of Habsburg was renewed three times. All researchers agree that the Upper German investors played a fundamental role in Hungarian ore mining. Nevertheless specialists have paid little attention to the infrastructural background of mining in Lower Hungary in the second half of the 16th century. Therefore, the article outlines the business networks of Upper German banks in Central Europe. It also focuses on the question of what effect the Upper German investments had on the infrastructure and logistics of the Lower Hungarian copper exploitation and ore export in the last decades of the 16th century. The discussion based on the historical sources of the "Niederösterreichische Kammer" (ÖStA FHKA Nö. GdB, or Nö. Kammer Akten) and sources which refer to the "Ungarisches Münz- und Bergwesen" (ÖStA FHKA Ungar. MBW). A closer look at them promises sound results with regard to economic history and the mining history of the early modern period. Furthermore, it may shed new light on the Hungarian mining industry in that age.

Andrea Riedel
From the *Gnadengroschen* to the pension fund – The (historical) role of the collecting box of the *Freiberger Hüttenknappschaft* in a miner's everyday life
The first social insurance system existed in Goslar from 1260. In 1426, miners of the Freiberger Revier for the first time were termed as "dy knabschaft" in the Codex diplomaticus Saxoniae. From the beginning, these miners' associations

saw themselves not only as religious associations but also as associations of mutual help. Therefore, by collecting the so-called *Büchsenpfennig* the support of surviving relatives of the miners and smelters was an integral part of this system, but also depended on the funds available from the miners' funds. The head of the association collected the money to be paid and kept it in a special box. In the "Freiberger Berggebräuche" from 1554 the *Bergvogt* (principal of the miners) Simon Bogner, also refers to the *Büchsenpfennig*. The box of the *Freiberger Hüttenknappschaft* (association of miners) from the year 1546 is an extremely rare material witness from the early days of social insurance. The green painted cylindrical box was made completely from iron and fitted with iron bands and hinges. It also shows diverse techniques of handicraft like riveting and flanging. As an object it represents the history of the *Freiberger Hüttenknappschaft* since its foundation. Throughout its history, the miners' association has always been dependent on its economic and political environment and constantly adapted itself to social reality. Beyond that, the object is a symbol for the establishment of the first pension fund in the Clausthaler Revier (1759), the Saxon mining laws of 1851, 1868 and 1884, the *Knappschaft* law of 1854 in Prussia as well as the "Reichsversicherungsverordnung" (regulation of the pension fund) in 1911. The box of the *Freiberger Hüttenknappschaft* is the main object of the special exhibition of the Stadt- und Bergbaumuseum Freiberg "Vom Gnadengroschen zur Rentenformel" in 2020 and one of the main objects of the central exhibition of the fourth Saxon state exhibition "Boom. 500 Jahre Industriekultur in Sachsen". A replica of the box on a scale of 1:1 is currently under construction.

Heino Neuber
"Glückauf! The best light shall protect you!" – How the *Rübölblende* illuminates aspects of Saxon coal-mining history
It is the treasure of many collections of mining and a sought-after rarity traded at high prices: the *Rübölblende*, a special miner's lamp, which is also widely known under the name *Wetterkasten* or *Freiberger Blende*. Since the 18th century the lamp replaced the so-called *Frosch*, a lamp with an open flame. Now a wooden case protected the flame against draught. Polished plates of brass intensified the luminosity of the flame. Later, the candles were replaced by *Rapsöl* or *Rüb(sen)öl*, an oil obtained from rapeseed. Soon the lamp became a typical part of the equipment of miners in Saxony, first in ore and later on in coal mining. The miners carried their equipment with them and were responsible for its maintenance, a practice which reflects the economic and historical dimensions of the *Rübölblende*. Though its open flame was still dangerous with regard to firedamp ignitions, the device was nevertheless frequently used: open flames were much brighter than those in the so-called security lamps. The shock of severe mining

accidents in Döhlen, Saxony in 1869 with 276 victims, and in 1879 in Zwickau with 89 victims, led to the construction of a new safety lamp by the mechanic Carl Wolff from Zwickau. The lamp had a magnetic safety lock and the flame fueled by petrol could be ignited and adjusted from the outside. The lamp could also detect mine gas. This innovation sets the old *Rübölblende* in context. Replaced by the safety lamp today, it has been for a long time a mere object of memory and an object of mining history.

Johannes Großewinkelmann
"I like to remember that time!"- The memory culture of former miners of the Rammelsberg ore mine exemplified by objects from private collections
Since the 1970s, a new look at the working class and its place in history led to the "history from below" movement. Since then, aspects of everyday culture and social history gradually found their way into the exhibitions of museums of science and technology and the newly created industrial museums. Such a change in perspective necessarily led to other forms of collecting and preserving. In addition to many new areas of collecting, focusing on private bequests was certainly an important step towards exhibitions of everyday life and the life of "ordinary people" and their contribution to history. At the Rammelsberg World Cultural Heritage site, former miners of the Rammelsberg mine and their surviving relatives for several years participated at organized meetings. As consequence, they returned objects related to working and everyday experience to their former working place. What do we find within these private collections? What do we learn from these objects in terms of working conditions? Do these collections merely represent a mix of personal views of tradition and a glorification of former work? How do these collections differ from each other and how does this influence our concept of memory culture? How can we define memory culture in general? The article will discuss these questions and present examples of objects from private collections.

Amy Benadiba
Hinter jedem Objekt jemandes Erinnerung: Das Sammeln von Informationen rechtfertigt die Sammlung
Das Centre Historique Minier befindet sich in Lewarde, inmitten des nordfranzösischen Kohlenreviers und wurde auf dem Gelände der ehemaligen Zeche Delloye errichtet. Auf Initiative der staatlichen Zechengesellschaft 1982 gegründet, eröffnete das Centre Historique Minier 1984. Sein Ziel ist es, die 300-jährige Geschichte und Kultur des Bergbaus im Nord-Pas de Calais für künftige Generationen zu bewahren und zu vermitteln. Das Museum ist in drei Bereiche unterteilt: Ein Bergbaumuseum, ein Archiv mit Dokumenten zur Bergbaugeschichte,

in dem sich die Überlieferung der staatlichen Bergbaugesellschaft des Nord-Pas de Calais befindet, und ein Zentrum, das die Geschichte des Kohlenbergbaus und die Energiegewinnung aus technisch-wissenschaftlicher Perspektive behandelt. Die Sammlungen umfassen ca. 15 000 Objekte mit Bezug zum Kohlenrevier des Nord-Pas de Calais. Drei Bereiche sind dabei besonders gut vertreten: Die Bergbautechnik als Schwerpunkt der Sammlungen, ein „ethnografischer" Bereich, der sich mit dem Alltag der Bergleute befasst, und die geologische Sammlung, in der sich Fossilien und Gesteinsproben aus dem Zusammenhang von Prospektionsarbeiten finden. Schließlich hat das Centre Historique Minier in den letzten Jahren eine Kunstsammlung (Gemälde, Zeichnungen, Aquarelle, Tapisserien, Skulpturen, aber auch Werbe- und Kinoplakate) sowie eine Sammlung mit bergbaubezogenem Kunsthandwerk (Uhren, Möbel, Geschirr, Münzen und Medaillen) zusammengetragen. Ursprünglich gelangten die Objekte kurz nach den Zechenschließungen in die Sammlungen. Später, etwa seit 1990, hat das Centre Historique Minier eine Sammlungsstrategie entwickelt, die es ermöglicht, Jahr für Jahr durch Kauf, Stiftungen und vor allem Schenkungen neue Objekte zu erwerben. Im Beitrag geht es hauptsächlich um diese Schenkungen und die damit verbundenen Vorgänge über die letzten Jahre hinweg. So ist es wichtig, die Geschichte der Objekte zurück zu verfolgen und neben den Besitzverhältnissen und dem Erhaltungszustand alle relevanten Informationen zu dokumentieren. Nur so ist eine Aufnahme als Gedächtnisobjekt, das mehr als ein rein technisches oder Alltagsobjekt ist, in die Sammlung gerechtfertigt. Dies zeigen zahlreiche kürzlich erworbene Stücke, die als technische Objekte und über ihre Herkunft bzw. ihren Gebrauch mit dem Nord-Pas de Calais verbunden sind. Zugleich sind sie über die Geschichten ihrer Besitzerinnen und Besitzer einzigartig. Denn es sind letztere, die das Kohlenrevier und seine Kultur geprägt haben.

Nicola Moss, David Bell
Unter der Fahne des Bergbaus
Im schottischen Industriegebiet und insbesondere im dortigen Bergbau finden wir seit dem 18. Jahrhundert Bergbaufahnen im Besitz von Gruppen und Vereinen. Sie sind u. a. Ausdruck von Solidarität und bestimmter Überzeugungen. Der Beitrag befasst sich unter fünf verschiedenen Aspekten mit der Bergbaufahne als Wissens- und Gedächtnisobjekt. Untersucht wird erstens der Ursprung von Bergbaufahnen im schottischen Bergbau und warum Fahnen hier weit mehr als etwa Schärpen oder Abzeichen in Gebrauch waren. Zweitens geht es um den Zweck: Bergbaufahnen wurden gebraucht, um Aufmerksamkeit zu erregen, Unterstützung zu erlangen, Stärke und Solidarität zu demonstrieren, eine klare Position zu vertreten, Arbeitsplatzgarantien und Sicherheit am Arbeitsplatz zu fordern und um an historische Ereignisse zu erinnern. Drittens geht es um die Herstel-

lung: Untersucht wird hier das Spektrum von professionellen Herstellern bis hin zu Bergbau-Aktivisten, von den verwendeten Materialien bis hin zur Umsetzung bestimmter Inhalte. Viertens steht die Symbolik im Mittelpunkt: Die für die Fahnen verwendeten Bilder reichen von Freimaurersymbolen, Slogans, fiktiven und realen Persönlichkeiten bis hin zu Wahrzeichen. Dies wird anhand ausgewählter Symbole und von seit dem 18. Jahrhundert bis heute präsenten Themen näher dargestellt. Fünftens geht es um das Sammeln und Bewahren: Als Wissens- und Erinnerungsobjekte finden sich Fahnen sowohl in Museumssammlungen wie auch auf öffentlichen Veranstaltungen, wo sie nach wie vor ihren ursprünglichen Zweck erfüllen. Die Fahnen des National Mining Museum Scotland lagern mangels personeller Ressourcen für ihre Bearbeitung nach wie vor gut verpackt und für die Öffentlichkeit nicht zugänglich im Magazin. Diese „Unsichtbarkeit" steht in deutlichem Gegensatz zur ihrer Sichtbarkeit etwa bei Paraden und Versammlungen, die jedes Jahr in Schottland stattfinden. Dies ermöglicht es jedoch, die Objekte zugleich aus einer historischen und einer Gegenwartsperspektive zu betrachten.

Anissa Finzi, Maria Schäpers
The patron saint of miners in the Ruhr region: Promoting Saint Barbara and collecting in the Deutsches Bergbau-Museum Bochum
The first part of the article highlights the beginnings of the extensive collection of Saint Barbara in the Deutsches Bergbau-Museum Bochum (DBM) and the efforts made there, especially by the founding director Dr Heinrich Winkelmann, to establish the veneration of Barbara in the Ruhr area. Since the 1930s, Saint Barbara has played a specific role in the former Bergbau-Museum Bochum. On the one hand, objects, especially sculptures, on the other hand, photographs of various representations of the saint were collected for the still unfinished museum. In addition to collecting objects and photographs of representations of Barbara, studying the traditions of the veneration of the saint in various mining areas was of interest. The people who had to leave Upper Silesia as a result of the Second World War brought along their traditions of venerating Saint Barbara as the patron saint of miners, when they came to the Ruhr area. According to Winkelmann, for the miner Barbara "was a symbol of the legality of his working day, a symbol of his work, the epitome of his status". Thus, Winkelmann in cooperation with the "Vereinigung der Freunde von Kunst und Kultur im Bergbau e.V.", founded in 1947, encouraged the spread of such a tradition amongst the miners in the Ruhr area. Even though the reference to the mining industry was important when celebrating Saint Barbara, the religious elements should remain recognizable in the representation of the saint. Omitting those attributes that identify the female figure as Saint Barbara, such as tower and chalice, was considered too

profane by the museum director. He also rejected the addition of mining attributes such as a miner's lamp. Accordingly, Winkelmann tried to find figures that corresponded to these ideas for the Bergbau-Museum Bochum. In addition, he advised companies and individuals who wanted to acquire a representation of Saint Barbara. The second part of the article is dedicated to the recent history of Saint Barbara at the DBM. Especially with the "Nemitz Stiftung St. Barbara", founded in 2002, the museum's collections received a significant increase in exhibits related to the saint. Since 2009, a large part of these have been presented in a permanent exhibition. There is less focus on the history and development of the collection, which the DBM maintains, secures and makes accessible to the public, and more on the attempt to systematize the collection as such. Especially objects from the last 100 years that have a direct connection to mining will be looked at. Contrary to Winkelmann's ideas, the attributes of the saint have changed in the meantime. In many representations the chalice and the tower have been supplemented or replaced by a miner's lamp and a headframe, and Barbara is often placed in a mining environment. With her transformation from a Catholic saint to an "ecumenical patron saint" the ways of presentation, the characteristics attributed to her and her "fields of application" changed. In the meantime, the saint has contributed to the Ruhr area's sense of identity. Studying the representations of the saint, her attributes, the way mining companies, trade unions and associations took possession of Saint Barbara, the materiality of the objects as well as the functional contexts provides information about the connection of the saint with the mining industry and how this manifests itself in objects. Analysing the collection of Saint Barbara at the DBM can thus be a starting point for further research into the figure of the saint, the still quite young tradition of veneration of the patron saint of the miners in the Ruhr area and her increasing role in marketing.

Lisa Egeri

Knappenbrief, miner's lamp and Saint Barbara – Objects between individual and collective memory culture

As part of the exhibition "Revierfolklore. Zwischen Heimatstolz und Kommerz. Das Ruhrgebiet am Ende des Bergbaus in der Populärkultur", the LWL-Industriemuseum Zeche Hannover in 2018 presented a first inventory of objects and practices of popular culture related to mining in the Ruhr area. This process of folklorization is due to an increasing popularization of industrial culture and a reinterpretation of mining symbols as symbols of the post-industrial Ruhr region. A notable example is the Zollverein colliery's headframe as a symbol of industrial culture in the region. Since the middle of the 20th century, these symbols have found their way into the Ruhr area and been disseminated in the form of mining memorabilia, which are the precursors of today's omnipresent souvenirs and memorabilia for sale. Until the present, mining-related memorabilia like lamps, miniature mine cars or plaques made of charcoal find their way into private collections of former miners and beyond that are popular collectors' items. Not least they refer to individual stories and memories. No other industry has produced such a mass of objects with recurrent motifs and symbols. Hammer and chisel, pit frames and miner's lamps form a canon of images of the mining industry. Nevertheless, these motifs did not come out of nowhere, but were transferred from other mining areas and afterwards transformed according to the needs of the mining industry of the Ruhr area. Accordingly, objects with mining motifs express a personal relationship of the owner to mining. With regard to the great abundance and variety of mining memorabilia, however, one can identify a pre-fabricated culture of memory with objects personalized as well as mass-produced. Trade unions and mining companies acknowledged membership and service anniversaries or passed exams with personalized items like medals, diplomas or badges, not least to reward the workers. Most notable among these objects were diplomas and miners' certificates, which were disseminated as a mass medium from the 1920s. In the 1950s, at the peak phase of production and distribution of mining memorabilia, a large market for devotional items existed, such as for the products of the Kohlekeramische Anstalt Zeche Hannover-Hannibal. In the collection of the LWL-Industriemuseum and in private collections and museums, a large number of such fabricated memorabilia are preserved. The article will refer to some of them as examples and discuss questions like: For whom and by whom were they created? Which motifs and symbols do they contain? Why are they so popular? Finally, these objects are discussed in today's context of marketing, tourism and design.

Anna-Magdalena Heide, Maren Vossenkuhl
For memory? Portraits of famous miners
The Deutsches Bergbau-Museum Bochum opened in 1930 as a museum of technology. The collection documentation, however, shows a rapid increase of fine arts objects since 1933. The article will attempt to explain this contrast by outlining the genealogy of the collection with its specific passing fads and by presenting a general overview of the broad variety of collected paintings. Using the series "Portraits of Famous Miners", the museum's central art project in the 1940s and 1950s, the article examines what kind of function and value art can provide in a technical historical museum and thus contributes to the memorial culture of mining.

Bibliographie

Aali, Abolfazl/Stöllner, Thomas (Hrsg.): The Archaeology of the Salt Miners. Interdisciplinary Research 2010–2014, in: Metalla, 21.1–2, 2014 (2015), S. 1–141.

Albertus Magnus: De mineralibus et rebus metallicus libri quinque, Coloniae 1569.

Albrecht, Helmuth: Industriearchäologie – Konkurrent oder Teil der Archäologie der Moderne?, in: Jürgens, Fritz/Müller, Ulrich (Hrsg.): Archäologie der Moderne. Standpunkte und Perspektiven, Bonn 2020 (= Historische Archäologie. Sonderband 2020), S. 81–97.

Allgemeine Bergpolizei-Vorschriften für das Königreich Sachsen vom 2. Januar 1901, in: Menzel, Carl (Hrsg.): Jahrbuch für das Berg- und Hüttenwesen im Königreiche Sachsen. Jahrgang 1901, Freiberg 1901, Anlage zum Anhange C, S. 1–27.

Allgemeine Bergpolizei-Vorschriften für das Königreich Sachsen vom 25. März 1886, in: Menzel, Carl (Hrsg.): Jahrbuch für das Berg- und Hüttenwesen im Königreiche Sachsen auf das Jahr 1886, Freiberg 1886, S. 233–248.

Amores y Martinez Amoré, Serge: Ces hommes du feu que l'on ne voit pas. L'histoire et les moyens techniques des pompiers industriels et privés belges, Neufchâteau 2015.

Andrieux, Jean-Yves: Industrial Heritage: A New Cultural Issue, in: Encyclopédie pour une histoire nouvelle de l'Europe, online unter: https://ehne.fr/en/node/12422 (Stand: 12.08.2020).

Annual Catalogue of the Colorado School of Mines, 1904–1905.

Annual Catalogue of the Colorado School of Mines, 1912–1914.

Antonietti, Thomas: Vom Umgang mit dem Museumsobjekt. Grundsätzliches zur volkskundlichen Sachkulturforschung, in: Antonietti, Thomas/Bellwald, Werner: Theorie und Praxis volkskundlicher Museumsarbeit. Das Beispiel Wallis. Vom Ding zum Mensch, Baden 2002, S. 21–47.

Apfelbaum, Alexandra u. a. (Hrsg.): Weiter Bauen. Werkzeuge für die Zeitschichten der Stadt, Essen 2019 (= Beiträge zur städtebaulichen Denkmalpflege, Bd. 9).

Appadurai, Arjun: Disjuncture and Difference in the Global Economy. Theory, in: Culture and Society 7, 1990, S. 295–310.

Arbeitsausschuss (Hrsg.): Das Technische Museum für Industrie und Gewerbe in Wien, Wien 1908.

Archiv verschwundener Orte – Archiw zgubjonych jsow, unter: www.archiv-verschwundene-orte.de/de/startseite/70224 (Stand: 20.06.2020).

Arendt, Hannah: Vita Activa oder vom tätigen Leben, München 1981 [1960].

Asrih, Lena/Ingenerf, Nikolai/Meyer, Torsten: Bergbau als techno-naturales System – Ein Beitrag zur modernen Bergbaugeschichte, in: Der Anschnitt 71, H. 1, 2019, S. 2–18.

Assmann, Aleida: Der lange Schatten der Vergangenheit. Erinnerungskultur und Geschichts-politik, München 2006.

Assmann, Aleida: Ist die Zeit aus den Fugen? Aufstieg und Fall des Zeitregimes der Moderne, München 2013.

Auslander, Leora: Beyond Words, in: The American Historical Review 110,4, 2005, S. 1015–1045.

Banerjee, Abhradip u. a.: "Materiality" revisited: Relevence of material culture studies in the contemporary era, in: Journal of the Department of Anthropology, University of Calcutta 2011/12, Bd. 14, Nr. 1, S. 1–14.

Bangstad, Torgeir Rinke: Defamiliarization, Conflict and Authenticity: Industial Heritage and the Problem of Representation, Diss. phil. NTNU – Trondheim 2014, unter: https://core.ac.uk/download/pdf/52113527.pdf (Stand: 12.08.2020).

https://doi.org/10.1515/9783110729955-027

Bangstad, Torgeir Rinke: Industrial heritage and the ideal of presence, in: Olsen, Bjørnar/ Pétursdóttir, Þóra (Hrsg.): Ruin Memories. Materiality, Aesthetics and the Archaeology of the Recent Past, Paperback Reprint, London/New York 2019 [2014] (= Archaeological Orientations), S. 92–105.

Barbara-Bruderschaft – Arbeitskreis des Bergbaumuseums Grube Anna e.V. (Hrsg.): Die schwarze Barbara. Eine Kapelle für die Schutzpatronin des Aachener Reviers, Alsdorf 2015.

Barber, Martyn/Topping, Peter/Field, David: The Neolithic Flint Mines of England, Swindon 1999.

Barbier, Christophe: Le lieu du drame, in: L'Express (édito), n° 3326, Paris, 1er avril 2015.

Barth, Fritz Eckart: Zu den Tragsäcken aus dem Salzbergwerk Hallstatt, in: Archaeologia Austriaca 76, 1992, S. 121–127.

Barth, Fritz Eckart: Ein Füllort des 12. Jahrhunderts v. Chr. im Hallstätter Salzberg, in: Mitteilungen der Anthropologischen Gesellschaft Wien 123/124 (Festschrift Karl Kromer), 1993/94, S. 27–38.

Barth, Fritz Eckart/Neubauer, Wolfgang: Salzbergwerk Hallstatt Appoldwerk. Grabung 1879/80, Hallstatt 1991.

Barthel, Erhard: Werkstätten. Planmässig vorbeugende Instandhaltung – Technischer Dienst – Instandsetzung. Manuskriptdruck, Dresden [1970] (= Handbuch Baustelleneinrichtung, H. 7).

Barthel, Manfred: Steinkohle und Paläobotanik. Gedanken zum Ende des deutschen Steinkohlebergbaus, in: Veröffentlichungen des Museums für Naturkunde Chemnitz, 41, 2018, S. 161–174.

Bartlett, J. C.: American Students of Mining in Germany, in: Transactions of the American Institute for Mining Engineers V (1876/77), S. 431–447.

Baudrillard, Jean: Le système des objets, Paris 1969.

Bauerman, Hilary: A Descriptive Catalogue of the Geological, Mining and Metallurgical Models in the Museum of Practical Geology, London 1856.

Baumert, Martin: Nationalsozialistische Autarkiepolitik in der Braunkohlenwirtschaft. Tagebau und Braunkohlenwerk Espenhain 1936 bis 1945, Magisterarbeit Universität Leipzig 2011.

Baumert, Martin: Autarkiepolitik in der Braunkohlenindustrie. Ein diachroner Systemvergleich anhand des Braunkohlenindustriekomplexes Böhlen-Espenhain, 1933 bis 1965, Berlin/ Boston 2021 (= Veröffentlichungen aus dem Deutschen Bergbau-Museum Bochum, Bd. 240; = Schriften des Montanhistorischen Dokumentationszentrums, Nr. 40).

Baxmann, Matthias: Abraumförderbrücke F 60 bei Lichterfeld. Technisches Denkmal oder Symbol für die Lausitz?, in: Albrecht, Helmuth/Fuchsloch, Norman (Hrsg.): Erfassung, Bewahrung und Präsentation technischer Denkmale aus dem Bereich der Braunkohlenindustrie, Chemnitz 2001 (= INDUSTRIEarchäologie. Studien zur Erforschung, Dokumentation und Bewahrung von Quellen zur Industriekultur, Bd. 1), S. 43–57.

Baxmann, Matthias: Besucherbergwerk „Abraumförderbrücke F 60" – Brücke aus der Vergangenheit in die Zukunft, in: Kulturamt des Landkreises Elbe-Elster (Hrsg.): Kohle, Wind und Wasser. Ein energiehistorischer Streifzug durch das Elbe-Elster-Land, Herzberg/Elster 2001, S. 73–88.

Baxmann, Matthias: Vom „Pfützenland" zum Energiebezirk. Die Geschichte der Industrialisierung in der Lausitz, Dresden 2003 (= Zeit*maschine* Lausitz).

Bayerl, Günter: F 60 – Die Niederlausitzer Brücke. Eine Abraumförderbrücke als Wahrzeichen eine Tagebauregion, in: Blätter für Technikgeschichte 63, 2001, S. 33–59.

Bayerl, Günter: Kulturlandschaften – Erbe und Erblasser. Die Niederlausitz als bedeutsames Erbe/Cultural Landscapes. Inheritance and Bequeathor. Niederlausitz as an Important

Heritage Side, in: Deutsche UNESCO-Kommision e.V./Brandenburgische Technische Universität Cottbus (Hrsg.): Natur und Kultur. Ambivalente Dimension unseres Erbes – Perspektivenwechsel. Nature and Culture. Ambivalent Dimensions of our Heritage – Change of Perspective, Bonn 2002, S. 59–78.
Bayerl, Günter: Vom Regenwald in die Wüste. Die Niederlausitz und die „Musealisierung" der Industriekultur, in: John, Hartmut/Mazzoni, Ira (Hrsg.): Industrie- und Technikmuseen im Wandel. Standortbestimmungen und Perspektiven, Bielefeld 2005 (= Publikationen der Abteilung Museumsberatung, Nr. 20), S. 212–234.
Bayerl, Günter (Hrsg.): Braunkohleveredelung im Niederlausitzer Revier. 50 Jahre Schwarze Pumpe, Münster u. a. 2009 (= Cottbuser Studien zur Geschichte von Technik, Arbeit und Umwelt, Bd. 34).
Bayerl, Günter: Die Niederlausitz. Industrialisierung und De-Industrialisierung einer Kulturlandschaft, in: Ders.: Peripherie als Schicksal und Chance. Studien zur neueren Geschichte der Niederlausitz, Münster u. a. 2011 (= Die Niederlausitz am Anfang des 21. Jahrhunderts. Geschichte und Gegenwart, Bd. 1), S. 255–325 (zuerst in: Blätter für Technikgeschichte 65, 2003, S. 89–163).
Becker, Johannes/Jungfleisch, Johannes/von Rüden, Constance (Hrsg): Tracing Technoscapes: The Production of Bronze Age Wall Paintings in the Eastern Mediterranean, Leiden 2018.
Beckmann, Christof M.: Die Hl. Barbara in Verehrung und Brauchtum, in: Sekretariat Kirche und Gesellschaft, Bischöfliches Generalvikariat Essen (Hrsg.): Sankt Barbara Verehrung und Brauchtum. Ausstellung Essen 1990, Essen 1990.
Beese, Birgit: Die Internationalisierung der Bekleidungsproduktion nach 1970, in: Beese, Birgit/Schneider, Birgit: Arbeit an der Mode. Zur Geschichte der Bekleidungsindustrie im Ruhrgebiet, Essen 2001, S. 111–170.
Benjamin, Jeffrey: Listening to Industrial Silence: Sound as Artefact, in: Orange, Hilary (Hrsg.): Reanimating Industrial Spaces. Conducting Memory in Post-Industrial Societies, Walnut Creek 2015 (= Institute of Archaeology Publications, 66), S. 108–124.
Bennett, Tony/Joyce, Patrick (Hrsg.): Material Powers. Cultural Studies, History and the Material Turn, London u. a. 2010.
Benz, Andreas (Hrsg.): Die Sammlungen der TU Bergakademie Freiberg – Ein Überblick, Freiberg 2019.
Benz, Andreas: Von der Eisenplatte anno 1636 zum Hochbaumodell des Jahres 1986 – Arbeit mit Objekten in der museologischen Lehre an der TU Bergakademie Freiberg, in: Zeitschrift für Geschichtsdidaktik (ZfGD) 19, 2020, S. 167–186.
Berchem, David Johannes: Barbarafeiern und Knappentage im Ruhrgebiet. Regionale Brauchveranstaltungen zwischen Tradition, Kulturtransfer und Folklorismus, in: Osses, Dietmar/Weißmann, Lisa (Hrsg.): Revierfolklore. Zwischen Heimatstolz und Kommerz. Das Ruhrgebiet am Ende des Bergbaus in der Populärkultur, Essen 2018, S. 69–78.
Bergbau-Museum (Hrsg.): Wegweiser durch das Bergbau-Museum. Ein Gang durch Geschichte und Kultur des Bergbaus, Bochum 1954.
Bergbau-Museum (Hrsg.): Wegweiser durch das Bergbau-Museum. Ein Gang durch Geschichte und Kultur des Bergbaus, Bochum 1959.
Bergbau- und Hüttenverein Freital e.V. (Hrsg.): Jubiläums- und Gedenkschrift 200 Jahre Gründung Freiherrlich von Burgker Werke & 150 Jahre Grubenunglück im Plauenschen Grund, Freital 2019.
Berger, Stefan/Wicke, Christian/Golombek, Jana: Burdens of Eternity? Heritage, Identity, and the "Great Transition" of the Ruhr, in: The Public Historian 39, 2017, 4, S. 21–43.

Berger, Stefan (Hrsg.): Constructing Industrial Past. Heritage, Historical Culture and Identity in Regions Undergoing Structural Economic Transformation, New York/Oxford 2019 (= Making Sense of History 38).

Berger, Stefan/Niven, Bill (Hrsg.): Writing the History of Memory, London 2014.

Bernbeck, Reinhard: Materielle Spuren des nationalsozialistischen Terrors. Zur einer Archäologie der Zeitgeschichte, Bielefeld 2017.

Bertram, Jutta: Social Tagging – Zum Potential einer neuen Indexiermethode, in: Information: Wissenschaft und Praxis 60, 2009, Nr. 1, S. 19–26.

Betriebsparteiorganisation und Werkleitung VEB Steinkohlenwerk Karl-Marx, Zwickau (Hrsg.): Von den Brückenbergschächten zum VEB Steinkohlenwerk Karl Marx, Zwickau 1859–1959. Zwickau 1959.

Bezirksgruppe Sachsen der Fachgruppe Steinkohlenbergbau Zwickau (Hrsg.): 75 Jahre Gemeinschaftsarbeit der Sächsischen Steinkohlenbergwerke, Zwickau 1936.

Bleidick, Dietmar: Bergtechnik im 20. Jahrhundert: Mechanisierung in Abbau und Förderung, in: Ziegler, Dieter (Hrsg.): Rohstoffgewinnung im Strukturwandel. Der deutsche Bergbau im 20. Jahrhundert, Münster 2013 (= Geschichte des deutschen Bergbaus, Bd. 4), S. 355–411.

Bluma, Lars: Der Körper des Bergmanns in der Industrialisierung. Biopolitik im Ruhrbergbau 1890–1980, in: Ders./Uhl, Karsten (Hrsg.): Kontrollierte Arbeit. Disziplinierte Körper? Zur Sozial- und Kulturgeschichte der Industriearbeit im 19. und 20. Jahrhundert, Bielefeld 2012, S. 35–72.

Bluma, Lars: Moderne Bergbaugeschichte, in: Der Anschnitt 69, 2017, S. 138–151.

Bluma, Lars/Farrenkopf, Michael/Meyer, Torsten: Introduction: "King Coal" and modern mining history, in: Dies. (Hrsg.): Boom – Crisis – Heritage. King Coal and the Energy Revolutions after 1945, Berlin/Boston 2021 (= Veröffentlichungen aus dem Deutschen Bergbau-Museum Bochum, Bd. 242; = Schriften des Montanhistorischen Dokumentationszentrums, Nr. 42), S. 1–21.

Böhme, Katja/Ludwig, Andreas: Lebensweltliche Dingordnung. Zum Quellencharakter musealisierter Alltagsgeschichte, in: Zeithistorische Forschungen, Online-Ausgabe, 13, 2016, H. 3, unter: https://zeithistorische-forschungen.de/3-2016/5411 (Stand: 10.03.2020).

Börner, Heinrich: Der Bergmann in seinem Berufe, Freiberg 1892.

Börner, Heinrich/Georgi, Max: Der Kohlenbergmann in seinem Berufe, Freiberg 1894.

Bonneuil, Christophe/Fressou, Jean-Baptiste: The Shock of the Anthropocene, London 2017 [2013].

Boon, Timothy: Making the Modern World, in: History Today, August 2001, S. 38–45.

Boradkar, Prasad: Agency and Counteragency of materials: A story of copper, in: Atzmon, Leslie/Boradkar, Prasad (Hrsg.): Encountering Things. Design and Theory of Things, London 2017, S. 191–201.

Borsdorf, Ulrich: Region, Geschichte, Museum, in: Ruhrlandmuseum Essen (Hrsg.): Die Erfindung des Ruhrgebiets. Arbeit und Alltag um 1900, Katalog zur sozialhistorischen Dauerausstellung, Essen 2000, S. 11–30.

Bräunlein, Peter J.: Material Turn, in: Georg-August-Universität Göttingen (Hrsg.): Dinge des Wissens. Die Sammlungen, Museen und Gärten der Universität Göttingen, Göttingen 2012, S. 30–44.

Bramer, Horst u. a.: Physische Geographie. Mecklenburg-Vorpommern, Brandenburg, Sachsen-Anhalt, Thüringen, Gotha 1991.

Brandenburgisches Landesdenkmalamt: Denkmalliste des Landes Brandenburg. Landkreis Elbe-Elster (Stand: 31.12.2019), unter: https://bldam-brandenburg.de/wp-content/uploads/2020/02/07-EE-Internet-20.pdf (Stand: 29.06.2020).

von Brandt, Ahasver: Werkzeug des Historikers, Stuttgart, 11. Auflage 1986.

Braunschweigische Kohlen-Bergwerke Helmstedt (Hrsg.): Bergbau in der Kunst. Werke aus dem Bergbau-Museum Bochum. Ergänzt durch Funde auf dem BKB-Gelände. Leihgaben des Braunschweigischen Landesmuseums für Geschichte und Volkstum, Helmstedt 1969.

Breidbach, Olaf u. a.: Experimentelle Wissenschaftsgeschichte, in: Breidbach, Olaf u. a. (Hrsg.): Experimentelle Wissenschaftsgeschichte, München/Paderborn 2010 (= Laboratorium Aufklärung, 3), S. 13–72.

Brie, André: Über den Lausitzer Bergmann Walter Karge, unter: https://andre-brie.de/portfolio-item/lebenslang-bergbau/ (Stand: 17.06.2020).

Bringmann, Klaus/Lidola, Heinz/May, Werner: Der Wiedereinsatz von Tagebaugroßgeräten – ein Beitrag zur Intensivierung des Industriezweiges Braunkohlen, in: Neue Bergbautechnik 9, 1979, 1, S. 3–6.

Brison, Léon: Évolution du problème de la ventilation dans les exploitations souterraines, in: Publications de l'Association des Ingénieurs de la Faculté Polytechnique de Mons (A.I.Ms.), 1er Fascicule, s. l. 1959.

Brüggemeier, Franz-Josef: Leben vor Ort. Ruhrbergleute und Ruhrbergbau 1889–1919, 2. Auflage, München 1984.

Brüggemeier, Franz-Josef: Lebens- und Arbeitswelten von Bergleuten und ihren Familien, in: Tenfelde, Klaus/Pierenkemper, Toni (Hrsg.): Motor der Industrialisierung. Deutsche Bergbaugeschichte im 19. und frühen 20. Jahrhundert, Münster 2016 (= Geschichte des deutschen Bergbaus, Bd. 3), S. 194–287.

Brüggemeier, Franz-Josef: Grubengold. Das Zeitalter der Kohle von 1750 bis heute, München 2018.

Brüggemeier, Franz-Josef/Niethammer, Lutz: Schlafgänger, Schnapskasinos und schwerindustrielle Kolonie. Aspekte der Arbeiterwohnungsfrage im Ruhrgebiet vor dem Ersten Weltkrieg, in: Reulecke, Jürgen/Weber, Wolfgang (Hrsg.): Fabrik – Familie – Feierabend: Beiträge zur Sozialgeschichte des Alltags im Industriezeitalter, Wuppertal 1978, S. 135–175.

Brüggemeier, Franz-Josef/Farrenkopf, Michael/Grütter, Heinrich Theodor (Hrsg.): Das Zeitalter der Kohle. Eine europäische Geschichte. Ausstellungskatalog des Deutschen Bergbau-Museums Bochum und des Ruhr Museums, Essen 2018.

Brughmans, Tom: Thinking Through Networks: A Review of Formal Network Methods in Archaeology, in: Journal of Archaeological Method and Theory 20/4, 2013, S. 623–662.

Brusius, Mirjam: The Field in the Museum: Puzzling Out Babylon in Berlin, in: Osiris 32, 2017, S. 264–285.

Buder, Helmut: Maßnahmen zur Umsetzung und Rekonstruktion der Abraumförderbrücke Nr. 21 – F 34, in: Neue Bergbautechnik 12, 1982, 9, S. 539–541.

Büsch, Wiebke: Deutsches Bergbau-Museum Bochum komplettiert neue Dauerausstellung, Pressemitteilung v. 08.07.2019, online unter: www.bergbaumuseum.de/news-detailseite/pressemitteilung-deutsches-bergbau-museum-bochum-komplettiert-neue-dauerausstellung-vier-rundgaenge-vermitteln-nun-die-welten-des-bergbaus (Stand: 14.07.2020).

Büsch, Wiebke/Hornung, Jessica: 3D-Digitalisierung im montan.dok. Fortschritte im Rahmen des Aktionsplans für Leibniz-Forschungsmuseen, in: montan.dok-news 7, 2021, S. 2.

Büsch, Wiebke/Przigoda, Stefan: www.bergbau-sammlungen.de – Stand und Perspektiven des Sammlungs- und Informationsportals für das materielle Kulturerbe des deutschen

Steinkohlenbergbaus, in: Farrenkopf, Michael/Siemer, Stefan (Hrsg.): Perspektiven des Bergbauerbes im Museum: Vernetzung, Digitalisierung, Forschung, Berlin/Boston 2020 (= Veröffentlichungen aus dem Deutschen Bergbau-Museum Bochum, Nr. 235; = Schriften des Montanhistorischen Dokumentationszentrums, Nr. 37), S. 221–244.
Büttner, Frank/Gottdang, Andrea: Einführung in die Malerei. Gattungen, Techniken, Geschichte, München 2012.
Burckhardt, Lucius: Landschaft ist transitorisch – Zur Dynamik der Kulturlandschaft, in: Laufener Seminarbeiträge 4, 1995, S. 31–36 (auch in: Topos – European Landscape Magazine 6, 1994, S. 38–44).
Burke, Peter: What is the History of Knowledge?, Malden 2016.
Burkhalter, Isabelle u. a.: Pour un musée au service de la société et de son développement, in: Lettre de l'Ocim, 2006, Nr. 105, S. 19–27.
Burmeister, Stefan: Nach dem Post-, in: Forum Kritische Archäologie 1, 2012, S. 45–51, unter: www.kritischearchaeologie.de/repositorium/fka/2012_1_07_Burmeister.pdf (Stand: 22.12.2020).
Burmeister, Stefan/Bernbeck, Reinhardt (Hrsg.): The Interplay of People and Technologies. Archaeological Case Studies on Innovations, Berlin 2017 (= Berlin Studies of the Ancient World, 43).
Busch, Hartmut/Müller, Günter: Auf welcher Grundlage und wie Instandhaltungsprozesse bewerten?, in: Neue Bergbautechnik 8, 1978, 8, S. 461–465.
Buschmann, Walter: Zechen und Kokereien im rheinischen Steinkohlenbergbau, Aachener Revier und westliches Ruhrgebiet, Berlin 1998.
von Busse, Friedrich Gottlieb: Betrachtung der Winterschmidt- und Höllschen Wassersäulenmaschine nebst Vorschlägen zu ihrer Verbesserung und gelegentlichen Erörterungen über Mechanik und Hydraulik, Freyberg (Freiberg in Sachsen) 1804.
Cameron, Duncan F.: Le musée: un temple ou un forum [1971], in: Desvallees, André (Hrsg.): Vagues: une anthologie de la nouvelle muséologie, Bd. 1, Paris 1992, S. 77–98.
The Canterbury College. Presented to both Houses of the General Assembly by Command of His Excellency, Wellington 1881.
Cassino, Samuel E.: The Scientist's International Directory, Boston 1894.
Castree, Noel/Nash, Cathrine: Introduction: posthumanism in question, in: Environment and Planning A, 36, 2004, S. 1341–1343.
Catalogue of the State School of Mines, Golden/Colorado 1891–92.
Catalogue of the State School of Mines, Golden/Colorado 1893–94.
de Certeau, Michel: Kunst des Handelns [1980], Berlin 1988.
de Chadarevian, Soraya/Hopwood, Nick (Hrsg.): Models. The third dimension of Science, Stanford 2004.
de Chadarevian, Soraya: Models and the Making of Molecular Biology, in: de Chadarevian, Soraya/Hopwood, Nick (Hrsg.): Models. The third dimension of Science, Stanford 2004, S. 339–368.
Chartier, Roger: Science and Knowledge, in: Annales. Histoire, Sciences Sociales 71,2, 2016, S. 321–335.
Childe, Vere Gordon: Man makes himself, London 1936.
Christy, Samuel Benedict: Present Problems in the Training of Mining Engineers, Berkeley 1905.
Clemens, Hans-H./Wolters, Christof: Sammeln, Erforschen, Bewahren und Vermitteln, Berlin 1996 (= Mitteilungen und Berichte aus dem Institut für Museumskunde, Staatliche Museen zu Berlin, Preußischer Kulturbesitz, 6).

Corfield, Penelope J.: History and Temporal Turn. Returning to Causes, Effects and Diachronic Trends, in: Dunyach, Jean-Francois (Hrsg.): Les ages de Britannia. Repenser l'histoire des mondes Britanniques (Moyen Age – XXIe siècle), Paris 2015, S. 259–273.

Corfield, Penelope J.: Times and the Historians in the Age of Relativity, in: Geppert, Alexander C. T./Kössler, Till (Hrsg.): Obsession der Gegenwart. Zeit im 20. Jahrhundert, Göttingen 2015 (= Geschichte und Gesellschaft, Sonderheft 25), S. 71–91.

Cossons, Neil (Hrsg.): Perspectives on Industrial Archaeology, London 2000.

Costa, Patrícia/Chaminé, Helder I./Callapez, Pedro M.: The Role of Theodor Gersdorf, Friedrich Krantz and Émile Deyrolle in the Collections of Mining, Metallurgy, Mineralogy and Paleontology from the School of Engineering (ISEP) of the Porto Polytechnic, Portugal, in: Proceedings of the 4th International Conference of the European Society for the History of Science, Barcelona, 18–20 November 2010, Barcelona 2012, S. 419–428.

Crane, W. R.: Concrete Mine Models, in: Mines and Minerals 27, 1907, February, S. 300–302.

Cremer, Annette C.: Vier Zugänge zu (frühneuzeitlicher) materieller Kultur: Text, Bild, Objekt, Re-enactment, in: Cremer, Annette C./Muslow, Martin (Hrsg.): Objekte als Quellen der historischen Kulturwissenschaften – Stand und Perspektiven der Forschung, Köln 2017, S. 63–90.

Daniel, S.: Sketch of Thomas Egleston, in: Popular Science Monthly LV, 1899, May, S. 256–165.

Daniel, Ute: Reinhart Koselleck (1923–2006), in: Raphael, Lutz (Hrsg.): Klassiker der Geschichtswissenschaft, Bd. 2: Von Fernand Braudel bis Natalie Z. Davis, München 2006, S. 164–194.

Dannehl, Karin: Object biographies. From production to consumption, in: Harvey, Karen (Hrsg.): History and Material Culture. A Student's Guide to Approaching Alternative Sources, New York/London 2018.

Daston, Lorraine (Hrsg.): Things That Talk. Object Lessons from Art and Science, 2004.

Daston, Lorraine: The History of Science and the History of Knowledge, in: KNOW: A Journal on the Formation of Knowledge 1,1, 2017, S. 131–154.

Davallon, Jean: Claquemurer, si l'on peut dire, tout l'univers: la mise en exposition, Paris 1986.

Delius, Christoph Traugott: Anleitung zu der Bergbaukunst in ihrer Theorie und Ausübung, Wien 1806.

Demant, Daniel/Garner, Jennifer/Zeiler, Manuel: Das archäologische Experiment – eisenzeitliche Eisengewinnung im Siegerland, in: Archäologie in Westfalen-Lippe 2018, 2019, S. 263–266.

Department of Commerce, Bureau of Statistics (Hrsg.): Industrial Education and Industrial Conditions in Germany. Special Consular Reports, Bd. XXIII, Washington 1905.

Deutsche Encyclopädie oder Allgemeines Real-Wörterbuch aller Künste und Wissenschaften von einer Gesellschaft Gelehrten, Bd. 10, Frankfurt a. M. 1785.

Deutscher Museumsbund e.V. (Hrsg.): Nachhaltiges Sammeln. Ein Leitfaden zum Sammeln und Abgeben von Museumsgut, Berlin/Leipzig 2011.

Deutsches Nationalkomitee für Denkmalschutz bei der Beauftragten der Bundesregierung für Kultur und Medien (Hrsg.): Pressemitteilung. Verleihung des Deutschen Preises für Denkmalschutz 2019 // Bekanntmachung der Preisträgerinnen und Preisträger // Preisverleihung am 28. Oktober 2019 in Naumburg v. 05.08.2019, unter: www.dnk.de/_uploads/media/2261_05.08.2019_Pressemitteilung_DeutscherPreis.pdf (Stand: 28.06.2020).

Deutsches Nationalkomitee für Denkmalschutz bei der Beauftragten der Bundesregierung für Kultur und Medien (Hrsg.): Feierliche Verleihung des Deutschen Preises für Denkmalschutz 2019 durch das Präsidium des Deutschen Nationalkomitees für Denkmalschutz. Montag,

28. Oktober 2019. Aula der Landesschule Pforta in Naumburg, Berlin 2019, unter: www.dnk.de/_uploads/media/2267_Festbrosch%C3%BCre%20Deutscher%20Preis%20 f%C3%BCr%20Denkmalschutz%202019.pdf (Stand: 8.06.2020).
Die Unglücks-Katastrophe im II. Brückenberg-Schachte zu Zwickau am 1. December 1879 nebst Trauergottesdienst-Predigt und Namensverzeichnis der 89 verunglückten Bergleute und Notizen über deren Angehörige, Zwickau o. J. [1879].
Döhler, Werner: Die ökonomische Lage der Zwickauer Bergarbeiter im vorigen Jahrhundert, Leipzig 1963 (= Freiberger Forschungshefte – Kultur und Technik D 45).
Dolezych, Alexandra: Herrscherbilder, Bundeszentrale für politische Bildung, 06.02.2007, unter: www.bpb.de/gesellschaft/medien-und-sport/bilder-in-geschichte-und-politik/73218/herrscherbilder (Stand: 27.04.2020).
Domanska, Ewa: The material presence of the past, in: History and Theory 45, 2006, S. 337–348.
Dommer, Olge/Dückershoff, Michael: Kunst für das Ruhrrevier. Hermann Kätelhön (1884–1940), Dortmund 1997.
Dommer, Olge/Steinborn, Vera: „…ebenso Maschinen, Möbel und die kleinen Dinge des täglichen Lebens". Sammlungen und Sammlungsgeschichte des Westfälischen Industriemuseums, in: Westfälisches Industriemuseum/Landschaftsverband Westfalen-Lippe (Hrsg.): Schätze der Arbeit. 25 Jahre Westfälisches Industriemuseum, Essen 2004, S. 46–55.
Dommer, Olge/Kift, Dagmar: Bergbau sammeln im LWL-Industriemuseum, in: Farrenkopf, Michael/Siemer, Stefan (Hrsg.): Perspektiven des Bergbauerbes im Museum: Vernetzung, Digitalisierung, Forschung, Berlin/Boston 2020 (= Veröffentlichungen aus dem Deutschen Bergbau-Museum Bochum, Nr. 235; = Schriften des Montanhistorischen Dokumentationszentrums, Nr. 37), S. 95–111.
Domokos, György: Inventáriumok a Királyi Magyarországon és az Erdélyi Fejedelemségben a 16–17. században: váraink fegyverzete és hadfelszerelése [Inventare im Königreich Ungarn und im Fürstentum Siebenbürgen vom 16. bis 17. Jahrhundert: Bewaffnung und Ausrüstung unserer Burgen], in: A hódoltság kora. Szakkönyv- és tanulmánygyűjtemény a törökkor történelméből, PC-CD-ROM, Budapest 2005.
Donhauser, Peter: Bis zur Schließung 1992, in: Lackner, Helmut/Jesswein, Katharina (Hrsg.): 100 Jahre Technisches Museum Wien, Wien 2009, S. 326–339.
Drägerwerk: Reichspatentamt, Patentschrift Nr. 628 597: Atemschutzfilter, insbesondere zum Schutz gegen Kohlenoxyd, online: https://depatisnet.dpma.de/DepatisNet/depatisnet?action=pdf&docid=DE000000628597A&xxxfull=1 (20.01.2021).
Drebenstedt, Carsten: Kontinuierliche Abbausysteme im Tagebau, in: Stoll, Rolf Dieter u. a. (Hrsg.): Der Braunkohlentagebau. Bedeutung, Planung, Betrieb, Technik, Umwelt, Heidelberg 2009, S. 203–251.
Dreves, Friedrich: Abriss der Waldeckischen Bergwerksgeschichte, in: Waldeckische gemeinnützige Zeitschrift, 1. Jahrgang, Arolsen 1837, S. 132–172.
Droysen, Johann Gustav: Historik, Bd. 1: Rekonstruktion der ersten vollständigen Fassung der Vorlesungen (1857), Grundriß der Historik in der ersten handschriftlichen Fassung (1857/58) und in der letzten gedruckten Fassung von 1882, Stuttgart/Bad Cannstatt 1977.
Dubbi, Mechthild u. a.: Schwerindustrie. Ein Führer durch die Sammlung des Technischen Museums Wien, Wien 1999.
Dubislav, Walter: Die Definition, Hamburg 4. Aufl. 1981 [1926].
Dym, Warren A.: Freiberg and the Frontier: Louis Janin, German Engineering, and 'Civilisation' in the American West, in: Annals of Science 68,3, 2011, S. 295–323.

Ebert, Anne-Katrin: Ran an die Objekte! Ein Plädoyer für das gemeinsame Erforschen und Sammeln von Objekten in den technischen Museen, in: Heßler, Martina/Weber, Heike (Hrsg.): Provokationen der Technikgeschichte – Zum Reflexionszwang historischer Forschung, Paderborn 2019, S. 229–258.

Edgerton, David: The Shock of the Old: Technology and Global History since 1900, London 2006.

Eggert, Manfred K. H.: „Kultur". Zum praktischen Umgang mit einem Theoriekonzept, in: Eggert, Manfred K. H./Veit, Ulrich (Hrsg.): Theorie in der Archäologie. Zur jüngeren Diskussion in Deutschland, Münster/New York 2013, S. 13–61.

Eggert, Manfred K. H.: Kultur und Materielle Kultur, in: Samida, Stefanie u. a. (Hrsg.): Handbuch Materielle Kultur. Bedeutungen, Konzepte, Disziplinen, Stuttgart/Weimar 2014, S. 22–31.

Eisenbarth, Heinz: Der Auer-Kohlenoxyd-Filter-Selbstretter, in: Glückauf 87, 1951, Nr. 33–34, S. 788–790.

Elbert, Werner: Tagebautechnik im Braunkohlenbergbau, Leipzig 1955.

Engelberg, Ernst/Rößler, Horst/Wächtler, Eberhard: Zur Geschichte der sächsischen Bergarbeiterbewegung, Berlin 1954.

Engelskirchen, Lutz: Der lange Abschied vom Malocher. Industriearchäologie, Industriekultur, Geschichte der Arbeit – und dann? Ein kleiner Exkurs, in: Rasch, Manfred/Bleidick, Dietmar (Hrsg.): Technikgeschichte im Ruhrgebiet – Technikgeschichte für das Ruhrgebiet. Festschrift für Wolfhard Weber zum 65. Geburtstag, Essen 2004, S. 135–154.

Erll, Astrid: Kollektives Gedächtnis und Erinnerungskulturen. Eine Einführung, Stuttgart 2017 [2004].

Farrenkopf, Michael: Zwischen Bürgerlichkeit, Beamtenstatus und berufsständischer Orientierung. Die höheren preußischen Bergbeamten in der zweiten Hälfte des 19. Jahrhunderts, in: Der Anschnitt 47, 1995, S. 2–25.

Farrenkopf, Michael: Gruppenmentalität und Verwaltungspraxis. Die preußischen Bergbeamten und die Ruhrstreiks von 1889 und 1905, in: Der Anschnitt 48, 1996, S. 126–135.

Farrenkopf, Michael: Schlagwetter und Kohlenstaub. Das Explosionsrisiko im industriellen Ruhrbergbau (1850–1914), Bochum 2003 (= Veröffentlichungen aus dem Deutschen Bergbau-Museum Bochum, Nr. 121; = Schriften des Bergbau-Archivs, Nr. 14).

Farrenkopf, Michael: „Zugepackt – heißt hier das Bergmannswort" – Die Geschichte der Hauptstelle für das Grubenrettungswesen im Ruhrbergbau, unter Mitarbeit von Susanne Rothmund, Bochum 2010 (= Veröffentlichungen aus dem Deutschen Bergbau-Museum Bochum, Nr. 178; = Schriften des Bergbau-Archivs, Nr. 22).

Farrenkopf, Michael: Mythos Kohle. Der Ruhrbergbau in Fotografien aus dem Bergbau-Archiv, Bochum, 2. Aufl. Münster 2013.

Farrenkopf, Michael: Wiederaufstieg und Niedergang des Bergbaus in der Bundesrepublik Deutschland, in: Ziegler, Dieter (Hrsg.): Rohstoffgewinnung im Strukturwandel. Der deutsche Bergbau im 20. Jahrhundert, Münster 2013 (= Geschichte des deutschen Bergbaus, Bd. 4), S. 183–302.

Farrenkopf, Michael: „Das Ding mit dem Dingelchen", in: Piorr, Ralf (Hrsg.): Flottmann. Eine Geschichte des Reviers, Essen 2015, S. 56–63.

Farrenkopf, Michael: Das Anschauungsbergwerk als dioramatische Großinszenierung, in: Gall, Alexander/Trischler, Helmuth (Hrsg.): Szenerien und Illusion. Geschichte, Varianten und Potenziale von Museumsdioramen, Göttingen 2016 (= Deutsches Museum, Abhandlungen und Berichte, Neue Folge, Bd. 32), S. 239–264.

Farrenkopf, Michael: „DBM 2020" – Umbauplanungen und ausgewählte Projekte zum Steinkohlenbergbau, in: 6. Geschichtskonvent Ruhr: „Schicht im Schacht" – Planungen zum Ende des deutschen Steinkohlebergbaus, 25. November 2016 (= Forum Geschichtskultur Ruhr 1/2017, Beilage), S. 4–5.

Farrenkopf, Michael: Logistik im deutschen Steinkohlenbergbau. Ein Mittel zur Steuerung eines effizienten Auslaufprozesses?, in: Ferrum. Nachrichten aus der Eisenbibliothek 88, 2016, S. 94–103.

Farrenkopf, Michael: Strategien für die Sammlung eines Materiellen Gedächtnisses des modernen Steinkohlenbergbaus, in: Zaun, Jörg/Vincenz, Kirsten (Hrsg.): Zwischen Kellerdepot und Forschungsolymp. Dokumentation der Diskussionspanels der 7. Sammlungstagung vom 17. bis 19. September 2015 an der TU Bergakademie Freiberg und der TU Dresden, Freiberg/Dresden 2016, S. 17–21; zugleich online unter: http://nbn-resolving.de/urn:nbn:de:bsz:105-qucosa–213282 (Stand: 14.07.2020).

Farrenkopf, Michael: Stereo-Panoramen des Deutschen Bergbau-Museums Bochum. Objekte zur Entdeckung einer authentischen Arbeitswelt des Bergmanns, in: Eser, Thomas u. a. (Hrsg.): Authentisierung im Museum. Ein Werkstatt-Bericht, Mainz 2017, S. 69–81.

Farrenkopf, Michael: Accidents and mining: The problem of the risk of explosion in industrial coal mining in global perspective, in: Berger, Stefan/Alexander, Peter (Hrsg.): Making Sense of Mining History: Themes and Agendas (= Routledge Studies in Modern History, 54), London 2019, S. 193–211.

Farrenkopf, Michael: Das materielle Technikerbe des modernen Steinkohlenbergbaus, in: Deutsches Bergbau-Museum Bochum (Hrsg.): Jahresbericht 2018, Bochum 2019, S. 88–89.

Farrenkopf, Michael: Untertage. Erinnerungsort Zeche, in: Berger, Stefan u. a. (Hrsg.): Zeit-Räume Ruhr. Erinnerungsorte des Ruhrgebiets, Essen 2019, S. 348–368.

Farrenkopf, Michael: Vom Erbe des deutschen Steinkohlenbergbaus zum mining heritage. Das Projekt „Getrenntes Bewahren – Gemeinsame Verantwortung" als Basis einer Strategie des montan.dok im 21. Jahrhundert, unter Mitarbeit von Michael Ganzelewski und Stefan Przigoda, in: Ders./Siemer, Stefan (Hrsg.): Bergbausammlungen in Deutschland. Eine Bestandsaufnahme, Berlin/Boston 2020 (= Veröffentlichungen aus dem Deutschen Bergbau-Museum Bochum, Nr. 233; = Schriften des Montanhistorischen Dokumentationszentrums, Nr. 36), S. 5–120.

Farrenkopf, Michael: „Entwicklung der Industrie in geschlossener Darstellung" – Zur Gründung des Bochumer Bergbau-Museums im Jahr 1930 als späterem Leibniz-Forschungsmuseum, in: Adamski, Jens u. a. (Hrsg.): Forschung, Kultur und Bildung. Wissenschaft im Ruhrgebiet zwischen Hochindustrialisierung und Wissensgesellschaft, Essen 2021 (= Schriftenreihe des Instituts für Stadtgeschichte Gelsenkirchen, Bd. 22), S. 205–223.

Farrenkopf, Michael/Büsch, Wiebke: Zwischen Fördergemeinschaft, Lampenbörse und Zechenchronik: Formen und Konjunkturen einer Public Mining-History im westfälischen Ruhrgebiet, in: Minner, Katrin (Hrsg.): Public History in der Regional- und Landesgeschichte, Münster 2019 (= Westfälische Forschungen, Bd. 69), S. 267–294.

Farrenkopf, Michael/Friedemann, Peter: Les constructeurs de matériel minier dans la Ruhr après 1945: adaptation au marché, efficacité, reconversion, in: Eck, Jean-François/Chélini, Michel-Pierre (Hrsg.): PME et grandes entreprises en Europe du Nord-Ouest XIXe – XXe siècle. Activités, stratégies, performances, Villeneuve d'Ascq 2012, S. 99–116.

Farrenkopf, Michael/Przigoda, Stefan: Visuelle Präsentationsformen bergbaulicher Eliten zwischen privater Erinnerung und öffentlicher Darstellung, in: Füßl, Wilhelm (Hrsg.): Von Ingenieuren, Bergleuten und Künstlern. Das Digitale Porträtarchiv „DigiPortA", München 2020, S. 71–85.

Farrenkopf, Michael/Siemer, Stefan: Bergbau sammeln und ausstellen. Historische Objekte und das Bewahren von Erinnerungen, in: Forum Geschichtskultur Ruhr 1, 2018, S. 37–41.
Farrenkopf, Michael (Hrsg.): Materielle Kulturen des Bergbaus – Material Cultures of Mining: Abstracts, Bochum 2019, online unter: https://issuu.com/bergbaumuseum/docs/abstracts-materielle-kulturen-des-bergbaus (28.03.2021).
Farrenkopf, Michael u. a. (Hrsg.): Glück auf! Ruhrgebiet. Der Steinkohlenbergbau nach 1945. Katalog der Ausstellung des Deutschen Bergbau-Museums Bochum vom 6. Dezember 2009 bis 2. Mai 2010, Bochum 2009 (= Veröffentlichungen aus dem Deutschen Bergbau-Museum Bochum, Nr. 169).
Farrenkopf, Michael/Friedemann, Peter (Hrsg.): Die Grubenkatastrophe von Courrières 1906. Aspekte transnationaler Geschichte, Bochum 2008 (= Veröffentlichungen aus dem Deutschen Bergbau-Museum Bochum, Nr. 164; = Schriften des Bergbau-Archivs, Nr. 20).
Farrenkopf, Michael/Ganzelewski, Michael (Hrsg.): Das Wissensrevier. 150 Jahre Westfälische Berggewerkschaftskasse/DMT-Gesellschaft für Lehre und Bildung, Bd. 2: Katalog zur Sonderausstellung, Bochum 2014.
Farrenkopf, Michael/Meyer, Torsten (Hrsg.): Authentizität und industriekulturelles Erbe. Zugänge und Beispiele, Berlin/Boston 2020 (= Veröffentlichungen aus dem Deutschen Bergbau-Museum Bochum, Nr. 238; = Schriften des Montanhistorischen Dokumentationszentrums, Nr. 39).
Farrenkopf, Michael/Siemer, Stefan (Hrsg.): Bergbausammlungen in Deutschland. Eine Bestandsaufnahme, Berlin/Boston 2020 (= Veröffentlichungen aus dem Deutschen Bergbau-Museum Bochum, Nr. 233; = Schriften des Montanhistorischen Dokumentationszentrums, Nr. 36).
Farrenkopf, Michael/Siemer, Stefan (Hrsg.): Perspektiven des Bergbauerbes im Museum: Vernetzung, Digitalisierung, Forschung, Berlin/Boston 2020 (= Veröffentlichungen aus dem Deutschen Bergbau-Museum Bochum, Nr. 235; = Schriften des Montanhistorischen Dokumentationszentrums, Nr. 37).
Faulenbach, Bernd: Die Preußischen Bergassessoren im Ruhrbergbau. Unternehmermentalität zwischen Obrigkeitsstaat und Privatindustrie, in: Mentalitäten und Lebensverhältnisse. Beispiele aus der Sozialgeschichte der Neuzeit. Rudolf Vierhaus zum 60. Geburtstag, Göttingen 1982, S. 225–242.
Feldman, Gerald D./Tenfelde, Klaus (Hrsg.): Arbeiter, Unternehmer und Staat im Bergbau. Industrielle Beziehungen im internationalen Vergleich, München 1989.
Festveranstaltung anlässlich der neuen Dauerausstellung im Deutschen Bergbau-Museum Bochum, Pressemitteilung v. 09.07.2019, online unter: www.bergbaumuseum.de/news-detailseite/pressemitteilung-festveranstaltung-anlaesslich-der-neuen-dauerausstellung-im-deutschen-bergbau-museum-bochum (Stand: 14.07.2020).
Fieldner, Arno Carl/Katz, S. H./Reynolds D. A.: The carbon monoxide self-rescuer, Serial 2591, Washington April 1927.
Findlen, Paula: Possessing nature. Museums, collecting and scientific culture in early modern Italy, Berkeley 1996.
Findlen, Paula: Empires of Knowledge. Scientific Networks in the Early Modern World, London 2019.
Fischer, Wolfram: WASAG. Die Geschichte eines Unternehmens, 1891–1966, Berlin 1966.
Fischer-Kattner, Anke u. a. (Hrsg.): Room for Manoeuvre: (Cultural) Encounters and Concepts of Place, Leipzig 2018.

Fleischer, R.: Die Anpassung der Förderbrückenbetriebe an die Vorschriften der Wiedernutzbarmachungsverordnung, in: Bergbautechnik 4, 1954, 4, S. 184–192.

Fleischer, R.: Die Entwicklung einer Einheitsförderbrücke für Niederlausitzer Tagebaue unter maßgebenden bergmännischen Gesichtspunkten, in: Bergbautechnik 4, 1954, 6, S. 321–334.

Flügel, Katharina: Einführung in die Museologie, Darmstadt 2005.

Fober, Leonhard: Feuersteinbergbau, Typen und Techniken, in: Weisgerber, Gerd/Slotta, Rainer/Weiner, Jürgen: 5000 Jahre Feuersteinbergbau. Die Suche nach dem Stahl der Steinzeit, Bochum 1999 (= Veröffentlichungen aus dem Deutschen Bergbau-Museum, Nr. 77), S. 32–47.

Foley, John: The Guinness Encyclopaedia of Signs and Symbols, Middlesex 1993.

Folkert, Andreas: Was ist neu am neuen Materialismus? Von der Praxis zum Ereignis, in: Goll, Tobias/Keil, Daniel/Telios, Thomas (Hrsg.): Critical Matter – Diskussionen eines neuen Materialismus, Münster 2013, S. 16–32.

Forti, Alain: Deux cent cinquante ans d'industrie houillère dans les bassins miniers de Charleroi et de la Basse-Sambre. Les sociétés anonymes des Charbonnages de Monceau-Fontaine et des Charbonnages Réunis de Roton-Farciennes & Oignies-Aiseau, étude historique et archéologique, mémoire présenté en vue de l'obtention du diplôme de licencié en Histoire de l'art et Archéologie, Université de Liège – Faculté de Philosophie et Lettres, année académique 1984–1985.

Foucault, Michel: The order of things: an archaeology of the human sciences, New York 1973 [1966].

Friedel, Robert: A material world. An exhibition at the National Museum of American History, Washington 1988.

Friedel, Robert: Some Matters of Substance, in: Lubar, Steven/Kingery, W. David (Hrsg.), History from Things. Essays on Material Culture, Washington/London 1993, S. 41–50.

Fritzsche, C. Hellmut: Lehrbuch der Bergbaukunde mit besonderer Berücksichtigung des Steinkohlenbergbaus, begründet von Fritz Heise und Friedrich Herbst, Bd. 2, 6. Auflage Berlin 1942.

Fuhlrott, Rolf: Art.: Mann, Ludwig, in: Historische Kommission bei der Bayerischen Akademie der Wissenschaften (Hrsg.): Neue Deutsche Biographie, Bd. 16, Berlin 1990, S. 56–57.

Funcken, Liliane und Fred: Historische Uniformen. Napoleonische Zeit, 18. und 19. Jahrhundert, München 1989.

Fundação Frédéric Velge – Museu Mineiro do Lousal (Hrsg.): Modelos de Minas do Séc. XIX. Engenhos de Exploração Mineira/Mine Models from the 19th Century. Mining Exploitation Devices, Setubal 2006.

Gall, Alexander/Trischler, Helmuth (Hrsg.): Szenerien und Illusion. Geschichten, Varianten und Potenziale von Museumsdioramen, Göttingen 2016 (= Deutsches Museum. Abhandlungen und Berichte, NF 32), S. 239–264.

Ganzelewski, Michael: Erde, in: Brüggemeier, Franz-Josef/Farrenkopf, Michael/Grütter, Heinrich Theodor (Hrsg.): Das Zeitalter der Kohle. Eine europäische Geschichte. Ausstellungskatalog des Deutschen Bergbau-Museums Bochum und des Ruhr Museums, Essen 2018, S. 54–65.

Ganzelewski, Michael: Die Musealen Sammlungen im Montanhistorischen Dokumentationszentrum: Entwicklung und Perspektiven, in: Farrenkopf, Michael/Siemer, Stefan (Hrsg.): Perspektiven des Bergbauerbes im Museum: Vernetzung, Digitalisierung, Forschung,

Berlin/Boston 2020 (= Veröffentlichungen aus dem Deutschen Bergbau-Museum Bochum, Nr. 235; = Schriften des Montanhistorischen Dokumentationszentrums, Nr. 37), S. 51–67.

Garner, Jennifer: Der latènezeitliche Verhüttungsplatz in Siegen-Niederschelden „Wartestraße", in: Metalla 17.1/2, Bochum 2010.

Garner, Jennifer: Das Zinn der Bronzezeit in Mittelasien II. Die montanarchäologischen Forschungen der Zinnlagerstätten, in: Archäologie in Iran und Turan 12, Mainz 2013 (= Veröffentlichungen aus dem Deutschen Bergbau-Museum, 194).

Garner, Jennifer u. a.: Forschungen zur eisenzeitlichen Produktion und Distribution von Stahl aus dem Siegerland, in: Archäologie in Westfalen-Lippe 2012, 2013, S. 51–55.

Garner, Jennifer/Zeiler, Manuel: Experimentelle Archäologie – Bau und Betrieb eines Siegerländer Rennofens der Eisenzeit, in: Archäologie in Westfalen-Lippe 2017, 2018, S. 265–267.

Garner, Jennifer/Zeiler, Manuel: Die archäologischen Fundstellen im Siegerland. Überblick und Stand der Forschung zur eisenzeitlichen Montanlandschaft. Mit Beiträgen von Eberhard Klein und Thomas Stöllner. Studien zur Montanlandschaft Siegerland 1, Der Anschnitt Beiheft, Bd. 43 (= Veröffentlichungen aus dem Deutschen Bergbau-Museum, Nr. 239), Bochum 2020.

Gassmann, Guntram: Forschungen zur keltischen Eisenerzverhüttung in Südwest-Deutschland, in: Forschungen und Berichte zur Vor- und Frühgeschichte in Baden-Württemberg 92, 2005, S. 164–168.

Gassmann, Guntram/Yalcin, Ünsal: Archäometallurgische Untersuchungen zur Primärproduktion des Eisens im Siegerland, in: Siegerland 87, H. 2, 2010, S. 161–173.

Gassmann, Guntram/Rösch, Manfred/Wieland, Günther: Das Neuenbürger Erzrevier im Nordschwarzwald als Wirtschaftraum während der Späthallstatt- und Frühlatènezeit, in: Germania 84, H. 2, 2006, S. 273–306.

Geismar, Haidy u. a.: Material Culture Studies, in: Samida, Stefanie u. a. (Hrsg.): Handbuch Materielle Kultur. Bedeutungen, Konzepte, Disziplinen, Stuttgart/Weimar 2014, S. 309–315.

The German Mines Exhibit at Chicago, in: The Engineering and Mining Journal, November 18, 1893, S. 519.

Gerritsen, Anne/Riello, Giorgio: Writing Material Culture History, London/New York 2015.

Gesser, Susanne u. a. (Hrsg.): Das partizipative Museum: Zwischen Teilhabe und User Generated Content. Neue Anforderungen an kulturhistorische Ausstellungen (= Schriften zum Kultur- und Museumsmanagement), Bielefeld 2012.

Gibson, James Jerome: The Theory of Affordances, in: Shaw, Robert/Bransford, John (Hrsg.): Perceiving, Acting, and Knowing: Toward an Ecological Psychology, Hillsdale 1977, S. 67–82.

Gibson, James Jerome: The Ecological Perspective to Visual Perception, Boston 1979.

Giedion, Siegfried: Die Herrschaft der Mechanisierung. Ein Beitrag zur anonymen Geschichte, Frankfurt a. M. 1982 [1948].

Ginzburg, Carlo: Spurensicherung, in: Ders.: Spurensicherungen. Über verborgene Geschichte, Kunst und soziales Gedächtnis [1979], Stuttgart 1988, S. 78–125.

Gluchowski, Bruno: Der Durchbruch, Recklinghausen 1964.

Gößwald, Udo: Die Erbschaft der Dinge, in: Tietmeyer, Elisabeth u. a. (Hrsg.): Die Sprache der Dinge. Kulturwissenschaftliche Perspektiven auf die materielle Kultur, Münster 2010, S. 33–42.

Gößwald, Udo: Die Erbschaft der Dinge. Eine Studie zur subjektiven Bedeutung von Dingen der materiellen Kultur, Graz 2011.

Goffinet, Benoît: Wallonie, 10 ans après (troisième partie), in: L'écho des berlines, trimestriel, n°38, Association pour le Contact et l'Information en Archéologie Industrielle, Rambouillet 1995.

Gollasch, Dieter: TAKRAF ein Kombinat des DDR-Schwermaschinenbaus, Leipzig 2006 (= Mensch und Werk. Schriftreihe zur Entwicklung der Industrie in der Stadt Leipzig 1945 bis 1990).

Golombek, Jana/Meyer, Torsten: Das (post-)industrielle Erbe des Anthropozän – Überlegungen zu einer Weitung des Blickfelds, in: Der Anschnitt 68, 2016, S. 198–215.

Goneth, Marc-Olivier/Hainard, Jacques/Kaehr, Roland (Hrsg.): Le musée cannibale, Neuchâtel 2002.

Gorman, John: Banner Bright: An Illustrated History of Trade Union Banners, Essex 1986 [1973].

Gorski, Dimitri P.: Über die Arten der Definition und ihre Bedeutung in der Wissenschaft, in: Tavanec, Petr V. (Hrsg.): Studien zur Logik der wissenschaftlichen Erkenntnis, Berlin 1967, S. 361–433.

Gossmann, Winfried/Neumann, Karlheinz: Beitrag zur Ermittlung der wirtschaftlichen Nutzungsdauer von Bergbaugroßgeräten, in: Neue Bergbautechnik 8, 1978, 4, S. 216–220.

Gottfried, Claudia: Kunstseide und Zellwolle. Moderne deutsche Produkte im Dienst der Diktatur, in: LVR-Industriemuseum (Hrsg.): Glanz und Grauen. Kulturhistorische Untersuchungen zur Mode und Bekleidung in der Zeit des Nationalsozialismus, Ratingen 2018, S. 276–305.

Gottschalk, Carl Gottlieb: Das Berg- und Hüttenwesen im Königreiche Sachsen, in den 10 Jahren von 1861 bis 1870, in: Ders. (Hrsg.): Jahrbuch für den Berg- und Hüttenmann auf das Jahr 1872, Freiberg 1872, S. 175–183.

Graf, Bernhard/Leinfelder, Reinhold/Trischler, Helmuth: Forschen – Museen als Orte der Wissensproduktion, in: Graf, Bernhard/Rodekamp, Volker (Hrsg.): Museen zwischen Qualität und Relevanz. Denkschrift zur Lage der Museen, Berlin 2012 (= Berliner Schriften zur Museumsforschung, Bd. 30), S. 103–114.

Grave, Franz: Ein Licht in der Dunkelheit, in: Müller, Werner (Hrsg.): Unter Uns. Die Faszination des Steinkohlenbergbaus in Deutschland, Bd. 2: Kultur und Leben, München 2016, S. 158–169.

Grömer, Karin/Amin Shirazi, Shahrzad: Textilien – eine bunte Welt, in: Stöllner, Thomas/Aali, Abolfazl/Bagherpour, Natascha (Hrsg.): Tod im Salz – Eine Archäologische Ermittlung in Persien. Begleitbuch, Katalog und Graphic Novel, Offenbach/Bochum 2020, S. 181–186.

Grömer, Karin/Ruß-Popa, Gabriela/Amin Shirazi, Shahrzad: Wie waren die Salzmänner gekleidet?, in: Stöllner, Thomas/Aali, Abolfazl/Bagherpour, Natascha (Hrsg.): Tod im Salz – Eine Archäologische Ermittlung in Persien. Begleitbuch, Katalog und Graphic Novel, Offenbach/Bochum 2020, S. 165–174.

Grossmann, Sarah E. M.: Mining the Borderlands. Industry, Capital, and the Emergence of Engineers in the Southwest Territories, 1855–1910, Reno 2018.

Großpietsch, Udo: Organisation und Technologie beim Austausch an Tagebautypengeräten, in: Neue Bergbautechnik 3, 1973, 2, S. 122–123.

Grütter, Heinrich Theodor: Schalker Kreisel, in: Brüggermeier, Franz-Josef/Borsdorf, Ulrich/Steiner, Jürg (Hrsg.): Der Ball ist rund. Katalog zur Fußballausstellung im Gasometer Oberhausen im CentrO, anlässlich des hundertjährigen Bestehens des Deutschen Fußball-Bundes, 12. Mai bis 15. Oktober 2000, Essen 2000, S. 168–173.

Grütter, Heinrich Theodor/Grebe, Stefanie (Hrsg.): Josef Stoffels. Steinkohlenzechen. Fotografien aus dem Ruhrgebiet. Ausstellungskatalog Ruhr Museum, Essen 2018.
Grütter, Heinrich Theodor/Heimsoth, Axel (Hrsg.): Aufbruch im Westen. Die Künstlersiedlung Margarethenhöhe. Ausstellungskatalog Ruhr Museum, Essen 2019.
Günther, Wilhelm: Von der Schlägel- und Eisenarbeit zur Sprengtechnik im Bergbau – Die bergmännischen Gewinnungs- und Fördermethoden, in: Ammerer, Gerhard/Weiß, Alfred Stefan (Hrsg.): Das Tauerngold im europäischen Vergleich. Archäologische und historische Beiträge des Internationalen Kongresses in Rauris vom 7. bis 9. Oktober 2000. Mitteilungen der Gesellschaft der Salzburger Landeskunde 141, 2001, S. 131–139.
Gustmann, Karl-Heinz u. a.: Innerbetriebliche wirtschaftliche Rechnungsführung. Ein Leitfaden für die Praxis, 2. Aufl. Berlin 1986 [1980].
Haase-Lampe, Wilhelm: Das Selbstrettungsproblem im Bergbau, in: Dräger-Hefte. Periodische Mitteilungen des Drägerwerks Lübeck, Juli 1928, Nr. 129, S. 1441–1443.
Haase-Lampe, Wilhelm: Im Kampf gegen den Bergmannstod, in: Dräger-Hefte. Periodische Mitteilungen des Drägerwerks Lübeck, Januar 1931, Nr. 152, S. 1894–1900.
Häberlein, Mark: Die Fugger. Geschichte einer Augsburger Familie (1367–1650), Stuttgart 2006.
Hahn, Hans Peter: Materielle Kultur. Eine Einführung, Berlin 2005.
Hahn, Hans Peter: Materielle Kultur. Eine Einführung, 2. Aufl. Berlin 2014.
Hahn, Hans Peter: Die geringen Dinge des Alltags. Kritische Anmerkungen zu einigen aktuellen Trends der material culture studies, in: Braun, Karl/Dietrich, Claus-Marco/Treiber, Angela (Hrsg.): Materialisierung von Kultur. Diskurse, Dinge, Praktiken, Würzburg 2015, S. 28–42.
Hahn, Hans Peter/Eggert, Manfred K. H./Samida, Stefanie: Einleitung: Materielle Kultur in den Kultur- und Sozialwissenschaften, in: Samida, Stefanie u. a. (Hrsg.): Handbuch Materielle Kultur. Bedeutungen, Konzepte, Disziplinen, Stuttgart/Weimar 2014, S. 1–12.
Halbwachs, Maurice: Das Gedächtnis und seine sozialen Bedingungen, Frankfurt a. M. 1991 [1925].
Hamilakis, Yannis: Archaeology and the Senses: Human Experience, Memory, and Affect, Cambridge 2014.
Hamilton, Clive/Bonneuil, Christophe/Gemene, Francois (Hrsg.): The Anthropocene and the Global Environmental Crisis. Rethinking modernity in a new epoch, London u. a. 2015 (= Routledge Environmental Humanities series).
A Hand-Book for Travelers on the Continent, London 1836.
Hanning, Erica/Herdits, Hannes/Silvestri, Elena: Alpines Kupferschmelzen – technologische Aspekte, in: Stöllner, Thomas/Oeggl, Klaus (Hrsg.): Bergauf Bergab. 10.000 Jahre Bergbau in den Ostalpen. Wissenschaftlicher Beiband zur Ausstellung im Deutschen Bergbau-Museum Bochum vom 31.10.2015–24.04.2016, Bochum 2015, S. 225–231.
Haraway, Donna: Ein Manifest für Cyborgs. Feminismus im Streit mit den Technowissenschaften, in: Dies.: Die Neuerfindung der Natur. Primaten, Cyborgs und Frauen, Frankfurt a. M, u. a. 1995 [1985], S. 33–72.
Haraway, Donna J.: Unruhig bleiben. Die Verwandtschaft der Arten in Chthuluzän, Frankfurt a. M. u. a. 2018 [2016].
Harding, Anthony/Kavruk, Valerii: Explorations in salt archaeology in the Carpathian Zone, in: Archaeolingua Main Series 28, Budapest 2013.
Hartkopf-Fröder, Christoph: Kaolin-Kohlentonsteine als wichtige Zeitmarken im Ruhrgebiet, in: Scheer, Udo/Stottrop, Ulrike (Hrsg.): Erdgeschichten. Geologie im Ruhr Museum, Ausstellungskatalog, Köln 2017, S. 114–115.

Hartsch, Kerstin/Haubold, Wolfgang: Entwicklung des Bodens in der Tagebaufolgelandschaft zwischen Uhyst und Lohsa, in: Berichte der Naturforschenden Gesellschaft der Oberlausitz 9, 2000, S. 63–75.

Hartung, Olaf: Museen des Industrialismus. Formen bürgerlicher Geschichtskultur am Beispiel des Bayerischen Verkehrsmuseums und des Deutschen Bergbaumuseums, Köln/Weimar/Wien 2007.

Harvey, Karen (Hrsg.): History and Material Culture. A Student's Guide to Approaching Alternative Sources, New York/London 2018.

Hashagen, Ulf/Blumtritt, Oskar/Trischler, Helmuth (Hrsg.): Circa 1903. Artefakte in der Gründungszeit des Deutschen Museums, München 2003.

Hassan, Robert: Globalization and the "Temporal Turn". Recent Trends and Issues in Time Studies, in: The Korean Journal of Policy Studies 25, 2010, S. 83–102.

Hassler, Uta/Kohler, Niklaus: Das Verschwinden der Bauten des Industriezeitalters. Lebenszyklen industrieller Baubestände und Methoden transdisziplinärer Forschung, Tübingen 2004.

Hassler, Uta (Hrsg.): Langfriststabilität. Beiträge zur langfristigen Dynamik der gebauten Umwelt. Towards a Sustainable Development of the Built Environment, Zürich 2011.

Hassler, Uta/Kohler, Niklaus/Paschen, Herbert (Hrsg.): Stoffströme und Kosten in den Bereichen Bauen und Wohnen, Heidelberg/Berlin 1999.

Hauschild, Stephanie: Maler, Modelle, Mäzene. Geschichte und Symbolik der Porträtmalerei, Stuttgart 2008.

Hauser, Susanne: Metamorphosen des Abfalls. Konzepte für alte Industrieareale, Frankfurt a. M./New York 2001.

Hauser, Susanne: Ephemeres und Monumentales. Versuch über Materialität und Architektur im 20. Jahrhundert, in: Wolkenkuckucksheim | Cloud-Cuckoo-Land | Воздушный замок, 6, 2001, 1, unter: www.cloud-cuckoo.net/openarchive/wolke/deu/Themen/011/Hauser/Hauser.htm (Stand: 28.07.2020).

Haustein, Veit: Das Grubenunglück von 1869 im Plauenschen Grund bei Dresden, in: Bergbau- und Hüttenverein Freital e.V. (Hrsg.): Jubiläums- und Gedenkschrift 200 Jahre Gründung Freiherrlich von Burgker Werke & 150 Jahre Grubenunglück im Plauenschen Grund, Freital 2019, S. 42–59.

Heese, Thorsten: Vergangenheit „begreifen" – Die gegenständliche Quelle im Geschichtsunterricht, Schwalbach/Ts. 2007.

Heese, Thorsten: Agenda „Museum 2020" – Brauchen Museen künftig noch Objekte? Ja, unbedingt!, in: Geschichte in Wissenschaft und Unterricht – Zeitschrift des Verbandes der Geschichtslehrer Deutschlands 68, 2017, S. 5–25.

Heilfurth, Gerhard: St. Barbara als Berufspatronin des Bergbaus. Ein Streifzug durch ihren mitteleuropäischen Verehrungsbereich, in: Zeitschrift für Volkskunde 53, 1956/57, S. 1–64.

Heilfurth, Gerhard: Der Bergbau und seine Kultur. Eine Welt zwischen Dunkel und Licht, Zürich 1981.

Heimsoth, Axel: Teure Arbeitsanzüge aus Papier. Von einer Initiative der Dortmunder Stadtverwaltung, in: Jahrbuch Westfalen 71. Jg., 2016, S. 159–163.

Heimsoth, Axel: Eine Uniform vom Mülheimer Regiment Nr. 159, in: Forum Geschichtskultur Ruhr 01/2018, S. 62–63.

Heimsoth, Axel: Unter Tage – über Tage. Die Kleidung der Bergleute, in: Der Anschnitt 70, H. 3–4, 2018, S. 169–172.

Heimsoth, Axel/Kerner, Frank (Hrsg.): Arbeit & Alltag. Industriekultur im Ruhr Museum, Essen 2015.
Heinen, Eike-Christian/Rauhut, Christoph (Hrsg.): Producing Non-Simultaneity. Construction sites as places of progressiveness and continuity, London 2018.
Held, Jutta/Schneider, Norbert: Grundzüge der Kunstwissenschaft. Gegenstandsbereiche – Institutionen – Problemfelder, Köln/Weimar/Wien 2007.
Henning, Nina: Objektbiographien, in: Samida, Stefanie u. a. (Hrsg.): Handbuch Materielle Kultur. Bedeutungen, Konzepte, Disziplinen, Weimar 2014, S. 234–237.
Herbst, Heinrich: Zur Bedeutung der Arbeits- und Gebrauchsspuren an der Oberfläche von technischem Kulturgut – Beispiele des transparenten und temporären Korrosionsschutzes aus Geschichte und Gegenwart, in: Metalla. Forschungsberichte des Deutschen Bergbau-Museums 4,2, 1997, S. 63–70.
Hermann Kätelhön. Ideallandschaft: Industriegebiet. Ausstellungskatalog Museum Folkwang, Essen 2018.
Heßler, Martina: „Mrs. Modern Woman". Zur Sozial- und Kulturgeschichte der Haushaltstechnisierung, Frankfurt a. M. 2001.
Heuchler, Eduard: Album für Freunde des Bergbaues, Freiberg 1855.
Heuchler, Eduard: Die Bergknappen in ihren Berufs- und Familienleben, Dresden 1857.
Hicks, Dan/Beaudry, Mary C. (Hrsg.): The Oxford Handbook of Material Culture Studies, Oxford 2010.
Hildebrandt, Reinhard (Hrsg.): Quellen und Regesten zu den Augsburger Handelshäusern Paler und Rehlinger 1539–1642. Wirtschaft und Politik im 16./17. Jahrhundert, Teil 1: 1539–1623, Stuttgart 1996.
Hochgrebe, Heinrich: Das Kupferbergwerk an der Leuchte 1552–1974, Bad Wildungen-Bergfreiheit, o. J. (= Informationsfaltblatt des Besucherbergwerks „Bertsch").
Hochgrebe, Heinrich: Aus der Geschichte des Bleibergwerks in der Banfe, unveröffentlichtes Manuskript, Bad Wildungen-Frebershausen 1978.
Hochgrebe, Heinrich: Ortssippenbuch 18: Frebershausen, Arolsen 1979.
Hochgrebe, Heinrich: Beiträge zur Geschichte von Bergfreiheit, unveröffentliches Manuskript, Bad-Wildungen-Frebershausen 1988.
Hochgrebe, Heinrich: Ortssippenbuch 53: Kleinern, Arolsen 1996.
Hochgrebe, Heinrich: Ortssippenbuch 62: Gellershausen, Arolsen 1998.
Hochgrebe, Heinrich/Löwer, Helmut: Ortssippenbuch 48: Bergfreiheit, Arolsen 1994.
Hodder, Ian: Symbols in Action, Cambridge 1982.
Hodder, Ian: Entangled. An Archaeology of the Relationships between Humans and Things, New York 2012.
von Hoff, Carl: Die neuzeitliche Entwicklung der Gasschutzgeräte im deutschen Bergbau, in: Glückauf 91, H. 3–4, 1955, S. 77–87.
Hoffmann, Carl Robert: Der belehrende Bergmann, Essen 1981 [1830].
Hofmann, Kerstin P. u. a. (Hrsg.): Massendinghaltung in der Archäologie. Der material turn und die Ur- und Frühgeschichte, Leiden 2016, S. 283–308.
Holm, Christiane: Erinnerungsdinge, in: Samida, Stefanie u. a. (Hrsg.): Handbuch Materielle Kultur. Bedeutungen, Konzepte, Disziplinen, Weimar 2014, S. 197–201.
Horwitz, Hugo Theodor: Das Technische Museum in Wien, in: Geschichtsblätter für Technik und Industrie 8, 1921, S. 1–10.
Hoskins, Janet: Agency, Biography, and Objects, in: Tilley, Christopher u. a. (Hrsg.): Handbook of Material Culture, London 2006, S. 74–84.

Hue, Otto: Die Bergarbeiter. Historische Darstellung der Bergarbeiter-Verhältnisse von der ältesten bis in die neueste Zeit, Bd. 2, Stuttgart 1913.

Hughes, Stephen: The International Collieries Study, 2013, unter: www.icomos.org/en/116-english-categories/resources/publications/226-the-international-collieries-study (Stand: 09.11.2020).

Hughes, Thomas P.: Networks of Power. Electrification in Western Society 1880–1930, Baltimore/London 1983.

Hughes, Thomas P.: Technological Momentum, in: Smith, Merrit Roe/Marx, Leo (Hrsg.): Does Technology Drive History? The Dilemma of Technological Determinism, Cambridge (Mass.) 1994, S. 101–114.

Hundt, Hans-Jürgen: Vorgeschichtliche Gewebe aus dem Hallstätter Salzberg, in: Jahrbuch des RGZM 34, 1987, S. 261–286.

Ingold, Tim: The Perception of the Environment: Essays on Livelihood, Dwelling and Skill, London 2000.

Ingold, Tim: Materials against materiality, in: Archaeological Dialogues 14, 2007, S. 1–16.

Issel, Hans: Die Entwicklung der Abraumförderbrücken-Verbände mit 60 m Abtrag aus der Sicht der Forschung des Instituts für Braunkohlenbergbau, in: Neue Bergbautechnik 9, 1979, 9, S. 516–517.

Issel, Hans: 10 Jahre Nutzergemeinschaft Abraumförderbrücke F 60, in: Neue Bergbautechnik 12, 1982, 9, S. 537–539.

Issel, Hans: Bewertung des Einsatzes von Abraumförderbrückenverbänden mit 60 m Abtrag unter Berücksichtigung möglicher Effektivitätsverbesserungen, in: Neue Bergbautechnik 13, 1983, 12, S. 708–711.

Jacobi, Gerhard: Werkzeug und Gerät aus dem Oppidum von Manching, Wiesbaden 1974 (= Die Ausgrabungen in Manching 5).

Jähnel, Peter: Ein Leben für den Bergbau – Walter Karge geht in Ruhestand, online unter: www.lmbv.de/index.php/pressemitteilung/1029.html (Stand: 17.06.2020).

Jahrbuch für das sächsische Berg- und Hüttenwesen 1865, Freiberg 1865.

Jahrbuch für das sächsische Berg- und Hüttenwesen 1871, Freiberg 1871.

Jahresbericht der Hauptstelle für das Grubenrettungswesen für das Jahr 1929.

Jefferies, Matthew: Politics and culture in Wilhelmine Germany: the case of industrial architecture, Oxford 1995.

Jentsch, Frieder: Modelle aus technischen Sammlungen der Bergakademie Freiberg, in: Bachmann, Manfred (Hrsg.): Der silberne Boden. Kunst und Bergbau in Sachsen, Leipzig 1990, S. 446–453.

Jentsch, Frieder: Begegnungen mit fast vergessenen Kostbarkeiten – Ein Beitrag zum zehnjährigen Bestehen der Kustodie an der Technischen Universität Bergakademie Freiberg 1985–1995, Freiberg 1995.

Jentsch, Frieder: Erfahrungen aus 200 Jahren Modellbau in der Region Freiberg, in: Sächsische Landesstelle für Museumswesen (Hrsg.): Technische Modelle als Museumsbestand – Berichte und Erfahrungen, Chemnitz 1999, S. 25–32.

Jentsch, Frieder: Bericht von Christian Friedrich Brendel aus dem Jahr 1828 über die Modellsammlung der Bergakademie Freiberg, Kleinvoigtsberg 2002 (= Schriftenreihe „Akten und Berichte vom sächsischen Bergbau", H. 39).

Jovanović, Borislav: Rudna Glava. Der älteste Kupferbergbau im Zentralbalkan, in: Posebna Izdania 17, Belgrad 1982.

Joyce, Patrick: Filing the Raj. Political technologies of the Imperial British state, in: Bennett, Tony/Joyce, Patrick (Hrsg.): Material Powers. Cultural studies, history and the material turn, London/New York 2010, S. 102–123.

Joyce, Rosemary/Pollard, Joshua: Archaeological assemblages and practices of deposition, in: Hicks, Dan/Beaudry, Mary C. (Hrsg.): The Oxford Handbook of Material Culture Studies, Oxford 2010, S. 291–309.

Kaiser, Marion: „Freilich ist die Industrie oft ein Feind der Romantik – erstere aber gewinnbringend." Konflikte durch den Kalksteinabbau an der Lahn, in: Der Anschnitt 67, H. 1, 2015, S. 15–26.

Kalus, Peter: Die Fugger in der Slowakei, Augsburg 1999.

Kaschade, Hans: Kohle und Energiewirtschaft in der DDR, 3 Bde., Buskow bei Neuruppin 2015–2018.

Katz, S. H./Forbes, John J.: Use of miners' self rescuer, Washington 1928 (= Miners' Circular 30).

Kemp, James F.: Memoir of John Henry Caswell, in: Annals of the New York Academy of Science XIX, 12, part III, 1910, S. 353–356.

Kemp, James F.: The Fiftieth Anniversary of the School of Mines, in: Columbia University Quarterly, 1914, September, S. 404–412.

Kern, Anton u. a. (Hrsg.): Salz-Reich. 7000 Jahre Hallstatt, in: Veröffentlichungen der Prähistorischen Abteilung des Naturhistorischen Museums Wien 2, Wien 2008.

Kerner, Frank: Lederkappe für Bergleute, in: Die Gegenwart der Dinge. 100 Jahre Ruhrlandmuseum. Katalog zur Ausstellung des Ruhrlandmuseums vom 5. Dezember 2004 bis 27. Februar 2005, Essen 2004, S. 40–41 u. S. 246–247.

Kerp, Hans/Stottrop, Ulrike/Bettinger, Andreas: VW Stiftung „Forschung in mittleren und kleineren Museen". Projektantrag „Erfassung, Erforschung und Vernetzung von Karbon-Sammlungen in deutschen Museen" (15. Dezember 2008).

Ketelaer, Andreas/Przigoda, Stefan: DDB und montandok.de. montan.dok realisiert Fortschritte bei der digitalen Zugänglichkeit, in: montan.dok-news 7, 2021, S. 3.

Keupp, Jan: Die Gegenstandslosigkeit des Materiellen: Was den material turn zum Abtörner macht, in: Mittelalter. Interdisziplinäre Forschung und Rezeptionsgeschichte, 26. Juni 2017, unter: http://mittelalter.hypotheses.org/10617 (Stand: 09.12.2019).

Kiermeier-Debre, Joseph: Heinrich von Ofterdingen, Berlin 1802, in: Bibliothek der Erstausgaben, München 1997.

Kift, Dagmar: „Die Bergmannsheilige schlechthin". Die Heilige Barbara im Ruhrgebiet der 1950er-Jahre, in: Der Anschnitt 58, H. 6, 2006, S. 254–263.

Kift, Dagmar: Über Klassengrenzen hinweg. Arbeiterkultur im Ruhrbergbau der 1950er Jahre, in: Dies./Palm, Hannelise (Hrsg.): Arbeit – Kultur – Identität. Zur Transformation von Arbeitslandschaften in der Literatur, Essen 2007, S. 115–134.

Kift, Dagmar: Nicht nur Barbara – Frauen im Bergbau, in: Kultur und Heimat 56, 2008, S. 4–20.

Kift, Dagmar: Kumpel Anton, St. Barbara und die Beatles. Helden und andere Leitbilder im Ruhrrevier, Essen 2010.

Kift, Dagmar: Kultur, Kulturpolitik und Kulturgeschichte im Ruhrbergbau nach dem Zweiten Weltkrieg, in: Dies. u. a. (Hrsg.): Bergbaukulturen in interdisziplinärer Perspektive. Diskurs und Imagination, Essen 2018, S. 31–43.

Kift, Dagmar u. a. (Hrsg.): Bergbaukulturen in interdisziplinärer Perspektive. Diskurse und Imaginationen, Essen 2018.

Kipp, Michaela: Können Haushaltsgeräte sprechen – und was haben sie zu sagen? Historische Objektforschung in den Sammlungen des Deutschen Museums München, in: Technikgeschichte 79, 2012, S. 81–108.

Kirnbauer, Franz: St. Barbara als Schutzpatronin der Bergleute und Artilleristen, in: Festschrift der Dynamit Nobel Wien, Wien 1965, S. 188–189.

Kirnbauer, Franz: Die Geschichte der Sprengarbeit im Bergbau, in: Aktiengesellschaft Dynamit Nobel (Hrsg.): Festschrift zu Ehren Alfred Nobels aus Anlaß der Erteilung der ersten Sprengstoffpatente vor 100 Jahren, Wien 1967, S. 115–129.

Kirnbauer, Franz: Heinrich Winkelmann†, in: Österreichische Zeitschrift für Volkskunde 71, 1968, S. 37–39.

Kittler, Horst: Zur Ermittlung optimaler Strategien der planmäßig vorbeugenden Instandhaltung (PVI) mit Hilfe mathematischer Modelle, in: Neue Bergbautechnik 8, 1978, 1, S. 48–50.

Klösch, Christian: Das Museum in der NS-Zeit, in: Lackner, Helmut/Jesswein, Katharina (Hrsg.): 100 Jahre Technisches Museum Wien, Wien 2009, S. 272–285.

Knapp, A. Bernhard/Pigott, Vincent C./Herbert, Eugenia W. (Hrsg.): Social Approaches to an Industrial Past: The Archaeology and Anthropology of Mining, London 1998.

Knoll, Martin: Nil sub sole novum oder neue Bodenhaftung? Der material turn und die Geschichtswissenschaft, in: Neue Politische Literatur 59, 2014, S. 191–207.

König, Gudrun: Auf dem Rücken der Dinge. Materielle Kultur und Kulturwissenschaft, in: Maase, Kaspar/Warneken, Bernd Jürgen (Hrsg.): Unterwelten der Kultur. Themen und Theorien der volkskundlichen Kulturwissenschaft, Köln 2003, 95–118.

König, Gudrun/Papierz, Zuzanna: Plädoyer für eine qualitative Dinganalyse, in: Hess, Sabine/Moser, Johannes/Schwertel, Maria (Hrsg.): Europäisch-ethnologisches Forschen. Neue Methoden und Konzepte, Berlin 2013, S. 283–307.

Köstlin, Konrad: Das Heimatmuseum. Musealisierung des Lokalen – Lokale Erinnerungspolitik, in: Csáky, Moritz u. a. (Hrsg.): Speicher des Gedächtnisses, Teil 1: Absage an und Wiederherstellung von Vergangenheit, Kompensation von Geschichtsverlust, Wien 2000, S. 89–97.

Koordinierungsstelle für wissenschaftliche Universitätssammlungen in Deutschland (Hrsg.): Empfehlungen zum Umgang mit wissenschaftlichen Sammlungen an Universitäten, Berlin 2016.

Korff, Gottfried: Umgang mit Dingen, in: Pressestelle der Hochschule der Künste Berlin (Hrsg.): Lebensformen. Alltagsobjekte als Darstellung von Lebensstilveränderungen am Beispiel der Wohnung und Bekleidung der „Neuen Mittelschichten", Berlin 1991, S. 35–51.

Korff, Gottfried: Vom Verlangen Bedeutungen zu sehen, in: Borsdorf, Ulrich/Grütter, Heinrich Theodor/Rüsen, Jörn (Hrsg.): Die Aneignung der Vergangenheit. Musealisierung und Geschichte, Bielefeld 2004, S. 81–103, online unter: www.degruyter.com/downloadpdf/books/9783839403211/ /9783839403211-003/9783839403211-003.pdf, S. 84 (Stand: 09.03.2020).

Korff, Gottfried: 13 Anmerkungen zur aktuellen Situation des Museums als Einleitung zur 2. Auflage, in: Eberspächer, Martina/König, Gudrun Marlene/Tschofen, Bernhard (Hrsg.): Gottfried Korff. Museumsdinge. deponieren – exponieren, 2. erg. Aufl. Köln u. a. 2007, S. IX–XXIV.

Koschwitz, Carl: Die Hochbauten auf den Steinkohlenzechen des Ruhrgebiets. Ein Beitrag zur Baugeschichte des Industriebaus an Hand von Quellenforschungen, Rekonstruktionen, maßstäblichen Aufnahmen und Entwürfen, Berlin 1930.

Kosczinski, Katja: Die Abbaugeräte im antiken Salzbergwerk von Douzlākh (Chehrābād, Zanjān, IR), Eine taphonomische und experimentelle Annäherung, Bochum 2019 [Master-Thesis].

Kosczinski, Katja/Vollmer, Philipp: Das Experiment Salzbergbau, in: Stöllner, Thomas/Aali, Abolfazl/Bagherpour, Natascha (Hrsg.): Tod im Salz – Eine Archäologische Ermittlung in Persien. Begleitbuch, Katalog und Graphic Novel, Offenbach/Bochum 2020, S. 147–152.

Koselleck, Reinhart: Zeitschichten. Studien zur Historik, 5. Aufl. Frankfurt a. M. 2018.

Koselleck, Reinhart: „Erfahrungsraum" und „Erwartungshorizont" – zwei historische Kategorien, in: Ders.: Vergangene Zukunft. Zur Semantik geschichtlicher Zeiten, 3. Aufl., Frankfurt a. M. 1995 [1977], S. 349–75.

Kowarik, Kerstin/Reschreiter, Hans/Wurzer, Gabriel: Salz – Bergbau – Wirtschaft: Diskussion wirtschaftsarchäologischer Aspekte am Beispiel der prähistorischen Salzbergwerke von Hallstatt, in: Eisenach, Petra/Stöllner, Thomas/Windler, Arne (Hrsg.): The RITaK conferences 2013–2014. Raw Materials, Innovation, Technology of Ancient Cultures RITaK 1, Der Anschnitt 34, 2017, S. 171–179.

Krämer, Sibylle: Was also ist eine Spur? Und worin besteht ihre epistemologische Rolle? Eine Bestandsaufnahme, in: Dies./Kogge, Werner/Grube, Gernot (Hrsg.): Spur. Spurenlesen als Orientierungstechnik und Wissenskunst, Frankfurt a. M. 2007, S. 11–33.

Kramer, Klaus: Die Abraumförderkomplexe F 60 und SRs 6300 des Kombinats TAKRAF, in: Neue Bergbautechnik 14, 1984, S. 429–433.

Krause, Juliane: 40 Jahre F 60 im Tagebau Jänschwalde, in: LEAG blog vom 20. Juli 2018, unter: www.leag.de/de/blog/artikel/40-jahre-f-60-im-tagebau-jaenschwalde (Stand: 03.12.2019).

Krauth, Theodor: VI. Die Förderbrücken, in: Garbotz, Georg (Hrsg.): Handbuch des Maschinenwesens beim Baubetrieb. Dritter Band. Erster Teil, Berlin 1937, S. 551–632.

Krebs, Stefan/Schabacher, Gabriele/Weber, Heike (Hrsg.): Kulturen des Reparierens. Dinge – Wissen – Praktiken, Bielefeld 2018.

Kretschmann, Jürgen/Düppe, Stephan (Hrsg.): 1816–2016. Die Geschichte der Technischen Hochschule Georg Agricola, Bochum 2016.

Kroker, Evelyn: Der Arbeitsplatz des Bergmanns in historischen Bildern und Dokumenten, Bd. 2: Der Weg zur Vollmechanisierung, Bochum 1986.

Kroker, Evelyn/Farrenkopf, Michael: Grubenunglücke im deutschsprachigen Raum. Katalog der Bergwerke, Opfer, Ursachen und Quellen, 2. Auflage Bochum 1999 (= Veröffentlichungen aus dem Deutschen Bergbau-Museum Bochum, Nr. 71).

Kroker, Evelyn/Kroker, Werner: Solidarität aus Tradition. Die Knappenvereine im Ruhrgebiet, München 1988.

Kroker, Evelyn/Unverferth, Gabriele: Der Arbeitsplatz des Bergmanns in historischen Bildern und Dokumenten, Bochum 1979.

Kuchler, Christian: Historische Orte im Geschichtsunterricht, Schwalbach/Ts. 2012.

Kugler, Jens: Meisterwerke der Bergakademischen Modellsammlung der TU Bergakademie Freiberg/Sachsen, in: Master pieces – Mineralientage München 2006, München 2006, S. 54–63.

Kugler, Jens: The hidden Machine. A Quest for Traces of a Masterpiece at the Alten Mordgrube, Freiberg Mining Region, in: 5th International Symposium on archaeological Mining History, Freiberg 2010, S. 37–51.

Kukuk, Paul: Geologie des Niederrheinisch-Westfälischen Steinkohlengebietes, Berlin 1938.

Kulturamt und Stadtarchiv der Stadt Zwickau (Hrsg.): Die Grubenkatastrophe im VEB Steinkohlenwerk ‚Karl Marx' Zwickau vom 22. Februar 1960, Zwickau 2010.

Kurz, Gabriele: Keltische Hort- und Gewässerfunde in Mitteleuropa. Deponierungen der Latènezeit, Stuttgart 1995 (= Materialhefte zur Archäologie in Baden-Württemberg 33).

Lackner, Helmut: Wilhelm Exner, Initiator und Motor der Museumsgründung, in: Lackner, Helmut/Jesswein, Katharina (Hrsg.): 100 Jahre Technisches Museum Wien, Wien 2009, S. 102–117.

Lackner, Helmut: Das Schaubergwerk, in: Lackner, Helmut/Jesswein, Katharina (Hrsg.): 100 Jahre Technisches Museum Wien, Wien 2009, S. 167–169.

Lackner, Helmut: Die Schausammlung nach der Eröffnung, in: Lackner, Helmut/Jesswein, Katharina (Hrsg.): 100 Jahre Technisches Museum Wien, Wien 2009, S. 184–202.

Lackner, Helmut: Erste Sonderausstellungen und Ausstellungsbeteiligungen, in: Lackner, Helmut/Jesswein, Katharina (Hrsg.): 100 Jahre Technisches Museum Wien, Wien 2009, S. 237–240.

Lackner, Helmut: Das Österreichische Forschungsinstitut für Geschichte der Technik, in: Lackner, Helmut/Jesswein, Katharina (Hrsg.): 100 Jahre Technisches Museum Wien, Wien 2009, S. 248–263.

Lackner, Helmut: Montanhistorische Forschungen in Österreich. Ein Überblick über die Entwicklungen im 20. und zu Beginn des 21. Jahrhunderts, in: Blätter für Technikgeschichte 71, 2009, S. 215–243.

Lackner, Helmut/Jesswein, Katharina (Hrsg.): 100 Jahre Technisches Museum Wien, Wien 2009.

Lässig, Simone/Steinberg, Swen: Knowledge on the Move. New Approaches toward a History of Migrant Knowledge, in: Geschichte und Gesellschaft 43,3, 2017, S. 313–346.

Lässig, Simone/Steinberg, Swen: Why Young Migrants Matter in the History of Knowledge, in: KNOW: A Journal on the Formation of Knowledge 3,2, 2019, S. 313–346.

Lamb, A. B./Bray, William C./Frazer, J. C. W.: The removal of carbon monoxide from air, in: Journal of Industrial and Engineering Chemistry, 12, 1920, S. 213–221.

Landwehr, Achim: Die anwesende Abwesenheit der Vergangenheit. Essay zur Geschichtstheorie, Frankfurt a. M. 2016.

Lange, Thomas: Jeremy Dellers Battle of Orgreave. Gesellschaftsformierende Aspekte von Kunst im Konglomerat der Geschichte, in: Krankenhagen, Stefan/Vahrson, Viola (Hrsg.): Geschichte kuratieren. Kultur- und kunstwissenschaftliche An-Ordnungen der Vergangenheit, Köln/Weimar/Wien 2017, S. 123–137.

Latour, Bruno: Die Hoffnung der Pandora. Untersuchungen zur Wirklichkeit der Wissenschaft, Frankfurt a. M. 2002.

Latour, Bruno: Eine neue Soziologie für eine neue Gesellschaft. Einführung in die Akteur-Netzwerk-Theorie, Frankfurt a. M. 2007 [2005].

Lausitzer Braunkohle Aktiengesellschaft/Lausitzer Bergbau-Verwaltungsgesellschaft mbH (Hrsg.): Lausitzer Braunkohlerevier. 70 Jahre Abraumförderbrücken in der Lausitz, Senftenberg/Brieske 1994.

LeCain, Timothy James: The Matter of History. How things create the past, Cambridge 2017.

Leeson, R. A.: United We Stand: An Illustrated Account of Trade Union Emblems, Bath 1971.

Lenz, Gerhard: Verlusterfahrung Landschaft. Über die Herstellung von Raum und Umwelt im mitteldeutschen Industriegebiet seit der Mitte des 19. Jahrhunderts, Frankfurt a. M. 1999.

Leroi-Gourhan, André: Hand und Wort – Die Evolution von Technik, Sprache und Kunst [1964/65], Frankfurt a. M. 1980.

Lewin, Louis: Die Kohlenoxydvergiftung: Ein Handbuch für Mediziner, Techniker und Unfallrichter, Berlin 1920.

Lindqvist, Svante: Changes in the Technological Landscape. The Temporal Dimension in the Growth and Decline of Large Technological Systems, in: Granstrand, Ove (Hrsg.): Economics of Technology, Amsterdam 1994, S. 271–288.

LMBV. Lausitzer und Mitteldeutsche Bergbau-Verwaltungsgesellschaft mbH (Hrsg.): Kleinleipisch/Klettwitz/Klettwitz-Nord, Senftenberg 2015 (= Lausitzer Braunkohlenrevier. Wandlungen und Perspektiven 04), online unter: www.lmbv.de/index.php/Wandlungen_ Perspektiven_Lausitz.html (Stand: 19.10.2019).

Löscher, Hermann: Das Erzgebirgische Bergrecht des 15. und 16. Jahrhunderts. Die erzgebirgischen Berggebräuche des 16. Jahrhunderts und ihre Vorläufer seit 1450, in: Freiberger Forschungshefte, Reprint der Auflage von 1959, Freiberg 2003.

Löwer, Helmut: Ortssippenbuch 44: Armsfeld, Arolsen 1992.

Ludwig, Andreas: Materielle Kultur, Version: 1.0, in: Docupedia-Zeitgeschichte, 30.05.2011, unter: http://docupedia.de/zg/ludwig_materielle_kultur_v1_de_2011 (Stand: 19.09.2018).

Ludwig, Andreas: Geschichtswissenschaft, in: Samida, Stefanie u. a. (Hrsg.): Handbuch Materielle Kultur. Bedeutungen, Konzepte, Disziplinen, Stuttgart/Weimar 2014, S. 287–292.

Ludwig, Karl-Heinz: Die Innovation des bergmännischen Pulversprengens. Schio 1574, Schemnitz 1627 und die historische Forschung, in: Der Anschnitt 38, H. 3–4, 1986, S. 112–122.

LVR-Industriemuseum (Hrsg.): Glanz und Grauen. Kulturhistorische Untersuchungen zur Mode und Bekleidung in der Zeit des Nationalsozialismus, Ratingen 2018.

LWL-Industriemuseum (Hrsg.): Kohlekeramik. Medaillen, Plaketten, Gebrauchsobjekte. Die Sammlung Dr. Jürgen Huesmann. Katalog zur Ausstellung im LWL-Industriemuseum Zeche Zollern, Dortmund, 13. November 2011 bis 12. Februar 2012, Essen 2011.

LWL-Industriemuseum (Hrsg.): Revierfolklore. Zwischen Heimatstolz und Kommerz. Das Ruhrgebiet am Ende des Bergbaus in der Populärkultur. Katalog zur Ausstellung im LWL-Industriemuseum Zeche Hannover, Bochum, 23. März bis 28. Oktober 2018, Essen 2018.

März, Ursula: „Unterleuten": Jedes Dorf ist eine Welt, in: Die Zeit v. 17.03.2016, online unter: www.zeit.de/2016/13/unterleuten-juli-zeh-roman (Stand: 11.12.2019).

Magenau, Jörg: Die Landidylle, in der Gewalt alltäglich ist, in: Süddeutsche Zeitung v. 21.03.2016, online unter: www.sueddeutsche.de/kultur/unterleuten-von-juli-zeh-die-landidylle-in-der-gewalt-alltaeglich-ist-1.2915472 (Stand: 11.12.2019).

Magyar Életrajzi Lexikon [Ungarisches biographisches Lexikon]. Magyar Elektronikus Könyvtár [Ungarische elektronische Bibliothek], unter: http://mek.oszk.hu/00300/00355/html/ABC15363/15712.htm. (Stand: 06. Mai 2020).

Maier, Charles S.: Das Verschwinden der DDR und der Untergang des Kommunismus, Frankfurt a. M. 2000 [1997].

Marchand, Trevor (Hrsg.): Making knowledge: explorations of the indissoluble relation between minds, bodies, and environment, in: Journal of the Royal Anthropological Institute, Special Issue 16, Chichester 2010.

Marchant, Suzanne: How Much Knowledge is Worth Knowing? An American Intellectual Historian's Thoughts on the Geschichte des Wissens, in: Berichte für Wissenschaftsgeschichte 42, 2019, S. 1–24.

Maresch, Gerhard: Rohstoffe aus der Erde, in: Das Technische Museum in Wien. Die Welt der Erfinder und Konstrukteure, Salzburg/Wien 1982, S. 37–41.

Martin, Michael: Arbeitsschutz und Arbeitsmedizin im Ruhrbergbau 1865–1914, Bochum 2000.

Massachusetts Institute of Technology (Hrsg.): Reports of the President, Secretary and Departments, 1871–1872, Boston 1872.

Matis, Herbert/Bachinger, Karl: Österreichs industrielle Entwicklung, in: Brusatti, Alois (Hrsg.): Die Habsburgermonarchie 1848–1918: Die wirtschaftliche Entwicklung, Wien 1973 (= Wandruszka, Adam/Urbanitsch, Peter (Hrsg.): Die Habsburgermonarchie 1848–1918, Bd. 1), S. 105–232.

Mativa, Henri et al.: Les ventilateurs de mines, Rapport de la Commission instituée, pour l'étude des ventilateurs, par la Direction de l'Industrie de la Société Générale pour favoriser l'Industrie nationale, in: Publications de la Société des Ingénieurs sortis de l'École Provinciale d'Industrie et des Mines du Hainaut, Troisième série, Tome II, s. l. 1892–1893.

Matterne, Kurt/Tannhäuser, Siegfried: Die Grundmittelwirtschaft in der sozialistischen Industrie der DDR, Berlin 1982.

Mauss, Marcel: The Gift. The form and reason for exchange in archaic societies, London/New York 2002 [1923].

Meier, Hans-Rudolf/Steiner, Marion: Denkmal – Erbe – Heritage: Begriffshorizonte am Beispiel der Industriekultur. Monument – Patrimony – Heritage: Industrial Heritage and the Horizons of Terminology, in: Bogner, Simone u. a. (Hrsg.): Denkmal – Erbe – Heritage: Begriffshorizonte am Beispiel der Industriekultur. Monument – Patrimony – Heritage: Industrial Heritage and the Horizons of Terminology, Holzminden 2018, S. 16–35.

Menic, Stephanie: Die latènezeitliche Eisenproduktion im Siegerland. Chaîne opératoire und Ökonometrie der Prozessschritte, Bochum 2016 (= Studien zur Montanlandschaft Siegerland 2, Der Anschnitt, Beiheft 32).

Menk, Gerhard: Waldecks Beitrag für das heutige Hessen, Wiesbaden 2001 (= Hessische Landeszentrale für Politische Bildung [Hrsg.]: Hessen: Einheit aus der Vielfalt, Bd. 4).

Menzel, Carl (Hrsg.): Jahrbuch für das Berg- und Hüttenwesen im Königreiche Sachsen, Jahrgang 1903, Freiberg 1903.

Merbeth, Karl Gotthold: Chronologisches Register über die sowohl im Codex Augusteus als auch sonstigen Rechtssammlungen, Leipzig 1834.

Merleau-Ponty, Maurice: Phénoménologie de la perception, Paris 1945.

Meyer, Torsten: Werk und Technik – Works and Technology, in: Vattenfall Europe Mining & Generation (Hrsg.): Schwarze Pumpe, Forst 2005, S. 76–94.

Mietke, Romy/Trautmann, Uwe: Theoretische Grundlagen und praktische Untersuchungen zur Leistungsbewertung in der Instandhaltung unter besonderer Berücksichtigung der Führung von Leistungsvergleichen, Diss. A, Ingenieurhochschule Zwickau 1986.

Migal, Witold: Reconstruction of the Flint Extraction System in Krzemionki, in: Ramos-Millán, Antonio/Bustillo, María Ángeles (Hrsg.): Siliceous rocks and culture, Granada 1997, S. 315–325.

Miller, Daniel: Material Culture and Mass Consumption, Oxford 1987.

Miller, Daniel (Hrsg.): Materiality, Durham 2005.

Miller, Daniel: Material Culture, in: Bennett, Tony/Frow, John (Hrsg.): The Sage Handbook of Cultural Analysis, London 2008, S. 271–290.

Moitra, Stefan: Das Wissensrevier. 150 Jahre Bergbauforschung und Ausbildung bei der Westfälischen Berggewerkschaftskasse/DMT-Gesellschaft für Lehre und Bildung. Die Geschichte einer Institution, Bochum 2014 (= Kretschmann, Jürgen/Farrenkopf, Michael [Hrsg.]: Das Wissensrevier. 150 Jahre Westfälische Berggewerkschaftskasse/DMT-Gesellschaft für Lehre und Bildung, Bd. 1).

Moitra, Stefan/Katarzyna Nogueira/Adamski, Jens: Erfahrung, Erinnerung, Erzählung. Potenziale einer Oral History für die Bergbaugeschichte heute, in: Der Anschnitt 71, H. 2–3, 2019, S. 93–105.
Moller, Sabine: Erinnerung und Gedächtnis, Version 1.0, in: Docupedia-Zeitgeschichte, 12.4.2010, unter: https://docupedia.de/zg/Erinnerung_und_Ged%C3%A4chtnis (Stand: 10.03.2020).
Moore, Robert Th.: Some Notes on Collieries in Saxony, in: The Mining Institute of Scotland. Transactions VI, 1884–85, S. 153–168.
Moses, Alfred J.: Professor Thomas Egleston, in: Science. New Series 11, 1900, Nr. 271, S. 361–364.
Müller, Diethelm/Krause, Heinz/Nakonz, Horst: 60 Jahre Abraumförderbrücken/25 Jahre Typenabraumförderbrücken in der DDR, in: Neue Bergbautechnik 14, 1984, 5, S. 161–166.
Müller, Georg/Türck, Fred: Die Entwicklung der Bergschule Clausthal zur wissenschaftlichen Hochschule im Zeitraum 1811 bis 1920. Lehrer und Bergschüler, Professoren und Studenten in Zeiten industrieller und sozialer Umbrüche, Clausthal-Zellerfeld 2016.
Müller, Wilhelm: Seilscheibengerüste und Seilscheiben, in: Verein für die Bergbaulichen Interessen im Oberbergamtsbezirk Dortmund (Hrsg.): Förderung, Berlin 1902 (= Die Entwickelung des Niederrheinisch-Westfälischen Steinkohlen-Bergbaues in der zweiten Hälfte des 19. Jahrhunderts, Bd. 5).
Müller-Jung, Joachim: Der Stehaufsaurier, in: Frankfurter Allgemeine Zeitung v. 09.04.2015, online unter: www.faz.net/aktuell/feuilleton/brontosaurus-zweimal-ausgestorben-und-dennoch-ueberlebt-13527852.html (Stand: 11.08.2020).
Münsterberger, Werner: Collecting, an unruly passion. Psychological perspectives, Princeton 1994.
Muzeum Miejskie Zabrze (Hrsg.): Schwarze Diamanten. Fotografien aus Oberschlesien von Max Steckel (1870–1947), Zabrze 2001.
Nadeborn, Helmut: Einsatz eines Mikrorechners an der F 60 des Tagebaus Welzow-Süd, in: Neue Bergbautechnik 9, 1979, 4, S. 235–237.
Nemitz, Rolfroderich: Die Sammlung der Nemitz-Stiftung St. Barbara. Ausstellung im Deutschen Bergbau-Museum Bochum, Bochum 2009 (= Veröffentlichungen aus dem Deutschen Bergbau-Museum Bochum, Nr. 167).
Neuber, Heino: „Hierin liegt jedenfalls das einzige Radicalmittel gegen die gedachte Gefährdung von Menschenleben" – über frühere Wetterverhältnisse im sächsischen Steinkohlenbergbau am Beispiel eines Wetterversuches beim Lugau-Niederwürschnitzer Steinkohlenbauverein 1869, in: Die Turmstütze, Nr. 24, 2009, S. 8–11.
Neuber, Heino: „... denn man sah nichts als Elend ..." – die Grubenkatastrophe auf der „Neuen Fundgrube" in Lugau, Oelsnitz/Erzgeb. 2018.
Niederhagemann, Stefan: Structural design, typical damages and reinstatement of the Malakoff Towers, in: Structural Studies, Repairs and Maintenance of Heritage Architecture XIII, 2013 (= WIT Transactions on the Built Environment 131), S. 259–265, online unter: www.witpress.com/elibrary/wit-transactions-on-the-built-environment/131/24819 (Stand: 09.11.2020).
Niederhagemann, Stefan/Tempel, Norbert: Malakowtürme im Ruhrgebiet – eine aktuelle Bestandsaufnahme, in: Industriekultur 2012, H. 3, S. 35–39.
Niederhagemann, Stefan/Tempel, Norbert: Malakowtürme in Deutschland – eine aktuelle Bestandsaufnahme, in: Industriekultur 2014, H. 1, S. 35–39.
Niederhagemann, Stefan/Tempel, Norbert: Malakowtürme in Mitteleuropa – eine aktuelle Bestandsaufnahme, in: Industriekultur 2015, H. 1, S. 26–30.

Niederhagemann, Stefan/Tempel, Norbert: Malakowtürme in West- und Südeuropa – eine aktuelle Bestandsaufnahme, in: Industriekultur 2015, H. 3, S. 26–30.

Niethammer, Lutz u. a. (Hrsg.): Die Menschen machen ihre Geschichte nicht aus freien Stücken, aber sie machen sie selbst. Einladung zu einer Geschichte des Volkes in NRW, Berlin/Bonn 1984.

Noack, Siegfried: Möglichkeiten und die Notwendigkeit der Verlängerung der Generalreparatur-Zyklen an F 60-Verbänden, in: Neue Bergbautechnik 12, 1982, 11, S. 668–669.

Nora, Pierre (Hrsg.): Les lieux des memoire, 7 Bde., Paris 1984–1992.

Nüsser, Eva u.a.: KultSam – Kulturhistorische Sammlungen als digitaler Wissensspeicher für Forschung, Lehre und öffentliche Vermittlung, in: Staatliche Museen zu Berlin – Preußischer Kulturbesitz (Hrsg.): Konferenzband zur EVA BERLIN 2018. 25. Berliner Veranstaltung der internationalen EVA-Serie – Electronic Media and Visual Arts – vom 7.–9.11.2018 in Berlin, Berlin 2018, S. 92–97.

Nystrom, Eric C.: Seeing Underground. Maps, Models, and Mining Engineering in America, Reno/Las Vegas 2014.

Obergassel, Cordula: Kohlekeramik – vom industriellen Werkstoff zum regionaltypischen Sammelobjekt, in: LWL-Industriemuseum (Hrsg.): Kohlekeramik. Medaillen, Plaketten, Gebrauchsobjekte. Die Sammlung Dr. Jürgen Huesmann, Essen 2011, S. 6–12.

O'Brian, William: Prehistoric Copper Mining in Europe. 5500-500 BC, Oxford 2015.

Officers and Graduates of Columbia College. General Catalogue 1754–1894, New York 1894.

Old Freibergers in America, in: Mining Science LXVIII, 1913.

Ortenburg, Georg und Ingo: Preußisch-deutsche Uniformen von 1616–1918, München 1991.

Ortlepp, Anke/Ribbat, Christoph (Hrsg.): Mit den Dingen leben. Zur Geschichte der Alltagsgegenstände, Stuttgart 2010.

Osses, Dietmar: „Glück auf Ruhrpott"! Was vom Bergbau übrig bleibt. Zur Folklorisierung des Ruhrgebiets in der Populärkultur, in: Osses, Dietmar/Weißmann, Lisa (Hrsg.): Revierfolklore. Zwischen Heimatstolz und Kommerz. Das Ruhrgebiet am Ende des Bergbaus in der Populärkultur, Essen 2018, S. 22–35.

Osses, Dietmar/Weißmann, Lisa (Hrsg.): Revierfolklore. Zwischen Heimatstolz und Kommerz. Das Ruhrgebiet am Ende des Bergbaus in der Populärkultur, Begleitbuch zur Ausstellung, Essen 2018.

Osterhammel, Jürgen: Die Verwandlung der Welt. Eine Geschichte des 19. Jahrhunderts, Bonn 2010 [2009].

O. V.: Centrale de sauvetage, in: L'Association charbonnière et l'industrie houillère des bassins de Charleroi et de la Basse-Sambre, chapitre V, Couillet 1931.

O. V.: La réparation et la prévention des accidents, in: L'Association charbonnière et l'industrie houillère des bassins de Charleroi et de la Basse-Sambre, chapitre V, Couillet 1931.

O. V.: Zweitägiges Seminar des Zentralkomitees der SED in Leipzig. Kombinate verwirklichen die Beschlüsse des XI. Parteitages. Kurs der Hauptaufgabe prägt Arbeit der Partei und Handeln der Massen, in: Neues Deutschland v. 13.03.1987, S. 3.

O. V.: Inspektion an einem Tagebau-Riesen, in: Lausitzer Rundschau online v. 26. Juli 2008, unter: www.lr-online.de/lausitz/cottbus/inspektion-an-einem-tagebau-riesen-36833086.html (Stand: 03.06.2020).

O. V.: Als die Lichter ausgingen, in: Lausitzer Rundschau online v. 22. Dezember 2012, unter: www.lr-online.de/lausitz/senftenberg/als-die-lichter-ausgingen-33394100.html (Stand: 16.06.2020).

O. V.: Tagebau Nochten in der Lausitz. Förderbrücke erhält Verjüngungskur, in: Allgemeine Bauzeitung online v. 17. Mai 2017, unter: https://allgemeinebauzeitung.de/abz/tagebau-nochten-in-der-lausitz-foerderbruecke-erhaelt-verjuengungskur-21775.html (Stand: 03.06.2020).

Pätz, Herbert u. a.: Kohle – ein Kapitel aus dem Tagebuch der Erde, Leipzig 1986.

Pany-Kucera, Doris/Reschreiter, Hans/Kern, Anton: Auf den Kopf gestellt? Überlegungen zu Kinderarbeit und Transport im prähistorischen Salzbergwerk Hallstatt. Mitteilungen der Anthropologischen Gesellschaft in Wien 140, 2010, S. 39–68.

Parak, Gisela: Pulser for Preservation: Bernd & Hilla Becher and the Role of Photography in Industrial Heritage, in: Bluma, Lars/Farrenkopf, Michael/Meyer, Torsten (Hrsg.): Boom – Crisis – Heritage. King Coal and the energy revolutions after 1945, Berlin/Boston 2021 (= Veröffentlichungen aus dem Deutschen Bergbau-Museum Bochum, Bd. 242; = Schriften des Montanhistorischen Dokumentationszentrums, Nr. 42), S. 211–226.

Pasche, Eckart: Die Heilige Barbara – Schutzheilige der Gießer, in: Giessereiheft 12, 2019, S. 48–51.

Pasche, Eva: Hermann Kätelhön zum 125. Geburtstag. Erinnerungen an den Grafiker und sein Wirken in Essen, in: Essener Beiträge, Bd. 123, 2010, S. 109–152.

Paulinyi, Oszkár: A bányavíz leküzdése érdekében létesített első tározómedencék és váltókerekek [Die ersten Speicherbecken und Wechselräder für die Bekämpfung des Grubenwassers], in: Paulinyi, Oszkár: Gazdag föld – szegény ország. Tanulmányok a magyar bányaművelés múltjából [Reicher Boden – armes Land. Studien aus dem Kreis der ungarischen Montangeschichte], hrsg. v. Búza, János/Draskóczy, István, Budapest 2005, S. 315–334.

Petzoldt, Leander: Barbara, in: Kirschbaum, Engelbert/Braunfels, Wolfgang (Hrsg.): Lexikon der christlichen Ikonographie, Bd. 5, Freiburg i. Br. 1994, S. 304–311.

Pfaffenberger, Bryan: Mining Communities, Chaînes Opératoires and Sociotechnical Systems, in: Knapp, A. Bernhard/Pigott, Vincent C./Herbert, Eugenia W. (Hrsg.): Social Approaches to an Industrial Past: The Archaeology and Anthropology of Mining, Routledge, London 1998, S. 291–300.

Pfannstiel, Margot: Seilfahrt und Ofenreise. Geschichten aus Hütte und Schacht, Berlin 1979.

Pinch, Trevor J./Bijker, Wiebe E.: Die soziale Konstruktion von Fakten und Artefakten oder: wie Wissenschafts- und Techniksoziologie voneinander profitieren können [engl. 1987], in: Bauer, Susanne/Heinemann, Torsten/Lemke, Thomas: Science and Technology Studies. Klassische Positionen und aktuelle Perspektiven, Berlin 2017.

Pine II, B. Joseph/Gilmore, James H.: The Experience Economy, in: Museums News 78, 1999, S. 45–48.

Pine II, B. Joseph/Gilmore, James H.: Authenticity. What Consumers Really Want, Massachusetts 2007.

Pine II, B. Joseph/Gilmore, James H.: Museums and Authenticity, in: Museum News May/June 2007, S. 76–93.

Poeschel, Sabine: Handbuch der Ikonographie. Sakrale und profane Themen der bildenden Kunst, 2. Auflage Darmstadt 2007.

Poethe, Günter: Vervollkommnung der Leistungsbewertung in der Instandhaltung, in: Neue Bergbautechnik 18, 1988, 3, S. 113–115.

Pölnitz, Götz Freiherr von: Jakob Fugger: Quellen und Erläuterungen, Bd. 2, Tübingen 1953, S. 19–20.

Polanyi, Michael: Implizites Wissen, Frankfurt a. M. 1985 [1966].

Polizei-Regulativ, den Betrieb des Steinkohlenbergbaus im Bezirke der Königlichen Kreisdirection zu Zwickau betreffend, o. O., o. J.

Polytechnic College of Pennsylvania, in: The Pennsylvania School Journal XX, 1871, 6, S. 181–182.

Posse, Otto/Ermisch, Hubert: Codex diplomaticus Saxoniae Regiae, Zweiter Haupttheil, Leipzig 1891.

Proctor, Robert N./Schiebinger, Londa L. (Hrsg.): Agnotology. The Making and Unmaking of Ignorance, Stanford 2008.

Prokisch, Bernhard: Die Sammlung von Bergbaugeprägen des Karl Ritter von Ernst. Münzen, Marken, Medaillen, Rechenpfennige und Jetons aus dem 15. bis 20. Jahrhundert, Wien 2016 (= Veröffentlichungen des Instituts für Numismatik, 17).

Przigoda, Stefan: Schwarzes Gold. Erinnerungsort Ruhrkohle, in: Berger, Stefan u. a. (Hrsg.): Zeit-Räume Ruhr. Erinnerungsorte des Ruhrgebiets, Essen 2019, S. 369–385.

Przigoda, Stefan/Razum, Matthias: Das Portal für das Erbe des deutschen Steinkohlenbergbaus. Ein Beitrag zur digitalen Vernetzung der Bergbausammlungen, in: Farrenkopf, Michael/Siemer, Stefan (Hrsg.): Bergbausammlungen in Deutschland. Eine Bestandsaufnahme, Berlin/Boston 2020 (= Veröffentlichungen aus dem Deutschen Bergbau-Museum Bochum, Nr. 233; = Schriften des Montanhistorischen Dokumentationszentrums, Nr. 36), S. 239–253.

The Public Historian 39, 2017, 4 (= Special Issue: Deindustrialization, Heritage, and Representations of Identity).

Pütter, Karl Eduard: Ein Beitrag zur Kenntnis der Fluchtgeräte. Nach einem Vortrag auf der Jahreshauptversammlung 1934 des Vereins deutscher Chemiker, in: Die Gasmaske 7, H. 4–5, 1945, S. 89–92.

Pütz, Claudia: Warum ich Juli Zehs Roman „Unterleuten" nicht zu Ende lesen werde, in: Das graue Sofa vom Lesen zeitgenössischer Literatur v. 24.04.2016, unter: https://dasgrauesofa.com/2016/04/24/warum-ich-juli-zehs-roman-unterleuten-nicht-zu-ende-lesen-werde/ (Stand: 11.12.2019).

Pugh, Arthur: Men of Steel by One of Them: A Chronicle of 88 Years of Trade Unionism in the British Iron and Steel Industry, London 1951.

Quarterly of the Colorado School of Mines I,2, 1906–07, Catalogue Edition.

Quarterly of the Colorado School of Mines VII,4, 1912, Catalogue Edition.

Quarterly of the Colorado School of Mines XII,1, 1917, Catalogue Edition.

Radkau, Joachim: Holz. Wie ein Naturstoff Geschichte schreibt, München 2012.

RAG: Projekt: „Sicherung dinglicher Objekte", Abschlussbericht, Herne 30.11.2014 (unveröffentlicht; Exemplar im montan.dok hinterlegt).

Rebay-Salisbury, Katharina/Brysbaert, Ann/Foxhall, Lin (Hrsg.): Knowledge Networks and Craft Traditions in the Ancient World: Material Crossovers, New York/Milton Park 2014 (= Routledge Studies in Archaeology 13).

Rehn-Taube, Susanne: Der Kernspaltungstisch im Deutschen Museum, in: Eser, Thomas u. a. (Hrsg.): Authentisierung im Museum. Ein Werkstatt-Bericht, Mainz 2017, S. 139–150.

Reichel, Wolfgang u. a.: Der Steinkohlenbergbau im Döhlener Becken 1542 bis 1967, in: Reichel, Wolfgang/Schauer, Manfred: Das Döhlener Becken bei Dresden – Geologie und Bergbau, Dresden 2007 (= Bergbau in Sachsen, Bd. 12), S. 301–309.

Reif, Heinz: Reviergeschichte von unten. Überlegungen zur sozialgeschichtlichen Konzeption des künftigen Ruhrlandmuseums, in: Gaehme, Tita/Graf, Karin (Hrsg.): Rote Erde. Bergarbeiterleben 1870–1920. Film, Ausstellung, Wirklichkeit, Köln 1983, S. 8–11.

Reith, Reinhold: Vom Umgang mit Rohstoffen in historischer Perspektive. Rohstoffe und ihre Kosten als ökonomische und ökologische Determinanten der Technikentwicklung, in: Johann Beckmann-Journal. Mitteilungen der Johann Beckmann-Gesellschaft 7, 1993, 1/2, S. 87–99.

Reith, Reinhold: Vom Umgang mit Rohstoffen in historischer Perspektive. Rohstoffe und ihre Kosten als ökonomische und ökologische Determinanten der Technikentwicklung, in: König, Wolfgang (Hrsg.): Umorientierungen. Wissenschaft, Technik und Gesellschaft im Wandel, Frankfurt a. M. 1994, S. 47–69.

Rektor der TU Bergakademie Freiberg (Hrsg.): Ordnung für die Sammlungen der TU Bergakademie Freiberg – Amtliche Bekanntmachungen Nr. 5 vom 4. Juni 2014, Freiberg 2014.

Reschreiter, Hans/Kowarik, Kerstin: Die Stiege – technische Perfektion, in: Kern, Anton u. a. (Hrsg.): Salz-Reich. 7000 Jahre Hallstatt, in: Veröffentlichungen der Prähistorischen Abteilung des Naturhistorischen Museums Wien 2, Wien 2008, S. 61–63.

Reulecke, Jürgen/Weber, Wolfhard (Hrsg.): Fabrik, Familie, Feierabend. Beiträge zur Sozialgeschichte des Alltags im Industriezeitalter, Wuppertal 1978.

Rheinberger, Hans-Jörg: Über den Eigensinn epistemischer Dinge, in: Hahn, Hans Peter (Hrsg.): Vom Eigensinn der Dinge. Für eine neue Perspektive auf die Welt des Materiellen, Berlin 2015, S. 147–162.

Richter, Kurt Alexander: Geschichte des Bergbaus zu Gersdorf bei Roßwein im Freiberger Revier (1869), abgedruckt mit einer Einleitung von Jens Kugler in der Schriftenreihe: Akten und Berichte vom sächsischen Bergbau, H. 21, Kleinvoigtsberg 1999, S. 6–44.

Richter, Theodor: Plattner's Manual of Qualitative and Quantitative Analysis with the Blowpipe, translated by Henry B. Cornwall and John H. Caswell, New York 1873.

Rind, Michael M. (Hrsg.): Das neolithische Hornsteinbergwerk von Abensberg-Arnhofen. Die Auswertung der Ausgrabungen 1998–2009, Kallmünz 2020 (= Materialhefte zur bayerischen Vorgeschichte 112).

Risch, Anke: Erinnerungen und Hoffnung – das Besucherbergwerk F60, Lichterfeld, Teil 1, in: bergbau. Zeitschrift für Rohstoffgewinnung, Energie und Umwelt 53, 2002, 11, S. 503–505.

Risch, Anke: Erinnerungen und Hoffnungen – das Besucherbergwerk F60, Lichterfelde, Teil 2, in: bergbau. Zeitschrift für Rohstoffgewinnung, Energie, Umwelt 53, 2002, 12, S. 552–553.

Ritvo, Harriet: On the Animal Turn, in: Daedalus. Journal of the American Academy of Arts and Sciences, 136, 2007, S. 118–122.

Riving, Cecilia: Phronesis as therapy and cure: Practical knowledge in early twentieth-century psychotherapy, in: Östling, Johan/Heidenblad, David Larsson/Hammar, Anna Nilsson (Hrsg.): Forms of Knowledge: Developing the History of Knowledge, Lund 2020, S. 123–141.

Rogers, Everett Mitchell: Diffusion of innovations, 5th edition New York 2003.

Rogmann, Anke: Mobiles Geschichtslernen, in: Bernsen, Daniel/Kerber, Ulf (Hrsg.): Praxishandbuch Historisches Lernen und Medienbildung im digitalen Zeitalter, Opladen 2017, S. 139–157.

Rorty, Richard (Hrsg.): The Linguistic Turn. Essays in Philosophical Method (With Two Retrospective Essays), Chicago 1967.

Rosswog, Martin: Schichtaufnahmen. Erinnerungen an die Zeche Zollern II/IV, Essen 1994.

Roth, Georg: Geben und Nehmen. Eine wirtschaftshistorische Studie zum neolithischen Hornsteinbergbau von Abensberg-Arnhofen, Kr. Kelheim (Niederbayern), Diss. Universität Köln 2008.

Rothauge, Caroline: Es ist (an der) Zeit. Zum „temporal turn" in der Geschichtswissenschaft, in: Historische Zeitschrift, 305, 2017, S. 729–746.

von Rüden, Constance: Approaching Ancient Techniques. From Technology to Bodily Learning and Skill, in: Gauß, Walter/Klebinder-Gauß, Gudrun/von Rüden, Constance (Hrsg.): The Distribution of Technical Knowledge in the Production of Ancient Mediterranean Pottery. Proceedings of the International Conference at the Austrian Archaeological Institute at Athens, 23th–25th November 2012, Wien 2016, S. 35–49.

Ruppert, Wolfgang (Hrsg.): Fahrrad, Auto, Fernsehschrank. Zur Kulturgeschichte der Alltagsdinge, Frankfurt a. M. 1993.

Ryba, Gustav: Handbuch des Grubenrettungswesens, Bd. 2: Gas- und Wassertauchgeräte, Leipzig 1930.

Sächsische Landesstelle für Museumswesen (Hrsg.): Sächsische Museen, Stadt- und Bergbaumuseum Freiberg, Chemnitz 2005.

Samida, Stefanie u. a. (Hrsg.): Handbuch Materielle Kultur. Bedeutungen, Konzepte, Disziplinen, Stuttgart/Weimar 2014.

Samida, Stefanie: Materielle Kultur – und dann? Kulturwissenschaftliche Anmerkungen zu einem aktuellen Trend in der Zeitgeschichtsforschung, in: Zeithistorische Forschungen, Online-Ausgabe, 13, 2016, H. 3, unter: https://zeithistorische-forschungen.de/3-2016/5406 (Stand: 10.03.2020).

Sander, Eckhard: Schneewittchen und die sieben Zwerge, Bad Wildungen 2013.

Saure, Gabriele: Sallwürk, Sigmund, in: Beyer, Andreas/Savoy, Bénédicte/Tegethoff, Wolf (Hrsg.): Allgemeines Künstlerlexikon. Die Bildenden Künstler aller Zeiten und Völker. Rovere – Samonà, Berlin/Boston 2018, S. 470 f.

Schade-Lindig, Sabine: Kelten im Westerwald – ein Grubenhaus der Spätlatènezeit aus Waldbrunn-Lahr, in: Hessenarchäologie 2014, 2015, S. 80–85.

Schäfer, Karl: Geschichte der Eisenindustrie in der ehemaligen Grafschaft Waldeck im 16. und 17. Jahrhundert, Korbach 1977.

Schäpers, Maria: Bewahrung eines technischen Denkmals in Form eines Modells. Unter: www.bergbau-sammlungen.de/de/aktuelles/bewahrung-eines-technischen-denkmals-form-eines-modells (Stand: 19.02.2020).

Scheer, Udo/Stottrop, Ulrike (Hrsg.): Steinreich. Mineralogie im Ruhr Museum, Ausstellungskatalog, Köln 2014.

Schenk, Fritjof Benjamin: Der „spatial turn" und die Osteuropäische Geschichte, in: Themenportal Europäische Geschichte, 2006, unter: www.europa.clio-online.de/essay/id/fdae-1374 (Stand: 28.01.2020).

Scheurmann, Ingrid: Konturen und Konjunkturen der Denkmalpflege. Zum Umgang mit baulichen Relikten der Vergangenheit, Köln u. a. 2018.

Scheurmann, Ingrid/Meier, Hans-Rudolf (Hrsg.): Zeitschichten der Denkmalpflege. Echt, alt, schön, wahr, München/Berlin 2006.

Scheve, Erika: Die katalytische Oxydation des Kohlenmonoxyds an Hopcalit-Katalysatoren, o. O. 1962.

Schewe, Adolf: Erfahrungen mit Kohlenoxydfilter-Selbstrettern, in: Glückauf 98, 1962, Nr. 24, S. 1397–1398.

Schindler, Wolfgang/Uhlig, Günter: Der Einsatz von Abraumförderbrücken im Lausitzer Braunkohlenrevier, in: Braunkohle. Tagebautechnik, Energieversorgung, Kohlenveredelung 3, 1992, S. 8–15.

Schlegel, Gerhard: Zur Begriffsarbeit in der Instandhaltung, in: Neue Bergbautechnik 8, 1978, 5, S. 281–282.

Schlögel, Karl: Im Raume lesen wir die Zeit. Über Zivilisationsgeschichte und Geopolitik, München 2003.

Schlögel, Karl: Kartenlesen, Augenarbeit. Über die Fälligkeit des spatial turns in den Geschichts- und Kulturwissenschaften, in: Kittsteiner, Heinz (Hrsg.): Was sind Kulturwissenschaften? Dreizehn Antworten, München 2004, S. 261–283.

Schmid, Elisabeth: Der jungsteinzeitliche Abbau auf Silex bei Kleinkems, Baden-Württemberg (D1), in: Weisgerber, Gerd/Slotta, Rainer/Weiner, Jürgen (Hrsg.): 5000 Jahre Feuersteinbergbau. Die Suche nach dem Stahl der Steinzeit, Bochum 1999 (= Veröffentlichungen aus dem Deutschen Bergbau-Museum, Nr. 77), S. 141–165.

Schneider, Gerhard: Sachüberreste und gegenständliche Unterrichtsmedien, in: Meyer, Ulrich/Pandel, Hans-Jürgen/Schneider, Gerhard (Hrsg.): Methoden im Geschichtsunterricht, Schwalbach/Ts. 2016, S. 188–207.

Schneider, Sigrid (Hrsg.): Von A bis Z. Fotografie im Ruhr Museum, Köln 2011.

Schoder, Angelika: Digitalisierung im Museum: Die Chance auf eine strukturelle Transformation. Die Digitalisierung in Museen und in Kulturinstitutionen bedeutet auch die Chance, eine strukturelle Transformation auf den Weg zu bringen (02.08.2017), online unter: https://musermeku.org/digitalisierung-in-museen (Stand: 14.07.2020).

Schouwenburg, Hans: Back to the Future? History, Material Culture and New Materialism, in: International Journal for History, Culture and Modernity 3, 2015, S. 59–72.

Schubert, Hans-Jochen: Der Einsatz der EDVA im Instandsetzungskombinat Kohle zur Effektivitätssteigerung der Produktionsprozesse und zur Minimierung der Verwaltungsarbeit, in: Neue Bergbautechnik 3, 1973, 2, S. 128–130.

Schulz, Stefan/Brix, Manfred/Ganzelewski, Michael: Objektkompetenz vermitteln im interdisziplinären Netzwerk: boscol.de, in: Hierholzer, Vera (Hrsg.): Knotenpunkte. Universitätssammlungen und ihre Netzwerke. 10. Sammlungstagung/7. Jahrestagung der Gesellschaft für Universitätssammlungen e.V., 13.–15. September 2018, Johannes Gutenberg-Universität Mainz, Dokumentation, Mainz 2019, S. 98; online unter: http://doi.org/10.25358/openscience-158 (Stand: 14.07.2020).

Schulze, Mario: Wie die Dinge sprechen lernten. Eine Geschichte des Museumsobjektes 1968–2000, Bielefeld 2017.

Schumpeter, Joseph: Theorie der wirtschaftlichen Entwicklung: eine Untersuchung über Unternehmergewinn, Kapital, Kredit, Zins und den Konjunkturzyklus, Leipzig 1911.

Schwarz, Angela (Hrsg.): Industriekultur, Image, Identität. Die Zeche Zollverein und der Wandel in den Köpfen, Essen 2008.

Schwunk, Karina/Niederhagemann, Stefan: Eine neue Dauerausstellung entsteht, in: Deutsches Bergbau-Museum Bochum (Hrsg.): Jahresbericht 2018, Bochum 2019, S. 28–31.

Scott, Derrik: Great Strike of the Northumberland and Durham Coalfield in 1844, online unter: https://libcom.org/history/great-strike-northumberland-durham-coalfield-1844-derrik-scott (Stand: 03.02.2021).

Secord, James: Knowledge in Transit, Isis 95, 2004, S. 654–672.

Seidel, Hans-Christoph: Zwangsarbeit im Bergbau. Der Arbeitseinsatz im Kohlenbergbau des Deutschen Reiches und der besetzten Gebiete im Ersten und Zweiten Weltkrieg, 2 Bde., Essen 2005.

Seidel, Hans-Christoph: Der Ruhrbergbau im Zweiten Weltkrieg. Zechen – Bergarbeiter – Zwangsarbeiter, Essen 2010.

Seidl, Ernst/Steinheimer, Frank/Weber, Cornelia (Hrsg.): Materielle Kultur in universitären und außeruniversitären Sammlungen, Berlin 2017 (= Junges Forum für Sammlungs- und Objektforschung, 1), online unter: https://edoc.hu-berlin.de/handle/18452/19236 (Stand: 21.06.2020).

Seidl, Ernst/Steinheimer, Frank/Weber, Cornelia (Hrsg.): Objektkulturen der Sichtbarmachung. Instrumente und Praktiken, Berlin 2018 (= Junges Forum für Sammlungs- und Objektforschung, 2), online unter: https://edoc.hu-berlin.de/handle/18452/20471 (Stand: 21.06.2020).

Seidl, Ernst/Steinheimer, Frank/Weber, Cornelia (Hrsg.): Zur Sache! Objektwissenschaftliche Ansätze der Sammlungsforschung, Berlin 2019 (= Junges Forum für Sammlungs- und Objektforschung, 3), online unter: https://edoc.hu-berlin.de/handle/18452/21913 (Stand: 21.06.2020).

Seidl, Ernst/Steinheimer, Frank/Weber, Cornelia (Hrsg.): Spurenlesen. Methodische Ansätze der Sammlungs- und Objektforschung, Berlin 2020 (= Junges Forum für Sammlungs- und Objektforschung, 4), online unter: https://edoc.hu-berlin.de/handle/18452/23045 (Stand: 21.06.2020).

Shapin, Steven: What Else Is New? How uses, not innovations, drive human technology, in: The New Yorker v. 07.05.2007, unter: www.newyorker.com/magazine/2007/05/14/what-else-is-new (Stand: 28.01.2020).

Shennan, Steven: Producing copper in the eastern Alps during the second millennium BC, in: Knapp, A. Bernhard/Pigott, Vincent C./Herbert, Eugenia W. (Hrsg.): Social Approaches to an Industrial Past: The Archaeology and Anthropology of Mining, London 1998, S. 191–204.

Shennan, Steven: Cost, benefit and value in the organization of early European copper production, in: Antiquity 73, 1999, S. 352–363.

Sherratt, Andrew: Gordon Childe: Paradigms and Patterns in Prehistory, in: Australian Archaeology 30, 1990, S. 3–13.

Shortland, Andrew: Hopeful Monsters? Invention and Innovation in the Archaeological Record, in: Bourriau, Janine/Phillips, Jacke (Hrsg.): Invention and Innovation. The Social Context of Technological Change 2. Egypt, the Aegean and the Near East 1650-1150 BC, Oxford 2004, S. 1–11.

Siemer, Stefan: Taubenuhr und Abbauhammer. Erinnerungsobjekte in Bergbausammlungen des Ruhrgebiets, in: Eser, Thomas u. a. (Hrsg.): Authentisierung im Museum. Ein Werkstatt-Bericht, Mainz 2017, S. 33–44.

Siemer, Stefan: Black gold and environmental enemy no. 1. Towards a visual history of coal, in: Berger, Stefan/Alexander, Peter (Hrsg.): Making Sense of Mining History: Themes and Agendas, London 2019 (= Routledge Studies in Modern History, 54), S. 266–282.

Siemer, Stefan: Die Erfassung der Vielfalt. Museen und Sammlungen zum Steinkohlenbergbau in Deutschland, in: Farrenkopf, Michael/Siemer, Stefan (Hrsg.): Bergbausammlungen in Deutschland. Eine Bestandsaufnahme, Berlin/Boston 2020 (= Veröffentlichungen aus dem Deutschen Bergbau-Museum Bochum, Nr. 233; = Schriften des Montanhistorischen Dokumentationszentrums, Nr. 36), S. 121–158.

Simondon, Gilbert: Du monde d'existence des objets techniques, nouvelle édition revue et corrigée, Paris 2012 [1958].

Sivula, Anna: Industrial Heritages Revisted: The Translocal Identities behind Resitant Localities, in: Tekniikan waiheita 35, 2017, 4, S. 3–5.

Skladaný, Marián: Die Entsilberung des Neusohler Schwarzkupfers als historiographisches Problem, in: Bartels, Christoph/Denzel, Markus A. (Hrsg.): Konjunkturen im europäischen Bergbau in vorindustrieller Zeit. Festschrift für Ekkehard Westermann zum 60. Geburtstag, Stuttgart 2000.

Slaby, Dieter/Müller, Diethelm: Materialökonomie und Instandhaltungsstrategie im Braunkohlenbergbau der DDR, in: Neue Bergbautechnik 16, 1986, 10, S. 379–381.

Slotta, Rainer: Technische Denkmäler in der Bundesrepublik Deutschland, Bd. 4: Der Metallerzbergbau, Bochum 1983 (= Veröffentlichungen aus dem Deutschen Bergbau-Museum Bochum, 26).

Slotta, Rainer: Technische Denkmäler in der Bundesrepublik Deutschland, Bd. 5: Der Eisenerzbergbau, Teil I, Bochum 1986 (= Veröffentlichungen aus dem Deutschen Bergbau-Museum Bochum, 38).

Slotta, Rainer: Malakofftürme, Schachttürme des Bergbaus und ihre Beziehung zur Festungsarchitektur, in: Der Anschnitt 53, H. 1, 2001, S. 28–42.

Slotta, Rainer (Hrsg.): 75 Jahre Deutsches Bergbau-Museum Bochum (1930 bis 2005). Vom Wachsen und Werden eines Museums, 2 Bde., Bochum 2005.

Sommer, Friedrich: Wilhelm Ludwig von Eschwege 1777–1855, Stuttgart 1928.

Sommer, Monika: Das steiermärkische Landesmuseum Joanneum als Speicher des kulturellen Gedächtnisses, unter: www.oeaw.ac.at/fileadmin/Institute/IKT/PDF/Publikationen/odg/2000/ms2.pdf, S. 129–147. (Stand: 09.03.2020).

Sperling, Dieter/Schossig, Wolfgang: Wirtschaftsorganisation der Braunkohleindustrie in der SBZ/DDR von 1945 bis 1990, Cottbus 2015 (= Beiträge zur Geschichte des Braunkohlenbergbaus der SBZ/DDR, Bd. 1).

Staritz, Dietrich: Geschichte der DDR. Erweiterte Neuausgabe, Frankfurt a. M. 1996 [1985].

State School of Mines. Special Circular, Golden/Colorado, Fall Term of 1890.

Steinberg, Swen: Knowledge about Mountains and Forests: Discourses and Transfer Practices in the Mining and Forestry Sciences – A Comparison of Central Europe and North America (1860–1960), unter: ghi-dc.org/research/global-transregional-history/knowledge-about-mountains-and-forests (Stand: 25.8.2020).

Steinberg, Swen: Bergbau, Bäume und Bonanza. Freiberg, Tharandt und der Wissenstransfer zwischen ‚Alter' und ‚Neuer' Welt, in: BOOM! 500 Jahre Industriekultur in Sachsen. Ausstellungskatalog zur vierten Sächsischen Landesausstellung, Dresden 2020, S. 71–75.

Steiner, André: Die DDR-Wirtschaftsreform der sechziger Jahre. Konflikt zwischen Effizienz- und Machtkalkül, Berlin 1999.

Steiner, André: Von Plan zu Plan. Eine Wirtschaftsgeschichte der DDR, München 2004.

Steiner, André: Bergbau in der DDR – Strukturen und Prozesse, in: Ziegler, Dieter (Hrsg.): Rohstoffgewinnung im Strukturwandel. Der deutsche Bergbau um 20. Jahrhundert, Münster 2013 (= Geschichte des deutschen Bergbaus, Bd. 4), S. 303–353.

Steinhuber, Uwe: Einhundert Jahre bergbauliche Rekultivierung in der Lausitz: ein historischer Abriss der Rekultivierung, Wiederurbarmachung und Sanierung im Lausitzer Braunkohlenrevier, Diss. phil. Universität Olomouc 2005.

Steinkohlenbergbauverein Zwickau e.V. (Hrsg.): Der Steinkohlenbergbau im Zwickauer Revier, Zwickau 2000.

Stephenson, Carol/Wray, David: Capital and Class. Emotional Regeneration through Community Action in Post-Industrial Mining Communities: The New Herrington Miners' Banner Partnership, London 2005.

Stewart, Paul/Kift, Dagmar: On fatalities, accidents and accident prevention in coalmines. Colliers' safety discourse in oral testimony from the Ruhr in Germany and the Witbank collieries in South Africa, in: Berger, Stefan/Alexander, Peter (Hrsg.): Making Sense of Mining History: Themes and Agendas (= Routledge Studies in Modern History, 54), London 2019, S. 212–233.

Stock, H. H.: Value of Correct Mine Models, in: Coal Trade Bulletin XXXVI, 10, 1917, S. 33–34.

Stöllner, Thomas: Der prähistorische Salzbergbau am Dürrnberg/Hallein II. Befunde und Funde der Untertageausgrabungen zwischen 1990–2000, Rahden 2002/2003 (= Dürrnberg-Forschungen, 3/1–2).

Stöllner, Thomas: Mining and Economy. A Discussion of Spatial Organisations and Structures of Early Raw Material Exploitation, in: Stöllner, Thomas et al. (Hrsg.): Man and Mining. Studies in honour of Gerd Weisgerber, Bochum 2003 (= Der Anschnitt, Beiheft 16), S. 415–446.

Stöllner, Thomas: More than old rags. Textiles from the Iron Age Salt-mine at the Dürrnberg, in: Bichler, P. u. a. (Hrsg.): Hallstatt Textiles. Technical Analysis, Scientific Investigation and Experiment on Iron Age Textiles. Proceedings of the Symposium Hallstatt 2004, BAR International Series 1351, Oxford 2005, S. 161–174.

Stöllner, Thomas: Mining Landscapes in Early Societies – Imprinting Processes in Pre- and Protohistoric Economies?, in: Bartels, Christoph/Küpper-Eichas, Claudia (Hrsg.): Cultural Heritage and Landscapes in Europe. Landschaften: Kulturelles Erbe in Europa. Proceedings International Conference Bochum 2007, Bochum 2008 (= Veröffentlichungen aus dem Deutschen Bergbau-Museum Bochum, 161), S. 65–92.

Stöllner, Thomas: Der Mitterberg als Großproduzent für Kupfer in der Bronzezeit: Fragestellungen und bisherige Ergebnisse, in: Oeggl, Klaus u. a. (Hrsg.): Die Geschichte des Bergbaues in Tirol und seinen angrenzenden Gebieten, Proceedings zum 5. Milestone-Meeting des SFB HiMAT vom 07.–10.10.2010 in Mühlbach, Innsbruck 2011, S. 93–106.

Stöllner, Thomas: Der Mitterberg als Großproduzent für Kupfer in der Bronzezeit, in: Stöllner, Thomas/Oeggl, Klaus (Hrsg.): Bergauf Bergab. 10000 Jahre Bergbau in den Ostalpen. Wissenschaftlicher Beiband zur Ausstellung Bochum und Bregenz, Bochum/Rahden 2015 (Veröffentlichungen aus dem DBM, 207), S. 175–185.

Stöllner, Thomas: Arthurstollen, in: Fundberichte aus Österreich 55, 2016, S. 418–419.

Stöllner, Thomas: Resources, innovation, technology. Theoretical approaches to abstract concepts and research content, in: Eisenach, Petra/Stöllner, Thomas/Windler, Arne (Hrsg.): The RITaK conferences 2013–2014. Raw Materials, Innovation, Technology of Ancient Cultures RITaK 1, Rahden/Bochum 2017, S. 11–23 (= Der Anschnitt, Bd. 34).

Stöllner, Thomas: Enmeshment within Resource-Scapes – Eastern Alpine Copper Production of the Bronze- and Early Iron Age, in: Turck, Rouven/Stöllner, Thomas/Goldenberg, Gert (Hrsg.): Alpine Copper II – Alpenkupfer II – Rame delle Alpi II – Cuivre des Alpes II. New Results and Perspectives on Prehistoric Copper Production, Rahden/Bochum 2019 (= Der Anschnitt, Beiheft 42), S. 13–30.

Stöllner, Thomas u. a.: Gold in the Caucasus: New research on gold extraction in the Kura-Araxes Culture of the 4th millennium BC and early 3rd millennium BC. With an appendix of M. Jansen, T. Stöllner, and A. Courcier, in: Meller, Harald/Pernicka, Ernst/

Risch, Roberto (Hrsg.): Metalle der Macht, Halle 2014 (= Tagungen des Landesmuseums für Vorgeschichte Halle, 11), S. 71–110.
Stöllner, Thomas u. a.: The Enmeshment of Eastern Alpine Mining Communities in the Bronze Age. From Economic Networks to Communities of Practice, in:
Körlin, Gabriele u. a. (Hrsg.): From Bright Ores to Shiny Metals. Festschrift for Andreas Hauptmann on the occasion of 40 Years Research in Archaeometallurgy and Archaeometry, Rahden/Bochum 2016 (= Der Anschnitt, Beiheft 29), S. 75–107.
Stöllner, Thomas/Aali, Abolfazl: Chehrābād: Ein antikes Salzbergwerk und seine bergbauarchäologische Erforschung: Von Produktionsverfahren und Unglücken, in: Stöllner, Thomas/Aali, Abolfazl/Bagherpour, Natascha (Hrsg.): Tod im Salz – Eine Archäologische Ermittlung in Persien. Begleitbuch, Katalog und Graphic Novel, Offenbach/Bochum 2020, S. 117–130.
Stöllner, Thomas/Aali, Abolfazl/Bagherpour, Natascha (Hrsg.): Tod im Salz – Eine Archäologische Ermittlung in Persien. Begleitbuch, Katalog und Graphic Novel, Offenbach/Bochum 2020.
Stöllner, Thomas u. a.: Latènezeitliche Eisenwirtschaft im Siegerland: Interdisziplinäre Forschungen zur Wirtschaftsarchäologie. Vorbericht zu den Forschungen der Jahre 2002–2007, in: Metalla 16, 2, Bochum 2009.
von Straten, Roelof: Einführung in die Ikonographie, 3. überarbeitete Auflage Berlin 2004.
Straube, Harald: Ferrum Noricum und die Stadt auf dem Magdalensberg. Mit Beiträgen von Heimo Dolenz und Gernot Piccottini, Wien/New York 1996.
Stritzinger, Wolfgang: Das Erzbergmodell der Österreichisch-Alpine Montangesellschaft, in: Lackner, Helmut/Jesswein, Katharina (Hrsg.): 100 Jahre Technisches Museum Wien, Wien 2009, S. 185–193.
Stürmer, Angelika: Lichterfelds Abraumförderbrücke F 60, in: Märkische Allgemeine, unter: www.maz-online.de/Nachrichten/Kultur/Lichterfelds-Abraumfoerderbruecke-F-60 (Stand: 16.06.2020).
Switek, Brian: My Beloved Brontosaurus. On the Road With Old Bones, New Science and Our Favorite Dinosaurs, New York 2013.
Sylvanus, Erwin: St.-Barbara-Spiel der Bergleute, Bochum 1956.
Tamm, Marek/Olivier, Laurent: Introduction: Rethinking Historical Time, in: Dies. (Hrsg.): Rethinking Historical Time: New Approaches to Presentism, London 2019, S. 1–20.
Tarakanova, Elena/Jentsch, Frieder: Frejbergskie tehničekie modeli iz kollekcii Sankt-Peterburgskogo Gornogo Muzeja/Technische Modelle aus Freiberg im Bergbaumuseum von Sankt Petersburg. Katalog, Freiberg 2003.
Taylor, Edward B.: Primitive Culture. Researches into the Development of Mythology, Philosophy, Religion, Art, and Custom, Bd. 1, London 1871.
Taylor, Philip. D. u. a.: Connectivity is a Vital Element of Landscape Structure, in: Oikos 68, 1993, S. 571–573.
Technikgeschichte 79, 2012, 3 (= Themenheft „Reparieren oder die Lebensdauer der Gebrauchsgüter").
Das Technische Museum in Wien. Die Welt der Erfinder und Konstrukteure, Salzburg/Wien 1982.
Technisches Museum für Industrie und Gewerbe. Wien XIV, Mariahilfer Strasse 212, Wien 1955.
Technisches Museum für Industrie und Gewerbe. Wien XIV, Mariahilfer Strasse 212, Wien 1959.
Tenfelde, Klaus: Bergarbeiterkultur in Deutschland. Ein Überblick, in: Geschichte und Gesellschaft 5, 1979, S. 12–53.

Tenfelde, Klaus: Sozialgeschichte der Bergarbeiterschaft an der Ruhr im 19. Jahrhundert, 2. Auflage Bonn 1981.
Tenfelde, Klaus/Berger, Stefan/Seidel, Hans-Christoph: Zur Einführung in das Gesamtwerk, in: Bartels, Christoph/Slotta, Rainer (Hrsg.): Der alteuropäische Bergbau. Von den Anfängen bis zur Mitte des 18. Jahrhunderts, Münster 2012 (= Geschichte des deutschen Bergbaus, Bd. 1), S. 15–20.
Tenfelde, Klaus/Berger, Stefan/Seidel, Hans-Christoph (Hrsg.): Geschichte des deutschen Bergbaus, 4 Bde., Münster 2012–2016.
Thermeau, Gérard-Michel: Auguste Rateau, maître de la construction mécanique, in: Auguste Rateau, maître de la construction mécanique, online unter: www.contrepoints.org/2016/10/23/268181-auguste-rateau-maitre-de-construction-mecanique (Stand: 23.10.2016).
Thiemeyer, Thomas: Museumsdinge, in: Samida, Stefanie u. a. (Hrsg.): Handbuch Materielle Kultur. Bedeutungen, Konzepte, Disziplinen, Weimar 2014, S. 230–233.
Thiemeyer, Thomas: Werk, Exemplar, Zeuge – Die multiplen Authentizitäten der Museumsdinge, in: Sabrow, Martin/Saupe, Achim (Hrsg.): Historische Authentizität, Göttingen 2016, S. 80–90.
Thomas, Nicholas: Tin and thatch, in: Thomas, Nicholas (Hrsg.): In Oceania. Visions, Artifacts, Histories, Durham 1997, S. 171–185.
Thomas, Peter: Studien zu den bronzezeitlichen Bergbauhölzern im Mitterberger Gebiet. Mitterberg-Forschung 1, Rahden/Bochum 2018 (= Der Anschnitt, Beiheft 39).
Thompson, Michael: Rubbish theory. The creation and destruction of value, Oxford 1979.
Thorade, Nora: Gute Kohle – Schlechte Kohle. Die Möglichkeiten der Stoffgeschichte für die Montangeschichte am Beispiel der Steinkohle, in: Der Anschnitt 71, H. 2–3, 2019, S. 76–92.
Thurston, Robert H.: Report on Machinery and Manufacturers, With an Account on European Manufacturing Districts, Washington 1875.
Tózsa-Rigó, Attila: A dunai térség szerepe a kora újkori Közép-Európa gazdasági rendszerében. Délnémet, osztrák, (cseh-)morva, és nyugat-magyarországi városok üzleti és társadalmi hálózatai [Die Rolle des Donauraums im mitteleuropäischen Wirtschaftssystem in der frühen Neuzeit. Geschäfts- und verwandtschaftliche Netzwerke der oberdeutschen, österreichischen, (böhmisch-)mährischen und westungarischen Städte], Miskolc 2014.
Tózsa-Rigó, Attila: A nagy túlélők. A Paller-Weis társaság (1569–1582) hiteltevékenysége és a besztercebányai rézüzlet kapcsolata [Die großen Überlebenden. Zusammenhänge zwischen der Kredittätigkeit der Gesellschaft Paller-Weis (1569–1582) und dem Neusohler Kupfergeschäft], in: Magyar Gazdaságtörténeti Évkönyv [Jahrbuch für ungarische Wirtschaftsgeschichte] 2, 2017–2018.
Tózsa-Rigó, Attila: A Fugger–Thurzó együttműködés első szakasza az 1490-es években [Die erste Phase des Zusammenwirkens Fugger–Thurzó in den 1490er-Jahren], in: Bárány – Kavecsánszki – Pósán – Takács (Hrsg.): Hunyadi Mátyás és kora [Mathias Corvinus und sein Zeitalter], Debrecen 2019, S. 169–178.
Trischler, Helmuth: Das Forschungsmuseum – Ein Essay über die Position und Bedeutung forschungsorientierter Museen in der Wissensgesellschaft, in: Brüggerhoff, Stefan/Farrenkopf, Michael/Geerlings, Wilhelm (Hrsg.): Montan- und Industriegeschichte. Dokumentation und Forschung, Industriearchäologie und Museum. Festschrift für Rainer Slotta zum 60. Geburtstag, Paderborn u. a. 2006, S. 587–604.

Trischler, Helmuth: Das Technikmuseum im langen 19. Jahrhundert. Genese, Sammlungskultur und Problemlagen der Wissenskommunikation, in: Graf, Bernhard/Möbius, Hanno (Hrsg.): Zur Geschichte der Museen im 19. Jahrhundert, Berlin 2006, S. 81–92.

Trischler, Helmuth/Will, Fabienne: Die Provokation des Anthropozän, in: Heßler, Martina/Weber, Heike (Hrsg.): Provokationen der Technikgeschichte. Zum Reflexionszwang historischer Forschung, Paderborn 2019, S. 69–105.

Umweltzentrum Hoyerswerda (Hrsg.): Verheizte Lausitz. Der Braunkohlenbergbau und seine Probleme im ostelbischen Raum, Hoyerswerda 1990.

The U.S. Bureau of Education (Hrsg.): Industrial Education in the United States. A Special Report, Washington 1883.

Vanbellinghen, Michel: Le ventilateur Guibal de nos jours, in: Charbonnages à cœur ouvert, Bulletin de l'Amicale des Mineurs des Charbonnages de Wallonie, trimestriel, n° 5, s. l. 1995.

VEB Steinkohlenwerk Oelsnitz (Hrsg.): Unser der Tag – Unser die Zukunft. Oelsnitz (Erzgeb.), 1969.

Verburgt, Lukas M.: The History of Knowledge and the Future History of Ignorance, in: KNOW: A Journal on the Formation of Knowledge 4,1, 2020, S. 1–24.

Virdis, Alberto: The Role of Painting in the Definition of Spaces in Medieval Art, in: Pau, Federica/Vargiu, Luca (Hrsg.): Following Forms, Following Functions. Practices and Disciplines in Dialogue, Cambridge 2018, S. 65–84.

Vlachovič, Josef: Die Kupfererzeugung und der Kupferhandel in der Slowakei vom Ende bis zur Mitte des 17. Jahrhunderts, in: Kellenbenz, Hermann (Hrsg.): Schwerpunkte der Kupferproduktion und des Kupferhandels in Europa 1500–1650. Kölner Kolloquien zur Internationalen Sozial- und Wirtschaftsgeschichte, Bd. 3, Köln/Wien 1977, S. 148–171.

Völcker-Janssen, Wilhelm: Geologie und Bergbaugeschichte im Museum Korbach, in: Lehrberger, Gerhard/Völcker-Janssen, Wilhelm (Hrsg.): Gold in Deutschland und Österreich: Beiträge der Arbeitstagung im Museum Korbach am 9. und 10. September 2000, Korbach 2002 (= Museumshefte Waldeck-Frankenberg, 21), S. 29–70.

Vogel, Rolf: Das Lugau-Oelsnitzer Steinkohlenrevier, Oelsnitz (Erzgeb.) o. J. [1992].

Vogel, Rolf.: Der Grubenbrand im VEB Steinkohlenwerk ‚Martin Hoop' Zwickau am 19. April 1952, Zwickau 2012.

Voges, Jonathan: „Selbst ist der Mann". Do-it-yourself und Heimwerken in der Bundesrepublik Deutschland, Göttingen 2017.

Wächtler, Eberhard: Bergarbeit zur Kaiserzeit. Die Geschichte der Lage der Bergarbeiter im sächsischen Steinkohlenrevier Lugau-Oelsnitz in den Jahren von 1889 bis 1914, Berlin 1962 (= Geschichte der Fabriken und Werke, Bd. IX).

Waentig, Friederike: Kunststoffe in der Kunst. Eine Studie unter konservatorischen Gesichtspunkten, Petersberg 2004.

Wagenbreth, Otfried: Die Pflege technischer Kulturdenkmale – eine neue gesellschaftliche Aufgabe unserer Zeit und unseres Staates zur Popularisierung der Geschichte der Produktivkräfte, in: Wissenschaftliche Zeitschrift der Hochschule für Architektur und Bauwesen Weimar 16, 1969, H. 5, S. 465–484.

Wagenbreth, Otfried: Leben und Werk des Freiberger Oberkunstmeisters Friedrich Wilhelm Schwamkrug (zu seinem 105. Todestag), in: Sächsische Heimatblätter, 1985, S. 208–217.

Wagenbreth, Otfried: Christian Friedrich Brendel – Leben und Werk eines bedeutenden Ingenieurs der ersten Hälfte des 19. Jahrhunderts, Freiberg 2006 (= Freiberger Forschungshefte, D 221).

Wagenbreth, Otfried/Wächtler, Eberhard (Hrsg.): Der Freiberger Bergbau. Technische Denkmale und Geschichte, Leipzig 1988, S. 53–57.

Wagenbreth, Otfried/Wächtler, Eberhard (Hrsg.): Bergbau im Erzgebirge. Technische Denkmale und Geschichte, Leipzig 1990.

Watteyne, Victor: Les appareils respiratoires et la station de sauvetage de Frameries, in: Annales des Mines de Belgique, tome XIV – 1ère livraison, Ministère de l'Industrie et du Travail. Administration des Mines, Bruxelles 1909.

Weber, Heike: Zeitschichten des Technischen: Zum Momentum, Alter(n) und Verschwinden von Technik, in: Heßler, Martina/Weber, Heike (Hrsg.): Provokationen der Technikgeschichte, Paderborn 2019, S. 107–150.

Weisgerber, Gerd/Willies, Lynn: The Use of Fire in Prehistoric and Ancient Mining: Firesetting. Paléorient 26/2, 2001, S. 131–149.

Weisgerber, Gerd/Slotta, Rainer/Weiner, Jürgen: 5000 Jahre Feuersteinbergbau. Die Suche nach dem Stahl der Steinzeit, Bochum 1999 (= Veröffentlichungen aus dem Deutschen Bergbau-Museum, Nr. 77).

Weißmann, Lisa: Bilder und Symbole des Ruhrreviers. Entstehung, Übernahme und Neugestaltung, in: Osses, Dietmar/Weißmann, Lisa (Hrsg.): Revierfolklore. Zwischen Heimatstolz und Kommerz. Das Ruhrgebiet am Ende des Bergbaus in der Populärkultur, Begleitbuch zur Ausstellung, Essen 2018, S. 37–47.

Weitensfelder, Hubert: Metalle, Sprengstoff, Pflanzenfasern. Kriegsbedingte Ersatzmittel und Ersatzverfahren, in: Matis, Herbert/Mikoletzky, Juliane/Reiter, Wolfgang (Hrsg.): Wirtschaft, Technik und das Militär 1914–1918. Österreich-Ungarn im Ersten Weltkrieg, Wien/Berlin 2014 (= Austria: Forschung und Wissenschaft – Geschichte, Nr. 11), S. 227–251.

Weitensfelder, Hubert: Kriegsbedingte Ersatzmittel, in: Pensold, Wolfgang (Red.): Unter dem Losungsworte Krieg und Technik. Das Technische Museum und der Erste Weltkrieg. Wien 2015 (= Edition TMW, Nr. 3), S. 23–35.

Weltkulturerbe Erzbergwerk Rammelsberg Goslar (Hrsg.): Auf breiten Schultern – 750 Jahre Knappschaft, Kurzführer, Goslar 2011.

Weltzien, Friedrich/Scholz, Martin (Hrsg.): Die Sprachen des Materials. Narrative – Theorien – Strategien, Berlin 2016.

Werner, Claus: Humanisierung durch Rationalisierung: Mockup eines Personenwagens des „Schnellen Personenzugsystems unter Tage SPuT", in: Farrenkopf, Michael/Siemer, Stefan (Hrsg.): Bergbausammlungen in Deutschland. Eine Bestandsaufnahme, Berlin/Boston 2020 (= Veröffentlichungen aus dem Deutschen Bergbau-Museum Bochum, Nr. 233; = Schriften des Montanhistorischen Dokumentationszentrums, Nr. 36), S. 379–397.

Werner, Claus: Von Abbauhammer bis Zylinderkappe. Sammlungsklassifikation und Objektnamenthesaurus zur Bergbautechnik am Deutschen Bergbau-Museum Bochum, in: Farrenkopf, Michael/Siemer, Stefan (Hrsg.): Perspektiven des Bergbauerbes im Museum: Vernetzung, Digitalisierung, Forschung, Berlin/Boston 2020 (= Veröffentlichungen aus dem Deutschen Bergbau-Museum Bochum, Nr. 235; = Schriften des Montanhistorischen Dokumentationszentrums, Nr. 37), S. 69–81.

Wiederkehr, Stefan: Forschen mit Vielen. Partizipative Strategien für die Sammlungsarbeit, in: Hierholzer, Vera (Hrsg.): Knotenpunkte. Universitätssammlungen und ihre Netzwerke. 10. Sammlungstagung/7. Jahrestagung der Gesellschaft für Universitätssammlungen e.V., 13.–15. September 2018, Johannes Gutenberg-Universität Mainz, Dokumentation, Mainz 2019, S. 55–57; online unter: http://doi.org/10.25358/openscience-158 (Stand: 14.07.2020).

Wießner, Klaus: Aspekte sozialistischer Rationalisierung im Werkzeugmaschinenbau der DDR nach der Bildung sozialistischer Industriekombinate: VEB Werkzeugmaschinenkombinat „Fritz Heckert" Karl-Marx-Stadt 1970 bis 1978, in: Jahrbuch für Wirtschaftsgeschichte 24, 1983, 3, S. 29–50.

Wilkens, Herbert: Das Sozialprodukt der Deutschen Demokratischen Republik im Vergleich mit dem der Bundesrepublik Deutschland, Berlin 1976 (= Deutsches Institut für Wirtschaftsforschung, Sonderheft 115).

Williams, Allan M./Baláž, Vladimir: International Migration and Knowledge, London 2014.

Willis, Bailey: Biographical Memoir of Raphael Pumpelly 1837–1923, in: National Academy of Sciences of the United States of America. Biographical Memoirs XVI, 1931, Second Memoir, S. 29.

Winkelmann, Heinrich: Die Bergmannswohnung, ihre Voraussetzungen und ihre Anfänge, in: Der Anschnitt 2, H. 3, 1950, S. 1–7.

Winkelmann, Heinrich: 25 Jahre Bergbau-Museum, in: Der Anschnitt 5, H. 4–6, 1953, S. 36–39.

Winkelmann, Heinrich: Zur Volkskunde der schlesischen Bergleute, in: Der Anschnitt 5, H. 3, 1953, S. 4–9.

Wobbe, Corinna: Sammlung der Hüttenmännischen Modelle an der Bergakademie Freiberg, Berlin 2013.

Zaun, Jörg: Die Sammlung berg- und hüttenmännische Modelle an der TU Bergakademie Freiberg, in: Res montanarum. Fachzeitschrift des montanhistorischen Vereins Österreichs 45, 2008, S. 43–50.

Zaun, Jörg: Die Sammlung historischer Modelle des Bergbaus und der Hüttenkunde, in: Ders. (Hrsg): Bergakademische Schätze – Die Sammlungen der TU Bergakademie Freiberg, Chemnitz 2015, S. 20–31.

Zaun, Jörg: Die Sammlung Bergbaukunde/Treptow-Sammlung, in: Ders. (Hrsg.): Bergakademische Schätze – Die Sammlungen der Technischen Universität Bergakademie Freiberg, Chemnitz 2015, S. 32–39.

Zaun, Jörg: Spurenlesen. Methodische Ansätze der Sammlungs- und Objektforschung, in: Seidl, Ernst/Steinheimer, Frank/Weber, Cornelia (Hrsg.): Spurenlesen. Methodische Ansätze der Sammlungs- und Objektforschung, Berlin 2020 (= Junges Forum für Sammlungs- und Objektforschung, 4), online unter: https://edoc.hu-berlin.de/handle/18452/23045 (Stand: 21.06.2020), S. 9–13.

Zaun, Jörg (Hrsg.): Bergakademische Schätze. Die Sammlungen der Technischen Universität Bergakademie Freiberg, Chemnitz 2015.

Zeh, Juli: Unterleuten, 10. Aufl., München 2017 [2016].

Zeiler, Manuel: Latènezeitliche Eisenwirtschaft im Siegerland. Bericht über die montanarchäologischen Forschungen 2009–2011, in: Metalla 20.1, Bochum 2013.

Zeiler, Manuel/Sebald, Sidney/Gruppe, Gisela: Migration in die eisenzeitliche Montanlandschaft Siegerland, in: Archäologie in Westfalen-Lippe 2016, 2017, S. 199–203.

Ziegler, Dieter: Kriegswirtschaft, Kriegsfolgenbewältigung, Kriegsvorbereitung. Der deutsche Bergbau im dauernden Ausnahmezustand (1914–1945), in: Ziegler, Dieter (Hrsg.): Rohstoffgewinnung im Strukturwandel. Der deutsche Bergbau im 20. Jahrhundert, Münster 2013 (= Geschichte des deutschen Bergbaus, Bd. 4), S. 15–182.

Zimmermann, Wolfgang: Die industrielle Arbeitswelt der DDR unter dem Primat der sozialistischen Ideologie. Teilband 1, Münster 2002 (= Studien zur DDR-Gesellschaft, Bd. 8).

Abbildungsnachweise

Farrenkopf
Abb. 1, 4, 7: Foto: Helena Grebe, DBM
Abb. 2: Quelle: DBM/montan.dok
Abb. 3: Foto: Volker Wiciok, RAG Aktiengesellschaft
Abb. 5, 6: Foto: Dr. Michael Ganzelewski, DBM

Benz
Abb. 1: Zaun, Jörg: Die Sammlung historischer Modelle des Bergbaus und der Hüttenkunde, in: Ders. (Hrsg): Bergakademische Schätze – Die Sammlungen der TU Bergakademie Freiberg, Chemnitz 2015, S. 21. © TU Bergakademie Freiberg/Michael Schwan
Abb. 2: Zaun, Jörg: Die Sammlung historischer Modelle des Bergbaus und der Hüttenkunde, in: Ders. (Hrsg): Bergakademische Schätze – Die Sammlungen der TU Bergakademie Freiberg, Chemnitz 2015, S. 26. © TU Bergakademie Freiberg/Michael Schwan
Abb. 3: TU Bergakademie Freiberg (Hrsg.): Wissenschaft vor Ort – Bilder zu Geschichte und Gegenwart der TU Bergakademie Freiberg, Freiberg 2007, S. 78. © TU Bergakademie Freiberg/Medienzentrum
Abb. 4: TU Bergakademie Freiberg (Hrsg.): Wissenschaft vor Ort – Bilder zu Geschichte und Gegenwart der TU Bergakademie Freiberg, Freiberg 2007, S. 134. © TU Bergakademie Freiberg/Medienzentrum
Abb. 5: Kassel, documenta 14, Palais Bellevue, Installation "View" von Olaf Holzapfel, Frei Otto und Jakob Ignaz Hittorf. © documenta 14/Fred Dott
Abb. 6: Zaun, Jörg: Die Sammlung historischer Modelle des Bergbaus und der Hüttenkunde, in: Ders. (Hrsg): Bergakademische Schätze – Die Sammlungen der TU Bergakademie Freiberg, Chemnitz 2015, S. 31. © TU Bergakademie Freiberg/Michael Schwan
Abb. 7, 8: © TU Bergakademie Freiberg/Kustodie

Steinberg
Abb. 1a und b: Technische Universität Bergakademie Freiberg, Kustodie
Abb. 2: Samuel E. Cassino, The Scientist's International Directory, Boston 1894, appendix
Abb. 3: The German Mines Exhibit at Chicago, in: The Engineering and Mining Journal, November 18, 1893, S. 519
Abb. 4: Catalogue of the State School of Mines Golden, Colorado, 1895–96, unpag.
Abb. 5: Catalogue of the State School of Mines Golden, Colorado, 1895–96, S. 69

Garner/Zeiler
Abb. 1: Foto: Manuel Zeiler, Ruhr-Universität Bochum
Abb. 2: Grafik: Manuel Zeiler, LWL-Archäologie für Westfalen
Abb. 3: Foto: Hermann Menne, LWL-Archäologie für Westfalen
Abb. 4: Foto: Thorsten Rabsilber, Deutsches Bergbau-Museum Bochum
Abb. 5: Foto: Dominik Bachmann, Deutsches Bergbau-Museum Bochum
Abb. 6: Foto: Thomas Poggel, LWL-Archäologie für Westfalen
Abb. 7–9: Foto: Manuel Zeiler, LWL-Archäologie für Westfalen

https://doi.org/10.1515/9783110729955-028

Diagramm 1, 2: Hanning, Erika, Römisch-Germanisches Zentralmuseum Mainz/Zeiler, Manuel, LWL-Archäologie für Westfalen

Stottrop
Abb. 1: Peabody Energy, St. Louis, USA (Chris Taylor)
Abb. 2, 3, 4, 5, 6, 9, 10: Ruhr Museum
Abb. 7: Hans Kerp
Abb. 8: Jiří Svoboda, Milan Libertín
Tab. 1: Aus: Kerp, Hans/Stottrop, Ulrike/Bettinger, Andreas: VW Stiftung „Forschung in mittleren und kleineren Museen". Projektantrag „Erfassung, Erforschung und Vernetzung von Karbon-Sammlungen in deutschen Museen" (15. Dezember 2008). Tabelle erstellt und erweitert durch Ulrike Stottrop und Michael Ganzelewski

Albrecht
Abb. 1: Döring, Matthias: Energieerzeugung unter Tage – Die Reichenbach-Jordan'schen Wassersäulenmaschinen, in: UNESCO-Weltkulturerbe Oberharzer Wasserwirtschaft. Hrsg. von Christoph Ohlig im Auftrag der DWhG. Siegburg 2012 (= Schriften der Deutschen Wasserhistorischen Gesellschaft e.V., Bd. 19), S. 39–51, Abb. 1, S. 40
Abb. 2: Weisbach, Julius: Lehrbuch der Ingenieur- und Maschinenmechanik, Braunschweig 1865, S. 727
Abb. 3: Foto: Jens Kugler, 2009
Abb. 4: Foto: Jens Kugler, 2010
Abb. 5: Foto: Jens Kugler, 2007
Abb. 6: Modellsammlung der Kustodie der TU Bergakademie Freiberg
Abb. 7: Geschichte des Betriebes bei dem Grubengebäude Seegen Gottes Erbstolln zu Gersdorf. Gefertigt im Quartal Luciae 1820. Sächsisches Staatsarchiv, Bergarchiv Freiberg: Grubenakte 40174 615, abgedruckt bei Albrecht Zieger: Den Gersdorfer Bergbau betreffend, Bd. 1, Groitzsch 2016, S. 43
Abb. 8: Sächsisches Staatsarchiv, Bergarchiv Freiberg: Dep. Risse Erzbergbau 40036, Auszug von Riss K 12457
Abb. 9: Eduard Heuchler: Die Bergknappen in ihrem Berufs- und Familienleben, Freiberg 1857, Blatt 16
Abb. 10–13, 16: Foto: Verein Segen-Gottes-Erbstolln e.V.
Abb. 14: Wagenbreth, Otfried: Christian Friedrich Brendel. Leben und Werk eines bedeutenden Ingenieurs der ersten Hälfte des 19. Jahrhunderts, Freiberg 2006 (= Freiberger Forschungshefte, D 221), Bild 41, S. 105
Abb. 15: Foto: Jens Kugler, Sächsisches Staatsarchiv, Bergarchiv Freiberg, 40044 Generalrisse, 1-K 20034
Abb. 17: Foto: Helmuth Albrecht
Abb. 18: Otfried Wagenbreth/Eberhard Wächtler (Hrsg.): Der Freiberger Bergbau. Technische Denkmale und Geschichte, 2. Aufl. Leipzig 1988, Abb. 95, S. 246
Abb. 19: Otfried Wagenbreth/Eberhard Wächtler (Hrsg.): Der Freiberger Bergbau. Technische Denkmale und Geschichte, 2. Aufl. Leipzig 1988, Abb. 95, S. 246
Abb. 20: Verein Segen-Gottes-Erbstolln e.V.

Meyer
Abb. 1: Krummsdorf, Albrecht/Grümmer, Gerhard: Landschaft vom Reißbrett. Die Zukunft unserer Kippen, Halden und Restlöcher, Leipzig u. a. 1981, Tafel 3 & Tafel 4 (zwischen S. 96 und 97)
Abb. 2: O. V.: Festschrift zum 50-jährigen Bestehen des Deutschen Braunkohlen-Industrie-Vereins e.V. Halle (Saale). 1885–1935, Halle (Saale) 1935, o. S.
Abb. 3: Elbert, Werner: Tagebautechnik im Braunkohlenbergbau, Leipzig 1955, Bild 116 (zwischen S. 108 und 109)
Abb. 4: Deutsches Baublatt. Menschen, Märkte, Maschinen, Methoden, Material 43, 2016, 385, S. 30, unter: www.baublatt.de/startseite/2015/12/04/hallo-welt/ (Stand: 24.08.2020)
Abb. 5: Frank, Dietrich: Regional Geologie von Ostdeutschland – Ein Kompendium, Abb. 23.6 Tagebaue (zumeist stillgelegt) des Lausitzer Braunkohlenreviers (im Wesentlichen nach W. Nowel 1995), unter: http://regionalgeologie-ost.de/Einfuehrung.htm (Stand: 24.08.2020)
Abb. 6: Unter: https://www.f60.de/de/die-bruecke/chronik.html (Stand: 24.08.2020)
Abb. 7: Baxmann, Matthias: Abraumförderbrücke F60 bei Lichterfeld. Technisches Denkmal oder Symbol für die Lausitz?, in: Albrecht, Helmuth/Fuchsloch, Norman (Hrsg.): Erfassung, Bewahrung und Präsentation technischer Denkmale aus dem Bereich der Braunkohlenindustrie, Chemnitz 2001 (= INDUSTRIEarchäologie. Studien zur Erforschung, Dokumentation und Bewahrung von Quellen zur Industriekultur, Bd. 1), S. 49
Abb. 8: © Lausitzer und Mitteldeutsche Bergbau-Verwaltungsgesellschaft mbH (LMBV)
Abb. 9: Unter: https://www.f60.de/de/veranstaltungen/veranstaltungsarchiv/2020/pyrogames2020.html#fuehrungen-5, © Pyrogames (Stand: 06.01.2021)
Abb. 10: © Lausitzer und Mitteldeutsche Bergbau-Verwaltungsgesellschaft mbH (LMBV)

Siemer
Abb. 1: montan.dok/Museale Sammlungen 030200324000, Foto: DBM/montan.dok
Abb. 2: Gebrauchsanweisung zum Kohlenoxyd-Filterselbstretter Dräger Modell 623, 1. Ausgabe November 1950, herausgegeben von der Hauptstelle für das Grubenrettungswesen, enthalten in: montan.dok/BBA 17/120
Abb. 3: montan.dok/BBA 108/660
Abb. 4: montan.dok/Museale Sammlungen 030200329000, Foto: DBM/montan.dok
Abb. 5: montan.dok/Fotothek 024000158001
Abb. 6: montan.dok/Museale Sammlungen 030006328001, Foto: DBM/montan.dok
Abb. 7: montan.dok/BBA 17/296
Abb. 8: Katz, S. H./Forbes John J.: Use of miners' self rescuer, Washington 1928, S. 3
Abb. 9: montan.dok/BBA 17/295
Abb. 10: montan.dok/Museale Sammlungen 030020088000, Foto: DBM/montan.dok
Abb. 11: montan.dok/Fotothek 020800007010
Abb. 12: montan.dok/BBA 17/119
Abb. 13: montan.dok/BBA 43/2738 (15)
Abb. 14: montan.dok/F1687

Forti
Abb. 1: Carte postale – Coll. Le Bois du Cazier
Abb. 2: Foto: Marilyn Bridges – Coll. Musée de la Photographie à Charleroi
Abb. 3: Foto: Vincent Vincke
Abb. 4: Foto: Micheline Casier – Coll. La Fonderie à Bruxelles
Abb. 5: Mativa, Henri et al: Les ventilateurs de mines, Rapport de la Commission instituée, pour l'étude des ventilateurs, par la Direction de l'Industrie de la Société Générale pour favoriser l'Industrie nationale, in: Publications de la Société des Ingénieurs sortis de l'École Provinciale d'Industrie et des Mines du Hainaut, Troisième série, Tome II, s. l. 1892–1893, planche 3 (détail)
Abb. 6, 7, 13–16: Foto: Alain Forti
Abb. 8: Coll. Vincent Vincke
Abb. 9, 10: Foto: Désiré Deleuze – Coll. Vincent Vincke
Abb. 11: Foto: Camille Detraux/Raymond Paquay – Coll. Musée de la Photographie à Charleroi
Abb. 12: Foto: privat – Coll. Le Bois du Cazier

Weitensfelder
Abb. 1–10: © Peter Sedlaczek, TMW

Tempel
Abb. 1: LVR-Industriemuseum, Titel: Farblithografie Förder- und Wassererhaltungs-Maschinen Anlage der Steinkohlengrube Oberhausen bei Oberhausen, um 1862, rz 09/401, Foto: Jürgen Hoffmann/LVR (Repro)
Abb. 2: aus: Müller, Wilhelm: Seilscheibengerüste und Seilscheiben, in: Verein für die Bergbaulichen Interessen im Oberbergamtsbezirk Dortmund (Hrsg.): Förderung, Berlin 1902 (= Die Entwickelung des Niederrheinisch-Westfälischen Steinkohlen-Bergbaues in der zweiten Hälfte des 19. Jahrhunderts, Bd. 5), S. 360 f. (Fig. 261a und b)
Abb. 3, 6: Foto: Christoph Oboth
Abb. 4: Foto: Ulrich Haag
Abb. 5, 9: Foto: Edgar Bergstein
Abb. 7, 8, 10: Foto: Norbert Tempel

Stöllner
Abb. 1: Foto: DBM, R. Schicht
Abb. 2, 3: Fotos: DBM/RUB, Th. Stöllner, Zeichnung/Foto: A. Kuczminski
Abb. 4: nach Weisgerber et al. 1999
Abb. 5: oben: nach Barth 1992, unten: nach H. Reschreiter, in: Kern et al. 2008
Abb. 6: nach Stöllner et al. 2016, Fig. 2
Abb. 7: DBM/RUB, Foto/Plan: Th. Stöllner, P. Thomas, nach Stöllner et al. 2014, Fig. 10
Abb. 8: Fotos: DBM/RUB/ZCHTO, D. Bachmann, F. Schapals, M. Schicht
Abb. 9: Grafik, Statistiken, nach Thomas 2018, Fig. 44–48
Abb. 10: DBM, M. Schicht, N. Teherani
Abb. 11: Grafik/Konzept: DBM/RUB, Th. Stöllner
Abb. 12: Karte: DBM/RUB, Th. Stöllner

Köhler
Abb. 1: commons.wikimedia.org/wiki/File:Hessen_topographisch_Relief_Karte.png, (Stand: 16.7.2020), Bildausschnitt
Abb. 2–5, 7–15: Foto: Reinhard Köhler
Abb. 6: montan.dok/Fotothek 027700160001

Heimsoth
Abb. 1, 2, 7, 9: Ruhr Museum, Essen/Fotograf Rainer Rothenberg
Abb. 3: © picture alliance/dpa/Oliver Berg
Abb. 4: montan.dok/Fotothek 030007251002
Abb. 5: montan.dok/Fotothek 027300165001
Abb. 6: Ruhr Museum, Essen/DER SPIEGEL 26/1966
Abb. 8: montan.dok/BBA 45/269
Abb. 10: Veröffentlichung der Ruhrkohle-Zeitschrift, Nr. 3, 1970, Ausgabe: Bergbau AG Herne/Recklinghausen
Abb. 11, 15: Ruhr Museum, Essen
Abb. 12: © picture alliance/Sven Simon/Elmar Kremser
Abb. 13: LWL-Industriemuseum, Zeche Hannover
Abb. 14: Grubenhelden GmbH, Gladbeck

Tózsa-Rigó
Abb. 1: Agricola, Georgius: Vom Bergwerk. Erste deutschsprachige Ausgabe. Basel 1557. S. 164. Selmeci Műemlékkönyvtár = SM (Schemnitzer Gedenkbibliothek. Bibliothek, Archiv Museum. Universität Miskolc) S 1.875 IV/2 Lsz.: 2.391
Abb. 2: Agricola, Georgius: Vom Bergwerk. Erste deutschsprachige Ausgabe. Basel 1557. S. 152. Selmeci Műemlékkönyvtár = SM (Schemnitzer Gedenkbibliothek. Bibliothek, Archiv Museum. Universität Miskolc) S 1.875 IV/2 Lsz.: 2.391
Abb. 3: Agricola, Georgius: Vom Bergwerk. Erste deutschsprachige Ausgabe. Basel 1557. S. 394. Selmeci Műemlékkönyvtár = SM (Schemnitzer Gedenkbibliothek. Bibliothek, Archiv Museum. Universität Miskolc) S 1.875 IV/2 Lsz.: 2.391

Riedel
Abb. 1, 2: Stadt- und Bergbaumuseum Freiberg/Sammlung Inv.-Nr. 51/92, Foto: Wolfgang Thieme
Abb. 3: Stadt- und Bergbaumuseum Freiberg/Bibliothek des Freiberger Altertumsvereins Sign. Ba 285/1
Abb. 4: Stadt- und Bergbaumuseum Freiberg/Sammlung Inv.-Nr. 55/220, Foto: Waltraud Rabich
Abb. 5: Stadt- und Bergbaumuseum Freiberg/Fotothek Inv.-Nr. 10332, Urheber unbekannt
Abb. 6: Stadt- und Bergbaumuseum Freiberg/Fotothek Inv.-Nr. 1175, Foto: Reymann
Abb. 7: Welterbe Montanregion Erzgebirge e.V.
Abb. 8: Stadt- und Bergbaumuseum Freiberg/Gestaltung Büro Helmstedt|Kluge|Kom
Abb. 9: Ralf Siegemund, Goslar, 2020

Neuber
Abb. 1: Bergbaumuseum Oelsnitz/Erzgebirge, Heino Neuber
Abb. 2: Erzgebirgsmuseum Annaberg-Buchholz
Abb. 3, 5, 6: Bergbaumuseum Oelsnitz/Erzgebirge
Abb. 4: Städtische Sammlungen Freital auf Schloss Burgk
Abb. 7: Gerhard, Viola: Wie kam Walter Ulbrichts Büro zu diesem Geleucht?, in: Freie Presse, Stollberger Zeitung v. 06.11.2019
Abb. 8: Dr. Silvio Stute, Dresden

Großewinkelmann
Abb. 1–7: Sammlung Weltkulturerbe Rammelsberg, Foto: Johannes Großewinkelmann, 2014

Benadiba
Abb. 1: Emmanuel Watteau – Centre Historique Minier
Abb. 2: Centre Historique Minier, N° inv. 2019.2.1
Abb. 3: Centre Historique Minier, N° inv. 2019.3.1
Abb. 4: Centre Historique Minier, N° inv. 2013.17.1
Abb. 5: Centre Historique Minier, N° inv. 2013.17.3
Abb. 6: Centre Historique Minier, N° inv. 2013.17.2

Moss/Bell
Abb. 1–7: Copyright National Mining Museum Scotland

Finzi/Schäpers
Abb. 1: montan.dok 030005653216, Foto: DBM/montan.dok
Abb. 2: montan.dok/BBA 112/3612, Reproduktion DBM/montan.dok
Abb. 3: montan.dok 029300097000, Reproduktion DBM/montan.dok
Abb. 4: montan.dok 033301100001, Foto: DBM/montan.dok
Abb. 5: montan.dok 033301661001, Foto: DBM/montan.dok
Abb. 6: montan.dok 029100463000, Reproduktion: DBM/montan.dok
Abb. 7: montan.dok 030005960001, Foto: DBM/montan.dok
Abb. 8: montan.dok/Nemitz-Stiftung St. Barbara 030005653332, Foto: DBM/montan.dok
Abb. 9: montan.dok/Nemitz-Stiftung St. Barbara 030005653142, Foto: DBM/montan.dok
Abb. 10: Vorderansicht: montan.dok/Nemitz-Stiftung St. Barbara 030005653033, Foto: DBM/montan.dok; Seitenansicht: montan.dok/Museale Sammlungen 030005636001, Foto: DBM/montan.dok
Abb. 11: montan.dok/Museale Sammlungen/Nemitz-Stiftung St. Barbara 030005653062, Foto: DBM/montan.dok
Abb. 12: montan.dok/Nemitz-Stiftung St. Barbara 030005653055, Foto: DBM/montan.dok
Abb. 13: montan.dok/Nemitz-Stiftung St. Barbara 030005653151, Foto: DBM/montan.dok
Abb. 14: montan.dok/Nemitz-Stiftung St. Barbara 030005653044, Foto: DBM/montan.dok
Abb. 15: montan.dok/Nemitz-Stiftung St. Barbara 030005653282, Foto: DBM/montan.dok
Abb. 16: montan.dok/Nemitz-Stiftung St. Barbara 030005653081, Foto: DBM/montan.dok

Abb. 17: montan.dok/Nemitz-Stiftung St. Barbara 030005653281, Foto: DBM/montan.dok
Abb. 18: montan.dok/Nemitz-Stiftung St. Barbara 030005653297, Foto: DBM/montan.dok

Egeri
Abb. 1–4, 6, 7: LWL-Industriemuseum
Abb. 5: LWL-Industriemuseum/Benda Film

Heide/Vossenkuhl
Abb. 1–5: Maren Vossenkuhl, eigene Erhebung
Abb. 6: montan.dok 030350237001
Abb. 7: montan.dok 030006097001
Abb. 8: DBM/montan.dok

Abkürzungen

a.	auch
Abb.	Abbildung(en)
AG	Aktiengesellschaft
Anm.	Anmerkung
Aufl.	Auflage
BBA	Bergbau-Archiv Bochum
BBK	Braunkohlenkombinat
Bd./Bde.	Band/Bände
Bearb.	Bearbeiter/in
begr.	begründet
bes.	besonders
BKV	Braunkohlenverwaltung
BLHA	Brandenburgisches Landeshauptarchiv
BRD	Bundesrepublik Deutschland
bzw.	beziehungsweise
ca.	circa
cm	Zentimeter
DBM	Deutsches Bergbau-Museum Bochum
DDR	Deutsche Demokratische Republik
Ders.	derselbe
d. h.	das heißt
Dies.	dieselbe(n)
Dipl.-Ing.	Diplom Ingenieur/in
Diss.	Dissertation
DM	Deutsches Museum
DNK	Deutsches Nationalkomitee für Denkmalschutz
Dr.	Doktor
DWK	Deutsche Wirtschaftskommission
ebd.	ebenda
EDVA	Elektronische Datenverarbeitungsanlage
erg.	ergänze
e. V.	eingetragener Verein
erw.	erweitert(e)
ESER	Einheitliches System Elektronischer Rechentechnik
etc.	et cetera
f.	folgende
ff.	fortfolgende
fol.	folio
FP	Firmenprospekte
ges.	gestorben
ggfs.	gegebenenfalls
H.	Heft
hrsg./Hrsg.	herausgegeben/Herausgeber/in
HV	Hauptverwaltung
i.d.R.	in der Regel

IGBE	Industriegewerkschaft Bergbau und Energie
inkl.	inklusive
Jh.	Jahrhundert
kg	Kilogramm
km	Kilometer
LWL	Landschaftsverband Westfalen-Lippe
m	Meter
M. A.	Magister Artium/Magistra Artium
Mio.	Million(en)
montan.dok	Montanhistorisches Dokumentationszentrum (beim DBM)
Nr.	Nummer
NRW	Nordrhein-Westfalen
o. A.	ohne Angabe(n)
o. D.	ohne Datum
o. J.	ohne Jahr
o. S.	ohne Seitenangabe
O. V.	Ohne Verfasser/in
PS	Pferdestärken
r.	recto
rd.	rund
Red.	Redaktion
RM	Reichsmark
S.	Seite(n)
s.	siehe
s. a.	siehe auch
SBZ	Sowjetische Besatzungszone
s. l.	sine loco (ohne Ort)
SMAD	Sowjetische Militäradministration in Deutschland
s. o.	siehe oben
sog.	so genannt(e/r)
stellv.	stellvertretende/er
s. u.	siehe unten
Tab.	Tabelle
Tgb.	Tagebau
u.	und
u. a.	unter anderem/und andere
u. a. m.	und andere/s mehr
überarb.	überarbeitet(e)
unfol.	unfoliiert
usw.	und so weiter
v.	von/vom/verso
v. a.	vor allem
v. Chr.	vor Christus
VE	volkseigen
VEB	volkseigener Betrieb
Verf.	Verfasser/in
VFKK	Vereinigung der Freunde von Kunst und Kultur im Bergbau e.V.

vgl.	vergleiche
WBK	Westfälische Berggewerkschaftskasse
z. B.	zum Beispiel
zit./Zit.	zitiert/Zitat
z. T.	zum Teil

Die Autorinnen und Autoren

Helmuth Albrecht
Studium der Elektrotechnik, Physik und Geschichte an der TU Braunschweig. 1980 bis 1985 Wissenschaftlicher Mitarbeiter am Historischen Seminar und Leiter des Universitätsarchivs der TU Braunschweig (1984 Promotion zum Dr. phil.). 1985 bis 1995 Wissenschaftlicher Mitarbeiter bzw. Hochschulassistent an der Universität Stuttgart (1997 Habilitation). 1995 Lehrbeauftragter, 1996 Lehrstuhlvertreter und seit 1997 Lehrstuhlinhaber für Technikgeschichte und Industriearchäologie sowie Direktor des Instituts für Industriearchäologie, Wissenschafts- und Technikgeschichte (IWTG) an der TU Bergakademie Freiberg. 2000 bis 2003 Vorsitzender der Deutschen Gesellschaft für Geschichte der Medizin, Naturwissenschaft und Technik e.V.; seit 2006 Mitglied im Board of Directors of The International Committee for the Conservation of the Industrial Heritage (TICCIH); seit 2012 Vorsitzender der Georg-Agricola-Gesellschaft für Technikgeschichte und Industriekultur e.V.; seit 2013 Mitglied im International Council on Monuments and Sites (ICOMOS).

David Bell
is a graduate in English and Politics (Newcastle University) and spent much of his career in Learning and Development, adult education and primary teaching. He has been Assistant Curator at the National Mining Museum Scotland since 2015, focussing on managing the volunteer team and organising the large collection of maps and plans.

Amy Benadiba
studied art history and museology at the Ecole du Louvre in Paris. She is curator specialising in technical, scientific and natural heritage since 2012, after graduating for the Institut National du Patrimoine. Until the end of 2013 she was head of the Perpignan City Museum (southern France). Since March 2016 she is director and curator at the Centre Historique Minier in Lewarde.

Andreas Benz
ist seit April 2016 Wissenschaftlicher Mitarbeiter am Institut für Industriearchäologie, Wissenschafts- und Technikgeschichte (IWTG) und Leiter der Kustodie an der TU Bergakademie Freiberg. Zuvor war er am TECHNOSEUM Landesmuseum für Technik und Arbeit in Mannheim sowie am Lehrstuhl für Wirtschafts- und Sozialgeschichte an der Universität Siegen tätig. Dort wurde er im Jahre 2012 mit einer Dissertation zur Integration des europäischen Postwesens im 19. und 20. Jahrhundert promoviert.

Lisa Egeri
ist wissenschaftliche Referentin im LWL-Industriemuseum Ziegeleimuseum Lage. In aktuellen Projekten beschäftigt sie sich mit Themen rund um die Ziegelindustrie, Baukultur und Architekturgeschichte. Ihre Forschungsschwerpunkte liegen des Weiteren im Bereich der Alltags- und Kulturgeschichte Westfalens und des Ruhrgebiets. Sie studierte an der Ruhr-Universität Bochum Geschichte und Soziologie und arbeitete vor allem zu kultur- und sozialhistorischen Fragestellungen. Nach dem Studium absolvierte sie ihr wissenschaftliches Volontariat im LWL-Industriemuseum Zeche Hannover in Bochum. Dort kuratierte sie unter anderem die Sonderausstellung „Revierfolklore – Zwischen Heimatstolz und Kommerz" zum Ende des Steinkohlenbergbaus mit.

Michael Farrenkopf
ist seit 2001 Leiter des Montanhistorischen Dokumentationszentrums (montan.dok) und seit 2020 stellvertretender Direktor des Deutschen Bergbau-Museums Bochum (DBM). Das montan.dok umfasst das Bergbau-Archiv Bochum, die Bibliothek/Fotothek sowie die Musealen Sammlungen des DBM. Nach dem Studium der Geschichte, Publizistik und Kunstgeschichte an den Universitäten Mainz und Berlin promovierte er über „Schlagwetter und Kohlenstaub. Das Explosionsrisiko im industriellen Ruhrbergbau (1850–1914)" an der TU Berlin. Er ist zudem Lehrbeauftragter an der Ruhr-Universität Bochum und am Institut für Industriearchäologie, Wissenschafts- und Technikgeschichte (IWTG) der TU Bergakademie Freiberg. Er hat zahlreiche montanhistorische Publikationen verfasst und Ausstellungsprojekte realisiert.

Anissa Finzi
studierte Kulturanthropologie/Europäische Ethnologie, Soziologie sowie Medien- und Kulturwissenschaften in Göttingen und Düsseldorf. Als Stipendiatin der Alfried Krupp von Bohlen und Halbach-Stiftung im Museumsprogramm „Kulturelle Vielfalt und Migration" befasste sie sich u. a. mit der Barbara-Sammlung am Deutschen Bergbau-Museum Bochum. Dort war sie anschließend als Kuratorin für den Rundgang „Kunst. Ideal und Wirklichkeit" der neuen Dauerausstellung des Museums verantwortlich. Im Anschluss war sie als wissenschaftliche Mitarbeiterin am Essener Ruhr Museum im Ausstellungsprojekt „Kindheit im Ruhrgebiet" tätig. Seit Januar 2021 arbeitet sie als wissenschaftliche Referentin des Präsidiums bei der Stiftung Haus der Geschichte Nordrhein-Westfalen.

Alain Forti
is an archaeologist and art historian with a focus on industrial archaeology and last but not least the son of a miner. After graduating from the University of Liège

he worked on developing the industrial heritage of the Charleroi region. In 1986 he participated in the creation of the association Archéologie Industrielle de la Sambre and two years later among others in the creation of the Industry Museum in the old Forges de la Providence to Marchienne-au-Pont. After a stay at the Free University of Brussels, where he set up an inventory of Wallonia's workers' housing estates within the Groupe d'Étude Habitat/Territoire (GEHAT), he worked from 1991 as a scientist in the team of the Industry Museum and from 2001 at the Bois du Cazier site near Marcinelle. Today, he is the curator of this memorial dedicated to the former coal industry, which is forever marked by the mine accident of 8th August 1956, which left 262 people dead.

Jennifer Garner

studierte Ur- und Frühgeschichte, Kunstgeschichte, Archäometrie und Geologie an der Ruhr-Universität Bochum. Die Abschlussarbeit behandelte einen latènezeitlichen Verhüttungsplatz im Siegerland, die Promotion 2011 erfolgte über bronzezeitliche Zinngewinnung in Zentralasien. Im Anschluss an die Promotion arbeitete sie als wissenschaftliche Mitarbeiterin im Forschungsbereich Montanarchäologie des Deutschen Bergbau-Museum Bochum zum prähistorischen Bergbau und zur Metallurgie.

Johannes Großewinkelmann

ist stellv. Museumsdirektor am Weltkulturerbe Rammelsberg in Goslar. Er studierte Geschichte, Sozial- und Erziehungswissenschaften in Bielefeld und Bochum. Nach einem Volontariat war er über mehrere Jahre als wissenschaftlicher Mitarbeiter am Rheinischen Industriemuseum in Solingen tätig. 2002 promovierte er über die Geschichte der Berufsausbildung in der deutschen Metallindustrie. Ab 2003 arbeitete er in einem Forschungsprojekt an der Ruhr-Universität Bochum. 2007/2008 betreute er die Sammlung im Deutschen Tabak- und Zigarrenmuseum/Geologisches Museum Ostwestfalen-Lippe in Bünde. 2009 wurde er Geschäftsführer der Besucher-Bergwerk und Museum Kleinenbremen GmbH in Porta Westfalica. Seit 2010 arbeitet er als Kurator am Weltkulturerbe Rammelsberg. Seine Arbeitsschwerpunkte sind: Konzeptionierung und Organisation von Sonderausstellungen, Projektleitung bei denkmalgerechten Sanierungsarbeiten, die Leitung der Sammlung und die stellvertretende Museumsleitung.

Anna-Magdalena Heide

studierte Europäische Ethnologie, Skandinavistik, Soziologie und Erziehungswissenschaften in Jena, Berlin, Wien und Marburg. Museumstheoretische Zugänge und die Mitarbeit in verschiedenen Ausstellungsprojekten führten sie bereits während ihrer Studienzeit in verschiedene Arbeitsbereiche von Museen. Nach

Abschluss des Studiums verbrachte sie ein Jahr am Illinois Holocaust Museum & Education Center (USA), wobei ihre Arbeitsschwerpunkte im Bereich der Museumspädagogik und in der Öffentlichkeitsarbeit lagen. Dieser Erfahrung schloss sich ein zweijähriges Volontariat in verschiedenen Abteilungen des Deutschen Bergbau-Museums Bochum an. Seit 2016 ist sie dort als wissenschaftliche Projektmitarbeiterin angestellt. Neben der Erschließung des DBM-Bestandes arbeitet sie derzeit vorranging an ihrer Dissertation zum Thema „‚Man kann Bergleute nicht grotesk schnitzen.' Bergmännische Darstellungen in der Kunst-Sammlung des Bochumer Bergbaumuseums in der Ära Heinrich Winkelmann (1928–1966)".

Axel Heimsoth
ist Historiker und seit 2011 als Kurator für Industrie- und Zeitgeschichte am Ruhr Museum tätig. Er veröffentlichte mehrere Arbeiten zur Verkehrs- und Industriegeschichte und war u. a. an den Ausstellungen „Transit. Brügge Novgorod. Eine Straße durch die europäische Geschichte" (Essen, 1997); „Spielen. Die Ausstellung" (Dresden, 2005); Dauerausstellung Ruhr Museum (Essen, 2010); „1914. Mitten in Europa" (Essen, 2014); „Arbeit & Alltag" (Essen, 2015); „Der geteilte Himmel. Religiöse Vielfalt an Rhein und Ruhr" (Essen, 2017) sowie „Das Zeitalter Zeitalter der Kohle. Eine europäische Geschichte" (Essen, 2018) beteiligt.

Reinhard Köhler
hat Mathematik, Physik, Chemie und Informatik studiert und wurde zum Dr. rer. nat. promoviert. Beruflich war er von 2000 bis 2020 als Oberstudiendirektor Leiter eines Gymnasiums. Er ist seit über 30 Jahren Mitglied in der Vereinigung der Freunde von Kunst und Kultur im Bergbau sowie im Waldeckischen Geschichtsverein. Er beschäftigt sich seit seiner Studienzeit mit der Geschichte des Bergbaus.

Torsten Meyer
ist seit 2015 Wissenschaftlicher Mitarbeiter am Deutschen Bergbau-Museum Bochum. Zuvor war er Höherer Wissenschaftlicher Mitarbeiter am Institut für Denkmalpflege und Bauforschung, ETH Zürich sowie wissenschaftlicher Mitarbeiter und Assistent an der Universität Hamburg und der BTU Cottbus, an der er 1999 promoviert wurde. Von 2007 bis 2009 war er assoziiertes Mitglied der Forschungsinitiative „Wissensgeschichte der Architektur – Epistemic History of Architecture" (Max-Planck-Institut für Wissenschaftsgeschichte, Berlin und Bibliotheca Hertziana, Max-Planck-Institut für Kunstgeschichte, Rom), seit 2016 ist er Mitglied der Peer Review Group von „Aedificare. Revue internationale d'histoire de la construction". 2001 und 2016 war er Stipendiat der Herzog August Bibliothek Wolfenbüttel. Seine Forschungsgebiete umfassen die Technik- und Umwelt-

geschichte der Frühen Neuzeit und des 20. Jahrhunderts, v. a. die Geschichte der Rekultivierung von Bergbaufolgelandschaften und die Geschichte von Industrielandschaften sowie die Geschichte des Bauwissens (18.–20. Jahrhundert).

Nicola Moss
has worked in the heritage sector from 2013 and has developed knowledge of a variety of collections including military, social history and industrial. She graduated from the University of Leicester in 2016 with a master in Museum Studies and from 2019 has been employed as Curator at the National Mining Museum Scotland.

Heino Neuber
wurde 2000 mit „Die Knappschafts-, Werks- und Gewerkefahnen des Lugau-Oelsnitzer Steinkohlenreviers" in Museologie diplomiert. Die Verbindung zum Kohlenbergbau festigte sich beim Wirken im Förderverein des Bergbaumuseums Oelsnitz/Erzgebirge. So ab 1998 als Redaktionsleiter der Zeitschrift „Die Turmstütze", die heute mit dem Museum herausgegeben wird. Ein Jahrzehnt blieb das August Horch Museum Zwickau sein Arbeitsfeld. 2012 kam er als Sammlungsleiter an das Oelsnitzer Haus. Bislang erschienen mehr als 40 Beiträge und Publikationen zum westsächsischen Kohlenbezirk. Das Buch „… denn man sah nichts als Elend: die Grubenkatastrophe auf der ‚Neuen Fundgrube' in Lugau" (2018) widmet sich einer der schwersten deutschen Grubenkatastrophen. Seit 2013 ist er Vorsitzender der Knappschaft des Lugau-Oelsnitzer Steinkohlenreviers, beim Sächsischen Landesverband der Bergmanns-, Hütten- und Knappenvereine 2. Vorsitzender. Hier erschien von ihm „Glück auf! Der Steiger kommt. – Allerlei zur Geschichte und Bedeutung eines sächsischen Volksliedes" (2020).

Andrea Riedel
ist Direktorin des Stadt- und Bergbaumuseums Freiberg/Sa. und studierte Geschichte an der Universität Leipzig mit einem Abschluss als Diplomhistorikerin. Nach Abschluss Ihres Studiums war sie als wissenschaftliche Mitarbeiterin im Heimatmuseum Crimmitschau tätig. Danach folgten Funktionen als Leiterin/Direktorin/Geschäftsführerin in den Museen Bergbaumuseum Oelsnitz/Erzgeb., Weltkulturerbe Erzbergwerk Rammelsberg Goslar, Sächsisches Industriemuseum Chemnitz, Museum Burg Ranis und nunmehr im Stadt- und Bergbaumuseum Freiberg. In all diesen Museen stand die Erstellung neuer Museumskonzepte und deren Umsetzung im Vordergrund. Aktuell setzt sie das vom Stadtrat der Stadt Freiberg im Dezember 2018 beschlossene Museumskonzept inkl. einer flächenmäßigen Museumserweiterung um und kuratierte die Wanderausstellung „Mythos Atom".

Maria Schäpers
studierte Mittelalterliche und Neuere Geschichte, Historische Hilfswissenschaften und Archivkunde und Anglistik in Bonn. Ihre Dissertation untersucht das Leben und die Herrschaft Lothars I. (ges. 855). Während des Studiums war sie in verschiedenen Archiven des Rheinlands tätig. Ab 2015 arbeitete sie als freie Mitarbeiterin und Autorin für das LVR-Institut für Landeskunde und Regionalgeschichte in Bonn. Ab April 2017 war sie als Archivarin mit Zusatztätigkeiten im Rahmen des Projektes „montan.dok 21" tätig. Seit April 2020 ist sie wissenschaftliche Referentin im Montanhistorischen Dokumentationszentrum beim Deutschen Bergbau-Museum Bochum.

Stefan Siemer
studied history and literature in Bonn, Freiburg i. Br. and London. His doctoral thesis „Geselligkeit und Methode. Naturgeschichtliches Sammeln im 18. Jahrhundert" (2004) describe science and collection related networks in 18th-century Europe. Among others he worked for exhibitions at the Deutsches Museum in Munich and the Ruhr Museum in Essen. Since 2014 he works as a historian and researcher at the Montanhistorisches Dokumentationszentrum at the Deutsches Bergbau-Museum Bochum. He has published in the field of the history of technology, envirionmental studies and museology. Recent publications include „Bergbausammlungen in Deutschland. Eine Bestandsaufnahme", edited with Michael Farrenkopf (2020) and „Das Materielle Erbe des Steinkohlenbergbaus in Deutschland. Eine Handreichung zur Dokumentation und Digitalisierung in kleinen Sammlungen" (2020).

Swen Steinberg
is a Post-doctoral Researcher and Lecturer in Global History at the Arthur Kroeger College on Public Affairs at Carleton University in Ottawa/Ontario. He is an Affiliated Scholar at the German Historical Institute in Washington/DC with its Pacific Regional Office at University of California Berkeley and Research Ambassador of the German Academic Exchange Service (DAAD). His research is focused on the intersection of migration and knowledge, knowledge and young migrants, forestry and mining, refugee and exile studies. Recent publications: special issue "Refugees from Nazi-occupied Europe in British Overseas Territories" of the Yearbook of the Research Centre for German and Austrian Exile Studies (20 (2020), edited with Anthony Grenville); special issue "Knowledge and Young Migrants" of KNOW: A Journal on the Formation of Knowledge (3,2 (2019), edited with Simone Lässig); special issue "Knowledge and Migration" of Geschichte und Gesellschaft (43,2 (2017), edited with Simone Lässig).

Thomas Stöllner

holds the chair for Pre- and Protohistory at the Ruhr-University of Bochum, Germany and directing the Department of Mining Archaeology at the Deutsches Bergbau-Museum Bochum (DBM), since 2014 also Head of research department at the DBM and member of the directorate of the DBM. His main area of research is the social and economic development of mining communities throughout Pre- and Protohistory with a focus on mining, the archaeometry of mining, the archaeology of technology and social interrelation by the help of research on settlements and graveyards. His research spans from the Old World Archaeology including Central and East Europe to the Caucasus, the Middle East and Central Asia as well as South America. Further fields of work are the European Bronze and Iron-Age Archaeology as well as Methods in Archaeology. He has directed several DFG- and exhibition projects and is currently speaker of the Leibniz ScienceCampus "Resources in Transformation" (ReFORM) and the DFG Priority Program "The Iranian Highlands. Resilience and Integration of Premodern Societies" (DFG SPP 2176).

Ulrike Stottrop

studierte Geologie in Münster mit einer Diplomarbeit zur Geologie der Montes de Toledo/Spanien. Beruflich führte ihr Interesse an umweltgeologischen Themen sie zuerst in die Forschung (Universität Essen). 1984 begann ihre Tätigkeit am Essener Ruhrlandmuseum/Ruhr Museum, ab 1985 bis zu ihrer Pensionierung 2019 in leitenden Positionen. Über viele Jahre war sie im Vorstand von ICOM NatHist und dem Deutschen Museumsbund sowie als Sprecherin der FG der Naturwissenschaftlichen Museen aktiv; bis heute ist sie Mitglied der Kommission Museumsgütesiegel Niedersachsen/Bremen. Sie realisierte bisher mehr als 50 Ausstellungen, darunter die internationale Ausstellung „Kohle.global". Im von ihr geführten Mineralien Museum waren es innovative Projekte wie „Der Klang der Steine". Als Museumsfrau beschäftigt sie sich intensiv mit der Kulturgeschichte der Natur, Museumsgeschichte, museologischen Fragestellungen wie der Lesbarkeit von Sammlungen oder dem Sammeln von Natur im „Anthropozän".

Norbert Tempel

Dipl.-Ing., studierte Maschinenbau an der TH Dortmund und war von 1986 bis 2020 als Referatsleiter Technik und Restaurierung verantwortlich am Auf- und Ausbau des LWL-Industriemuseums/Westfälisches Landesmuseum für Industriekultur in Dortmund beteiligt. Er hat über die Erhaltung großer Industriedenkmale und zur Technik- und Verkehrsgeschichte geforscht und veröffentlicht und ist Sprecher der deutschen Sektion von TICCIH (The International Committee for the Conservation of the Industrial Heritage) und ist bei ICOMOS Mitglied der

Monitoring-Gruppe für die deutschen UNESCO-Welterbestätten und der Arbeitsgruppe Industrie- und Technikdenkmale. Er ist Mitbegründer und -Herausgeber der Zeitschrift IndustrieKultur (seit 1995).

Attila Tózsa-Rigó
ist Historiker und Dozent an der Universität Miskolc und wurde 2007 dort mit der Arbeit „'Divites et Potentes'. Städtische Elite in Pressburg (Bratislava/Pozsony) im Spiegel der Testamente zw. 1529–1557" promoviert. 2016 erfolgte die Habilitation über oberdeutsche Unternehmergesellschaften in der frühen Neuzeit. Seine Forschungsschwerpunkte sind neben der Sozial- und Wirtschaftsgeschichte der frühen Neuzeit auch die Geschichte des Weinbaus und die Mentalitätsgeschichte. Weiterhin ist er u.a. Mitglied der Forschungsgruppe zur Familiengeschichte an der ungarischen Akademie der Wissenschaften und der Doktorschule für Geschichte und Ethnologie (Universität Debrecen), weiterhin Redakteur des Jahrbuchs für ungarische Wirtschaftsgeschichte.

Maren Vossenkuhl
studierte Geschichte und Sozialwissenschaften an der Universität Duisburg-Essen. Die Ausstellung „1914 Mitten in Europa", das internationale Projekt „Spurensuche 1914" sowie Museumspädagogik und Dokumentation bildeten die Schwerpunkte ihres Volontariats. Seit 2014 ist sie im Projekt „montan.dok 21" als wissenschaftliche Mitarbeiterin am montan.dok tätig. Ihre Hauptarbeitsbereiche sind die Dokumentation des technischen und kulturellen Bergbauerbes, Forschung zu Provenienz und Vermittlung des bewahrten Kulturguts sowie die Entwicklung von Inventarisierungs- und Dokumentationsstandards am DBM. Des Weiteren liegt die Erprobung der 3D-Digitalisierung im Modellbestand der Musealen Sammlungen in ihrem Arbeitsgebiet.

Hubert Weitensfelder
ist Historiker und betreut den Sammlungsbereich Produktionstechnik und Werkstoffe am Technischen Museum Wien. Zugleich ist er Privatdozent am Institut für Wirtschafts- und Sozialgeschichte der Universität Wien. Er hat vor allem zur Technik- und Regionalgeschichte publiziert, z.B.: „'Römlinge' und ‚Preussenseuchler'. Konservativ-Christlichsoziale, Liberal-Deutschnationale und der Kulturkampf in Vorarlberg, 1860 bis 1914" (2008); „Die großen Erfinder" (2009); „Technikgeschichte. Eine Annäherung" (2013); „Draht und Drachenblut. Die Warenkunde-Sammlung des Technischen Museums Wien" (2016). Weitere historische Forschungsfelder (Auswahl): Quecksilber-Bergbau, Galvanisierung und Elektrochemie, Materialien und Ersatzstoffe, Buddhismus-Rezeption in Österreich.

Manuel Zeiler
hat Vor- und Frühgeschichte (Prähistorische Archäologie), Alte Geschichte und Geographie studiert und über die Kelten in Westungarn promoviert. Er war von 2005 bis 2007 Hochschulassistent an der Philipps-Universität Marburg und von 2007 bis 2008 Stipendiat der Gerda Henkel-Stiftung, sowie von 2009 bis 2011 wissenschaftlicher Mitarbeiter der Ruhr-Universität Bochum. Seit 2012 ist er wissenschaftlicher Referent der LWL-Archäologie für Westfalen in der Außenstelle Olpe und seit 2016 Mitglied der Altertumskommission für Westfalen sowie seit 2019 Sprecher der Kommission Montanarchäologie des Verbandes der Landesarchäologen der Bundesrepublik Deutschland. Er hat zahlreiche archäologische Ausgrabungen über- und untertage in Mitteleuropa, Anatolien, Iran und Georgien betreut sowie Publikationen u. a. zur Montanarchäologie und Eisenzeit Mitteleuropas verfasst.